帝国投资

——现代投资银行学启示录

何诚颖　等著

中国财经出版传媒集团
中国财政经济出版社

图书在版编目（CIP）数据

帝国投资：现代投资银行学启示录 / 何诚颖等著. --北京：中国财政经济出版社，2020.8
ISBN 978-7-5095-9885-6

Ⅰ.①帝… Ⅱ.①何… Ⅲ.①投资银行-基本知识 Ⅳ.①F830.33

中国版本图书馆 CIP 数据核字（2020）第 117908 号

责任编辑：郁东敏　贾延平　张　莹　　　　责任校对：徐艳丽
封面设计：中通申奥

中国财政经济出版社 出版

URL: http://www.cfeph.cn
E-mail: cfeph@cfeph.cn

（版权所有　翻印必究）

社址：北京市海淀区阜成路甲 28 号　邮政编码：100142
营销中心电话：010-88191537
北京时捷印刷有限公司印刷　各地新华书店经销
787×1092 毫米　16 开　37 印张　648 000 字
2020 年 8 月第 1 版　2020 年 8 月北京第 1 次印刷
定价：88.00 元
ISBN 978-7-5095-9885-6
（图书出现印装问题，本社负责调换）
本社质量投诉电话：010-88190744
打击盗版举报热线：010-88191661　QQ：2242791300

序　言

一

经常有很多年轻人向我打听投资银行到底是什么？为什么薪水那么高？如果想进入证券公司工作需要具备哪些条件？对于这些年轻人来说，投资银行是一个神秘而又让人向往的机构。因为神秘，就容易遭人误解；因为向往，又总是希望去了解。因此，我根据自己二十多年的证券从业经验，通过本书讲讲我所知道的投资银行，希望能帮助那些站在投行门口的年轻人实现自己的梦想。

提起投资银行，我们还得从华尔街说起。华尔街位于纽约曼哈顿南部。在这条只有500米长的街道上，聚集了数千家投资银行及各类金融机构，许多大公司和国际跨国集团总部也设在这里，在此从事金融工作的员工最多时有40多万人。在这条著名的街道上，所罗门兄弟曾经提着篮子向证券经纪人推销债券，摩根曾经召开过拯救美国金融危机的秘密会议，年轻的温伯格曾经战战兢兢地敲响高盛公司的大门，米尔肯曾经向整个世界宣发他的垃圾债券。一部华尔街的历史，就是一部投资银行的发展史。

华尔街金融帝国的崛起有着其特定的历史背景。1775～1783年的八年独立战争，使美国背负了大量政府公债和欠条。1790年，第一任财政部长汉密尔顿实行改革，建立以纽约为中心的金融市场。1790～1800年，由汉密尔顿推行的三只国债加上美国第一银行发行的股票，构成了美国资本市场和华尔街的起源。在美国证券发行之初，尚无集中交易的证券交易所，证券交易大都在咖啡馆和拍卖行里进行。1792年5月17日，24

名经纪人在纽约华尔街和威廉街的西北角一家咖啡馆门前的梧桐树下签订协议，相互约定保证在为客户提供证券交易服务时，收取不低于0.25%的佣金。这就是1792年签订的《梧桐树协议》[①]。这个协议本质上是经纪人的价格联盟，也是纽约交易所的前身，现在通常认为《梧桐树协议》是华尔街正式起步的标志。

从19世纪20年代开始，随着美国交通能源基础设施建设和南北战争的需要，美国政府和大多数采矿业、铁路公司通过发行巨额债券筹措资金，为投资银行的起步发展提供了业务机会和有利条件。于是，一些经营证券承销业务的商号便在当时出现了。早期的投资银行是由那些私人财富积累者创办的，这些投资银行多以合伙制的形式组成。投资银行通过办理证券承销和经纪业务，发挥了作为证券市场中介人的功能和作用。

19世纪，美国的投资银行还没有成为一个独立的金融行业。许多投资银行业务是由被称为私人银行的机构经营的。进入20世纪20年代，美国经济的持续繁荣带来证券市场的迅速发展。美国公司融资的性质发生了根本性的变化。由于股票和债券市场中的资本成本较低并且融资期限较长，公司扩充资本便更多地通过证券市场进行，对银行融资的依赖性变弱了。在这种经济背景下，美国的投资银行业得以迅速发展壮大，投资银行除主要经营证券承销业务和经纪业务外，还将业务范围拓展到企业收购和兼并、企业创立与改组，乃至商业银行的业务领域。

总的来说，在1929~1933年股市大崩溃和经济危机以前的一个时期，美国的商业银行和投资银行的业务界限并没有严格分开，而是交叉融合。商业银行直接或间接地通过其附属公司涉足于证券市场业务领域，参与竞争公司债券和股票承销，甚至凭借其雄厚的资金来承销资信低劣的证券，进行股市投机。同时，美国政府对证券业的管制比较放松，缺

---

① 18世纪后期，华尔街靠近今天百老汇街口有一棵高大的梧桐树，它能遮阳避雨，是做生意的好场所。曼哈顿的证券经纪人选择华尔街的梧桐树作为交易地点，每天从上午10点到下午4点，他们以固定的价格收购国债，再以另一个略高的价格卖出国债。

乏完善、有效的法律和制度来规范证券市场的发展。

二

美国独立投行的真正诞生,是在1920年以后"大萧条"之前。当时的混业是单向的,即商业银行都可以做投行的承销业务,但投行做不了商业银行的存贷业务。① 然而,1929年"大崩盘"改变了一切。

1929年股市的崩溃引发了经济危机,商业银行是否应该为那次崩溃承担罪名,人们至今争论不下,但有一点是肯定的,商业银行参与的投机活动起到了推波助澜的作用。危机发生后,美国制定了一系列的法规,包括证券法、证券交易法、银行法(即《格拉斯—斯蒂格尔法案》),此后又制定了投资公司法和投资顾问法等。这些法律使得资本市场从没有监管、自生自灭的状态,一下子变成了一个立法最为密集、监管最为严厉的领域。其中影响最大的是《格拉斯—斯蒂格尔法案》。这一法案明确规定:银行与其证券子公司分离;商业银行可以做政府债券业务,不可以做与公司证券有关的证券业务;商业银行和投资银行的业务必须严格分离;禁止银行在证券公司安排雇员或董事会成员。这一法案对商业银行和投资银行的影响力都是巨大的,直接促成了商业银行和投资银行的分业经营。当时主宰美国金融业的JP摩根公司也不得不将从事投资银行业务的部门分离出来,成立了摩根士丹利公司。

在股市恢复生气之后,美林的创始人美里尔将商业连锁店的模式引入经纪业务,建立了遍布全国的网点,使得美林证券一举成为傲视群雄的"美林帝国"。这是"大萧条"之后投资银行业极为重要的创新。1933~1975年,美国投行主要从事传统业务,即一级市场证券承销和二级市场证券交易和经纪业务,业务收入稳定,风险不大。1975年,佣金自由化使得竞争激烈,投行不得不通过新业务和新产品开拓市场,行业收入结构出现较大变化:传统的佣金、证券承销收入比重大幅下降,交

---

① 王欧:《华尔街投行不归路》,《金融实务》2009年第4期。

易和投资收益明显增加，特别是随着业务创新和多元化，不能归于传统业务范畴的其他业务收入比重从1973年约10%的比重上升到2007年的62%。伴随着投行业务拓展及收益的增加，独立投行承担的风险也随之增加。

金融创新是横贯整个20世纪70年代最重要的主题，也引发了投资银行和商业银行间的激烈竞争。一个典型的创新产品，就是1977年美林发明的CMA账户，也就是所谓的"现金管理账户"。当时，利率大幅上扬，投行发明了这种与银行相竞争的储蓄替代产品，快速入侵商业银行的传统领域，使得银行的竞争力严重受损。此后，华尔街投行蜂拥而上，提供了更多的储蓄替代品，而商业银行为了回击投行的这种进攻，开始尝试提供证券经纪业务，这标志着美国在《格拉斯—斯蒂格尔法案》后，商业银行和投行的业务开始走向混合。

进入二十世纪八九十年代，随着资本市场和投资者的全球化，投行在全球范围内开始扩张。同时，欧洲的全能银行也在全球布局，开始在美国华尔街与华尔街投行进行面对面竞争。此时的欧洲银行已经实行了比较长时间的全能银行制度，它不区分商业银行和投资银行，银行可以参加所有的业务，包括投行业务、保险业务、经纪和交易业务等。

1999年，《金融服务现代化法案》正式取消了银行、证券、保险之间分业经营的限制，允许成立金融控股公司。继而，大量的银行控股公司涌现。1999年底，美国一共有51家银行控股公司具有从事投行业务的子公司。这是美国商业银行对投行的一次大整合。21世纪初，华尔街的版图已经彻底改变了。2004年，在全球承销业务前十名中，只有5家是独立投行，即摩根士丹利、高盛、美林、雷曼兄弟、野村，剩下5家全部是金融控股公司或全能银行。由于后者可以提供全方位的金融服务，华尔街独立投行节节败退。在这个生死攸关的时刻，五大投行只有一个选择，那就是转型成为全能投行。而金融危机的到来，最终使得华尔街独立投行全军覆没。

三

2007年,一场由美国次贷危机引发的金融危机席卷全球。"次贷"即次级按揭贷款,是相对资信条件较好的按揭贷款而言的。由于资信较差,商业银行通常要求次级按揭贷款人支付更高的利率,并遵守更严格的还款方式。众所周知,《巴塞尔协议》对商业银行有最低资本金的要求,商业银行当然知道次贷的风险,但它们有自己的算盘。商业银行转手就把贷款卖给投资银行,这让自己能够把长期才能收回的贷款立刻变现,风险也随之转移出去;投资银行当然也不会安分地抱着一堆次贷坐收利息,推销证券是它的老本行,投行希望把这些资产重新汇总,打包成抵押债券出售给世界各地的投资者;同时,投资银行会定期向最初的贷款人收取本息,用于向投资者支付利息;投行同保险公司签订CDS合约,支付一定数量的保险金,保险公司则为投行的抵押债券提供信用保险。

次级按贷给千千万万不具备住房贷款标准的人(通常是无工作、无收入、无资产的"三无人员")提供了贷款,其中很多都是零首付。那时候,所有的次贷相关者都做着高枕无忧的发财梦:只要房价上涨,就不怕房贷贷款人违约,大家就都能赚满腰包。然而,美国利率上升和住房市场持续降温,惊醒了这帮人的美梦。利息上升,导致很多本来信用不好的用户顿觉还款压力加大,违约可能性增加,对银行贷款的收回造成危机。并且从2006年下半年起,美国房价便冲高回落,促使更多人违约并将房子交还给银行。房价跌得越多,观望的人也就越多,需求就越萎缩,如此不断恶性循环,次贷危机的严重性终于暴露出来。马克思说:"危机一旦爆发,问题就只是支付手段。" 2007年出现的正是这样一种形势:没人愿意购买除美国国库券之外的任何债券;人人都希望把手中的债券卖掉,以换回现金;只有借款者,没有投资者;RMBS(住宅房贷担保证券)和CDO要么价格暴跌,要么是有价无市。流动性危机很快又发展为信贷紧缩危机,几乎在一夜之间,华尔街的投资银行、保险公司等金融机构由于缺乏充足的流动性一个个走到了破产的边缘。次贷危机对投资银行产生的直接后果就是雷曼兄弟破产,美林和贝尔斯登分别被美银和摩根大通收购,支撑到最后的高盛和大摩也被迫转型为银行控股公司。

这场金融危机引发了我们对金融衍生工具创新和投行经营模式的深刻反思。既然金融衍生工具给金融体系带来了如此巨大的不稳定性,我们是否应该全盘否定金融衍生工具创新呢?事实上,任何金融工具或者金融衍生工具的创设,都有其独特的作用。以资产证券化为例,商业银行可以凭借资产证券化扩展新业务,取得赢利,而无需使用自己的资本金。在传统金融体系下,某家商业银行发放贷款 10 亿元,会主要集中于某一特定客户,如果这一客户违约,那么该银行将面临极大风险。但是通过证券化的渠道,商业银行可以将这 10 亿元资产分成 1 亿份,每份 10 元,卖给市场上的大众。这样一来,即便部分客户违约,风险也已经被社会化了,因为对大众而言,每个人的投资可能只有几千元,即"利润私有化,风险社会化"[①]。资产证券化本身有很多益处,应该坚持下去。CDS 的误用,并不是问题的源头。源头在于衍生出 CDS 的基础债券(房贷)贷款人没有偿还能力,才导致后续一系列问题的产生。因此,关键还是要按照最基本的要求和规则去使用这些金融工具。

随着高盛和摩根士丹利转为银行控股公司,混业经营似乎成为投资银行的惟一出路。美国的投资银行业,因 1929 年大萧条而产生,又因 2008 年这场金融大风暴消失,实在值得玩味。投资银行是否能够继续独立存在,本质上是直接融资和间接融资的争论。直接融资具有为企业提供长期资金、增强资产流动性、分散投资风险等优点,显然不会因为此次金融危机而消失。投资银行为直接融资提供中介服务,以自有资金适度承担风险,满足企业和投资者转移风险的需求,提高证券市场流动性。商业银行是基于存款,与投资银行基于风险承担的赢利模式、企业文化有着根本性的不同。大多数人都认为,金融危机产生于投资银行家的贪

[①] 赵怀南:《洞察"新金融"》,《第一财经日报》2008 年 12 月 23 日。

婪、无止境的创新以及高杠杆经营。但事实并非如此,自私、贪婪和创新等等都是社会和机构进步的动力而非阻碍,缺乏对信息隔离的有效监管而引发的系统性风险才是危机的真正来源。哈佛大学教授理查德·库珀亦认为:"混业经营并非对症下药,这次金融危机主要说明针对金融机构的监管缺少力度,而非分业所致。"

我们认为,对于中国投资银行未来的发展,首先需要认清的是定位问题,也就是说发展应该围绕一条怎样的主线。这是最根本的问题,也恰恰是很多人忽略的问题。投资银行的本质是中介机构,高盛的成功来源于建立在知识型中介基础上的资本型中介业务,也就是依赖在"客户＋渠道"的手续费模式基础上实现向"客户＋产品"的交易差价模式转变。如今创业板、股指期货、融资融券业务都已经展开,中国多层次的资本市场体系建设正在有序进行,这些都为我们打开了新的业务空间,为开拓中介业务的广度和深度提供了极大的可能。中国要打造高盛那样的百年投行,必须认清投行的本质和发展规律,在正确定位的基础上寻求突破。

四

与定位同样重要的是投行组织模式问题。纵观投行发展史,组织模式和制度变迁在投行的发展中扮演着重要角色。不论是分业经营到混业经营,还是从小规模到大规模,伴随着的都是从合伙制到股份有限公司制的体制变更。这些投行一般在19世纪末或20世纪初由私人发起成立,由于竞争压力开始强强联合,并在以后相当长的时期内保持了合伙人制度,只是从二十世纪六七十年代开始,投资银行之间的竞争空前激烈和残酷,为了进一步适应成倍增长的市场和新兴的利润增长点,比如信托业务,投行们开始谋求上市,因为合伙人毕竟资金、人力、信息等资源有限,阻碍了公司进一步发展。

国外投资银行按产权制度划分类型,主要包括合伙制和公司制两种形式。国际投资银行的起源绝大多数为合伙制企业,合伙制因其所有权与管理权合二为一,能充分调动管理者的积极性,同时保证投资银行经营的稳定性和连续性而一度被认为是券商最理想的经营方式。美国合伙制投资银行保持了100多年的辉煌历史,高盛公司到1999年还维持使用合伙制。

投行的合伙制由来已久,最早可以追溯到19世纪末。相当一部分合伙制投行的创始人是当时移民到美国的德国犹太人。高盛、雷曼兄弟、所罗门兄弟等就是其中的佼佼者。这个悠久的制度使得少数能力卓绝的个人成为一个公司甚至是整个金融界在某一时代的代表,反映出金融业务基于人际关系和信用的本质与特征。

《高盛帝国》的作者埃利斯认为,归属感是合伙制最大的优点,员工在常年累月的工作中培养出对公司强烈的忠诚感,而且成为合伙人意味着终生雇佣,几乎没有人会放弃这一备受尊敬的位置而加入其他公司。合伙人彼此间分享所有的信息。在高盛,员工极其认真地对待两年一次的合伙人选拔,一选就是7个月。2.4万名员工都想成为1 200名中层中的一员,而这1 200名员工又个个想成为300名合伙人之一。这300名合伙人,年薪60万美元以上,还可参与公司分红。

这一机制很好地保证了高盛员工努力赚钱的动力,并实现对共同利益的高度监督。尽管最终由于交易规模、投资银行业务种类以及金融工具品种的几何级数增长,对资本的需求促使高盛不得不在1999年结束其长达130年之久的合伙制度,而改组为上市必须的股份有限公司,但是没有人否认,正是合伙人制度这种形式,使得像高盛这样的投资银行在长达100多年的时间里,得以将最优秀也是流动性最高的业内精英集结在一起,形成一种独特、稳定而有效的管理构架。

从美国投资银行的历史来看,国际投资银行从合伙制向公众化转变经历了两次浪潮:

第一次浪潮:零售投资银行的转变。20世纪60年代计算机技术显著进步,大型计算机引入后台操作,技术能够替代人力资本,在处理量相当大的情况下,大大降低了交易处理的单位成本。为使工作更加有效,零售型投行不得不选择放弃合伙制形式,并进行扩张以适应新后台科技。

第二次浪潮：批发投资银行的转变。 20世纪80年代末~90年代初，金融工程的出现，使得批发投资银行的人力资本价值下降。商学院的学生（MBA）受到批发投资银行的欢迎，因为他们具备新的金融理论知识。这种原先是隐形人力资本的代码化及传播使得行业竞争加剧。批发投资银行只能依靠规模取胜，因此逼迫其必须放弃合伙制。

需要特别指出的是，投资银行从合伙制向公司制的转变过程中，投资银行家仍然想保留合伙制的长处。合伙制中的合伙人，往往在公司制的公司中仍然是大股东。他们在公司的业务方面，仍然凭借其拥有的客户资源，对公司的业务发挥较大的影响。因此，合伙制转为公司制后，公司上层仍然是以前的合伙人，只是现在是通过持有股份的体制，以及利用经营者自己对公司的贡献，按照一定的价格来获得股份即股票期权计划（Stock Option Plan）。

高盛可以说是将合伙人制度的优势发挥到极致并坚持到最后才上市的顶级投行。合伙人制度究竟对高盛意味着什么？合伙制确实为隐形人力资本的转移提供了一个合适的制度框架。合伙制将合伙人与该公司的声誉联系在一起，合伙人指导新来的员工，以便保持公司的声誉，以保证他们的股份能有市场。因此，合伙制在那种人力资本密集型的公司和声誉重要的行业比较盛行，如法律、咨询、金融服务等行业。尽管法律、咨询公司仍然保持合伙制，但美国投资银行现在已经放弃合伙制形式。由于在合伙人当中存在的搭便车问题，合伙制公司的规模存在一个上限，因此很难让公司能够在有效规模上运用新科技，而不得不在人力资本和最优经营规模间进行选择。当后者更有价值时，合伙制公司将会选择公众化。

在20世纪70年代，高盛仍然是以经营美国本土业务为主的投行，但是在合伙人的正确决策和带领之下，高盛抓住了英国大变革的契机，在欧洲建立了坚实的业务基础，并且在与老牌投行，例如摩根士丹利、所罗门兄弟以及华宝的斗法中屡占上风。同时，随着其国际化业务的发展，高盛在商品业务、并购业务、资产管理等各项投行业务中都独领风骚，在短短的数十年间就发展成为全球金融行业的领军者。

当合伙制结束，转型后投资银行的衍生品融资规模越来越大，也带来了巨大的库存风险。于是次贷危机爆发之后，贝尔斯登于2008年3月后轰然倒地，当年9月摩根士丹利和高盛也主动申请成为银行控股公司，将业务重点转向风险更低的储蓄业务。一些学者认为，此次危机的深层次原因正是美国投资银行自身的制度缺陷，特别是组织形式的有限责任制。在次贷危机中仍屹立不倒的高盛，合伙制文化可以说是贡献良多。高盛的转型发人深省，不过应当看到，高盛的发家史历经多次大起大落，一次次地度过了诸如滥用研究报告、马克斯韦尔危机、宾州中铁破产等令人心惊胆战的阶段，却越战越强，越挫越勇，这都为这家百年公司积淀了丰富的经验和强大的自我修复能力，也磨练出高盛强大的自我提升能力。无论是否有金融风暴，高盛恐怕都会一直生活在风口浪尖上。不过，它似乎对此习以为常。别忘了，正是高盛独特的基因与力量让它在经历了一次又一次的风暴之后反而越来越坚不可摧，越来越鹤立鸡群。高盛虽然已经结束了合伙制经营，却将合伙文化中敏感的风险防范意识很好地继承了下来。

五

纵观投行演变史，投资银行的产生和发展一方面是经济发展的需要，另一方面也促进了经济的发展。华尔街成为世界金融中心，或许有其偶然因素，但投资银行成为金融业的骄子则是历史的必然。投资银行发挥的最重要的功能就是把资金输送到能创造最大价值的地方，帮助那些有梦想的企业家实现自己的理想。例如，你现在有一个专利或者想法希望将其商业化，但是这需要1亿元的投入，而你自己没有钱，这时候你就可以去找高盛或者摩根士丹利这样的投资银行家，只要你能够凭借自己的商业计划说服他们，他们就能给你找到所需要的资金。成功的企业背后都站着自己的投资银行，IBM与所罗门美邦、德意志电讯与高盛、美国钢铁与摩根等无不如此。投资银行因为帮助企业壮大，也使自己获得了壮大。如果投资的企业在3年后变成了10亿元的规模，投资银行也会从这多出来的9亿元中获得相应的收益。人们常常以为投资银行家什么事都没有做，只是不停地把钱倒来倒去，结果自己却赚满了腰包，这显然是对投资银行家的误解。人们只看到企业家的人力资本投入，但投资银行家把真金白银押在了这家企业的未来上，承担了比企业家更大的风险。

对于一个年轻人来说，如果希望成为华尔街的投行家，除了需要超常的智慧外，还需要对投行枯燥的工作充满极大的热情。华尔街一般只招聘那些毕业于顶尖学府的高材生，除了具备扎实的金融知识外，他们还需要拥有复合型的专业背景。在投资银行工作两年后，为了获得更大的职业空间，你的知识必须到商学院重新回炉——而且必须是名牌商学院。华尔街的投行不仅要承担风险，还必须对市场、政治和宏观经济有直觉感应，因此必须是具备混合专业背景的复合型人才。他们经常在全世界飞来飞去，辛苦程度及所承受的压力是常人无法体会的。

投资银行家承受了风险和压力，也获得了收益。华尔街的投行精英拿到了高平常人几倍的收入。2006年，华尔街30多万员工的年平均收入超过了30万美元，是美国平均收入的7倍左右。记得有这样一个故事，一名急于致富的美国青年在一次聚会上，碰巧遇上了美国最著名的投资家、亿万富翁巴菲特。年轻人一看机不可失，就斗胆上前求教："巴菲特先生，像我这样的年轻人，在美国入哪一行赚钱最多最快呢？"巴菲特笑笑说："很多聪明的年轻人都问我这个问题，我只能一只手捏着鼻子，另一只手指向华尔街。"巴菲特虽然不喜欢华尔街的"铜臭味"，但他不得不承认，华尔街仍是实现发财梦的最佳途径之一。华尔街，这条位于纽约曼哈顿岛南端的小街道不但吸引了许多美国的精英分子加盟，每年还吸引了成千上万名来自全世界各地的圆梦者。

2008年中国证券业平均工资为17.2万元，是全国平均水平的5.9倍，但中国的投资银行家常常因为较高的收入而背上了不好听的名声。为什么投资银行业能有如此高的收入？这公平吗？根据一份统计，美国证券业员工的薪水占附加值的比重约80%。但反观中国，情况几乎完全相反，只有21%，这一比重即使比起中国的全行业也是偏低的，因为全行业收入占附加值的比重达到了26%。要判断一个行业的收入太高还是太低，不能仅仅看绝对收入，还要看这个行业所创造的价值和相对收入。中国的投行精英虽然拿到了相对较高的绝对收入，但这一收入比起美国同行们，是小巫见大巫；即使跟我国的其他行业相比，收入占附加值的比重也是偏低的。由此看来，相对于行业平均水平，中国的投资银行不仅不是价值剥夺者，反而是被剥夺者。谈不上忍辱负重，至少是理应所得，背上高收入的骂名对投资银行业显然是不公正的。

六

从19世纪初期美国第一家投资银行创建到21世纪初期的200年间，在华尔街投资银行业的风云际会中，出现过摩根士丹利、第一波士顿、雷曼兄弟、美林、高盛这些让人敬畏的身影。从1990年到2010年，中国的资本市场不过20年。中国证券公司的主体脱胎于旧的计划经济体制，历经了从"国有独资公司"到"有限责任公司"再到"股份有限公司"的变迁过程。中国的券商，从成立之初就定位在了有限责任制和股份有限制上，究其根源，恐怕有三：其一，重要性考虑。这么关键的行业国家是不允许私人涉足的。其二，垄断性考虑。由于券商一般由国有银行投资或是相关部门改制而来，在形成一定规模之前，私有的企业是不可以参与竞争的。其三，走捷径考虑。这正是前面所提到的一点，设计者认为可以直接参照国外投行的现有体制。

上述三个原因中，重要性应该是可以理解的，证券业刚开始需要由国家宏观调控多一些，等到行业初具规模后再逐步放开。但其余的两点就值得商榷了。垄断性的考虑从本质上来说是与市场经济相违背的，归结到底是一部分利益集团不愿割舍自身利益。走捷径的想法本来也可以理解，只是没有考虑到中国证券市场的发展现状和外国投行的发展轨迹。要知道有些东西是可以走捷径的，比如监管的方法和模式、交易类型的设计和更改；而有些东西还是需要踏踏实实、一步一步走过来，比如券商的体制。发展的速度可以加快，转变的时间可以缩短，但绝不可省略和跨越。

　　成为一流的投行受太多因素影响,高盛的打造也不是一蹴而就的。有人说合伙制练就了今日的高盛,此话并不夸张。出于业务竞争压力而形成无限责任的合伙人制度,在以诚信立业的中介行业中比其他组织形式更具有竞争力。对于包括投行在内的中介结构而言,合伙制是从业人员素质与技能的自然沉淀和累积,是一种行业自律与经验不可或缺的前提和基础。没有经过这个阶段锤炼的投行是虚浮和浮躁的,目前中国券商面临的许多诸如从业人员的素质及自律等问题都源自于此。

　　不可否认,投资银行最重要的"资产"是信用。世界顶级投行多年来在这方面积累的财富远非中国券商可比,而且国内券商频频发生帮助上市公司作假事件,其信用度已大打折扣。但从中长期看,世界一流投行"中国造"的机会仍然相当之大。欧美等全球大投行都是伴随着它们本国经济发展而逐步发展起来的。2010年,A股市值总规模达到26.35万亿元,规模仅次于美国。同期中国资本市场IPO更是表现非凡,2010年全年融资额逾4 830多亿元人民币,超过全球资本市场IPO融资总额的一半。如今,中国经济总量已超过日本,越来越多的人相信在未来10年内中国将超越美国成为全球第一大经济实体,而中国的资本市场一定会水涨船高地成为全球最主要的资本市场。"赤橙黄绿青蓝紫,谁持彩练当空舞?"谁能抢得先机搭上中国资本市场快速发展的顺风车,谁就能率先跨入世界一流投行的队伍。

七

　　经过30年的发展,我国证券行业已逐渐走向成熟,商业模式从传统通道业务为主的阶段过渡到通道业务与资本中介业务并举、场外市场业务初现端倪的阶段,近年来在强化监管与鼓励做大做强政策导向下,行业出现两极分化现象,头部券商的竞争优势日益突出。2018年多项对外开放政策相继落地,金融行业新一轮对外开放进程加速,中国资本市场将逐渐与国际成熟市场接轨。

本书从首版到再版，已经有8年时间过去了，证券市场砥砺前行，再回首已经是翻天覆地的变化。经过数年的演进，行业收入结构变得更多元，通道型业务收入贡献显著下降，资本型业务贡献有所提升，行业马太效应凸显，集中度提升。资本市场在全面深化改革中占据核心地位，制度建设将加快完善，科创板设立与注册制试点以及退市的加速是重要标志。证券业国际化开放进程加速将带来新的活力和契机，外资投资者的引入将推动证券市场机构化，同时外资券商拥有创新的产品服务理念和先进的系统平台，进入中国市场将带动行业综合能力提升。而对标海外，中国证券行业虽然短期进入拐点，同质化竞争无以为继，仍有较大发展潜力，但行业因寻求新的增长点而加剧分化，同时数字化和金融科技带来巨大冲击。

本轮修订对证券行业各项业务进行了全面的重新梳理，从经纪业务、投行业务、资管业务等各项业务的发展现状和前沿，到研究业务、直投业务的新探索，从场外场内等诸多市场层次的蜕蜒变迁，到PE业务和国际业务的监管模式与盈利模式更迭，本书都试图一一展现其崭新面貌和未来路向。

而本次修订所不能竭尽的，是未来中国证券行业发展的广阔前景。中共中央政治局于2019年2月22日下午就完善金融服务、防范金融风险举行第十三次集体学习，习近平总书记在主持学习时提出"深化金融供给侧结构性改革"，指出"金融是国家重要的核心竞争力"。可以预见，金融行业在大国振兴的路上将日益发挥其重要作用，找准金融服务重点，以服务实体经济、服务人民生活为本，强化服务功能，配合实体经济的供给侧改革，在鼓励科技研发以提高全要素生产率的过程中发挥资本市场应有的核心作用。

本次修订由何诚颖博士牵头，卢宗辉、陶鹏春分工完成，何牧原、黄庆成参与修改。

前　言

　　证券市场是一个制造神话的地方，投资银行家则是这部神话中的主角之一。多少人白手起家，因为跨入了投资银行界而"腰缠万贯"。在耳濡目染了一个个投行大佬一夜暴富的传奇之后，即便是街头卖鸡蛋的老太太都想在市场上一试身手，那些热血沸腾的年轻人更是梦想着在股市上大捞一把。有梦想才会有希望。然而，对于初出茅庐的年轻人来说，要想跨入这样一个竞争激烈的行业谈何容易！在进入投资银行界之前，你必须充分了解这个行业的江湖规则——无论你想成为分析师、交易员还是经纪人。作为业内人士，一种使命感驱使着我们把自己多年来对于投资银行和证券市场的理解呈现给大家，如果您怀揣投资银行家的梦想，我们希望这本书能帮助您圆梦。

　　我们的初衷是撰写一本既充满趣味而又不失专业水准的书，让所有对投资银行和证券市场感兴趣的人士都能在阅读的时候感到赏心悦目，在思考的时候感到回味无穷。当然，这是一项极具挑战性的任务。在这样一个信息泛滥而又充满个性化的时代，权威已经走下了神坛。只要敲击键盘在网络上随意搜索一下，谁都可以对投资银行讲上三两句。但是，没有人知道自己不知道什么，我们也不能例外。即使我们已经在证券业摸爬滚打了很多年，有些时候，我们并不能总是跟上时代的节拍。因此希望读者能够在阅读思考之余，提出您宝贵的意见。

　　本书囊括了作者对中外投资银行的发展历史、业务经营、整体运作以及发展趋势的剖析和思考。无论你是希望进入投行的年轻人，或者是希望在股市大展拳脚的非专业人士，在你乘风破浪驶向财富彼岸的时候，这本书都将为你指引航程。本书的作者均系我国著名的证券研究专家，相信读者在开卷阅读的过程中，一定能够感受到他们对中国证券业的亲身体会。可以说，这是一本写给未来同行的书，希望每一次阅读都会让您感觉到这是作者与您心灵的交流，而不是我们对您一厢情愿的灌输。

本书由何诚颖博士牵头，陶鹏春统稿，李翔、卢宗辉、陶鹏春、赫凤杰、徐向阳、石建辉等分工撰写。我们真诚希望本书的面世能为对中国证券行业充满好奇和憧憬的朋友们提供参考、加深认识，我们也期待与读者一起见证中国证券公司的高速发展。

何诚颖
2020 年 6 月 20 日于深圳

目 录

第一章 投资银行入门 …………………………………………… （1）
第一节 引言 …………………………………………………… （3）
第二节 投资银行的含义及类型 …………………………… （4）
第三节 投资银行的业务范围 ……………………………… （7）
第四节 投资银行的职能与作用 …………………………… （11）
案 例 高盛发展史 ………………………………………… （15）

第二章 投资银行史话 …………………………………………… （23）
第一节 发达国家投资银行业的历史演进 ………………… （25）
第二节 新兴国家（地区）投资银行业的历史演进 ……… （35）
第三节 中国内地投资银行业的发展历程 ………………… （38）
第四节 投资银行业的发展趋势 …………………………… （44）
第五节 中国券商的发展趋势 ……………………………… （49）
案 例 中国上市券商的发展壮大及竞争格局 ………… （51）

第三章 投资银行真容 …………………………………………… （59）
第一节 投资银行的组织结构 ……………………………… （61）
第二节 投资银行的人力资源管理 ………………………… （66）

第三节　投资银行风险管理 …………………………………………（69）
　　第四节　投资银行公共关系管理 ……………………………………（84）
　　案　　例　投资者教育与券商盈利模式 ……………………………（87）

第四章　经纪业务 …………………………………………………（97）
　　第一节　经纪业务概述 ………………………………………………（99）
　　第二节　经纪业务管理模式 …………………………………………（106）
　　第三节　经纪业务经营模式 …………………………………………（109）
　　第四节　经纪业务的盈利模式 ………………………………………（114）
　　第五节　海外投行经纪业务 …………………………………………（120）
　　第六节　经纪业务的未来发展方向 …………………………………（125）
　　案　　例　中国券商的佣金战役 ……………………………………（131）

第五章　投资银行业务 ……………………………………………（137）
　　第一节　证券承销与股票承销 ………………………………………（139）
　　第二节　证券发行监管制度 …………………………………………（141）
　　第三节　我国发行监管制度的改革历程 ……………………………（146）
　　案　　例　工商银行A+H两地发行上市 ……………………………（158）

第六章　投行业务的经营策略 ……………………………………（161）
　　第一节　改制上市的理由、原则与模式 ……………………………（163）
　　第二节　上市途径与上市地点选择 …………………………………（168）
　　第三节　券商投行选择发行人的标准 ………………………………（171）
　　第四节　发行与上市的基本程序 ……………………………………（173）
　　第五节　发行人与中介机构的选择 …………………………………（174）

第七章　资产管理业务……………………………………………………（179）

第一节　资产管理业务概述………………………………………………（181）

第二节　资产管理业务组织模式…………………………………………（185）

第三节　资产管理的流程…………………………………………………（187）

第四节　资产管理的产品类型与特点……………………………………（188）

第五节　资产管理业务的风险与防范……………………………………（190）

第六节　我国关于证券公司资产管理业务的规定与规范………………（196）

第七节　国外投资银行的资产管理………………………………………（203）

案　例　美国花旗集团旅行者资产管理公司……………………………（206）

第八章　自营业务……………………………………………………………（221）

第一节　自营业务概述……………………………………………………（223）

第二节　自营业务决策机制………………………………………………（229）

第三节　自营业务运作机制………………………………………………（235）

第四节　海外券商自营业务状况和借鉴…………………………………（238）

案　例　长期资本管理公司的陨落………………………………………（245）

第九章　固定收益业务………………………………………………………（253）

第一节　固定收益证券概述………………………………………………（255）

第二节　中国固定收益证券市场现状与券商竞争格局…………………（257）

第三节　固定收益业务及组织架构………………………………………（269）

第四节　债券发行承销……………………………………………………（270）

第五节　债券自营业务……………………………………………………（276）

第六节　资产证券化业务…………………………………………………（279）

案　例　武钢股份的分离式可转债投资价值分析………………………（288）

第十章　创新业务 (293)

第一节　股指期货业务 (295)
第二节　股指期货定价与交易 (299)
案　例　股指期货的开闸与"一严控三松绑" (307)
第三节　融资融券业务 (313)
案　例　中国融资融券交易试点后的主要特征及市场影响 (318)

第十一章　研究业务 (327)

第一节　研究业务概述 (329)
第二节　研究人员及其评价机制 (334)
第三节　券商研究业务的定位 (342)
第四节　组织模式与研究业务独立性 (348)
第五节　券商研究部门的发展方向 (353)
案　例　海外投行的研究模式 (359)
第六节　结论：研究创造价值 (362)

第十二章　兼并收购 (365)

第一节　企业并购的概念与类型 (367)
第二节　企业并购的流程及案例 (372)
第三节　投资银行在企业并购中的作用 (376)
第四节　企业反并购策略 (378)
第五节　杠杆收购 (383)

第十三章　直接投资 (389)

第一节　直接投资业务的内涵与特点 (391)
第二节　我国券商直接投资业务的发展状况 (392)

第三节 直投业务的风险与防范 ………………………………… (395)
第四节 对券商直接投资业务的监管 …………………………… (396)
第五节 国外投行的直接投资业务 ………………………………… (399)
案　例 高盛的私人股权投资 ……………………………………… (400)

第十四章　场外交易市场 ……………………………………… (405)

第一节 美国的场外交易市场 ……………………………………… (407)
第二节 场外交易市场在我国发展状况分析 …………………… (409)
第三节 当前我国场外市场存在的问题及未来发展方向 ……… (415)
案　例 一家农资企业在纳斯达克成功上市的启示 …………… (417)

第十五章　基金家族 …………………………………………… (421)

第一节 风险投资基金、私募股权基金与对冲基金 …………… (423)
第二节 风险投资基金 ……………………………………………… (430)
第三节 中国PE的运作机制、发展现状与未来趋势 …………… (436)
第四节 对冲基金 …………………………………………………… (445)
案　例 中国民企如何利用好私募股权投资基金（PE）……… (466)

第十六章　金融工程 …………………………………………… (471)

第一节 金融工程概述 ……………………………………………… (473)
第二节 金融工程技术与运作 ……………………………………… (478)
第三节 金融工程技术的应用 ……………………………………… (483)
案　例 保本型基金的运作 ………………………………………… (491)
案　例 巴菲特与衍生品 …………………………………………… (493)

第十七章　国际化 ……………………………………………（497）
第一节　海外投资投行的国际化经验 ……………………（499）
第二节　中国投资银行的国际化实践 ……………………（509）

第十八章　投资银行监管 …………………………………（527）
第一节　投资银行监管的模式和原则 ……………………（529）
第二节　发达国家投资银行监管的经验借鉴 ……………（533）
第三节　中国投资银行监管的变迁、现状和未来趋势 …（540）
案　例　英国金融监管体系的演变 ………………………（545）

参考文献 ……………………………………………………（549）

后　记 ………………………………………………………（564）

第一章
投资银行入门

　　也许你从未接触过投资银行，但是随手拿起一份财经报纸，关于投资银行的是是非非总是会占据最醒目的版面。投资银行因为促使资金在世界范围内融通而备受赞誉，也因为安然、世通等公司的丑闻事件而饱受诟病；投资银行因为帮助企业壮大资本从而促使了股市的繁荣，也因为无视风险过度投机引发经济衰退。投资银行到底是市场的乖孩子还是坏孩子？为什么投资银行引起那么多人的关注？它是如何运作的？投资银行的出现又是如何改变了这个世界？

第一节 引　言

现代意义上的投资银行主要是由18、19世纪众多销售政府债券和贴现企业票据的金融机构演变而来的。美国投资银行历史可以追溯到19世纪初期，目前公认美国最早的投资银行是1826年由撒尼尔·普莱姆创立的普莱姆·伍德·金投资银行。在美国，投资银行往往有两个来源：一是由商业银行分解而来，典型的例子如摩根士丹利；二是由证券经纪人发展而来，典型的如美林证券。在华尔街投资银行的历史上，曾经有著名的五大投行这一说法，即高盛、摩根士丹利、美林、雷曼兄弟和贝尔斯登。

投资银行在资本市场发挥着重要作用，从政府发行债券、企业上市融资，到居民投资股票，离开了投资银行，这一切都无法进行。投资银行不仅是资本市场的主角，与日常生活也息息相关。因为投资银行的行为不仅直接影响资本市场，还会通过资本市场对实体经济产生重要影响。即使你从来没有参与过资本市场，你也会感受到现代经济生活中投资银行无处不在。在令人记忆犹新的2008年全球金融危机中，无论是投资者还是消费者，都会对当时的经济萧条忧心忡忡：股票价格缩水了，邻居失业了，企业破产了……这一切来得如此突然而又可怕。

2008年金融危机中，华尔街五大投行也无一幸免地受到冲击。贝尔斯登、雷曼兄弟、美林先后倒闭或被兼并，高盛、摩根士丹利也转变成银行控股公司。一向在金融市场呼风唤雨的投资银行也失去了往日的高贵典雅。这是投资银行发展100多年后的命运所归，还是利欲熏心后的咎由自取？历史不会这么轻易给出答案。作为个人投资者，我们也无需对如此沉重的问题作出回答。但是，在21世纪，如果还不懂得什么是投资银行，不懂得如何通过资本市场理财，那就算不上是一个合格的现代人。正因为如此，每一个现代人都应该去了解投资银行，了解投资银行是如何改变生活的。从这里起步，我们希望为你揭开投资银行的神秘面纱，跟随本书一起畅游投资银行的世界。

第二节　投资银行的含义及类型

提起"银行",相信你会想到中国银行、中国建设银行、中国工商银行、交通银行等这些妇孺皆知的金融机构。如果你是一个现代白领,可能还听说过汇丰银行、花旗银行、渣打银行等海外同类机构。没错,银行就是这些金钱扎堆的地方,它们吸收居民或企业的存款,并把部分存款贷给其他需要资金的居民或企业。其实还有一些金融机构也冠以"银行"的头衔,却做着跟前面提到的银行完全不同的买卖,这类金融机构通常被称为"投资银行"。

一、什么是投资银行

如果你不是金融系的毕业生或者金融从业人士,可能较少听说"投资银行",因为在中国它使用了另外一个名字——证券公司,比如中信证券、国信证券,"投资银行"只不过是证券公司的洋名而已。投资银行在我国的发展历史比较短,20世纪80年代末,随着我国资本市场的产生和证券流通市场的开放,一批以证券公司为主要形式的投资银行应运而生。1987年9月27日,深圳市12家金融机构出资组成了全国第一家证券公司——深圳经济特区证券公司（2002年更名为"巨田证券",2006年被招商证券托管）。在中国的金融市场上,存在三类主要的投资银行:一是本土投资银行,一般又被称作"券商";二是带有外资色彩的本土投资银行,如中金公司、中银国际以及瑞银证券;三是外资投资银行,如摩根士丹利、高盛以及UBS等。

多数人对于证券公司的认识仅停留在营业部的水平上,即仅限于帮助股民买卖股票:它们有时候让股民大赚一把,有时候又套牢遥遥无期,这种片面的理解常常让投资银行背上难听的骂名。要明白投资银行到底是做什么生意的,最好的办法是去华尔街做一次全方位、多角度的旅行。

在我们开始启程之前,或许应该给投资银行画一幅素描。美国学者托马斯·梅耶认为:"投资银行是建议企业发行何种股票和债券,从而帮助它们增加资本的机构。有时它们也充当企业和社会公众的中间人,即成批购买企业新发行的证券,然后零售给社会公众。另外,它们分配证券从而取得佣金。"中国理论界认为,投资银行是充当资本供给者与需求者之间的中介,从事证券承销、证券交易和企业并购等资本市场业务的金融机构。还是摸不着边际?其实,投资银行就是金融界的"媒婆",帮助那些需要资金的企业在市场上找到"婆家",帮助那些需要投资的资金找到满意的对象。哦,别忘了,媒婆也是要收礼金的!图1-1就是投资银行的素描。

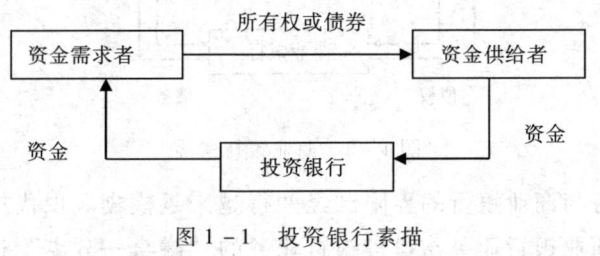

图1-1 投资银行素描

二、投资银行与商业银行的区别

现在对投资银行有了清晰的印象吧!什么?没有画清楚?跟"商业银行"长得太像?

投资银行与商业银行可谓一对同胞兄弟,不过比起年龄,投资银行应该是商业银行"老大哥"。

现代意义上的投资银行产生于欧美,主要是由18世纪、19世纪众多销售政府债券和贴现企业票据的金融机构演变而来的。投资银行的早期发展主要得益于以下四方面:一是贸易活动的日益活跃,这是投资银行产生的根本原因;二是证券业的发展;三是基础设施建设的高速发展;四是股份公司制度的发展。

现代商业银行主要是在19世纪末逐渐发展起来的,主要是通过两种途径:一是旧的高利贷性质的银行,随着资本主义经济的发展逐步转化为资本主义银行;另一种是在与高利贷的斗争中,以股份制形式成立的资本主义的商业银行。1694年股份制英格兰银行的建立标志着资本主义银行制度的建立。

商业银行一方面接受社会公众的盈余资金,使自己成为债务人;另一方面,又将筹措的资金贷出,向资金短缺者授予信用,使自己成为债权人。在这一资金流动过程中,商业银行具有"借入者"和"贷出者"双重身份。它分别与资金盈余者(存款人)和资金短缺者(借款人)存在相应的权利和义务关系,而资金存款人与借款人之间并不相互承担任何权利和义务,因为他们压根儿就不认识对方。如果说投资银行在投资者和企业之间扮演的是"媒婆"角色,商业银行与存款人和借款人之间更像"脚踩两只船":商业银行分别与存款人和借款人"卿卿我我",而存款人与借款人却"老死不相往来"。商业银行作为金融中介的素描见图1-2。

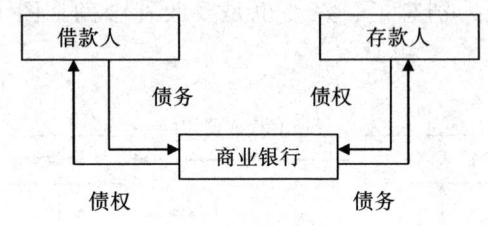

图1-2 商业银行素描

如今投资银行与商业银行的界限已经变得越来越模糊。现代投资银行作为一个独立行业,是在商业银行业务与投资银行业务的"融合—分离"过程中产生和发展起来的,也可以说是实行分离型银行制度的产物。在全能型银行制度下,商业银行没有金融业务范围的限制,可以全面经营各种金融业务;投资银行所从事的业务只是这些全能型银行业务的组成部分。2008年金融危机后,华尔街五大投行倒下三家,剩下高盛和大摩也转变成银行控股公司,独立意义上的投行在华尔街已经成为历史。

三、投资银行的类型

我国投资银行主要分为两种类型:第一种是以银行系统为背景的金融控股公司;第二种是具有综合类业务资格的证券公司。这两种类型的投资银行依托国家在证券业务方面的特许经营权在我国投资银行业中占据主体地位。但是在不同的时间和地区,投资银行也会有不同的表现形式和类型,就当前来看,世界的投资银行主要有三种类型。

(一)独立的专业性投资银行

这种形式的投资银行在全世界范围内广泛存在,高盛集团、摩根士丹利、野村证券等均属于此种类型,并且都有各自擅长的专业方向。但是2008年金融危机后,高盛和摩根士丹利都已经转为银行控股公司,这意味着独立的投行在华尔街已不复存在。

（二）全能银行

这种类型的投资银行主要分布在欧洲大陆。比如德意志银行，其在从事投资银行业务的同时也从事一般的商业银行业务，甚至还提供保险服务。全能银行的融资范围从传统的营业资金贷款到私人债券、国际债券及各类股票发行。无论全能银行的组织结构是什么样的，其本质特征只有一点：能利用一个综合业务平台为客户提供高效率、一站式、全面的金融服务。

（三）财务公司

财务公司又称"金融公司"，是为企业技术改造、新产品开发及产品销售提供金融服务，以中长期金融业务为主的非银行机构。中国的财务公司都是由企业集团内部集资组建的，其宗旨和任务是为本企业集团内部各企业筹资和融通资金，促进其技术改造和技术进步，其经营范围只限于企业集团内部，主要是为企业集团内的成员企业提供金融服务，其业务包括存款、贷款、结算、担保和代理等一般银行业务，还可以经中国人民银行批准，开展证券、信托投资等业务。

第三节　投资银行的业务范围

投资银行是主营业务为资本市场业务的非银行金融机构，是发达证券市场和成熟金融体系的重要主体，在现代社会经济发展中发挥着沟通资金供求、构造证券市场、推动企业并购、促进产业集中和规模经济形成、优化资源配置等重要作用。随着经济发展特别是资本市场的发展和法律环境的变化，以及受金融竞争、金融创新等相关因素的影响，投资银行经营的业务活动一直处于不断变革之中。按照国际投资银行业务活动，现代投资银行的业务主要包括：证券承销、证券经纪、公司并购、资产管理、投资咨询、创业资本融资等。

一、证券承销

承销是投资银行在证券发行市场以承销商的身份，依照协议包销或者分销发行人的股票、债券等有价证券的行为,它是投资银行传统的核心业务。投资银行帮助证券发行人就发行证券进行策划,并将公开发行的证券出售给投资者以筹集所需资本。由于证券发行人(特别是公司)受自身条件的限制,如其知名度不高、信誉未能被社会公众所了解、缺乏应有的技术手段和销售力量等,由他们直接对公众发售证券很难成功,且要增加筹资成本。因此,发行证券在大多数情况下是由投资银行协助完成的。投资银行为了以一个好的价格将证券卖出去,必须进行适当的推销,这在投行界有一个专门的带有娱乐性的术语来形容——路演。乍听起来就像杂技演员站在花车上向人们发传单,旁边还有翩翩起舞的以吸引公众的目光。其实不然,路演的主要形式是推介会。在推介会上,公司向投资者就公司的业绩、产品、发展方向等作详细介绍,充分阐述上市公司的投资价值,让准投资者深入了解具体情况,并回答机构投资者关心的问题。随着网络技术的发展,这种传统的路演转移到了互联网上,出现了网上路演,即借助互联网的力量来推广。网上路演现已成为上市公司展示自我的重要平台,是推广股票发行的重要方式。

二、证券经纪

经纪业务是投资银行在证券交易市场代理客户买卖有价证券的行为,也是投资银行的传统业务。由于公开发行的大部分证券是在证券交易所上市并集中进行交易的(有些种类的证券只在场外市场进行交易),买卖双方之间并不直接联系、直接交易,只能委托具有资格的经纪人完成交易。作为经纪人,投资银行是以委托代理人的身份为客户买卖证券。它接受客户的委托,按照客户的委托指令为其安排交易,保证尽可能使委托指令获得最好的足额执行。投资银行作为经纪人,从委托人处收取佣金作为报酬,自身并不持有所交易的证券,因而在证券价格变更或市场利率变动时不承担风险。经纪人的作用,加速了资金从盈余者到短缺者的流动和资产转换,降低了买卖双方的交易成本。

三、公司并购

并购是投资银行的另一项重要业务。兼并与收购是企业产权变动、产权交易的基本形式。

- 兼并是指任何一项由两个或两个以上的企业实体形成一个新经济单位的

交易。

● 收购是指一家公司与另一家公司进行产权交易,由一家公司获得另一家公司的大部分或全部股权或资产以达到控制该公司的行为。

兼并与收购的共同点都是由两个(或两个以上)企业实体的资源整合成一个整体来运营,且公司的结构发生了重大变化。所以人们习惯上将两个术语互换使用,将两者简称为"并购"。并购之所以发生,是因为两家公司合二为一后会产生 1+1>2 的协同效果。在西方发达国家,并购业务已成为现代投资银行的核心业务之一,是投资银行业中令人瞩目的领域。

在一个完整的并购过程中,为收购方服务的投资银行需要花费大量时间分析收购公司和目标公司的战略。一个企业要并购总有一定的动机和目的,有的是为了拓展销售渠道,有的是为了取得技术,有的是为了消灭一个竞争对手。其后目标企业的寻找、收购合同的谈判、并购完成后的整合都要围绕这个目的和战略进行。为此投资银行家需要解决以下几大问题:客户的并购战略是什么?收购公司需要从目标公司那里得到什么?收购完成后能产生什么协同作用?可能产生什么风险?

四、资产管理

资产管理即代客理财,通常是指投资银行作为受托人,根据与委托人(投资者)签订的资产委托管理协议,为委托人交给的资产提供理财服务,以期为委托人控制风险,获得较高投资收益或提高理财效用的活动或行为。投资银行在证券市场经营活动中积累了丰富的理财经验,加上自身的专业知识,为其充当资产管理人提供了保障。投资者将自己的资产交给投资银行等专业机构进行管理,避免了因专业知识和投资经验的不足而引起不必要的风险。

资产管理业务具有多种具体形式。投资银行既可以为单一客户量身定做,比如专门为机构和高端个人投资者提供理财服务产品,即定向资产管理业务;也可以为众多客户办理集合资产管理业务,也就是集合客户的资产,由专业的投资者进行管理,它是证券公司针对高端客户开发的理财服务创新产品;还可以为客户提供专项资产管理,针对客户的特殊要求和资产的具体情况,设定特定投资目标,通过专门账户为客户提供的资产管理服务。与定向资产管理业务和集合资产管理业务相比,专项资产管理业务在投资对象上有很大的灵活性,预留了较大的业务创新空间。

五、创业资本投资

创业资本是企业在创业初期所融通的资金,而创业资本投资是指投资银行不仅作为中介者为新公司融资或管理创业资金,而且还往往主动参与企业管理,提供人才、技术和专业管理知识的服务。高新技术(以信息技术、微电子技术、生物技术、材料技术为代表)的出现和发展,促使高科技产业、新兴企业的创立,也促使了创业投资业的形成和发展。创业投资主要集中于高科技、新产品领域的企业和项目(通常称为创业企业或风险企业),具有高风险、高收益的显著特点。

投资银行的创业投资业务,涉及不同层次的内容:

(1)它可以帮助创业企业进行权益证券私募;

(2)以中介机构的身份出现,帮助来自自身外部的创业投资基金筹集和管理风险资本;

(3)投资银行自己设立创业投资基金这种专业机构,筹集创业资本,直接参与和管理创业资本投资,并对创业企业提供人才、专业管理经验的支持;

(4)在创业企业获得成功时,帮助其发行股票公开上市(IPO)和通过二级市场交易,或是通过协助并购交易,为创业资本的退出提供变现方法和途径。

此外,一些投资银行还直接对风险企业进行股权投资,待风险企业股票上市后,便抛出所持有的股份,收回资金并获得超额收益。

六、金融衍生工具

金融衍生工具听起来就是一个让人发毛的名字,事实上也是如此。金融衍生工具说白了就是由股票、债券这些最简单的金融工具包装而来的,其买卖回报率是根据其他一些金融要素的表现情况而定,所以称为"衍生"。常见的包括金融期货、期权、互换远期合约等,这些工具被用作套期保值、规避金融资产价格风险的技术手段和投机手段。

投资银行参与设计、创造客户和他们自己所需要的金融衍生工具,并在这些衍生工具的交易市场上扮演经纪人和交易商的角色,帮助客户也帮助自己进行风险控制。因此,投资银行的这项业务又被称为"风险管理"。的确,衍生工具用得好可以控制风险,例如小麦农夫和磨坊主人签订期货合约,在未来以现金买卖小麦,双方因此都能减低风险：小麦农夫能确定价格，而磨坊主人则能确定小麦供应。但用不好将酿成大祸。1995年，巴林银行的一名交易员尼克·里森利用衍生金融工具投机，造成13亿美元的损失，令这家有数百年历史的金融机构破产。

在金融衍生工具交易中，投资银行可接受客户交易的委托，以经纪人的身份为买卖双方牵线搭桥，或为相配对的客户安排互换交易，提供交易中介服务并收取佣金。这与投资银行代理客户买卖债券、股票的运作方式没什么两样。投资银行也可以是金融衍生工具市场的交易商。投资银行参与金融衍生工具的交易，是为了满足客户规避风险的需要，促进交易的顺利和迅速实现。

除了上述主要业务外，投资银行还从事项目融资、投资研究与证券分析，提供多种形式的金融咨询和信息服务等其他活动。这些活动既满足了市场参与者或客户的需要，也对投资银行主要业务的发展起到了重要的支持和推动作用。

第四节　投资银行的职能与作用

在金融组织体系内，各类金融机构都有各自相应的功能，并在特定的市场领域开展业务活动，发挥不同的作用。投资银行的功能是通过其具体业务得以体现的，在经办某一项业务时投资银行执行着其中一个或几个功能。虽然投资银行这类金融机构在各国有不同的称谓，也各有不同的发展演变历史，其业务范围亦有差别，但它所执行的功能基本相同。投资银行具有金融中介、构建市场、财务顾问、风险管理和理财服务的功能。同一功能通常反映在不同具体业务方面，同一业务则执行着一个或几个功能。

一、实质特征——金融中介

充当金融中介，是投资银行的实质特征，也是投资银行与生俱有的基本功能。在资本市场上，投资银行以其拥有的专业技能，提供能满足资本需求者和投资者双方需要的金融工具和服务，沟通和联系，促使双方达成交易，实现资本由资金盈余者流向资金短缺者，发挥金融中介的功能。投资银行的金融中介功能，主要表现在投资银行帮助资本需求者完成筹集所需资本，帮助客户实现公司并购重组的活动。

在证券公开发行（承销）业务中，投资银行作为承销商，为发行人设计或推荐合适的证券种类，从证券发行人处购买证券，再出售给社会投资者，从而帮助证券发行人获得资本。在这一交易过程中，资本从投资者那里转移到资本需求者，是通过投资银行把买卖双方联系起来而实现流动的。投资银行既向投资公众推荐上市证券、提供适合的投资机会，又帮助资本需求者在提高融资效率、降低融资风险和交易成本的同时获得资本，在资本形成和跨时空配置与转移资源方面发挥金融中介的功能，是有效分配金融资源的重要中介之一。

投资银行的这一功能，还广泛地表现在其他业务活动中：从事证券私募业务，投资银行可为证券发行人寻找合适的机构投资者，作为发行人的代理人向投资者出售证券；在资产证券化业务中，投资银行所扮演的角色之一，就是帮助资产证券化的发行人，将资产担保证券（Asset－Backed Securities，ABS）或抵押担保证券（Mortgage－Backed Securities，MBS）出售给投资者；投资银行作为基金发起人，募集设立投资基金，通过发售基金份额或受益凭证形式向社会投资者募集资金，再将募集的资金购买资金需求者发行的有价证券，充当投资者和资金需求者之间的资产转换媒介。投资银行还通过募集和管理运作风险投资基金，向具有发展潜力的新兴企业特别是高新技术企业提供风险资本融资。

投资银行也是并购活动的重要中介。企业之间的兼并与收购，是一种资本交割、再融资的交易活动。在这项业务中，投资银行除了充当并购顾问、为收购公司和目标公司提供有关咨询服务外，还通过为收购公司寻找并购机会（物色收购对象），帮助收购公司筹集资金，安排融资等。

二、构建市场

投资银行既是资本市场的金融中介，又是市场构建人和重要参与者。投资银行参与交易构建市场的功能，是与其金融中介功能的发挥密切相关的。事实上，在证券发行中，投资银行作为证券承销商或上市保荐人，不只是充当了资金需求者和资金供给者的媒介和桥梁，它还通过对证券发行人的选择和上市证券的保荐，以及通过证券发行定价、发行方式和发行时机的掌握等，促使一级市场资源配置有效和健康发展。在一级市场上承销证券后，投资银行还需要参与二级市场的证券交易，其主要目的之一是为参加证券交易的买方和卖方构建一个完整的市场，维持证券市场的有序平稳运行，促进资本有效、合理地流动。

证券发行后能在二级市场上自由买卖，便意味着它具有流动性。这种流动性使投资者能够方便地将持有的证券转换成现金或其他金融资产，减少了为获取每一既定水平的收益率所承受的风险，提高了投资者购买证券的信心。而投资者的这种信心对降低一级市场上证券发行人的资金成本有着重要作用，它同时对投资银行作为承销商能否顺利出售证券，帮助证券发行人完成所需资本的筹集有着重要影响。如果公开发行的证券缺乏一个富有流动性的、价格相对稳定的市场，投资者就会因顾及由此带来的高风险而减少或不愿购买证券；证券发行者则要增加筹资成本和增加日后发行新证券的困难；投资银行也将因此难以开展或被迫减少证券承销业务。因此，一方面，证券的买卖双方将依赖投资银行参与做市，为公开发行后的证券建立一个完备的、有效的市场；另一方面，对投资银行来说，其参与证券市场的交易能力支撑着投资银行证券承销业务。一家投资银行构建市场的能力越强，它在证券承销中的相对竞争力也就越强。如果说投资银行的证券交易业务是证券承销业务的延续，那么，其参与交易构建市场的功能则是对金融中介功能发挥的支撑。

三、财务顾问

投资银行作为资本市场的金融中介，它运用丰富的专业知识和经验，为不同的市场参与者提供内容广泛的财务顾问咨询服务。投资银行的财务顾问功能在证券发行和企业并购活动中表现得最为显著，是投资银行发现、挖掘和创造价值，实现企业价值增值能力的重要体现。

对于拟公开发行的公司证券，投资银行将根据公司的筹资目的、资本结构、财务状况以及证券市场供求状况分析和相关的法律法规，就其发行证券的种类（包括债券的币种、融资期限、利率水平、利率的形式即固定利率或浮动利率等）、发行价格、发行时间和条件等提出建议，并提供宏观经济分析、行业分析和投资者的需求预期等资料，供其参考。投资银行也向投资者提供有关证券的分析资料，为他们提供投资建议。对于以私募方式发行证券的公司，投资银行则根据发行人的资金需求和机构投资者的投资偏好，量身定做符合双方需求的证券。

在企业兼并与收购业务中，投资银行为那些寻求并购意向的客户（收购公司）搜寻和筛选并购目标，提供并购交易的价格和非价格条件的咨询，包括企业估价意见、收购策略、融资安排、公司整合的规划等，也为潜在的目标公司怎样以最有利的条件被收购，或为摆脱敌意收购而采取反收购策略提供建议。

投资银行还对企业股份制改制和上市提供辅导、公众公司转为私有公司、出让子公司股权以便与之分立、资产剥离、获得破产企业清算资产等领域帮助设计与策划，提供公正意见，发挥财务顾问的功能。投资银行还为非营利性组织和政府部门提供财务顾问服务。

四、风险管理

提供风险管理是投资银行的重要功能之一。投资银行从不同的层面、运用多种工具和方法为市场参与者管理金融风险。当新证券发行上市时，受市场环境和投资者心理等多重因素的影响，新证券的交易价格可能偏离其合理价格，投资银行会采取价格稳定技巧，如运用超额配售权以维持新证券市场价格的稳定，从而降低投资者的风险，提高市场接纳新证券的信心。

投资银行以自身丰富的专业知识和理财技能，通过证券投资基金这种金融工具，将募集的资金投资于多样化的资产组合，为小额投资者和缺乏理财知识的普通居民分散投资风险。

在资产证券化中，投资银行通过设立专司证券化的特殊目的实体（Special Purpose Vehicle，SPV）和资产的真实出售，在证券化基础资产和原始权益人之间建立破产风险隔离机制；通过对证券化基础资产的现金流重组，实现对资产的风险与收益结构的重新配置和组合，以及运用信用增级机制，为投资者控制和管理资产证券化风险。

投资银行的风险管理功能还突出表现在，它通过创设和参与交易金融衍生工具，为投资者提供套期保值，运用金融衍生工具进行投资和投机，控制金融资产价格风险。投资银行还运用风险价值方法和信用风险管理模型管理市场风险和信用风险。

五、理财服务

就产业定位而言，投资银行属于金融服务业，提供理财服务或受托理财（即接受委托，代人管理资产）是它的一个重要功能。各类金融中介机构都具有这一功能，在金融分业经营、分业管理的体制下，它们都在相应的领域提供特定内容的理财服务。投资银行主要为资本市场的投资者提供理财服务，这与它拥有高智力的人力资源和信息、技术等方面的资源优势有关。

资产管理是投资银行理财服务功能的集中反映。投资银行通过设立基金管理公司，作为基金管理人，接受基金投资者的委托，按照基金契约为其管理运作基金资产，通过投资组合多样化，以期为投资者控制风险和谋求高收益。投资银行还作为受托管理人，接受资产证券化发行人的委托，管理证券化资产的现金流（收入）。受托各种形式的资产管理、企业年金基金管理、社会保险基金管理等，都是投资银行履行这一功能所承办的具体业务。

此外，投资银行还接受客户的委托，代为领取和支付债券利息、股息和红利，代理偿还本金，代为保管证券，提供交易查询、定期对账等服务。

理财服务功能和财务顾问功能不同。投资银行的财务顾问功能，是提供企业评价、资产估值、金融工具的设计、交易方案（结构）的策划、交易条件或策略咨询和建议等服务，扮演的是一种顾问、参谋的角色。而投资银行履行理财服务功能，是根据信托契约，为委托方管理运作交付的特定资产，为其进入市场进行投资操作，扮演的是一种理财专家或专业投资管理人的角色。

案例　　　　　　　　高盛发展史

在美国纽约曼哈顿下城West大街200号，一座像豪华大剧院的建筑便是华尔街首屈一指的投行——高盛总部所在地。这幢43层的玻璃幕墙大楼造价高达21亿美元，内部设施极尽奢华。高盛全球约有3.66万名员工。截至2017年底，高盛总资产为9 168亿美元，全年总收入320.7亿美元，实现净利润42.86亿美元，股东权益回报率5.21%。2017年6月7日，2017年《财富》美国500强排行榜发布，高盛集团排名第78位。2018年12月18日，高盛入选2018年度（第十五届）《世界品牌500强》排行榜，排名第154位。

一、历史沿革

高盛1869年创立于纽约，至今在全球20多个国家及地区设有分部，并以香港、伦敦、法兰克福及东京等地区作为地区总部。在19世纪90年代到第一次世界大战期间，投资银行业务开始形成，但与商业银行没有区分。高盛公司在此阶段最初从事商业票据交易，创业时只有一个办公人员和一个兼职记账员。创始人马可斯·戈德曼每天沿街打折收购商人的本票，然后在某个约定日期里由原出售本票的商人按票面金额支付现金，其差额便是马可斯的收入。后来高盛增加贷款、外汇兑换及新兴的股票包销业务，规模虽小，却是已具雏形。股票包销业务使高盛变成了真正的投资银行。

1929年，高盛公司还是一家很保守的家族企业，当时公司领袖威迪奥·凯琴斯想把高盛公司由单一的票据业务发展成一家全面的投资银行。他做的第一步就是引入股票业务，成立了高盛股票交易公司。在他狂热的推动下，高盛以每日成立一家信托投资公司的速度，进入并迅速扩张类似今天互助基金的业务，股票发行量短期膨胀1亿美元。公司一度发展得非常快，股票由每股几美元，快速涨到100多美元，最后涨到了200多美元。但是好景不长，1929年全球金融危机爆发，华尔街股市大崩盘，股价一落千丈，使公司损失了92%的原始投资，公司的声誉也在华尔街一落千丈，成为华尔街的笑柄，公司濒临倒闭。之后，继任者西德尼·文伯格一直保持着保守、稳健的经营作风，用了整整30年，使遭受"金融危机"惨败的高盛恢复了元气。

20世纪60年代，增加大宗股票交易更是带来新的增长。70年代，高盛抓住一个大商机，从而在投资银行界异军突起。当时资本市场上兴起"恶意收购"。恶意收购的出现使投资行业彻底打破了传统的格局，催发了新的行业秩序。高盛率先打出"反收购顾问"的旗帜，帮助那些遭受恶意收购的公司请来友好竞价者参与竞价、抬高收购价格或采取反托拉斯诉讼，用以狙击恶意收购者。高盛一下子成为遭受恶意收购者的天使。反恶意收购业务给高盛投资银行部带来的好处是难以估量的。1966年其并购部门的业务收入是60万美元，到了1980年并购部门的收入已升至大约9 000万美元。1989年，并购部门的年收入是3.5亿美元，仅仅8年之后，这一指标再度上升至10亿美元。高盛由此真正成为投资银行界的世界级选手。

高盛是华尔街上最后一家放弃合伙制的投资银行。合伙制具有很强的保密性，因此高盛不需要向社会公布其盈利状况，商业决策不会在媒体上被公开分析，发展战略不会被竞争对手模仿；合伙制让公司员工——特别是合伙人之间，产生一种相互依赖的家族式感情；合伙制下成为合伙人是员工奋斗的动力，有幸成为合伙人不仅意味着公司的信任，也意味着能够获得财富上的巨大回报。1993年，公司的税前利润达到27亿美元。英国《卫报》在头版头条提出这样的问题："在坦桑尼亚和高盛之间存在着什么样区别？"《卫报》的答案是："一个是非洲国家，每年的国民生产总值是22亿美元，用于2 500万人的消费。另一个是盈利27亿美元的投资银行，盈利的绝大部分在161个人之间进行分配。"1993年，高盛的合伙人人数为161人。就在高盛认为自己的盈利势头不可阻挡时，1994年2月至12月的11个月中，高盛盈利只有1.33亿美元，是公司十年来业绩最差的一年。

90年代初的高盛在全球的快速扩张、向高风险经营方式的转变以及1994年业绩下跌所导致的后果就是大量优秀雇员的离去与大量合伙人选择退休。合伙人的离去表明，高盛面临的不仅仅是业绩问题，更是信心的丧失与团体精神的动摇。英国《金融时报》评论1994年的高盛说，它"失去了合伙人、声望和道德"。1998年，金融市场的合并使高盛处于不利的竞争地位，高盛业务的发展需要更多的资金、需要更好的融资渠道。于是高盛开始筹备上市，希望借此增强资本实力，应对来自混业经营的金融控股公司的挑战。在以合伙人制度经营了130年之后，高盛最终于1999年5月在纽约证券交易所挂牌上市。高盛的上市标志着合伙制的投资银行在华尔街不复存在。

20世纪90年代，高盛已经成为一个提供综合性金融服务的公司。业务的综合性让高盛即使在2000年互联网泡沫破灭、传统投资银行业务大幅度减少的情况下仍然能够保持高速发展。高盛的经营收入主要由三大核心业务构成。

- 投资银行业务从事最传统的业务。该业务分成两个部门：财务顾问部（为并购、重组、反恶意收购、企业分拆与分立提供咨询）与证券承销部（承销股票、债券的公开发行与私募）。2008年高盛以8 161亿美元的并购业务总量而连续12年居各投资银行之首。

- 交易与自营投资业务为高盛三个核心业务中最大的业务，其收入占高盛总收入的68%。这一业务由三个部门组成：一是固定收益证券、外汇与商品交易部（从事利率、信用产品、抵押贷款证券化产品、外汇、商品、结构性与衍生产品的交易）；二是股票交易部（从事股票及股票衍生产品等交易）；三是自营投资部（利用高盛自己的资金为高盛自己账户进行交易）。这三个部门不仅从事固定收益证券等资本市场业务，而且从事外汇、利率这些资本市场之外的金融市场业务。

- 资产管理与证券服务业快速发展。这一业务分为两个部门：资产管理部（为机构与富有的个人投资者提供投资顾问、财务规划服务；管理共同基金；从事对冲基金、私募股权基金等投资）和证券服务部（提供证券经纪以及为对冲基金、共同基金等提供融券等服务）。资产管理与证券服务业利润占高盛年度总利润的17%。2006年，高盛资产管理部以管理295亿美元的资金而被称为美国最大的对冲基金。2007年高盛对冲基金规模为325亿美元，仅次于其对手JP摩根的331亿美元。高盛的资产管理部从事私募股权投资，但高盛同时创建了"高盛资本合伙"作为高盛的一个独立、专门从事私募股权基金投资的部门。1986年，高盛开始进行私募股权投资；到2006年，高盛总共进行了170亿美元的投资。其中最主要的是始建于1990年的"高盛资本合伙基金"系列。"高盛资本合伙基金5"募集了85亿美元的股权资本。2007年4月23日结束资金募集的"高盛资本合伙基金6"总共募集了200亿美元的资金。目前高盛主要的私募股权投资是通过"高盛资本合伙基金6"进行。业务的综合性、全球性让高盛能够在某些业务衰退的时候,另一些业务能够迅速发展,从而保证公司整体的快速增长,并成功经受住一次次经济衰退。

2008年,由次贷危机引发的全球金融危机爆发。华尔街五大投行中的美林、雷曼和贝尔斯登或被收购,或被迫倒闭。正当人们在为高盛前景担忧时,美国政府伸出了援助之手。正如加州大学洛杉矶分校历史系教授罗伯特·布伦纳所说:"高盛的利益就是美国的利益。"美国联邦储备委员会于2008年9月21日批准了高盛和摩根士丹利提出的转为银行控股公司的请求。这两家最大的美国投行开始涉足商业银行领域,他们能够直接向美联储借款以及可以接受存款,通过并购和财富管理业务转型的方式开辟了商业银行的道路。高盛和摩根士丹利通过并购和财富管理账户等转型为商业银行,但在转型之前,都已经做足了充分的准备。比如高盛银行在当局批准之前,已经拥有百万个管理账户。高盛和大摩的转型,意味着"长久以来世人熟知的华尔街的终结"。失去了更多的对手,危机之后的高盛公司更加强大。

二、高盛不倒的秘密

成立百余年,至今屹立不倒,且被指出是诸多泡沫的"元凶",高盛缘何屹立不倒?是对市场走势的准确判断?是网罗了世界顶级投资精英?还是与各国政界的紧密关系?

(一)与时俱进的创新能力

高盛的成功原因之一在于它与时俱进的自我调整、适应外部环境的能力。20世纪70年代,以证券交易成名的格斯·利维成为高盛的领袖,促进了高盛在证券交易业方面的发展,从而让高盛在20世纪80年代开始的证券交易业务浪潮中抢得了先机。1981年,高盛公司收购J.阿朗公司,进入外汇交易、咖啡交易、贵金属交易的新领域,标志着高盛多元化开始,超越传统的投资银行代理、顾问范围,有了固定收入。1989年,高盛公司7.5亿美元的总利润中,阿朗公司贡献了30%。90年代,高盛高层意识到只靠做代理人和咨询顾问,公司不会持久繁荣。于是又开设资本投资业务,成立GS资本合作投资基金,依靠股权包销、债券包销或公司自身基金,进行5年至7年的长期投资,然后出售获利。高盛在1994年投资13.5亿美元换取一家从事服装业的拉夫·劳伦公司28%的股份,并自派总裁。3年后,出售其中6%的股份套现到4.87亿美元。其余股份升值到53亿多美元。短短3年内,高盛的资本投资收入翻了近10番,而老业务投资银行部只翻了两番。高盛公司尝到推陈出新的甜头后，把"先起一步"与"率先模仿"作为自己的重要发展战略。

如今，高盛又已经做好了从方兴未艾的全球性环境保护运动中获利的准备，并在这方面领先于竞争对手。高盛积极投身于二氧化碳排放量交易市场，并将可能从二氧化碳排放限额交易中获得巨额收益。据有关专家分析，到2020年底，美国二氧化碳排放限额交易市场将达到1万亿美元，但是除非联邦政府迫使美国公司参与交易，二氧化碳排放限额交易将不会带来很大利润。高盛不仅支持美国政府对二氧化碳排放量的强制性限额，而且并在努力游说美国国会通过法律，限制二氧化碳的排放量。通过自己的商业经营活动以遏制全球气候变暖，高盛得到了环境保护组织与媒体的称赞，确立了高盛"绿色环保公司"的名声。

（二）预测还是阴谋

一流的研究机构是支撑投行业务的基础，也是一个金融服务机构的核心竞争力。高盛很重视投行的研究能力，凭借其卓著的声誉和极具诱惑力的薪水，高盛吸引了世界上最顶尖的人才，据说1990年耶鲁大学超过一半的应届毕业生向高盛投了求职简历。高盛在集团管理委员会下设全球投资研究部，向客户提供高质量的经济研究成果和投资建议，有效地提高了自身在经济、投资组合策略以及股票分析等领域的地位。高盛全球投资研究部的研究范围覆盖2 000多家公司、50多个经济体以及25个股票市场。毫不夸张地说，高盛几乎可以凭借其研究报告在国际市场上翻云覆雨。

然而，高盛称霸全球的背后完全凭借的是其客观公正的研究报告吗？回顾2000年来的每一次市场波动，从石油、CDS再到大宗商品市场，高盛的"预测"无不带有明确的目的性，在高盛兼预测家、投机商和对赌方三位一体的猎杀下，其交易对手很少能够全身而退。以石油操纵为例，在整个交易中，高盛的交易对手有两个：一个是高盛全球商品价格指数基金的投资者，另一个就是高盛及其合作伙伴以外的交易者。通过对石油现货市场价格的影响，高盛可以同时赚取两者的钱。如果油价上涨，看空石油价格的交易者就输给高盛，而高盛指数基金则会上涨；反过来，如果油价下跌，尽管高盛指数基金下跌，但高盛自己持有的大笔卖空合约则会赚个盆满钵满。高盛选择了沙特阿拉伯这个最大的产油国作为合作伙伴，可以自由控制石油现货市场。离岸仓库根本不受监管，正因为这些仓库的库存变化难以监管，原油的生产和供应之间会产生一个差额，高盛正是通过操纵这个差额来控制原油供应市场。

（三）官与商的不解姻缘

高盛政商两界"通吃"颇有渊源。在内部管理中，高盛也把横跨政商两界作为一种企业文化来宣扬。从1998年开始，高盛内部发生了一场其历史上前所未有的内部权力斗争。1998年夏天，当时任CEO的科尔金将精力集中在协助美联储救援长期资本管理公司（LTCM）时，保尔森在两位联席首席运营官约翰·赛恩与约翰·桑顿的支持下，成功夺取了高盛的领导权。科尔金被迫辞去CEO的职务。不久，他从高盛退休，全身投入政界，并成功竞选美国国会参议员。2003年，约翰·赛恩离开高盛，去纽约证券交易所担任CEO；约翰·桑顿离开高盛，来到清华大学任教。2006年5月，保尔森离开高盛，就任小布什政府财政部长。劳埃德·布兰克费恩被任命为高盛主席兼CEO。在随后的几年中，高盛出身的人先后控制了纽约证券交易所、花旗集团、美林公司、美国财政部、世界银行还有白宫办公厅。

众所周知，低调潜行的高盛在金融危机中屹立不倒，不仅因为高盛是五大投行中资产质量最好、实力最强的一家，还因为高盛在金融危机中获得了空前的权力和好处。在拯救美国陷于危机的过程中，保尔森任命了多名他在高盛任CEO时的同事。不管保尔森个人的职业操守有多强，一个事实毋庸置疑，高盛班底已经事实上"劫持"了美国政府。而华盛顿官员的归宿，很多也在待遇丰厚的华尔街。高盛还是民主、共和两党的政治献金大户。自1989年以来，高盛对两党的政治献金达3 160万美元，其中2/3捐给了民主党。仅奥巴马在2008年大选期间就收到了来自高盛员工的捐款近100万美元。

三、高盛在中国

高盛于1984年在中国香港设立亚太地区总部，又于1994年分别在北京和上海开设代表处，正式进驻中国内地市场。此后，高盛在中国逐步建立起强大的国际投资银行业务分支机构，向中国政府和国内占据行业领导地位的大型企业提供全方位的金融服务。即使在进军中国的道路上，高盛依然是"政治挂帅"。和大摩风格迥异，寻求更多的人脉关系进而打通商脉是高盛撬开中国市场的特殊方式。比如，高盛通过收购中国政府银行不良资产、合作证券公司等业务，顺利地获得了进入中国市场所需的各项政策支持和资源。在中国房地产的投资，它通过投资或者资产管理机构，以资产或者房地产信托投资基金来操控房地产的开发。在战略布局上，高盛以上海为根据地，重点进攻北京、广州、深圳等一线城市，逐渐圈占二线城市。

高盛是第一家获得上海证券交易所B股交易许可的外资投资银行，以及首批获得QFII资格的外资机构之一。2004年，高盛捐款3.8亿元，帮助与高盛没有任何关联、其时正处于财务困境中的海南证券有限责任公司。高盛的这一慷慨行为获得了中国政府的好感。最终中国政府批准了高盛在中国创建高盛高华证券有限责任公司，高盛拥有合资公司33%股权，北京高华证券有限责任公司拥有67%股权，但这是中国第一家由外资实际控股的证券公司。合资公司的成立令高盛从此可以在中国开展本土A股上市业务、人民币企业债券、可转换债券和提供国内金融顾问以及其他相关服务。

高盛在中国的股票和债务资本市场中已经建立起非常强大的业务网络，并在中国进入国际资本市场以及参与国际资本市场交易的过程中发挥了积极的作用。高盛一直在帮助中资公司海外股票发售中占据领导地位，其中具有里程碑意义的交易包括：中国移动通信于1997年进行的首次公开招股发售，筹资40亿美元；中国石油于2000年3月进行的首次公开招股发售，筹资29亿美元；交通银行于2005年进行的海外上市项目，筹资22亿美元。2006年，高盛成功完成中国银行111.9亿美元H股首次公开上市项目；2010年，高盛再次参与农行H股的主承销，募集资金120.39亿美元。

在债务融资方面，高盛在中国牵头经办了40多项大型的债务发售交易。高盛多次在中国政府的大型全球债务发售交易中担任顾问及主承销商，分别于1998年、2001年、2003年和2004年10月完成了10亿美元以上的大型交易。高盛是唯一一家作为主承销商全程参与中国政府每次主权美元债务海外发售项目的国际投行。

高盛在中国市场同样担当着首选金融顾问的角色，通过其全球网络向客户提供策略顾问服务和广泛的业务支持。近年来，高盛作为金融顾问多次参与在中国的重大并购案，如日产向东风汽车投资10亿美元；戴姆勒—克莱斯勒向北汽投资11亿美元；TCL与汤姆逊成立中国合资企业；汇丰银行收购中国交通银行20%股权；联想收购IBM个人电脑部；中国石油收购哈萨克斯坦石油公司以及中海油收购在尼日利亚的石油资产等。此外，高盛还直接投资中国企业，如2018年7月，高盛与阿里巴巴领投苏宁体育A轮6亿美元融资。2018年10月，高盛跟投国内汽车新零售平台花生好车2.1亿美元B轮融资。

第二章
投资银行史话

投资银行这类金融机构，在不同国家有不同的称谓。美国理论界称为"投资银行"（Investment Bank），英国习惯上称为"商人银行"（Merchant Bank），在日本则称为"证券公司"（Security Firms）。不同的称谓实际上反映了各国金融制度和管理模式的差异，而这种差异又主要是由各国经济环境和法律制度的演变所决定的。

寻根探源，投资银行起源于18世纪中叶的欧洲。英国商人银行（专指接受存款、承销和交易证券、发放贷款并提供其他辅助金融服务的金融机构）的前身是承兑所，这些承兑所为满足国际贸易活动中信用交易的需要，承兑外贸商人间相互开出的商业票据，便于其流通转让。美国的投资银行起源于19世纪初。从19世纪20~30年代开始，随着美国交通能源基础设施建设和南北战争的需要，美国政府和大多数采矿业、铁路公司通过发行巨额债券筹措资金，为投资银行的起步发展提供了业务机会和有利条件。于是，一些经营证券承销业务的商号便在当时出现了。早期的投资银行是由那些私人财富积累者创办的，这些投资银行多以合伙制的形式组成。投资银行通过办理证券承销和经纪业务，发挥了其作为证券市场中介人的功能和作用。

从投资历史的角度分析来看,欧洲和美国投资银行的发展可谓引领了整个世界投资银行业的潮流。欧洲是投资银行业的起源地,并一直左右这个行业的发展直到 20 世纪,其中最具代表性的当属英国的商人银行。从 20 世纪开始,美国的投资银行业蓬勃发展起来,并逐步取代欧洲国家取得当代投资银行业务的霸主地位。

第一节 发达国家投资银行业的历史演进

一、英国商人银行的发展

(一) 18 世纪以前——投行在欧洲大陆萌芽

早期的商人银行起源于 15 世纪的欧洲。商人银行,本来是欧洲国家对从事企业银行和投资银行业务的大型综合性银行的称谓。在商业银行发展以前,一些欧洲商人就开始为他们自身和其他商人的短期债务进行融资,这一般是通过承兑贸易商的汇票对贸易商进行资金融通。1397 年,麦迪西银行的总部在意大利的佛罗伦萨设立,这是当时欧洲最大最著名的商人银行,也是早期投资银行的原型。进入 17 世纪后,随着国际经济形势的变化,世界贸易以及国际金融中心被荷兰的阿姆斯特丹所占据。在随后长达 1 个多世纪里荷兰的银行业主要经营着为海外贸易筹集资金、外汇兑换的业务以及提供国外政府贷款。

(二) 18 世纪至 19 世纪——英国统领金融业的时期

18 世纪以后,伦敦逐渐取代阿姆斯特丹成为国际金融中心,其中心地位一直持续到第一次世界大战以前。这一时期,愈演愈烈的国际贸易竞争导致海外贸易收益下滑,而与此同时制造业逐步向专业化趋势发展,这使得制造业的商人无法承担市场拓展中的财务风险。英国为了实现风险分散和融资的需求,在伦敦建立了大量承兑商号。这些商号在成立早期专门从事承担出口业务中的财务风险,后来它们又由局限的汇票承兑和贸易贷款业务扩展到为那些拥有国际业务的大公司甚至外国政府募集资金。这些金融机构具有浓重的家族特点,其中规模较大的有罗斯柴尔德家族、巴林银行等。同时,它们被认为是典型的商人银行,除了从事常规的存贷业务赚取利差之外,还帮助客户筹集资金,为政府提供公共事业融资,并使用银行自有资本进行投资等。

欧洲的工业革命，使得商人银行的业务范围逐步扩大，其业务范围涵盖协助公司融资、进行资产管理及投资顾问等。20世纪以后，商人银行增加了它们证券承销、证券自营、债券交易等业务的比重，到了最近几十年商人银行开始大量经营证券市场业务。然而第一次世界大战以后，随着英国国际经济金融中心地位的不断下降，尽管它仍然拥有欧洲最发达的商人银行业务，但商人银行发展却步入缓慢发展时期。

（三）20世纪70年代至今——英国投行业在改革中前进

20世纪70年代以后，英国开启了民营化的道路。为了解决石油危机给国民经济带来的困境，财政部决定依靠市场机制来提高企业生存概率。于是，国有企业的民营化改革进入日程。在这样一个改革过程中，尝试采用了多种资源整合形式，如公开上市、私募股权、国有资产出售、重组或分割以及新的私有资本注入等。可以说，国有企业的民营化改革为商人银行提供了大量的业务基础。

1986年10月27日，伦敦证券交易所实施了声势浩大的金融改革，通过了《金融服务法案》，冲破了英国商人银行和商业银行严格的业务界限，允许实力雄厚的本国和外国的商业银行、保险公司与证券公司申请成为伦敦证券交易所的会员，或持有会员100%的所有权，直接参与证券业务。英格兰银行甚至允许商人银行在贴现行参股，形成没有业务界限、无所不包的金融联合大企业。现如今，英国商人银行的业务范围已拓展到承兑票据、大额存款、筹措资本、企业合并重组、为客户理财、发行和承销有价证券、办理保险、提供管理咨询以及进行外汇、黄金交易等多个方面。

对商人银行发展的进一步的推动也得益于20世纪80年代的兼并收购风潮。许多商人银行利用自有资本或代为管理的共同基金参与企业的收购和合并热潮。据统计，1987年，英国公司并购美国公司资产总值高达317亿美元，这些并购基本上都是依靠英国商人银行的协助与筹划才得以完成的。另外，1994年底对全球跨境并购业务统计表明：当前全球前十大跨境并购业务中，有6件涉及英国商人银行的参与。英国商人银行在并购风潮中获得丰厚利润的同时，也在全球投资银行业中占据了举足轻重的地位。

进入20世纪后，英国的一部分商人银行仍以传统的承兑票据业务为主，其典型代表是英国承兑行委员会（AHC）下属的17家会员；而另一部分商人银行则涉足资本市场，从事证券承销业务，充当投资中介和管理者。需要说明的是，20世纪80

年代中期以前,英国不同金融机构发挥不同的作用,提供不同的金融服务。这是历史自然形成的传统惯例。所以,英国的商人银行从诞生之始就是与商业银行分离的,即不经办商业银行业务。第二次世界大战以后英国经济地位的下滑导致伦敦证券交易所失去了"世界第一大证券交易所"的交椅。英国投资银行业为了增加其在世界范围内的竞争力,开始走混业经营的道路。80年代后期,在世界证券市场和金融市场国际化压力的驱动下,伦敦证券交易所期望通过拓展其业务的广度和深度来恢复其在国际证券市场的领先地位。然而,支撑英国证券交易所的是中小投资银行,这是美国、日本以大的投资银行为背景以及欧洲大陆国家依靠大的商业银行为主体的证券交易所无法比拟的。因此,英国决定彻底改变其对投资银行业务的保守状况。

2006年,英国投资银行业务收入约为62亿美元,欧洲地区一半的投资银行业务是在伦敦进行的。此外,伦敦还是全球主要私人银行业务之一,2005年由英国金融机构管理的私人客户证券总值达2 760亿英镑。2008年次贷危机爆发,巴克莱银行火速收购了雷曼在美国的投行和资本市场业务,奠定了其在美国金融市场的地位以及全球投行中的前10名地位。

二、美国投资银行的发展

美国投资银行历史可以追溯到19世纪初期。目前公认的美国最早的投资银行是1826年由撒尼尔·普莱姆创立的普莱姆·伍德·金投资银行。与欧洲投资银行业相比,美国投资银行的历史短,起步比较晚,但其发展相当迅速,后来者居上。尤其是这近几十年来,其规模和业务发展一直处于国际投资银行业的领先地位,其发展沿革在行业中也最具有代表性。因此,当前对投资银行的探索就主要集中在对美国投资银行的研究之中。

美国投资银行的发展历史大致可以分为以下几个阶段:

(一) 19世纪——美国投资银行的早期发展

美国的投资银行业起源于19世纪。1812年美国内战爆发,美国政府发行了大量国债,当时的投资银行成为以经营公共债券为主营业务的金融机构。1826年,普莱姆·伍德·金公司首先从证券零售经纪业务中脱离出来,开始从事证券批发业务,成为美国金融历史上第一家投资银行。19世纪中叶,美国铁路产业迎来了蓬勃发展,铁路的快速发展表现出对资金的巨大需求。在这段时期里投资银行主要以经营铁路债券为主,有的甚至还参与到直接经营之中。随后爆发的南北战争更是为投资银行带来了极好的历史机遇。战后交通能源基础的建设需要通过发行大量债券来筹集资金,这为投资银行提供了充足的业务机会。其中,19世纪60年代,美国最大的投资银行家杰伊·库克就是利用了战争所创造的机会发展壮大起来的。这位银行家曾在1861年成功包销了300万美元的债券,并在随后的几年里承销了高达3.6亿美元的政府债券和大量的军费国债。

这些早期的投资银行多为私人创办的合伙制公司,它们往往通过认购公司股票和债券再销售给投资者来实现公司的融资。这种证券承销和经纪业务也促进了美国大量新兴产业的发展。在这个时期产生了一系列极具影响力的投资银行,如摩根士丹利、美林、高盛、雷曼兄弟等。然而,总体看来,19世纪美国的投资银行还没有成为一个独立的金融行业,许多投资银行业务是由被称为私人银行的机构所经营的。1864年美国《国民银行法》(the National Banking Act of 1864)明确规定禁止国民银行进入证券市场,而有权从事证券业务的银行是那些被称为私人银行(Private Bank)的机构。这些私人银行接受顾客的存款,然后在证券市场中从事承销、投资业务,或者二者兼营。需要解释的是,银行业包括了现在被称为投资银行业的部门,当时的国民银行和私人银行这两种类型的机构都被称为银行。

(二)19世纪末至1933年——美国投资银行的兴盛时期

19世纪后期,美国的工业发展迅速,基本上在30年间完成了工业化过程。自由竞争资本主义在美国的发展达到巅峰,而股份制的企业制度形式也得到普及。在这种国家经济利好的形势下,美国投资银行业也同步迅猛发展起来,迎来了投资银行业的盛世王朝。在这一时期美国投资银行业的业务拓展极为迅速,除了进行公司的股票承销和经纪业务外,也扩展到信托投资、企业创立与改组、企业兼并、大额存放款、汇兑以及外汇业务等。美国历史上的第一场并购浪潮就发生在1898~1902年,其特征是横向并购。投资银行在这样一次大规模融资兼并的过程中,依靠它们的信誉和适当的融资工具,成功将并购拓展成为投资银行的一项重要业务。美国国会在1913年发表的《货币托拉斯调查报告》中就指出,摩根财团以摩根公司为核心,控制着美国钢铁公司、通用电气公司等53家大公司,总资产达127亿美元,包括金融机构13家(资产30.4亿美元)、工矿业公司14家(资产24.6亿美元)、铁路公司19家(资产57.6亿美元)、公用事业公司7家(资产14.4亿美元)。摩根公司还直接参与和指导创建了通用电气公司和美国钢铁公司,而摩根本人也显赫一时,被公认为是比美国总统更有影响力的人物。

1929年以前,美国政府规定发行新证券的公司必须有中介人,且这种业务只能通过银行控股的证券业附属机构来进行,商业银行不能直接从事证券发行与承销。在这种情况下,新行业的公司必须在投资银行的帮助下进入市场,投资银行由此控制了这些公司的债券和股票的发行和承销,被称为可左右市场的"货币托拉斯"。但在1927年《麦克法顿法》通过,这一法案中最为重要的一项规定就是赋予货币监理官批准商业银行机构承销股票的权力。由此,商业银行通过下设证券附属机构来进入股票市场,并可以向其客户提供保证金贷款。这一时期,几乎所有商业银行和投资银行都从事证券(主要是公司债券)业务,业务的交叉和融合使两者密不可分。据统计,到1929年危机前,美国银行数量达到将近3万家,证券市场交易规模达到空前水平。投资、投机、承销和分销证券给投资银行带来了巨额利润。

然而,由于美国政府对这一蓬勃发展的时期金融市场缺乏监管,采取了较为宽松的管理制度和经济政策,以至于证券市场高速发展的同时也存在着越来越多的违法行为,如虚售、垄断、大进大出、联手操纵等。这些行为成为证券市场健康持续发展之路上的重大隐患,并最终导致1929年的股市大崩盘。

(三) 1933年至20世纪70年代——美国投资银行业恢复性发展期

1929~1933年的危机引发了人们对证券市场管理制度的广泛思考与研究。1933年,罗斯福总统实施新政,制定了一系列的法律法规。这一年里通过了《证券法》(1933年)和《银行法》(1933年),其中《银行法》中有4节(第16节、第20节、第21节和第32节)都禁止了商业银行从事投资银行业务。这一法案也称为《格拉斯—斯蒂格尔法》。该法案规定:"任何以吸收存款业务为主要资金来源的商业银行不得进行证券承销、证券经纪或自营等隶属投资银行业务领域的经营活动;任何经营证券业务的投资银行也不得入侵支票存款、存单存款和吸收存款等商业银行的业务领域;商业银行人员不得同时在投资银行任职,且商业银行不得设立任何从事证券业务的分支银行或公司……"这一法案也创造了美国现代投资银行这一群体。该法案规定:"银行在一年之内必须在经营证券等投资银行业务和经营存贷款等商业银行业务之间做出抉择。"在此规定下,一部分银行选择了证券业,如高盛和雷曼兄弟公司等;而另一部分则选择了商业银行业务,如花旗银行和美洲银行等。其中,摩根士丹利一分为二:主要部分从事商业银行业务;证券业务部独立出来,成立了摩根士丹利公司。这一次分家也成为现代投资银行诞生的标志。在其后的几十年里，美国国会又先后出台了《证券交易法》（1934年）、《公用事业控股公司法》（1935年）、《马罗尼法》（1938年）、《信托合同法》（1939年）、《投资公司法》（1940年）、《证券法（修正案）》（1964年）、《威廉斯法》（1968年）、《证券投资保护法》（1970年）等一系列法案，逐步形成了金融业分业经营、分业监管的基本制度框架，加强了政府对投资银行的管制。

由于经济大萧条和世界大战，整个二十世纪三四十年代美国投资银行基本都处于发展的低迷期。40年代初，出于战争原因，国家需要在市场上筹集大量资金，国库券立刻成为主要的投资品种。那个时期，各类债券取代了公司证券成为投资银行业的主营业务。第二次世界大战期间远离战场的美国，其证券市场在日趋完善的法律、法规体系下平稳发展。然而，比较而言，自危机后到20世纪50年代初资本市场的发展却从未攀升至20世纪20年代的历史高峰。可以说，这一时期是投资银行在相对平静的国际环境中平稳发展的近20年。

20世纪50年代到60年代末，西方国家经济步入发展黄金时期。第二次世界大战以后，公共事业成为证券市场上的主要发行者，市政债券大量增长，使整个证券市场资金容量扩充。50年代末证券市场上出现了量价齐涨的喜人格局，且1963年交易量首次超过1929年崩盘前的水平。60年代末，规模愈来愈大的美国企业纷纷大搞负债经营，外源性筹资比重显著上升，筹资方式与筹资工具日趋多样化。另外，市场利率的攀升也促使大量公众存款从商业银行转入证券市场以生息获利。最后，为实行扩张性财政政策，弥补财政支出和财政赤字，联邦、州及地方各级政府所发行的公债规模逐年扩大。这一时期的股票交易量也上升到一个历史的新台阶。1968年交易量水平较1963年增长了3倍。60年代的市场繁荣使得曾经一度萎靡不振的美国投资银行开始重新走向繁荣。

到了70年代，美国投资银行业务有了新的发展。随着以杠杆收购方式为特征的第四次兼并收购浪潮的兴起，对较为专业的财务融资需要明显增加，而这种专业化的融资程序只能在投资银行的帮助下进行。于是，这一浪潮促进了投行兼并业务的发展，也增加了现金流入。值得说明的是，截止到70年代中期，美国投资银行的收益来源主要依靠传统的经纪业务。在美国投资银行业发展初期，这种盈利模式的存在完全仰仗于行业垄断利润的支撑，而长期以来这种固有盈利模式却得益于固定佣金制度的保障。有资料显示，1973年整个美国投资银行业的佣金收入水平达到了56%。到了1975年，固定佣金制被取消，佣金协商制实行。迫于竞争压力，投资银行开始积极寻找其他的收入来源进行业务的转型，进而导致投资银行经营模式差异化和业务结构多元化，不同类型的投资银行开始形成。在这一过程中，投资银行创造出了大量新型的金融产品，如利率期货和期权交易等，以规避各种风险，投资银行的资产证券化业务也随之开拓。

（四）20世纪80年代——美国投资银行业的重新扩张

20世纪80年代，迫于全球业务的竞争压力，美国国会逐渐把行业的竞争性与稳健性放到了同样的高度，并先后颁布了一系列法律和法规，放松对金融市场的管制。如1980年颁布的《存款机构放松管制机构法》，是自1933年以来美国金融政策的一个重要转折点。为了削弱欧洲债券对美国本土资本的竞争力，1983年实施了"证券交易委员会415条款"（SEC Rule 415），对投资银行业产生了极为深远的影响，使美国投资银行业在80年代至90年代取得了长足的进步，产生了大量金融创新产品。从80年代开始，美国的利率开始从历史最高水平回落，大量的新发行股票与债券充斥市场，出现了不够投资级的垃圾债券。这些债券的发行给投资银行提供了巨大商机，并在此后10年中持续影响着美国投资银行的发展。这一时期美国投资银行业发展迅速再次进入扩展趋势，相比于开始下降的传统业务收入而言，海外经营收入占比增多，呈现专业化经营的新特点。

（五）20世纪90年代至2008年次贷危机——美国投资银行的分化

20世纪90年代以后，伴随着世界经济和科技的高速发展，在众多因素的刺激下国际投资银行业产生了许多变化。其总体特点表现为大的国际型投资银行机构规模越来越大，投资银行重组大量出现，高科技发展带来投资银行业务的革命、创新业务大量涌现等等。

1989年的《金融机构改革、复兴与实施方案》，瓦解了长达60年的严格分业经营体制，允许商业银行在一定的条件下从事证券包销和保险业务。90年代初期，政府决定全面改革银行法制，颁发了《1991年联邦存款保险公司改革条例》，允许某些银行以等于其资本100%的数量获得和持有普通及优先股票，促进了商业银行与投资银行的融合。在世界其他发达国家投行业积极发展的压力下，美联储最终颁布了《1999金融服务业现代化法案》，允许银行、证券、保险业相互跨业经营。这一政策的变化催生了美国全能银行的诞生，这些被称为金融控股公司的全能银行在兼顾其传统商业银行业务的同时，凭借其雄厚的资金实力转向经营自有账户交易与证券投资，甚至扩展到高风险高收益的结构性产品交易领域。据美国证券公司协会（NASD）报告，从1990年到2000年的约十年间，美国大型投行的利润率从约20%降至约10%，年均资产收益率从约30%降至约20%。迫于竞争的压力，美国独立投资银行开始重新思考定位其盈利模式。根据盈利模式选择的不同，美国独立投资银行分化成两大类。第一类使用创新业务为主的多元化经营模式，其典型代表为因为次贷危机而倒下的华尔街五大投行：高盛、摩根士丹利、美林、雷曼兄弟和贝尔斯登。第二类主要经营传统的佣金业务，除了五大投行以外的绝大多数独立投资银行都属于这一类。

以五大投资银行为代表的创新类投行在过去十几年的发展中独占鳌头，成为整个行业的核心。这一时期的业务类型呈现多元化，大都形成差异化经营模式，本金交易和证券投资收入成为独立投资银行的主要收入来源。以高盛公司为例，1996年到2001年，其高风险收益占全部收益的40%，而从2002年开始这一数值上升并一直保持在60%以上。这类投行为了业务扩张，先后改变了其公司制度从合伙人制转变为现代的上市股份制，进而为其资金募集提供了便利条件。股份制以后的投资银行由于不受商业银行资本充足率的约束，大力发展高杠杆的业务。在2003年以后的杠杆率甚至达到30倍以上，远远高于其他类投行和商业银行。1998年到2006年，五大投行一直享受着高杠杆的正效应。由于高杠杆经营依靠的是以小博大，在经济市场行情好的时候收益颇丰，然而在成倍扩大潜在收益的同时也在成倍增加风险。另一个对五大投行发展影响较大的因素是影子银行系统的建立。由于市场上存在着大量低成本短期批发资金，所以这些投行都热衷于利用短期资金投资长期资产，其中一个典型的获利运作方式是对结构性投资工具（SIV）的使用，一般来说可以从中获得25个基点的利差。在次贷危机之前美国金融市场一直运转良好，资金充裕，流转速度快捷，财务风险低，盈利水平高。但是，正是资金来源的短期性跟投资长期资产的低流动性不匹配，所以大大增加了系统性风险。

那些固守原有传统投资银行盈利模式的独立投资银行无意于规模的扩展，而是保持了精品店的形式。这些投资银行中较有代表性的是：Raymond James、Jefferies & Co、Greenhill & Co、Keefe Bruyette & Woods 以及 Piper Jaffra。它们依然以收费的业务为主，自有账户交易收入占比很少，杠杆率接近商业银行水平，因此它们的收益及股票价值波动小，系统性风险较五大投行低得多。有数据表明，2003年仅美国投行界就有约1万家像这样专门为特定行业提供特定投资银行产品的精品店。这些小型投资银行虽然规模不大，但大都是由那些具有大投资银行或相关行业多年从业经验的专业人士构建。它们的业务一般都专注于为传媒、能源、金融服务等特定细分领域的客户提供贴身服务。汤姆森财经统计数据显示，2006 年，仅 Evercore、Lazard、Greenhill 三家就承担了市场上接近三成的并购案顾问工作。由此可见，精品店投行的实力也不容小觑。虽然这 5 家小型投资银行的市场规模仅为原来五大投行的 4.8%，约有市值 120 亿美元，但它们一直力争在特定领域建立自己的核心竞争力，注重特定业务和客户，拥有良好专业知识跟管理水平，并将与全能银行长期并存。如今在五大投行落幕之时，这些小型的独立投行引起了人们的极大关注。

（六）2008 年以后——投行以何种模式继续

2008 年次贷危机的爆发使得美国投资银行业的格局彻底改变。在这次危机中美林公司被美国银行收购，贝尔斯登被摩根大通收购，雷曼兄弟公司宣布破产，而高盛和摩根士丹利则主动申请成为银行控股公司并将业务重点转向风险更低的储蓄业务。截止到 2008 年底，随着华尔街五大投行的破产、转型或被收购，盛极一时的华尔街独立投行模式宣告终结。在这五大投行里，唯有改制的两家投行高盛和摩根士丹利给人们留下想象的空间。根据美联储的决定，高盛和摩根士丹利开始混业经营，可以与其他商业银行一样拥有从美联储获得紧急贷款的权力，同时要接受美联储与其他监管机构更为严厉的监管，并且必须满足新的资本金充足率要求。

在次贷危机后的十年间，美国投资银行经历了营业收入与净利润的骤然下降，也经历了盈利方式的转型。以高盛 2008 年后主营收入构成情况为例。首先，投资银行业务在 2009 年与 2010 年出现大幅下滑，占营业收入的比例由 2008 年的 23.31% 下降至 2010 年的 12.28%，之后逐渐恢复。其次，公允价值计量的金融工具，也就是投行买进的各类证券与衍生品工具，占收入的比例显著下降，由 2008 年的 59.18% 下降至 2017 年的 18.41%，说明金融危机后金融机构逐渐减少了对高风险金融资产的投资。其三，投资管理服务创造的收入占比逐渐上升，由 2010 年的 11.92% 上升至 2017 年的 18.09%。金融危机后，投资管理服务的扩张反映了投行经营方式的转变，由高风险的金融资产投资业务转变为投资管理服务，降低了直接承担的金融风险，转而通过资产管理的方式获得管理费用。同时，利差收入逐渐下降，而交易佣金及费用较为稳定。可见，昔日独立投行仍旧在另一种模式下延续着。

三、美国投资银行发展总结

总体来说，英国和美国等发达国家投资银行业都经历了从幼稚到成熟、从分业经营到混业经营再到分业的发展历程，其发展都是在受到外界经济因素的刺激下不断演变，由最初的分业经营发展起来直至一个鼎盛时期。但在金融市场发展的需求和法制完善的基础上，有再次回复混业的发展可能，这也展示了未来相当长一段时期内投资行业业务分类的趋势。总结当今投资银行最发达的美国，投资银行业的发展变革与该国经济发展、资本市场的兴衰和法律管制环境等有密切的联系。在不同的历史阶段，也各有其发展特征。

（一）自由发展的"合业"阶段（20世纪20年代以前）

这一阶段的主要特征是，投资银行在自由环境中适应证券市场需要，基本没有法规管理或缺乏有效的金融监管。它们主要经营证券承销和经纪业务，兼营商业银行业务。在这一历史阶段，现代意义的投资银行业务较单一。

（二）迅速膨胀的"合业"阶段（20世纪20年代至30年代初期）

这一阶段的主要特征是，美国政府仍未制定有效的法律体系来规范证券业和银行业的发展，商业银行向投资银行业务（证券承销）大力扩张，投资银行与商业银行的业务融为一体，无序竞争达到泛滥程度，最终导致1929年股市灾难。在这一阶段，20年代经济的持续高涨和证券市场的繁荣，使投资银行的证券承销业务得到迅猛发展，并拓展了其他投资银行业务。特别是在1926~1931年的第二次并购浪潮中，投资银行尽显其能。

（三）严格监管的"分业"阶段（1933年至20世纪70年代中期）

这一阶段的主要特征是，美国政府对证券业和银行业实行严格的法律管制，投资银行与商业银行分野，现代投资银行成为一个独立的行业。在这一历史阶段的前期（1933年至20世纪40年代），受1933年大萧条的影响和一系列法律的出台，投资银行业务处于清淡、低迷的状态。而在后期（20世纪60年代至70年代），由于美国经济发生了一系列重要变化，加上法律体系的完善规范了市场竞争，投资银行的业务尤其是证券承销和并购业务得以重新扩展。特别是60年代的第三次并购浪潮，使并购业务成为投资银行的核心业务之一，业务的多样化有了很大发展。

（四）再趋"融合"的扩张阶段（20世纪70年代末至今）

这一阶段的大背景是金融自由化、市场一体化，投资银行业务开始出现多样化，与商业银行业务交叉融合；经营趋向全球化；投资银行高度集中、日趋大型化，投资银行正成为"一种以灵活多变为特征的活跃产业"。

第二节　新兴国家（地区）投资银行业的历史演进

世界上各个新兴国家及地区投资银行业大都参照发达国家尤其是欧美国家的模式并结合自身实际情况成长起来。从 20 世纪 70 年代开始，一些亚洲新兴国家及地区在经济快速发展的同时，也建立起自己的投资银行业业务。其最具代表性的当属有"亚洲四小龙"之称的韩国、新加坡以及中国香港和台湾地区。

一、韩国投资银行发展历程

韩国投资银行业起步较晚。1956 年，大韩证券交易所成立。它由银行、保险公司和证券公司共同建立，其早期的证券交易中政府债券占主导地位。1961 年，韩国政府开始着手改革金融体制。为了满足企业对资金的需要，从 1972 年起，政府加大对金融行业的扶持力度，相继成立了一批诸如投资金融公司、合作金融公司和综合金融公司等非银行金融机构。当时证券交易所交易市场上的主要交易品种只有政府债券。1982 年韩国政府修改了外汇法和证券法，韩国证券公司和信托投资公司开始大力发展海外业务，幸福、大宇等证券公司纷纷在伦敦、纽约、东京等地设立了分支机构。到 80 年代末，证券公司、信托投资公司对外国证券的投资额分别达到了 300 万美元和 100 万美元。90 年代，韩国放松了证券公司对外国证券的投资限额，各大证券公司都通过积极地开展海外投资来增强其国际业务实力。然而在 1997 年金融危机中，韩国证券业受到重大打击，一些大企业集团纷纷倒闭，一些大的证券公司也宣告破产。金融危机后，韩国对证券公司进行了重新审查和整顿，对不符合规定的证券公司做了停业处理。韩国在向国外放开金融市场的同时，在国内也逐步加强金融自由化改革，取消固定佣金制度，减少金融机构的隔离等。21 世纪之后，随着进入门槛的降低，韩国证券公司间的竞争日趋激烈。

业务结构方面，经纪业务、承销业务、自营业务被认为是韩国证券行业的三大传统业务。从韩国证券公司行业合并报表中可以看出，经纪业务收入占比稳定在

31%左右,承销业务收入占比稳定在2%左右,自营差价收入稳定在11%左右。从证券公司的构成来看,内资证券公司和外资证券公司的构成有较大变化。从2000年到2006年,短短6年时间内,内资证券公司总资产规模下降幅度高达54.29%,外资证券公司资产规模增长130.2%。韩国金融监督院于2017年11月6日发布的数据显示,截至2017年9月末,在韩国的55家证券公司中,外籍公司为22家,占比达40%,包括了野村金融投资、大和证券、麦格理证券、元大证券等11家外籍证券公司在韩国设立的法人,以及瑞银证券、高盛高华证券、美林证券和JP摩根证券等11家在首尔设立分行的外籍证券公司。

二、中国香港投资银行发展历程

中国香港作为国际金融中心,其投资银行始建于1971年,主要从事发行和买卖公司债券以及提供金融咨询服务。70年代中后期,股票市场的繁荣与发展引发了对经纪人、包销商和投资咨询业务的大量需求,投资银行得到了迅速发展。由于中国香港的投资银行和商业银行由于受英国的影响很大,所以完全依照自由市场机制在运作。自1979年开始,国际投行开始进入香港市场,香港投资银行的业务趋于多样化,并且走出了传统业务领域进入日益扩大的当地资本市场。1997年开始的金融危机,使得香港投资银行业遭受打击。1998年,由于东南亚债券和贷款的债务人无力偿债,大量持有这类债券的投资银行面临严重财务危机。香港最大的华资投资银行百富勤因此被迫清盘。虽然许多香港经纪商间接附属于美国母公司,但还是以直接附属英国伦敦总公司者居多。截至1999年底,由美国及欧洲国家资金控制的中介人占据香港证券及期货市场72%的市场份额。

从20世纪70年代发展至今,中国香港证券公司数量从1 000多家下降到2007年的近500家。香港经纪公司业务集中度较高,发展很快,2000年14家主要经纪公司占有40%的市场份额,435家小公司仅占25%的市场份额。在IPO方面,香港已经超越纽约,成为2009年全球IPO融资最多的市场,集资额达2 424亿港元。近十年来,发展起来的中资券商达到20多家,在各项业务方面都颇具潜力。目前中资券商占香港IPO市场份额的70%,成为香港证券市场上不可忽视的一支力量。

三、中国台湾投资银行发展历程

台湾证券交易所成立于1962年,实行分业经营模式。早期证券公司的设立采取特许制，经纪业务为证券公司的主要业务，而绝大部分收入也来源于证券经纪商的手续费收入。在1968年实施的"证券交易法"，使台湾地区的证券交易和市场管理有了正式的依据。1988年，中国台湾对证券市场实施大幅度的改革措施，开放证券公司之申请设立，将原订的特许制改为许可制，使得这一时期成立了一大批证券公司，最盛时期曾高达374家。但随着竞争日趋激烈，不少公司因无法支持而宣布破产。1998年底，台湾地区共有证券公司216家，加上4家证券金融公司，25家证券投资信托公司以及1家投资顾问公司，形成较为完备的体系。2000年，"台湾金融控股法"实施，鼓励证券业、银行业、期货业、保险业及其他金融相关事业以合组金控公司方式联合经营，以发挥规模经济的效益。这项政策的转变与推动，使得多数大中型证券公司成为综合型证券公司，同时联营多种证券相关业务，而规模较小的证券公司则多为专业经纪商。在法规颁布以后，台湾地区专营证券公司不仅要面对外资证券公司的竞争，还要面对控股公司或银行提供的兼营证券业服务的竞争。

近年来，在投资银行业务国际化潮流影响下，我国台湾地区证券公司纷纷部署海外分支机构。与此同时，台湾地区开放外资进入其证券市场，开放海外证券公司到台湾设立分支机构，允许海外公司发行台湾存托凭证，不但为投资人提供了多样化投资渠道，还可以引进海外证券公司的管理、经营技术，提高台湾本地区证券业品质。

四、新加坡投资银行发展历程

新加坡是一个非常成功的自由化国际金融中心。20世纪60年代末70年代初，通过金融体制的现代化改革，新加坡逐步发展成为亚洲市场的中心，证券公司也随之逐步发展起来，进而成为国际投资银行中心。新加坡金融管理局成立于1971年，当时共有金融公司36家。金融管理局负责中央银行及监管银行业工作，1977年把保险业的监管工作也纳入其中，1984年开始同时监管证券业。因为市场太小，所以新加坡金融管理局可以说是"一把抓"。受政府支持，新加坡银行资金较为充裕，不但可以承受亚洲金融危机的冲击，还趁其他国家元气大伤时大举收购，扩大其亚洲版图。以星展集团为例，1997年9月收购了印度尼西亚的PT Bank Buana；1998年3月拿下了泰国Danu Bank；1998年12月把目光调到另一亚洲金融中心，收购了香港的广安银行；2001年4月买下道亨银行，把它重组成星展银行，令星展银行成为现在香港第五大银行,也是香港的东南亚资金银行中最大的一家。

新加坡是一个金融业高度开放的国家。目前,新加坡是全球1 200家银行、保险等金融机构的总部所在地,金融业产值占总产值的13%,就业人数占总劳动力的5%,是其国内的第四大产业。根据Cushman在2016年发布的数据,新加坡是跨国公司在亚太地区设立区域总部最多的城市,目前共有4 200家亚太区域总部。新加坡金管局属下拥有3家注册银行,即星展银行、大华银行及华侨银行。

第三节 中国内地投资银行业的发展历程

在中国内地经营证券业务的机构主要是证券公司,其产生和发展的历程可谓步履艰难。新中国成立后,在20世纪50年代中国曾发行过6次公债,但当时由于公债不允许转让交易,只能用于到期还本付息,因此这种政府债券对社会公众而言实质上起着一种长期储蓄凭证的作用,并未由此形成国债市场亦未出现足以孕育专门证券经营机构的基础。60年代中期后,"文化大革命"引发极"左"思潮,即追求既无内债又无外债的优越性,导致国债绝迹。直到80年代初的30多年中,证券经营机构在中国均属一片空白。

一、20世纪80年代:中国证券市场的萌芽时期

从1979年开始,政府为农村经济发展提速采取了一系列改革措施,同时稳定城市居民生活。然而这也极大地增加了政府财政负担,造成1979~1981年连续的财政赤字。迫于通货膨胀压力,国债发行在被搁置20多年后再次提上议程。1981年,中国首次发行48.66亿元国库券。此后的三年间,中国又连续三年发行了国库券、重点建设债券、财政建设债券等。截止到1986年底,国库券累计发行了299.72亿元。这其中在1985年,由中国农业银行在农村发行金融债券15亿元主要用于乡镇企业特种贷款,由中国工商银行在城市发行金融债券5亿元则主要用于城市集体企业特种贷款,开创了金融债券的先河。

与此同时,股票作为中国股份制改革探索的产物也开始出现。股票发行的引领者是深圳宝安县联合投资公司,它率先于1983年在深圳进行证券发行。随后,北京

天桥股份有限公司在1984年发行了3年期的股票。同年进行股票发行的公司还有上海飞乐音响，这也是我国首次公开发行无须偿还本金的股票。这几家公司的股票发行标志着中国股票市场的正式开启。在这之后，上海、沈阳、深圳等地相继有多家公司股票面世，逐步建立起了中国的证券发行市场。1986年底，全国累计发行证券434.7亿元。这一时期虽然发行了大量的证券，但由于国库券的发行方式仍采用的是行政派购也不允许流通转让，所以政府债券二级市场并未形成，黑市交易一度盛行。而股票市场也面临类似的境遇，不能转让成为其发展的制约因素。1986年，中国工商银行上海信托投资公司静安证券部挂牌上市股票开创了中国股票交易的先河。1988年3月，财政部提出《开放国库券转让市场试点实施方案》，允许国库券上市流通交易。同年4月，国务院首先批准在沈阳、上海、重庆、广州、哈尔滨、深圳、武汉等地进行国库券转让试点。至年底，国库券转让业务迅速在全国大中城市铺开，大批企业开始改变传统的筹资方式，以直接融资方式进入资本市场筹措资金。值得注意的是，处于萌芽状态的中国资本市场规模小，品种少，范围窄。这一时期，成立于1979年中国国际信托投资公司及80年代中期涌现的大量信托投资和证券公司担当了非严格意义上投资银行的角色。

二、20世纪90年代：中国证券市场初级发展时期

进入90年代后，最具划时代意义的事件就是1990年11月上海证券交易所和1991年4月深圳证券交易所的成立。同时，1990年12月15日全国证券交易自动报价系统（STAQ）的开通促使证券交易额的大幅上涨。据统计，1990年到1991年证券交易总成交额两年累计585.75亿元，其中股票交易额共计63.17亿元，占11%。在证券交易额增长的同时，资本市场投资品种也经历了一个逐渐丰富的过程，从最初的国库券增加到1991年的数十个品种；同时，B股从无到有，至1991年已有11只发行上市，不仅规范了证券业务，也提高了经营效率。同时，证券机构的业务范围扩大了，由交易市场中介向发行市场中介发展，并在这一市场中逐步彰显其重要作用。

1992年初邓小平肯定了股份制和证券市场改革对推动证券市场和整个经济体制改革的积极作用，成为证券市场发展的又一支强心针，促进了企业股份制改革步伐和股票的大量发行，也促使证券经营机构大量涌现。据统计，到1992年底具有经营证券业务资格的金融机构中证券公司多达85家，信托投资公司有386家，信托投资

公司和综合银行共设立证券部 1 200 余家，中国证券业已进入迅速发展阶段。1993年，《股票发行与交易管理暂行条例》出台，为日后证券法的颁布奠定了基础。同年 12 月 29 日，有关证券市场的另一部重要法律——《公司法》颁布。然而，1994年后，中国证券发行业务却进入相对停滞阶段，其主要原因在于证券主管机关下达了关于停止新股上市的决定。而中介业务在经过了 1994 年 8 月的股市反弹后逐渐进入成熟阶段。当时中国的金融业处于混业经营状态，证券公司大多由政府银行、保险公司主办，其中起主导的是银行主办或控股的证券公司。这种混业经营的状况使得证券市场的投机活动肆意发展，泡沫经济逐步形成，同时也增大了银行的经营风险。在这种情势下，分业经营势在必行。《中国人民银行法》《商业银行法》和《保险法》的陆续颁布正式确立了分业经营分业管理的格局，标志着中国投资银行业就此形成。

从 1996 年开始，随着经济增长放慢和房地产泡沫破灭，国企亏损和银行呆账问题日益凸显。针对出现的问题，1997 年，国家开始对证券市场和投资银行业进行秩序整顿，加强规范建设。1998 年，我国证券市场开始确立垂直统一的监管体系，原国务院证券委和中国证监会合并为中国证监会，证券交易所和地方证券监管机构则划归中国证监会直接管理。至此，对沪、深两家证券交易所的监管实现了从分散走向集中，从地方走向全国统一。与此同时，中国证监会立即开始着手证券法的立法工作。1998 年 12 月 29 日，《证券法》颁布，并于次年 7 月开始实施。该法确立了证券市场的法律地位和基本规则，多项相关法规条例得到了修改和完善，投资银行的融资渠道也进一步拓宽。另一方面，我国加入世界贸易组织的进程在积极推进。考虑到我国投资银行业将面临来自国外实施混业经营的金融企业的挑战，管理层开始对投资银行业实业"松绑计划"，给予各家投资银行增资扩股方面的自主权，引发了相对一批投资银行进行大规模增资扩股和兼并重组的热潮。其中，拥有注册资金 45 亿元的大型投资银行——银河证券，就是典型案例。在 1999 年的增资扩股后，一批资本实力更为雄厚、运作更加规范、投向更宽广的大型证券公司迅速崛起，证券公司自身的规范建设得到加强，防范风险意识进一步强化。

总体来说，证券市场发展到 90 年代，虽然在一级市场和二级市场各方面均有所拓展，但这一时期的发展仍然只是处于初步发展阶段，资本市场以中长期信贷为主要的融资方式。随着市场规模的扩大、投资品种的增加和投资意识在社会公众中的增强，中国资本市场获得了初步发展，资本市场中的证券公司也达到将近 100 家，租赁公司 20 多家，还有相当数量的基金管理公司等。这些金融机构基本投资银行的业务范围，如证券的承销、发行、交易、自营、基金管理及财务等虽然尚未成型，其专业化、规模化、成熟化程度较低，和真正意义上的投资银行相比还有相当差距，但它已是中国投资银行的雏形。

三、2000年至今：中国证券市场规范发展时期

从21世纪初发展到现在，证券市场波澜起伏，同时也是中国证券市场走向规范化的时期。2001年6月14日，国务院出台《减持国有股筹集社会保障资金管理暂行办法》，引发了投资者对股票市场股权分置等内在结构性缺陷的担忧，由此引发股市下跌并步入持续4年的调整。这轮熊市使得证券公司大量的内部管理以及信用问题暴露出来。据统计，当时全行业客户交易结算资金缺口640亿元，违规资产管理1 853亿元，挪用经纪客户债券134亿元，股东占款195亿元；超比例持股99只，账外经营1 050亿元；84家公司存在1 648亿元流动性缺口，其中34家公司的资金链随时可能断裂。此时的证券公司风险已经危及证券市场安全，如何引导行业规范发展成为当时整个证券行业发展当务之急。

2003年8月，首次证券公司规范发展座谈会在京召开，提出了证券公司必须严格执行的"三大铁律"，成为整个综合治理的序曲。

2004年8月，中国证监会召开专题性的全国证券监管工作座谈会，标志着证监会系统内全面部署和综合治理工作的启动。经过3年的综合治理以及其后的保证金管理、账户规范等工作，行业无论在风险防范的机制和意识、风控水平、行业自身行为、业务制度的健全性和规范性方面都发生了巨大的变化。

在综合治理结束后，中国证监会对证券公司的监管将转入分类监管，根据证券公司风险管理能力评价计分的高低，将证券公司分为A（AAA、AA、A）、B（BBB、BB、B）、C（CCC、CC、C）、D、E五大类11个级别。目前，国内前十大证券公司在全行业中各项业务都占50%左右的比重，证券业格局已经开始转变。

在这一对证券公司的整顿期，政府还出台了不少有利于证券市场健康发展的政策法规。2004年1月31日，国务院颁布《关于推进资本市场改革开放和稳定发展的若干意见》（以下简称"国九条"）。其中，对中小企业板块的确定设立，集中体现了对该政策落实的重大战略部署。中小企业板块的顺利启动，为中小企业特别是科技型中小企业的发展提供了直接融资的平台，对促进中小科技企业的规范成长与创业投资的发展发挥着引导和示范作用。"国九条"的出台标志着中央政府对资本

市场发展的空前重视，不仅确立了证券市场的重要地位，而且为证券市场注入了强劲的发展动力，使得今后市场规模稳步扩大，中国股市也因此出现了转折性变化。中国证监会于 2005 年 9 月 4 日正式发布并实施《上市公司股权分置改革管理办法》。在股改对价、中国证监会加强上市公司监管提高清欠力度、贸易资本双顺差而导致流动性过剩、人民币升值、上市公司业绩提升等一系列利好因素的影响下，中国证券市场开始步入新一轮牛市。从 2007 年开始，在牛市行情的影响下，一批证券公司通过借壳的方式实现上市融资，券商发展的步伐不断加快。

2007 年 7 月，中国证监会下发了《证券公司分类监管工作指引（试行）》和相关通知，提出了证券公司风险监管的新举措，对证券公司的风险管理提出新的要求。2008 年，受国际金融危机及国内经济形势严峻的影响，证券市场行情低迷，行业盈利能力受到较大冲击。在此背景下，我国出台了多项经济刺激政策，证券市场也出台了多项重要改革措施，包括 2009 年 10 月 30 日创业板首批 28 家公司集体登陆中国资本市场新舞台，新股发行体制的进一步改革和完善，以及被喻为"证券公司第三次革命"的新政——证券公司"一参一控"的动议首次浮出水面。所谓"一参一控"，指的是"一家机构或者受同一实际控制人控制的多家机构参股证券公司的数量不得超过两家，其中控股证券公司的数量不得超过一家"。该年 3 月，中国证监会发布《关于证券公司控制关系的认定标准及相关指导意见》，明确证券公司"一参一控"政策。4 月，《证券公司监督管理条例》发布，规定"2 个以上的证券公司受同一单位、个人控制或者相互之间存在控制关系的，不得经营相同的证券业务，但国务院证券监督管理机构另有规定的除外。"中国证监会有关部门在 2009 年下半年正式发布公告，最迟在 2009 年 12 月 31 日前各家证券公司股东、实际控制人应当提交规范整改计划和承诺，2010 年 12 月 31 日前应当完成上述承诺。这一政策的出台旨在避免同一股东旗下的证券公司间的关联交易与同业竞争，同时也对那些在 3 年综合治理过程中保留下来的优质证券公司进行整合提供了契机。按照《关于证券公司控制关系的认定标准及相关指导意见》要求，对于到期不符合"一参一控"要求的证券公司，将被采取相应监管措施，除在分类评价中扣分，监管部门对其提出的新业务、新产品、新网点行政许可申请，也将实施冷淡对待的审慎监管措施。这一政策的出台成为证券公司合并重组浪潮的催化剂。

2010 年 3 月底，融资融券试点正式启动，这有助于我国证券市场流动性的提高、价格发现机制的完善以及投资手段的多样化。在佣金比率不固定的制度下，证券公司之间的恶性竞争导致经纪业务收益呈下滑趋势，从而也迫使广大证券公司开始寻求其他的盈利方式。无疑，创新业务将成为未来业绩增长的开路先锋。因而，融资融券业务的正式开启将加快我国证券公司盈利模式的变革。2010年4月16日，首批四个沪深300股票指数期货合约在中国金融期货交易所正式挂牌交易。股指期货上市对完善我国资本市场体系也颇具意义。股指期货的价格发现功能和做空机制可以起到"纠偏"作用，有效抑制股价非理性的上涨和下跌，改变了我国股票市场"单边市"现状。从我国期货公司当时的盈利模式来看，其只能从事单一经纪业务，缺乏有效盈利手段，分散度高，恶性竞争激烈。股指期货的推出将打通期货市场和证券市场，大大拓宽期货业的深度和广度。此外，股指期货的推出将加速期货公司层级分化，期货行业必将经历一次重新洗牌，市场集中度将大大提高，其竞争过程将给投资者带来更多的选择和机会。

2014年5月9日，国务院发布《关于进一步促进资本市场健康发展的若干意见》（以下简称"新国九条"），对新时期资本市场改革、开放、发展和监管等方面进行了统筹规划和总体部署。2014年5月16日中国证监会印发《关于进一步推进证券经营机构创新发展的意见》，进一步推进证券经营机构创新发展，建设现代投资银行、支持业务产品创新和推进监管转型。自此，证券行业进入创新发展的新时代。

与此同时，中国券商的国际化进程也在这一时期得到开启并加速，领先券商的国际化进程一直走在前列。2012年，中信证券国际收购里昂证券100%的股权，成为第一家控股海外跨国金融机构的内地券商。2014年，海通证券收购葡萄牙圣灵银行，成为第一家布局欧洲投行业务的国内券商。如今，第一梯队券商的国际化程度已经达到一定规模。发展国际化业务对券商收入多元化以及调节券商收入的周期性变动有重要的作用，券商的国际化进程仍将加快。

2014～2015年，A股市场经历了从暴涨到暴跌的快速转换，股市波动幅度巨大，造成资本市场极大的不稳定，国家先后出台多项措施维稳救市。此后，中国证监会修订和发布了一系列的政策加强监管，控制风险，降低金融杠杆率等，监管风向逐渐趋严。2016年以来，受国内外经济形势整体疲软的影响，证券公司整体业绩较上年有所下降。随着我国证券行业对外开放步伐的加快，券商传统业务的竞争将更加激烈。与此同时，随着各类创新业务规模的不断扩大，证券公司的收入结构将逐步升级，对传统业务的依赖性逐渐降低，收入来源将更加多样化。证券行业从早期的靠天吃饭，到逐步形成现在的经纪、投行、自营、资管相对均衡发展的格局。

第四节　投资银行业的发展趋势

20世纪80年代以来,由于信息技术的进步,金融产品和金融技术的创新,全球金融市场的联系日益密切,在金融自由化、国际化浪潮的推动下,西方国家逐步放松金融管制,金融机构竞争十分激烈。在这种经济大环境的影响下,国际投资银行业完全跳出了传统证券承销和证券经纪狭窄的业务框架,进入前所未有的迅猛发展时期,呈现出市场全球化、业务多样化、机构大型化的鲜明特征和趋势。进入21世纪以来,尤其是2008年全球金融危机发生之后,全球投资银行业又呈现出新的发展趋势。

一、全能型银行将成为未来发展主导

次贷危机之后,华尔街盛极一时的投资银行被破产、被收购或转型,特别是高盛和摩根士丹利转型为银行控股公司,标志着美国投行独立模式的逐渐淡去,混业经营的趋势进一步增强,具有更强风险抵抗能力的全能型银行将成为未来发展的主导。

自20世纪80年代以来,原来实行分离型银行制度的西方各国通过修订法律、新立法或放宽对原有法律条款的解释,确认不同金融业务交叉的合法性,为银行业务的综合化提供了法律环境。早在1978年,美国根据《格拉斯—斯蒂格尔法》第20节的解释(即本不具备资格的银行所附属"从事公司证券业务的公司在任何连续的两年期间从承销和交易业务中所获收入不得超过其总收入的10%"),允许商业银行通过它们作为一级交易商的附属机构(不是主要从事公司证券的承销和推销组织)进入证券市场,这些银行可以在10%比例规定的限制下承销公司债券和股票,并且可以作为商业票据的交易商。1980年,《存款机构放松管制和货币控制法》通过,分阶段取消美联储Q条例对银行和储蓄机构的利率上限的管制,允许股票经纪公司提供支票账户。1982年《加恩·圣杰曼法》(即《存款机构法》)通过,允许银行开办货币市场账户与货币市场上的共同基金进行竞争,允许投资于商业票据、公司债券、垃圾债券等。1987年6月,美联储同意三家银行控股公司——花旗集

团、银行家信托公司和 JP 摩根保证公司承销 1933 年法案禁止的证券：商业票据、某些市政收益债券、抵押证券和按揭证券。1989 年 1 月，美联储准许银行持股公司包销公司债券。1990 年 9 月，美联储又准许 JP 摩根商业银行包销股票。这一特权以后又扩大到其他银行。联邦存款保险公司也准许银行进行房地产投资和一些保险业务。在英国，1986 年 10 月 27 日伦敦证券交易所实行所谓"大冲击"的重大改革，允许交易所以外的银行或保险公司，甚至外国公司（即非会员）可以购买交易所某些会员 10% 的所有权，使商业银行直接参与证券业务。1992 年 6 月，日本颁布《金融制度改正法》，允许银行通过设立证券子公司（最低资本金为 100 亿日元）的形式介入证券业务。

在上述背景下，商业银行利用广泛的业务网络和雄厚的资本实力，大举进军投资银行业务领域，在证券承销和并购业务中有了长足的进展。同时，投资银行也极力涉足商业银行的存贷款市场，通过回购协议进入商业银行短期资金市场，对其客户发放证券抵押贷款等。投资银行与商业银行业务相互渗透，相互融合，形成金融超市和金融同质化现象。1999 年 11 月，美国国会通过了《金融服务现代化法案》，明确废除了《格拉斯—斯蒂格尔法》等相关法律中限制金融各业混业经营的条款。这既解除了强制金融分业经营的法律限制，又是对业存在的混业经营事实的承认。

在次贷危机恶化之前，全能型银行的经营模式仍然广受质疑，而这一次金融危机的爆发，给全能型银行的发展提供了一次契机。在危机中，由于独立投资银行业务结构和盈利模式相对单一，流动性短缺而迅速陷入困境。相比较而言，依靠存款来源作为资金支撑，同时拥有综合性业务的全能型银行渡过了难关。譬如花旗、瑞银和汇丰等大型综合化经营的全能型银行虽然在这次贷危机中损失惨重，但都凭借其较强的危机应对能力有惊无险地度过这次国际金融危机，这也说明了全能型银行的混业经营和综合业务模式具有更强的生命力。华尔街五大投行相继被并购或转型后，大型存款类银行将重新主导世界金融业发展，由商业银行所主导的混业经营模式将在未来得到强化。商业银行的优势在于，拥有充足的资金来源，运作更加透明，风险控制管理体系更加严密，同时受到监管部门的严格监管和存款保险机制的保护，其综合性的业务结构有助于平抑总体收入的波动。

而从全球范围来看，独立投行模式未来很有可能会消失，大多数纯粹的投资银行将被商业银行合并，大型存款类银行将重新占据国际金融业的主导地位，全能型、综合化的银行发展模式将得到加强，混业经营模式已成为国际金融业不可逆转的发展潮流和趋势。全能型银行的经营模式将更受欢迎，由商业银行主导的混业经营将成为未来金融业发展的主流模式。欧洲存在着不少全能型银行的典型。以长期奉行混业经营的德国银行业为例，由于德国法律没有限制银行业从事证券投资业务并且政府也鼓励和支持银行提供全面综合的金融服务，大型商业银行凭借其雄厚资金实力将传统信贷业务迅速将扩展到股票、债券等新兴金融业务领域。在此次国际金融危机中，传统的欧洲银行业特别是德国银行业相较美国独立投行所受的影响较小，德国主要银行机构在金融危机中都没有遭受重创。虽然不能说德国的全能型银行模式一定优于美国的独立投行模式，但是全能型银行风险相对较低、经营更为稳健，却是不容置疑的。这类全能型银行相较独立投行来说，资金来源更加充裕，运作更加透明，风险管理和控制系统更加严密，受到监管部门的严格监管和存款保险机制的保护；同时，业务综合化经营有利于平抑经营收益的大幅波动，其经营模式在未来也很有可能得到推崇。

当然，如果金融监管不力，混业经营更容易使风险在金融机构内部传递和蔓延，因此也有观点认为，混业经营是造成次贷危机迟迟不能平息的原因之一。但无论如何，全球金融机构混业经营已是大势所趋，该模式目前已经取得了压倒性的优势，美国重新回归分业经营模式的可能性几乎为零。此外，一些高杠杆经营的金融机构，在去杠杆化的过程中，采用了兼并和收购手段。因此，去杠杆化的过程似乎也对混业经营提出了更高的要求，尤其是投资银行对商业银行的重新依附。鉴于美国银行业和金融市场在全球所处的重要地位，在由美国大型存款类银行主导的混业经营模式确立以后，将有可能进一步与欧洲现有的混业经营模式相融合，成为引导未来国际金融业发展的主流模式。

二、投资银行业将现合并重组浪潮，市场集中度提高

20世纪80年代以来，投资银行面临全球范围日趋激烈的金融竞争，既有商业银行包括欧洲大陆全能银行扩张的挑战，也有国内和来自外国投资银行竞争的冲击。出于生存、发展和争夺市场份额的考虑，许多投资银行通过合并、合作，机构规模日趋大型化，金融资本日益集中。1986年，所罗门兄弟、第一波士顿、摩根士丹利、美林、高盛、伦巴特、莱曼兄弟、皮波迪等八家最大投资银行拥有美国投资银行总资产的70%以上。1977年，日本有257家证券公司（1949年为1 152家），大部分公司规模很小，野村（Nomuca）、大和（Daiwa）、日兴（Nikko）、山一（Yamaaichi）等四家大公司，其总资产和盈利占所有证券公司的2/3。1988年这四

大证券公司在国内外拥有的分支机构达607个。

进入20世纪90年代，投资银行的合并浪潮再起。其中最引人注目的是，欧洲全能银行为增强其证券业务实力，兼并收购英国商人银行。1995年3月，荷兰国际集团（INC）收购了巴林银行；1995年5月，瑞士银行集团决定收购英国最大的商人银行——瓦堡银行（S. G. Warburg）。自20世纪90年代以来，全球范围内出现了第六次企业并购浪潮，跨国并购以30.2%的平均增长速度超过了15.1%的国际直接投资的增长速度。在全球范围内，跨国直接投资当中有80%以上是通过并购方式进行的。联合国贸发会议《2001年世界投资报告——跨国兼并与收购之发展》中指出，并购重组是融合全球经济的重要桥梁。

投资银行机构大型化是为了适应其市场全球化、业务多样化的需要。它可以增强自身的资本实力，而雄厚的资本实力是投资银行在激烈的竞争中得以生存和向全球市场扩张的前提和基础。大型投资银行可利用遍布全球的分支网络，从各地市场获得低廉的资金，从而有效降低交易成本和交易风险；通过建立先进的通信技术网络，及时沟通信息，便于调整经营战略和资本结构，增强其经营管理的灵活性，提高效率；有助于促进业务的多样化，以满足不同的金融需求，增强国际竞争能力。

各投行之间通过相互渗透弥补了自身的缺陷，增加资本规模以及市场规模从而实现了强强联合，提高了金融风险抵御能力。在并购浪潮中，不仅商业银行在通过兼并方式积极拓展自身投行业务，投资银行也在不断拓展到商业银行的业务领域。世界范围内，不同专业性的投资银行形成了功能互补，与此同时以扩大市场范围为目的的并购现象也逐渐增多，市场集中度也将随之提高。

三、风险控制加强，盈利模式改变

金融危机后，美国投行业对高杠杆率控制更加严格，大量的投资银行通过降低融资融券规模以及减少自营业务等方式降低杠杆率，这势必会引起投资银行收益率的下滑。然而随着市场形势的良性发展和新的投资机遇出现，这一指标也将相应上浮。摩根士丹利的高管认为应该将杠杆率控制在14~20倍。因此，去杠杆化的结束预示着未来投行的杠杆率将长期维持在一个适度的范围。在去杠杆化后，投资银行净资本占资金来源比率上升，将使得管理者更多地考虑股东及债权人的利益。而美国政府的注资救市行为使得政府对投资银行的控制力大大加强，因此不难看出在未来投行的公司治理过程中政府行政干预的因素将会加重。

2007年以后，华尔街各投资银行的业务呈现收缩态势，为了降低自营交易业务风险，本金交易与投资业务大大缩小，信贷资产证券化结构性产品也大幅减少。资产管理规模下降并倾向于低利润率产品。但从长期来看，资产管理业务仍旧是未来投资银行的核心，将与传统低风险、稳定增长的业务一同形成未来收入的主要来源。

四、政府监管加强，金融创新受限

自20世纪90年代以来，许多发达国家纷纷加入金融自由化改革的行列，使得金融自由化在当时成为一种全球趋势。开展金融创新，有助于提高资本使用效率，对投资银行来说是提高营业收入与增强企业核心竞争力的强大动力。这也正是美国投行业在近几十年形成比较优势从而引领世界潮流的重要途径。正因为如此，创新活动在大多数发达国家得到政府的认同。然而过度的金融创新脱离了经济实体发展的需要，加上监管力度的不足，使得结构化金融产品泛滥进而成为次贷危机的直接诱因。在这样的背景下，国际投资银行业将会选择更加稳健、谨慎的经营策略。随着独立投资银行的倒闭转型，全能银行成为金融创新的主体。鉴于综合了传统商业银行的性质，这一类银行必然在金融创新和金融衍生品交易方面采取相对审慎稳健的操作方式，从而使得金融创新活动大大放缓。但是，我们也应该看到，尽管金融危机暂时放缓了美国投行业开辟金融领域的速度，但其高度开放与市场化的实质并没有改变。可以预见，未来金融创新的动力并不会消逝，创新活动仍然不断，金融衍生品市场依然发挥其作用。这一切都将在保证经济实体稳定健康发展，同时实施有效风险控制的基础上审慎稳妥地进行。

金融危机过后，政府对投行业的监管也在向混业统一监管方向进行，监管更加严格。因为各国政府被迫对在金融危机中的大型金融机构实行救助，为此付出惨痛代价，所以其监管机构必然会加强管理力度尤其是对结构化金融产品的信息披露监管。投行业的兼并收购行为所形成相对垄断的格局，造成风险的集中和积聚；同时，混业经营本身也又被不少业内人士认为在一定程度上会加剧风险水平，这在客观上使得更为严格有效的混业经营监管模式变成了一种必须。

第五节　中国券商的发展趋势

一、券商并购重组势在必行

从发达国家的券商发展历程看来，所有当下具有实力的券商都是由小到大逐步发展起来的，在它们的成长过程中大都经历了数次的兼并重组。例如美国的摩根士丹利、雷曼兄弟以及日本的野春证券等。因此，从对历史的借鉴角度来看，中国券商要发展壮大，并购重组是一个必经的过程。

2002年中国正式加入WTO以后，证券市场逐步放开，中国券商面临着与走进国门的外国券商竞争以及走出国门在国际市场上与国际金融财团竞争的双重压力。然而，从中国券商现阶段的发展状况看来，无论是人员素质、业务水平还是管理水平都是无法跟发达国家投资银行匹敌。所以，并购这种快速整合资源的方式，可以在一定程度上迅速增长中国券商的实力。

从理论上来讲，产业组织理论认为"集中度"是度量产业结构的主要指标，反映了一个产业内垄断和竞争的状况。我国证券业的集中度较低，券商竞争相当激烈，加上佣金制度的改革以后加剧了这种局面，势必会使大批实力不济的小券商经营惨淡最终被具有实力的大券商吞并。

另外，在银行证券分业经营管理政策没有改变之前，现行的管理体制以及券商分类政策都在客观上促使券商业内的并购重组。随着我国资本市场逐步与世界资本市场接轨，各项法律法规也在渐渐完善，金融管制放松，混业经营成为必然趋势。因此，中国券商不仅面临同行竞争，还面临来自商业银行等金融机构的压力。

结合当前局势来看，在"一参一控"的政策指引下，证券业新一轮并购潮逐渐形成。竞争中由于佣金竞相降低，券商经纪业务盈利空间已经被大幅压缩。那些资质不足以靠IPO方式来扩张的中小型券商不得不寻找新的发展方向，而选择投靠实力雄厚的大券商也是值得考虑的可行方案。与此同时，有实力的大券商也在为其自身的壮大寻找潜在可并购对象。

总的来说，有三种力量在推动未来并购潮的延续：第一是市场内在因素，经纪业务的下滑迫使并购的选择；第二是政府政策的导向，譬如"一参一控"的强制要求使得券商不得不通过各种方式变更自己的股权结构，并购重组成为最重要的一种方式；第三是央企和地方国有资本整合而出现的券商股权转让。同时，我们也可以看到，越来越多的创新业务、网点铺设的许可都是建立在一定资质要求下，这就在客观上使得强者愈强，加深了这种趋势的存在性。

二、混业经营将是时代的需求

进入20世纪以后，在全球金融业自由化浪潮的影响下，金融创新层出不穷。证券业为了提高经营效率提高市场占有率，进行大规模的并购重组，促使分业经营体制不断被打破。1999年，《金融服务现代化法案》标志着美国金融业分业经营的终结。而紧随其后的英国、日本也走上了混业经营的道路。对我国券商而言，与国际金融业接轨的同时需要进行全方位改革，尤其是分业经营的制度改革。此改革之举已经成为顺应历史潮流的需要。从长远看来，国内券商的发展方向是成为适应混业经营的金融控股集团，这不仅能健全券商的治理结构，以应对国外同行及国内其他金融机构对券商生存空间的挤压，还能有效提高抗风险能力及业务和市场的开拓能力。

对于我国市场经济改革而言，体制内经济体的增长曾保证了我国经济平稳增长。但是由于风险积累及经济发展，买方市场成为主导，国有企业经济效益下滑，从而加强了其改制的需求。这个过程需要券商的积极参与甚至是资金的注入。但是我国券商总体来说资金实力不够雄厚，对国企改制的推动作用有局限性。因此，适当放开券商融资渠道也是保证经济发展的积极方案。

对于银行业来说，也存在其自身的困境，不良资产的累积以及传统业务中利差的缩小都直接影响了商业银行的利润。我国银行业长期受计划经济影响，在面对业务创新方面显得相对谨慎。银行资产负债结构中的资金来源期限一般比较短而使用期限比较长，这是影响银行的流动性和正常运作的主要原因之一。如果实现商业银行与证券业务的交叉和融合，银行则可以通过资产证券化、住房抵押贷款证券化、银行不良资产证券化等来解决银行信贷资产流动性问题。

总的来说，混业经营具有规模经济和范围经济优势。进行多元化的业务经营，可以利用金融产品联动性的特点实现规模经济，又可以使用同一销售体系实现产品交叉销售，节约固定成本。在混业经营的条件下，金融机构与企业关系更为密切，在降低信息不对称的同时减少经营管理和资金运营风险。总之，混业经营是大势所趋。摆在我们面前的任务是加强监管，加大立法和执法力度，提高从业机构和从业人员的自律意识，创造有利于金融业发展的经营环境和竞争环境。

三、券商发展的国际化步伐加速

世界经济的大融合已经成为未来全球经济发展的主旋律。一体化的进程使得产业国际化已经成为不争的事实，而处于金融领域的投资银行业同样也面临国际化问题。对我们而言，国际化不仅是扩大市场、增加盈利之举，而且是加强国际交流、获取国际信息并且在国际竞争环境中锻炼打造自身、增强竞争能力的必然选择。国际化，通常包含两重含义：一是在国内从事国际业务；二是在国外设立机构开展业务。目前，随着我国资本市场发展和范围扩大，对投资银行国际化的要求愈加迫切。例如，在海外上市证券承销方面，我国券商明显处于下风。对于海外上市股票承销业务以及发债融资业务，由于我国投资银行机构缺乏分销网络，缺少经验，缺少人才以及实力不济等原因，大都被外国公司或合资公司所垄断。外国企业到中国上市，同样也为国内投资银行提供了市场机遇。大量的业务等待着中国的投资银行业去开拓、竞争。

21世纪的中国投资银行业，正处在一个充满机遇和挑战的特殊历史时期，与国外的一些投资银行业相比，必须承认国内投资银行业发展历史较短，在今后的发展中需要管理层不断赋予具体的政策支持，使中国投资银行业在市场竞争中走向成熟。

案例　　　　　中国上市券商的发展壮大及竞争格局

中国证券市场建设起步比较晚，因此券商的上市进程相比于大型的国有企业、银行、保险等其他金融企业来说慢上许多。2003年中信证券成功上市，中国才出现第一家真正意义上的专业上市券商。2018年底，中国上市券商的共有34家，分别是兴业证券、光大证券、宏源证券、中信证券、国金证券、西南证券、海通证券、招商证券、太平洋证券、华泰证券、东北证券、国元证券、广发证券、长江证券、山西证券等。

一、中国券商的上市路径及其上市后的变化

（一）中国券商的上市路径

按照直接或间接上市来划分，券商上市路径基本上可以分为IPO（首次公开发行）上市、借壳上市和业务重组转型。IPO，是指以募集方式设立的股份有限公司公开募集股份或已设立公司首次公开发行股票。广义的借壳上市包括借壳上市和买壳上市，都是通过借上市公司的"壳"而取得上市地位。上市公司业务重组转型是指上市公司通过自身的业务重组和转型，将主营业务由其他业务转为证券业务。

中国绝大多数的上市券商都是通过借壳上市。这主要是由于IPO发行的门槛高。券商的资金规模必须达到要求，并要求最近三个会计年度净利润均为正数且累计超过3 000万元，还必须要满足规范运行、独立运营、财务情况、募集资金用途等方面的规定。其次，IPO上市的核准周期长。由于中国推行保荐人制度，发行上市的前期准备过程也相应延长了时间。企业从确立上市意向到申请材料并获得批准，起码需要两年的时间才能最终实现发行上市。因此，IPO上市适合少数优质、顶尖的券商。而借壳上市相对来说是一种比较容易且快速的上市方式。

在中国上市的34家券商中，通过IPO上市的券商有中信证券（2003.01.06）、光大证券（2009.08.18）、招商证券（2009.11.17）、华泰证券（2010.02.26）、兴业证券（2010.10.13）、山西证券（2010.11.15）等。通过借壳上市的有：国金证券（1997.08.07）、西南证券（2001.01.09）、海通证券（1994.02.24）、东北证券（1997.02.27）、国元证券（1997.06.16）、广发证券（1997.06.11）、长江证券（1997.07.31）等。

通过上市公司业务重组转型上市的代表券商是宏源证券。宏源证券的前身是中国人民建设银行新疆信托投资公司。1994年2月2日，新疆宏源信托投资股份有限公司的股票在深圳上市交易，简称"新宏信A"，股票代码0562，挂牌价为6.85元。在信托业的第五次清理整顿中，该公司创造性地提出了剥离非证券类资产的整体改组方案。2000年9月，公司获中国证监会批准整体改组为宏源证券股份有限公司，获准开展综合类券商业务并取得股票主承销资格，成为中国第一家上市的综合类券商。

而太平洋证券（2007.12.28）上市方法比较特殊。通过上海证券交易所请示、中国证监会办公厅批复，成功地绕开了IPO和并购重组限制，实现了直接在交易所挂牌交易。

目前为止，上市券商采用借壳上市的比例较高。自2004年8月中国证监会开展券商综合治理引发行业重组以来，不少券商通过增资扩股使自己的资金实力大大提高，这为其收购上市公司提供了资金支持。因此，在IPO的高门槛下，借壳上市成为众多券商寻求上市的重要途径。

但需要指出的是，近年上市的券商多采用的是 IPO 方式。IPO 可以给公司获得更加充足的资金来源，且财务风险相对借壳上市也要少得多。考虑到券商法人结构的进一步完善和风险防范能力的增强，监管层也鼓励符合条件的券商通过 IPO 直接上市。

（二）中国券商上市后的变化

券商上市最大的优势就是解决了资金不足的问题。券商的上市拓宽了融资渠道，资本实力得到了明显提升。较早上市的中信证券，就是由于其率先上市，领先其他券商一步，从而成为中国证券市场上的龙头企业。由于彼时证券机构正处于业务转型期，大笔资金的注入是新业务顺利启动和传统业务转型的关键，而中信证券自身较多的营业网点和率先获得的上市资格，使其在残酷的市场竞争中迅速占据了优势地位。

通过上市，券商的发展路径更加明确，业务边界也更加拓宽。由于资本充裕，在很多新业务开发上，上市券商占据了很大的优势，例如早在 2007 年上市券商就纷纷实现了控股期货公司，为未来的股指期货做好了准备。中信、海通、长江、国元等券商在集团化构架上也得到进一步完善。券商上市之后，拥有了正常的融资渠道，使得未来业绩增长和持续发展有了更大的把握，同时券商的品牌知名度大幅提升，有利于业务的开展。上市还能使券商的股权结构多元化，使其经营活动置于公众的监督之下，增强券商动作的透明度，促进券商更加规范、稳健运作。

中信证券、海通证券等多家券商具有先发优势，不仅在资本规模上领先，其资金的积累也带来了人才的积聚，有利于公司在研究领域、产业基金、股权投资、资产证券化、房地产金融衍生品等多个方面形成较强的竞争力；同时有可能突破买方业务的瓶颈，增加非通道业务的收入，从而真正改变券商的盈利结构。

二、上市券商竞争格局分析

（一）券商行业梯队

尽管中国证券业起步较晚，证券市场规模较小，证券业务有很强的地区分割性，券商的经营范围狭小，资产总量也无法与国外的大型投行相比较，但经过一段时间的竞争与发展，在不断分化的基础上，中国证券业已经初步形成了差异化的竞争格局。就目前来说，可以把中国券商分为三个梯队（见表 2-1）。第一梯队是以中信、中金为代表的一批资产质量高、盈利能力强、业务占有率高的大型综合性券商；第二梯队是以国信、银河、国泰君安、海通、申万宏源等大型券商和华泰、西南、方正等中型券商，它们或者资产数量庞大、营业网点众多，或者在某项业务领域占据明显的竞争优势；第三梯队是其他的中小型券商，其中国元、国联、东吴、红塔、中原等券商依靠突出的管理水平，盈利水平较高，在第三梯队中又位于上层。

表 2-1　　　　　　　　　2017 年上市券商主要指标比较

证券简称	收盘价（元）	资产总计（亿元）	所有者权益合计（亿元）	净利润（亿元）	资产负债率（%）
中信证券	18.10	6 255.75	1 531.43	119.77	75.52
海通证券	12.87	5 347.06	1 296.94	98.76	75.74
国泰君安	18.52	4 316.48	1 336.95	104.83	69.03
华泰证券	17.26	3 814.83	885.90	94.08	76.78
广发证券	16.68	3 569.05	886.26	90.83	75.17
申万宏源	5.37	2 999.43	570.06	47.26	80.99
招商证券	17.16	2 856.44	793.34	58.05	72.23
中国银河	10.51	2 548.15	648.86	40.19	74.54
东方证券	13.86	2 318.60	535.01	36.03	76.93
中信建投		2 058.83	439.99	40.62	78.63
光大证券	13.43	2 058.64	500.23	31.27	75.70
国信证券	10.85	1 996.38	521.43	45.79	73.88
兴业证券	7.28	1 530.55	358.78	26.35	76.56
方正证券	6.89	1 483.36	381.96	14.53	74.25
长江证券	7.87	1 131.52	267.68	15.43	76.34
东吴证券	9.72	943.60	210.56	8.11	77.69
国元证券	11.00	796.79	253.85	12.14	68.14
东兴证券	14.40	777.81	192.53	13.10	75.25
国海证券	4.90	660.09	142.16	4.31	78.46
西南证券	4.63	636.94	200.49	6.91	68.52
东北证券	8.77	599.39	168.06	7.03	71.96
财通证券	18.38	577.01	208.11	14.77	63.93
浙商证券	16.62	529.20	135.14	10.64	74.46
山西证券	9.22	516.51	132.64	4.42	74.32
天风证券		514.98	182.83	6.15	64.50
西部证券	12.32	512.44	176.57	7.55	65.54
华西证券		505.17	128.20	10.20	74.62
太平洋证券	3.62	470.42	120.80	1.26	74.32
长城证券		435.10	144.71	8.96	66.74
国金证券	9.54	420.93	188.88	12.02	55.13
中原证券	6.17	406.61	114.52	5.21	71.84
华安证券	7.27	399.08	125.74	6.52	68.49
第一创业	9.80	331.20	91.90	4.32	72.25
南京证券		235.02	94.00	4.12	60.00

注：表中股价是 2017 年 12 月 29 日收盘价格。

34家上市券商2017年底的总市值为15 940亿元。中信证券以绝对优势的数量在34家券商中占据第一的位置。根据对各项业务的市场占有率和一些相关财务数据的比较，我们可以看出，上市券商中位于第一梯队的是中信证券，中信证券的总资产和净利润在券商队伍中都处于绝对优势的地位；国信、海通、华泰、招商、广发等大中型券商位于第二梯队；其余的中小型上市券商则位于第三梯队。

（二）上市券商优势分析

表2-2　　　　　　2017年上市券商主营业务收入　　　　　（单位：亿元）

证券简称	利息收入	证券投资业务收入	证券经纪业务收入	投资银行业务收入	资产管理业务收入
海通证券	151.24	65.71	66.98	20.50	23.10
中信证券	128.07	77.29	108.15	40.02	75.75
国泰君安	124.13				
华泰证券	93.49		84.49		33.28
申万宏源	81.39	9.11	59.68		14.91
广发证券	80.18	31.34	80.31	27.18	70.37
中国银河	73.44		87.58	4.92	8.88
招商证券	67.18	8.41	70.86	21.71	16.01
国信证券	60.94		54.17	21.24	4.07
中信建投	52.57	14.85	46.88	32.65	
光大证券	51.29		24.93		19.48
东方证券	39.31	39.72	45.85	15.20	28.22
长江证券	38.18	7.54	18.94	6.97	6.60
兴业证券	37.03	25.26		11.34	18.61
方正证券	35.01	8.13	52.40	4.65	3.76
东吴证券	20.75		13.31	7.77	5.13
国元证券	20.36	6.47	9.93	4.69	1.56
东兴证券	15.70	4.25	9.38	7.07	5.00
东北证券	15.46	4.43	8.73	3.26	2.08
浙商证券	14.17	4.80	10.56	4.86	3.54
太平洋证券	14.09	0.76	6.06	1.30	3.75
华西证券	13.93		13.75	3.36	1.59
国海证券	13.68				

续表

证券简称	利息收入	证券投资业务收入	证券经纪业务收入	投资银行业务收入	资产管理业务收入
西南证券	12.88	10.59	13.34	5.69	1.09
中原证券	12.70	0.26	5.71	0.81	0.81
西部证券	12.46	8.70	8.43	3.78	1.22
国金证券	12.35	2.28	14.16	13.56	2.81
财通证券	11.72	0.43	11.26	2.59	8.83
山西证券	11.56	3.07	7.69	6.38	1.21
长城证券	11.21		3.74	5.00	2.24
华安证券	10.85	1.36	8.78	0.91	0.59
天风证券	8.51	4.31	10.82	7.74	8.28
第一创业	7.59	0.33	5.23	2.16	6.89
南京证券	7.54	2.39	5.68	0.90	0.80
合 计	1 360.96	341.79	967.78	288.18	380.44

资料来源：Wind。

从表 2-2 的数据可以看出，中国上市券商的业务模式比较单一，主要收入构成都是大经纪业务与证券承销、资产管理。受制于传统的盈利模式，综合性的大券商凭借其固有的资金、品牌、人才等优势在业内居于主导地位。

中信证券是我国第一批综合类创新试点券商，是本土最大的券商，主要开展经纪业务、投行业务、自营业务及资产管理等业务，股票基金交易市场份额排名第一。中信证券的第一大股东是中国中信集团公司，持股比例 23.69%。中信集团是国内为数不多的中央金控集团。2017 年底，公司实现营业收入 433 亿元人民币，实现净利润 114 亿元人民币，净资产收益率 7.82%，收入和净利润继续位居国内证券公司首位，公司各项业务继续保持市场前列。从主营构成来看，中信证券相较于其他上市券商其业务结构更趋于合理。2017 年，公司紧密围绕"做大客户市场、提升综合服务能力"的工作方针，有效支持实体经济发展，主要业务保持市场前列。其中，股权业务承销规模 2 210 亿元人民币，市场份额 12.29%，排名行业第一；债券业务承销规模 5 116 亿元人民币，市场份额 4.29%，排名同业第一；境内并购重组（证监会通道类业务）交易规模 1 398 亿元人民币，市场份额 16.21%，排名行业第一；代理股票基金交易总量 13.05 万亿元人民币（不含场内货币基金交易量），市场份额 5.69%，排名行业第二；资产管理规模 1.67 万亿元人民币，市场份额 10.10%，主动管理规模 5 890 亿元人民币，均排名行业第一；融资融券余额 710 亿元人民币，市场份额 6.92%，排名行业第一；实现利率产品销售总规模保持同业第一；场外期权业务规模增长较快，同业排名领先。

海通证券是目前国内证券行业中资本规模最大的综合性券商。2017 年，公司通过发行公司债、次级债、ABS、并购贷款、收益凭证、收益权转让、转融资等方式，构建了多元化的融资渠道，为公司业务发展和重大战略事项推进提供了充足的资金保障。公司经纪业务客户基础雄厚；投资银行业务排名行业前列；资产管理业务主动管理规模持续提升；私募股权投资业务规模及利润贡献行业领先；在香港地区业务各项数据排名行业首位；融资租赁业务确立行业领先地位；研究服务市场影响力强。通过收购整合海通国际证券、海通银行，设立自贸区分公司，公司建立了业内领先的国际业务平台，获得了亚太地区先发优势以及欧美地区前瞻性的战略储备。

华泰证券是一家国内领先的大型综合证券集团，具有庞大的客户基础、领先的互联网平台和敏捷协同的全业务链体系。华泰证券作为经纪业务龙头，财富管理业务稳步推进，国际业务表现亮眼，其经纪业务和资产管理业务市场份额处于全行业的前列。作为经纪业务龙头，2017 年公司股基成交额 19.01 万亿元，市场份额为 7.86%，连续四年排名保持行业第一。2017 年实现投资管理业务收入 33.28 亿元，同比增长 13.03%。其中，公司资产管理月均规模 7 885.62 亿元，行业排名第二；主动管理资产月均规模 2 401.87 亿元，行业排名第四，占总规模 30.46%。2017 年公司国际业务收入大幅增长 6.67 倍，得益于收购 AssetMark 后华泰金控（香港地区）收入增长，国际业务收入占比增长 6.74 个百分点。在金融对外开放程度不断提高的背景下，公司可以借助海外平台深化跨境联动和协同，国际业务有望形成新格局。

东北、山西、西南、国元、长江、兴业都是中小型地方国资券商，大多依靠地方优势在行业中占据一席之地，是上市券商中变数最大的一类。

小型地方民营系证券商国金证券和太平洋由于规模偏小，缺乏地方政府、实力股东的支持，在上市券商中的实力进一步弱化，走差异化道路和创新路线或许是比较好的选择。

第三章

投资银行真容

第一节 投资银行的组织结构

投资银行属于金融类企业,是企业的一种特殊形式。因此,在组织结构设置上既遵循企业组织结构设计的一般原理,又有其特殊之处。从投资银行的发展历史来看,投资银行过去多数是私有制的团体机构。在投资银行业中,各个投资银行组织结构各有特色,可以说,迄今为止尚没有一家投资银行的模式可以称为典型的组织结构。

一、投行组织结构的基本类型

一般而言,一家投资银行采用的组织结构与资本市场的发展阶段密切相关,也跟投行内部的组建方式和经营思想密切相关。从投资银行的发展史来看,其组织结构形式主要有三种。

(一) 合伙人制

合伙人公司,是指由两个或两个以上合伙人拥有公司并分享公司利润,合伙人即为公司主人或股东的组织形式。其主要特点是:合伙人共享企业经营所得,并对经营亏损共同承担无限责任。它可以由所有合伙人共同参与经营,也可以由部分合伙人经营,其他合伙人仅出资并自负盈亏。合伙人的组成规模可大可小。高盛公司曾经是合伙人制投资银行最坚定的守护者。合伙人是以合伙利润方式从公司取得报酬,而且一般在退休前,其在高盛的利润所得大部分用于再投资,这意味着合伙人将获得很高的退休收入。这些有限合伙人只参与高盛公司利润的分配,而不参与其企业管理。高盛员工会把两年一次的合伙人选拔像选总统一样认真,一选就是7个月。2.4万名员工都想成为1 200名中层中的一员,而1 200人又个个想成为300名合伙人之一。而这300人,年薪60万美元以上,还可以参与公司分红。这一机制的特点很好地保证了所有高盛员工一边努力赚钱,一边对共同利益进行高度监督。高盛不得不在1999年结束其长达130年的合伙人制度,因为改组为上市必需的股份有限公司。外界曾一致认为,这是"旧式合伙人制在华尔街的终结",然而没有人否认,正是合伙人制度这种形式使得像高盛这样的投资银行在100多年中得以将最优秀、流动性最高的业内精英集结在一起,形成了一种独特、稳定而有效的管理架构。

(二)混合公司制

混合公司通常是由在职能上没有紧密联系的资本或公司相互合并而形成规模更大的资本或公司。21世纪60年代以后,在大公司生产和经营多元化的发展过程中,投资银行是被收购或联合兼并成为混合公司的重要对象。这些并购活动的主要动机都是为了扩大母公司的业务规模,在这一过程中,投资银行逐渐开始了由合伙人制向现代公司制度的转变。

混合公司对大的投资银行来说,倒闭是不常见的,比较普遍的则是投资银行被收购或联合兼并成为混合公司。投资银行是一个动态竞争性和适应性合二为一的行业,也是一个循环周期性很强的行业。在经济增长时期,市场对投资银行的服务和产品需求增加,使该行业过度膨胀;当经济衰退时,市场对投资银行的服务和产品需求下降,行业则迅速紧缩合并。1987年美国经济滑坡后,投资银行业合并之风盛行,1 300多家(占总数20%)小型投资银行倒闭或被合并。90年代初美国经济缓慢上升之后,投资银行业进入了又一循环。几乎所有大的投资银行都经历了重组、合并,其结果是投资银行变得更集中,经营更加专业化。在购并过程中,许多投资银行是被其他投资银行或金融机构收购或出售,其主要动机是为了扩大母公司的业务规模。1995年,欧洲最大的商人银行巴林银行倒闭,随之被荷兰国际集团收购。金融或非金融机构兼并、收购或出售投资银行的行为表明投资银行业的重大变化,即由过去紧密的合伙体变为被收购接管的目标。结果是,投资银行业有了行业外的压力,利润变得更重要,因为一旦赢利不好,即有被其他公司收购的可能;同样,开支比以往控制得更严格,因此投资银行变得更加现代化,许多私有合伙企业从此销声匿迹。

(三)现代公司制

现代公司制赋予公司独立的人格,其确立是以企业法人财产权为核心和重要标志的。法人财产权是企业法人对包括投资和投资增值在内的全部企业财产所享有的权利。法人财产权的存在显示了法人团体的权利不再表现为个人的权利。现代公司制度使投资银行在资金筹集、财务风险控制、经营管理的现代化等方面都获得较传统合伙人制所不具备的优势。作为公众持有公司,其管理者应对其所有者即股东负有责任。投资银行业发展至今最大的变化之一就是转换为公众持有公司。所谓公众持有公司即以普通股方式向社会公众出售其公司股权，股东享有公司利润的分红，或保持红利作为再投资的权利。除此之外，公司再通过对外举债（银行借款、发行债券等）或发行优先股及普通股配股等方式筹措资金。公众持有公司与其他形式相比具有一定的优势，表现在：有限的财务风险股东最多只损失其在公司的投资，其个人财富不会被用于公司负债的偿还；所有权分散，所有权可被划分为更小的部分（股份）出售或转让；所有权容易通过股票的买卖进行转让。一个公众持有公司的独特优势突出体现在它可以通过资本市场有效地筹措追加资金，但这方面的利益是有代价的，它的财务状况和经营活动等信息要比私营合伙企业更公开披露，比如通过年报、季度报表等。

二、美国投资银行的组织结构

现代投资银行的组织结构经历了合伙制、公司制和金融控股公司制等形式的演变。目前，国际主要投资银行基本上采取公司制或者金融控股公司制的组织结构形式。金融控股公司成为现代投资银行的组织结构形式的主流。需要说明的是，金融控股公司有两种含义。广义是指在金融混业经营基础上的包括银行、证券、保险等不同子公司的金融控股公司；狭义是指在专门经营证券业务基础上所形成的包括承销、并购、经纪、资产管理、风险投资等不同证券业务的金融控股集团，这种形式一般又称为金融证券集团。随着金融混业经营日益成为全球性的发展趋势，上述两种含义的金融控股公司界限逐渐淡化。图3-1显示了一个典型的美国投行的组织结构。

以花旗集团的组织结构和业务结构为例。花旗公司是美国历史上最具代表性的以一家控股公司控股若干家不同领域的子公司为模式的金融控股公司，以其突出的业务项目为导向形成组织结构框架。1998年4月，花旗公司与银行旅行者集团合并后，形成花旗集团，并确立了三大业务板块的集团组织结构：全球散户业务、全球资产管理业务与全球公司业务。全球散户业务主要为美国及全球的零散客户提供各方面的服务。该业务板块以集团公司的组织模式进行管理，由拉美部、亚洲部、欧洲部、中东部及非洲部构成全球区域管理部。这一板块的职能管理部门主要有：全球交易部、全球市场部、全球计划执行部、全球人力资源部、全球资产负债管理部、风险管理部、行政管理部、财务部、融资部、法律部等。其具体业务范围主要有花

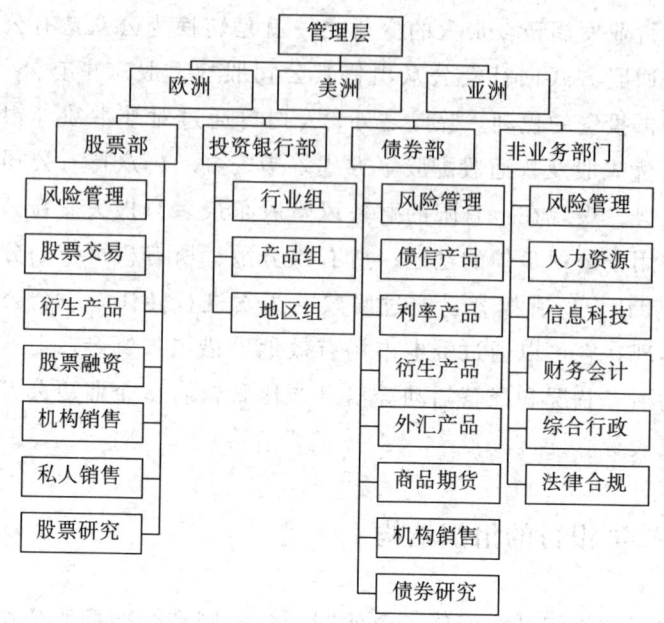

图 3-1 美国投行的组织结构

旗商业银行服务、个人财产保险服务等。全球资产管理业务主要是经营代客理财信托业务。该业务板块有三大集团公司组成：所罗门兄弟资产管理集团、史密斯·邦尼资产管理集团和花旗银行全球资产管理集团。按其信托业务隶属机构的性质，该集团进一步分为投资银行资产管理集团、所罗门·史密斯·邦尼资产管理集团，及商业银行资产管理集团公司、花旗银行全球资产管理集团这两大业务板块，其职能部门主要有子公司部、机构部、散户部、市场部、技术部、经营部等。全球公司业务板块是经营批发金融业务集团公司，由所罗门·史密斯·邦尼集团的投资银行业务部门、花旗银行的公司级批发银行业务部门以及旅行者集团组成。旅行者集团是一个经营证券和保险的金融公司，主要业务包括个人保险、商业保险和证券业务等。

三、中国投资银行的组织结构

中国投资银行组织结构的发展是同中国证券市场发展相适应的。1988~1993年，中国投资银行的组织结构主要是以柜台业务为核心的营业部体制，其明显特征是大而全、小而全，各个证券公司没有鲜明的个性差异。1993年，伴随着《公司法》等一系列法律法规的出台，特别是1999年《证券法》颁布实施后，投资银行组织结构大幅度调整,通过大规模的合并重组,中国投资银行在多元化经营的基础上开始注意突出自己的特色,在经营管理上真正地向国际性大投资银行靠拢。

总体来看,中国证券公司组织结构大同小异(图3-2)。各个证券公司在部门设置上基本分三大块,即业务部门、职能部门、地区管理总部。但受体制、技术、规模、发展战略等诸多因素的影响,各个证券公司在组织结构的设置上还存在一定差别。概括起来,当前中国投资银行组织结构有三种类型,即集权式直线制组织结构、分权式的事业部制和混合型组织结构。

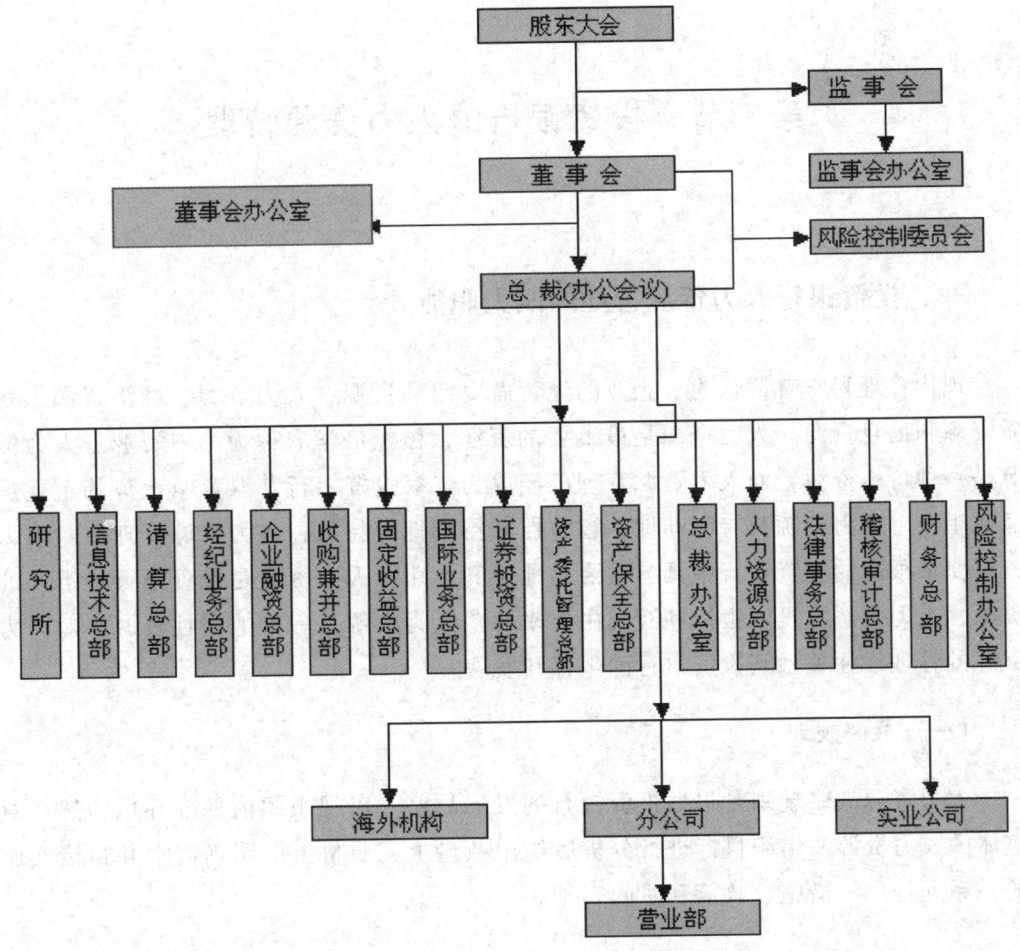

图3-2 国内证券公司的一般组织结构

- 集权式直线制组织结构在中国一些规模较小的证券公司中普遍被采用，其优点在于结构严谨，分工明确，组织稳定性好，纪律严明，组织成员职责分明，便于上级对下属的管理。
- 分权式的事业部制组织结构在中国许多大的证券公司的地区分公司中被采用，它可以在分权管理的基础上，将各种权力与责任分别授予各个事业部，从而使总公司可以集中做战略决策和规划工作，摆脱日常经营事务，使之决策更加准确有效。

在实际中，中国投资银行中很少有纯集权式直线型组织或纯分权式事业部型组织结构，大部分是这两者结合的混合型组织结构。

第二节　投资银行的人力资源管理

一、投资银行人力资源管理的四大职能

现代管理科学普遍认为，企业的经营需要四种资源：人力资源、经济资源、物质资源和信息资源。人力资源是最重要的资源，被经济学家称为第一资源。人力资源是一种特殊资源，而人力资源管理已经成为各家投资银行获取竞争优势的重要途径或手段。人力资源具有能动性、智力性和持续性等特征，人力资源管理在对人力资源要求很高的投资银行中具有重要的地位和作用。人力资源是投资银行最重要的资源，人力资源是投资银行利润的主要来源。人力资源是一种战略性资源，对人力资源的管理往往关系到投资银行的生存和发展。

（一）战略规划

人力资源战略规划是根据投资银行的发展战略，审视组织内外部环境，然后对整体的人力资源按组织目标进行分析后给出数量上、质量上的明确需求并付诸实施的一系列程序、措施、政策和时间安排。

（二）获取与配置

这一职能主要包括两方面：一是投资银行招聘所需要的员工，并从应聘者中挑

选符合要求的人员；另一方面是根据一定的标准和要求，合理录用员工，然后配置到各个岗位上去。

（三）员工发展

1. 新员工的职能导向活动，即为新员工提供组织的有关信息，并向其说明组织期望员工的是什么，以及员工可以从组织中期望获得的是什么。
2. 员工培训发展与员工职业生涯计划。
3. 绩效管理即投资银行通过对其员工的工作绩效评价，获得反馈信息，便可据此制定相应的人事决策与措施，调整和改进其效能。

（四）员工保障与保护

投资银行主要有以下措施来实现此职能：
1. 通过薪酬管理，包括员工的合理报酬、福利制度设计与基础。
2. 人力资源保护，即为员工提供一个健康、安全和高效的工作环境条件与劳动保护条件。
3. 对员工实行社会三大保险：养老保险、医疗保险和失业保险。

二、投资银行人力资源管理的内容

投资银行人力资源管理，是指投资银行对其工作人员的行为、态度以及绩效的各种政策、管理实践以及制度。主要有以下活动内容：

- 人力资源战略与规划：根据投资银行的发展战略和具体的经营目标，分析经营环境的变化对人力资源需求的影响，制定必要的政策和措施以确保自身在需要的时间和岗位上获得各种所需的人力资源。
- 工作分析和设计：投资银行的人力资源管理部门根据投资银行具体的组织机构确定的各种职务与员工素质要求，并结合组织、员工以及工作的要求，为员工设计激励性的工作。
- 投资银行的人才引进：投资银行在人才引进上，必须坚持做到如下几个方面：一是公开招聘、择优录取的原则。要力求使招聘程序公平、公正、公开，既可以扩大招聘的透明度，又可以防止有才华的人落选而素质低的人被引进。在招聘过程中，不应有任何民族、信仰、性别等方面的歧视。二是效率优先的原则，即投资银行应争取用最低的招聘费用，招聘到高素质、符合投资银行需要的人员。

- 投资银行的人才培训：人才培训是投资银行人力资源管理的重要组成部分。投资银行从业人员知识与素质提高的一个重要途径就是培训。投资银行对人才进行培训是激烈的市场竞争的需要，有利于提高人才的素质，提高投资银行的盈利水平。
- 绩效管理：投资银行通过绩效管理工作来具体衡量其员工的工作绩效，目的在于激励员工们继续他们的恰当行为并改正不恰当的行为。

另外，投资银行对人力资源管理还包括薪酬管理、人力资源保护等方面。

三、投资银行人力资源的基本素质要求

（一）道德素质

从道德素质方面讲，投资银行的多数业务涉及大量的资金和证券的流动，而且金融证券市场的细微变化都可能涉及不同的利益主体的利益消长，这就要求投资银行从业人员应具备良好的职业道德。较高的道德水准已经成为投资银行的一项资产和一种新的竞争手段。投资银行人才的职业道德包括以下几个方面：

1. 诚实。投资银行是以信任为基础的行业。客户为投资银行提供服务支付巨额的佣金，投资银行应诚实地对待客户。就咨询业务而言，投资银行从业人员应本着诚实的态度，根据自己对市场情况的分析客观地向客户提供信息，决不应该从自身的利益出发，散布虚假消息，操纵市场或破坏市场的稳定。诚实是投资银行从业人员最基本的品质。

2. 守信。投资银行的业务很多涉及客户的内部机密信息，投资银行从业人员应严守信用，决不能靠泄漏客户机密来牟利。在证券经纪业务中，对于一些非正规的口头委托，应严守信用，按约定办理。在从事并购的业务中，决不能提前泄漏消息或从事套利业务，否则会导致股价上升，增加公司的收购成本。总之，投资银行从业人员的信用构成了一家投资银行信誉的重要方面。

3. 守法。为了规范金融证券业务，各国金融监管部门及行业自律组织自身针对投资银行业务制定了许多法律规章制度。每一个投资银行从业人员都应该了解并执行这些法律规章制度，接受主管部门的监督，维护市场的公平与公正。

4. 公正。投资银行虽然有许多业务是针对特定少数客户的，但仍有一些业务是针对广大投资者的，投资银行应做到公正地对待每个利益主体，不能以客户业务量

的大小而区别对待。

(二) 业务素质

从业务素质方面讲,由于投资银行业务涉及金融、证券、法律、财务、企业管理及各个行业等诸多方面的知识和业务,所以对投资银行从业人员业务素质提出了较高的要求。业务素质主要包括以下几个方面:

1. 熟悉有关法律、法规和其他规则以及投资银行业务操作。首先,深入了解有关法律、法规和其他规则,并能充分利用这些制度来更好地开展服务,保护公司的利益;其次,熟悉有关管理部门、行业协会以及本公司的一些业务操作过程和其他的细节规定以及业务限制,以便熟知自如地开展业务。

2. 善于搜集、捕捉各种信息,具备相当的综合分析及处理能力。投资银行从业人员要有敏锐的观察力和洞察力,对各种新事物能处处留心,以便开拓新的业务领域和渠道。优秀的投资银行从业人员应不断关注周围的世界,寻找可能的机会。

3. 具体基本判断能力。投资银行业务既是一门科学,又是一门艺术,判断能力同技术分析能力具有同等重要的意义。投资银行从业人员在大量接触不同的客户以及各种信息的过程中,应该在自己的职业范围内迅速作出判断,把握稍纵即逝的市场机会。

4. 具有合理的知识结构。合格的投资银行家必须具备经济、金融、财务、管理、贸易、法律、政治、电脑、统计、语言、社会学等方面的知识储备。现代投资银行业的激烈竞争和不断变化的经济金融环境对投资银行从业人员的知识结构提出了更高的要求,也使得他们时刻不停地学习以适应这个潮流的发展,否则将会面临被淘汰出局的危险。

第三节 投资银行风险管理

一、投资银行的风险特征与类型

由于投资银行从事的主要业务都与具有高度风险性的金融资产有关,风险贯穿于整个投资银行的方方面面，风险管理也是投资银行的永恒主题。投资银行的风险，是指由于各种不确定性的因素使得投资银行的实际收益与预期收益发生偏离，从而蒙受损失或减少获取收益的可能性。

（一）投资银行的风险特征

投资银行是一个高风险的行业，其面临的风险具有以下特点：

1. 风险普遍性。投资银行的内部、外部存在风险，投资银行的各个部门、各个业务环节存在风险，可以说，投资银行经营过程中时时刻刻到处都有风险。风险是投资银行的永恒主题。

2. 风险的复杂性。投资银行的每个业务程序都是发生风险的重要来源。无论是单一的纵向或横向的业务体制都难以完善地控制风险。因此，投资银行的风险要利用一个完整的体系才能得到较好的控制。

3. 风险的突发性。在特定的经营环境下，一种风险会转化或扩展成另一种风险，其表现形式也常常发生变化。资本证券市场行情瞬息万变，投资银行所遭遇的风险也往往是突发式的，事前无法准确预料，而一旦产生，其危害也常常是致命的。

（二）投资银行的风险类型

投资银行的风险有两种风险：系统性风险和非系统性风险。系统性风险是指由于某种全局性的因素可能引起的收益损失，包括政治风险、利率风险、汇率风险、通货膨胀风险、供需失衡风险、政策风险等。这些风险表现为所有的证券都出现价格变动，因而很难通过投资组织规避。系统性风险涉及面较大，往往会使整个资本市场的价格发生较大幅度波动。这类风险因素往往会因宏观因素（国家政策、经济形势）的变化对整个市场发生影响，因而又称为"宏观风险"或者"整体风险"。非系统性风险是指因某一特殊因素对某个证券公司或某一类证券产生影响造成损失的可能性，包括信用风险、流动性风险、资本风险、结算风险、经营风险、财务风险等。这类风险主要来自于机构本身，因而也称为"微观风险"或者"个别风险"。

进一步细分，投资银行风险主要有以下几种：

1. 信用风险（Credit Risk）。信用风险又称"违约风险"（Default Risk），是指投资银行在从事资本市场业务时，由于其交易对手不能履行合约而给投资银行带来损失的可能性。投资银行在签订贷款协议、场外交易合同和授权时，将面临信用风险。随着金融国际化与全球化的发展，产生金融危机的可能性大大增加，这使得投资银行面临的信用风险不断放大。例如，在亚洲金融危机中，JP摩根银行就有6亿美元的贷款被划为不良贷款。

2. 流动性风险（Liquidity Risk）。流动性风险又被称为"变现能力风险"，是指投资银行不能以合理的成本及时获得资金，或者不能以合理的价格对自己所持有的头寸进行对冲而可能造成的损失。对投资银行而言，如果没有足够的现金支付到期的债务，就会被迫出售资产，如果资产的流动性差，该资产就很难以正常的价格出售，投资银行就要遭受损失。

3. 市场风险（Market Risk）。市场风险是指由于市场波动使得投资银行不能获得预期收益的风险。投资银行面临的市场风险来自于多方面：

第一，利率风险，是指由于利率水平的不确定性变动使得投资银行的收益造成损失的可能性。利率受多种因素的影响，只要其中某个因素发生变动，都可能导致市场利率的很大波动。利率风险对投资银行的影响主要有两方面：一是利率调整对资金供求的直接影响；二是利率调整对投资银行所持有的金融证券所产生的间接影响。

第二，汇率风险，是指由于汇率的波动导致投资银行损失的风险。1973年布雷顿森林体系瓦解以来，世界各国普遍采用浮动汇率制，汇率的波动更加频繁，外汇市场的不确定性因素增多，投资银行面临的汇率风险更加复杂。

第三，经济周期风险，是指一国经济状况的变化而引起的市场变化对投资银行损益的影响。它对投资银行的影响有两个方面：一是由于经济周期变化产生对投资银行宏观调控的政策变化从而直接影响投资银行损益；二是经济状况变化对证券发行主体、投资者等的影响而产生的对投资银行的间接影响。

4. 操作风险，是指由于投资银行自身交易或管理系统中存在问题、隐患导致的风险。如：（1）投资银行从业人员在业务、事务处理过程中，由于处理程序不完善、工作责任心不强等原因，发生事务处理失误而导致投资银行收益或信誉受损的风险。（2）投资银行从业人员的违法犯罪活动造成损失的不确定性。（3）因投资银行内部计算机系统或通信系统等业务所依赖的高科技设备出现故障而产生的危险。

与市场风险和信用风险不同的是，操作风险具有以下特点：（1）操作风险中的风险因素是内在于投资银行业务操作的，而且单个的操作风险因素与操作性损失之间并不存在可以定量界定的数量关系。（2）在业务规模大、交易量大、结构变化迅速的业务领域，受到操作风险冲击的可能性最大。（3）从覆盖范围上看，操作风险管理实际上覆盖了几乎银行经营管理的所有方面的不同风险。

5. 环境风险，是指投资银行外部环境的变化给投资银行带来损失的可能性。它主要有以下几种表现形式：（1）政策风险：一个国家相关的政治、经济等政策的变化对投资银行的经营带来的影响。（2）政治风险：由于战争、政权更迭、政策变化而导致投资银行利益受到损害的风险。（3）自然风险：因地震、火灾、水灾、台风等灾害给投资银行带来的风险。

二、投资银行风险管理的组织架构

（一）国外投资银行风险管理架构

发达国家的投资银行内部一般都有比较健全的风险管理组织体系，包括审计委员会、风险监视委员会、风险决策小组、业务单位、执行委员会、风险管理委员会及公司各种管制委员会等。美国著名的三大投资银行即摩根士丹利、高盛和美林风险管理的组织架构如图3-3所示。由于各自的经营风格和企业管理文化不同，尽管3家公司风险管理组织的设置存在一定差异，但总体而言，其风险管理组织的架构都可以分成四个层级。

这3家投资银行风险管理组织架构最高层面都是董事会下属的执行机构。其中，摩根士丹利是董事会下属的、全部由独立董事构成的审计委员会；美林是董事会下属的审计委员会和由公司高层管理人员组成的执行委员会；高盛是董事会下属的、由包括公司首席执行官、首席运营官在内的高层管理人员组成的管理委员会。摩根士丹利和美林的审计委员会主要职责是授权第二层级的风险（监视）委员会负责风险管理工作中的各种决策；审核、批准风险监视委员会的章程和定期提交的风险报告；定期评估公司风险管理的整个流程等。高盛的管理委员也主要是通过对风险委员会的授权，对公司的风险进行管理。风险管理组织架构的最高层由董事会下属的执行机构担当体现了全面风险管理的组织架构必须具备的第一个特征，即董事会与公司决策高层的积极参与和对风险管理工作坚定的承诺与支持。

处于第二层级的风险（监视）委员会主要职责是根据授权，具体负责风险管理工作中各种重大事项的决策。包括确定公司的风险管理政策（Risk Policy），确定公司所允许承受的最大风险限额或风险容忍度（Risk Tolerance），评估公司总的风险态势（Risk Profile）并做出应变的决策；监控公司重大的财务、运营和其他特定风险；评估公司风险管理的效果等。各个公司还根据自身组织结构的特点，赋予风险

（监视）委员会其他一些职能。风险（监视）委员会直接向董事会下属的执行机构负责，体现了全面风险管理的组织架构必须具备的第二个特征，即风险管理部门高度的独立性。而风险委员会主要由公司高层人员组成也使其及下属的风险管理部门具备了协调各业务部门的能力。

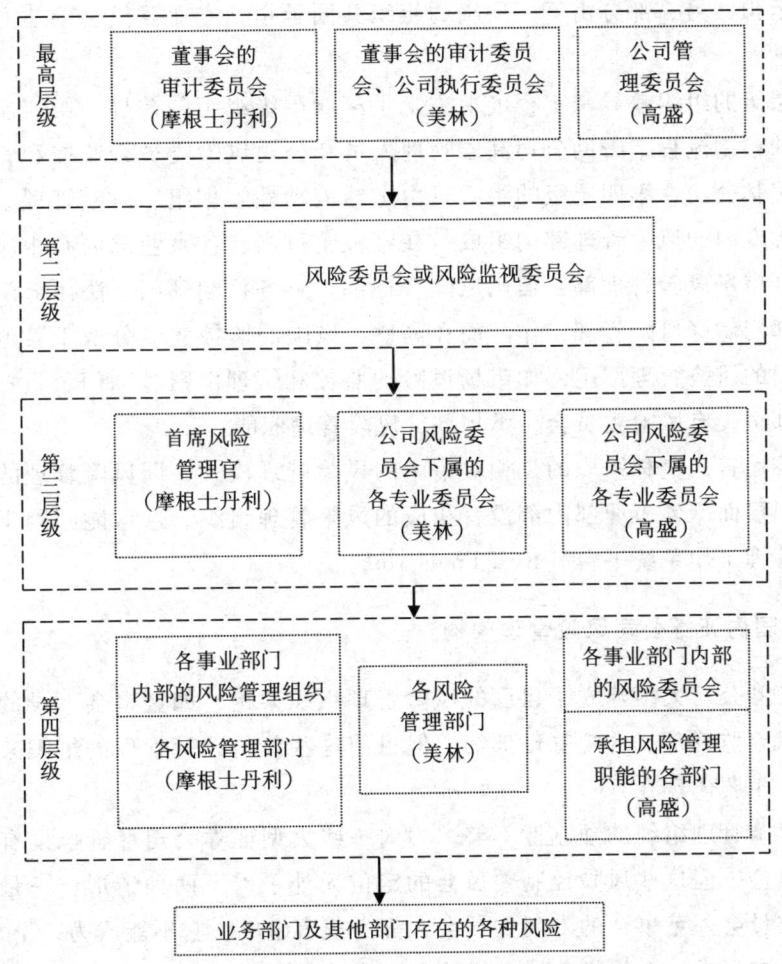

图3-3　美国投资银行风险管理的组织架构

这3家公司的风险管理组织架构在第三层级和第四层级出现了一些差异。第三层级主要负责对各种业务风险和特定风险的评估和管理政策的制定。在美林公司，这一职能是由公司风险委员会下属的各种专业委员会包括权益资本承诺委员会、负债资本承诺委员会、不动产资本委员会、新产品评估委员会、信用政策委员会、储备金委员会承担。高盛公司也主要由风险委员会下属的各专业委员会包括资本委员会、信用政策委员会、委托责任委员会、操作风险委员会、财务委员会、结构性产品委员会等承担；属于第四层级的各事业部门内部的风险委员会也承担一些职能。而在摩根士丹利，该职能则部分由上一层级的风险管理委员会承担，部分由首席风险管理官承担，另一部分由下一层级的组织共同承担。专业委员会的建立使风险决策更为科学。

第三层级的组织差异一定程度上决定了第四层级组织的差异。第四层级的组织通过一定的控制流程，帮助公司高层管理人员和公司风险委员会监控和管理公司的风险。在美林公司，第四层级的组织只由全球流动性管理组、风险管理组和操作风险管理组等专门的风险管理部门组成；在摩根士丹利，各事业部内有相应的风险管理组织配合市场风险管理部、信用风险管理部、财务控制部门、法律部门等专门的风险管理部门做好风险管理工作。而在高盛，风险的监控职能分散于其他控制部门而不是专门的风险管理部门，如市场风险的监控和管理由财务部门负责；同时，各事业部内部也设有风险委员会，承担部分风险管理职能。

相比较而言，美林采取的是相对集中的风险管理模式，即风险管理的职能全部集中于公司层面，各事业部内部没有相应的风险管理组织，这可能归因于其建立有公司风险管理工作系统平台（Risk Framework）。

（二）国内证券公司风险管理架构

国内证券公司大多建立了自己的风险管理组织架构，如董事会下设的风险控制委员会、风险监管部、合规管理部等。但目前这些公司风险管理的组织架构还存在一些不足，主要体现在：

一是风险管理组织的独立性不够。国内一些大型证券公司尽管也设有专门的风险控制委员会，但这些风险控制委员会的定位无外乎以下两种情形：一是作为董事会的专门委员会。董事会的专门委员会大都由董事组成，它不能成为一个常设机构，更重要的是它只是一个提供建议的机构而不是执行机构，因此对公司风险管理工作的指导有限。另一种情形是风险控制委员会作为公司内部的一个执行机构，虽然解决了第一种情形下存在的一些问题，但其中一个重要的缺陷是这些风险控制委员会接受公司经营管理层的领导而不是直接向董事会负责。这样，在缺乏董事会有效支持的情形下，风险管理部门的独立性将削弱。

二是风险管理组织的协调性不强。在缺乏类似美国投资银行中的风险管理委员会支持和帮助的情形下，风险管理部门仅作为一个与业务部门一样共同对经营层负责的部门，很难有能力协调各业务部门。因为无论是国外的投资银行还是国内的证券公司，风险管理部门都是不太受业务部门欢迎的。如果没有协调各业务部门的能力，风险管理部门的工作很难深入。

三是风险管理组织中缺乏专业性委员会的指导。风险管理组织要对公司的各种风险进行全面管理，必须对各种业务及其存在的风险有深入了解。而这仅靠风险控制委员会和风险管理部并不容易做好。

因此，应以全面风险管理为出发点，构建国内证券公司风险管理的组织架构（如图3-4所示）。借鉴投资银行风险管理的组织架构，国内证券公司风险管理的组织架构也应该有四个层级。

第一层级是董事会，应对公司的风险管理负最终责任。考虑到董事会并不是常设机构，因此，它需要在证券公司内部设立风险管理委员会，并授权风险管理委员会全面负责公司的风险管理工作。

第二层级是董事会授权的风险管理委员会，应该是一个常设的执行机构。其职责是根据董事会的授权全面负责公司的风险管理工作，对公司风险管理的重大事项如公司允许最大风险限额、各部门风险限额的分配、各业务部门风险的评估、例外情形的处理、风险的测量方法、风险管理的流程、创新业务和产品的风险管理等做出决策。首先需要说明的是，这里的风险管理委员会并不是董事会的一个专业委员会。因为如果它是董事会下属的专门委员会，那么它的成员需要是公司董事，这样就不能成为一个常设机构，而且国内董事会下属的专门委员会并不是一个执行机构，从而不能胜任所赋予它的职责。风险管理委员会的成员包括董事长、总经理、监事长和风险管理部门的负责人等公司的高级管理人员；同时考虑到国内证券公司一定程度上存在内部人控制的现实，还需要包括除董事长以外的股东代表，这样可以解决公司股东担心的内部人控制问题。

第三层级是风险管理委员会下属的各专业委员会，如对外投资风险评估委员会、资金运营风险评估委员会、证券发行风险评估委员会和操作风险评估委员会等。其人员包括风险管理委员会成员、各业务部门的负责人和其他专业人员等。其职责是协助风险管理委员，对业务风险和特定风险进行评估等。设立这一层级组织的目的是使风险委员会对各项业务的理解更深入，风险管理工作更有效。

第四层级是独立于其他业务部门的、专门的风险管理部门。其职责是通过一定的控制流程，帮助公司的高层管理人员和公司风险委员会监控和管理公司的风险。

国内证券公司在设立如图3-4所示的风险管理组织架构后，要想使风险管理工作有效开展，还必须做到在公司层面风险决策与投资决策的统一。因为风险委员会的风险决策包括对公司所允许承受的最大风险限额的设定、各部门风险限额的分配、各业务部门风险的评估、例外情形的处理等决策，这些都与公司层面的投资决策紧密联系在一起。证券公司实际是一种经营风险的中介机构，其经营活动中的大部分决策也就是对风险的决策。因此，如果公司总体层面的风险决策与投资决策不一致，风险管理及公司的总体发展都会受到影响。

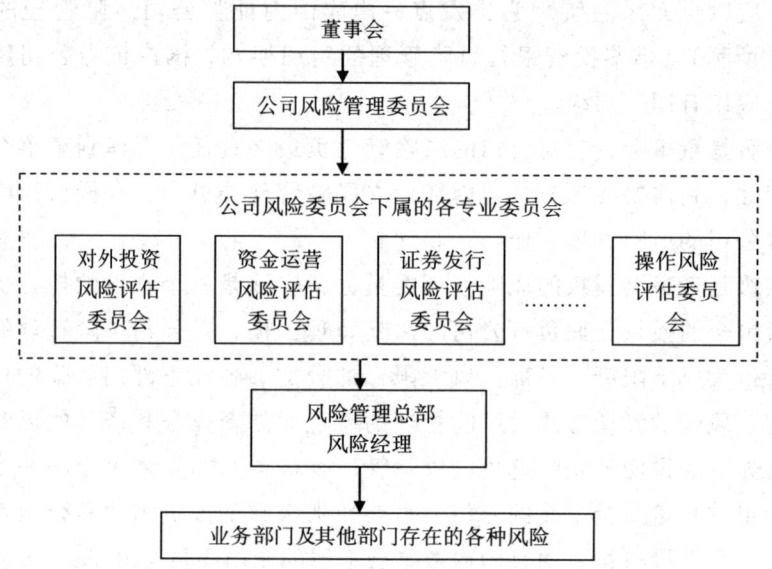

图3-4 国内证券公司风险管理组织架构设计

三、投资银行风险管理流程

投资银行的风险管理常常包括四个环节，即风险识别、风险分析与评估、风险控制与风险决策。

- 风险识别：就是在宏微观市场环境中及对投资银行实行经营管理过程中识别可能给投资银行带来意外损失和额外收益的风险因素。风险识别需要投资银行对宏微观经营环境、竞争环境有充分的了解，有完备的信息收集处理系统和丰富的实践经验以及深刻敏锐的洞察力。
- 风险分析与评估。风险分析指投资银行深入全面地分析导致风险的各种直接要素和间接要素，如影响市场运行的货币政策、投资者心理预期。风险评估就是指管理者具体预计风险因素发生的概率，预测这些风险因素对投资银行可能造成损失和收益的大小，从而尽可能地确定投资银行的风险程度。

- 风险控制：是对投资银行的风险进行防范和补救。它包括回避风险、风险分散、风险转移、风险补偿等多种方式。风险回避主要指在资产选择上避免投资高风险资产，通过对资产期限结构进行比例管理等方式来规避风险。风险分散主要指通过资产投资的多样化，选择相关性较弱的甚至不相关或负相关的资产进行搭配，以实现高风险资产向低风险资产扩散。风险转移就是通过合法的交易方式和业务手段将风险资产转移到受让人手里。风险补偿是指通过将风险报酬打入价格或订立担保合同进行保险等方式以保证一旦发生风险损失就可以有补救措施。
- 风险决策：是指投资银行的管理层在综合考虑风险和收益的前提下，根据自身的风险偏好以及对于相关业务发展前景的一些判断，选择风险承担的过程。风险决策首先要根据投资银行的经营目标确定决策目标，然后用概率论、决策树等方法提供两个或两个以上的方案，最后确定优选方案。

四、投资银行风险管理方法

投资银行业是一个高风险的行业，投资银行最擅长于进行风险管理。巴塞尔委员会和国际证券组织联合会（IOSCO）在1994年定义了风险类型及其管理的一般方法，表3-1列出了投资银行的风险类型及管理方法。

表3-1　　　　　　投资银行的风险类型及其管理方法

风险类型	定义	管理方法
市场风险	由于市场价格水平的波动或相反变化而给公司财务状况造成损失的风险	提供公司所有相关市场风险方面的信息；计算相应的风险程度（波动度、风险价值）；设立合适的程序和风险监控限额；了解风险来自公司何处
信用风险	由于交易双方不履行与公司签订的合约而带来的风险	监控与限额有关的信用风险；定期重新设立限额；事件分析
清算风险	公司不能按期收到对方的资金的风险	监督对方的活动和清算限额；提前管理对方的结算风险

续表

风险类型	定义	管理方法
流动性风险	公司面临两种类型的流动性风险：一种与特定的产品或市场相关，即由于不充足的市场深度或由于市场垄断，公司不能够或不能轻易以以前的市场价或相近的价格对冲某一头寸的风险；一种与公司活动的总体资金状况相关，即公司不能在清算日履行付款义务或支付保证金的风险	经常将债务所需资金与资产流动性相匹配；制定限制资产等级和金融工具的流动性指标
操作风险	由于信息系统或内部控制方面的缺陷，导致意想不到的损失。这种风险由人为错误、系统失灵和不正确的程序及控制引起	建立适当的职能分离和监控制度；合理测试各种系统；全面协调内部和外部系统；建立全面的系统支持设备
法律风险	合同不符合法律的实施或文件没有正确表达	仔细签订和实施对外合同与雇员的合同；建立明确的履约管理机构

对市场风险的管理：投资银行对市场风险进行管理由专门设立的市场风险管理部负责。市场风险管理部的工作主要有以下几个方面：第一，负责撰写和报送风险报告，制定和实施全公司的市场风险管理大纲。风险管理大纲发布经风险管理委员会审批的风险限额，并以此为参照对执行情况进行评估、监督和管理；报告风险限制外的特殊豁免，确认和发布管理当局的监管规定。第二，定期对各业务单位进行风险评估。在进行风险评估时，风险管理部先要确认和计量各种市场风险暴露。投资银行首先要确认相关市场风险因素，这些因素随不同地区、不同市场而异。第三，负责对各种风险暴露进行计量和评估而且要制定风险确认、评估的标准和方法。第四，与高级的交易经理进行定期和正式的风险研讨。第五，弥补基层交易部门风险规避技术的不足，投资银行风险管理部门制定一些规则，包括交易限额、超过限额必须预先申请。第六，风险管理部门有权要求减少某一特定的柜台交易风险暴露头寸或取消交易。

对信用风险的管理：投资银行对信用风险的管理通常由信用风险管理部负责。信用风险管理部通过专业化的评估、限额审批、监督等实施信用调节和管理。信用风险管理部职责有：（1）制定信用风险管理的策略和操作规程。为了避免信用风险损失，信用风险管理部通常制定一些策略和操作规程，包括确立和检测信用风险暴露限额及与某一订约方或客户的交易限额，在信用危机中取得收缴和保留抵押品或终止交易以及给订约另一方和客户不断进行信用评级的权利。（2）提议信用储备。

(3) 对实际和潜在的信用暴露进行预测。(4) 管理信用风险暴露头寸。(5) 参与新的金融产品的检测过程。(6) 对整个投资银行的信用风险进行优化管理。

对流动性风险的管理：投资银行对流动性风险进行管理的目的是使投资银行保持必要的流动性，以维持投资银行正常的运转。投资银行主要从三个方面来对流动性风险进行控制：(1) 保持必要的流动性资产，保证所有一年到期的债务在其到期时都能够得到偿付。(2) 不断扩大投资银行的融资渠道，以便在所拥有的流动性资产难以满足流动性需求时，能够及时提供流动性资金。(3) 时刻关注投资银行的流动性需求和自身流动性资产的变化，以便及时得到调整。

对经营风险的管理：投资银行在运作过程中，面临着众多的风险，可以说投资银行的每个经营环节都存在着风险。因此经营风险是投资银行所面临的最复杂的风险，主要包括：资金结算风险、财务控制风险和人员风险等。它们大多是彼此相关的，所以投资银行监控这些风险的措施也是综合性的，并且是渗透于对各项业务的合规经营当中。

对操作风险的管理：在2001年巴塞尔新资本协议中，提供了以下几种衡量操作风险的方法：(1) 基本指标法。对于业务活动范围有限的小型银行，覆盖操作风险的资本为总收入的30%。(2) 标准法。将金融机构划分为不同的业务线，对于每种业务线，其所需的资本为Beta乘以敞口系数。Beta由监管当局根据样本投资银行的基本数据进行测算和确定。(3) 内部衡量方法。对每种业务线和每种类型的损失分别从内部采集数据进行计算，预期损失由敞口系数、损失概率和给定事件的损失共同确定的，所需配置的资本则是Gama系数与预期损失的乘积。

（一）衡量操作风险的主要方法

从目前金融机构在风险管理方面的实践看，被采用的衡量操作风险的主要方法有：

1. 监测主要指标。这主要是运用不同业务中最能代表其操作风险的指标（如成本、收益、资产、交易量等）进行衡量。值得关注的指标主要包括：交易失误的记录，包括失误的汇总分析、趋势分析、前中后台之间的合作状况等；保管业务和仓库等的报告；不同系统之间的整合状况；清算系统、外汇交易系统、交易代理业务的状况等。

2. 参考外部指标。运用外部机构在不同业务领域管理操作风险时所采用的范围、方法及其清算的结果，作为自身的参考。如果选取的外部指标得当，实施起来就相对简单，便于不同金融之间进行对比，而且也可以作为对其他测算方法有效性的检测。但这种方法不是基于不同金融机构自身特点的定量化分析。

3. 统计分析。通过采集内部的历史损失数据建立统计模型，测算在不同的业务部门和整个金融机构范围内所需要配置的资本水平。这种方法的局限性在于其实施的实际效果取决于内部历史损失数据的质量和数量，而且不能灵敏地反映金融机构动态的风险变动状况。

4. 记分卡方法。这主要是包括多项前瞻性的关于操作风险的指标。采用这种方法能够对前线的业务人员形成积极的激励机制，促使其积极监控操作风险。这种方法得出的结果是否可靠，取决于设计这种方法的专家，因为记分卡所选取的指标以及不同指标所占的比重都是由专家来确定的。

5. 体现风险及其影响因素关系的复杂模型。这主要是指金融机构在对操作风险及其可能导致损失的因素判断的基础上，通过采集历史数据建立自身关于操作风险的模型。这种方法测量的效果是最好的，如果金融机构能够成功实施，就能够促使前线的业务人员积极参与操作风险的管理。但这种方法对于内部采集数据的要求最高，开发整个模型所需要投入的资源最多，在整个金融机构范围内统一实施的难度自然也较大。常用的模型包括 VAR 模型等。

（二）VAR 模型介绍

VAR（Value At Risk）方法是近年来国外兴起的一种金融风险评估和计量模型方法，目前已被全球各主要的银行、公司及金融监管机构接受为最重要的金融风险管理方法。1993 年出台的《巴塞尔协议补充协议》将 VAR 作为风险管理的主要工具。

所谓 VAR，就是"处理风险中的价值"，又称"风险价值"，是指在正常的市场条件下和给定的置信度内，用于评估和计量任何一种金融资产或证券投资组合在既定时期内所面临的市场风险大小和可能遭受的潜在最大价值损失。

市场风险的度量具有高度的复杂性，VAR 模型的出现，使得金融资产组合在一定时期内最大可能损失的定量化成为可能。VAR 是描述给定组合可能遭受损失大小的一种简单方法。VAR 方法具有灵活性，因为它可以满足各种金融机构的需要，只需选好时间范围和概论水平即可。VAR 概念的一个主要缺陷是它不要求对金融市场上的走势作理论上的假定。因此，在应用基于 VAR 方法的风险管理系统时，需要凭借大量的主观判断。选择不同的模型描述市场行为，其得出的结果也可能是大不相同的。

VAR 值就是在一定事实上的持有期及置信度内，某金融投资工具或投资组合所面临的潜在的最大损失。例如,某投资银行在 2019 年年报中披露,其该年的每日 99% VAR 值平均为 3 500 万美元。这表明,该投资银行可以 99% 的可能性保证,2019 年每一特定时点上的投资组合在未来 24 小时内,由于市场价格变动而带来的损失平均不超过 3 500 万美元。通过把这一 VAR 值与该投资银行 2019 年的利润及资本额相对照,该投资银行的风险状况一目了然。

1. 投资银行一般业务风险 VAR 的计算。

定义:ω_0 为其初始投资额,R 为其在设定的全部持有期内的回报率,则该投资组合的期末价值为:

$$\omega = \omega_0 (1 + R)$$

由于各种随机因素的存在,回报率 R 可看作随机变量,其年度均值和方差分别设为 μ 和 δ^2,并设 Δt 为其持有年限。假设该投资组合每年收益均不确定,则该投资组合回报率在 Δt 年内的均值和方差分别为 $\mu \Delta t$ 和 $\delta^2 \Delta t$。设定 ω_0 在设定的置信度 C 下的最低的回报率为 R^*。则 ω_0 在该置信度 C 下的最低期末价值 $\omega^* = \omega_0 (1 + R^*)$($\omega$ 即低于 ω^* 的概率为 $1 - C$)。ω 的期末价值均值减去期末价值最低值,就是该投资组合的潜在最大损失,即 VAR。

所以,一般:

$$E(\omega) = E[\omega_0 (1 + R)] = E(\omega_0) + E(\omega_0 R) = \omega_0 + \omega_0 \mu$$

$$\omega^* = \omega_0 (1 + R^*)$$

所以有:

$$VAR = \omega_0 + \omega_0 \mu - \omega_0 (1 + R^*) = \omega_0 (\mu - R^*)$$

如果引入 Δt,则:

$$VAR = \omega_0 (\mu \Delta t - R^*)$$

可见,如果能求出某置信度 C 下的 ω^* 或 R^*,可求出某投资组合在该置信度下的 VAR 值。

(1)ω 和 R 的概率分布函数未知。在此情况下,不能知道某投资组合未来价值的概率密度函数 f(x) 的确定形式。但根据 VAR 的定义,可以用下式来确定 ω^*:

$$C = \int_{\omega^*}^{+\infty} f(\omega) d\omega$$

$$1 - C = \int_{-\infty}^{\omega^*} f(\omega) d\omega$$

公式表明,在给定的置信度水平 C 下,我们可以找到 ω^*,使 ω 高于 ω^* 的概率为 C,或使 ω 低于 ω^* 的概率为 $1 - C$,而不用求出具体 f(x)。这种方法适于随机变

量 ω 为任何分布形式的情况。

（2）ω 和 R 服从正态分布。如果投资组合的未来回报率和未来价值可以假定服从正态分布，那么上述 VAR 计算过程可以极大地简化为求投资组合标准差的计算。过程如下：

设 R 服从均值和方差分别为 $\mu\Delta t$ 和 $\delta^2\Delta t$ 的正态分布，即 $R \sim N(\mu\Delta t, \delta^2\Delta t)$，则：

$$\frac{R - \mu\Delta t}{\delta^2\Delta t^{\frac{1}{2}}} \sim N(0, 1)$$

如果 R 服从正态分布，要想求出给定置信度水平 C 下的 R^*，只要利用标准正态分布表找到标准正态分布上的一个上分位点 α，使得：

$$1 - C = \int_{-\infty}^{\alpha} \Phi(\chi) d\chi$$

$\phi(\chi)$ 为标准正态分布的密度函数。

然后根据 $\alpha = \frac{R^* - \mu\Delta t}{\delta\Delta t^{\frac{1}{2}}}$，即可求出与置信度 C 相对应的 R^*。有：

$$R^* = \alpha\delta\Delta t^{\frac{1}{2}} + \mu\Delta t$$

然后得：

$$VAR = \omega_0(\mu\Delta t - R^*) = \omega_0(\mu\Delta t - \alpha\delta\Delta t^{\frac{1}{2}} - \mu\Delta t) = \omega_0\alpha\delta\Delta t^{\frac{1}{2}}$$

（3）ω 和 R 服从非正态分布的概率分布。在现实中，较极端的情况（如巨额盈利或巨额亏损）发生的概率要高于标准正态分布所表明的概率。在这种情况下，可以假设该随机变量服从自由度为 n 的 t 分布。当 n 趋向于无穷大时，t 分布的概率密度函数就等于标准正态分布的概率密度函数。

当 ω 和 R 服从自由度较小的 t 分布的情况下，VAR 值的仍可以采用公式计算，只不过要将其中标准正态分布的概率密度函数 $\phi(\chi)$ 换为 t 分布的概率密度函数 $h(\chi)$。通过 t 分布表查出给定自由度及置信度下的上分布点 α，然后计算 R^* 和 VAR。

不管是假定的 ω 和 R 服从正态分布还是服从 t 分布，其分布是对称型的。对于投资银行日常包含众多种类的金融资产投资组合来讲，其收益基本呈现对称型分布，故以上的方法仍不失为计算 VAR 的简便而有效的方法。

2. 投资银行特殊业务风险 VAR 的计算。这主要是指投资银行无须动用自有资金的业务，投资银行投入的主要是人力资本和智力资本及品牌、技术等无形资本，有形资本投入很少，其收益与有形资本的投入往往不成比例。不能直接运用前述随机变量——投资收益率 R，而需引入新的随机变量——净现金流量值（Net Cash Currency，NCC），以 NCC 的预期最大偏差作为 VAR。

假设投资银行在年度内（或依具体情况决定期限跨度）的某种业务量 Q 相对稳定，NCC 为该业务量所带来的净现金流量，则 NCC 为业务量 Q 及佣金率 R 的函数：

NCC = f（Q，R）= QR

设定 NCC 在置信度 C 下的正常业务量 NCC 均值为 E（NCC），最低值为 NCC*，则 NCC 的期末均值减去期末最低值 NCC* 就是该业务的潜在最大损失，即 VAR。所以，一般意义上有：

VAR = E（NCC）− NCC* = E［f（Q，R）］− NCC*

根据：（1）ω 和 R 的概率分布函数未知；（2）ω 和 R 服从正态分布；（3）ω 和 R 服从非正态分布的概率分布三种情况类推求出 VAR。

VAR 表明投资组合或某种业务在未来持有期内的金融风险，计算方法中的 ω 和 R 及 NCC 的概率分布的数据都应是未来持有期内的数据，但这些数据在事先又是无法得到的，所以要计算 VAR，必须首先用投资组合收益的历史数据对未来数据进行模拟。目前在 VAR 计算中采用最多的两种数据模拟方法是历史模拟法（Historical Simulation）和蒙特卡罗模拟法（Monte Simulation）。

五、风险管理绩效度量指标体系

风险管理评价指标主要包括：经过风险调整的资本收益、风险收益—成本指标、VAR 曲线、风险损失发生率、风险限额收益率、风险调整度等指标。

- 经过风险调整的资本收益（RAROC），用于评价投资银行获得一定收益的风险程度或可解释为在承受一定风险下的资本收益额。其公式为：

$$RAROC = \frac{R}{VAR}$$

式中：R 为资本收益；VAR 为风险价值。

- 风险收益—成本指标（RC），用于评价每一单位风险管理投入所分配的风险收益额。其公式为：

$$RC = \frac{RAROC}{RMC}$$

式中：RAROC 为经过风险调整的资本收益；RMC 为风险管理的成本。

RC 值越高，说明在一定风险投入下的风险收益额越高，表明风险管理的措施越有效。

- VAR 曲线。VAR 曲线是把一段时间内各天的 VAR 值连接起来形成的一条曲线。其走势变化与投资银行的风险管理投入、风险状况、风险偏好有关。因此，与以往的曲线比较，可以看出风险管理的效果。由于各投资银行的业务分布、收入来源、资金规模实力、风险偏好、风险管理投入的具体情况不同，其曲线也各自相异。
- 风险损失发生率（RSF），指投资银行某业务实际发生的风险损失与分配的风险限额的比率。其公式为：

$$RSF = \frac{CL}{VAR}$$

式中：CL 为资本损失额。

- 风险限额收益率（RI），用于反映在不同的风险管理下的投资收益率。其公式为：

$$RI = \frac{VAB}{VAR}$$

式中：VAB 为风险收益率；VAR 为风险价值。

- 风险调整度（T），用于反映在一段时期内风险管理的措施使投资银行 VAR 值减少的程度。其公式为：

$$T = \frac{VAR_t}{VAR_\alpha} \times 100\%$$

式中：VAR_t 为在时刻 t 的 VAR 值；VAR_α 为 VAR 的初值。

第四节　投资银行公共关系管理

一、投资银行公共关系的类型

（一）投资银行内部公共关系

投资银行内部公共关系，是指投资银行与内部各利益相关者之间的关系，主要由员工关系、股东关系、团体关系、领导者关系组成。

• 员工关系：开展员工关系工作的主要任务是正确引导员工行为，充分调动员工积极性、创造性，培养员工对投资银行的认同感、归属感，使所有员工都能围绕组织目标不懈努力。员工关系工作的核心是深入研究员工的需求结构，通过不断满足员工需求来激发员工的工作热情，塑造亲切、人性化的组织形象。

• 股东关系：做好股东关系工作的目的是争取股东和发展投资者，帮助潜在的投资者了解和信任投资银行的可靠性和发展前景，创造有利的投资环境和气氛，稳定现在的投资队伍，吸引投资者。

• 团体关系：团体是介于集团与员工之间的具有某些共性而集合在一起的群体，包括按职能划分设立的部门等正式团体，也包括由兴趣爱好、地域文化等特征自发联盟的非正式团体。投资银行的管理者要了解各个团体的志趣、特点，明确岗位责权、加强沟通交流，协调内部关系，通过发挥团体的作用，增强组织凝聚力，激发团体的创造力。

• 领导者关系：投资银行要求领导者具有强烈的公共关系意识，善于采取有利于公共关系推进的领导方法，通过在组织内营造一种团结、拼搏、和谐的人文氛围，使内部公共关系得以凝聚和升华。

（二）投资银行外部公共关系

投资银行的外部公共关系主要包括客户关系、同行业竞争者关系、媒介关系和政府关系。

• 客户关系：是投资银行最重要的关系。客户包括个人和企业。做好客户关系的目的是提高客户满意度和忠诚度，通过客户来扩大投资银行的业务量，求得更大的发展。

• 同行业竞争者关系：这是一种竞争与合作的关系。同属金融服务，在业务上不可避免地会产生竞争甚至是激烈的竞争关系，同时也会通过各种形式产生业务上的交叉与合作，因此在处理这类关系时尤其要注意把握分寸，既不能产生敌对情绪，也不能过度合作。

• 媒介关系：投资银行利用媒介来宣传产品服务、传播企业文化，以此来塑造相应的品牌形象。公共关系部门在制定公共关系计划时尤其要注意借助媒体的宣传影响力。

• 政府关系：投资银行与政府的关系既是领导者与被领导者的关系，又是一种间接的客户关系。投资银行必须服从政府对整个社会的统一领导，当地政府也常会请投资银行为企业或工程项目进行筹资。

二、投资银行公共关系的运行与管理

（一）投资银行内部公共关系的运行与管理

内部公共关系对内部公众心理、行为的引导和调节需要内部公众从知觉、感官、体验和认知上，对企业的行为、群体文化产生认同和共鸣，从而使内部公共关系向良性的健康方向持续发展。因此，投资银行应从以下几方面搞好内部关系管理：

1. 加强内部公众对企业的认知。内部公共关系的运行以内部公众对企业的认知为前提，投资银行应从生活、工作、学习环境、言行举止、价值观、服务特色、产品技术等多方面，强化组织特色，增加企业透明度，借助参观、交流、研讨、信息传递、学习宣传等手段，向员工展示积极进取、团结互助、充满生机的形象，增进员工对企业的了解和信赖，加强员工对企业的好感，获得员工的认同与共鸣。

2. 正确引导内部公众意识行为。投资银行组织目标的实现需要统一员工的思想行为，因此，内部公共关系要注重企业文化的宣传、加强员工沟通，并制定出系统的规则标准，借助经济奖惩、物质与精神激励、舆论导向、教育培训等手段，对内部公众的思想和行为进行正确引导和规范，建立良好的工作秩序。

3. 紧密联结内部公众与企业的利益。内部公共关系在维护企业利益的基础上，要通过明确的责权利关系，兼顾个体、团体的利益，实现利益的互动。

4. 激励内部公众动机。为提高内部公众的积极性和创造力，投资银行可以采取民主管理、精神奖励、物质奖励等多种激励方式来激发员工热情，力求达到有效的激励效应，而且激励内部公众必须尽可能确保公平公正，避免违背激励的原则引发内部矛盾。

（二）投资银行外部公共关系的运行与管理

投资银行的外部公共关系运行需要围绕关系目标，针对外部不同公众群体的个性、特点、期望、要求及利益共鸣点，选择恰当的传播、沟通、协调、引导、协作等手段，建立紧密的公共关系，树立良好的公众形象。

1. 投资银行要强调产品和服务质量，讲究信誉，注重新产品开发，善于传播先进文化，积极引导行业潮流，不断提高专业化管理水平。投资银行要以市场和公众利益为导向，积极开展市场和公众需求调查研究，加强消费管理和消费引导，使企业的决策和行动同公众的心理需求相吻合，从而影响和改变公众的态度，让其产生有利于投资银行的行为。同时，要注重向社会公众传递真实、公平和透明的经营信息，有效开展公共关系活动，以此扩大投资银行的社会影响力，获得客户的熟知、信任和支持。

2. 投资银行要注重维护行业的经营秩序，力求与同业机构达成利益共识，并可利用双方的资源优势实现局部合作，缓解彼此的敌对情绪。同时，也要树立防范意识，对核心技术和经营策略要采取保密措施，要预防同业竞争者采取凌厉的竞争手段，对自身的生存构成威胁。

3. 投资银行要充分发挥利用网络、电视、报刊、广播等大众传媒，将传统的营销手段与网络等新型媒体系统整合，频频发动全方位的宣传攻势，积极宣传推广CS战略和CI战略，使公众得到更多关于投资银行经营理念、金融产品、金融服务等方面的信息，在最短的时间、最大的范围内达到与公众沟通的目的，利用传媒的权威性和可信度提高投资银行的知名度和美誉度。

4. 投资银行要积极响应政府的号召和文件精神，做到守法经营、足额纳税，并应注重生态环境保护，积极参加社会公益活动，主动帮助政府解决就业等社会问题，赢得政府的好评与支持。

案例   **投资者教育与券商盈利模式**

投资者教育成功的关键是时时做，重复重复再重复，教育教育再教育，要有主动性，要了解投资者的行为方式，要给投资者提供公平的教育，要说服投资者去买适合自己的产品，对复杂产品要提供预警。投资者教育的最终目的是培养投资者健康、理性的投资理念和习惯，从而既保护投资者自身的合法权益和利益，促进资本市场的和谐健康发展，进而加强我国资本市场的建设，促进市场的稳定运行。

经纪业务作为投资者教育的主管部门，立足营业部，多形式开展多层次的投资者教育工作。资产管理业务部门与投资银行部门联合经纪业务部门，立足资产管理业务和投资银行业务，开展有针对性的投资者教育活动。

一、经纪业务竞争格局变化下的投资者教育

当前面临佣金下调、行业垄断打破、外资进入、营业网点扩张、网上交易替代等多重挑战，我国证券行业正处在一个战略、组织、服务、技术以及盈利模式的急剧转型时期。证券公司纷纷转向推行"客户导向",从简单的佣金价格竞争转向客户服务竞争,充分利用信息技术和网络力量来提高服务质量,改变传统证券营销模式。在此背景下,证券公司组织的投资者教育应注入新的内容,做到留住现有老客户、发展新客户、争取潜在客户,改变传统的"坐收佣金"的盈利模式。在经纪业务竞争格局下,证券公司可从几个方面着手,加强开展投资者教育活动。

（一）投资者分类

根据调查显示[①]:我国个人证券投资者职业分布广泛,以普通职员居多;工薪阶层是投资主力军,新股民中中低收入者占多;积蓄和工资收入是投资的主要资金来源;投资者逐步扩大到乡镇农村。因此,对投资者开展投资者教育活动,应该根据他们的职业类型、收入来源、文化层次、入市时间长短进行分别教育、专门教育。在对入市多年的投资者进行教育时,应主要偏重各类新的证券投资品种,如开放式基金、权证、股指期货等品种的风险揭示教育;对新入市投资者重点进行全面的风险教育;对潜在入市者主要是进行风险警示教育,不要盲目入市,其中重点是年龄在50岁以上的人员、下岗人员、在校学生、风险承受能力较弱的潜在投资者。

在影响投资者的因素中,交易频率、投资分散程度、入市时间、市值规模与其盈利状况有较为明显的关联,频繁买卖难以获利。由于很多投资者对自身的风险偏好不是很了解,特别是"处置效应"的研究表明投资者如不能采取有效的止损策略,容易陷入市场整体性风险中,这就是2008年来很多股民被深套的一大原因。因此,证券公司可以对投资者进行风险偏好测试,让其明白"风险"和"承担风险"是两个概念,同时了解自身的风险承受极限。根据风险偏好投资者和风险厌恶投资者的投资习惯显著不同,在提供金融知识培训中要有所区分,有所侧重。

（二）渠道建设

这里的渠道指投资者与证券公司的关键沟通机制,倾听客户的声音。客户的声音包括客户的正常需求、顾客投诉、顾客满意和不满意的声音。对客户进行业务分类,制定相应的平台倾听,了解并确定顾客的需求及期望。

1. 完善客户投诉处理系统。对于客户的投诉,要畅通投诉渠道。投诉渠道主要有电话、网站、传真、公司现场、营业现场、媒体、信件等。证券公司首先要建立完善的客户投诉处理系统,完善《客户投诉管理办法》《经纪业务客户回访管理办法》等管理制度,规范客户投诉处理和回访的业务流程,实现对公司服务和产品的

---

① 刘敏慧. 2007—2008年度个人证券投资者状况调查综述.

质量追踪反馈。首先,对不同类型客户设立不同的投诉渠道;其次,规范投诉受理流程;再次,规定了投诉处理标准;最后,及时跟踪处理结果。

2. 重视客户满意度的提升。通过制定《客户满意度调查方案》,确定客户满意度模型,对确定客户满意、不满意和忠诚的调查方法进行策划,通过人员拜访、电话访问等形式对客户满意度进行测评,对调查数据进行分析,将客户满意与不满意的信息作为改进的依据。调查样本采用有代表性的客户,样本回收率50%以上视为本次调查有效。每个纬度的调查得分采用加权平均得出最后的总满意度分值(见图3-5)。

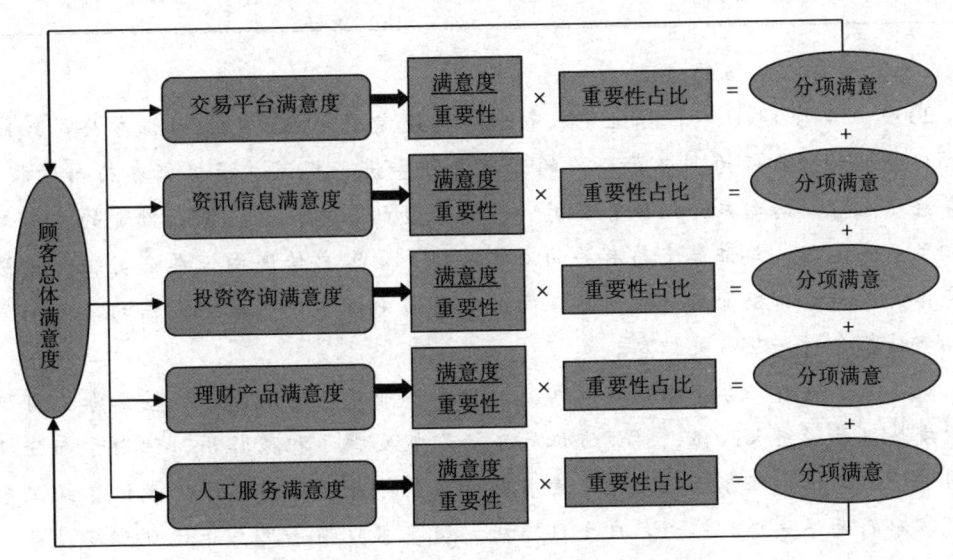

图3-5 经纪业务客户满意度调查模型

3. 了解客户的不满意。客户不满意是其对接受服务的效果低于期望值,主要通过投诉、抱怨、需求反馈、客户流失情况等情况来体现(见表3-2)。通过分析客户的不满意情况,及时发现自身短板,并对行业标杆情况进行对比分析,积极制定应对策略,不断提高产品创新能力和提升服务质量,达到客户契合。

表3-2　　　　　　　　　××证券客户不满意统计表

问题	不满意内容	主要原因	整改措施	涉及部门	预计完成时间	预防纠正时间
1	客户要求降低手续费费率	其他证券公司以低佣金招揽公司客户	公司费率相应降低或提供理财服务	各营业网点	3~7个工作日	1~2个月的时间

续表

问题	不满意内容	主要原因	整改措施	涉及部门	预计完成时间	预防纠正时间
2	客户对电话委托新系统的流程变更不适应	电话委托新老系统的更替后,新电话委托菜单进行调整	通过大力宣传和系统不断的优化,使客户能够尽快的适应新系统	信息技术总部;各营业网点	1~3个工作日	1~3个月

(三) 经纪人队伍的建设

2009年4月13日《证券经纪人管理暂行规定》正式施行,对证券公司经纪人的资格条件和执业行为、证券公司的管理责任等进行规范。根据证券公司的授权,证券经纪人可以向客户介绍证券公司和证券市场的基本情况、证券投资的基本知识及相关业务流程、与证券交易有关的法律法规,向客户传递由证券公司统一提供的研究报告及与证券投资有关的信息,向客户传递由证券公司统一提供的证券类金融产品宣传推介材料及有关信息。

近年来,随着证券市场的持续发展和证券行业竞争的加剧,一些证券公司积极探索发展证券经纪人队伍,对促进证券市场发展发挥了积极作用,但由于部分证券公司管理不到位、证券经纪人总体素质有待提高等原因,出现了少数证券经纪人为招揽客户而无序竞争、接受客户全权委托、诱导客户频繁交易等扰乱市场秩序、损害投资者合法权益的问题。针对这些问题,监管部门已经采取措施,督促证券公司予以规范,并推出上述管理暂行规定。目前,我国证券经纪人在服务方式与国外成熟市场的操作模式有很大差异,而经纪人模式是我们发展的方向。国外的经验表明,投资者教育已完全融入证券经纪人对客户的日常服务中,从而构成投资者教育的重要一环。

要建立和完善我国证券经纪人制度的建设,有必要将投资者教育纳入其中,在明确证券经纪人职责范围的基础上,进一步明确经纪人的资格要求、客户服务原则、职业道德规范、持续培训要求等,并建立经纪人信息数据库以备投资者查询。

(四) 投资者教育的发展

因此,投资者教育应该建立在对投资者科学分类,建立沟通渠道和经纪人制度基础上,同时保证投资者教育基金的充足、合理分配。由于股票投资具有高风险高回报的特点,投资者首先应加强风险意识。制定出一个投资方针,确定一个投资目标及可投资额是必需的。如果想在股市中长期而稳定地获利，就必须时刻把控制风险放在第一位。其次要加强股票投资分析。事实上股票投资不仅是一种具有一定风险的投资行为，也是一种智力活动。股票投资的收益取决于多方面的因素，关键是投资者的决策水平。股票投资分析包括股票基本面分析和技术分析。当投资者决定在股票市场投资时，他要选择哪种股票，有一个复杂的决策过程和一套选择股票的技术方法，而不是盲目跟从。投资者教育的主要目标就是培育理性的投资者，能够将收益和风险相匹配，实现资产收益效用最大化。

二、投资银行业务下的投资者教育

证券经营机构的投资银行业务范围主要有公司上市推荐及保荐、证券发行承销、上市公司配股承销、上市公司新股增发承销等。投资银行业务直接面对的客户是上市公司，间接客户对象则是购买这些上市公司股票的投资者。因此，投资银行部门应与经纪业务部门携起手来，共同开展投资者教育活动。

最新的《证券法》完善了对投资者的保护机制，规定证券公司向投资者销售证券、提供服务时，应当按照规定充分了解投资者的基本情况、财产状况、金融资产状况、投资知识和经验、专业能力等相关信息；如实说明证券、服务的重要内容，充分揭示投资风险；销售、提供与投资者上述状况相匹配的证券、服务。

当证券公司承销的是在主板市场上市的公司时，应全面系统地向投资者介绍关于公司的基本情况，以便投资者做出决策。当证券公司承销的是在中小企业板上市的公司时，证券公司应向投资者重点介绍上市公司的核心优势、盈利能力和潜在风险等。当证券公司承销的是在创业板上市的公司时，在招股说明书中应全面进行风险因素揭示。创业板是一个全新的市场，上市公司的风险、流动性风险、估值风险、操作风险、信息不对称风险、理解偏差风险和退市风险，都使得创业板的投资风险相对更大。投资者在投资处于成长期、规模较小、经营稳定性相对较低的创业板股票，更需要成熟的投资理念、较强的市场分析能力和风险承受能力。因此，证券公司可以通过创业板学堂、投资者服务热线问答、创业板知识大奖赛、创业板投资者自测系统等形式生动活泼地向投资者展示创业板的相关知识和风险。

证券公司有针对性地进行风险提示。除了日常的普及宣传外，对于未来将对客户造成重大损失或者存在收益机会的信息进行针对性提醒。如：某只权证的发行、创设和行权三个敏感和关键的时点，某只新股的发行申购，通过手机短信、电话、网站等渠道提示投资者，加大了对投资者的法律、法规和政策的普及和咨询，加大处理投诉力度，深受投资者欢迎。证券公司还应向投资者重点强调炒新股存在的巨大风险，同时加强培育他们理性、健康、投资理念和习惯。

三、资产管理业务下的投资者教育

资产管理业务是证券经营机构在传统业务基础上发展的新型业务，投资者将自己的资产交给证券机构，由证券机构为投资者提供理财服务。投资者将自己的资金交给训练有素的专业人员管理，避免了因专业知识和投资经验不足而可能引起的不必要风险，对整个证券市场发展也有一定的稳定作用。投资理财专家在为投资者提供各种理财产品时，也不能忽视投资者教育这项工作。

对集合资产管理业务来说，投资理财专家须向投资者详细介绍各种集合资产管理计划产品的特点、投资方向、风险收益特征等内容，并对相关业务规则、计划说明书和集合资产管理合同进行讲解。同时，向投资者说明集合资产管理产品也存在着一定的风险，如管理风险、流动性风险、信用风险及其他风险，特定投资品种、特定投资组合设计蕴含着特定的风险，如衍生品风险、汇率风险等。更为重要的是，投资理财专家应提醒投资者综合考虑自身的资产与收入状况、投资经验、风险偏好，选择与自身风险承受能力相匹配的集合资产管理产品。对于定向资产管理业务来说，资产管理人根据投资者的特定需求，向投资者提供所需要的各项服务，如独具特色的投资计划、组合选择、风险评估与绩效衡量等，并充分发挥资产管理投资研究团队的实战研究能力和投资技能，与投资者达到互惠共赢的效果。

作为提供资产管理服务的供给方，可以以电话函件、顾客拜访、投资报告会、产品推介会、回访机制、公司调研等方式进行投资者教育，倾听需求方的声音，拉近与需求方的距离。这样一来，不仅可以了解他们对理财产品需求、业务资讯需求、对资产管理团队的满意程度，而且可以为投资者需求方提供更好的服务和产品。

四、创新业务下的投资者教育

国内证券公司的最主要的收入来源于经纪业务，这种单一、垄断性的利润来源使得其盈利能力变得异常不稳定和脆弱。国外证券公司的发展历程表明，收入结构的改变要转换经营模式，创新传统业务，积极开拓新业务品种。在证券公司推广和开展创新业务时，还应花大力气对投资者进行教育，增加投资者对创新业务的认识。

（一）融资融券业务

融资融券作为我国资本市场长期酝酿的重要基础性交易制度，对市场的每一位参与者而言，意味着风险和机遇。对投资者来说，融资融券是一把"双刃剑"，放大收益的同时也放大了风险，给投资者带来了超出其风险承受能力的风险。投资者在将股票作为担保品进行融资时,既需要承担原有股价变化带来的损失风险,也要承担新投资股票带来的损失风险,还要支付相应的利息。因此,投资者的亏损可能比现金交易方式下的情况更为严重,导致超出其风险承受能力。基于此,证券公司应该向投资者更详细具体地介绍融资融券这项新业务,做好投资者教育工作。

1. 对投资者进行风险提示教育。融资融券交易与普通证券交易不同,其具有财务杠杆放大效应。也就是说,投资者虽然有机会以约定的担保物获取较大的收益,但也有可能在短时间内蒙受巨额损失。因此,证券公司应向投资者强调融资融券的潜在巨大风险,告诫投资者在参与融资融券交易前要审慎评估自身的经济状况和财务能力,充分考虑是否适宜参与此类杠杆性交易。

2. 向投资者介绍融资融券相关法规和知识。融资融券不同于普通的证券交易,以新《证券法》,以及证券业协会、证监会、证券交易所、证券登记结算公司颁布相关规章制度,为融资融券业务提供了法律的保障。证券公司应向投资者介绍有关法律法规的规定,向投资者充分介绍关于融资融券关联方的权利和义务。

3. 投资者介绍融资融券业务开户及交易流程。在向投资者介绍了以上关于融资融券的基本知识以后,最后应向投资者详细介绍融资融券业务是怎么开户和如何进行交易,如客户需要具备什么样的资格才能开户,融资融券开户的步骤是什么,客户可以通过什么方式进行交易等问题。

(二)股指期货业务

中国股市的单边市及暴涨暴跌,原因之一就是没有股指期货等对冲工具熨平股票现货市场的巨大波动。以基金为代表的机构投资者只能在牛市中高歌猛进,而在熊市面前全行业集体消沉,束手无策。在股市大调整中,个人投资者只能通过抛售股票这条"羊肠小道"来避免更大的损失,结果导致抛盘剧增,羊群效应愈演愈烈,出现股市的非理性大跌。股指期货的全称是"股票价格指数期货",也可称为"股价指数期货""期指",是指以股价指数为标的物的标准化期货合约,双方约定在未来的某个特定日期,可以按照事先确定的股价指数的大小,进行标的指数的买卖。作为期货交易的一种类型,股指期货交易与普通商品期货交易具有基本相同的特征和流程。股指期货为股票现货市场提供对冲风险功能,是投资者规避股票市场系统性风险的必要手段。

证券公司可以采用印制大量教育读物、互联网、专栏刊登文章、系列教育节目和仿真交易等方式向投资者推出股指期货方面的教育。根据股指期货业务推出进度,证券公司通过组织股指期货投资巡回报告、股指期货业务培训和开展股指期货投资者现场咨询交流活动，制作股指期货投资者教育宣传折页和手册，向投资者介绍股指期货入市指南、交易理论、投资技巧及风险教育等，为新业务的开展做好前期各项准备工作。

五、全面客户管理下的投资者教育

（一）全面客户关系管理体系的建立

所谓客户关系管理系统，泛指目前在证券市场上国内外软件公司所开发的各种旨在提高客户管理效率，增加客户盈利率和满意度的软件系统，主要包括客户呼叫中心、网络交易系统、经纪人管理系统、数据仓库系统、分析型CRM系统等[1]。对于客户关系管理（CRM）的发展渊源，许多学者都认为主要得益于两个驱动力：一是关系营销理论中对客户忠诚度与盈利率之间关系的揭示；二是IT和数据仓库领域的技术进步，可以利用CRM软件系统、数据挖掘等IT技术来实现执行关系营销的战略。客户关系管理（CRM）理论构成可以分为战略、营销和技术三个方面。发展至今，随着证券公司服务升级的需要，CRM系统建设的重要性也不断体现，能对证券公司客户资源、公司资源的综合整合达到事半功倍的效应。

（二）投资者教育的重心

全面客户关系管理的服务体系，通过客户经理团队、电话客服团队、投资顾问团队全面了解和分析客户信息，提供客户所需要的服务和产品，并以客户满意度为绩效考核指标，持续提升客户价值。公司通过提升服务、创新产品、整合资源、有效激励、强化优势、树立品牌等拓展客户，并不断提高与客户的契合，建立一套全面客户关系管理模型，持续提升客户关系紧密度。

全面客户管理体系模型的核心精神就是让客户充分享受投资生活，通过高质量的专业服务，实现投资者从追求高收益的物质享受转向体会投资乐趣的精神享受的转变，实现客户价值的双重增长。

利用客户管理系统，深入分析投资者风险收益偏好，以及其投资组合的风险与收益。依据分析结果，有针对性地为投资者提供个性化的投资咨询和风险提示工作。在以总部专职分析师为核心，地区总部分析师、营业部客户经理为业务骨干的客户服务管理体系下，组建投资者教育培训团队，充分发挥人才、网点、地域等方面的资源优势，并将投资者教育纳入日常客户服务管理流程。总部专职分析师、地区分析师和客户经理根据投资者的风险偏好、教育程度、投资规模等情况，实施投资

---

[1] 楼天阳，中国证券公司CRM应用的策略模式探讨［J］，北京工商大学学报（社会科学版），2003年9月，第18卷，第5期。

教育逐级管理、多层次服务（见图3-6）。

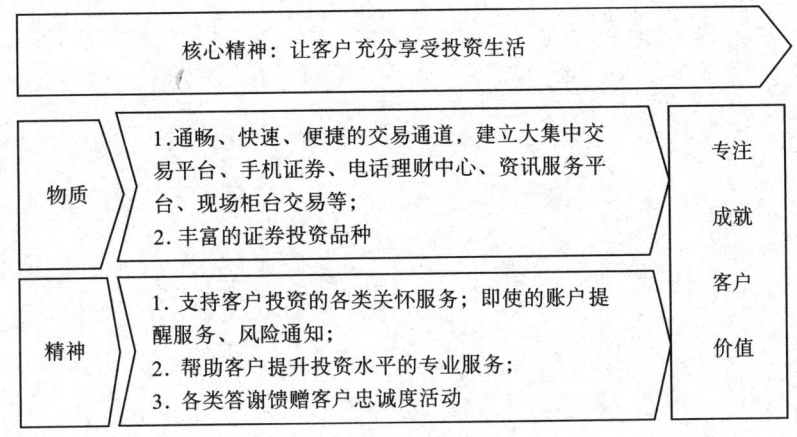

图3-6 全面客户关系管理模型

六、结语

证券公司与投资者这种天然的客户关系注定了证券公司为客户提供服务是其实现盈利的主要方式。经纪业务作为证券公司最主要的盈利来源，在佣金率下调成趋势的情形下，对证券公司的盈利模式构成新的挑战。因此，做好投资者教育工作，赢得投资者的信任，是其提高客户忠诚度、挖掘潜在客户的一大重要营销策略。

培育理性的投资主体不仅是证券市场规范发展的重要条件，也是证券市场建设的一项长期任务。监管部门除了健全法律、法规，依法加强监管，促进证券市场不断规范化发展之外，有必要针对我国证券市场投资者以中小散户为主的特征，借鉴发达市场经济国家和地区的通行做法，开展持续性、系统性的投资者教育，普及证券市场基础知识、金融和法律知识，帮助投资者熟悉市场、认识规律和风险、增强自我保护能力，同时也有利于我国证券市场走向理性和成熟。证券公司必须从管理费用中提取充足的费用作为投资者教育基金，专项用于投资者教育工作费用列出，必须建立健全证券销售适用性管理制度，完善投资者服务中心的建设，完善客观有效的证券风险评价体系，开展主动式的投资者教育活动。

第四章

经纪业务

第一节 经纪业务概述

一、证券经纪业务的含义

证券经纪业务,是指证券公司通过其设立的营业部并凭借其在证券交易所的席位,接受客户委托,按照客户的要求,代理客户买卖证券的业务。在证券经纪业务中,证券公司不赚取差价,不为客户垫付资金,不承担客户的价格风险,只收取一定比例的佣金作为业务收入。中国证券经纪业务存在柜台代理买卖和证券交易所代理买卖两种。而在现实的经济活动中柜台代理买卖很少,所以证券经纪业务主要体现为证券公司根据客户的委托,代理其在证券交易所买卖证券等。以上是对狭义的经纪业务的界定,可简称之为"证券代理业务"。广义来说,证券经纪业务不仅包括代理证券交易,还包括投资咨询、资产管理、设计投资组合等。另外,信用业务作为传统经纪业务的发展和延伸也是证券公司一项重要经纪业务。总的来说,可以将广义的经纪业务定义为通过收取中介费用为报酬,不向客户垫付资金,不承担客户的交易风险,促成买卖双方交易成功的证券中介业务,包括在证券经营场所发生的所有中介业务。本文讨论的经纪业务主要是指狭义的经纪业务。

二、证券经纪业务的构成要素

在证券经纪业务中,主要包括四个要素:委托人、证券经纪商、证券交易所和交易对象。

(一)委托人

委托人实际上就是证券投资者,他们是买卖证券的主体,可以是自然人,也可以是法人。投资者的证券购买途径基本分为两条:直接在交易场所进行证券买卖,或委托经纪人代理进行证券买卖。在证券交易所交易中,除了按照规定允许的证券公司自营业务外,一般的投资者都需要通过委托经纪人代理才能买卖证券。在证券经纪业务中，委托人是指依国家法律法规的规定，可以进行证券买卖的自然人或法人。国家法律法规不准参与证券交易的自然人或法人不得成为证券交易的委托人，如未成年人未经法定监护人的代理或允许者，因违反证券法规、经有权机关决定暂停其证券交易资格而期限未满者，受破产宣告未经复权者，法人提出开户但未能提供该法人授权开户证明者等等，都不得成为证券交易的委托人。除此之外，国家规定证券业从业人员、管理人员和一些其他禁止买卖股票的其他人员，不得直接或间接持有、买卖股票，但是买卖经批准发行的国债、基金除外。同时，法律规定了一些人员不得参与特定证券交易或不得在一定时期内从事特定交易，如与证券发行、交易相关的内幕人员。

在我国证券市场内，除了境内的投资者还有境外的自然人和法人也可以从事相关证券投资活动，但其投资范围有一定限制。一般来说，普通的境外投资者可以投资在证券交易所上市的外资股，即 B 股；境外合格机构投资者（QFII）可以在国家批准的投资额度内投资除了 B 股以外的股票、国债、可转换债券、企业债券、权证、封闭式基金、经中国证监会批准设立的开放式基金，还可以参与股票增发、配股、新股发行和可转换债券发行的申购。

（二）证券经纪商

证券经纪商是指接受客户委托、代客买卖证券并以此收取佣金的中间人。证券经纪商以代理人的身份从事证券交易，与客户是委托代理关系。证券经纪商必须遵照客户发出的委托指令进行证券买卖，并尽可能以最有利的价格使委托指令得以执行，但证券经纪商不承担交易中的价格风险。证券经纪商向客户提供服务以收取佣金作为报酬。

具有法人资格的证券经纪商是指在证券交易中代理买卖证券，从事经纪业务的证券公司。证券交易方式的特殊性、交易规则的严密性和操作程序的复杂性，决定了广大投资者不能直接进入证券交易所买卖，而只能通过证券经纪商进行代理交易。因此，这就凸显了证券经纪商的纽带作用。其作用主要表现在两方面：一是充当证券买卖的媒介，成为买卖双方的经纪人，起到沟通的作用；二是为客户提供及时、准确的信息和咨询服务，包括上市公司详细资料、公司及行业研究报告、经济前景的预测分析和展望研究、股票市场变动态势商情报告、资产组合及个股的评价推荐等。

（三）证券交易所

证券交易所是有组织的市场，又称"场内交易市场"，是指在一定的场所、一定的时间，按照一定的规则集中买卖已发行证券而形成的市场。《证券法》规定，证券交易所、国务院批准的其他全国性证券交易场所为证券集中交易提供场所和设施，组织和监督证券交易，实行自律管理，依法登记，取得法人资格。证券交易所作为进行证券交易的场所，其本身不持有证券，也不进行证券的买卖，更不能决定证券交易的价格，它只是为交易双方的成交创造、提供条件，并对双方进行监督。证券交易所应当创造公开、公平、公正的市场环境，保证证券市场的正常运行。在证券交易所交易的情况下，交易地点是固定的，即在交易所的交易大厅进行；进场参加交易的机构是固定的，即证券交易所会员。

（四）证券交易的对象

证券交易的对象就是证券买卖的标的物。在委托买卖的情况下，证券交易对象也就是委托合同中的标的物。按照交易对象的品种划分，证券交易的种类有股票、债券、基金以及其他衍生品工具的交易等。证券经纪商的经纪业务是为客户寻找他所指定的证券，即证券经纪业务的对象是特定价格的证券。而客户则是经纪业务的服务对象，是委托关系中的委托人。经纪关系一经确立，经纪商就应按照委托合同中的有关条款，在受托的权限范围内寻找交易对象或办理委托事项。

三、证券经纪业务的分类

世界各国都是根据本国证券交易制度的特点，对证券经纪业务作出限定和分类。

纽约证券交易所将经纪业务分为五类，专门有五种经纪人办理。（1）佣金经纪人：专门代理客户买卖证券收取佣金。（2）二元经纪人：接受佣金经纪人的委托买卖证券。（3）专业经纪人：专门买卖证券交易所某一柜台的一种或几种证券。（4）零股经纪人：专门办理1股至99股之间的证券交易。（5）债券经纪人：在债券交易厅中代理客户买卖债券从中收取佣金。

伦敦证券交易所将经纪业务分为两类，由两种经纪人来完成。（1）证券经纪商：纯粹代理客户买卖证券，从中收取佣金，本身不买卖证券。（2）证券买卖商：主要为自己买卖证券以获取利润，有时也代理客户买卖证券收取佣金，证券买卖商必须严格区分自营买卖与代理买卖，且须向客户说明。

从上海、深圳两家证券交易所实际运作情况看，我国证券经纪业务可分为两类。第一类是A股、权证、封闭式基金及债券代理买卖业务，所有证券经营机构依法设立的证券营业部都可以经营此项业务。第二类是B股代理买卖业务，由B股特许证券公司代理。B股特许证券公司又分为境内B股特许证券公司和境外B股特许证券公司。境内B股特许证券公司代理B股买卖业务，可以在其已开通交易的A股席位上进行；境外B股特许证券公司可通过其拥有的B股特别席位完成代理买卖业务，也可以委托境内B股特许证券公司完成代理买卖业务。

我国证券公司从事证券经纪业务主要通过证券公司设立的证券营业网点进行，通过证券公司的证券营业部、证券服务部等分支机构接受客户委托买卖证券。近年来，随着我国证券市场的快速发展，证券经纪业务的竞争日趋激烈，证券公司开始尝试以营业网点为基础推行经纪人制度。在传统的证券营业部、服务部内的柜台人员以外，出现了证券经纪人，专门从事客户开发、为客户提供投资咨询服务等业务。

投资者委托证券公司买卖证券，有柜台委托和非柜台委托两类。柜台委托是委托人本人或者由其代理人到证券公司营业柜台办理委托手续。非柜台委托以下列方式进行：（1）电话委托，投资者通过电话转委托或者电话自动委托方式下达委托指令。（2）传真委托或函电委托。（3）自助终端委托。这是目前最常见的自助委托方式，由委托人通过证券公司营业网点设置的专用委托电脑终端，凭证券交易磁卡和交易密码进入电脑交易系统下单。（4）网上委托，由委托人通过互联网进入证券公司电脑系统自行将委托内容输入交易系统。

四、我国证券经纪业务发展状况

作为证券公司主要的收入来源，经纪业务的变化趋势是过去几年之中证券公司价值变化的主导因素。我国券商在2010年及之前大都严重依赖经纪业务收入，行业整体的经纪业务收入占比（代理买卖证券业务净收入/营业收入）达到50%以上。在2010年之后，随着创新业务推出，以及经纪业务竞争加剧，经纪业务收入占比不断下降，在2017年已经降低到26.37%，创造历史最低水平，也是头一次在30%以下（见图4-1）。

在现行的盈利模式下，证券公司业绩受外部市场环境影响较大。2009年A股累计涨幅近80%，是全球主要领涨市场之一。股票基金交易总额放量增长，全年累计5.46万亿元，同比增幅翻倍，日均股票基金交易额创出2 239亿元的历史新高。证券公司经纪业务收入大增，经营业绩水涨船高。2017年，国内证券行业竞争格局日趋激烈，证券公司经纪业务的市场份额争抢已经进入白热化阶段，特别是市场环境

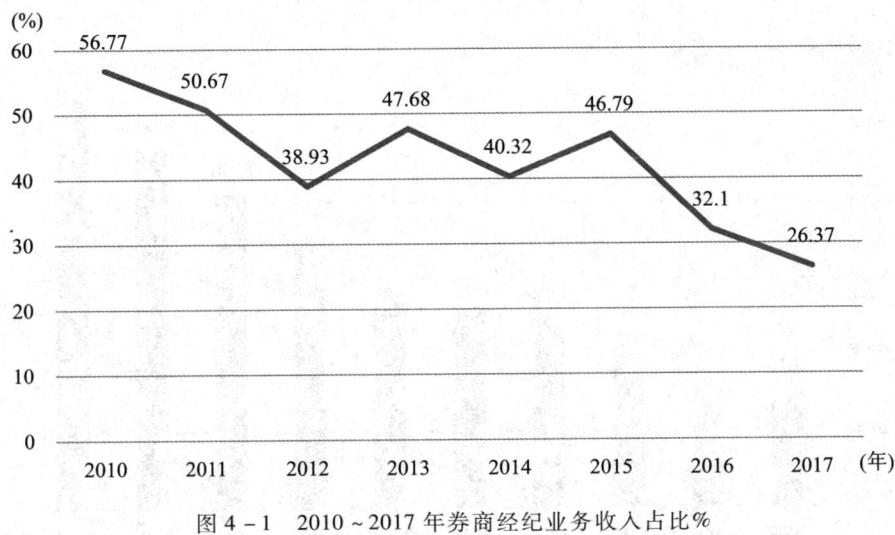

图 4-1　2010~2017 年券商经纪业务收入占比%

资料来源：中国证券业协会。

不好，证券公司经纪业务首当其冲受到冲击。

（一）营业部数量迅速增加，各地网点饱和度不均衡

我国证券营业部数量在 2008~2017 年的十年间，营业部数量增长了两倍多，从 3 020 家增加到 10 873 家。虽然各营业部拓展业务能力不同、部均交易量也不同，但营业部数量的多寡也会影响经纪业务总量。因此，多数券商对于增设营业部还是非常积极的。据上交所统计，截至 2017 年底，银河证券营业部数量最多，达到 472 家，比第二名国泰君安的 358 家多出 114 家，比第十名多出近一倍。另外，东部地区的营业部数量渐趋饱和，西部地区的经济状况短期内难以支持营业部数量的大幅增加，这将使得营业部数量的增速趋缓。营业部数量增速趋缓，也使得行业竞争形势有所缓解。

（二）国内证券公司经纪业务市场集中度 CR 有望趋稳

佣金率的逐年下调、行业竞争加剧、部分证券公司出现亏损，将带来行业整合机遇，国内证券公司经纪业务的市场集中度提升空间较大，前十名市场份额曾达 50% 以上。但 2012 年以来，行业经纪业务份额集中度出现了先升后降。2012~2014 年，受行业新设网点审批放开和"互联网＋"浪潮影响，经纪业务市场份额集中度

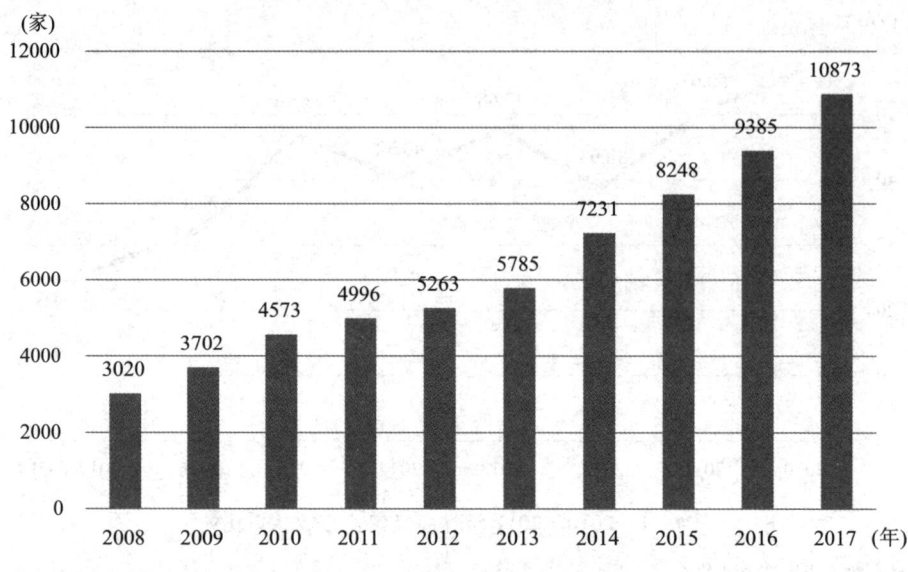

图4-2 2008~2017年券商营业部增长情况

资料来源：上海证券交易所。

经历了一轮上涨CR5从26.9%提升至30.3%，增加3.4%；同期CR10从46.9%提升至50.9%，增加4%。2015年以后"存量市场"下经纪业务竞争加剧，佣金战愈演愈烈，以东方财富、平安证券为代表的部分中小券商弯道超车，市场份额逆市提升，侵蚀了头部券商的市场份额，行业市场集中度开始下滑。截止到2018年1月，经纪业务CR5从2015年底30.2%下滑至28.1%，减少2.1%，同期CR10从50.9%下滑至47.0%，减少3.9%。

受佣金率触底、监管加强、市场趋稳等因素影响，经纪业务竞争格局有望趋于稳定，但经纪业务市场份额仍主要集中在大证券公司手中。沪、深两市的股基交易量，基本代表了券商的经纪业务地位，并影响着代理买卖证券净收入。以2017年统计为例，2017年华泰证券股基交易量依然稳居第一，股基交易量17.68万亿元，市场占有率为7.54%。排名第二三位的中信证券和国泰君安证券，股基交易量都在10万亿元以上，分别是11.32万亿元和10.80万亿元，市场占有率分别为4.83%和4.61%。

（三）产品歧异性严重欠缺，同质化竞争严重

在证券经纪业务上，证券公司给客户提供的服务可以划分为不同层次：

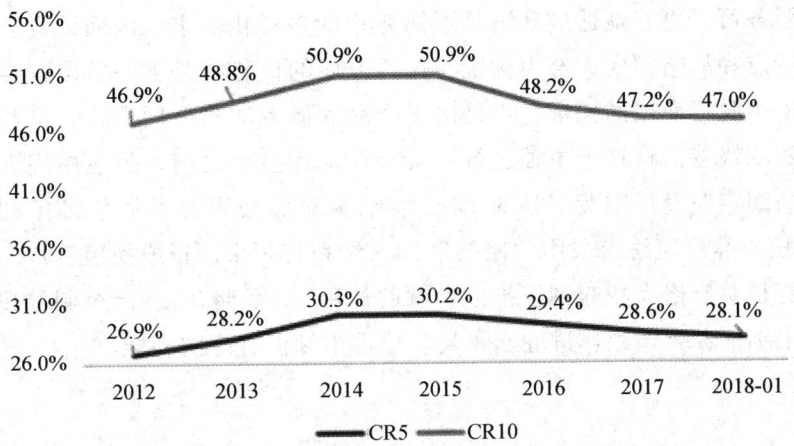

图 4-3　近年来我国证券公司经纪业务集中度

资料来源：上海证券交易所、深圳证券交易所。

第一层是为客户提供交易服务，即通过提供交易通道来收取佣金。通过近几年上海证券交易所、深圳证券交易所及通信公司、中央登记结算公司和各家证券公司信息系统的不断升级和扩建，交易手段进一步丰富和完善，为客户提供方便快捷的交易服务已成为证券公司参与经纪业务竞争的必备条件。

第二层是为客户提供基本信息服务，包括各种有关证券交易的公开信息、上市公司基本资料及公告信息等，一般是在散户厅中张贴三大证券报，给每个中大户室提供一份证券报，还有就是购买一套或多套像万得、港澳资讯等产品嵌入在行情系统中提供给客户，基本上以满足客户对相关资料的一般查询需求。各家资讯公司提供的产品也都大同小异，因此在这一层面的服务各家证券公司也基本统一，很难形成自己的特色。

第三层是为客户提供大众化的咨询服务，包括对大市行情、个股走势的初步研判等，一般由营业部的市场咨询人员在营业场所内进行。这种大众化的咨询服务每家证券公司都在做，但基本上是对各大证券报商的消息和专家观点进行一些简单的罗列，或者是传递一些公司总部研发部门对每日行情走势的基本观点等。还有就是对现场或非现场客户关心的问题进行一些简单的解答，依靠这些大众化的咨询服务，证券公司同样难以取得超越竞争对手的独特优势。

除了上述三个层次的基本服务外，或者说除证券公司都必须提供的标准服务之外，证券公司可以依靠以下两个更高层次的服务来建立起歧异性优势：一是提供专业的咨询服务；二是提供高技术含量的投资组合设计、投资策略分析乃至包揽服务。

以上两种服务可以更好地适应和满足不同客户的多样化需求，因而证券公司如何根据自身的特点和战略需要，努力构筑在这两方面的优势将是下一阶段证券公司如何从激烈竞争中脱颖而出的关键。正是由于产品和服务的高度同质化，证券公司之间的竞争必然围绕着价格这个主轴进行。实行浮动佣金制之前，虽然中国证监会规定股票交易的固定佣金标准费率是3.5‰，但各家证券公司为了争夺拥有80%交易量的20%的核心客户而纷纷采用"暗折"即手续费打折来赢得或挽留客户。浮动佣金制的出台更是对价格大战起到了推波助澜的作用，"零佣金"、年金制等超低价格策略被一些中小证券公司视作进驻新市场、抢占市场占有率的利器。

第二节　经纪业务管理模式

一、证券经纪业务管理制度的发展

在我国大陆的证券市场成立伊始，考虑到经济发展处于经济体制改革初期以及传统文化因素，市场的运行模式选择借鉴了台湾地区的证券市场，经纪业务以营业部为基本经营单位。从1987年第一家证券公司成立，证券行业经过20余年的发展，其经纪业务管理模式也经历了不同的发展阶段。总的来说，可以分为三个时期：

- 第一阶段可大概划分在1995年之前，这一时期是证券公司发展的初始阶段，专业证券公司少，资产规模小。到1995年底，全国共有证券公司97家，兼营证券业务的信托投资公司392家，证券营业部2 400多家，总资产近832亿元。这一时期经纪业务基本为卖方市场，行业内竞争较弱，证券营业部较为独立自主，总部对营业网点的管理力度、控制力度不强，证券专营、兼营机构对经纪业务的管理模式差别较大，经纪业务管理处于初级阶段。

- 从1996年开始到2002年，证券市场处于一个迅速发展时期，在此期间建立了集中统一的证券市场管理体制，深、沪证券交易所划归中国证监会管理，并对产内外非法股票交易、证券经营机构、证券交易中心等一系列证券市场的非法组织和行为进行清理。1998年《证券法》的出台，明确了证券、银行、信托实行分业经营管理，证券公司按注册资本进行业务范围分类经营。到2002年之前，由于实行固定佣金制度，高额稳定的佣金收入成为证券公司最主要的收入来源。这一时期，营业网点成为证券公司竞相争夺的热馍馍。市场中出现了一批拥有几十上百家营业部的大型证券公司，纪念馆及业务管理模式也逐渐形成"公司总部—地区管理总部—证券营业部"和"公司总部—证券营业部"的主要模式。因为证券公司业内竞争不激烈，证券公司经纪业务具有粗放式经营和管理的特点。

- 第三阶段可以归结为从2003年政府管理部门对证券公司业开始进行整顿至今。为了稳定市场基础、保护市场发展，政府加强对证券公司经纪业务的规范、管理，导入集中交易、集中管理模式，并制定了"分类监管、综合治理"的总体思路。迫于生存压力，证券公司的经纪业务经营管理模式转型也在自主进行。其主要表现在，改变粗放式经营管理体制，通过逐步建立集中交易、集中管理体系，精简营业部编制，强化公司总部的统一协调管理、综合支持智能，增强其对营业部的管理控制力度。最新《证券法》规定，除证券公司外，任何单位和个人不得从事证券承销、证券保荐、证券经纪和证券融资融券业务。

二、我国证券经纪业务管理模式

我国证券经纪业务管理模式大体可分为两种：一是扁平化管理，即公司总部的有关职能部门直接管理证券营业部；二是区域化管理，即公司在不同区域设置地区管理机构，由其具体管理辖区内营业部，公司总部仅对区域管理机构进行管理考核。

（一）扁平化管理模式

扁平化管理，是指通过缩短经营管理通道和路径，扩大经营管理的宽度和幅度，进而提高经营管理效率和市场竞争力。其精炼了经营管理层次，缩短了经营管理通道和路径，扩大了经营管理的宽度和幅度。它主要有以下几方面的特点：意识扁平化管理倡导企业内部沟通不再受限于各层次之间的上下区分，每一个人都可以毫无阻碍地同其他人进行交流；二是扁平化管理市场反应较快，避免因为层级过多，员工发挥余地较小、成长速度慢等问题；三是打破了传统等级森严的组织结构，缩短业务管理路径和通道，减少政策执行中效能传递流失。

证券公司对营业部实施扁平化管理的最基本特征是由公司总部对所辖营业部进行直接管理，即总部对公司经纪业务进行统一管理与风险控制，统一制定营销措施，统一拓展业务，并对各营业部主要人员的调配使用及相关工作进行具体的管理安排

（见图4-4）。

图4-4 扁平化管理模式

（二）区域化管理模式

与扁平化管理相对应的是"层级结构"，区域化管理就是层级结构的一部分。层级结构作为传统组织的特点，在企业内表现为金字塔结构的管理。根据"管理幅度"理论，一个管理者只能管理一定的人数。所以，区域化管理的主要特征是通过设置管理层次，减小管理幅度。

对证券公司而言，这种管理模式使得公司总部与一些区域营业部之间增加了"区域管理机构"设置，由公司统一领导，实行分级管理模式，区域机构统一负责区域内营销措施、业务拓展以及营业部人员调配，工作管理安排。单一的区域化管理对证券公司营业部的数量、规模、综合实力、分布地区等要求趋于理想化，实务操作中常采用混合管理模式，即公司各区域设置地区管理机构并让其管理区域内营业部，总部只需考核这些中间部门以及那些不在中间部门管辖范围的营业部（见图4-5）。

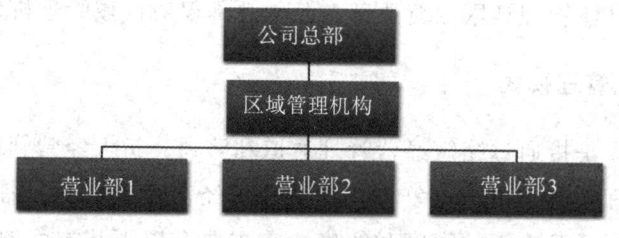

图4-5 区域化管理模式

（三）两种管理模式比较

扁平化管理通过精简中间管理层，使得公司的经营决策等信息能迅速传达给基层员工，大大提高了整个体系内决策的执行效率。同时，因为中间管理层的减少，来自基层的建议和意见也更迅速、准确地传达给高层管理者。这样一来，总部与基层营业部之间的信息沟通更为便捷，也提升了员工的积极性与主动性。除了管理运行效率的提高，这种模式较之区域化管理节省了大量中间层的人力及财力的支出，但同时也需要公司在建设信息平台、推行交易大集中等方面有足够的投入以支撑对信息传递等技术的高要求。另外，扁平化存在的风险在于，随着管理控制职能的上移和管理控制层次的提升，管理控制半径扩大，增加了人员监管难度。管理者被要求更高的决策能力而被管理者需要更高执行能力，否则，一旦问题出现就会浪费大量时间。

区域化管理因为增加了中间层，有可能造成公司总部决策执行力的降低，但管理半径的减小也可以提高对各区域的管理效率。区域内管理机构对辖区内的有效资源进行统一安排、调度，避免了各地区营业点之间的内耗，有利于合力对外；而不同区域由于信息技术发展水平及客户要求不一致，可以针对具体情况实施差异化营销策略，形成特色业务品牌。依托区域化管理，发挥枢纽集散的优势，扩展规模效益，从而提升整体实力，树立公司品牌。同时，中间层的增加自然也会相应增加公司的管理费用与人员开支。区域化管理模式的风险体现在区域管理机构的权力可能会过于集中和独立，从而增加总部与分部之间信息不对称的可能性。由于权力和利益都相对独立，区域管理机构可能会隐瞒真实情况产生管理上风控滞后的风险。另外，除了分公司外，监管部门的监督范围并不包括区域管理总部。因此，在实际操作中，会出现"公司、分公司、营业部有人监管，而管理总部无人监管"的现象，这种管理架构与监管的错位同样是风险控制的隐患。同样的问题也会出现在中心营业部的机构设置上。

第三节 经纪业务经营模式

营业部是证券公司的基层组织机构，是证券公司最基本、最稳定、最重要业务收入的创造者。在经纪业务以证券营业部为经营主体的经营模式下，证券营业部在为广大客户提供交易服务的同时，也为国内证券公司各项业务构筑了营销平台。在证券行业所有的业务中，经纪业务拥有最广泛的客户基础。在目前证券行业普遍强调集约经营、整合资源、以客户为中心的形势下，经纪业务拥有的客户群无疑是一笔巨大的财富。在客户资源共享的经营战略下，经纪业务在为其他业务开发客户需求和为客户提供综合服务方面将发挥着更重要的作用。

一、我国证券公司营业部现状

近几年营业部网点数量大幅增加,从 2005 年的 2000 多家增加到 2017 年底的 10 873 家。据统计,2017 年底,前十家证券公司营业部数量合计达到 3 144 家,占全部证券公司营业部总数的近 30%(见表 4-1)。

表 4-1　　　　2017 年底全国主要证券公司营业网点统计

证券公司	营业部数量(家)	市场份额(%)
中国银河证券股份有限公司	472	4.34
国泰君安证券股份有限公司	358	3.29
安信证券股份有限公司	356	3.27
中信建投证券股份有限公司	302	2.78
中泰证券股份有限公司	300	2.76
海通证券股份有限公司	291	2.68
长江证券股份有限公司	275	2.53
广发证券股份有限公司	271	2.49
华泰证券股份有限公司	269	2.47
方正证券股份有限公司	250	2.30

资料来源:上海证券交易所。

一方面,银河证券、国泰君安、广发证券、海通证券等拥有过百家营业部,形成了庞大的证券经纪营销网络;另一方面,国信证券坚持走精品营业部路线,中金公司发展高端业务模式,都是以少胜多的成功案例。

总体而言,各大证券公司纷纷加快营业部结构调整、迁址、升级,原来网点较少的证券公司也加快了新设营业部的进程。因此,随着我国证券市场的不断发展,证券公司营业部数量上升趋势不改。

二、经营绩效评价体系

当前对证券公司营业部交易额进行统计的官方数据主要有沪、深证券交易所和中国证券业协会,而营业部交易额排名主要有伟海精英和上证报统计数据,以及《证券时报》举办的"中国明星证券营业部"评选,都为营业部的绩效衡量提供了客观指标。

高绩效营业部不仅表现为当期交易额的总量,还要综合考量其佣金收入、单部盈利能力、新增资产、经纪人队伍以及投资者教育等指标。高绩效营业部评价体系从经营绩效、盈利绩效、组织绩效、创新能力、服务绩效五个纬度进行考察,对相应的评价指标设定评价目标和评价权重(见表4-2)。高绩效营业部主要表现为:各项经营指标居业内前列;盈利能力突出;经纪人制度完善;合规经营;能为客户提供增值服务;创新意识强,具备市场开拓能力;有企业社会责任感,积极开展投资者教育活动等。

表4-2　　　　　　　　　　经营绩效评价体系

评价纬度	评价指标	评价目标	权重
经营绩效	股票基金交易总额	各项经营指标居业内前列	20%
盈利绩效	营业收入	盈利能力突出,单部利润居行业前列	10%
	营业利润		10%
组织绩效	经纪人数量	经纪人团队的市场开拓能力,人均客户资金量,客户服务质量,团队精神风貌等	10%
	经纪人绩效考核		10%
创新能力	新增资产总量	营业部新增资产、新增客户的绝对值优势,市场开拓潜力	10%
	新增资产收入贡献比		10%
服务绩效	投资者教育活动	是否形式多样,时间持久,投资者反馈良好等实效	20%

三、高绩效经营的运作机制

(一) 清晰的市场定位

无论定位高端客户,或定位证券营销,都应以特色服务屹立于市场不败之地。从发展的眼光看,随着我们证券市场的发展壮大,机构客户作为相对成熟的投资者,将为证券公司所青睐,是各家争夺的重点目标。

目前市场投资者结构正在发生根本性的变化,未来我国证券市场机构投资者市场比例有望提高,证券投资基金、保险公司、社保基金、企业年金等机构投资者将越来越成为市场的重要力量。机构客户的壮大发展是市场发展的必然,将对证券市场起越来越重要的主导作用。客户群体已经产生分化,服务对象将逐步演变成以大

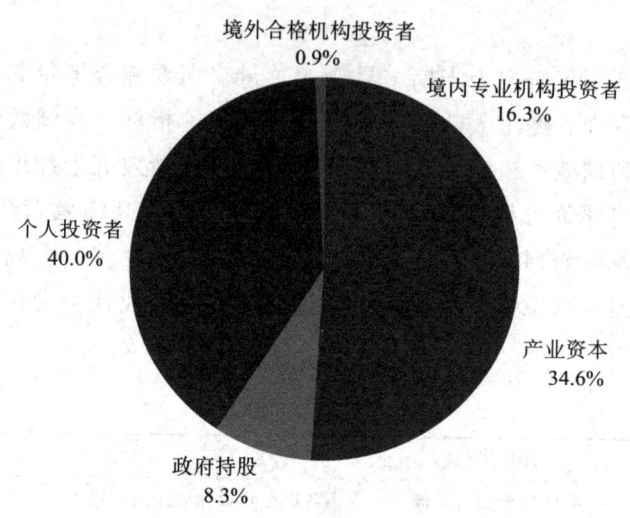

图4-6 2016年底A股市场投资者结构

资料来源：宏源证券报告。

中户投资者为主。营业部的服务对象要相应进行转移，启动市场集中策略，从目前以服务零售客户为主到服务机构客户、以机构客户为重心，兼顾零售客户，在服务机构客户方面培养核心竞争力，将面向机构客户、为机构客户提供专业化服务作为经营的主旨。

（二）制度取胜

营业部的发展运作是基于证券公司经纪业务发展模式基础之上的。经纪业务发展模式的转变体现在竞争模式、经营方式、服务理念等多个方面。竞争模式将由过去单纯的网点和经纪人扩张向以品牌、服务、研发、资源整合能力等为要素的高端竞争模式转变。同时，国内非现场开户试点启动、新经纪人制度的实行、新设营业部开闸等，将给经纪业务发展模式带来新的变化。整体而言，尽管经纪业务仍处在外延式扩张的阶段，但部分证券公司开始探索差异化竞争优势，经纪业务也必然逐步从规模竞争向内涵竞争转变。经纪业务发展模式的转变也体现于高绩效营业部的变革中。例如，国信证券多年来坚持走"精品营业部"路线，推行经纪业务的准企业家制度（SBU），在行业内其他公司普遍采用"职能制垂直一体化"管理模式的情况下，国信证券形成了独特的"多星点联邦制"管理模式。灵活的制度给了营业部更多的自由发展空间，是高绩效营业部发展的基础所在。

(三) 人力资源配套机制

证券行业是一个人才高度密集的行业，人力成本是营业部一项比较大的支出。营业部核心的人力资源除了营业部经理外，最重要的人力资源就是证券经纪人。经纪人既可以跟证券公司签订委托代理合同，也可以签订劳动合同。

以提升服务质量为主流的证券公司经纪业务营销策略，不仅在产品方面积极创新，同时对经纪人的业务素质提出了更高要求。一些大型券商开展的人才储备战略计划就是立足于打造经纪业务第二轮优势展开的一个高层次人才工程。它定位于各营业部投资顾问职位，全面提升经纪人团队的服务质量，从客户经理的"人海战术"转向高端人才路线，实现量与质的转变。强大的经纪人团队应该具备较强的市场开拓能力，对客户服务细致全面，能够提供更多增值服务，创新意识强，团队精神面貌好，有团队战斗力。

(四) 激励考核机制

激励考核机制是高绩效营业部运作的核心制度，通常证券公司都采用绩效管理系统来完成。营业部主要经纪人考核指标有：客户开发数及资金总额指标；佣金提成浮动比例；服务质量，参考客户对经纪人服务态度与服务水平的综合性评价。目前国内证券公司的经纪业务营销存在两种方式：一是证券公司内部正式员工的开展；另一种是证券公司外聘经纪人来开展。从 2008 年 11 月开始，证监会已经要求证券公司暂停外部经纪人的营销活动。对于证券公司而言，客户经理与经纪人的管理模式和管理成本存在较大差别：客户经理作为正式员工，被纳入日常管理，拥有底薪，并要缴纳"四金"，证券公司相对容易掌控个人行为；而证券经纪人作为代理人，证券公司不用支付"四金"和底薪，经纪人收入依靠佣金提成，对证券公司的管理能力提出了更高要求。证券经纪人的收入采取提成制，低薪极低而提升不封顶，能调动经纪人的工作积极性，使其自觉履行开发客户和留住客户的工作职责。证券经纪人的业绩在受收入激励的同时，还受到职位激励，职业成长空间放大。整体而言，高绩效营业部的制度建设相对完善，运作规范，创新能力突出，发展潜力巨大。

第四节 经纪业务的盈利模式

一、我国证券经纪业务盈利模式

我国证券交易制度决定证券公司经纪业务盈利模式，只能通过提供交易通道来获取交易佣金收入。代理股票、基金、债券、国债回购交易业务的佣金收入是证券公司经纪业务收入的主要来源。此外，还包括客户交易结算资金息差收入。我国客户交易结算资金由客户存入证券公司，证券公司按银行活期利率付息。证券公司将此资金存入商业银行按金融机构存款利率收取利息。息差收入是证券公司最大的无风险收益利息收入。2002年以前，股票交易执行的是固定佣金制，A股的佣金率为成交额的3.5‰，B股的佣金率略高。2002年5月以后开始执行浮动佣金制，股票交易佣金率不得高于3‰，不得低于代收的证券交易监管费和证券交易所手续费，实际佣金率低于3‰。据资料显示，证券公司平均佣金率在2‰左右。随着网上交易成交量的增加，实际佣金水平有进一步下降趋势。

在我国证券公司近20年的发展中，其经纪业务盈利模式一直采用的是"通道"盈利模式，即证券公司通过为客户提供交易通道来获取收入，实现利润。过去，严格的行业准入制度使得证券公司的"通道"相对来说是一种垄断资源，保证了证券公司在相当长的一段时间里能获得稳定的高额垄断利润。从技术层面上来看，由于没有技术门槛，"通道"盈利模式极易被复制，任何公司只要能拿到通道就可以从事证券服务业务。同时，这也造成证券公司收入曲线与市场走势高度相关，具有不稳定性和周期性，加大了经营风险。

2001年以来，市场行情发生逆转，加之佣金制度改革、国际资本进入等因素，原有证券公司盈利模式的不适应性凸显，证券业出现连续5年的全行业亏损。其中，2003年、2004年证券业亏损最为严重，此后通过综合治理在2008年结束了行业整体性亏损局面。在经历了2008年金融危机和大盘深幅调整的情况下，我国证券公司的盈利情况急剧下降，监管层暂停了IPO，证券公司各项业务的开展面临前所未有的挑战，但行业性亏损的局面不会再出现。

对比观察我国证券行业 2001 年和 2006 年的盈利途径，可以发现我国证券公司新的盈利途径并没有打开，收入提高也主要是源于市场扩容，业务创新依然处于探索阶段。而传统业务最大的特点就是与市场状况高度相关，证券公司只能被动地接受市场，证券公司盈利也就处于极大的市场系统风险之中。同时，盈利模式单一性导致证券经纪业务服务模式存在一些缺陷，具体体现在以下三个方面：

（一）服务关系：以证券公司和营业部的管理需求为导向，忽视客户投资需求

在经纪业务中，客户的目的在于追求自身资产的增长，而经纪业务的实质是创造客户价值的金融服务业。我国证券市场发展初期，经纪业务享有高额垄断利润，整个业界表现出明显的卖方市场特征，这时营业网点的扩张是最直接有效的利润获得方式。因此证券公司将精力投放在规模扩张和网点维护。这仅仅只能实现客户交易的需求，而客户更深层次的实现资产增值的需求被忽略。客观上，证券经营机构也没有足够的利润驱动从事这样的工作。

（二）服务方式：以提供现场服务的"坐商"为主，上门服务的"行商"观念尚未形成

证券公司高风险高收益的行业特征决定对其管理水平有很高的要求，但事实上，我国证券业长期处于粗放管理模式。经纪业务经营中有两大要素被忽视：研究和营销。其中，营销方面，证券公司还固守着等客上门的"坐商"形式。相比金融领域里的其他行业如保险公司，其行销模式已经发展成熟，保险经纪人遍布全国各地，深入各个层次的客户中；商业银行的客户经理也活跃在上门服务的行商模式中。随着传统经纪业务的发展步入困境，证券经纪人也开始逐渐在营业部外活跃起来。

（三）服务内容：以交易通道为核心的场地服务为主、以信息咨询为代表的综合服务为辅

传统盈利模式下经纪业务在服务内容上重视通道服务，轻视咨询服务。从经纪业务的收入模式看，我国实行的是佣金模式而非费用模式，佣金的定价要素主要是客户资产量、交易量的规模，信息咨询只是一种附加产品捆绑销售给客户，并没有成为收入形成的要素。大部分的资源、成本以及人力都集中在为客户提供以交易通道为核心的服务内容上，包括交易席位、交易场所和相应的装修、设备、人员等。

在传统盈利模式下证券公司向客户提供的信息咨询服务的出发点是活跃客户交

易，增加手续费收入，这使证券公司提供的咨询服务与客户之间存在利益矛盾，很难得到客户的认同。

二、传统盈利模式面临机遇与挑战

（一）佣金费率下调冲击传统盈利模式

1. 海外"佣金自由化"冲击各国及地区证券市场

在发展初期，各发达国家及地区在证券市场采用的都是固定佣金制，即由各国及地区证券管理部门或证券交易所来确定一个统一的佣金比率或范围较窄的浮动界限。随着全球经济一体化和金融自由化浪潮的冲击，佣金制度在全球范围内发生了巨大的变革。从1975年美国带头实行佣金协商制开始，澳大利亚（1984年）、英国（1986年）、法国（1989年）、日本（1999年）、中国台湾（2000年）、新加坡（2000年）、泰国（2000年）、中国香港（2002年4月）、中国内地（2002年5月）也都逐步实行浮动佣金制。20世纪90年代的新经济网络信息技术带来了新的交易手段，尤其是网上交易使得交易成本大大降低，促使更多的国家和地区能够选择自由化的佣金制度。

海外市场的佣金自由化变革主要受三重因素的推动。第一，国际证券市场日益加剧的竞争态势。为了争夺投资者和上市资源，大部分国家和地区都对佣金制度进行了变革，其中以伦敦和新加坡交易所的佣金制度改革最具代表性。第二，信息技术的进步提高了证券交易的效率，降低了交易成本。网上交易佣金大约是传统证券交易佣金的1/4，且网上交易速度快捷、便利，为佣金下调创造了空间。第三，投资者结构的变化。西方人口结构的变化和专家理财的兴起，以养老基金、保险基金和共同基金为代表的大机构投资者在证券市场的地位和影响举足轻重，大规模的资金进出，使它们有动力也有能力在佣金费率上与经纪商讨价还价，机构投资者和证券公司之间的这种竞争成为佣金制度变革的内在推动力。

佣金自由化对证券行业的冲击主要体现在两个方面：一是行业性的兼并重组浪潮；二是经纪业务竞争格局的分化。实行自由佣金制后，一些中小证券公司要么转型为折扣经纪商，要么被其他证券公司吞并。相反，有一些证券公司因为实力雄厚或者因为技术先进、市场策略灵活而成长为市场翘楚。美国证券市场在实行佣金自由化制度后，证券经纪业务逐渐形成了以 E-trade、嘉信理财、美林为代表的三个层次分明的经纪业务格局。三个层次的证券公司提供不同的服务内容和佣金结构，满足了具有不同需求偏好的投资者。

据统计，在实行自由佣金制度后，美国市场个人投资者佣金率维持在 0.13% 的水平，一直表现均衡的日本市场佣金率一直维持在 1‰ 以上水平，而网上交易比重较高的韩国市场目前的平均佣金率为 0.18%，我国台湾地区的平均佣金率为 0.09%。经过多轮价格战后，中国大陆 A 股证券公司的佣金费率已经明显低于发达国家及地区，快接近台湾地区的平均水平。

2. 佣金下行趋势对我国证券经纪业务的影响

证券公司佣金收入 = 市场成交量 × 市场份额 × 2 × 平均佣金率

佣金收入仍将是我国证券行业的盈利基础，作为重要指标的佣金费率下调意味着证券公司赖以生存的"生命线"面临冲击，是继续选择价格战维持市场份额还是弃战保持盈利水平，将决定佣金价格战的持续跨度。2008~2018 年，平均股票基金佣金率已经跌破 1‰，同比降幅达 20.72%，是近年来竞争最为惨烈的一年（见图 4-7）。

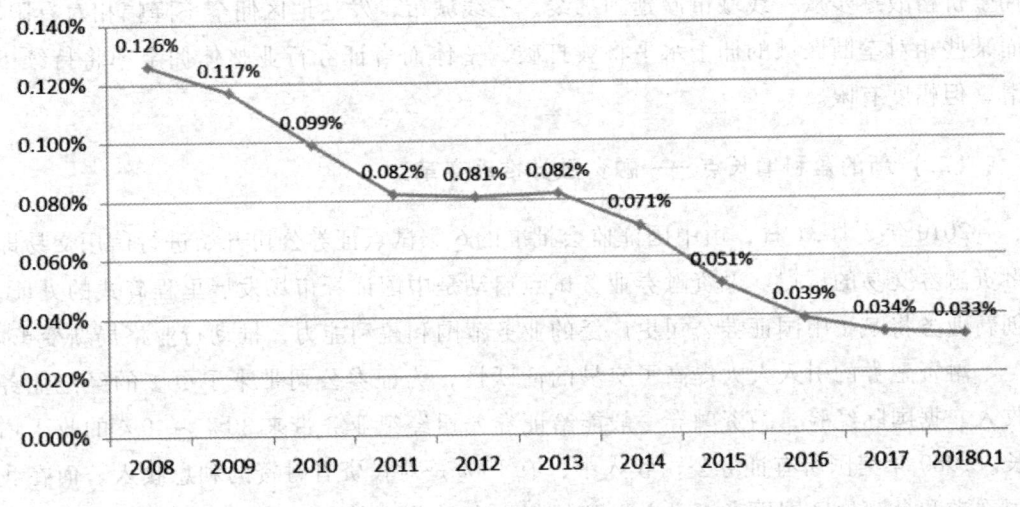

图 4-7　历年证券经纪业务行业平均佣金率

资料来源：海通证券研究报告。

在市场份额保持相对平衡的状态下，市场成交量和佣金费率决定了证券公司佣金收入水平的高低。从海外市场的"佣金自由化"的发展轨迹可见，佣金费率的大幅下降，市场成交量的成倍增长，以量补价是经纪业务盈利的基本模式。就国内形势而言，伴随营业网点扩张加速，较高的市场成交量抵消了部分佣金下调的冲击，从投资者、网点数量、市场发展阶段来看，增长空间仍然很大（见图4-8）。

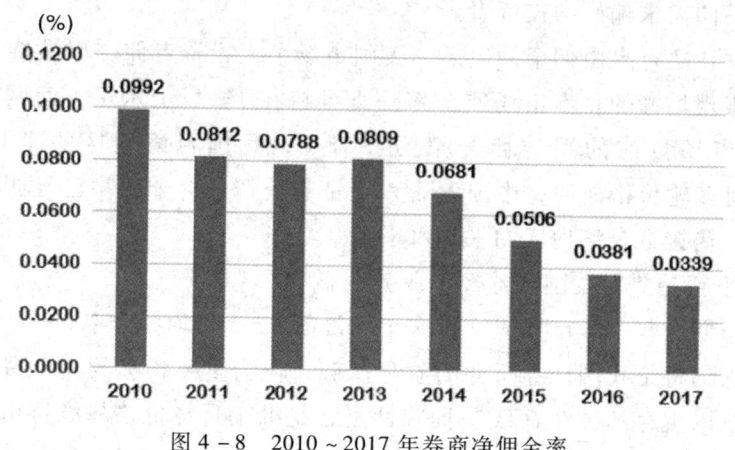

图4-8 2010~2017年券商净佣金率

资料来源：中国证券业协会、Wind。

由于我国证券市场区域成熟度的发展差异较大，随着新设网点向二线城市推进，佣金价格战逐步从一线城市蔓延到二线、三线城市，发达地区佣金率降幅相对有限，而某些相对垄断区域的佣金水平将被打破，整体而言证券行业整体佣金率将持续下滑，但幅度有限。

（二）新的盈利增长点——融资融券推动变革

2010年3月31日，由中国证监会批准的6家试点证券公司开始进行信用交易即融资融券交易的试点。融资融券业务试点启动是中国证券市场发展里程碑式的见证，创新业务将赋予中国证券公司更广泛的业务范围和盈利能力，推动行业格局新变革。

融资融券的引入大大提高了交易的活跃性，为证券公司带来了更多的经纪业务收入。据国际经验，融资融券一般能给证券公司经纪业务带来30%~40%的收入增长。1980年美国所有证券公司收入中，有13%是对投资者融资的利息收入。而在我国香港和台湾地区则更高，可以达到经纪业务总收入的1/3以上。当然，比较美国2003年和1980年证券公司收入结构可以发现，融资利息收入从13%下降到3%，因此，融资利息收益不一定能够持久地作为证券公司的主要收入来源。如果成立具有一定垄断性的专门的证券金融公司，这部分利息收入可能会更多地被证券金融公司获得，而证券公司进行转融通时所能获取的利差会相对较小。

对经纪业务而言，首先获得资格的证券公司将具备先发优势，这也使得市场份额加速向这些证券公司集中。借鉴我国台湾地区的双轨制模式,只有部分获得许可的证券公司可以直接为投资者提供融资融券,对于获得资格的证券公司而言,可以享受这个新业务带来的盈利。融资融券的推出无疑为大证券公司的经纪业务增加了营销手段,监管层对客户参与融资融券的相关限制无法改变经纪业务市场份额向大型证券公司集中的趋势,投资者的融资需求将把他们推向大型证券公司。因此,融资融券的推出势必造成证券公司经纪业务的进一步集中。由表4-3可看出,中信证券、国泰君安和华泰证券等大型证券公司交易量位居前列。

表 4-3 2017 年底主要证券公司融资融券交易统计

序号	券商	期末存量			区间交易量		
		融资融券余额(亿元)	融资余额(亿元)	融券余额(亿元)	累计融资买入额(亿元)	沪市融券卖出额(亿元)	深市融券卖出量(万股)
1	中信证券	709.36	707.79	1.57	4886.03	7.00	1308.41
2	国泰君安	641.37	635.60	5.77	5768.02	14.25	4429.26
3	华泰证券	588.13	587.89	0.23	9693.12	0.70	107.72
4	中国银河	570.09	569.37	0.73	5575.96	13.22	109.88
5	广发证券	560.03	554.02	6.01	6260.36	6.11	2318.31
6	招商证券	546.99	543.92	3.06	4856.51	13.92	279.50
7	申万宏源证券	540.56	539.55	1.00	5534.40	3.36	378.48
8	海通证券	480.09	479.83	0.26	4931.56	0.93	68.81
9	中信建投证券	464.09	462.50	1.59	3278.75	5.61	2454.31
10	国信证券	389.18	383.67	5.51	3556.79	15.29	11495.86
11	光大证券	300.82	295.20	5.62	3063.92	3.88	255.09
12	中泰证券	274.28	271.41	2.87	2717.78	3.70	624.22
13	安信证券	251.74	251.24	0.49	2275.52	8.23	3928.91
14	方正证券	235.95	235.66	0.29	2769.57	0.42	145.43
15	长江证券	227.60	227.40	0.20	2179.68	1.36	0.00
16	中金公司	209.55	209.54	0.00	2124.85	0.00	0.00
17	平安证券	155.28	155.15	0.13	1245.93	0.03	239.22
18	兴业证券	142.44	142.24	0.20	1524.47	0.29	56.82
19	国元证券	127.52	127.36	0.16	1261.76	0.67	6.80
20	东方证券	126.53	126.19	0.33	1288.14	4.68	0.00

资料来源:Wind。

融资融券允许证券公司使用杠杆，这将极大地拓宽证券公司的盈利空间。根据海外市场的实践经验，融资融券业务可以使证券市场的交易量成倍放大。以美国和日本为例，美国和日本的证券信用贷款规模一般低于证券市值的2%，但是信用交易规模占证券交易金额的比重却达到了16%~20%。不考虑融资融券对于市场的正向推动作用及其对其他业务的正向推动，按照融资融券规模均不超过净资本来测算，融资融券可贡献的潜在净收入贡献可望达到行业净收入的20%以上。

从长期来看，融资融券交易必将随着中国资本市场的发展而不断发展壮大。应该从各方面进一步完善各项配套政策，管理层将结合市场情况适时调整或扩大融资融券标的股票的范围、扩大试点证券公司范围等，为融资融券业务的稳步发展积极创造有利条件。从证券公司业务角度，应高度重视融资融券业务的发展潜力，将融资融券业务作为推动公司经纪业务再上台阶的新支点，在对过往工作进行全面总结基础上，制定一套切实可行的促进融资融券交易发展的规划。

第五节　海外投行经纪业务

一、美国的证券经纪业务模式

1975年美国实行浮动佣金制以后，从事经纪业务的券商逐渐分化为三种类型：第一种是全服务经纪商（Full-Service Broker），指的是客户以传统经纪人为下单方式，享有完善的投资咨询服务与个股买卖建议，这类型的代表券商包括美林证券等传统大型券商。第二类称为折扣经纪商（Discount Broker），指的是有传统的经纪人可服务客户，但又提供高折扣的网络下单业务。嘉欣理财、史考特证券等所提供的服务，即涵盖了此两方面。第三类是线上券商（Online Broker），这类型的券商主力全放在网络下单业务上，E-Trade即是其中的代表之一。

（一）美林模式

美林采取以金融顾问为客户提供全方位和个性化服务的模式，将富裕阶层作为客户开发的主攻方向，服务于证券资产50万美元以上的客户，其中100万~500万美元是核心客户,其业务特点在于面对面和全方位服务。美林模式可以被称为"贵族模式",在强大的研究力量和优秀的金融顾问团队的支撑下,为客户提供终生资产运营计划、税务咨询、资产投资组合建议以及其他资产增值性服务,从而收取高额佣金。这种模式主要是靠提供高质量的服务来吸引高要求的客户。

(二)嘉信模式

嘉信模式将重点放在网上经纪业务的开拓,利用现代信息技术手段如电话、传真、电脑等通讯工具降低交易成本,提供廉价的交易服务。相比美林,嘉信并没有那么强大的咨询研发部门,而是有针对性地为客户提供咨询服务,将其客户锁定在需要一定服务但付不起高额费用的中产阶级。这种交易模式对普通投资者的吸引较大。嘉信证券的成功,在于它所采取的中间路线。它并没有参与价格竞争激烈的低端市场,而是凭借良好的服务、低廉的价格提供内容丰富的服务,从而吸引大批客户。

(三)E–Trade模式

E–Trade是为证券投资者提供在线投资服务的最先进的金融服务商,为自行投资的投资者创立了一个金融投资网站。E–Trade模式完全以网络方式向投资者提供纯虚拟的服务,其特点是以尽可能低的折扣价格吸引那些对价格敏感而对在线服务要求不高的自助型投资者。为投资者提供诸如:证券信息查询、证券交易平台、安全性、查看账户余额、网上支付、退休计划、购买各种保险、获得贷款或信用卡、个人理财服务等一揽子金融服务。E–Trade完全抛弃了传统的证券经纪方式而采用网上交易。其核心竞争力体现在低交易成本和快捷、安全的交易平台。这种方式是典型的通道服务,其竞争策略就是价格低廉。

二、证券经纪人制度

美国投行的经纪业务部门普遍实施经纪人制度,建立了与客户的长期固定的合作关系。根据美国全球市场信息服务商 J. P. Power Associates 的市场调查,2001年美国证券市场约47%的交易量是投资者在接受证券经纪人的咨询服务后进行的。美国典型的经纪人制度有美林的FC(Financial Consultant)制度和爱德华·琼斯的IR(Investment Representative)制度。

（一）证券经纪人的服务模式

证券经纪人，是指在证券交易中专门接收客户委托，帮助客户买卖证券并从中收取佣金，为客户提供证券信息咨询服务、专业证券分析、投资组合设计、证券买卖代理的中介人或代理人。在美国，《1934年证券交易法》第三条第八款将证券经纪人定义为"任何代理他人从事证券交易业务的人"。证券经纪人是在证券业发展到一定阶段出现的，是衡量证券市场成熟制度的重要标志。

证券经纪人制度是一种间接服务模式，在网上交易广泛存在的情况下，它成功的关键是通过经纪人的高质量服务为客户创造价值，因此经纪人的客户佣金标准必须要比自助交易的客户佣金标准高。从这个角度看，典型的证券经纪人模式存在于全服务经纪商，因为只有它们才有能力向经纪人提供有力的后台支撑，从而使经纪人达到较高的服务水平。

证券经纪人的服务经历长时间的发展，已经形成了特定的模式（如图4-9所示）：经纪人在券商提供服务支持的基础上，对客户进行营销，向客户提供行业资讯、投资资讯以及理财服务。客户利用券商的交易通道，在经纪人的指导下进行交易，并缴纳经纪佣金和保证金。券商根据从客户身上获得的利润向经纪人付薪，经纪人收入少部分为固定底薪，绝大部分为佣金分成。

"低底薪，高提成"的薪酬机制极大地调动了经纪人的工作积极性，使其自觉履行开发客户和留住客户的工作职责。在客户关系保持方面，美国的一些证券公司还通过与独立经纪人建立稳定的关系，通过独立经纪人来开拓证券经纪业务。

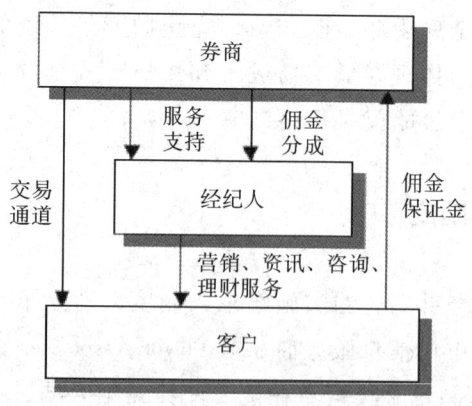

图4-9 证券经纪人的服务模式

（二）证券经纪人的运作模式

美国证券经纪人的主要工作集中在客户开发与客户维护两个方面。根据客户开发思路的不同，通常可以分为两类：一类是网罗各种类型的客户，常见于中低层级证券经纪人，采用陌生拜访、展开社交活动和举办讲座的形式开发客户；另一类是集中高端客户，其业务模式上升到了财富管理，即为日益壮大的"富翁"群体提供理财服务，资金的来源还包括一些机构资产。

客户维护是证券经纪人的重要日常工作之一。经纪人客户维护的工作内容是一方面将客户资产负债、现金流状况、风险偏好等重要情况的变动及时获知并传达给经纪人后台支撑系统，完成对客户财务计划的必要更新；另一方面将后台支撑系统对客户资产配置的设计、更新及其理由向客户讲解和沟通。客户维护工作的成效取决于为客户理财的绩效，也与经纪人的人际沟通能力有关。

按照美国券商的专业化分工，证券经纪人的核心职能是营销，并不要求具备专业的投资才能，他们通过大型券商的专业投资人士获取信息和投资意见，比如证券分析师就是经纪人后台支撑系统中的核心部分。证券分析师通过信息支持平台向经纪人提供三个方面的帮助：财务计划书、个股研究报告以及投资评级相关信息等。

另外，对于高级经纪人来说，通常拥有固定的专家团队对其理财服务进行指导，并且还有自己的团队办公室，设有交易台，还有投资组合经理、会计师、分析师等专业人士使用的办公空间。普通经纪人收取佣金，高级经纪人则像投资经理那样按照资产规模收取一定比例的费用。

（三）对中国本土券商的借鉴意义

美国证券业的经纪人制度在其至今长达百年的历史中展现了独特的适应性和生命力，对于我国现阶段的券商经纪业务具有一定的指导意义。然而由于制度性差异、经济发展程度和市场化程度的不同，比如中国很早就实行网上自助交易等直接交易模式，证券市场以中小散户为主，本土经纪人门槛低并且专业性要求不高等，要在中国大规模实行经纪人制度难免水土不服。

从另一方面来说，虽然中美证券市场存在着巨大差异，但其制度框架中有很多思路值得国内券商在经纪业务管理中学习和借鉴。

首先，拓展经纪业务边界，以"大经纪"的眼光经营经纪业务。美国证券经纪人为客户提供交易通道服务的同时，还根据客户的具体需求包揽了研究分析和资产管理业务的服务内容，极大地拓展了经纪业务的边界，使原本单一的经纪业务得到增值。随着国内证券市场买方市场的形成和客户需求趋于个性化、复杂化，证券经纪业务将经历从价格竞争到产品竞争再到服务竞争的变迁，下一步发展将是探索如何在整合经纪业务需求的同时把资产管理、研究业务等交叉融合起来，为客户提供综合性的金融服务，延伸经纪业务价值链条。

其次，优化经纪业务管理模式，对高端客户实施以客户为导向的流程管理。美国证券经纪人背后有强大的专业研究团队和服务团队作为支撑，为传统经纪业务实施流程再造提供了很好的样板。国内券商应及时整合公司的销售、研究、产品开发等资源，搭建集中统一的高端客户服务平台，建立以销售交易部为核心的大客户业务新模式，并在此基础上重组客户资源开发流程、客户维护和管理流程、产品供应流程，完善经纪业务平台，形成整体优势。

最后，创新激励机制，构建以证券经纪人为核心的营销组织模式。美国证券经纪人在券商内部受到严格系统的管理，其高提成的薪酬机制有力地促进了他们工作的主动性和创新性。而国内证券公司普遍将证券经纪人设为营业部编外人员，双方关系以客户所创造的手续费收入为纽带，证券经纪人不享受公司的其他福利待遇，地位低，缺乏有效的激励。在经纪业务转变营销方式的未来发展中，经纪人将是营销体系中的重要环节，在客户服务流程中扮演重要的角色。对国内经纪人制定有效的激励机制势在必行，这关系着经纪人队伍专业素质的提升乃至经纪业务整体升级的转变（见图4-10）。

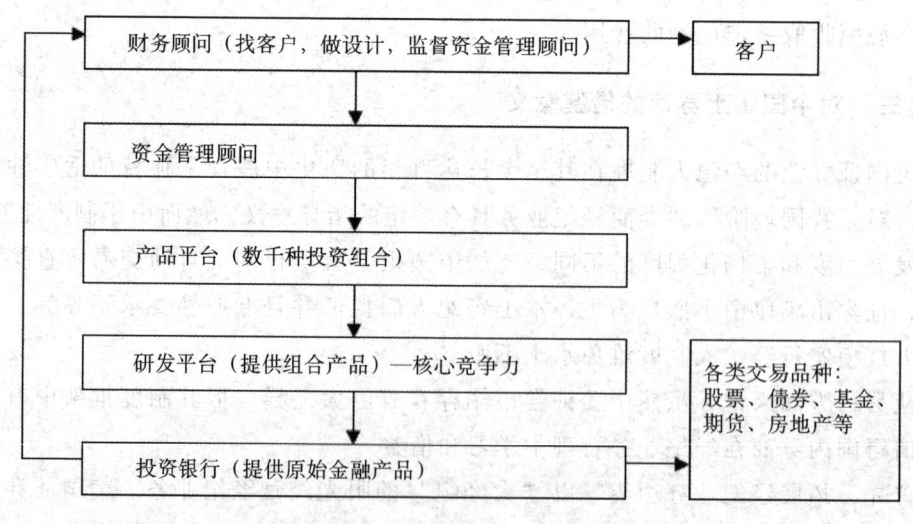

图4-10 证券经纪人的运作模式

第六节 经纪业务的未来发展方向

一、管理模式转变

（一）建立集约化经营管理体系

证券公司在逐步建立集约化经营管理体系，已达到风险控制和管理体系完善的目的，这主要包括客户资产集中独立存管、集中交易、集中清算、集中财务、集中数据库、集中风险控制等。证券公司集约化经营管理包括两大核心体系：第一种是集中交易系统，其通过对交易的集中，降低经纪业务的运营成本，并减少管理上的中间层次以实现扁平化管理；第二种是风险监控系统，以降低证券公司风险成本为目的，对所有分支机构进行实时监控和非现场稽核。营业部的数据系统被有效集中后，有助于经纪业务的资源整合、降低运营成本、提高风险控制能力、增强总部控制力以及促进业务转型。鉴于集中交易投资巨大、技术要求高，对于一些网点多的大型证券公司只能采取渐进的路线。

（二）转变券商总部管理职能

经纪业务的转型，要求强化券商总部的管理控制职能，这使得总部向营销策划组织战略中心和后台支持中心转型。券商经纪业务总部的转型主要有两种模式：第一种是根据业务体系和服务管理体系等标准将原经纪业务管理部门分拆为管理营业部前台营销部门和管理后台运行的部门，甚至可以细化成与转型后营业部功能相对应的专业化的客服、市场营销和经纪监控部门等。第二种是直接将原经纪业务管理部门向"营销部"转变。"营销部"内设与营业部前台、中台、后台对口的管理部门，也可以进一步将前台营销部门按个人客户管理和渠道管理拆分为两个部门。无论何种方式，其目的在于利用总部集中公司的资源优势全力打造品牌优势，并对营业部进行有效管理，强大优质客户服务及业务支持。

(三) 实现营业部转型

证券营业部传统的结构模式包括后台运营、前台营销、营销支持、席位、通道、客户呼叫中心等。这种小而全的经营状况分散了证券公司的资源,增加了券商运营总成本,阻碍了证券公司整体优势的发挥,甚至还降低了风险控制能力。所以,营业部的转型成为证券公司经纪业务转型中最重要的一个部分。其核心在于将营业部的交易中介功能转变为经营金融产品的销售终端和为投资者提供综合服务的服务终端。在其内部设置上,除了电脑、财务等必须人员外,其余人员在数据集中、交易集中的基础上转为全员营销模式。因此,营业部设置将改变为以前台营销及业务拓展为核心、后台提供基本服务支持的两大体系,并压缩后台,重点发展前台,通过调整营业部的功能,培养营销队伍,强化其客户服务专业化程度,最终提升作为证券公司销售终端、服务终端的能力。

二、经营模式转变

(一) 完善以客户资源开发和管理为核心的业务流程

营业部由经纪业务的经营场所转变为客户资源开发、服务和管理中心。现行营业部的岗位设置和人员安排都是按照经纪业务的流水线来确定的,柜台、财务和电脑是核心岗位,现在要转变为客户开发和管理中心,就必须进行业务流程的再造。业务流程的再造是营业部转变职能的关键,业务流程的再造要和人员的观念更新,以及岗位调整和分配制度等结合到一起,避免流程再造流于形式。

证券营业部新的业务流程要包括四个层面的工作:一是市场营销和客户开发工作,核心职能是引进增量客户。这是直接面对市场,争取客户资源的工作,是营业部赖以生存的基础。二是客户资源的维护和管理工作,核心任务是对存量客户的服务,是业务流程的核心环节。三是客户资源管理系统和咨询平台的维护工作,需要依靠公司总部的力量,营业部做好衔接工作,这个层面工作的核心职能是为拓展经纪业务工作提供优质、高效的资源平台。四是经纪代理业务的具体操作环节,应尽量压缩。四个层面的工作流程要相互衔接,形成一个完整的客户资源开发和管理业务流程。

(二) 建立全面客户关系管理体系

在外部条件既定的情况下,营业部交易量的大小及其市场份额主要取决于其客户开发情况。同样地，客户规模和资金量规模可能因客户结构的不同而使其交易量规模与结构不一样，导致其经纪业务收入和利润不一样，所以营业部应加强客户管理。客户是营业部生存和发展的基础，应把最好的服务提供给最有价值客户。营业部应树立"以客户为中心"的经营理念，业务运营始终要围绕"以客户为中心"，面向客户，关心客户，实现对客户资源的深度利用。

建立客户档案是导入客户关系管理系统的重要一环。要加强客户结构分析，深入研究自己的客户群；要重视现有的客户，强调客户的细分工作，改变过去简单按资金量大小将客户分为大中散户的做法，采用按客户的交易行为、习惯，寻找最有价值、利润贡献度最高的客户；要将每个有价值客户的资金状况、持仓状况、交易记录、盈亏情况以及客户的投资风格、习惯等加以登记，建立客户档案。细分客户后再对不同层次的客户实施不同的服务销售方案，找准市场空间，为其提供有差别的个性化服务。

对本地区进行市场调查，把目标定位在高收入和中等收入，具有投资意向的阶层，建立客户档案，为他们提供主动性、个性化、专业化服务，增强这一阶层的投资意识，缩短与他们的心理距离，作为营业部潜在的客户资源储备。

（三）建立健全经纪人管理制度

营业部应逐步建立规范有效的经纪人制度。目前，证券经纪人制度已经实行，证券客户经理在稳定客户、减少非现场客户、降低交易成本、提供专业化服务等方面具有明显优势，在经纪业务中将会逐步承担现有证券营业网点的职能。客户经理的角色定位应是"金融产品的销售与服务"，承担新客户的开发、金融产品的销售，以及为客户提供与销售相配套的顾问服务工作。其目标客户应是客户细分后公司最有价值的客户群，具备一定资产规模、需要专业性投资顾问服务的非现场客户。

对证券经纪人的培训十分重要。培训重点应注重三点：一是如何进行市场营销，客户资源开发和管理工作；二是如何利用研究部门提供的咨询平台，结合客户的需求和偏好，为客户提供一对一的顾问式服务，将咨询平台上的咨询客户转化为对客户的个性化服务；三是如何利用公司的金融产品为投资者提供投资组合服务。

建立客户经理制度的转型工作，要改革现有的客户服务方式，打破营业部业务各部门之间、营业部员工和客户经理之间的界限，建立客户开发、专业服务、基础服务一体化的服务模式；尝试进行"现场客户非现场化"改革；依托现有的营业部，尝试运作完全以"非现场客户"为服务对象的、以客户经理为主体的新型营业部，从激励机制、风险控制及提高综合素质等方面积极探索。

（四）建立长效发展机制

在困境下寻求生存、发展，证券公司就必须深入研究市场，紧紧把握市场热点中蕴藏的业务机会，探索新业务中客户盈利模式，维护和挖掘客户资源，逐步建立促进业务发展的长效机制，实现与客户的共同发展。这种长效机制至少包括以下几项内容：

1. 市场热点跟踪、研究机制。证券公司应时刻保持高度的市场敏感性，重点跟踪市场热点产品（不管其是否已推出）的开发理念、相关知识及客户盈利模式，进行深入分析和研究，梳理针对新产品的客户服务内容及方式，发掘业务机会。例如对近期即将面市的权证产品，证券公司应该尽快搜集有关资料，组织内部学习和研究，为做好客户开发、服务做准备，而不是等待产品推出以后再做这些工作。

2. 资源共享、利益倾斜机制。在一个时期的市场热点产品可能很多，其转化为现实产品的时间又很难把握，而且产品推出后的持续服务也是任务繁重和十分重要，因此，如果将市场热点跟踪、研究工作全部集中于证券公司总部，并将造成其人力资源的紧张和使用不科学。此时，证券公司就更需要利用总部职能部门在资源配置等方面的管理权威，并结合各营业部人员及客户情况，分配部分营业部分工负责市场热点产品的研究，提高营业部资源利用效率。另外，在研究成果共享的同时，证券公司总部必须在业务开展、业务支持上对有关营业部进行必要的倾斜，建立利益倾斜机制，以调动营业部的积极性，也有利于培育拥有核心竞争力的特色营业部。

高绩效营业部的建设已经走过初步探索阶段，逐步走向成熟，各大证券公司纷纷打造营销中心，争取高端客户，业态竞争趋烈，从产品和服务入手，希望打破佣金混战格局。高绩效营业部必将成为我国证券公司经纪业务发展的一道独特风景线。

三、盈利模式转变

随着佣金价格战的深入，重构经纪业务盈利模式是行业发展的必然趋势，依靠经纪业务和主动投资的盈利模式已经无法持续，证券公司必须及时随市场转型，从过去以"主动投资为主、依靠稳定佣金收入"的盈利模式，转变为"以控制风险、提供专业服务为主，以创新服务为核心"的新盈利模式，成为向客户提供投资理财服务、追求客户资产增值的真正意义上的金融服务业。

（一）由通道向服务模式转变

证券公司属于金融服务业，经营竞争的核心在于服务方式和内容，业绩的好坏是与为客户提供的服务息息相关的。市场竞争使从通道盈利模式向服务盈利模式转变成为我国证券业面临的一个根本性任务。在服务盈利模式下，证券公司要切实以客户为中心，以满足客户的需求为导向。产品是服务的载体，没有产品就不可能很好地向客户提供服务，在服务盈利模式下，证券公司要尽可能增加服务型的产品销售，控制自营等投资业务的规模，尽量将投资行为和满足客户的服务连接起来。同时，证券公司应在明确战略、优化流程的基础上，以强大的研发力量和资产管理业务为后盾，基于市场细分，设计具有不同风险收益特征的标准化产品，建立完整的产品线，为不同风险偏好的投资群体提供个性化投资组合产品及服务，延伸经纪业务价值链条。市场转型后，证券公司应努力整合自身资源，为客户提供综合性的金融服务。证券公司还可与银行、基金公司等其他金融机构合作尝试不同产品的交叉销售争取最大的客户群体。

（二）改善资产结构，降低经营成本，推进独立证券经纪人制度

证券经纪业务必须要完成从"以营业部为基础的通道型管理体制"向"以客户关系管理为基础的经纪人型管理体制"的转变，这也是证券市场发展顺应市场主导功能所产生的质的飞跃。证券经纪人在寻找客户、沟通信息、开发需求、提供服务、建立长期关系方面发挥着日益重要作用和影响。在美国等发达市场中，普遍建立了完善的经纪人制度，通过经纪人为客户提供财务计划书、提供及时的金融资讯、据客户的风险偏好提供投资组合等高质量的经纪服务。西方国家证券公司主要通过这种方式来拓展业务规模，而在我国主要通过在全国各地建立营业部的方式来实现。这种支出结构上的差异，侧面反映了我国证券公司资产结构和经营成本还存在较大的改善空间。总的来说，我国证券公司实行的是粗放型的经营模式，靠营业部的经纪业务支撑整个公司的运作。在市场状况好的时候营业部成为盈利之源，而行情不好的时候，由于营业成本的刚性，使其成为亏损的主要原因。若是采用经纪人制度不仅可以节约固定性成本，还可以为客户提供个性化服务。随着金融产品的丰富，推行独立经纪人制度将成为一种趋势。

（三）丰富产品服务，改善收入结构

国外证券公司发展历程表明，改善收入结构的路径不在于抑制或者单方面发展

某项业务，而应通过转换经营模式，创新传统业务，积极开拓新业务品种，丰富收入来源，增加收入的稳定性。

只有产品结构的多元化才可能实现收入结构的多元化，而多样化产品和服务需要宽松的金融制度来保证创新的实施。因此，多元化的过程会伴随着制度的变化经历一个较长的时期，在短期内经纪业务的收入结构很难有所突破。但是，证券公司可以在现有条件下加强国债、企业债券、开放式基金、货币市场基金等低风险品种的销售。通过低风险品种的销售，逐步改变公司的客户结构，打造品牌和创造公司信誉。另外，证券公司还可以加强基于深度研究的自主产品的开发和营销。就是按照"以市场需求为导向，贴近营业部、贴近客户"的思路，尝试现有咨询产品的深度开发和持续服务，探索产品转化各环节之间可量化的评价方式，并通过资源配置和相应的激励约束制度构建有利于咨询服务产品化的运行机制。

（四）转变服务理念，实行价格差异化策略

长期以来，在证券营业部模式和传统的服务理念指导下，证券经纪业务营业部对所有的客户都提供着同质的服务，使其付出了与收入不对称的成本，同时也证明了粗放式经营理念下的低效性。盈利模式的转变首先必须考虑转变经营理念，要注重客户的质量，对客户进行分类筛选。在这个方面，中国应借鉴美林证券的模式，根据客户的交易次数及资产大小将其客户进行细分，并根据不同地区具体情况制定标准，进行客户分类管理，收取不同的费用，提供差异化服务。

2010年9月30日，中国证券业协会《关于进一步加强证券公司客户服务和证券交易佣金管理工作的通知》正式发布。一方面，该通知中提出的"全成本核算"概念包括了浮动成本和固定成本，由于大型证券公司固定成本较低，因此全成本也相对较低，相对于一些中小型证券公司，具有明显的佣金成本优势。另一方面，该通知确定了"同类客户同等收费""同等服务同等收费"的原则，确立了证券公司通过服务收费的合法性，促进了经纪业务由单一通道佣金竞争转向差异化服务竞争。

在国家政策允许的范围内，证券公司可以根据市场情况实行不同的佣金定价策略，如大宗交易和小额交易、机构和散户投资者定价、交易客户与非现场交易客户应有区别。同时，由于不同区域营业部交易量、收入和成本总额、收入结构、成本结构、客户结构差别都很大，因此，各个营业部可以针对不同地区的经济文化状况和市场竞争状况进行差别定价。

案例　　　　　　　　　中国券商的佣金战役

一、佣金战源起

佣金制度是有关佣金收取对象、收取标准和收取方式等的规划安排。从世界范围看，各发达国家在证券市场发展初期采用的都是固定佣金制，即由各国证券管理部门或证券交易所确定一个统一的佣金比率或范围较窄的浮动界限。随着全球经济一体化和金融自由化浪潮的冲击，佣金制度在全球范围内发生了巨大的变革。

2002年5月1日，我国证券业也开始实行佣金浮动制度：A股、B股、证券投资基金的交易佣金实行最高上限向下浮动制度，证券公司向客户收取的佣金（包括代收的证券交易监管费和证券交易所手续费等）不得高于证券交易金额的3‰，也不得低于代收的证券交易监管费和证券交易所手续费。价格战是迅速扩大市场份额的手段之一，在一些传统行业里屡见不鲜。发起价格战的核心要素就是成本控制和质量保证。因此，佣金浮动制度直接导致了佣金价格的激烈竞争，佣金结构得到细化，不同服务对象或不同交易方式各有不同的佣金费率。

从国外发展较早的证券市场情况来看，佣金制度变革后，激烈的竞争导致佣金水平的市场化，佣金水平不断降低。1975年美国佣金制度改革以后，投资者的交易成本大幅下降，每股交易佣金从1975年的平均26美分下降到1997年的平均每股5美分。而英国在1986年佣金大变革以后，平均佣金费率由0.7%下降到0.28%，其中个人投资者的平均佣金费率从1.07%下降到0.28%，机构投资者的平均费率从0.42%下降到0.21%。

2007年10月之后，随着中国证券市场牛市的过去，开户火爆不在，赚钱艰难的股民对交易成本中唯一可变的佣金价格愈加敏感，激发了各券商在佣金价格上的血拼。在中小券商的主动进攻下，在经纪业务领域里已建立起较高市场集中度的第一梯队的5家券商在进入2009年第一季度后，不得不面对市场占有率下滑的现实。因此，随着中小券商首先发动的新一轮佣金价格战，大型券商也纷纷加入到这场战役中来。

其实佣金战并非近年才有，自从中国2002年实行"浮动佣金制度"以来，在新设营业部和券商争抢市场份额的直接推动下，经纪业务佣金费率进入了新一轮的下降通道，价格战开始漫延。目前，中国券商服务同质化严重，已成为对中国证券行业的公认描述，各证券营业部的竞争战略和业务结构仍然维持多年以前品种单一、结构雷同的特点，这也是经纪业务一直无法摆脱价格战的主要原因。同时，近年来券商纷纷建立了大集中交易系统和营业网点调整，或迁址、缩小经营场地面积等，严格控制经营成本,承受了部分佣金率下调的空间。上一轮的大牛市,使券商经纪业务的赚钱效应得到充分体现,而2008年行情调整期间,自营业务带来的高风险,更让券商认识到经纪业务是券商稳定低风险利润来源。各大券商都加大了对经纪业务的投入,将提高市场份额作为经纪业务的重要战略目标,中小券商尤为明显。由于其存量客户少,要想扩大市场份额,必须通过低佣金抢夺客户,而存量大的券商,为避免客户流失,被迫加入"价格战"降低佣金,以尽可能留住存量客户。

二、佣金战发展历程

从2007年以来沪、深两市市场A股新增投资者开户数统计数据来看,2007年5月是峰值,而到2008年市场新开股东户数大幅减少。2008年第四季度之后,随着市场行情的好转和创业板的推出,吸引了投资者入市热情。2009年A股市场新增投资者开户数有所上升,整体高于2008年,但较2007年仍处于较低水平,2015年1月后新增投资者开户数又激增(见图4-11)。

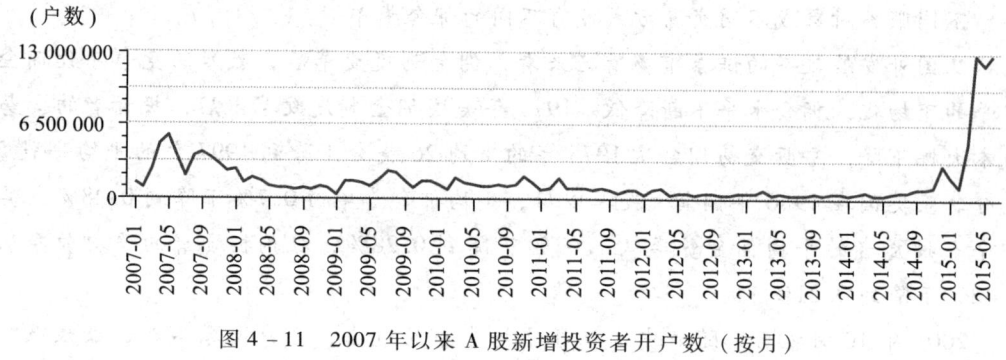

图4-11 2007年以来A股新增投资者开户数(按月)

数据来源:Wind。

由此可见,在经历过2007年的大牛市后,新进入中国证券市场的投资者数量已渐趋于稳定。因此2008年以来,市场增量客户的大幅减少迫使券商经纪业务主战场已转移至对存量客户的争夺,促使佣金费率进一步下行。一方面,为了争夺存量客户,在券商服务整体同质化的大背景下,大部分券商营业部采取低佣金费率来吸引客户。为拉来新的客户,各营业部相互之间的挖墙脚式竞争成为常态。部分营业部为了能挽留或者拉来客户,甚至一度开出了低于成本费用的佣金费率。继2009年月佣金率持续走低以来,证券行业佣金率下滑趋势呈现加速态势,不少券商第一季度降佣幅度接近20%。沪市甚至出现了"万三"的营销口令,以佣金换市场。

而新设营业网点和服务部升级带来的网点扩张是本轮降佣潮、佣金价格战的

"催化剂"，供给的增幅远超过投资者需求的增长速度。自2008年政策明确符合条件的券商可以申请新设营业部以来，券商加紧了经纪业务营业网点布局。随着新设营业牌照的陆续获批及服务部的陆续升级，全国营业部数量增长迅速，省份一线和省会城市成为券商网点优化的重点区域，新进驻该区域的营业部为了开拓市场，纷纷给出低佣金，使佣金价格战进一步升级。

数据显示，在2007年，行业平均佣金率为0.167%，到2010年就只有0.097%了。而在5年后，即2015年，行业平均佣金率又下降了接近50%。在2018年，已经有好几家以网络证券业务为主的券商推出万分之2.5的经纪业务，实际上，这已经是券商经纪业务的成本价了。

三、中国券商经纪业务现状

证券公司主营业务中自营业务受市场外部影响最为明显，经纪业务作为证券公司风险相对较小、利润来源稳定的核心业务，其重要性可见一斑。

目前，中国证券公司经纪业务经受量价考验。2017年沪、深两市总成交111.86万亿元（所有A、B股）共8.72万亿股，区间交易天数244天，日均成交4584亿元。与2016年相比，交易天数一致，成交金额和日均成交都下降11.69%，成交股数下降7.34%。这是2015年爆发式增长后连续第二年下降，下降幅度明显趋缓，2016年当年成交金额下降了50%。在市场佣金率不断下降的情况下，成交量的下降造成券商经纪业务的开展愈发困难。在2017年度，所有券商股票和基金（沪、深证券交易所上市基金）成交合计为241.88万亿元，同比下降12.51%。其中，股票成交222.27万亿元，同比下降12.58%；基金成交19.61万亿元，同比下降11.79%。

佣金费率下调的趋势使得经纪业务走到了发展的十字路口，是继续选择价格战维持市场份额还是弃战保持盈利水平，将决定佣金价格战的持续跨度。2008年10月之后的网点新设放行和行商模式的盛行宣告了高佣金率时代的终结，而随着市场容量的扩张，券商经纪业务暴利时代已经成为过去。

（一）传统优势券商经纪业务市场份额下滑

2017年股基成交排名的前十名的券商，也正好是当年券商营业收入排名的前十名券商。虽然经纪业务在总营业收入的占比已经下降到24.37%，但从实际数据分析，经纪业务带来的综合业务影响依然是具有决定性的。与2016年的排名相比，股基排名前十名名单还是那10家，只是第二和第三、第四和第五分别对调，其他无变化。说明经纪业务的竞争需要时间的沉淀，客户的拓展和维护都不是短期内能收到实效的。在股基成交合计排名方面，华泰证券依然排名第一，成交合计19.01万亿元，市场份额7.831%，比股票成交市场份额还高，比第二名的国泰君安的5.228%高出49.79%，差距比股票成交略小。中信证券、海通证券、银河证券分列第三名至第五名。在市场集中度方面，2017年股基成交前十名的市场份额合计为44.82%，略低于2016年的45.63%，市场集中度进一步下降，说明市场竞争更为惨烈。第一名华泰证券虽然依然遥遥领先，但市场份额也从8.85%略略下降到7.83%，与第二名的差距也在缩小。

(二) 经纪业务市场集中度下降

随着佣金率的逐年下调，行业竞争加剧，部分证券公司出现亏损，这将带来行业整合机遇，国内证券公司经纪业务的市场集中度提升空间较大，国内证券公司经纪业务前十名市场份额曾达50%多，但2012年以来，行业经纪业务份额集中度出现了先升后降。2012～2014年，受行业新设网点审批放开和"互联网+"浪潮影响，经纪业务市场份额集中度经历了一轮上涨CR5从26.9%提升至30.3%，增加3.4%，同期CR10从46.9%提升至50.9%，增加4%。2015年以后"存量市场"下经纪业务竞争加剧，佣金战愈演愈烈，以东方财富、平安证券为代表的部分中小券商弯道超车，市场份额逆市提升，侵蚀了头部券商的市场份额，行业市场集中度开始下滑。截止到2018年1月，经纪业务CR5从2015年底30.2%下滑至2018年1月底的28.1%，减少2.1%；同期CR10从2015年底50.9%下滑至2018年1月底的47.0%，减少3.9%。

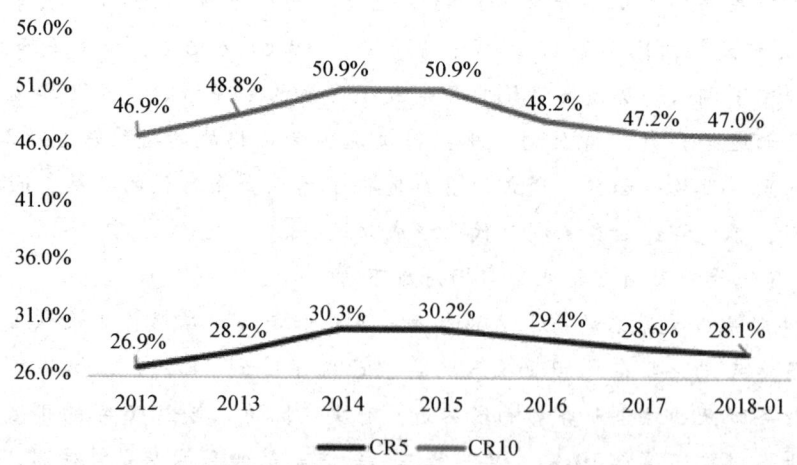

图4-12 近年来我国证券公司经纪业务集中度

资料来源：上海证券交易所、深圳证券交易所。

四、中国券商经纪业务发展趋势

（一）经纪业务佣金费率仍将继续下滑

从海外市场的"佣金自由化"的发展轨迹可见，佣金费率的大幅下降，市场成交量的成倍增长，以量补价是经纪业务盈利的基本模式。截止到 2009 年底，从客户结构到竞争格局都与中国大陆极为相似的台湾市场，券商经纪业务市场份额前十名超过 50%，市场集中度较高。2000 年 7 月 1 日，台湾证券交易所取消了按交易金额实行佣金分级累进制，实行在最高佣金基础上的自由协商制度，从此展开了激烈的佣金价格战。经纪业务平均佣金费率从 1.4‰降到 0.9‰，现在已经基本稳定在这一水平。台湾地区经纪业务网点饱和用了 10 年的时间，在 1999 年之后达到动态饱和，进入"完全竞争阶段"，经纪业务利润已经平均化。根据对台湾市场 2001 年以来十大券商平均佣金率及网点数量的变化分析，大陆行业平均佣金率在近两年大幅下调后接近台湾市场十年前的佣金率水平，而网点数量短时期内仍将继续上升，佣金率下滑趋势难改，但降幅将趋缓。佣金率下降是市场充分竞争及市场效率提升的结果，在竞争并无实质性差异化的背景下，只要有新设营业部的动力，佣金就仍有下降空间。对佣金率的管制与否并不能改变这一长期趋势；而经纪业务成本的动态性、各地经纪业务发展水平的差异性也决定了佣金率难有行业统一的政策标准。从投资者、网点数量、市场发展阶段来看，大陆的增长空间仍然很大。

（二）经纪业务将持续收益于市场规模扩张

在经济资本化率快速增长、融资结构由间接融资向直接融资转变的过程中，成长特性将超越周期性成为未来若干年内大陆证券市场的主要特征，大陆证券市场规模将持续扩张。规模扩张仍将驱动交易额维持量级上的稳定，经纪业务将持续受益于市场规模扩张。尽管存量流通市值出现较大波动、换手率将逐步走低，但限售股解禁和新股特别是科创板的推出、市场结构不断优化、投资品种不断增加、资本市场对外开放的进一步加快、多层次资本市场不断完善，流通市值仍将继续保持持续扩张态势。

（三）业务竞争与牌照差异将推动经纪业务盈利模式转换

随着市场竞争的加剧，未来券商将会区分经纪佣金收入，即佣金分解为通道佣金和服务佣金。届时实力强、提供服务能力强的公司将通过稳住服务佣金守住佣金率，而实力差、仅能提供通道服务的券商将只能收取通道佣金，随着竞争的加剧，通道佣金将只能覆盖成本。同时，部分券商获得融资融券业务资格后，经纪业务将增加一部分收入，即融资融券的利息收入。

随着竞争趋向均衡，目前的经纪业务收入将分解、扩展为三块收入，未来通道业务将仅能覆盖成本，而实力强和牌照齐全的券商将会同时获得三部分收入，其会从服务佣金和利息收入中获取更多利润。随着创新业务深入发展，经纪业务盈利模式的转换将愈加明显。实际上部分券商对盈利模式转换已有前瞻性动作，在服务能力和业务牌照方面已悄然布局。价格战一改往日小券商率先发起的特点，实力强的大券商也逐步成为价格战的主力，这反映了部分券商对业务模式转换的预见性。

第五章
投资银行业务

　　本章的投资银行业务主要指的是证券经营机构或证券公司的证券承销业务，而与证券承销业务直接关联的就是新股发行制度。

第一节 证券承销与股票承销

一、证券承销

证券承销（Securities Underwriting）是投资银行代理证券发行人发行证券的行为。它是投资银行最基础的业务，也是投资银行最主要的利润来源。

当一家发行人通过证券市场筹集资金时，就要聘请证券经营机构来帮助它销售证券。证券经营机构借助自己在证券市场上的信誉和营业网点，在规定的发行有效期限内将证券销售出去，这一过程称为"承销"。它是证券经营机构的基本职能之一。根据证券经营机构在承销过程中承担的责任和风险的不同，承销又可分为包销、代销、投标承购、赞助推销四种方式。

- 包销，是指发行人与承销机构签订合同，由承销机构买下全部或销售剩余部分的证券，承担全部销售风险。这意味着主承销商及其成员同意按照商定的价格购买发行的全部证券，然后再把这些证券卖给它们的客户。这时发行人不承担风险，风险转嫁到了投资银行的身上。包括适用于那些资金需求量大、社会知名度低而且缺乏证券发行经验的企业。

- 代销，一般是由投资银行认为该证券的信用等级较低，承销风险大而形成的发行方式。这时投资银行只接受发行者的委托，代理其销售证券，如在规定的期限计划内发行的证券没有全部销售出去，则将剩余部分返回证券发行者，发行风险由发行者自己承担。

- 投标承购，通常是在投资银行处于被动竞争较强的情况下进行的。采用这种形式发行的通常是信用较高、受到投资者欢迎的证券。它通常是在投资银行处于被动竞争的情况下进行的。

- 赞助推销，是指当发行公司增资扩股时，其主要对象是现在股东，但又不能确保现有股东均认购其证券，为防止难以及时筹集到所需资金，甚至引起本公司股票价格下跌，发行公司一般都要委托投资银行办理对现有股东发行新股的工作，从而将风险转嫁给投资银行。

《公司法》规定，股份有限公司向社会公开发行新股，应当由依法设立的证券经营机构承销，签订承销协议。承销包括包销和代销两种方式，承销协议中应当载明承销方，承销期满，尚未售出的股票按照承销协议约定的包销或者代销方式分别处理。

最新《证券法》规定，证券公司承销证券，不得有下列行为：（1）进行虚假的或者误导投资者的广告宣传或者其他宣传推介活动；（2）以不正当竞争手段招揽承销业务；（3）其他违反证券承销业务规定的行为。证券公司有前款所列行为，给其他证券承销机构或者投资者造成损失的，应当依法承担赔偿责任。此外，为证券发行出具审计报告或者法律意见书等文件的证券服务机构和人员，在该证券承销期内和期满后6个月内，不得买卖该证券。

二、股票承销

股票承销市场包括首次公开发行和后续发行。

首次公开发行（Initial Public Offerings，IPO）是指公司第一次向社会公众投资者发行证券，通常是普通股票。公司在建立之初往往在非公开市场筹集资金，对公司进行孵化，然后在股票市场公开发行股票，进入发展阶段。

首次公开发行可以由新建公司自身来完成，但由于其程序复杂，处理不当会对公司的财务、竞争力和声誉造成损害。因此，现任几乎所有的首次公开发行都由投资银行来承担。

在公司首次公开发行后，公司还可能以增发新股和配股方式筹集资金，一般称为后续发行（Seasoned Equity Offering，SEO）。同样，公司后续发行也离不开投资银行的承销。股票承销业务是投资银行的本源业务，是交易业务、经纪业务和收购兼并等其他业务的基础。投资银行的承销业务是企业取得成功的一种市场化评价机制。对于企业和企业家来讲，是否取得成功不是通过制定具体的标准，而是通过第三方的评价，这个第三方就是投资银行。

投资银行作为承销商，既是股票发行的设计师，又是股票发行的主要运作人，它不仅为股票发行设计方案，同时要承诺购买股票，然后将其出售给投资者。投资银行把发行者和投资者的目标很好地结合起来，即发行者实现了融资的目的，投资者实现了获得投资机会的目的。

承销商作为公正代理人，利用其在资本市场长期形成的信誉，证明发行价的确定与内部信息是一致的。承销商不仅是证券交易中介,也是信息传递的媒介,还充当"准担保人"的角色,利用其市场认可的信誉为发行股票的企业提供"担保"。这也说明,承销商必须高度重视自己的声誉。声誉是承销商充当"认证中介"的基础,也是承销商在公司发行股票过程中提高信息质量的保证。

第二节 证券发行监管制度

证券发行管理体制是指一国采取的促使证券发行市场良性运转并发展的管理体系、管理结构等要素的总称。高效的证券发行管理制度可以起到确保证券发行具有公正性、保证发行公司质量、保护投资者的合法权益、合力配置资源等作用。各国由于国情不同,其证券发行管理体制不一致。我国证券发行管理体系包括两个层次:一是国务院证券管理机构,即中国证监会,它依据《公司法》和《证券法》对发行人进行形式的和实质的审查。二是证券交易所和中国证券业协会。证券交易所对拟上市证券的申报材料进行审查。中国证券业协会对证券发行中的询价行为和承销行为进行监管。

一、国外证券发行制度

在美国,证券发行管理体制主要有三个层次组成。首先,联邦政府通过美国证券交易委员会(SEC)行使管理权。SEC是根据《1934年证券交易法》设立的独立的、超党派的机构,由美国总统提名的5名委员组成。SEC在证券发行中对注册登记申请的审核权是法律赋予的,但这种审核仅仅是形式上的,不附加实质性审查。其次,各州政府对证券发行的管理。根据美国联邦制总的原则,各州对本州内的证券交易活动有司法管辖权,而联邦国会则对全国的证券活动有司法管辖权。在证券发行的过程中,发行人必须向SEC和计划进行推销活动所涉及的州当局提出申请,只有在经过这些州和联邦机构的同意后,才能在各州领土上发行证券。如果联邦政府允许发行而某州持反对态度,那么就无法在该州销售证券。美国各州都设立了证券监管机构,这些机构的主要职能之一就是对证券的发行实行监管。虽然各州在司法上相对独立,有权决定本州的证券法规,但在实际操作中,各州政府互相之间尽力协调证券监管法规,在主要的政策取向上趋于步调一致。第三,交易所和全美证券公司协会（NASD）的管理。美国证券发行体制中,证券发行和上市是分开的,证券上市完全由交易所审查并注册。NASD 作为全美证券业的自律性组织,《1934年证券交易法》对其进行了授权,并且 SEC 要求发行证券向其注册。NASD 依法审核公开募集文件,这是发行人公开发行证券程序中必不可少的一环。它主要对证券发行中的证券公司和从业人员进行监管,防止他们谋取不正当利益,维护行业信誉。

日本《证券交易法》规定,有价证券的募集与发售必须由发行者向大藏大臣提出申报,否则不得进行,但发行或销售总额不满 1 亿日元的除外。因此,这实际上赋予了大藏省审核股票以及其他有价证券发行的权力。大藏省原设证券局和银行局,分别负责全面管理证券和银行事务,其中由证券局负责股票公募发行的注册审查工作。1998 年 6 月,日本对金融监管机构进行了较大的调整,撤销了原证券局和银行局,将金融制度设计、证券发行注册审查等职能与市场监管职能分开,针对前者,设立统一的金融企划厅进行管理。2000 年 7 月 1 日,金融企划厅合并了金融企划局,负责金融制度的计划、立案和金融监管。因此,金融企划厅成为证券公募发行注册审核的机构。

英国伦敦证券交易所宣布向金融服务局（FSA）移交发行上市审核权之前,其依法享有审核发行、上市的权力,是英国发行上市审批的唯一常规权力机构。作为监管机构,它兼有政府机构职能管理和自律管理的双重性,通过制定发行、上市规则和审查资格来对证券发行进行监管。英格兰银行仅对超过一定数额的股票等证券发行拥有审批权。英国议会于 2000 年 6 月 14 日通过了《金融服务及市场法》,并于 2001 年 12 月 1 日正式实施。根据《金融服务及市场法》,FSA 是在英国官方市场申请上市的法定审批机构。它是一个独立的非政府机构,运营资金完全来源于行业收费。FSA 对财政部并通过财政部对议会负责,其主要职责包括：维护英国金融体系的诚信,提高公众对金融体系的认知度,保护投资者权益,减少金融犯罪。此项职能具体由上市监管部门承担,即英国上市管理署（The UK Listing Authority, UKLA）。UKLA 原是伦敦证券交易所的一个部门,负责发行上市审核工作,由于伦敦证券交易所是以盈利为目的的公司,为避免利益冲突,2000 年 5 月 1 日该部门被划转至 FSA。由财政部确定的 UKLA 的监管工作目标是：对已上市的证券投资者提供恰当水平的保护；推动较多的企业进入证券市场；保持英国证券市场的完整性和竞争力。针对这些目标,法律赋予 UKLA 的工作职责包括：审批拟上市的发行申请文件；监管保荐人；审批非上市的申请文件；必要时稽查发行人的持续义务履行情况；

暂停和终止上市。UKLA 在 FSA 内是一个较为独立的部门，其主任可直接向财政部长汇报工作。UKLA 对上市的申请、审核和批准由两名审核人员负责（一般为一名会计师、一名律师）。

德国的股票发行审核制度将注册制与审核制相结合，针对不同性质的股票采取不同的发行审核制度。集体来说，德国将发行公司分为申请上市和未申请上市两大类。对于发行股票但没有在交易所上市的公司，德国采取注册制的方式，由联邦证券交易监管局进行审核，联邦证券交易监管局是隶属于财政部的证券管理机构，根据 1994 年 7 月《证券交易法》成立。它所进行的审核是形式审核，并不进行实质审核。对于发行股票并申请在交易所上市的公司，德国采取核准制，由交易所对发行公司进行实质性审核，发行说明书等文件都直接提交给交易所，由交易所对股票发行和上市同时进行审核，无须再经过联邦证券交易所监管局同意。

二、证券发行的审核制度

（一）证券发行注册制

证券发行注册制是指证券发行申请人依法将与证券发行有关的一切信息和资料公开，制成法律文件，交送主管机构审查，主管机构只负责审查证券发行申请人提供的信息和资料是否履行了信息披露义务的一种证券发行审核制度。

这种体制一般是在西方发达国家证券市场采用，因为这些证券市场已经建立运作多年，法律法规体系较健全，市场中的投资者或投机者操作理念较为成熟，所以证券监管机构认为投资者有充分的能力辨识、分析一家公司并作出相应的投资决策。注册制的理论依据是：发行人要提供其本身及与证券发行有关的所有信息，并对其真实性、全面性、及时性和准确性负责；证券市场上的投资者能够根据公开的信息作出准确的投资判断；证券监管机关的职责是尽职审查资料的全面性、真实性、准确性和及时性，但并不对证券品质作出评价；证券发行无须政府授权，发行人只要在注册申报后的法定时间内没有被有关证券监管机关拒绝注册，则申请自动生效；在证券发行过程中，证券监管机构如果发现发行者公开信息有误导、虚假、欺诈等情形，则可以阻止其发行证券；如果投资者在投资注册证券时蒙受损失，且投资者足以证明公开文件中有虚假或欠缺情形，有损害赔偿请求权。

注册制体现了金融市场主体活动的自主性与政府管理的效率性和规范性的高度

结合，因此注册制是市场经济比较发达、金融市场比较完善的国家和地区所普遍采用的制度，如美国、英国、加拿大和日本等。以美国为例，《1933年证券法》和《1934年证券交易法》规定，凡是在证券交易所公开上市的证券，都必须向证券交易委员会和证券交易所进行发行注册。对照场外交易市场进行的证券发行，只要发行公司的资产超过100万美元，股东人数超过500人，也要向证券交易委员会办理发行注册。在美国，证券发行前需注册登记的内容有：公司的经营状况，包括公司的开办时间、过去5年内的发展状况、主要客户群的状况、重要的国内外市场、同业竞争状况等；公司的财务资料，包括近三年的资产负债表、损益表、现金流量表及相关财务比率统计；财产详细情况；证券主要持有者名单，即90天以内持有公司10%以上证券者的名单；董事、监事和经理层人员持股及报酬情况等。

美国实行双重注册制度，即证券发行公司既要向证券交易委员会办理发行注册，也要在所上市的证券交易所注册，其注册的内容与程序基本相同。

（二）证券发行核准制

证券发行核准制就是指证券申请人不仅要依法公开一切与证券发行有关的信息并确保其真实性，而且还要符合法律、法规和证券监督管理机构规定的实质要件，由证券审核机构决定是否准予其发行证券的一种制度。这些实质要件主要包括：公司所处的行业、经营性质、管理人员资格、资本金规模、各种证券权利是否平等、公开资料是否充分真实等。核准制遵循市值管理的原则。

核准制的优点表现在：一是对拟发行的证券进行了形式上和实质上的双重审查，获准发行的证券投资价值有一定的保障；二是有利于防止不良证券金融市场，损害投资者利益。

缺点则是：主管机关负荷过重，在证券发行种类和数量增多的情况下，可能质量不保；容易造成投资者的依赖心理，不利于培育成熟的投资者；不利于发展新兴事业，具有潜力和风险的企业可能因一时不具备较高的发行条件而被排斥在外。

（三）注册制和核准制的区别

1. 依据内容不同。注册制依靠健全的法律法规对发行人的证券发行行为加以约束，而核准制则更多依靠证券主管机关的实质性管理以筛选出质量相对较高的公司。

2. 证券发行对象（投资人）素质不同。注册制之所以只作出披露信息充分真实的要求，是因为投资人素质较高，有独立的筛选和决策能力；而核准制下证券主管机关的一番苦心则源于投资者自身素质相对低下。

3. 证券发行机关所担负的责任不同。注册制下，证券主管机关只负责审核发行人公开或申报材料的真实完整性；而核准制下，证券主管机关还要审查发行人是否具备一系列实质性条件。从理论上讲，通过实质性审查的发行人如日后经营状况恶化或者申报材料中有虚假陈述，审核机关应该承担一定的责任，但是实际操作中却从来没有真正实施过。

4. 能获准发行的公司范围不同。注册制下，只要提供符合条件的文件即可发行，所以公司面很广，几乎可以涵盖整个国民经济体系；而核准制的实质管理条件下由于对行业、经营历史、资本规模的严格限制，所以高风险、高技术行业的开发性证券的发行阻力较大，很多有潜力的企业被拒之门外。

5. 适用的国家（或地区）不同。注册制比较适合证券市场发展历史较长、各项法律法规健全、行业自律性较好、投资者素质较高的国家和地区；核准制则适合证券市场尚处于发展初期，法律法规仍待健全、投资者结构不够合理的国家和地区。

相比较而言，注册制与核准制各有优势，但从世界各国及地区证券法规定和证券市场的实际运作看，注册制和核准制并没有绝对的先进和落后的差别。注册制和核准制是成熟证券市场上两种并行的证券发行审核制度，注册制的典型代表是美国、日本，核准制的典型代表是英国、德国。这些国家证券市场都比较发达，投资者的素质都比较高。

注册制和核准制的差别主要表现在法律制度及背后体现理论思想上，在证券发行的实际运作程序中两种制度的体现并非泾渭分明。在美国，虽然联邦实行的是证券发行注册制，但很多州实行的是带有核准制特点的协调注册制和完全的审查核准制。即使联邦实行注册制，但在规定具体审查条件、核准方面也存在实质性审查的倾向，特别是2001年安然、世通、施乐等造假案出来后更是如此。英国、中国等实行核准制的国家强调的是实质性和合规性审查并重，政府通过实质性审查旨在提高证券发行的质量，但并不是替代投资者作出证券的分析判断，主要强调的是证券发行信息的全面、准确、客观、真实披露，使投资者免受欺诈和误导等。因此，一国的证券发行审核制度应采用注册制还是核准制，必须依据本国证券市场的具体条件而定。

第三节 我国发行监管制度的改革历程

我国股票发行制度，一直实行渐进式的市场化改革，其改革历程主要分为三个阶段。

第一阶段：1993～1995年实行额度指标管理。

实行额度指标管理，是指由原国务院证券委根据各地方和各部门提出的计划，结合全国经济发展情况提出计划建议，经原国家计委综合平衡后，报国务院批准。各地方和国务院各部门的股票发行额度，由原国家纪委会同原证券委下达。各地方和国务院各部门可在国家下达的规模内选择企业上市。

1993年A股发行额度为50亿元，股票额度下达给全国各省、自治区、计划单列市和9家拟发行H股的企业。具体由地方政府负责分配本地区股票发行指标并初审企业申请发行的材料。1993年内共有127家企业通过中国证监会复审，具体发行额度为45.79亿元。

第二阶段：1996～1999年实行家数指标管理。

为支持国家重点大中型企业发行上市，在1997年初增加了50亿元新股发行额度，加上1996年底已下达的100亿元额度，1996年总的新股发行额度为150亿元。1997年5月16日，原国家计委、原国务院证券委确定了1997年股票发行规模为300亿元重点支持国家确定的1 000家国有重点企业、120家企业集团、100家现代企业制度试点企业发行股票并上市，总发行额度可以跨年使用。

家数指标管理的具体实施，由中国证监会具体向各地方和中央企业管理部门下达企业家数指标，由地方政府和中央企业主管部门负责选择股票发行企业，数量不得超过下达的家数。具体情况为，1996年150亿元额度下达的计划家数为207家，1997年300亿元额度内下达的计划家数为284家。

中国证监会的发行审核分为预选和复审两个阶段。地方政府或中央企业主管部门推荐的指标内企业，先向中国证监会报送预选材料，中国证监会征求原国家经贸委、原国家计委的意见并对企业预选材料审核，核定每个上报企业的发行额度，预选合格的企业可向地方政府或中央企业主管部门报送正式申请文件，初审合格后出具推荐意见报中国证监会复审。家数指标管理实施的结果是在1997年后大量国企大盘股在深、沪两家交易所上市,直到 2001 年 10 月中国证监会宣布取消未使用的 1997 额度指标。

第三阶段:从 2000 年至今实行核准制。

从 2000 年 3 月开始,我国开始正式实施核准制。发行人在发行股票时,不需要各级政府批准,只要符合《证券法》和《公司法》的要求即可申请上市。但是发行人要充分公开企业的真实状况,证券主管机关有权否决不符合规定条件的股票发行申请。在我国,股票发行制度由审批制变为核准制后,由于具备上市条件的企业数量急剧增多,在供求极不平衡的情况下,大量企业被快速包装上市,暴露出很多问题。

为了提高券商自律和自我约束,同时实现对上市企业数量乃至扩容节奏进行控制,2001 年 4 月中国证监会又推出了"证券公司自行排队、限报家数"(通道制)的发行制度。从此,每家券商只能拥有一定数量的通道(一次推荐的企业数量依据其上一年度的承销家数确定,上年度主承销家数在 10 家以上可获得 8 条通道,5 家以上 10 家以下可获得 6 条通道,1 家以上 5 家以下可获得 4 条通道,未承销业务的综合类券商可获得 2 条通道),每条通道推荐一家企业,亦即券商同时推荐发行上市企业的数量有一个上限,通道循环使用,每发行一家才能再上报一家。通道制实行以来,取得了一些良好效果:为监管部门调控市场供求关系提供了一种相对公平的排队机制;通过不良记分制、通道暂停与扣减等措施,客观上促使券商提高了执业水准,但市场上也出现通道的寻租现象,导致发行成本居高不下,发行速度较慢导致通道周转效率低下,券商承销业绩之间差距拉开不大等问题。

2018 年 11 月 5 日,国家主席习近平出席首届中国国际进口博览会开幕式并发表主旨演讲,宣布在上海证券交易所设立科创板并试点注册制。

2019 年 6 月 13 日,科创板正式开板。中国资本市场迎来了一个全新板块。科创版的设立对于完善我国多层次资本市场、加速科创企业发展、推动市场制度优化、推进国际金融接轨等具有重大意义。

2019 年 12 月 28 日,十三届全国人大常委会第十五次会议全体会议审议通过了《中华人民共和国证券法(修订草案)》,修订后的《证券法》于 2020 年 3 月 1 日起施行。最新《证券法》按照全面推行注册制的基本定位,对证券发行制度做了系统的修改完善,充分体现了注册制改革的决心和方向。

2020 年 4 月 27 日,中国证监会和深圳证券交易所发布《创业板首次公开发行股票注册管理办法(试行)》。这是资本市场首次在存量基础与增量意义上同步推进的改革，对于创业板和整个 A 股市场来说都具有积极、重大而深远的意义。创业板改革将促进多层次资本市场的建立和发展，为新经济上市提供又一优质选择，同时有望助力资本市场其他领域的改革。

一、全面实施保荐制度

2003 年 12 月 29 日中国证监会发布了《证券发行上市保荐制度暂行办法》（以下简称《办法》）。《办法》经 2003 年 10 月 9 日中国证监会第 49 次主席办公会议审议通过，自 2004 年 2 月 1 日起施行。

2004 年 1 月 14 日中国证监会发布《关于实施〈证券发行上市保荐制度暂行办法〉有关事项的通知》（证监发〔2004〕1 号）（以下简称《通知》）。

1. 首批保荐代表人进行注册登记，对《办法》第十一条第（一）项关于保荐代表人投资银行业务经历的要求按以下标准执行：

（1）具备三年以上投资银行业务经历，且自 2002 年 1 月 1 日以来至少担任过一个境内外首次公开发行股票、上市公司发行新股或可转换公司债券的主承销项目的项目负责人。该项目负责人应是列名于公开发行募集文件的项目负责人。一个项目应只认定一名项目负责人。

（2）具备五年以上投资银行业务经历，且至少参与过两个境内外首次公开发行股票、上市公司发行新股可转换公司债券的主承销项目。该参与人员应列名于公开发行募集文件。一个项目应只认定两个参与人员，其中包括一名项目负责人。

（3）具备三年以上投资银行业务经历，目前担任主管投资银行业务的公司高级管理人员、投资银行业务部门负责人、内核负责人或投资银行业务其他相关负责人，每家综合类证券公司推荐的该类人员数量不得超过其推荐通道数量的两倍。

具备上述投资银行业务经历之一的个人，可申请参加首次保荐代表人胜任能力考试。

2. 首批保荐代表人注册登记结束，其后申请注册登记为保荐代表人的投资银行业务经历的要求为：具备三年以上投资银行业务经历，且最近一年内至少担任过一个境内外已完成首次公开发行股票项目的项目主办人。

3. 已注册登记为保荐代表人的个人应持续符合《办法》的要求，其中《办法》第十一条第（一）项"具备中国证监会规定的投资银行业务经历"，是指在两年内至少担任过一个境内外已完成证券发行项目的保荐代表人。

4. 自首批保荐机构和保荐代表人名单公布之日起，中国证监会只受理保荐机构提交的证券发行上市推荐文件。

5. 保荐制度实施一段时间后，根据市场情况，现行的推荐通道将予以废止。

6. 保荐机构和保荐代表人进行注册登记、年度备案、重大事项报告、发行上市推荐等等，应按中国证监会的要求填报相关报表。

7. 中国证监会《证券公司从事股票发行主承销业务有关问题的指导意见》第十六条有关主承销商回访的规定同时废止。

保荐制度总结了实行核准制以来的经验，对发行上市的责任体系进行了明确界定，建立了责任落实和责任追究机制，为资本市场的维持稳定健康发展提出了一个更加市场化的制度框架。最新《证券法》规定，国务院证券监督管理机构或者国务院授权的部门对已作出的证券发行注册的决定，发现不符合法定条件或者法定程序，尚未发行证券的，应当予以撤销，停止发行。已经发行尚未上市的，撤销发行注册决定，发行人应当按照发行价并加算银行同期存款利息返还证券持有人；发行人的控股股东、实际控制人以及保荐人，应当与发行人承担连带责任但是能够证明自己没有过错的除外。

这些制度安排将有力推动证券公司及其从业人员牢固树立责任意识和诚信意识，在对发行人进行尽职推荐、持续督导时，真正做到勤勉尽责、诚实守信，发挥市场对发行人质量的约束作用，进而从源头上提高上市公司的质量。

实施保荐制度将促进中介机构的良性竞争，更大程度地发挥市场优化资源配置的功能。我国资本市场还处于"新兴加转轨"阶段，证券发行市场还存在一些非市场化的制度安排。针对上述问题，保荐制度坚持市场化改革的取向，旨在推动中介机构及其从业人员专业素质和执业水平的提高，形成中介机构及其从业人员比服务、比质量、比信用的良性竞争。通过公平的制度安排，使责任意识强、信用好、业务佳的保荐机构和保荐代表人得到激励，使证券市场的环境更加健康，资源配置有更高的效率。

二、保荐人制度

目前采用保荐人制度最典型的主要有英国和我国香港地区。"保荐人"（Sponsor）一词是从香港证券市场传入的。其作用实质上类似于我国境内现有的上市推荐人，但与上市推荐人又有所不同。从职责来讲，保荐人应承担的职责远重于上市推荐人。保荐人要对企业进行上市前的实质性审查和上市后的持续辅导，使之符合目标市场上市规则的要求。保荐人在这过程中承担着完全的保荐责任。

（一）境外保荐人制度

1. 美国纳斯达克市场的保荐人制度。目前，美国纳斯达克已经发展并正在逐步完善一整套而非单独的保荐人制度安排，包括：强制性的法人治理结构、同业审查计划和自愿选择基础上的理事专业指导计划、承销商、做市商和分析师的专业服务，以及监管机构实质性的审查制度。这一套制度安排对保荐人的市场功能加以分解，通过相互间的功能互补和密切配合，成功分散和控制了创业板市场的发行人风险，有效保护了投资者的合法权益，造就了一个世人瞩目的创业板市场的典范。这里，我们将其称之为"什锦"保荐人制度。

（1）强制性的法人治理结构标准。"什锦"保荐人制度中最关键的就是"强制性的法人治理结构"和"理事专业指导计划"。它们内化并替代了保荐人制度的核心功能，对纳斯达克市场的繁荣贡献良多。

1997年8月，纳斯达克对上市规则进行了修改，对定性和定量两类上市标准的要求都作了强化。在此之前，有关法人治理结构方面的特别规定只适用于全国市场，现在小型资本市场也必须符合这一要求。这无疑提高了纳斯达克小型资本市场的上市条件，对于改善上市公司的内在质地和营运质量，防范和化解创业板市场的运行风险起到了积极的促进作用。1999年12月，美国证券交易委员会（SEC）批准了有关纳斯达克公司独立董事和审计委员会的上市标准修正办法，其目的在于加强审计委员会的独立性，强化审计委员会、外部董事和管理层应担负的责任和义务。

（2）理事专业指导计划。"什锦"保荐人制度的另一个亮点，是交易所向所有上市公司提供的"理事专业指导计划"。上市后，公司可以获得纳斯达克一名理事的全面指导。理事一般对发行人所处行业拥有丰富的经验和专业知识，就公司股票的表现解答问题，在总体上指导公司的市场运作事宜。此外，理事可以帮助发行人就加强与投资者的关系来制定各种切实可行的计划，向发行人介绍相关行业的发展情况以及法规的变化情况。这项服务类似于保荐人在企业上市后从事的主要保荐业务活动之一，即成为上市公司的市场顾问，处理与交易所和与投资者的交流沟通事宜。

（3）纳斯达克监管机构对发行人的实质审查。一般情况下，对发行人的上市条件进行实质性审查的职能是由保荐人来承担的，而在纳斯达克市场上则由市场监管者来承担。市场监管者一般会对发行人的以下几个方面进行重点审核：①股东的利益和控制权，例如股权稀释、表决权等是否符合要求；②是否具备合法存续的资格，涉及销售收入、潜在的产品和服务等情况；③是否有内部人特权，例如股票期权、贷款和其他财务协议等；④董事会的组成情况是否规范。

（4）纳斯达克中介机构所提供的服务。在纳斯达克，承销商、做市商和分析师所提供的市场服务实际上执行了保荐人的研究支持职能。发行人在聘请承销商时，一般要考虑承销商是否准备并且有足够的实力参与到企业上市后的事务中去，提供上市后的一系列服务。这类服务正是其他创业板市场保荐人的职责所在。承销商可以协助上市公司掌握融资技巧，选择潜在的收购目标，物色战略合作伙伴。具有雄厚研究实力的承销商可以通过发表各种研究报告，扩大上市公司的知名度和声誉。做市商也须提供全面的服务，包括发表所代理股票的研究报告，通过零售渠道和机构交易商撮合股票的买卖，就首次公开发行股票或后续融资等活动向发行人提供有益的企业财务顾问意见等。

2. AIM 市场保荐人制度。英国另类投资市场（Alternative Investment Market，AIM）实行"终身"保荐人制度。该市场中，保荐人和经纪商珠联璧合，为投资者撑起了一片晴朗的天空。

（1）持续聘任保荐人是企业上市的先决条件。伦敦证券交易所接受企业的上市申请后，主要考虑的是两方面：一是发行人能否遵守市场规则；二是投资者能否自由地买卖交易。为此，AIM 设立了两个重要的市场角色——保荐人和经纪商。所有寻求 AIM 上市的企业必须首先聘请保荐人和经纪商各一名。保荐人主要就上市规则向发行人提供指导和咨询意见。经纪商的职责是专注于提供和支持企业股票的交易便利。保荐人和经纪商可以由同一家公司兼任。聘请保荐人是 AIM 上市审核标准的先决条件之一，任何企业概莫能外。

针对 AIM 市场普遍存在的高收益与高风险共生的特征，英国监管机构要求对 AIM 上市企业必须实行终身保荐人制度。终身保荐人制度是指上市企业在任何时候都必须聘请一名符合法定资格的公司作为其保荐人，以保证企业持续地遵守市场规则，增强投资者的信心。保荐人的任期以上市企业的存续时间为基础，企业上市一天，保荐人就要伴随左右一日。如果保荐人因辞职或被解雇而导致缺位，被保荐企业的股票交易将被立即停止，直至新的保荐人到任正式履行职责，才可继续进行交易。如果在一个月内仍然没有新的保荐人弥补空缺，那么被保荐企业的股票将被从市场中摘牌。

（2）保荐人职责在企业上市前后侧重点不同。AIM 保荐人的职责范围在相关法规中有原则性的界定，主要包括：

①就 AIM 市场规则规定的上市企业董事应尽的职责和义务对董事进行辅导，确保董事已经获得足够的培训并清楚自己的责任。

②尽其所能对发行人的各个方面情况进行适当和仔细的尽职调查。

③确认发行人和拟发行的股票符合 AIM 市场规则，向交易所作出书面声明。

④就上市企业董事的职责和义务持续地提供咨询和指导，保证发行人上市后任何时候均符合 AIM 市场规则。

⑤当决定终止担任保荐人时，须按交易所要求的形式和时限通知交易所。

⑥对照上市公司申请文件中或公开发表的任何盈利预测、估算和前景计划，定时检查企业的实际交易活动和财务状况。

⑦当上市公司制定的盈利预测与企业的实际表现出现重大差异时，协助董事决定是否将这类情况予以披露。

由此可见，AIM 保荐人在企业上市前后从事的保荐工作侧重点有所不同。企业申请上市前，保荐人要对发行人的质地和条件作出实质性审查。首先，要评估和判断发行人已经符合上市标准的有关要求并以书面形式向交易所予以确认，申请程序才可能继续下去。其次，要保证公司的董事已就其责任和义务获得咨询和指导并符合有关的 AIM 市场规则。在这一阶段，保荐人扮演了"辅导者"和"独立审计师"的角色。为了向伦敦证券交易所负责，保荐人一般要对发行人的情况作出详细的尽职调查，调查内容包括：发行人的资产与负债、财务状况、盈利情况、业务发展前景、发行人董事的详细情况、与发行人有关的任何人士在上市前的 12 个月内是否收受价值超过 1 万英镑的费用、股票或其他好处等。

有时伦敦证券交易所还向 AIM 上市公司提出一些参考性指引，以鼓励企业在市场上有更好的表现。保荐人同样有义务依据监管机构的这些要求向发行人提出合适的建议，协助企业作出有利于上市申请的决策。企业完成上市以后，保荐人的工作就转向指导和督促企业持续地遵守市场规则，按照要求履行信息披露义务。此外，保荐人还可以代表企业，与交易所和投资者之间进行积极的沟通联络。保荐人凭借自身的专业经验，可以较好地处理与监管者和投资者的关系，提高企业的公众形象，改善企业股票的市场表现。在此阶段，保荐人又同时担当起企业"董事会秘书"和"公关专家"的职责。虽然企业上市后保荐人的工作范围扩大了，但有一点是必须明确的，即保荐人的核心职责在于辅导企业的董事遵守市场规则，履行应尽的责任和义务。尤其是在信息披露方面，保荐人对企业的指导和监督，将直接关系到 AIM 的市场运行质量和投资者的切身利益。因此，可以说，"辅导者"和"独立审计师"的职能是保荐人制度的本质和关键之所在。

（3）如何做好 AIM 保荐人。保荐人的个人能力和专业水平的高低决定着保荐服务质量。英国 AIM 市场专家对保荐人从事保荐业务提出了几点有益的忠告：

①保荐顾问要做的第一件事情是参与发行人董事会处理上市申请程序。具体职责是就上市公司董事的责任和义务提供指导和咨询。

②在正式上市日期的前三天，发行人或保荐人应向交易所提交招股说明书、经董事签字的申请表格、经纪商的确认函以及保荐人的书面声明等申请文件。

③上市公司在必要时考虑在正式公布年报结果前，提前发表一份关于全年业绩的预先声明。保荐人可以对以上的信息披露事项给予指导，协助公司把握信息披露的时机和声明内容，以维护公司的形象和利益。

④保荐人应在股东对公司所作的承诺方面向公司提出有益的建议，以增进公司的市场表现。

⑤虽然法人治理结构方面的模范执行守则并不对 AIM 上市公司构成约束，但是如果保荐人能够晓以其中利弊，使公司董事会自觉、高标准地按照守则的有关指引，建立规范完善的公司法人治理结构，将会给投资者留下良好的印象。

⑥发行人在发行新股和上市交易之前，保荐人应与发行人仔细研究股票的发行规模以及供社会公众投资者认购的比例，提供专业意见，帮助发行人减少失误。

⑦保荐人有责任向上市公司介绍公司股票的登记和变更服务情况，并协助其联络和确定合适的登记官的人选。

（4）保荐人资格及惩罚措施。符合资格的保荐人必须是依据《1986 年金融服务法案》注册的公司，或者是伦敦证券交易所接纳的正式会员。保荐人还要符合具备有关的资格和从业经验这一要求。例如，保荐人必须在任何时候保证拥有 4 名具备相关资格的项目人员，项目人员必须通过专业资格考试（特别豁免的除外），资格标准由交易所制定或在特殊情况下专门知会有关的申请人。准保荐人必须向交易所申请注册并完成登记成为保荐人名册中的合法成员。保荐人可以由股票经纪商、银行从业人员、律师、会计师或其他在公司财务方面有丰富经验的金融专业人士担任。这一点有别于其他市场仅限于投资银行或经纪商从事保荐人业务的情形。

AIM 市场规则规定，当出现以下情况时，交易所将对保荐人实行制裁：如果保荐人违反其职责、行为不谨慎或其行为和判断可能导致有损于市场的完整性及声誉时；拥有符合保荐人资格和具有相当从业经验的项目从业人员少于4名。

这时，交易所将采取以下相应的制裁方式：予以谴责；取消保荐人资格，从保荐人名册中予以除名；公开发布制裁的决定及其理由。

被制裁的保荐人则拥有以下权利：就有关的制裁决定获得交易所的提前通知；就其违规行为或事件，以书面形式向交易所作出解释；制裁措施生效后，交易所可以就此向有关当事人作出一定的咨询和说明；交易所可以书面形式作出说明，解释导致作出制裁决定的对保荐人不利的一些理由。

3. 香港创业板保荐人制度。在香港创业板市场，保荐人的地位十分重要。保荐人是否勤勉尽责是创业板能否规范、稳健运作的关键因素。

我国香港地区在主板市场和创业板市场上均实行保荐人制度，不过两者略有不同。在联交所的主板上市规则中，关于保荐人的规定类似于上交所对于上市推荐人的规定。主要职责是将符合条件的企业推荐上市，并对申请人申请上市、上市文件等所披露信息的真实、准确、完整以及申请人董事知悉自身应尽的责任义务等负有保证的责任。尽管联交所建议保荐人在发行人上市后至少一年内还要继续维持对发行人的服务，但保荐人的责任原则上随着股票上市而终止。香港推出创业板后，保荐人的责任延续到发行人上市后的两个完整的会计年度之内。这是香港主板市场与创业板市场保荐人制度最大的区别所在。

香港联交所设立了一份符合资格的保荐人名册。要列入保荐人名册，准保荐人必须促使联交所确信其具备所需要的经验和专业才能，可以履行保荐人应尽的职责。保荐人必须持续符合有关资格准则。联交所一般每年对名册上保荐人的资格进行一次年审。若年审中发现有保荐人不符合有关资格准则，即予摘牌除名。

（1）香港创业板保荐人的资格准则。一般来说，保荐人要列入香港创业板保荐人名册而不被除名，必须符合下列各项规定：

①保荐人必须是有限公司。

②保荐人必须是证券及期货事务监察委员会公布的注册投资顾问或证券交易商或必须由证监会宣布为获得豁免权的证券交易商。

③保荐人必须在提出申请日期之前的5年内具有相关的企业财务（融资）经验。当然，在特殊情况下，例如准保荐人需要令联交所满意其在申请日期前超过5年的期间，拥有曾经保荐首次公开招股公司上市的实际经验以及在这方面具备所认可的专业知识，联交所可以保留豁免或放宽对从业经历要求的酌情权。

④准保荐人必须具备不少于1 000万元港币的实缴股本和（或）不可供分派的

储备，而扣除少数股东权益后的有形资产净值也不得少于1 000万元港币，且必须是全年没有产权负担的资产（即这些资产必须是没有用作抵押的资产）。

⑤保荐人在过去5年内不曾受到公开谴责。

（2）香港创业板保荐人的一般持续责任。准保荐人一旦获准列入联交所的保荐人名册中，就必须根据其在申请成为保荐人的申请表格中所作的承诺，严格执行以下一般持续责任：

①保荐人必须遵守《创业板上市规则》中所有适用于保荐人的全部规定。

②就资本规模而言，准保荐人扣除少数股东权益后的有形资产净值不得少于1 000万元港币，且必须是全年没有产权负担的资产。

③保荐人如果获悉下列情况，必须立即通知联交所：保荐人不再符合《创业板上市规则》中关于保荐人的有关规定。在保荐人向联交所提供有关其申请列入创业板的保荐人名册或任何此后要求复核的任何资料中，已经在任何重大方面出现变化或在任何重大方面产生误导。保荐人必须将拟采取的补救行动告知联交所，并须遵守联交所为补救行动而制定的任何宽限期。

④如果保荐人没有获得其所属集团内的公司或联交所接纳的获许可机构提供的不少于1 000万元港币的无条件和不可撤销的担保，那么对于保荐人的负债来说，联交所保留（如果适用）披露其少于1 000万元港币和（如果适用）少于500万元港币的除少数股东权益后的有形资产净值的权利。这样做的目的就是为了促使保荐人在宽限期内及时采取补救措施，重新达到该指标的最低限额，以便能够开展新的保荐业务，继续履行保荐职责。

⑤如果保荐人获悉其不再符合《创业板上市规则》中有关保荐人的资格准则及条件，就不可以再为任何新申请人或上市发行人担当新的保荐角色，也不可以持续作为保荐人向任何新申请人提供意见。

⑥保荐人一般持续责任的其他事宜主要有以下几点：保荐人必须指定其两名执行董事，随时作为就有关保荐人事项与联交所联系和沟通的主要渠道。保荐人须继续聘用足够数量的职员，以确保其随时可以妥善地履行其作为保荐人应尽的责任。保荐人必须按照联交所要求的方式和期限向联交所提供有关保荐人、保荐人所代表的发行人或与创业板有关的任何其他事项的资料。

（3）香港创业板保荐人应履行的道德诚信义务。

①如果出现任何实际或潜在的利益冲突，造成妨碍或可能妨碍保荐人以专业或公正的方式向新申请人或上市发行人提供符合资格的意见时，保荐人则不可以代表

新申请人或继续代表任何上市发行人。

②当发生下列两种情况时，保荐人必须在提交上市申请时，向联交所填报和呈交一份利益声明，详细列明保荐人、其董事和雇员、联系人士和该上市发行人以及该项上市申请或交易中的一切利益：新申请人首次申请上市；在《创业板上市规则》第6.01条所述的最低期间，或在《创业板上市规则》第6.02条所述的任何固定期间内，上市发行人的任何上市申请涉及有关上市文件（例如，构成公司招股章程的任何上市文件、就供股或公开售股而刊发的任何上市文件、就一项交易或关联交易而刊发的任何上市文件）。

③保荐人向上市发行人的交易提供企业财务意见的所有其他上市文件和通函，必须按照保荐人所述，真实、全面、准确和及时地披露有关的利益详情。

（二）中国内地的保荐制度

2003年，中国证监会先是在证券公司中征求意见，继而发布了"征求意见稿"，向社会公开征求意见。2003年12月28日，中国证监会公布了《证券发行上市保荐制度暂行办法》（以下简称《暂行办法》），决定从2004年2月1日起在中国内地施行保荐人制度。这也是世界上第一次在主板市场实行保荐人制度。《暂行办法》建立了对保荐机构和保荐代表人的注册登记管理制度，明确了保荐责任和保荐期限，建立了监督部门对保荐机构和保荐代表人实行责任追究的监管机制。

1. 中国的保荐制度的主要内容。

（1）建立了保荐机构和保荐代表人的注册登记管理制度。《暂行办法》对企业发行上市提出了"双保"要求，即企业发行上市不但要有保荐机构进行保荐，还需具有保荐代表人资格的从业人员具体负责保荐工作。这样既明确了机构的责任，也将责任具体落实到了个人。《暂行办法》对可从事保荐工作的证券公司和个人提出了比目前的主承销商和一般证券从业人员更高的条件，中国证监会对符合条件的证券公司及其从业人员注册登记为保荐机构和保荐代表人，并向社会公布名单。

（2）明确了保荐期限。《暂行办法》规定，企业首次公开发行股票和上市公司再次公开发行证券均需保荐机构和保荐代表人保荐。保荐期间分为两个阶段，即尽职推荐阶段和持续督导阶段。从中国证监会正式受理公司申请文件到完成发行上市为尽职推荐阶段。证券发行上市后，首次公开发行股票的，持续督导期间为上市当年剩余时间及其后两个完整会计年度；上市公司再次公开发行证券的，持续督导期间为上市当年剩余时间及其后一个完整会计年度。

（3）确立了保荐责任。《暂行办法》规定，保荐机构和保荐代表人在向中国证监会推荐企业发行上市前，要对发行人进行督导和尽职调查；要保证或有充分理由确信，向中国证监会提交的相关文件不存在虚假记载、误导性陈述或重大遗漏；要在推荐文件中对发行人的信息披露质量、发行人的独立性和持续经营能力等做出必要的承诺。保荐机构在持续督导阶段，要对上市公司履行规范运作、信守承诺、信息披露等义务的情况进行持续跟踪，及时揭示风险，督促纠正错误，并给予规范性指导。

（4）引进了持续信用监管和"冷淡对待"的监管措施。《暂行办法》规定，除对保荐机构和保荐代表人的违法违规行为进行行政处罚和依法追究法律责任外，还将对违反《暂行办法》相关规定的保荐机构和保荐代表人采取"冷淡对待"的具体监管措施，即根据情节轻重，在一定时间内不受理或不再受理其提出的推荐发行上市申请，严重的还要取消其从事保荐业务的资格。《暂行办法》还规定对有关机构和个人的不良信用表现记录在案并予以公布。

实施保荐制度的主要目的是通过落实证券公司等中介机构及其从业人员的责任，加强市场诚信建设，培育市场主体，强化市场约束机制，提高上市公司质量。

保荐机构和保荐代表人不能替代发行人和其他中介机构的工作，也不能减轻或免除发行人和其他中介机构的责任。实施保荐制度要求保荐机构作为中介机构牵头人，协调律师事务所、会计师事务所、资产评估机构等相关中介机构在各自的职责范围内勤勉尽责、诚实守信，本着对证券市场负责、对投资者负责的态度，推荐优质公司发行上市。保荐制度的实施将推动各类中介机构执业水准的整体提高。

证券发行施行核准制，确立了各市场参与主体"各司其职、各负其责、各尽其能、各担风险"的基本原则。实施保荐制度是对核准制这一基本原则的进一步贯彻落实，是发行制度从审批制向核准制变革的进一步深化。可以预见，保荐制度的实施将进一步提高上市公司的信息披露质量，促进上市公司规范运作和可持续发展，推动市场诚信建设。随着证券市场的不断发展和市场供求关系的基本平衡，发行制度最终将从现行的核准制转变为主要由市场主体选择的注册制。因此，实施保荐制度将为我国证券发行制度最终向注册制的过渡奠定基础。

2. 中国保荐制度对投资银行业务的影响

保荐制度实施对现有的投资银行业务管理模式产生了重大影响，保荐制度坚持资本市场改革的市场化取向，充分发挥市场机制作用，使投资银行业务竞争格局产生了深刻的变革。

（1）保荐机构要建立完备的内部管理制度。保荐机构应当按照保荐制度的要求建立保荐工作的内部控制体系、证券发行上市的尽职调查制度、对发行上市申请文件的内部核查制度、对发行人证券上市后的持续督导制度、对保荐代表人及从事保荐工作的其他人员的持续培训制度以及保荐工作档案制度等，使这些制度成为做好保荐工作的制度保障。

（2）保荐机构要充分发挥保荐代表人的作用。从首次保荐代表人胜任能力考试情况来看，绝大部分保荐代表人是在一线具体从事项目工作的从业人员，对企业的具体情况比较熟悉，具有比较丰富的实践经验，有利于发挥一线把关的作用，因此保荐机构要为他们具体履行尽职推荐、持续督导职责创造良好的条件。

（3）保荐机构要正确处理好企业发行上市的"双保"问题。根据《暂行办法》，企业发行上市不仅需要保荐代表人具体负责保荐工作，而且还需要保荐机构进行保荐。因此，保荐机构在充分发挥保荐代表人作用的同时，也要建立起一套严密的内控体制，充分发挥投资银行业务负责人、公司内核小组等方面的作用，切实落实保荐机构的保荐职责。

（4）保荐机构要处理好保荐代表人和其他投资银行业务人员责、权、利的关系。投资银行业务是一项系统工程，需要以优秀的团队及坚实的后台支持为基础，仅凭借保荐代表人的个人之力很难完成。因此，保荐机构不应把注意力仅放在保荐代表人的数量上，更重要的是调整投资银行业务的管理模式，加强项目风险的内控制度，发挥团队优势，提高整个公司的执业质量。

（5）保荐机构和保荐代表人要切实履行好其应当承担的义务。根据《暂行办法》，保荐机构和保荐代表人在向中国证监会推荐企业发行上市前，要对发行人进行辅导和尽职调查；要保证或有充分理由确信，向中国证监会提交的相关文件不存在虚假记载、误导性陈述或重大遗漏；要在推荐文件中对发行人的信息披露质量、发行人的独立性和持续经营能力等做出必要的承诺；持续督导阶段，要对上市公司履行规范运作、信守承诺、信息披露等义务的情况进行持续跟踪，及时揭示风险，督促纠正错误，并给予规范性指导。

案例　　　　　工商银行 A+H 两地发行上市

中国工商银行股份有限公司（以下简称"工商银行"）上市引起了广泛关注，不仅因为工行本身的市场地位和影响力，也因为在其上市操作中有很多创新的地方，比如 A+H 同时发行上市、绿鞋期权、回拨机制等等。因此工商银行 A+H 同时发行上市已经成为投行的经典案例之一。

工商银行于1984年1月1日作为一家国家专业银行而成立,后由国家专业银行转型为国有商业银行,目前已整体改制为股份制商业银行。1998年,财政部向工商银行定向发行850亿元的30年期特别国债,所筹集的资金全部用于补充本行资本金。1999~2000年,工商银行将4 077亿元不良资产处置给华融公司。汇金公司于2005年4月向工商银行注资150亿美元,财政部则保留原工商银行资本金1 240亿元,工商银行于2005年10月28日由国有商业银行整体改制为股份有限公司。2006年4月,高盛、安联保险(通过其全资子公司 Resdner Bank Luxembourg S. A.)、美国运通分别认购工商银行本次发行前发行股份的5.7506%、2.2452%和0.4454%。2006年6月,社保基金理事会认购工商银行本次发行前已发行股份的4.9996%。

一、工商银行发行上市的过程

- 2005年4月,国务院批准股改方案,运用外汇储备150亿美元补充资本金,核心资本充足率达6%;发行次级债补充附属资本,资本充足率超8%。
- 2005年5月,工商银行完成了2 460亿元损失类资产的剥离工作。
- 2005年6月27日,长城、信达、东方、华融四家资产管理公司与工商银行签订了《可疑类信贷资产转让协议》,处理4 590亿元可疑类贷款。
- 2005年10月28日,中国工商银行股份有限公司成立。
- 2006年1月,工商银行公布2005年主要财务指标。截至2005年底,工商银行境内外机构实现经营利润902亿元,资本充足率为10.26%,其中核心资本充足率达到9.23%;拨备覆盖率保持在100%。
- 2006年3月,工商银行选定5家IPO承销商,即美林集团、中国国际金融有限公司投行团、瑞士信贷集团、德意志银行、工商东亚金融控股有限公司。
- 2006年6月,工商银行与全国社会保障基金理事会签署战略投资与合作协议,社保基金理事会将向工商银行投资180.28亿元人民币。
- 2006年7月,工商银行A+H同时上市方案获批。
- 2006年7月18日,工商银行正式向香港联交所递交H股上市申请。
- 2006年10月19日,工商银行H股招股书披露,H股配售结果显示,工商银行公开发行最终共获得近77倍超额认购,吸引资金规模近4 250亿港元。国际配售簿记总需求达到3 432.4亿美元,认购倍数约为40倍。
- 2006年10月19日,工商银行A股共吸引6 290亿元人民币参与工商银行网上配售,同日参与该股网下配售的资金达1 234亿元人民币。

- 2006年10月27日,工商银行在香港和上海两地同时挂牌上市。

二、工商银行在发行上市中创造的"第一"

- 第一次A+H同步发行。工行此次发行成为首例A+H同步发行,创造性地解决了境内外信息披露一致、境内外发行时间表衔接、两地监管的协调和沟通、境内外信息对等披露等诸多问题,开创了资本市场的先河。

- A+H发行规模全球第一。超额配售选择权行使前,工商银行此次A+H发行规模合计达191亿美元,高于此前日本NTTDOCOM创造的184亿美元的最大融资规模。

- 全球最大的金融股发行。191亿美元的发行规模,也成为全球最大的金融股发行。全球金融股第二大和第三大分别为:中国银行和中国建设银行的首次公开发行,发行规模分别为112亿美元和92亿美元。

- A股市场迄今为止规模最大的发行。工商银行A股发行规模(全部执行"绿鞋"后)将达到466亿元人民币,超过了此前发行规模最大的中国银行200亿元人民币的纪录。

- 第一次A股采用"绿鞋"机制的发行。工商银行此次发行中引入"绿鞋"机制尚属内地A股市场首例,有利于增强参与一级市场认购的投资者的信心,促进发行成功。

- 网下吸引资金、网上锁定资金是A股新股询价制度以来第一。工商银行A股发行网下锁定资金总额为1 307亿元人民币,网上锁定资金总额为6 503亿元人民币。

- H股发行规模最大。工行H股发行规模(全部执行"绿鞋"后)为156亿美元,成为迄今为止规模最大的H股发行。

- 中国国有商业银行最高发行估值倍数。工商银行本次A+H发行的估值市净率2.23倍(融资后"绿鞋"前),超过此前中行的2.18倍和建行的1.96倍。

- 香港公开发行冻结资金最高。工行本次H股香港公开发行冻结资金546亿美元,创造了香港公开发行冻结资金的最高。中国银行上市时冻结了344亿美元的资金。

- 香港公开发行申请数量最多。工商银行本次H股香港公开发行申请数量为97.7万个,创造了香港公开发行最多的申请数量。

- 香港公开发行最大规模的电子申请。本次电子申请的数量约50万,并超过实物申请,成为香港公开发行有史以来最大规模的电子申请。

第六章
投行业务的经营策略

第一节　改制上市的理由、原则与模式

一、改制上市的理由

（一）改制上市是筹集资金做大做强的重要途径

一般意义上讲，企业的发展决定于四大要素：技术、资本、管理和人才，其中资本是最关键的一个要素。创业资本作为企业设立的物质基础，是企业发展的原始资本，但随着企业资产规模的扩大和生产经营规模的扩张，过高的举债不但带来较大的财务成本负担，也带来负债经营的巨大风险，来自债权人的（主要是银行）偿债压力也会日益增大。因此，当企业发展到一定阶段时，创业资本已经远远不能满足企业发展的需要。通过改制向社会公开发行股票，企业能够在短时期内将分散在社会的闲散资金集中起来，形成扩大生产、规模经营所需要的巨额资本，迅速提高企业的资本金，为新一轮的财务杠杆经营（增加举债，扩大资产总额）提供保障，从而增强企业发展能力。因此，企业改制上市是企业做大做强的必经之路。

（二）改制上市是股东财富增值的重要手段

作为企业的发起或创始股东，在非上市流通的前提下企业的股东获得投资回报的主要手段是每年的利润分红。投资回收期较长，投资退出也只能通过股权的协议转让进行，退出通道不畅。但是企业改制上市后，发起人股东既可以通过新增社会股东支付的高市盈率认股价格享受资本公积金带来的巨大账面资产增值，也可以在未来全流通的历史机遇中获得自由退出的选择权和财富增值的潜在机会。

（三）可以建立规范的公司治理结构

从根本上讲，我国企业改革的目的是明确产权、塑造真正的市场竞争主体，以适应市场经济的要求。通过企业的改制上市，可以实现企业投资主体的多元化，明确产权关系，建立起以股东大会、董事会、监事会、经理分权与制衡为特征的公司

治理结构,将公司直接置于市场的竞争和监督之中,较好地建立起企业竞争机制、激励机制和管理结构,化解企业的决策风险、管理风险和控股股东的道德风险,以促进企业的长期健康稳定发展。

(四)优化资源配置和价格发现

改制上市使企业产权有了明确归属,便于资产在全社会范围内流动,为调整产业结构提供良好的条件。有利于突破部门、地区和所有制的界限,协调各方利益,综合利用资源,使社会资金和资源向高效、盈利能力强和有发展前景的产业和企业倾斜,优化资源配置,推动企业的专业化发展和收购兼并能力,调整不合理的产业结构。同时,企业可以通过证券市场价格发现的功能,实现自身价值市场化和最大化。美国纽约证券交易所5%的蓝筹上市公司集中整个市场95%的流通市值,充分反映成熟市场经济中资本市场的价格发现功能。随着中国证券市场的不断成熟和价值投资理念的深入人心,绩优蓝筹企业逐渐成为中国证券市场的中坚力量。

二、企业改制的原则与模式

企业在上市申请前如果是有限责任公司、国有独资企业、国有事业单位或是非公司制企业,首先应改制设立股份有限公司;企业在上市申请前如果是股份有限公司,则可直接进入上市辅导程序。

改制设立分为国有企业整体改制、有限责任公司整体变更设立和发起人重新发起设立等形式。企业改制和设立一般需要3个月时间。

公司在改制设立时必须符合《公司法》《证券法》《公司登记管理条例》和中国证监会的相关法律、法规要求,为将来的申报审核扫清障碍。

(一)企业改制的原则

企业的改制是塑造上市公司法人框架和经营主体的过程,改制方案的周全性和合理性是企业能否获准顺利上市的基础。因此在改制形式的设立上,就应该遵循合法性、合理性和前瞻性的原则。

1. 合法合规性。企业改制应遵守《公司法》《证券法》《工商注册登记条例》和中国证监会关于企业改制上市的相关法规等,以保证改制设立后的股份公司不存在重大的法律纠纷隐患和发行上市的法律障碍。

2. 合理性。改制设立后的股份公司股权结构、业务结构和资产结构应合理，公司主营业务突出，具有完整的经营体系和独立面向市场的经营能力，有效避免同业竞争好关联交易。

3. 前瞻性。改制设立后的股份公司应具有核心竞争力和可持续发展能力，保证资产的盈利能力和合理的资本回报率；具有完整的法人治理结构和制衡机制，保证公司发行上市后的规范运作和可持续发展。

（二）企业改制的主要模式

中国证监会 2003 年 9 月 19 日发布的《关于进一步规范股票首次发行上市有关工作的通知》，明确企业改制的核心精神是提倡整体改制，即要求企业在上市前三年应该有同一资产、同一股东、同一业务和同一管理层，否则改制企业必须重新运行三年后方可提出发行上市申请。因此，企业在改制过程中应首先考虑整体改制的模式。

企业改制的主要模式包括：国有企业整体改制、有限责任公司整体变更、发起新设和分立设立、合并设立等。

1. 国有企业整体改制。国有企业整体改制就是国有企业在剥离非经营性资产后把所有经营性资产经审计评估后，按照国有资产管理部门确认的评估值折成一定比例的股份（折股比例低于 65%），发起设立股份有限公司。原国有企业可以作为新设股份公司的股东，保留其法人地位，也可以依法注销，由原国有企业投资单位直接作为股份公司的股东。

中国证监会发行监管部股票发行审核标准备忘录第二号规定，国有企业改制为股份有限公司时，按照现行国有资产管理方法，需要根据资产评估结果进行账务调整。《公司法》第 152 条规定，股份有限公司申请其股票上市，必须"开业时间在三年以上，最近三年连续盈利；原国有企业依法改建而设立的，或者本法实施后新组建成立、其主要发起人为国有大中型企业的，可连续计算"。因此，国有企业改建的股份有限公司或国有大中型企业作为主要发起人设立的股份有限公司，按国有资产管理办法的规定，应根据资产评估结果进行账务调整；按《公司法》规定，均可以连续计算以前年度经营业绩。

值得注意的是：有限责任公司或非公司制企业整体改制为股份有限公司，运行不足 3 年的，按规定业绩不能连续计算。但国有企业整体改制设立的股份有限公司、有限责任公司依法整本变更设立的股份有限公司或经国务院批准豁免前款期限的发行人，可以不受前款规定期限的限制。

2. 有限责任公司整体变更。有限责任公司整体变更是指有限责任公司的资产经审计后，以其审计基准日的净资产按照等比（100%）折合成股本，整体变更设立股份有限公司。有限责任公司的股东成为股份公司的发起人，有限责任公司的债权债务依法有股份公司承继。

中国证监会发行监管部股票发行审核标准备忘录（2001）第 2 号规定，有限责任公司整体变更为股份有限公司，且变更后运行不足三年申请发行股票的，需连续计算原有限责任公司的经营业绩，其资产评估结果调账的合规性按以下标准掌握：

（1）根据《企业会计准则——基本准则》第 5 条、《企业会计制度》第 6 条"会计核算应当以企业持续、正常的生产经营活动为前提"、《企业会计准则——基本准则》第 19 条"各项财产物资应当按取得时的实际成本计价"和《企业会计制度》第 11 条第（十）款"企业的各项财产物资在取得时应当按照实际成本计量"的规定，有限责任公司依法变更为股份有限公司后，变更前后虽然企业性质不同，但仍为一个持续经验的会计主体，适用《企业会计准则——基本准则》第 19 条及《企业会计制度》第 11 条的规定，不应改变历史成本计价原则，资产评估结果不应进行账务调整。

（2）如果有限责任公司变更为股份有限公司时，根据资产评估结果进行了账务调整的，则应将其视同为新设股份公司，按《公司法》规定应在股份有限公司开业 3 年以上方可申请发行新股上市。

（3）《公司法》第 99 条规定，有限责任公司依法经批准变更为股份有限公司时，折合的股份总额应当相等于公司净资产额，因此，应以变更基准日经审计的净资产额为依据折合为股份有限公司的股份。

在变更设立过程中，有限责任公司经审计净资产按比例折股后的尾数余额，经全体发起人股东决议同意后可转入股份公司的资本公积。

3. 发起新设股份有限公司。发起新设是指根据《公司法》规定，由 5 个以上的发起人以其经营性资产（货币、实物、工业产权、非专有技术、土地使用权等）经审计评估协商确定后的价值出资，组建新的股份有限公司。

（1）《公司法》第 80 条规定，股份有限公司设立时，"发起人可以用货币出资，也可以用实物、工业产权、非专有技术、土地使用权作价出资。对作为出资的实物、工业产权、非专有技术、土地使用权，必须进行评估作价，核实财产，并折合为股份。"《企业会计准则——基本准则》和《企业会计制度》规定，投资者投入股份公司的资产应该以协商确定的价值作为入账价值，并据以折为股份。如果发起人共同认可了资产评估结果，则应该将资产评估价值作为入账价值，并据以折为股份。

（2）《公司法》第152条第三款规定，股份有限公司申请其股票上市应满足"开业时间在三年以上，最近三年连续盈利"。因此，新设股份有限公司应在满足《公司法》上述要求的条件下方可申请发行新股上市。

原国有企业或国有事业单位部分改制，自2004年1月1日起，根据中国证监会116号文规定，业绩不能连续计算，除国务院批准豁免外，均需设立股份公司并运行三年后方可提出发行上市的申请。

4. 分立设立。股份公司分立设立包括派生分立和新设分立：派生分立指一家股份公司（A）分立成一家存续股份公司（A_1）和一家派生股份公司（A_2），即$A = A_1 + A_2$；原股份公司的法人地位保留，只需变更注册资本；新设分立指一个股份公司（A）分立成两家新的股份公司（B）和（C），即$A = B + C$，原股份公司法人地位依法注销。

公司分立，其财产做相应的分割。公司分立时，应当编制资产负债表及财产清单。公司应当自作出分立决议之日起10日内通知债权人，并于30日内在报纸上至少公告3次。债权人自接到通知书之日起30日内，未接到通知书的自第一次公告之日起90日内，有权要求公司清偿债务或者提供相应的担保。不清偿债务或者不提供相应的担保的，公司不得分立。公司分立前的债务按所达成的协议由分立后的公司承担。

公司分立应按照下列程序办理：（1）董事会拟定分立方案；（2）股东大会依照章程的规定作出决议；（3）债权人的确认同意；（4）各方当事人签订分立合同；（5）依法办理有关审批手续，须经国务院授权的部门或者省级人民政府批准；（6）处理债务、债权等各项分立事宜；（7）办理解散登记或者变更登记。

5. 合并设立。公司合并可以采取吸收合并和新设合并两种形式。一家公司吸收其他公司为吸收合并，被吸收的公司解散。两家以上公司合并设立一家新的公司为新设合并，合并各方解散。公司合并应当由合并各方签订合并协议，并编制资产负债表及财产清单。公司应当自作出合并决议之日起10日内通知债权人，并于30日内在报纸上至少公告3次。债权人自接到通知书之日起30日内，未接到通知书的自第一次公告之日起90日内，有权要求公司清偿债务或者提供相应的担保。不清偿债务或者不提供相应的担保的，公司不得合并。公司合并时，合并各方的债权、债务，应当由合并后存续的公司或者新设的公司继承。

第二节 上市途径与上市地点选择

一、直接上市的主要途径

（一）发行人民币普通股（统称"A股"）

A股是由我国境内的公司发行，供境内机构、组织或个人（不含港、澳、台投资者）以人民币认购并在境内（上海、深圳）证券交易所上市交易的普通股股票。1990年，我国A股股票仅有10只，截止到2017年底，沪深两市上市公司达3 485家，总市值56.71万亿元，流通市值44.93万亿元，可见，我国A股股票市场经过20多年的高速发展，目前已经达到相当的规模。

（二）境内上市外资股（统称"B股"）

B股的正式名称为人民币特种股票。它是以人民币标明面值，以外币认购和买卖，在境内（上海、深圳）证券交易所上市交易的股票，B股公司的注册地和上市地均在境内，其投资者限于：外国的自然人、法人和其他组织，港、澳、台的自然人、法人和其他组织。2001年2月B股的二级市场投资向境内个人开放。自1991年底第一只B股——上海电真空B股发行上市以来，我国的B股市场已由地方性市场发展到由中国证监会统一管理的全国性市场。

根据中国证监会1999年6月3日《关于企业发行B股有关问题的通知》的精神，中国证监会取消了B股发行的计划控制政策，成熟一家，发行一家；同时简化了审批程序。

（三）境外直接上市

境外上市外资股指在中国境内注册的股份有限公司在境外发行，由境外投资者以外币认购并在境外证券交易所上市的股票。按照上市地的不同，在我国香港上市的外资股称为"H股"，在美国纽约上市的称为"N股"，在新加坡上市的称为"S

股"。自 1993 年在香港发行青岛啤酒等 9 家 H 股以来，我国共挑选了四批共 77 家境外上市预选企业。到目前为止，具备条件的绝大多数企业已发行和上市。

1994 年 8 月 4 日国务院发布了《关于股份有限公司境外募集股份及上市的特殊规定》，对境外上市外资股的有关问题做了规范。根据 1999 年 7 月 14 日中国证监会发布的《关于企业申请境外上市有关问题的通知》的精神，中国证监会取消了境外上市的计划控制政策，简化了批准程序，成熟一家，批准一家。为确保境内企业到香港创业板上市有序进行，1999 年 9 月 21 日，中国证监会发布了《境内企业申请到香港创业板上市审批与监管指引》，明确了境内企业到香港创业板上市的条件、审批程序、监管事宜等。

境外上市的非国有企业主要有香港创业板的裕兴电脑；香港主板的创维科技、深建国际等；美国纳斯达克的中华网、亚信、网易、新浪等。

（四）境外间接上市（红筹股模式和境内权益模式）

红筹股的概念诞生于 20 世纪 90 年代初期的香港股票市场。中国在国际上有时被称为"红色中国"，香港和国际投资者把在境外注册、在香港上市的带有中国内地概念的股票称为红筹股。两类公司的股票都被投资者称为"红筹股"。第一种，如果某家上市公司的主要业务在中国内地，其业绩的大部分也来自该业务，但是在中国境外注册、在香港上市的股票就是红筹股；第二种，按照权益多少来划分。如果一家上市公司股东大部分直接来自中国内地或具有内地背景，也就是为中资所控股，那么这家在中国境外注册、在香港上市的股票才属于红筹股。

早期的红筹股，主要是一些中资收购香港中小型上市公司后改造而形成的，如中信泰富等。近年来出现的红筹股，主要是内地一些省市将其在香港的窗口公司改组并在香港上市后形成的，如上海实业、北京控股、深业投资等。除境内上市外资股（B 股）、境外上市外资股（H 股）外，红筹股已经成为内地企业进入国际资本市场筹资的一条重要渠道。

红筹股模式主要适用于国有企业境外上市；境内权益模式的法律结构基本等同于红筹股模式，但主要适用于外资企业或民营企业的境外间接上市。

红筹股模式适用的主要依据有《国务院关于进一步加强在境外发行股票和上市管理的通知》（即《红筹指引》）和《关于落实国务院〈关于进一步加强在境外发行股票和上市管理的通知〉若干问题的通知》（即《红筹指引补充》）。

二、境内外上市特点比较

目前，境外资本市场，尤其是香港特区和新加坡资本市场，对内地企业进一步加大了开放力度。在内地资本市场监管力度加大、二级市场持续低迷和新股审核、发行上市时间跨度长的情况下，众多内地企业特别是民营企业纷纷将目光转向了境外资本市场。但是，对于民营企业而言，在内地 A 股上市虽然审核时间较长，但是综合比较还是比海外上市有优势，以下是企业选择境内外上市利弊方面的比较分析。

（一）上市时间

对于一般的民营企业而言，如在内地资本市场上市，尚需经过辅导验收、申报材料制作及申报、材料审核、发行上市等几个阶段。按照目前内地资本市场审核和发行速度计算，最终完成发行上市所需时间至少要 18~24 个月。而如以红筹股的形式在境外资本市场上市，则所需时间仅为 6~8 个月。相比而言，境外上市所需时间较短，但若境外上市地市场低迷，则经常出现招股失败的现象，如上海复地首次香港招股就出现认购不足的问题。

（二）股份全流通问题

与在内地资本市场上市相比，以红筹股形式在境外资本市场上市最大的一个优势是上市公司，包括发起人股份在内的所有股份，均可以在二级市场流通。一般的民营企业，在股东结构中终极控制人为自然人的占多数，因此全流通将可以使民营企业股东获得最大化的股东利益，并且有利于同时引进国外风险投资和战略投资者。全流通将使国外风险投资者和战略投资者获得便利的退出渠道，进而提高上市公司对上述投资来源的吸引力，加快引进外资的进程。而目前国内 A 股市场发起人股的全流通问题仍未得以解决。

（三）持续融资便利性

与内地资本市场相比，境外资本市场对上市公司两次融资之间的时间间隔无特殊要求，而且对再融资公司的资格条件审核也相对较为宽松。因此，一般的民营企业在境外上市后进行持续融资将非常便利，国内 A 股市场目前再融资至少有 12 个月的时间间隔,但再融资政策正在进一步改革和调整。

(四) 提高品牌价值问题

如果企业的销售市场在境内,则选择 A 股上市有助于提升其企业和产品的品牌,投资者可能也是企业产品的消费者。同时由于国内 A 股市场属于新兴市场,绝大多数股票交头活跃,上市公司容易受到市场和投资者的关注。而在境外上市,除少数绩优蓝筹或大盘股外,绝大多数中国企业由于信息披露和文化差异等原因,较少被境外机构投资者关注,对其股价和后续融资都会产生消极影响。

(五) 融资成本较高

按照目前一般的费率水平,企业在内地资本市场上市的平均费率为 5%～10%,在境外资本市场上市的平均费率为 10%～20%。因此,相比内地资本市场,企业在境外资本市场上市融资成本较高,而且前期费用较高,企业需承担一定的上市费用风险。

(六) 融资规模较小

根据中国证监会的有关规定,企业在内地资本市场首次融资,最大融资规模不能超过企业发行前一年未经审计净资产的 2 倍。相比内地资本市场 20 倍的发行市盈率,境外资本市场由于市盈率普遍较低(基本在 10 倍以下),企业首次融资规模一般较小。

(七) 便利企业实施股票期权计划

境外直接上市可以实施股票期权、员工信托股票等激励机制;而在境内,目前员工激励机制法规不完善,暂未能实施股票期权计划。

第三节 券商投行选择发行人的标准

由于中国资本市场资源的稀缺性,因此选择合格和优秀的发行人进入资本市场是保荐机构的重要任务。同时,由于上市公司是中国证券交易市场的基石,因此上市公司的质量直接关系到资本市场的活跃程度和可持续健康发展。不同的保荐机构可能会有不同的选择发行人标准，但基本原则应该具有共同的认识，选择发行人的标准主要包括四个方面。

一、景气行业与行业地位

保荐机构在推荐企业时，应先选行业，再选企业。即首先选择景气行业，其次选择景气行业中的龙头企业。景气行业是指预期行业平均增长率大于GDP增长率的行业，包括政策景气行业和经济景气行业，前者是指国家产业政策变化引起的预期看涨的行业，后者是指由经济与行业周期变化带来的预期看涨的行业。如果发行人所处行业属于夕阳行业或者行业周期处于衰退期，则发行人的微观经营状况很难有较大的发展前景。

行业龙头指的是主营业务突出、行业地位领先的优秀企业，即企业的主营收入占总收入的比例不低于50%；主营收入不小于全行业平均值；企业的核心产品市场占有率和技术水平处于特定行业的领先地位。由于中国大部分行业的企业均呈现数量多、规模小，只有行业龙头才有条件在未来市场竞争中整合资源，做优做强。据统计，制造业和电力、信息技术行业新股分布比例较大，这也基本反映中国目前经济发展主要驱动力的基本特征，因此鼓励制造业、能源、原材料、基础设施行业和电子信息产业的优秀企业发行上市。

二、主营业务的盈利能力

主营业务的盈利能力决定了发行人的整体盈利水平，是投资者认购新股的主要决策依据。考察发行人的主营业务盈利能力主要包括：

（1）过去三年公司主营业务收入占总收入的比例是否稳步增长，主营收入增长率是否高于行业平均水平；

（2）过去三年公司的利润结构分布，主营业务利润占利润总额的比重，非经常性损益占利润总额的比例；

（3）公司产品的核心竞争力分析（技术、质量、性价比等）；

（4）公司财务会计政策的稳健性对公司利润的影响。

三、成长性

目前新股的发行定价一般以发行前一年的每股收益（EPS）作为计算基准，因此监管部门往往注重发行人过去三年经营业绩的审核。但随着企业上市后业绩变脸事件（业绩下滑甚至亏损）频频发生，监管部门开始重视发行人的成长性问题。从理论上来讲，股票是对未来公司业绩的定价，投资者购买股票主要关心企业未来的盈利能否在资本市场价格化，从而获得利润分配收益或资本利得。因此，企业的成长性应该成为发行人股票投资价值的主要参考指标。优秀和负责人的保荐机构应向投资者推荐明日之星，而非明日黄花。

企业的成长性与行业周期、企业的核心竞争力和募集资金投向等均有密切的联系，需要保荐人有敏锐的眼光和准确的判断能力。

四、法人治理

随着股东文化的不断深入，公司的法人治理问题越来越受到监管层和投资者的关注。完善的公司治理不但能够有效保护中小投资者的利益，而且也能获得机构投资者的认购溢价。考察公司的法人治理结构包括：股权比例和股东结构的合理性；股东大会、董事会和监事会的制衡机制；独立董事的数量、构成与实际作用；公司管理层的素质和诚信程度。

特别值得一提的是，考察公司董事长或实际控制人是保荐机构的调查重点。在中国目前经济环境和企业文化背景下，经验表明，公司领军人物的文化素质、经营理念、战略思想和人格魅力往往决定了一家企业的未来走向。

第四节　发行与上市的基本程序

一、上市辅导

为促进拟上市公司建立良好的公司治理，形成独立运营和持续发展的能力，督促公司的董事、监事、高级管理人员全面了解发行上市有关法律、法规、证券市场规范运作和信息披露的要求，使公司具备进入证券市场的基本条件，股份公司成立后应聘请一家保荐机构作为上市辅导机构，进行为期一年的辅导。辅导经中国证监会派出机构（各地证监局）验收合格后方可由保荐机构推荐申请股票发行。

保荐机构推荐其他机构辅导的发行人首次公开发行股票的，应当在推荐前对发行人至少再辅导6个月。

二、申报和审核

拟上市公司可聘请委托保荐机构组织其他有证券从业资格的中介机构（会计师、律师、评估师等）按照中国证监会颁布的《公司公开发行股票申请文件标准格式》等相关要求制作申请材料，由保荐机构出具推荐文件并向中国证监会申报。中国证监会经过发行部受理、发行部初审、发审委审核通过后，由中国证监会核准拟上市公司发行股票的申请。申报审核时间一般在3个月以上，根据其反馈意见答复的情况而定。

三、公开发行上市

拟上市公司在保荐机构的组织下，完成发行部发行监管处对发行定价、发行方式的选择。发行时间和会后事项等申请后，可在上海证券交易所申请发行。

首次股票发行将经过路演、申购、抽签、配售等过程。公司股票发行结束办理股份的托管和登记后不超过7个交易日，交易所将安排其股票挂牌上市交易。

第五节　发行人与中介机构的选择

企业的改制上市是一项工作量大、涉及面广和专业性强的复杂的系统工程，企业作为股票发行人，是改制上市的申请机构。亲历上市过程的许多企业老总和经办人事后回顾均有上市"要剥三层皮"的感叹，因此选择合适的中介机构组建上市工作班子是发行人成功的前提和基础。

企业如果确定公开发行上市的目标，就要尽快结合自己的情况，抽调财务部门、办公室、法律部、企管部等精干人马组建企业上市工作小组，建议由财务总监或主管财务的副总裁具体负责，并向公司总裁和董事长直接汇报。上市工作小组全权负责企业的上市工作，负责选择并与保荐人、律师、会计师、评估师等中介机构以及中国证监会、有关政府主管部门联络，是公司面向上市过程有关参与各方的窗口。

在企业改制上市过程中将产生新的部门——证券部。证券部一般由董事会秘书兼任部门经理。因此，建议董事会秘书和证券部人员应是上市工作小组的成员，以便负责企业上市后的信息披露和相关工作。

一、保荐机构

在企业改制上市过程中，保荐机构起着至关重要的作用，相当于工作班子中的班长角色。它不但向发行人提供全面的、专门的和综合性的服务，还要承担一定的法律责任和市场风险，并向投资者负责。主要任务包括但不限于：协助企业改制方案的全面策划，担任企业的上市辅导机构，组织中介机构进行申报材料制作，按照相关法律、法规和中国证监会的规定和行业规范，诚实守信，勤勉尽责，尽职推荐发行人证券发行上市，持续督导发行人履行相关义务。

选择保荐机构应考虑的因素：

(1) 保荐机构在券商行业中的地位。考察券商的地位，不仅衡量其实收资本的多少，而且要考察其主要财务指标（如净资本）和历史违规经营记录等。中国证监会对券商进行分类监管，经营规范和业绩优良的券商将获得较大的政策支持。

(2) 保荐机构的历史承销业绩。重点考察保荐机构过去三年每年的承销家数、承销金额、通道周转率在行业中的排名情况。

(3) 保荐机构在所属行业的项目经验。考察保荐机构在企业所属行业的承销项目情况。如果保荐机构承销较多的同行业企业，说明它对本行业有较深的理解和承销经验。

(4) 保荐代表人的素质和沟通能力。考察参与本项目的保荐代表人及项目主办人等项目小组成员的专业水平、从业经验和与监管层的沟通能力。经验丰富和素质较高的项目小组人员是本项目能否顺利实施的关键。

(5) 保荐机构的区域业务经验。考察保荐机构在企业所属地区的承销业务市场占有率，也可以从已聘请过该保荐机构的上市公司间接了解其专业能力和合作效果。

(6) 保荐机构的后台支撑系统（项目内控流程、研发水平和发行配售能力）等。

(7) 收费水平。

二、会计师事务所

在企业改制上市过程中，由财政部和中国证监会确认的具有证券期货相关业务从业资格的会计师事务所承担会计报表审计、净资产验证、实收资本（股本）的审验及盈利预测审核等业务。它的主要任务包括但不限于：为发行人的股票发行上市出具发行人近三年的财务审计报告、验资报告、盈利预测的审核报告、内控制度审核报告，根据中国证监会或发行人的要求出具专项复核报告和鉴证意见等。按照规定，各种报告均应由两名以上有从事证券从业资格的注册会计师及其所在事务所签字盖章。

根据中国证监会规定，发行人在设立时聘请没有证券从业资格许可证的会计师承担验资、审计等业务的，应该在股份公司运行满三年后才能提出发行申请，在申请发行股票前须另聘请有证券从业资格许可证的会计师事务所复核并出具专业报告。

选择会计师事务所应考虑的因素有：是否具有特许的证券从业资格；过去三年的审计项目业绩，特别是其对企业所属行业和所属地区的项目经验；承担本项目的注册会计师专业水平和项目业绩；行业地位和历史违规情况；收费水平。

三、律师事务所

在改制上市过程中。律师事务所一般履行以下职能：理顺企业股份制改造的法律关系，协助发行人处理股票发行与上市的各类法律问题，为公司起草各类法律文件，为发行人股票发行出具法律意见书、补充法律意见书和律师工作报告等，为发行人申请文件出具相关鉴证意见等，对相关法律问题提出咨询意见等。根据规定，律师事务所可受发行人的委托参与编制招股说明书，并对招股说明书进行审阅，对其真实性和准确性承担法律责任，由于招股说明书属于发行人的要约文件，国外一般由律师负责编制招股说明书。

最新《证券法》规定，证券服务机构从事证券投资咨询服务业务，应当经国务院证券监督管理机构核准；未经核准，不得为证券的交易及相关活动提供服务。从事其他证券服务业务,应当报国务院证券监督管理机构和国务院有关主管部门备案。因此,在选择律师事务所时应考虑是否取得相关部门的核准和备案。

此外,还应考虑的因素有:过去三年的证券法律业务服务业绩,特别是其对企业所属行业和所属地区的项目经验;承担本项目的律师专业水平和项目业绩;行业地位和历史违规情况;收费水平。

四、资产评估机构

最新《证券法》规定,在改制上市过程中,由经国务院证券监督管理机构核准的具有证券期货相关业务从业资格的资产评估机构承担发行人设立时的资产评估和发行前资产重组时的资产评估业务。评估师的工作范围是核实资产净值和进行资产评估。

中国证监会规定,自2000年9月22日后设立的发行人,在设立时聘请没有证券从业资格许可证的资产评估机构承担资产评估等业务的,应该在股份公司运行满三年后才能提出发行申请,在申请发行股票前须另聘请有证券从业资格许可证的资产评估机构复核并出具专业报告。发行人聘请的审计机构与设立时聘请的资产评估机构不能为同一家中介机构。同时,根据规定,发行人在申请股票发行时需要进行资产评估的,聘请的资产评估机构与审计机构也不能为同一家中介机构。

选择会计师事务所应考虑的因素有:是否具有特许的证券从业资格;过去三年的评估项目业绩,特别是其对企业所属行业和所属地区的项目经验;承担本项目的注册评估师专业水平和项目业绩;行业地位和历史违规情况;收费水平。

五、财经公关顾问

财经公关顾问,是指发行人为了寻求和维护其在资本市场投资者和那些对投资者有重要影响的人士心中的特定形象和价值定位而聘请的,协助开展一系列形象设计、展示、推荐、解释和沟通等公关推广活动的专业机构。在美国,那些专门从事财经策划和实践活动的财经公司被称为"投资者公关顾问"。从国际资本市场的经验来看,由于首次公开发行股票并上市的公司,往往不熟悉发行上市过程中宣传推介的程序、环节和细节问题,因此越来越多的发行人聘请财经顾问公司。

国内财经公关公司近年来才得以发展,但由于国内首次发行认购倍数较高,加上国内财经公关公司多数出身于投资咨询公司和广告公司，从业人员素质良莠不齐，目前工作范围仅限于简单的宣传印刷、酒会安排等事务，发行人投资价值推介能力有待提高。

选择财经公关公司应考虑的因素有：过去三年的推介能力和项目业绩、服务内容和收费情况等。

第七章
资产管理业务

第一节 资产管理业务概述

一、资产管理业务的产生

资产管理业务的本质是一种投资理财活动。广义是指经济主体的产品经营、资本经营和其他一切投资经营活动;狭义是指委托人将现金、股票和国债等有价证券及其他金融衍生工具等具有良好流动性的金融资产,委托给法律许可的受托人,受托人按照委托人的意愿进行管理,以实现委托资产增值或其他特定目标的行为。资产增值部分主要由资产委托人获取,管理人收取管理费和相应的业绩报酬。我们一般讲的资产管理均是狭义。

证券公司客户资产管理业务,是指证券公司作为资产管理人,依照有关法律法规及《证券公司客户资产管理业务试行办法》的规定与客户签订资产管理合同,根据合同约定的方式、条件、要求及限制,对客户资产进行经营运作,为客户提供证券及其他金融产品的投资管理服务的行为。证券公司的资产管理业务,是指证券经营机构作为管理人,接受客户合法资产的委托,在证券市场上对客户的委托资产在授权范围内进行经营管理,以实现资产保值增值的金融服务。

资产管理业务是证券公司在传统经纪业务和投资咨询业务基础上发展起来的。若探根求源,资产管理起源于19世纪初。资产管理者由律师和银行家构成。随着累积财富的增多、国际金融的发展、资产组合等投资理论的产生和成熟,资产管理成为专门的行业。缺乏资产管理能力的财产(或资本)所有者,为寻求获取高收益(至少高于银行储蓄利息收益),将资金委托给专业资产管理机构进行管理,是一种很正常、普遍的经济行为。从根本上说,资产管理业务产生的动力来自于投资者对资产保值和增值的需求。在金融系统中,资金盈余者和需求者之间的流动性风险和收益要求不完全匹配,或信息问题使得直接融资并不可行,而资产管理机构作为资源调节配置的机构担负起了这一任务。

证券公司资产管理业务的兴起则源自佣金制度的改革。1975年5月1日,美国率先打破固定佣金制度。2002年4月5日,中国证监会、国家计委、国家税务总局联合发布了《关于调整证券交易佣金收取标准的通知》,将我国实行多年的按买卖双向 3.5‰ 征收的固定佣金比例调整为 3‰ 的佣金上限。证券公司的盈利支柱——佣金收入受到挑战,资产管理业务日益受到重视。中国资产管理业的发展大致经历了五个阶段(如表 7-1 所示)。

表 7-1　　　　　　　　　　　中国资产管理业的发展阶段

阶段时间	背景	委托主体	受托主体	规模
1993~1995 年	股市大规模扩容,吸引客户保障经纪业务	个人投资者	证券公司	小
1996~2001 年	大牛市,银行利率下调	机构投资者特别是上市公司	证券公司、基金公司	由小变大
2001~2004 年	有法可依,资产管理部门成立,股市由盛转衰,监管发力	上市公司	证券公司、基金公司、保险公司等	由大变小
2005~2016 年	规范市场、鼓励创新	上市公司、社保基金、企业年金	证券公司、基金、保险、银行、依托等	由小变大
2016 年至今	去杠杆、强监管	上市公司、社保基金、企业年金	证券公司、基金、保险、银行、依托等	由大变小

1993~1995 年,股市兴盛,一些证券公司为了吸引个人投资者买卖股票,推出提供咨询、代客理财的服务,吸引了一部分资金充裕的个人参加。此阶段证券公司资产管理的整体规模很小,只算作附加服务。

1996~2001 年,股市持续上扬,机构投资者(特别是上市公司)要么把自由资金或募集资金委托给违法证券公司由他们投资股市,要么自身以高额保底收益为饵从公司处募得资金来违规坐庄,人为操作股市。因此,这个阶段证券公司资产管理的规模很大。2000 年,有超过 20% 的上市公司参与了证券公司的资产管理,平均受托规模为 20 亿~30 亿元,有的高达 200 亿~300 亿元。值得一提的是,1998 年基金公司开始依照 1997 年颁布的《证券投资基金管理办法》成立,它们的低投资门槛、广泛的银行发行渠道、相对于储蓄来说较高的收益率对广大中小投资者来说无疑是一种强大的吸引力。但是在这个阶段,它还没有显示出与证券公司资产管理业务出现利益纷争的形势,只是这个问题随着中小投资者队伍的扩张和证券公司资产管理的市场开拓而越发凸显起来。

2002~2004 年,由于股票市场持续走低,一些违规操作资产管理业务的证券公司如南方证券公司由于到期无法偿还本金和支付承诺的保底收益相继有亏损丑闻。

同时这一阶段，中国证监会就资产管理的合法性和规范性相继下发了一系列文件。这些因素都使得证券公司的资产管理业务规模有所萎缩，但同时规范运作、机构重整为下一阶段资产管理的复兴打下了基础。

2005～2016年，资产管理业务一片欣欣向荣。2005年和2006年证券公司资产管理业务主要集中在委托理财的清理与规范，创新类和规范类证券公司的集合理财业务全面展开。2009年9月初，中国证监会放松了对证券公司集合理财产品存续期和规模的限制：对成立2年以上的证券公司，新成立集合理财产品可以不设立存续期以及规模上限；证券公司可以自主选择是否有存续期。2012年券商创新大会以后，中国证监会于2012年10月颁布了修订后的《证券公司客户资产管理业务管理办法》及其实施细则，大幅拓宽了券商资管计划的投资范围，减少了投资限制。在"放松管制、加强监管"的政策导向下，券商资管业务格局、游戏规则得以重构，资管行业快速发展，证券公司资产管理增速尤其较快。根据中国证券业协会统计数据，2011年末，全行业受托管理本金规模仅为2 818.68亿元人民币，到2016年末规模已达17.82万亿元，5年间年化复合增速高达45%，券商资管在持牌资管机构资管规模中的占比从1.6%提升到15%左右。

2016年至今，资产管理业务进入规范发展阶段。2014年以来，随着我国经济增速持续探底，实业部门的投资回报率逐步降低，大量资金从实体部门抽离后涌入金融市场，资金脱实向虚偏离了资管行业服务实体经济的本源路径。一方面，监管套利延长了融资链条，增加了融资成本和货币政策的传导时滞；另一方面，资金空转推升了金融杠杆，容易引起金融风险的积聚。2015年中股票市场的异常波动和2016年底债券市场的"资金荒"具有强烈的警示意义。在这个背景下，大量监管措施推出，监管政策的协调性不断加强，旨在降杠杆、去通道、强化风险管控。2017年11月17日，《关于规范金融机构资产管理业务的指导意见》（征求意见稿）发布，这份被业内称为"资管新规"的文件作为首份在"金稳委"协调下五部委联合出台的政策举措于2018年4月27日正式落地。资管新规的核心目的就是降低和防范金融风险。其主要内容包括四点：一是统一监管标准；二是消除多层嵌套，减少监管套利；三是打破刚性兑付；四是规范资金池，降低期限错配，减少流动性风险。2018年10月22日，中国证监会公布实施《证券期货经营机构私募资产管理业务管理办法》和《证券期货经营机构私募资产管理计划运作管理规定》（合称"资管细则"）。资管新规和资管细则对资管行业的未来发展势必带来深远的影响。在监管高压下，相关行业的规模增速显著减缓，杠杆水平明显降低，券商资管快速发展告一段落。

二、证券公司资产管理业务特征

（一）本质是委托代理关系

证券公司资产管理实际是委托人和代理人建立在委托代理协议基础上的一种行为。通常在办理委托管理业务时，委托资产以委托人的名义存放在指定的商业银行，一般不采取委托人向受托人转移财产所有权。资产的所有权及最终处分权仍归委托人所有，转移的仅是管理权。委托代理关系不可避免会产生道德风险和逆向选择风险，其根源在于信息不对称和利己主义。

（二）运作相对独立性

证券公司资产管理的相对独立性表现为受托人在经营管理受托资产中不受委托人干预，受托人可以根据合同的规定自主调整或处分委托资产。但是对于信息不向社会公众披露的其他类型资产管理，比如私募基金，委托人在一定程度上可以参与委托资产的投资决策以及对委托资产进行动态监控。其理论基础是管理人可能存在的道德风险，可能存在损害委托人利益的行为。

（三）信息披露非透明化

除公募基金需向社会公众定期进行信息披露外，证券公司资产管理由于委托资产具有一定的保密性，不同性质以及不同契约的利益分配条款存在差异，使得所管理的资产在信息披露方面并非透明，管理人和委托人一般通过一对一的信息披露方式进行沟通。

（四）资产管理个性化

证券公司针对不同的委托人和委托资产，在管理时均需要区别对待。按照委托人对委托资产的期限性、安全性、收益性的不同要求，资产管理人可将委托资产进行细分，划分成多个不同投资目标的"资产群"，设计出相应的投资组合，选择不同的金融产品进行投资。

第二节 资产管理业务组织模式

一、现有资产管理业务组织模式

证券公司开展资产管理业务一般可以采用两种组织模式：一种是由证券公司设立资产管理部门独立开展资产管理业务；另一种是由证券公司组建资产管理子公司，开展资产管理业务。我国证券公司目前大多采用前一种组织结构。资产管理部属公司业务部门，全面负责公司的资产管理业务。资产管理部门的职责主要是负责客户资产委托管理业务、客户资产受托投资管理业务。其次是设计集合资产管理计划并推广、发行，进行经营运作，为客户提供股票、债券等金融工具的投资咨询服务。

根据工作性质和任务的不同，资产管理部门组织机构一般包括投资部、客户部、研究部和综合管理部。在投资决策中，采取逐级授权制，资产管理部在公司分管领导的主管下，统一行使委托资产管理职能，资产管理部经理在其授权的范围内决定投资方式和投资规模，同时向下属进行必要的授权，而重大投资决策由证券公司的投资决策委员会集体决定（见图7-1）。

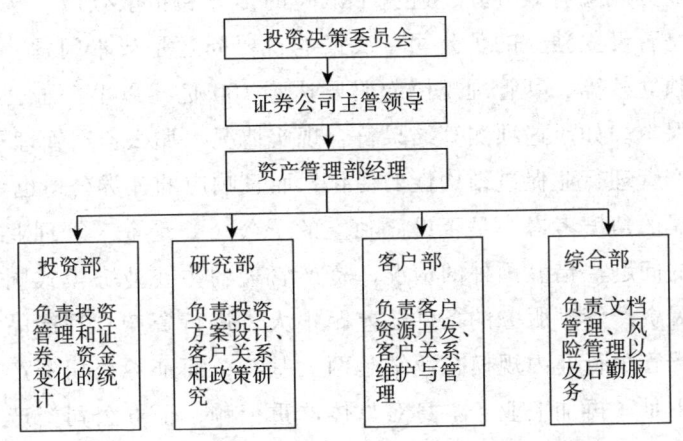

图7-1 我国证券公司资产管理组织结构图

- 投资部负责投资工作,包括对投资品种和市场进行基础性研究,投资产品的开发与确定,投资项目制订和实施,并对之进行实时监控。投资部下设若干投资经理,在部门总经理的领导下全权负责投资管理部某项业务的开展。遇有重大投资决策时,应由各个投资经理、部门总经理等组成的联席会议集体决定,必要时交由公司投资决策委员会决定。每一位投资经理领导一个投资小组,具体负责一个或者多个投资品种的研究和操作。小组内的其他成员由投资经理直接领导,负责协助投资经理进行研究和投资工作。

- 客户部是市场营销的管理部门,其工作包括建立和管理营销网络,推介业务品种,开发目标客户,投资咨询顾问和资产委托管理协议的签署,客户资产台账管理,以及整合内部资源,向客户提供全面的服务。部门经理在资产管理总部的领导下全权负责市场开发和对机构客户的业务开展。

- 研究部负责进行证券池的构建,对证券池中的证券品种进行跟踪研究,以及提交投资策略、行业及个股研究报告,并负责理财产品、营销模式与流程的设计。

- 综合部负责部门的行政、统计和公司内其他部门的组织协调工作。部门内设结算、统计、文秘、信息服务等岗位。

二、资产管理业务的组织管理体系选择

国际主流投资银行都在组织架构上将资产管理业务独立开来,实现资产管理业务风险与其他业务风险有效分开,避免了风险的传导和扩散效应。从资产管理业务的角度考虑,是否设立独立的子公司,决策的首要问题是成本问题。据测算,若资产管理业务要独立核算,其管理规模起码要达到100亿元以上,子公司才能赚1亿元,勉强实现保本。如果这项测算结果符合现实情况,那么资产管理子公司的设立,不仅很难在资产管理行业促进结构性的变化,而且响应的证券公司也将是极少数。

从证券公司的角度考虑,是否设立独立的子公司,是资产管理业务块是否具备明晰盈利模式的问题。借鉴国外的情况,资产管理的主要业务模式国内均不具备开展的条件,开展资产管理服务的条件还差距很大,进行资产管理产品设计受监管机构的制约。资产管理行业内规模与业绩是两大基石,而证券公司资产管理的规模尚小,业绩优势不足。再加上业务本身对母体严重依赖,证券公司资产管理现有的盈利状况无法支撑其实现独立运营。

从资产管理行业的角度考虑,目前证券公司在与基金竞争时存在明显的制度约

束，这使美好的行业发展前景与业务发展现实严重背离。比如，增加产品类型、降低产品门槛、减少产品限制等问题均有赖于中国证监会推动，这不是证券公司自身能够决定的制度现状。在此情况下，证券公司资产管理的行业地位难以获得跃升，证券公司资产管理塑造未来盈利模式也将受到显著制约。

第三节 资产管理的流程

严密的业务流程不仅旨在提高决策的合理性和资产运作的效率，更重要的是加强对资产管理业务的风险控制。资产管理业务的一般运作程序如下：

1. 相互了解。由资产管理人的客户部与客户进行充分接洽，实现双方的相互了解，即管理人了解客户的性质、拟委托资产规模、委托期限、收益预期、风险承受能力及其他特殊情况和要求；客户通过接触初步了解管理人的资信、业绩历史和业务能力。此环节应重点注意：委托人应为非银行企业法人、社团法人和自然人，并规定不得接受下列委托人委托：未经法定监护人代理或允许的未成年人；被宣布破产而未复权的企业；被宣布全部或部分资产冻结的企业；不能提供该法人或机构出具的授权证明的法人或其他机构；法律、法规禁止将其资产投入证券市场的企业法人或机构如委托人不得为银行；委托资金不得为信贷资金、社保基金及上市公司新募集资金。

2. 签订资产委托管理协议。协议中将对委托资金的数额、委托期限、收益分配、双方权利义务等作出具体规定。

3. 管理运作。在客户资金到位后，便可开始运作。操作中应做到专户管理、单独核算，不得挪用客户资金，不得骗取客户收益。同时还应遵守法律上的有关限制，防范投资风险。

4. 返还本金及收益。委托期满后，按照资产委托管理协议要求，在扣除受托人应得管理费和报酬后，将本金和收益返还委托人。

目前，我国对资产管理业务中的证券投资基金制定了专门的法规。《证券投资基金管理暂行办法》规定，证券经营机构申请从事基金管理业务、设立基金管理公司，应当具备下列条件：（1）主要发起人为按照国家有关规定设立的证券公司、信托投资公司。（2）主要发起人经营状况良好，最近三年连续盈利。（3）每个发起人实收资本不少于3亿元。(4) 拟设立的基金管理公司的最低实收资本为1 000万元。(5) 有明确可行的基金管理计划。(6) 有合格的基金管理人才。(7) 中国证监会规定的其他条件。

以华泰证券资产管理业务为例，华泰证券根据中国证监会颁布的《证券公司客户资产管理业务试行办法》《证券公司集合资产管理业务实施细则》和《证券公司定向资产管理业务实施细则》等，对资产管理业务制订了一套细致的业务流程，保证了其资产管理业务的合法合规开展。

第四节 资产管理的产品类型与特点

资产管理的核心意义在于推荐产品，设计投资组合。

一、产品类型

《证券公司客户资产管理业务管理办法》（2013年修订）规定，客户资产管理业务主要有三种：第一，为单一客户办理定向资产管理业务；第二，为多个客户办理集合资产管理业务；第三，为客户办理特定目的的专项资产管理业务。其特点如表7-2所示。

表7-2　　　　　　　证券公司资产管理产品类型及管理特点

产品类型	管理特点
定向资产管理	第一，证券公司与客户必须"一对一"； 第二，定向性，即具体投资方向应该在合同中约定； 第三，各客户均单独账户运作
集合资产管理	第一，集合性，证券公司与客户必须"一对多"； 第二，投资范围有限定性和非限定性之分； 第三，客户资产必须进行托管； 第四，专门账户经营运作
专项资产管理	第一，综合性，证券公司与客户可以是"一对一"，也可"一对多"； 第二，特定性，即设定特定的投资目标； 第三，专门账户经营运作

二、产品特点

（一）按管理对象划分，有现金管理、国债管理和新股申购

1. 现金管理：企业或个人在日常运作中常常会因各种原因而不得不持有大量现金，由此便产生了资产流动性和赢利性之间的矛盾，而现金管理方式正是证券公司为协助企业和个人解决这一矛盾而产生的服务方式。

2. 国债管理：客户将其拥有的国债委托给证券公司管理，在委托期间，证券公司凭借自己的信息和研究优势进行现券买卖、国债回购，或者以包括股票在内的投资组合方式进行运作以获取最大化收益。委托期满时，客户除得到应得的利润外，还要求归还与起初面额相等的国债。

3. 新股申购：证券公司将众多散户资金集中起来专户管理，集体认购新股，由此可大大提高中签率和投资收益或增加收益的稳定性。

（二）按委托资产是否有第三方监督划分，可分为直接委托和间接委托

（1）直接委托：客户与证券公司签订资产委托管理协议，将资金直接划转到公司账户，由证券公司负责进行有价证券投资，托管期满，本息一次清算。整个运作过程客户不能监督。

（2）间接委托：客户和证券公司分别在第三方开立专用账户，客户划进托管资金，证券公司划入一定比例的信用风险保证金。第三方为监督方，通常是另一家证券公司属下的证券营业部，以便对具体进行资产运作的证券公司进行有效监督，并在必要时实施强制平仓，保护客户利益。客户和监督方有权实施监督证券公司的运作、审查投资组合。

（三）按收益分配方式的不同划分，可分为固定回报型、保本保息型、保本分成型和风险自担型（见表7-3）

表 7-3　　　　　　　证券公司资产管理收益分配类型及特点

类型	特点
固定回报型	委托方与受托方签订协议，不论受托方如何运作，均需向委托方支付固定收益，不足部分受托方补足
保本保息型	双方协议确定保底收益率，受托方保证委托方的保底收益，超出部分受托方按一定比例收取管理费
保本分成型	双方协议，受托方保证委托方本金安全，盈利部分按协议提取管理费
风险自担型	双方协议，委托方自担风险，盈利部分绝大部分归委托方，受托方只收取最少的管理费

第五节　资产管理业务的风险与防范

一般来说，证券公司的资产管理业务中存在的风险主要有法律风险、市场风险、信用风险、道德风险、投资风险、管理风险以及不可抗力风险等。

一、法律风险分析及防范

资产管理业务法律风险，是指在业务开展过程中，由于合同内容不符合有关法律法规或必要条款缺失所引发的民事责任、行政责任乃至刑事责任。在证券公司资产管理业务中，有效的控制及管理可以防止法律风险的发生。重要的风险点有：

（1）委托人主体资格及委托资金性质风险。根据有关法律、法规规定，证券公司受托业务委托人应为非银行企业法人、社团法人和自然人，并规定不得接受下列委托人委托：①未经法定监护人代理或允许的未成年人；②被宣布破产而未复权的企业；③被宣布全部或部分资产冻结的企业；④不能提供该法人或机构出具的授权证明的法人或其他机构；⑤法律、法规禁止将其资产投入证券市场的企业法人或机构。

（2）合同风险：①签订受托业务合同应严格按照公司合同签订流程办理；②合同内容应符合国家有关法律法规；③合同必要条款必须齐全并经公司法律顾问审定；④合同双方应由法人或其授权代表代表签字。中国证监会明确规定合同中不得向客户承诺收益。控制原则：当规范与规模发生矛盾时舍弃后者。

二、市场风险分析及防范

市场风险，是指由于市场波动而引发的风险，主要是指资产管理机构在进行投资或资产运营过程中面临的金融市场风险以及由此带来的公司财务风险。

市场风险由非系统风险和系统风险两部分组成。由于不同的证券品种之间的风险因素各不相同，因此通过设立投资组合可以有效地降低非系统风险。从理论上讲，当投资组合就是证券市场组合时，该投资组合可以化解投资的非系统性风险。因此，以投资多元化的方式来消除非系统风险是必不可少的。同时，投资比例管理也是控制市场风险的有效手段。为规范资产管理人的投资活动，各国对于资产管理机构的投资数量和投资比例都有一定的限制。中国证监会在 2001 年 11 月 28 日下发的《关于规范证券公司受托投资管理业务的通知》中规定：“受托人管理的全部受托投资持有一家公司发行的证券，不得超过该证券（总股本）的 10%”；“当委托人持有一家上市公司已发行的总股份接近 5% 时，受托人应当提前通知委托人，并督促其履行国家有关法律法规规定的义务。如果委托人拒不履行有关义务，受托人应当向证券交易所报告。”以上规定既可以避免集中投资的风险，又可防止资产管理机构控制上市公司，同时投资比例的限制有助于稳定市场，防范资产管理机构大规模买卖单一股票致使股价过度波动，甚至防范资产管理机构进行不当操纵。

在资产管理业务的市场风险控制中，事先防范和事中监控固然重要，却并不能从根本上避免市场风险的发生。因而建立一个有效的风险补偿机制便具有十分重要的意义。在开展资产管理业务的同时，应从每年的税后利润或资产管理业务收入中提取适当的资产管理风险准备金，以应对意外风险的发生。

三、信用风险分析及防范

信用风险，是指资产管理人自有资产与其受托资产之间的比例以及与此相关的信用交易而引发的风险。通常情况下，证券公司能够获得客户的委托主要依赖于两种资源：（1）其理财专家（投资经理）的业务能力及其在业内的声誉；（2）公司自有资本金实力。前者是无形资产，后者是有形资产。这两种资产共同构成资产管理人的信用基础。许多资产管理人在委托合同中向委托人承诺承担投资亏损的风险，其风险相当于以自有资本作为保证金的信用交易。一旦市场发生系统性风险,或管理人投资决策失误,运营风险兑现很可能导致资产管理人的信用危机并由此引发金融债务链条的断裂。

防范信用风险最根本的措施仍在于规范经营。从目前资产管理业务已出台的有关规定来看,中国证监会《关于规范证券公司受托投资管理业务的通知》规定,资产管理人应具有不低于2亿元人民币的净资本。同时,该通知还规定资产管理人不得向委托人承诺收益或分担损失。关于资产管理人的资本实力与其可接受的受托资金规模之间的比例是一个重要的风险控制参数,中国证监会曾在《证券公司资产管理业务管理办法》(讨论稿)中规定该比例为1:10。

四、道德风险分析及防范

道德风险主要是指资产管理人利用委托人资产来为自己牟利或者向委托人转嫁风险的行为。投资者参与资产管理充分体现了他们对专家理财和控制风险水平的信任,然而这种信任必须要有相应的制度保障。这不但要求资产管理人建立健全内部控制制度,强化自律,更需要来自外部的严格监管,包括法律约束和信息监管,从而避免管理人为了获取高收益而利用委托资产从事高收益高风险的投资及内幕交易、操纵市场等行为。

1. 保证委托资产的独立性。根据有关规定,受托人要保证受托资产和其自有资产及不同委托人的资产相互独立,对不同的受托资产分别设立账户、独立核算、分账管理,确保不同委托人之间在名册登记、账户设置、资金划拨、账册记录等相互独立。

2. 限定资产管理业务中管理人的投资行为。受托人应在自营业务、经纪业务与资产管理业务之间设立防火墙,在人员、财务、账户上应当严格分开,不得在同一间办公室内操作,不得互通交易信息,不得将资产管理业务与自营业务和经纪业务等其他业务混合操作。

3. 不得在受托资产的投资过程中内幕交易、操纵市场;不得以获取佣金或其他利益为目的进行不必要的证券买卖;不得将受托资产在不同受托投资账户之间或与受托人自营账户之间相互买卖,转移受托投资账户利润或亏损,损害委托人利益。

4. 实行必要的信息披露。实行及时有效的信息披露是监督管理人执行资产管理契约、防止道德风险的有效手段,也是委托人判断管理人的资产管理资质和能力的重要依据。信息披露的要点在于财务公开和操作公开。

5. 加强中介机构和自律组织的监管。从事资产管理业务的证券公司必须定期向监管部门报送经营情况报告,这些报告中的财务会计部分由独立的会计中介机构审计。赋予证券业协会等自律组织以足够的自治权,使其对场内和场外的证券经营机构进行监督。

6. 委托人对委托资产的运作进行监督。委托投资者的监督一般有如下实现方式:参与投资策略制定,与管理人定期或随时磋商,了解资产管理运作状况,随时查询交易资料,定期了解资产收益情况等。

五、投资风险分析及防范

投资风险,是指证券公司在对受托资产进行投资决策过程中操作失误所带来的风险,管理人对投资风险的控制能力将充分体现其投资技巧以及对证券市场宏观面的判断能力。

1. 对于投资风险的控制,可以通过模型化、计算机软件化的风险评估技术,对风险进行追踪分析与估算,并通过调整投资组合的权重来控制风险大小。其中,风险量化技术是投资风险控制的关键技术,主要通过建立各种模型,对投资组合数据进行反复测试、敏感性分析和压力测试。目前常用的风险评估方法有前述评估体系中所提及的夏普指数、M2测度及詹森指数等。

2. 在具体的投资业务中重视中短期项目投资、组合投资、价值发现与价值再造,改变过去过分注重集中项目投资的模式,将投资项目划分成中长期项目、中短期项目和组合投资三种类型平衡结合。这样既可以提高资金的使用效率,又能较好地规避市场风险。

3. 建立严谨科学的投资决策程序与风险控制体系能够较为有效地避免因决策失误而引发的风险。

六、管理风险分析及防范

管理风险,是指在业务运行过程中由于业务流程的不严密或制约机制不完善而造成的资金风险或交易错误而造成的投资损失。

（一）账户风险管理

1. 受托业务的股东账户（股东代码卡）、资金账户属委托人所有，账户的开立和撤销均需符合公司的有关规定。

2. 股东账户、资金账户的开户资料由营业部、委托资产管理总部分别妥善保管，委托资产管理总部登记账户的开户、销户情况，编制在用账户清单，记录资金账号、股东代码、股东名称、开户地点、账户用途等，并在公司计财部备案。

3. 股东账户所有人（委托人）应出具"账户确认书"授权委托资产管理总部在受托期间使用其账户。

（二）资金风险管理

1. 资金转入：委托资金在合同规定的时间内由委托人的银行账户转入公司的资金账户，委托资产管理总部确认登记并向计财部提供划往营业部名称及账户。

2. 资金转出：当合同到期或一方要求提前解除合同时，按照合同的约定处理账户中的资金，办理相应的资金转出手续。客户的资金应划回该客户指定的银行账户，公司的佣金收入转入公司指定账户。

3. 委托资产管理总部分别指定专人负责资金划转的全过程。

（三）交易程序管理

以某公司资产管理业务《证券投资交易程序暂行规定》为例。

1. 交易管理员。为提高交易效率，严格投资纪律，委托资产管理总部特专门设置交易管理员岗位，其主要职责是：严格执行投资方案；严格仓位控制；灵活把握投资机会。

2. 交易程序管理。委托资产管理总部对投资经理和交易管理员均给予一定程度的交易授权。一般情况下投资经理均应通过交易管理员执行投资方案，只有在特殊情况下才可直接向营业部交易员下达交易指令。

（1）投资方案。投资经理通过交易管理员执行投资计划，需向交易管理员提供符合《证券投资决策程序（暂行）规定》的投资计划书。计划书中应列明委托资产账户名称、投资证券名称及代码、交易方向、交易数量、价格区间、止盈及止损价位，以及相应的投资要点等内容。在方案执行过程中原有投资方案发生改变的，投资经理需向交易管理员提供说明相应变动内容的补充方案。

（2）方案执行。交易管理员在执行投资经理投资计划前，应仔细复核投资经理投资计划书的合规性及其内容是否清楚明确，如有疑问应及时向投资经理询问。交易管理员在执行投资计划过程中应结合市场情况，尽可能以最优价格和最大数量完成投资计划。

（3）盘中沟通。交易管理员应及时向相关投资经理报告投资计划的执行情况，密切跟踪投资证券的盘面变化情况，如有异动应及时向相关投资经理报告，并提出相关操作意见。

（4）止盈（止损）。持仓证券的价位如达到或接近投资计划书中设定的止盈（止损）价位时，交易管理员应及时报告相关投资经理，如投资经理未提出不执行止损（止盈）的充分书面理由，在其不改变投资计划的情况下交易管理员执行止盈（止损）方案。

（5）记录与总结。交易管理员应在投资计划执行过程中在投资计划书相应栏目中记录买入、卖出各阶段的执行情况，并在整个投资计划方案结束时提交投资经理签字确认后存档。

3. 仓位控制。委托资产管理总部对所管理资产的总体仓位和各投资经理的投资仓位进行总体控制和内部平衡把握。

（1）仓位比例。投资部根据对市场发展的判断制定总体投资仓位计划，该计划须经委托资产管理总部批准。交易管理员在执行投资计划时应严格按照仓位比例对交易金额进行控制。对于超出仓位比例控制要求的投资计划，交易管理员可不予以执行，并在投资计划书相应栏目中予以说明，同时告知相关投资经理。

（2）仓位提醒。对在相对应的点位超出（或未达到）设计仓位的情况，交易管理员应及时向投资部经理和相关投资经理进行提醒和建议。

4. 把握投资机会。（1）交易管理员在严格执行投资方案的同时，应灵活把握交易机会。（2）交易管理员在对持仓证券的跟踪过程中，应根据市场表现向投资经理提供相关操作建议。（3）在投资计划的执行过程中，管理总部给予交易管理员一定的灵活交易授权，以增强投资计划的可操作性，并便于捕捉短线的投资机会。

第六节　我国关于证券公司资产管理业务的规定与规范

一、证券公司办理资产管理业务的一般规定

1. 证券公司办理定向资产管理业务，接受单个客户的资产净值不得低于人民币100万元。

2. 证券公司办理集合资产管理业务，只能接受货币资金形式的资产。

3. 证券公司应当将集合资产管理计划设定为均等份额。客户按其所拥有的份额在集合资产管理计划资产中所占的比例享有利益、承担风险；但是另有约定的除外。

4. 参与集合资产管理计划的客户不得转让其所拥有的份额，但是法律、行政法规和中国证监会另有规定的除外。

5. 证券公司可以自有资金参与本公司设立的集合资产管理计划。募集推广期投入且按照合同约定承担责任的自有资金，在约定责任解除前不得退出；存续期间自有资金参与、退出的，应当符合相关规定。证券公司、资产托管机构和客户应当在资产管理合同中明确约定自有资金参与、退出的条件、程序、风险揭示和信息披露等事项，合同约定承担责任的自有资金，还应当对金额做出约定。证券公司应当采取措施，有效防范利益冲突，保护客户利益。证券公司投入的资金，根据其所承担的责任，在计算公司的净资本额时予以相应的扣减。

6. 证券公司可以自行推广集合资产管理计划，也可以委托其他证券公司、商业银行或者中国证监会认可的其他机构代为推广。集合资产管理计划应当面向合格投资者推广，合格投资者累计不得超过200人。

7. 证券公司发起设立集合资产管理计划后5个工作日内，应当将集合资产管理计划的发起设立情况报中国证券业协会备案，同时抄送证券公司住所地、资产管理分公司所在地中国证监会派出机构。集合资产管理计划设立完成前，客户的参与资金只能存入资产托管机构，不得动用。

8. 证券公司进行集合资产管理业务投资运作，在证券期货等交易所进行交易的，应当遵守交易所的相关规定。在证券交易所进行证券交易的，还应当通过专用

交易单元进行。在交易所以外进行交易的，应当遵守相关管理规定。

9. 证券公司将其管理的客户资产投资于本公司及与本公司有关联方关系的公司发行的证券或承销期内承销的证券，或者从事其他重大关联交易的，应当遵循客户利益优先原则，事先取得客户的同意，事后告知资产托管机构和客户，同时向证券交易所报告，并采取切实有效措施，防范利益冲突，保护客户合法权益。

10. 因证券市场波动、证券发行人合并、资产管理计划规模变动等证券公司之外的因素致使资产管理计划投资不符合资产管理合同约定的投资比例的，证券公司应当在合同中明确约定相应处理原则，依法及时调整，并向证券公司住所地、资产管理分公司所在地中国证监会派出机构及中国证券业协会报告。

二、证券公司办理集合资产管理业务运作的基本规范

（一）内控制度

1. 对集合资产管理业务实行集中统一管理，建立严格的业务隔离制度。公司负责资产管理业务和负责自营业务的高级管理人员不得由同一人兼任。

2. 建立集合资产管理计划投资主办人员制度，即应当指定专门人员具体负责每一个集合资产管理计划的投资管理事宜。同一投资主办人不得同时办理资产管理业务和自营业务。集合资产管理业务的投资主办人不得兼任其他资产管理业务的投资主办人。

3. 严格执行相关会计制度的要求，为集合资产管理计划建立独立完整的账户、核算、报告、审计和档案管理制度，集合资产管理计划的会计核算由财务部门专人负责，集合资产管理计划的资产托管和清算由结算托管部门负责。保证风险控制部门、监督检查部门能够对集合资产管理业务的运作和管理进行有效监控，切实防止账外经营、挪用集合资产管理计划资产及其他违法违规情况的发生。

（二）推广安排

1. 证券公司可以自行推广集合资产管理计划，也可以委托其他具有证券投资基金代销业务资格的商业银行或证券公司代为推广集合资产管理计划，并签订书面代理推广协议。证券公司对代理推广机构的推广活动负有监督检查义务，发现代理推广机构违反《证券公司客户资产管理业务管理办法》规定的，应当予以制止；情节

严重的，应当按约定解除代理推广协议，并报告中国证监会和注册地中国证监会派出机构。

2. 证券公司、推广机构应当严格按照经核准的集合资产管理计划说明书、集合资产管理合同推广集合资产管理计划。

3. 不得向合格投资者之外的单位和个人募集资金，不得通过报刊、电台、电视台、互联网等公众传播媒体或者讲座、报告会、分析会等方式向不特定对象宣传推介。禁止通过签订保本保底补充协议等方式，或者采用虚假宣传、夸大预期收益和商业贿赂等不正当手段推广集合计划。

4. 证券公司自有资金参与单个集合计划的份额，不得超过该计划总份额的20%。

5. 集合资产管理计划推广期间，应当由托管银行负责托管与集合资产管理计划推广有关的全部账户和资金；证券公司和推广机构应当将推广期间客户的资金存入在托管银行开立的专门账户。在集合资产管理计划设立完成、开始投资运作之前，任何人不得动用集合资产管理计划的资金。

6. 集合资产管理计划推广活动结束后，证券公司应当聘请具有证券相关业务资格的会计师事务所对集合资产管理计划进行验资，并出具验资报告。

7. 证券公司、托管银行及推广机构应当明确对客户的后续服务分工，并建立健全档案管理制度，妥善保管集合资产管理计划的合同、协议、客户明细、交易记录等文件资料。

（三）投资风险承担和证券公司资金参与

证券公司应当在集合资产管理计划说明书、集合资产管理合同等有关材料中向投资者进行明确的风险提示，说明集合资产管理计划的投资风险由投资者承担。

证券公司以自有资金参与所设立的集合资产管理计划的，应当根据公司章程的规定，获得公司董事会、股东会或其他内部授权程序的批准，并在计算公司净资本时，根据投入资金所承担的责任如实扣减公司净资本额。

（四）登记、托管与结算

证券公司办理集合资产管理业务，应当将集合资产管理计划资产交由取得基金托管业务资格的资产托管机构托管。证券公司、资产托管机构应当为集合资产管理计划单独开立证券账户、资金账户等相关账户。证券账户名称应当注明证券公司、集合资产管理计划名称等内容。

证券公司应当按照证券投资基金的结算模式办理集合资产管理计划的结算业务。实现客户交易结算资金严格的独立存管并经中国证监会批准的,可以按照经纪业务的结算模式办理集合资产管理计划的结算业务。证券公司、托管银行应当按照证券登记结算机构的有关规定承担集合资产管理计划交易结算的最终交收责任。

托管银行应为每一个集合资产管理计划代理开立专门的资金账户,账户名称为集合资产管理计划名称;同时,为每一个集合资产管理计划在证券登记结算机构(上海、深圳分公司)代理开立专门的证券账户,证券账户名称为"证券公司—托管银行—集合资产管理计划名称"。

证券公司应当负责集合资产管理计划资产净值估值等会计核算业务,并由托管银行进行复核。

(五) 席位

集合资产管理计划在证券交易所的投资交易活动,应当集中在专用的席位上进行,并向证券交易所、证券登记结算机构备案。集合计划参与证券回购应当严格控制风险,单只集合计划参与证券回购融入资金余额不得超过该计划资产净值的40%,中国证监会另有规定的除外。

1. 上海证券交易所有关规定如下:

集合资产管理计划的投资交易活动应当集中在专用账户和专用席位上进行。单个会员管理的多个集合资产管理计划由同一托管机构托管的,可以共用1个专用席位。

各会员应设立或指定专门的部门负责集合资产管理业务,集合资产管理计划使用的专用席位应归属其名下,并在集合资产管理计划运作前5个工作日通过上海证券交易所网站会员会籍办理系统(以下简称"会籍办理系统"),完成部门信息的填报和专用席位变更的手续。

在集合资产管理计划投资运作前5个工作日,应通过会籍办理系统报备下列材料:

(1) 中国证监会出具的集合资产管理计划同意批复或无异议函;
(2) 集合资产管理计划说明书;
(3) 集合资产管理合同;
(4) 负责资产管理计划主办人员情况;

（5）集合资产管理计划使用的专用席位和专用证券账户；

（6）集合资产管理计划托管机构名称。

2. 深圳证券交易所有关规定如下：

会员集合资产管理计划的证券交易活动应当通过自有专用席位进行。1个集合资产管理计划应当使用1个专用席位；单个会员管理的由同一托管机构托管的所有集合资产管理计划应当使用同一个专用席位。

会员应当在深圳证券交易所网站（www.szse.cn）"会员之家"网页的"业务在线——资产管理"栏目下报备以下信息：

（1）集合资产管理计划名称、设立日期、存续期、类别（限定性或非限定性）、组合投资比例；

（2）中国证监会批准文号；

（3）专用证券账户代码和名称、专用席位编号；

（4）托管机构名称和联系人；

（5）资产管理业务分管领导及集合资产管理计划投资主办人员信息；

（6）经办人信息。

深圳证券交易所对上述信息进行审核，确认无误后为会员开通首次指定的专用席位，并通知会员。

（六）投资组合

集合资产管理计划的投资范围和投资组合安排应当遵守《证券公司客户资产管理业务管理办法》的规定，并符合集合资产管理计划说明书、集合资产管理合同的约定。证券公司应当在集合资产管理计划开始投资运作之日起6个月内，使集合资产管理计划的投资组合比例符合集合资产管理合同的约定。因证券市场波动、投资对象合并、集合资产管理计划规模变动等外部因素致使集合资产管理计划的组合投资比例不符合集合资产管理合同约定的，证券公司应当在10个工作日内进行调整。

集合资产管理计划申购新股，不设申购上限，但所申报的金额不得超过该计划的总资产，所申报的数量不得超过拟发行股票公司本次发行股票的总量。集合资产管理计划投资于证券公司担任保荐机构（主承销商）的股票，应当遵守《证券公司客户资产管理业务管理办法》关于关联交易的限制规定。

托管银行、证券交易所应当对集合资产管理计划的投资范围和投资组合进行监控，发现有重大违规行为的，须及时报告中国证监会。

（七）流动性要求

1. 证券公司应当根据集合资产管理计划的情况，保持必要的现金或到期日在1年以内的政府债券，以备支付客户的分红或退出款项。

2. 集合资产管理合同可以约定，当客户在单个开放日申请退出的金额超过集合资产管理计划资产一定比例时，证券公司可以按比例办理退出申请，并暂停接受超过部分退出申请或暂缓支付，但暂停或暂缓期限不得超过20个工作日。

3. 证券公司及其代理推广机构不得为客户办理集合资产管理合同的转让事宜，但法律、行政法规另有规定的除外。

（八）信息披露

集合资产管理计划开始投资运作后，证券公司、资产托管机构应当按照集合资产管理合同约定的时间和方式，至少每周披露一次集合计划份额净值。集合计划存续期间，证券公司应当按照集合资产管理合同约定的时间和方式向客户寄送对账单，说明客户持有计划份额的数量及净值，参与、退出明细，以及收益分配等情况。证券公司、资产托管机构应当在每季度结束之日起15日内，按照集合资产管理合同约定的方式向客户提供季度资产管理报告、资产托管报告，在每年度结束之日起3个月内，按照集合资产管理合同约定的方式向客户提供年度资产管理报告、资产托管报告，并报中国证券业协会备案，同时抄送证券公司住所地、资产管理分公司所在地中国证监会派出机构。

1. 上海证券交易所的有关规定如下：

集合资产管理计划开始投资运作后，应通过会籍办理系统，在每月前5个工作日内，向上海证券交易所提供上月资产净值（包括上月中每个工作日的资产净值）；在会计年度结束后4个月内，向上海证券交易所报送集合资产管理计划单项审计意见。

集合资产管理规模在开始运作之日起6个月内首次达到合同约定比例的，应于次日以书面形式向上海证券交易所报告达到的日期及投资组合情况；因证券市场波动等外部因素致使组合投资比例不符合集合资产管理合同约定的，应在10个工作日内进行调整并于调整次日以书面形式向上海证券交易所报告调整情况；发生投资者巨额退出或出现其他可能对集合资产管理计划的持续运作产生重大影响的，应在发生之日起2个工作日内以书面形式向上海证券交易所报告有关情况。

集合资产管理计划存续期届满展期、解散或终止的,应在中国证监会批复同意后5个工作日内通过会籍办理系统向上海证券交易所报备。

2. 深圳证券交易所的有关规定如下:

(1) 会员应当在集合资产管理计划成立后5个工作日内向深圳证券交易所提交以下书面材料:

①中国证监会出具的集合资产管理计划批准文件或无异议函;

②集合资产管理计划说明书;

③集合资产管理合同范本;

④集合资产管理计划托管协议;

⑤集合资产管理计划推广、设立情况;

⑥集合资产管理计划验资报告(复印件加盖会员公章)。

(2) 会员应当在集合资产管理计划运作期间向深圳证券交易所履行以下持续报告义务:

①每个交易日上午9:00之前在深圳证券交易所网站"会员之家"网页的"业务在线——资产管理"栏目下报备经托管机构复核的前一交易日的集合资产管理计划资产净值。

②专用证券账户发生变更的,应于变更当日在深圳证券交易所网站"会员之家"网页的"业务在线——资产管理"栏目下更新相关资料。

③托管机构、资产管理业务分管领导、集合资产管理计划投资主办人员变更的,应于变更当日在深圳证券交易所网站"会员之家"网页的"业务在线——资产管理"栏目下更新相关资料。

④自集合资产管理计划开始投资运作之日起6个月内投资组合比例达到集合资产管理合同约定的,应于次日以书面形式向深圳证券交易所报告达到的日期及投资组合情况。因证券市场波动等外部因素致使组合投资比例不符合集合资产管理合同约定的,应在10个工作日内进行调整并于调整次日以书面形式将调整情况报告深圳证券交易所。

⑤集合资产管理计划投资于会员自身、托管机构及与该会员、托管机构有关联方关系的公司发行的证券,应于有关事实发生之日起2个工作日内以书面形式将有关情况报告深圳证券交易所。

⑥发生投资者巨额退出或出现其他可能对集合资产管理计划的持续运作产生重大影响的情形,应于有关事实发生之日起2个工作日内以书面形式将有关情况报告

深圳证券交易所。

⑦每季度结束后的 15 个工作日内以书面形式向深圳证券交易所报送集合资产管理计划的管理报告和托管报告、集合资产管理计划的交易监控报告（如有）。

⑧每个会计年度结束后 4 个月内以书面形式向深圳证券交易所报送集合资产管理计划的单项审计意见。

（九）集合资产管理计划展期、解散或终止

集合计划展期后 5 日内，证券公司应当将展期情况报中国证券业协会备案，同时抄送住所地、资产管理分公司所在地中国证监会派出机构。集合计划终止的，证券公司应当在发生终止情形之日起 5 日内开始清算集合计划资产。清算后的剩余资产，应当按照客户持有计划份额占计划总份额的比例或者集合资产管理合同的约定，以货币资金的形式全部分配给客户。证券公司应当在清算结束后 15 日内，将清算结果报中国证券业协会备案，同时抄送住所地、资产管理分公司所在地中国证监会派出机构。

（十）费用

集合资产管理计划推广期间的费用，不得从集合资产管理计划资产中列支。集合资产管理计划运作期间发生的费用，可以在集合资产管理计划中列支，但应当在集合资产管理合同中作出明确的约定。证券公司、托管银行、推广机构不得采用低于成本收费等方式进行不正当竞争。

第七节 国际投资银行的资产管理

一、国际投行资产管理业务的组织结构

国外的投行一般在公司总部设立资产管理部门，其仅仅是一个负责协调和管理的机构，并不负责具体的业务运作，资产管理业务由下属的资产管理公司承担。美国摩根士丹利资产管理业务的组织结构如图 7-2 所示。

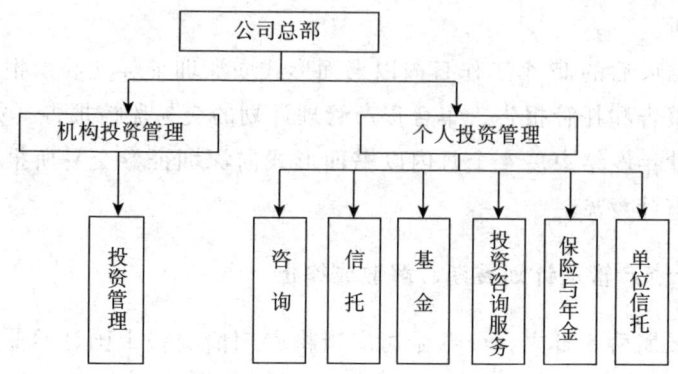

图 7-2 摩根士丹利资产管理业务的组织结构

考察美国摩根士丹利资产管理业务的组织结构,可以发现其具有如下特点:

● 管理与运作分离,投资银行总部设立的资产管理部门是负责协调的管理机构,它并不负责具体的运作,资产管理业务的实施与运作是由其旗下的各类资产管理公司完成的;

● 资产管理公司的业务范围广泛,既包括针对机构投资者的资产管理公司,又包括为个人投资者服务的各类资产管理机构;

● 负责资产管理运作的机构采用公司制的组织形式,有助于保证资产管理公司充分考虑客户的需求,提供适宜的产品,不受总公司的制约。另外,这种制度安排又能使总公司将子公司的经营风险控制在可承受的范围内。

二、国际投行资产管理业务的投资运作

从国际典型机构的资产管理业务运作模式看,资产管理的主要商业模式是理财顾问模式和对冲基金模式。以美林、瑞信等为首的金融机构采取理财顾问模式,而以高盛为代表的金融机构采取对冲基金模式。理财顾问模式的资产管理以提供咨询服务为主,相应的资产管理的主要收入来自收费账户(所收取的咨询服务费)。对冲基金模式的资产管理以受托投资为主,相应的资产管理的主要收入来自业绩提成。当然,事实上当前全球资产管理机构均采取理财顾问业务和对冲基金业务并存的方式经营,区别只在于更侧重哪一块而已。在这两种竞争策略中均不能占优的资产管理机构则处于波特所描述的"stuck in the middle"的竞争状态,其商业模式是一种"交易型销售模式"。在这种状态下,机构由于自身产品/服务能力的限制,虽然试图提供专业咨询意见,但是客户感受到的却是机构在销售自身的产品。

在三种商业模式中，理财顾问模式是当今世界资产管理界的主流模式，对冲基金模式是高盛等少数机构所采取的较为特殊的商业模式，而交易型销售模式则是不太成功的商业模式。从三种商业模式的地位可知，专业化的顾问咨询服务是资产管理发展的核心因素之一。

专业的客户顾问咨询服务流程通常包括以下五个步骤：(1)需求分析。收集客户基本信息、汇总客户资产负债情况、确认客户的需求和目标。(2)财务概念。为客户的负债选择合适的专项资产做出偿付安排。(3)投资者分析。确定投资者的自由资产、风险特征及适合客户的资产组合。(4)投资策略。根据客户的特征制定投资策略。(5)执行。执行投资策略、监控并调整投资策略和投资组合。

从运作机制来看，严密的业务流程和风险管理程序是国外资产管理业务的主要特点，也是其能够蓬勃发展的重要原因。西方投资银行在长期的管理过程中，将风险管理作为资产管理运作的关键，现在已经形成了一套比较完善的内部控制制度。

1. 设立风险控制机构。西方投资银行的资产管理业务风险控制机构包括两个委员会：一是证券投资决策委员会，负责制定自营业务的投资原则、交易限额，进行重大的投资决策，并制定防范风险和控制风险的措施；二是风险控制委员会，由公司高层领导组成，在风险管理过程中发挥着重要的监督作用。风险控制委员会和风险管理部独立于交易部门，对所有的机构交易活动进行总的风险监督（如图7-3所示）。

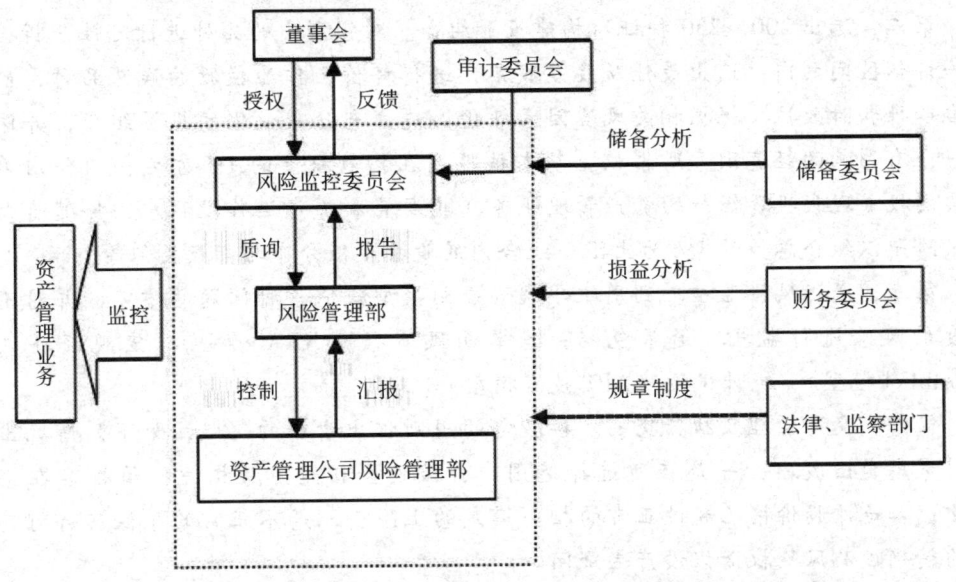

图7-3 西方投资银行的资产管理业务风险控制机构图

2. 业务流程控制。业务部门要接受财务、行政部门的监控,但同时财务、行政要为业务提供各种服务,通过三者之间的有效制约机制,达到提高服务质量、控制业务风险、完善预算约束的目的。

3. 风险计量模型。在风险的测量、评价和管理过程中,使用大量的计量模型。计量模型的使用有助于公司管理人员对公司资产的风险状况进行每日动态的检测,及时发现大额风险敞口,从而采取相应的补救措施。在险价值(Value at Risk,VaR)技术是其运用最为广泛的工具,用于测定市场利率变动时相关投资组合可能的损失状况。

案例　　　　　　　美国花旗集团旅行者资产管理公司

该公司以优化的指数投资为主,根据公司专有的选股模型进行投资品种的选择,分为大盘股投资与小盘股投资两大类。具体投资决策程序如下:

第一,选择全部3 000种有价证券,并根据选股模型排名提出重点关注的品种。公司专有的选股模型建立在对影响股票回报的市场因素进行独立分析的基础之上,以全面客观的尺度作为基础,对全体有价证券进行评级,每日更新价格及盈利等信息,并对定价、收益及相关价格变量进行分析以解决三个基本问题:一是公司盈利是否持续、稳定地增长;二是与同类公司比较,相对于公司的增长潜力,公司目前股价是否具有吸引力;三是股价走势是延续目前趋势还是会发生反转?

第二,选出200~250种证券构建投资组合。对模型中的品种进行定性分析,在每一评估区间之内,选出最佳及最差股票,进行评价,作为换股的候选品种,确保其准确性和时效性。根据相关风险因素评价,建立充分分散化的投资组合,并保证每一个有影响的经济因素所占权重基本被限制在指数权重的1%左右;组合内单只股票的投资现代投资银行的资产管理业务在其发展和资产运作过程中,伴随着大量的风险是以组合总值的1%为上限;组合内的股票市值分布与指数类似等。

第三,进行风险监控。利用组合风险控制模型减低各种问题的方差,并对不同程度的风险进行监控。通常包括:基本面风险(BARRA模型)、宏观经济风险(Northfiel模型)、统计风险(APT技术模型)。

第四,交易管理及执行交易。按既定的规则作出卖出的决定,如下列情况出现时,考虑卖出股票:一是在所选择范围中,该股盈利能力及相关价值排名在倒数20%;二是该股价格已超过正常的相关模式的上限;三是不正常的争议使得对其收益的精确性及风险权衡假设产生疑问。

三、全球资产管理业务的发展与趋势

(一) 成熟市场上资产管理业的竞争格局及证券公司地位

从全球角度上看,资产管理行业是所有金融服务行业中规模最大和发展最快的。各个国家对资产管理机构的划分和称呼都不尽相同,但无论是资产管理、财富管理、私人银行,不同的称谓下相同的是受托管理资产的金融服务业本来面貌。多年来全球资产管理排行榜显示,历年排名根据经济金融形势会发生明显变化。

调查显示,全球资产管理界的行业集中度非常高,2017年底前二十大全球资产管理机构的管理资产规模都是万亿美元级,约占该市场50%的份额(见表7-4)。此外,私人财富仍集中在美国,且集中在业内少数几家机构。截止到2017年底,美国资产管理行业的规模高达22.5万亿美元。

表7-4　　　　全球前二十大资产管理公司排名(2017年底)

排名	公司	国别	最新资管规模（万亿美元）	统计时间
1	贝莱德	美国	5.977	2017/9/30
2	领航	美国	4.500	2017/9/30
3	瑞银集团	瑞士	3.101	2017/9/30
4	道富环球	美国	2.670	2017/9/30
5	富达	美国	2.400	2017/9/30
6	安联	德国	2.268	2017/9/30
7	摩根大通	美国	1.900	2017/9/30
8	纽银梅隆	美国	1.800	2017/9/30
9	太平洋资管	美国	1.690	2017/9/30
10	法国农业信贷	法国	1.652	2017/9/30
11	资本集团	美国	1.600	2017/9/30
12	安盛集团	法国	1.405	2017/9/30
13	瑞士信贷	瑞士	1.387	2017/9/30
14	保德信金融集团	美国	1.366	2017/9/30
15	摩根士丹利	美国	1.300	2017/9/30

续表

排名	公司	国别	最新资管规模（万亿美元）	统计时间
16	法通保险	英国	1.282	2017/9/30
17	法国巴黎银行	法国	1.230	2017/9/30
18	高盛	美国	1.128	2017/9/30
19	北方信托	美国	1.100	2017/9/30
20	威灵顿管理公司	美国	1.021	2017/9/30

注：传统上，全球资产管理排名由大型财经杂志提供，在排名时因统计口径不同等原因，资产规模数据与各家公司年报数据可能出现差异，且不同杂志提供的排名也可能不尽相同。

资料来源：http://www.southmoney.com/caijing/gushipinglun/201801/1894612.html。

以美国为代表的现代投资银行体系中，证券公司（投资银行）常常是一个大的金融集团，通过设立共同基金、保险公司等进行资产管理；以美国为代表的现代资产管理行业模式中，共同基金处于核心地位。国际性投资银行都自己设立基金，通过基金形式实现资产管理。1999年美国共同基金规模7.1万亿美元。中间经历了网络股泡沫的崩溃后，到了2002年底萎缩到6.6万亿美元。但是之后市场开始修复，到了2007年底已经翻倍到了12.9万亿美元。在2008年金融危机规模小幅下降后，又在2009年开始的美国历史上第二长牛市大幅增长，到了2017年规模突破22万亿美元。其中值得注意的是，ETF作为一个产品品类，过去20年规模每年都在增长。1999年ETF的规模只有340亿美元，到了2017年规模达到了3.4万亿美元，规模增长100倍（见表7-5）。这也为什么现在全球规模最大的资产管理公司是指数基金的贝莱德和领航。

表7-5　　美国各类投资公司的净资产规模（1999~2017年）　　（单位：10亿美元）

年份	共同基金	封闭式基金	ETF	单位投资信托	合计
1999	6 846	147	34	92	7 119
2000	6 964	143	66	74	7 247
2001	6 975	141	83	49	7 248
2002	6 383	159	102	36	6 680
2003	7 402	214	151	36	7 802
2004	8 095	253	228	37	8 614

续表

年份	共同基金	封闭式基金	ETF	单位投资信托	合计
2005	8 891	276	301	41	9 509
2006	10 398	297	423	50	11 167
2007	12 000	312	608	53	12 974
2008	9 620	184	531	29	10 364
2009	11 111	223	777	38	12 150
2010	11 833	238	992	51	13 113
2011	11 633	242	1 048	60	12 983
2012	13 054	264	1 337	72	14 727
2013	15 049	279	1 675	87	17 090
2014	15 873	289	1 975	101	18 238
2015	15 652	261	2 101	94	18 108
2016	16 344	263	2 524	85	19 215
2017	18 746	275	3 401	85	22 507

资料来源：http://www.sohu.com/a/256329639_143019。

发达国家投资银行业务发展的实践表明，随着证券市场的走向成熟，资产管理业务在证券公司业务中的地位不断提升。

（二）主流机构资产管理组织体系的变迁及其动因

1. 美林。美林证券创立于1973年，1976年成立资产管理部。在70年代佣金自由化改革的背景下，美林证券适应了这一形势要求，通过金融创新开创了CMA[①]（Cash Management Account）金融商品，并获得良好的品牌效应。20世纪80年代后期，美林证券CMA的客户超过100万人，占其顾客总数的20%以上。CMA为美林带来了巨额的可管理资产，很多顾客因为利用CMA的缘故，将全部资产交给美林证券管理。

---

① 在CMA账户中，客户将工资或退休金定期或不定期汇入，银行通过自动转账结算系统为客户代为支付水费、电费等公共费用以及信用卡购物消费清算，剩余资金（金额不限）由美林证券作为货币市场共同基金（Money Market Mutual Fund）加以营运：买卖股票、债券等，从而为客户获取高于银行利率的收益。

为了巩固和发展资产管理业务并把它培育成美林证券的核心业务，1997年11月美林集团以53亿美元收购英国水星资产管理公司，使美林资产管理公司成为全球最大资产管理机构之一，兼并后所管理的资产已超过5 000亿美元。至1998年底，美林受委托管理的客户资产已逾14 000亿美元，并以平均每天接近4亿美元的速度在增加。

2002年12月，美林集团将美林美国私人客户集团和国际私人客户集团合并，成立全球私人客户集团（Global Private Client，GPC），并将GPC的战略定位于开展全球高价值客户的财富管理，重点发展其两个创新业务：一是融合所有美林金融资源的"Total Merrill"业务；另一项则是在原有CMA的基础上丰富和完善"Beyond Banking"。

2006年9月，美林集团进一步对资产管理业务单元施行战略转型，将集团内的"美林投资管理"（MLIM）与贝莱德集团（BlackRock，Inc.，又称"黑岩集团"）合并。由此，美林的资产管理规模获得跃升，新公司的规模相当于原有规模的2倍，管理将近1万亿美元的资产（见图7－4）。美林集团在贝莱德集团的股权比例为49.8%，其在合并公司里的表决权比例为45%。与美林合并后的新黑石在美国本土提供服务时以"黑岩集团"的名称出现，但在海外市场使用"美林"品牌。

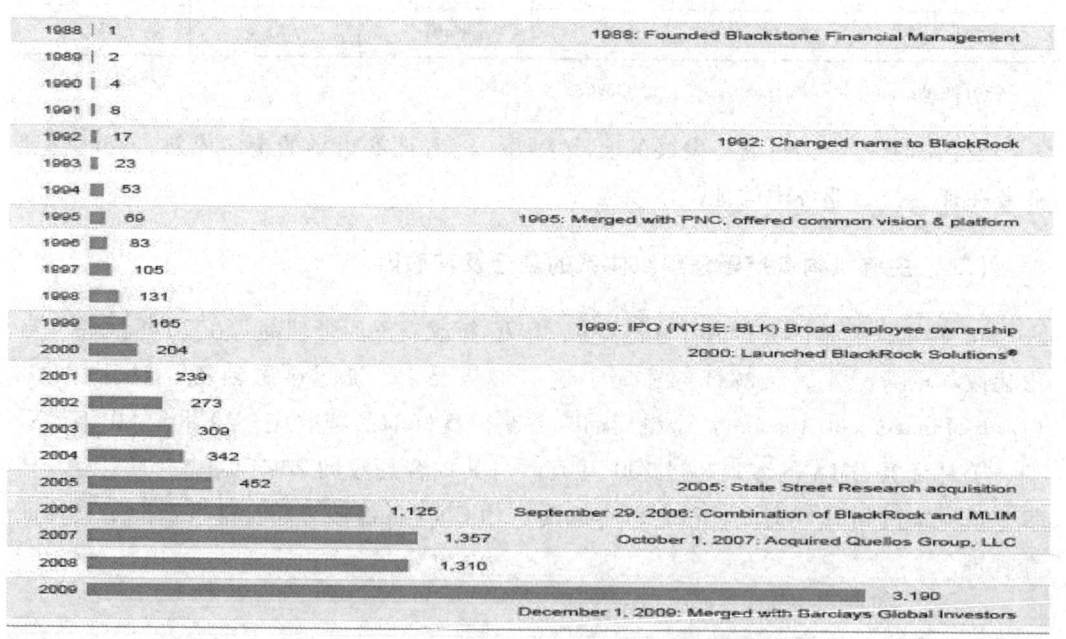

图7－4 美林资产管理——新黑石贝莱德集团成为其转型利器

黑岩集团和美林 MLIM 在分销平台上相辅相成。MLIM 的零售业务在美国处于行业领先位置,在欧洲与亚洲拥有卓越声誉,这正好与黑岩公司的全球机构客户库相得益彰。MLIM 在美国管理着 108 只开放式与封闭式股票与债券基金,其中有 42 只基金被 Morningstar 评为五星和四星基金。而黑岩公司旗下则也拥有超过 100 只基金,黑岩在投资组合上一向偏重于固定收益产品,甚至过度偏向债券。相对于固定收益产品 3 210 亿美元的规模,黑岩只有 440 亿美元股票投资规模。两者组合后,资产管理的产品线丰富化、合理化,能够令客户拥有大量的证券、固定收益与流动性基金选择。

2006 年 12 月,美林集团将"全球私人客户集团"GPC 更改为"全球财富管理集团"GWM;同时宣布了一项引起整个华尔街轰动的投资预算为 10 亿美元的"财富管理技术平台"IT 项目,来支持其全球财富管理的战略实施。

美林资产管理业务的变迁历程显示,并购成为以美国资产管理机构的重要成长模式,机构通过并购行为,分别达到了产品链的完善、客户群的扩大、品牌效应的强化等目的。

2. 高盛。高盛于 1869 年在纽约创立。1988 年,高盛资产管理公司(GSAM)正式成立。与美林不断变化资产管理机构的情况不同,GSAM 机构存在至今未变化,它主要为高盛全球范围的机构和私人客户提供投资咨询、财务规划及提供投资产品服务。

高盛的资产管理业务起步较晚,以低收费手段争取市场份额,但由于定位不明和人员流动而出师不利。再加上高盛的盈利结构过分依赖交易运作,虽然资产管理增长很快,但却并不像其他对手那样盈利。1995 年末,高盛只有 520 亿美元的资产管理,其中 40% 来自低收费的货币市场基金。1997 年末,高盛管理资产仅为美林的 1/3。1997 年摩根士丹利以 104 亿美元收购添惠公司,成为华尔街最大的资产管理公司,但高盛在资产管理方面的市场占有率仍然有限。2001 年后美股经历熊市调整,摩根士丹利的股票和债券互惠基金投资者大幅撤资,高盛由于捕捉到了对冲基金和私人投资基金等另类投资的机遇,其资产管理规模超过了摩根士丹利,尤其是金融危机之后。

3. 瑞信集团:瑞信集团成立于 1856 年,总部设在苏黎世,是世界最大的资产管理机构之一。瑞信集团分为私人银行、投资银行、资产管理[①]三大业务。2009 年末管理资产总额达到 12.29 亿瑞郎[②],其中私人银行业务下管理资产达 9.149 亿瑞

---

① 在瑞信集团中,"私人银行"业务块开展资产管理业务,"资产管理"业务块则开展另类投资业务。
② 2010 年 7 月,1 瑞郎 ≈ 6.5 元人民币。

郎,资产管理业务下管理资产达 4.16 亿瑞郎。

作为集团的三大主业之一,名为私人银行业务的资产管理业务是瑞信集团业务架构中的主体业务,2009 年净利润在集团中的比重为 34.69%,多年来其收入比重基本保持在这一水平。截至 2016 年底,瑞信集团国际财富管理净收入为 1 145 百万瑞郎,管理资产达 3 149 亿瑞郎(见表 7-6)。

表 7-6　　　　　　　　　　瑞信集团国际财富管理

核心数据	2016 年三季度	2016 年底	2015 年三季度
净收入(百万瑞郎)	1 081	1 145	1 093
税前收入(百万瑞郎)	245	245	197
管理资产(10 亿瑞郎)	324.3	314.9	314.6

资料来源:瑞信集团 2016 年 3 季报。

(三)当今世界主流资产管理机构的组织架构

1. 集团内的组织架构

发达国家的证券公司(投资银行)通常是一个大的金融集团,虽然多数公司都在内部设有资产管理部,但仅是个协调机构,具体资产管理业务要通过设立共同基金或通过设立资产管理子公司来进行。国外的证券公司可以管理多只共同基金,大型的资产管理公司下也可能有多只基金(见图 7-5)。

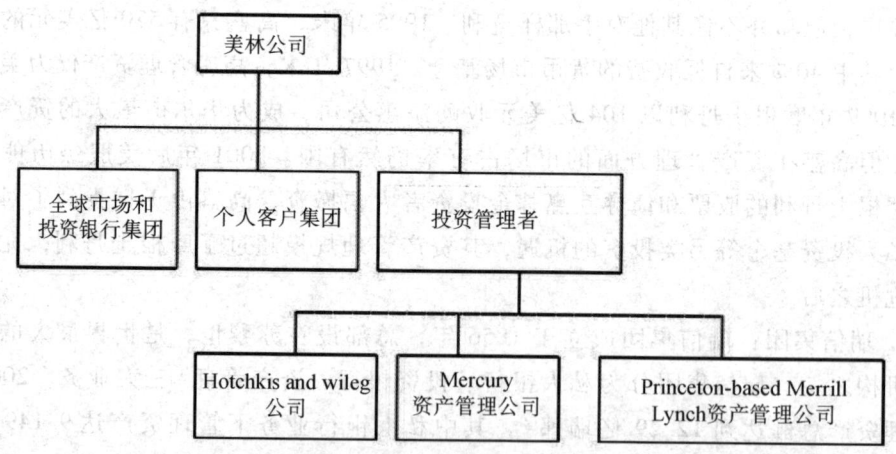

图 7-5　资产管理在金融集团中的组织架构和地位——美林的例子

资产管理业务单元在跟随金融机构战略转型的过程中不断经历分拆、独立、变形,最终形成今日规模庞大、组织完善的独立法人,不同业务的经营风险也得以分隔。

2. 业务块内的组织架构

从整体看,综合金融集团下的资产管理机构基本都采取了市场部、服务与产品部、后台支撑部的内部架构。虽然各金融集团的具体业务运作没有详细的组织架构资料可以借鉴,但瑞信集团的内部组织体系具有代表性。瑞信集团私人银行的投资服务和产品部门作为一个整合的解决方案提供者,它的前方是客户关系经理,后方是投资银行、资产管理公司和第三方提供者。从细节看,该部门管理着业务支持、咨询及交易执行、金融产品及投资顾问服务、环球市场研究等八个下属机构,在其核心的"金融产品及投资顾问"团队中又根据不同的产品设有不同的团队进行管理(见图7-6)。

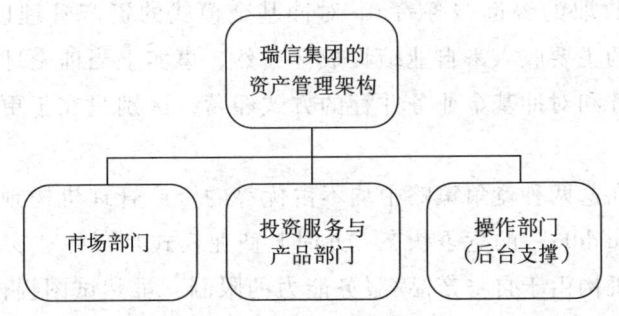

图7-6 资产管理在业务块内部的组织体系——瑞信集团的例子

瑞信集团私人银行的组织架构中,私人银行首席营运官带领团队实现业务策略、规范业务运作、创造客户价值等目标,为私人银行各业务部门提供业务支持和管理。组织下属部门包括三大块:(1)前线市场部门:主要负责市场的拓展,客户关系的维护和产品的销售,是私人银行的核心部门和主要利润来源。(2)投资服务与产品部门:主要负责提供创新产品、解决方案和投资服务。经过多年的不断发展和完善,瑞信集团私人银行已经建立起一个开放的产品平台,主要提供四大类产品:外汇产品、另类投资、结构性衍生产品和投资基金。(3)私人银行操作中心:主要为私人银行的客户提供优质高效的业务处理服务,为其他机构提供业务运作的支持服务和相应管理工作。

（四）全球资产管理业务的经营模式及管理制度

1. 资产管理业务的经营模式

（1）核心指标。一直以来，资产管理公司都将资产管理规模（Asset Under Management，AUM）作为衡量客户需求的有效指标，并据此决定向客户提供何种产品和服务。全球各大知名财经杂志对资产管理公司的排名，也是依据 AUM。AUM 的增长一方面反映了原有资产的价值增值，另一方面源于新资金流入。一般来说，AUM 的快速提升反映了资产管理业务的管理能力和客户挖掘能力。

（2）商业模式。从国外典型机构的资产管理业务运作看，资产管理的主要商业模式是理财顾问模式和对冲基金模式。在前文提到的资产管理机构中，以美林、瑞信等为首的金融机构采取理财顾问模式，而以高盛为代表的金融机构采取对冲基金模式。理财顾问模式的资产管理以提供咨询服务为主，相应的资产管理主要收入来自收费账户（所收取的咨询服务费）。对冲基金模式的资产管理以受托投资为主，相应的资产管理的主要收入来自业绩提成。当然，事实上当前全球资产管理机构均采取理财顾问业务和对冲基金业务并存的方式经营，区别只在于更侧重哪一块的经营而已。

市场上部分在这两种竞争策略中均不占优势的资产管理机构则处于波特所描述的 "stuck in the middle" 的竞争状态，此时其商业模式是一种 "交易型销售模式"。在这种状态下，机构由于自身产品/服务能力的限制，虽然试图提供专业咨询意见，但是客户感受到的却是机构在销售自身的产品。

在三种商业模式中，理财顾问模式是当今世界资产管理界的主流模式，对冲基金模式是高盛等少数机构所采取的较为特殊的商业模式，而交易型销售模式则是不太成功的商业模式。

从三种商业模式的地位可知，专业化的顾问咨询服务是资产管理发展的核心因素之一。专业的客户顾问咨询服务流程通常包括以下五个步骤：（1）需求分析：收集客户基本信息，汇总客户资产负债情况，确认客户的需求和目标。（2）财务概念：为客户的负债选择合适的专项资产做出偿付安排。（3）投资者分析：确定投资者的自由资产、风险特征及适合客户的资产组合。（4）投资策略：根据客户的特征制定投资策略。（5）执行：执行投资策略、监控并调整投资策略和投资组合。

2. 资产管理业务的经营要素

（1）服务。服务模式与服务人才是国际上资产管理业的核心要素。从金融机构的视角看,服务模式的设置要与目标客户群的咨询需求相匹配。在设计服务模式时,金融机构首先要为客户经理设定好"what and how",即客户经理的职责是什么(what),他如何提供咨询服务(how)。通常来说客户经理的服务模式有两种:主导型和维持型。在主导型服务模式下,客户经理负责提供财务规划,是资产管理团队中唯一与客户联络的人。他不仅要提供日常资产管理建议,还要在咨询专家后为客户提供特殊领域的咨询服务(如保险、信用卡、法律等领域)。在维持型服务模式下,客户经理部不用亲自提供财务规划服务,而是向专家团队传达客户的问题,由专家直接向客户提供复杂专业的资产管理解决方案。

从客户的视角看,国际市场上现有的服务模式主要根据客户资产规模来确定,分别以100万美元、1 000万美元、1亿美元区间上下限来确定向客户提供何种服务(见图7-7)。

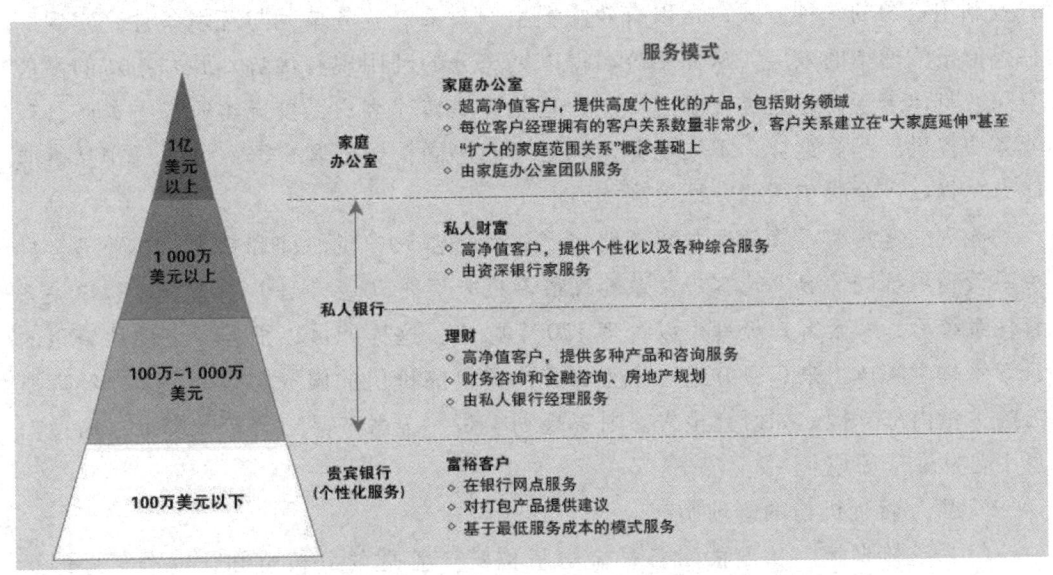

图7-7 资产管理机构的服务模式(客户规模的视角)

资料来源:BCG。

(2)产品。根据BCG的调查,77%的资产管理市场参与者相信理财产品的多样性是资产管理业务的重要增长动力之一,其重要性仅次于客户经理的专业意见。提高产品开发能力包括以下工作:提高产品创新能力,加快产品推出速度,扩大第三方合作伙伴网络。

以美国为例,在20世纪90年代,资产管理业最主流的投资产品是共同基金。

共同基金数目从1990年的3 079家（代表了约1.065万亿美元资产）增加到2000年的8 155家（代表了约6.965万亿美元资产）。据ICI统计，49%的美国家庭持有共同基金，约76%的共同基金资产被个人投资者持有。然而，90年代末大量的共同基金替代物涌现，它们在许多方面具有共同基金的特性，并给共同基金的发展带来了严重威胁，这些产品包括：可交易基金、管理账户、组合投资计划、综合性选择等。其中，管理账户的资产规模从1996年起以年均21%的复合比率增长了5年。与此同时，共同基金的资产规模经历了较大程度的降低。ICI的资料显示，2001年全美共同基金旗下资产减少了8%左右。被管理账户产业良好的发展前景所吸引，基金公司也纷纷推出管理账户理财计划，进一步加剧了美国资产管理业的竞争。

（3）资源整合。国际上各大资产管理机构已经发展到较为成熟的阶段，在其巨大的资产管理规模背后，有着强大的内部协同机制和信息服务平台。协同是经营者有效利用资源的一种方式，可以有效配置生产要素、业务单元与环境条件，实现一种类似报酬递增的效应，从而使公司得以更充分的利用现有优势，并开拓新的发展空间。具体表现为通道类业务向资产管理业务块转移客户，投行类业务向资产管理业务块提供产品。这样，不同业务模块之间的协同扩展了客户群，增强了产品供应能力，提高了金融集团的整体盈利能力。

庞大的客户关系管理通常要耗费客户关系经理70%的时间和精力。在缺乏客户关系管理系统的情况下，客户关系经理最多只能管理70多个账户。建立了客户关系管理系统后，一个客户经理可以管理120个账户，这样就可以把客户经理从繁重的日常管理中解放出来，更好地专注于为客户提供高价值的服务。另外，客户经理所需的大量内部支援，如研究报告、财务规划模板、金融产品组合等，都可以通过信息平台获取或完成。

3. 资产管理机构的管理制度

（1）整体框架。从前面对各种金融机构资产管理的分析可知，资产管理的运作、管理制度受机构金融产品与服务的供给能力制约，供给能力决定资产管理的盈利模式，而盈利模式决定了管理制度的整体框架（见图7-8）。

图7-8 资产管理业务的管理制度：决定的逻辑

除了对冲基金式的资产管理明显偏向于投资管理外，理财顾问式的资产管理对服务、产品、规划、执行等的要求更高更详尽。因此，其管理制度需要涉及管理服务规则（建立客户档案与提供公司服务资料等）、管理执行规则（客户的资产管理规划与报表等）、管理执行模式（包括对服务渠道的管理等）、管理公司服务情况（服务与检视、进度管理、执行管理、潜在客户管理）等。

（2）值得了解的特色——风险管理。国际投行在积极探索资产管理业务创新的过程中，将成熟的风险控制技术应用于资产管理业务，同时成立严密的风险控制体系，有效防范和控制了业务风险。

以美林为例，其资产管理业务风险控制的内部结构主要包括董事会审计委员会、管理层、风险监视委员会、公司风险管理部、风险政策小组、业务单位及各种管理委员会。其中，风险监视委员会和风险管理部是对公司所有交易活动进行风险监督的核心部门。风险监视委员会下属的风险控制单元则运用分析性框架落实审计委员会的风险控制政策，保证资产管理部门与其他部门间的风险隔离。

在风险控制过程中，美林注重沟通、控制和风险技术三个要素。沟通包括风险管理人员间、风险管理部门与投资经理间定期与正式的风险研讨活动，以便美林及时监察全球各个市场的风险与交易情况。控制指资产管理的风险管理部门制定了一系列规范和准则，对投资经理人进行风险控制。美林的风险技术包括风险数据库、交易限额监视系统、交易系统通道和敏感性模拟系统，运用这些风险技术工具，风险管理部门可以掌握资产管理业务的整体风险，并根据需要调整相应的投资组合。

（3）值得了解的特色管理——投资者教育管理。美林的旗舰计划 Investing Pays Off 为以理财素养和商业智慧为背景的年轻人设立了一个公平的"运动场"。该计划以免费课程、美林志愿者参与和在线教育资源而见长。

（五）全球资产管理业务发展趋势

近几年，全球资产管理业开始转向一种以需求为导向的动态服务。传统的资产管理模式，按照资产规模对客户进行细分，例如按照财富净值将客户分为高净值客户（100万美元~3 000万美元）和超高净值客户（300万美元以上）。但是这种细分方法难以反映客户的个性化需求。沿用静态服务模式的公司在客户寻求咨询之前，就已经决定执行模式与顾问要采取的策略。完全以 AUM 为根本就永远不了解为何能留住某些客户，但有些客户却不再继续与公司合作。在这种转变过程中，AUM 指标虽然仍然是预测客户需求的起始指标，但考虑到客户关系的潜在价值，则客户期望的服务水准与其财富来源、投资活动的参与度、风险承受能力，甚至性别、年龄、人生阅历等因素都有显著的关系。顺延这种思路,资产管理的服务模式也会发生重大变化(见表7-7)。

表7-7　　　　　　　　　客户服务的发展与变迁——瑞信集团

	20世纪80年代	20世纪90年代	目前
顾问	投资建议	财务策划	综合的资产负债管理
产品	经纪服务、委托管理	结构性产品	量身定做的解决方案
服务	诚信	环球金融市场研究	全球化的服务能力

要运用以需求为导向的动态策略,则以下要素决定了资产管理业务能否跃上更高的发展层次:

1. 客户分类方式的改变,超越AUM来划分以及确认客户需求。除了考虑AUM之外,顶尖资产管理机构在划分客户时,会以客户的兴趣、文化背景、与公司互动的频率、偏好的沟通渠道与理财行为特性作为依据。这有助于针对特定客户需求而提供适合的产品与服务(见表7-8)。

表7-8　　　　　　　　　资产管理的客户细分新维度

客户类型	需求特点	主要产品/服务
企业主	关注个人财富和企业的传承,需要机构处理金融事务以便专注于企业经营	公司金融解决方案、信托服务财产和税收顾问、不动产规划
职业经理人	在职场上消耗了大量的时间和精力,需要机构处理投资和财富传承方面的事务	投资服务、信托服务、不动产规划、慈善基金、子女教育
家庭	富有家庭的财富可能涉及多个国家且存在多个继承人,需要机构处理全球财富管理和财富传承方面的事务	家庭办公室顾问、全球财富解决方案、信托服务、慈善基金
国际客户	经常穿梭于不同国家,需要机构处理全球财富管理和跨境交易方面的事务	全球财富解决方案、融资和银行服务、移民服务
传媒、娱乐和体育人士	由于职业原因,传媒、娱乐和体育人士的需求与商务人士不同,机构在理解其行业特点的基础上提供相应服务	全球传媒及娱乐顾问、全球体育集团、保险服务

2. 以公司策略与客户终身价值来决定产品与服务。找出客户需求之后,必须了解哪些产品与服务渴望满足客户并与客户建立长期关系。公司要评估自身的核心竞争力与整体策略以决定该着重哪一部分。如果客户需求与公司提供的产品服务之间

有落差，公司必须决定是否该增加额外服务、与第三方合作，或者玩具这一机会以确保整体策略的一致性。最后，在选择新产品与服务时，可依照新增服务于销售渠道的成本与潜在获利状况作为评估依据。

3. 根据前两部来选择服务方式与执行模式。选择最恰当的服务方式，意味着挑选出最能符合客户需求的适当渠道与执行模式。执行模式要能够调整或相互结合以满足特定客户需求（见表7-9）。一般而言，资产管理公司会根据新客户所带来的资产规模，将客户归类于三个基本执行模式中：证券经纪（产品专家）、投资经理（或者客户关系经理）、财富规划（服务于个人的财务规划师或财富策略师）。

表7-9　　　　　　　　资产管理由传统模式转向需求导向模式

	传统模式	需求导向模式
决定与划分客户需求	划分客户的标准： • AUM • 风险承受度 • 其他个人背景资料 公司决定策略之前不会主动检视客户需求	超越AUM的客户划分标准： • 目前与未来的投资目标 • 行为特性 • 理想模式 • 外部利益 • 偏好沟通模式/期望互动程度 • 根据产品、服务与投资标准界定客户需求 • 需求决定公司策略与服务内容
搭配产品与服务	• 分析客户需求之前就已决定策略与产品 • 根据AUM与风险承受能力制定行销策略 • 根据财富等级提供客户产品	• 公司检视经营现状，以及新旧顾客来评估其核心竞争力与产品内容 • 依据需求导向策略提供客户服务。预期客户获利能力作为服务依据
决定执行模式	• 根据AUM将客户纳入执行模式 • 根据执行模式决定服务方式	• 根据客户需求量身定做执行模式与服务方式 • 必要时运用多种服务渠道与执行模式
检视服务	一旦客户被归类在某个模式，服务方式就保持不变，除非AUM出现大幅变动	根据客户行为特性、评估分析与其他标准，持续进行检视以开发新的产品、服务与投资机会

第八章

自营业务

第一节 自营业务概述

一、证券自营业务的定义

证券自营业务是证券公司三大主体业务之一,证券公司自营业务是指证券公司以自有资金或以自己名义对外举债筹资,从事股票、债券、基金、认股权证以及其他权益类证券的买卖交易等的投资活动或行为。国际上证券公司的自营业务按交易场所分为场外(如柜台)自营买卖和场内(交易所)自营买卖。场外自营买卖是指证券公司通过柜台交易等方式,与客户直接洽谈成交的证券交易。场内自营买卖是证券公司自己通过集中交易场所(证券交易所)买卖证券的行为。我国的证券自营业务,一般是指场内自营买卖业务。

国际上对场内自营买卖业务的规定较为复杂,如在美国纽约证券交易所,经营证券自营业务的机构或者个人,分为交易厅自营商和自营经纪人。交易厅自营商只进行证券的自营买卖业务,不办理委托业务。自营经纪人在自营证券买卖业务的同时,兼营代理买卖证券业务,其代理的客户仅限于交易厅里的经纪人与自营商。自营经纪人自营证券的目的不像自营商那样追逐利润,而是确保其专业经营的证券能够维持连续市场交易,防止证券价格的暴跌与暴涨。

在我国,证券自营业务专指证券公司为自己买卖证券产品的行为。买卖的证券产品包括在证券交易所挂牌交易的A股、基金、认股权证、国债、企业债券等。

二、证券自营业务的开展条件

(一)从事自营业务应具备的条件

根据《证券经营机构证券自营业务管理办法》的规定,从事自营业务应具备以下条件:

(1)证券公司有不低于2 000万元人民币的净资产,兼营证券的机构不低于

2 000万元人民币的证券营运资金。

（2）证券公司有不低于1 000万元的净资本，兼营证券的机构有不低于1 000万元的净证券营运资金。

此办法所称净资本的计算公式为：

净资本＝净资产－（固定资产净值＋长期投资）×30％－无形及递延资产－提取的损失准备金－中国证监会认定的其他长期性或高风险资产

此办法所称净证券营运资金是指证券兼营机构专门用于证券业务的具有高流动性的资金。

（3）有2/3以上的公司高级管理人员及其主要业务人员应获得中国证监会颁发的证券业从业人员资格证书。在具备证券业从业人员资格证书以前需具备以下条件：①高级管理人员应具备必要的证券、金融、法律等有关知识，近两年内没有严重违法违规行为，其中2/3以上应具有两年以上证券业务或三年以上金融业务工作经历；②主要业务人员应熟悉有关的业务规则及业务操作程序，近两年没有严重违法违规行为，其中2/3以上具有两年以上证券业务或三年以上金融业务工作经历。

（4）在近一年内没有严重违法违规行为，或在近两年内未受到取消自营业务资格的处罚。

（5）证券经营机构成立且正式开业已超过半年；兼营机构证券业与其他业务分开经营并分账管理。

（6）设有专用的电脑申报终端设施和其他必要的设施。

（7）中国证监会要求的其他条件。

（二）证券经营机构申请成为国债一级自营商需要符合的条件

根据《中华人民共和国国债一级自营商管理办法》，证券经营机构申请成为国债一级自营商的资格，需要符合下列条件：

（1）具备法定最低限度以上的实收货币资本；

（2）有能力且自愿履行各项义务；

（3）在中国人民银行批准的经营范围内依法开展业务活动，在前两年中无违法和违章经营的记录，具有良好的信誉；

（4）在申请成为国债一级自营商之前，有参与国债一级市场和二级市场业务一年以上的良好业绩。

财政部会同中国人民银行和中国证监会共同负责国债一级自营商的资格审查确

认事宜。凡经审查批准成为国债一级自营商的,由财政部、中国人民银行和中国证监会联合颁发国债一级自营商自营资格证书。国债一级自营商的资格需要每年复审一次。

三、证券自营业务的特点

证券公司自营业务有以下特点:

(一) 自主经营

自主经营是自营业务的首要特点。在不违反法律法规的条件下,从事自营的证券公司以自有资金或以自己的名义负债筹资进行证券投资,盈利归己,风险自担;在交易行为、交易方式、交易价格上具有自主性。自主经营体现在从投资决策到整个操作的完全的独立性,不受外来的限制,公司有权决定投资方向。

(二) 高风险

高风险是证券公司自营买卖业务区别于经纪业务的另一重要特征。自营业务的风险来自二级市场,影响证券价格的因素很多,证券价格的波动难以把握。自营业务是证券公司以自己的名义和合法资金直接进行的证券买卖活动,而买卖证券又是一种风险很大的活动,所以说,证券价格的风险性决定了自营业务的高风险。与证券公司的经纪业务、投资银行业务、资产管理业务等其他业务相比,自营业务要求证券公司自行出资,以自己名义投资并承担投资失利的后果,因而风险最大。

(三) 资金量大

资金运作规模和业务吞吐量一般很大。证券公司自营业务所运用的资金少则数千万元,多则可达几亿甚至几十亿元,这是一般个人投资者或企业投资者难以达到的,这会给证券市场价格变动带来重大影响。如股票、债券市场的机构"做庄",即使完全遵守国家的有关规定,往往也会引起证券市场价格的巨大波动。

(四) 专业操作

证券自营需要依靠高级专业人士进行投资决策、管理和操作。由于运营资本的规模大,同时为了规避风险,往往选择不同证券品种进行投资组合。自营部门是一个专业部门,必须集中一大批经验丰富的专业操作人员和专业研究人员。通过这些专业人员的研究和规范操作,才能取得一定的稳定收益,才能有效防范政策和法律风险。

(五) 保密性

因为自营业务投入的资金量很大,其运作会对所买卖的证券价格产生很大的影响,一旦资金运作的方向、方式、规模等被其他人员知晓,将会给自营业务带来巨大的损失,所以,自营业务需要严格保密。

四、证券自营业务的对象

证券自营业务买卖的对象可以细分为四类,其中主要的两大类为:上市证券和非上市证券。

上市证券是指在证券交易所挂牌交易的人民币普通股、证券投资基金、权证、国债、公司或企业债等,这是证券公司自营买卖的主要对象。上市证券的自营买卖是证券公司自营业务的主要内容。证券公司根据行情变化进行证券自营买卖业务。上市证券的自营买卖具有吞吐量大、流动性强等特点。

非上市证券是指已发行在外但没有在证券交易所挂牌交易的证券。非上市证券的自营买卖主要通过银行间市场、证券公司的营业柜台实现。银行间市场的自营买卖是指具有银行间市场交易资格的证券公司在银行间市场以自己名义进行的证券自营买卖。目前,银行间市场的交易品种主要是债券,采取询价交易方式进行,交易对手之间自主询价谈判,逐笔成交。柜台自营买卖是指证券公司在其营业柜台以自己的名义与客户之间进行的证券自营买卖。这种自营买卖比较分散,交易品种较单一,一般仅为非上市的债券,通常交易量较小,交易手续简单、清晰,用时也短。

另外,还有两种情况也会造成证券公司的自营买入。第一种是兼并收购中的自营买卖。证券公司根据市场发展,可以从事投资银行中的兼并收购业务。证券公司可以根据收购对象的潜在价值先行收购,这些收购包括上市公司的各种股份以及非上市公司的股权,然后再将所收购股份出售给其他公司。第二种是证券承销业务中的自营买卖。证券承销商在发行业务中一般采取余额包销的方式。如果股票在发行中由于种种原因未全额销售,那么根据协议余额部分应由证券商买入。同样,在配股过程中,投资者未配部分,如果协议中要求包销,那么也必须由证券公司购入。

这种情况多在政策变动和股市疲软时发生。这部分股票，证券公司将择机卖出。

五、证券自营业务的监管和法律责任

（一）监管措施

1. 专设账户，单独管理

证券公司同时经营证券自营与代理业务，应当将经营两类业务的资金、账户和人员分开管理，并将客户交易结算资金全额存入指定商业银行，将公司证券自营资金设立专门账户，单独管理核算。

2. 证券公司自营情况的报告

证券公司应每月、每半年、每年向中国证监会和交易所报送自营业务情况统计表，并且每年要向中国证监会报送年报，向交易所报送年检报告，其中，自营业务情况也是主要内容之一。

3. 中国证监会的监管

根据最新《证券法》的规定，证券服务机构应当妥善保存客户委托文件、核查和验证资料、工作底稿以及与质量控制、内部管理、业务经营有关的信息和资料，任何人不得泄露、隐匿、伪造、篡改或者毁损。上述信息和资料的保存期限不得少于 10 年，自业务委托结束之日起算。

4. 证券交易所的监管

证券交易所要求会员按月编制库存证券报表，并于次月 5 日前报送交易所。每年 6 月 30 日和 12 月 31 日过后的 30 日内，证券交易所应向中国证监会报送各家会员截止到该日的证券自营业务情况等。

5. 禁止内幕交易的主要措施

证券公司处于证券交易的中介地位，可以利用中介机构的身份对可能形成的内幕交易行为进行审查把关，通过交易的异常行为发现内幕交易。最新《证券法》规定，证券交易活动中，涉及发行人的经营、财务或者对该发行人证券的市场价格有重大影响的尚未公开的信息，为内幕信息。具体内容包括：

（1）根据投资者对象来审查是否是内幕人；

（2）根据投资者的交易价格判断是否合理；

（3）根据投资者的交易品种和数量来分析是否正常；

（4）根据信息公开披露前后的市场表现来观察是否构成内幕交易。

总之，一旦发现有可能属内幕交易的情况，则应从严审查，一经查实应立即中止交易。

（二）法律责任

1. 根据最新《证券法》规定，擅自设立证券公司、非法经营证券业务或者未经批准以证券公司名义开展证券业务活动的，责令改正，没收违法所得，并处以违法所得1倍以上10倍以下的罚款；没有违法所得或者违法所得不足100万元的处以100万元以上1 000万元以下的罚款。对直接负责的主管人员和其他直接责任人员给予警告，并处以20万元以上200万元以下的罚款。对擅自设立的证券公司，由国务院证券监督管理机构予以取缔。

2. 证券公司违反自营业务管理法规，超规模、超比例持有或买入证券的，单处或并处警告、没收非法所得、罚款，并限期纠正；在限期内仍达不到规定要求的，处以暂停自营业务资格半年至1年的处罚。

3. 证券公司有下列行为的，将视情节轻重给予警告、没收非法所得、罚款甚至暂停自营业务半年至1年的处罚：

（1）不接受、不配合中国证监会的检查、调查；

（2）不按规定上报自营业务资料和情况报告；

（3）由上市公司或其关联公司持有10%以上股份的证券公司自营买卖该上市公司的股票；

（4）将自营业务与经纪业务混合操作；

（5）以自己名义为他人或以他人名义为自己买卖证券；

（6）委托其他证券公司代为买卖证券；

（7）其他违反自营业务管理法规的行为。

4. 《刑法》的有关规定

《刑法》第180条规定，证券交易内幕信息的知情人员或者非法获得证券交易内幕信息的人员，在涉及证券的发行、交易或者其他对证券价格有重大影响的信息尚未公开前买入或卖出该证券，或者泄露该信息，情节严重的，将处以罚款并追究刑事责任。《刑法》第181条规定，编造、传播影响证券交易的虚假信息，或伪造、变造、销毁交易记录，扰乱证券交易市场，情节严重的，将处以罚款并追究刑事责任。

《刑法》第182条规定，有下列行为之一，操纵证券交易价格，获取不正当利益或转嫁风险，情节严重的，将处以罚款并追究刑事责任；单独或者合谋，集中利用资金优势、持股优势，或者利用信息优势联合或者连续买卖，操纵证券交易价格的；与他人串通，以事先约定的时间、价格和方式相互进行证券交易或者相互买卖并不持有的证券，影响证券交易价格或者证券交易量的；以自己为交易对象，进行不转移证券所有权的自买自卖，影响证券交易价格或者证券交易量的；以其他方法操纵证券交易价格的。

第二节 自营业务决策机制

一、证券自营业务决策机制组织架构

对于证券公司的自营业务而言，因为其使用公司的自有资金，所以公司股东承担着较大的风险，同时也拥有公司的剩余索取权和剩余控制权。股东大会通常被认为是公司的最高权力机构，其拥有公司重大事项的最终决策权，而其日常的经营管理权往往授予公司董事会来行使，董事会负责各部门业务的决策管理。作为一个以投资营利为目的的部门，自营业务开展过程中存在一个类似于公司的集体决策机制，即在对自有资金的运作过程中，亦需要通过一种集体决策机制将证券公司股东的意志转化为资产管理的意志，在公司的股东大会上通常会涉及与其相关的说明与要求，并且其所达成的决议对自营资产管理团队的具体投资决策内容有约束力。

总的来说，自营业务决策的组织架构可看作一个三级体制：董事会—投资决策机构—自营业务部门。董事会是自营业务的最高决策机构，在严格监管法规中关于自营业务规模等风险控制指标规定的基础上，根据公司资产、负债、损益、资本充足等情况确定自营业务规模、可承受风险限额等，并以董事会决议的形式进行落实。自营业务具体投资运作管理由董事会授权公司投资决策机构决定。投资决策机构是自营业务投资运作的最高管理机构，负责确定具体的资产配置策略、投资事项和投资品种等。自营业务部门是自营业务的执行机构，在投资决策机构做出的决策范围内，根据授权负责具体投资项目的决策和执行工作。

自营业务的管理和操作由证券公司自营业务部门专职负责，非自营业务部门和

分支机构不得以任何形式开展自营业务。自营业务中涉及自营规模、风险限额、资产配置、业务授权等方面的重大决策，应当经过集体决策并采取书面形式发出，再由相关人员签字确认后存档。

二、证券自营业务投资决策的制定

（一）投资决策制定的依据

投资决策主要依据国家有关法律、法规和基金合同的有关规定、国内外宏观经济发展状况、上市公司的状况、国家财政政策、货币政策、产业政策、证券市场政策环境、市场资金供求状况、投资品种的预期收益率、风险水平以及影响证券市场未来走势的其他因素。

决策依据主要来源于研究团队定期或不定期的宏观经济分析报告、证券市场分析报告、行业分析报告、上市公司研究报告以及各个券商研究报告等。上述报告综合了证券公司内外部研究成果。投资决策依据主要用于资产配置策略、权益类投资策略、固定收益类投资策略等投资决策，最终决定证券具体的交易行为。

（二）投资决策制定的程序

自营业务的投资管理是在投资决策委员会的监控下由自营部门的投资团队具体实施的。投资决策委员会的权限和责任等内容在决策的制定过程中涉及公司研究发展部、投资决策委员会、自营投资部门和风险控制委员会等部门。一般来说，决策程序涉及以下几部分：

一是研究部门通过自身的研究或外部研究机构的力量提供有关宏观经济分析、公司分析以及市场分析的各类研究报告，挖掘投资机会，为投资决策委员会以及自营业务的投资决策提供依据。

二是投资决策委员会审议和决定自营部门的总体投资计划。首先，投资决策委员会认真分析研究发展部提供的研究分析报告及其投资建议，并根据现行法律、法规和公司的有关规定，根据投资的期望回报率和风险性确定投资原则、投资目标、投资策略以及投资组合的总体目标和总体设计。其次，投资决策委员会定期或不定期召开会议，依据研究团队及投资经理提交的各类研究报告、投资策略或组合方案，以及金融工程团队提供的风险监测指标等，制定投资原则、投资目标及整体资产配置策略和风险控制策略。如遇重大事项,投资决策委员会应及时召开临时会议做出决议。另外,投资决策委员会还将根据风险控制委员会的建议和监督,适时调整投资组合,提高投资组合的抗风险能力。

三是自营投资部门制订投资组合的具体方案。在投资决策委员会制订总体投资计划的基础上,投资部将参考研究发展部的研究分析报告建立备选股票库,构建投资组合方案,并对方案进行深入细致的风险/收益分析。同时,投资部门的交易团队还承担一线风险监控职责,并在投资执行过程中将有关投资实施情况和风险评估报告反馈给投资决策委员会。自营投资部门在制订具体方案时要接受风险控制委员会的风险控制建议和监察稽核部门的监察、稽核。

四是风险控制委员会提出风险控制建议。证券市场由于受到政治、经济、投资心理及交易制度等各种因素的影响,导致资金投资面临较大的风险。为降低投资风险,风险控制委员会应通过监控投资决策、实施和执行的整个过程,根据市场价格水平制定公司的风险控制政策,提出风险控制建议(见图8-1)。

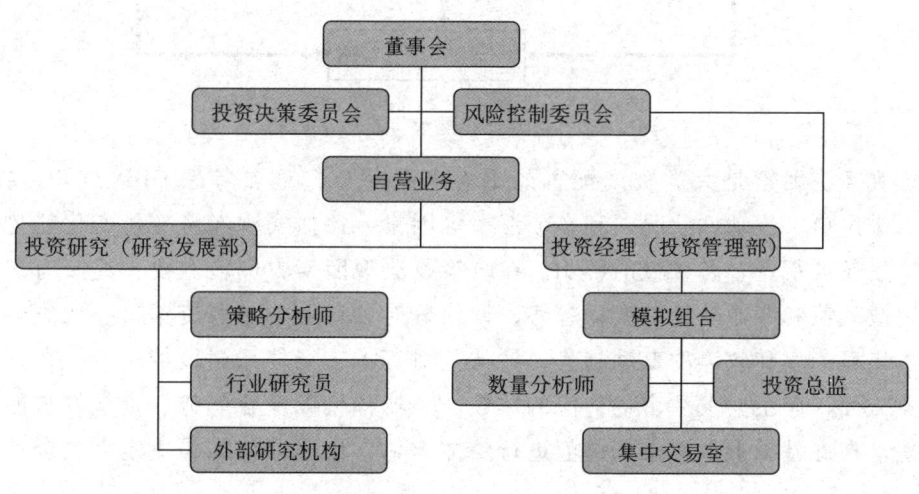

图8-1 自营业务投资决策部门结构

三、证券自营业务投资策略

(一)大类资产配置策略

投资决策委员会应定期或根据需要召开会议,审议宏观研究员与投资经理根据股市趋势得出的分析结论，确定今后一段时间内大类资产配置策略，即投资组合中股票和其他金融品种的构成比例。投资经理执行审定后的资产配置计划。

大类资产配置采用自上而下的多因素分析决策支持系统，结合定性分析和定量分析，确定资产在股票、债券及货币市场工具等类别资产间的分配比例，并随着各类证券风险收益特征的相对变化动态调整，以规避或控制市场系统风险，获取超额收益率。

在实施大类资产配置时，主要考虑三方面的因素：宏观经济因素、政策及法规因素和资本市场因素（见图8-2）。

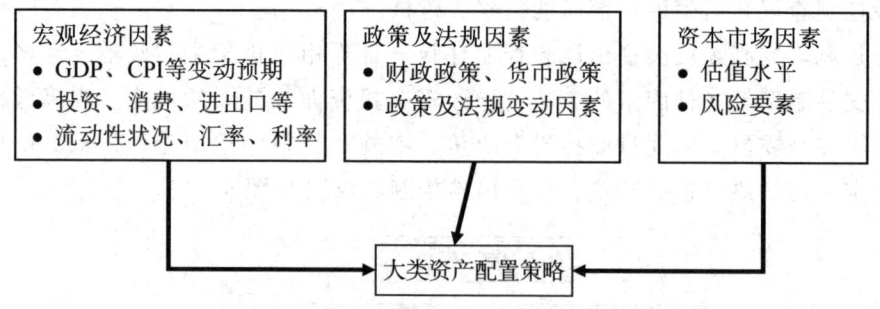

图8-2 大类资产配置策略考虑因素

宏观经济因素是大类资产配置的重点考量对象，重点考虑GDP、CPI、投资、消费、进出口、流动性状况、利率、汇率等因素，评估宏观经济变量变化趋势及对资本市场及各行业、各领域的影响。在政策及法规因素方面应主要关注政府货币政策、财政政策和产业政策的变动趋势，评估其对各行业领域及资本市场的影响，关注资本市场制度和政策的变动趋势，评估其对资本市场体系建设的影响。在资本市场因素方面，应主要关注市场估值的比较、市场预期的变化趋势、资金供求的变化趋势等。在此基础上，对市场估值进行整体评估，依据评估结果决定大类资产配置方案。

（二）股票投资策略

通过定量与定性相结合的上市公司评价体系，相对与绝对、横向与纵向相结合的估值定价体系，实现股票优选与投资组合的动态调整，即从市场、行业角度进行横向分析，从历史、发展趋势角度进行纵向分析，并使用估值分析法进行投资组合的动态调整。根据各个证券公司资本实力以及研究能力的不同，制定差异化的股票资产持有比例和投资周期。

股票的选择先通过定量分析和定性分析,即对上市公司的总经营性资产的盈利能力、现金流、资产质量和杠杆效率、周转效率、成本控制和成长能力、收益质量等进行综合量化评价,择优进行重点研究,再通过估值评估与修正将具有估值优势的企业纳入组合,最后通过持续的跟踪、交流与反馈来优化组合的个股权重,在保障组合的可持续性的同时,保持组合的弹性空间。

对上市公司的定性分析重点包括产业前景(宏观经济分析、行业前景分析)、公司发展战略、法人治理结构、公司核心竞争力分析四个组成部分。产业前景分析(区别于行业分析,因为上市公司可能涉及多个行业)以宏观经济环境的分析为基础,系统地判断上市公司所涉及产业的前景,为上市公司的长期价值判断提供产业分析基础。公司发展战略分析是我们对上市公司中长期业务发展判断的重要依据,也是对其长期价值判断的重要假设前提。法人治理结构分析通过判断其如何保证投资者(股东)的投资回报,以及如何协调企业各层次内的利益关系,重点考察公司治理对股东利益的影响,有效降低价值判断假设条件的不确定性。公司核心竞争力分析是判断其未来业务发展持续性与确定性的重要依据,核心竞争力表现为一种或多种竞争优势,可以界定为"企业借以在市场竞争中取得并扩大优势的决定性力量",是特定企业个性发展中的产物。它的表现形式多种多样,始终融于企业的研究开发、设计、锻造、销售、服务等方面,是企业有形资源与无形资源的有机结合,体现为企业持续盈利能力的强弱。以价值思维分析企业竞争力,主要考察企业在技术与研发、产品质量、经济资源、市场垄断、营业成本、经营管理、企业文化、专业素养、创新能力、品牌、商业模式、执行力、抗风险能力等方面是否具有竞争对手在中长期内难以模仿的显著优势,是否具有有效增强企业长期盈利的能力。

对于估值分析,以上市公司所处不同行业的资产与业务特点为基点,采用不同的估值定价模型,对上市公司从相对与绝对、横向与纵向两个方面进行估值分析,即从国内市场、国际市场、相关行业的角度进行横向分析,把握估值的波动区间;从历史、发展趋势的角度进行纵向分析,明确企业所处的历史阶段,选取最适宜的估值模型进行估值。在尊重市场、有效解读市场偏好的基础上,及时将具有估值优势的企业纳入投资组合,将估值偏高或过分透支的个股调减或调出投资组合。

(三) 债券投资策略

自营部门将通过评估货币政策、财政政策和国际环境等因素,分析市场价格中隐含的对经济增长、通货膨胀、违约概率、提前偿付速度等因素的预测情况,再对信用、久期和凸性等进行灵活配置，实施积极主动的操作，力争获取超越所对应的债券基准的收益。当各种投资机会预期的风险调整后收益发生变化时，该部门应对组合的策略和比例做相应调整，以保持投资组合的最优化配置。

债券投资通常采用自上而下的分析：

（1）使用各种宏观经济指标及金融数据，对未来的财政政策及货币政策做出判断或预测，并根据货币市场运行状况及央行票据发行到期情况，对债券市场短期利率走势进行判断。

（2）根据近期债券市场的发行状况及各交易主体的资金需求特点，对债券的发行利率进行判断，进而对债券市场的走势进行分析。

（3）根据近期的资金供需状况，对债券市场的回购利率进行分析。

（4）根据债券市场的当前交易数据，估计出债券市场当前的期限结构，并对隐含远期利率、当期利差水平等进行分析，进而对未来的期限结构变动做出判断。

（5）根据债券市场的历史交易数据，估计出债券市场的历史期限结构，并对历史利率水平、历史利差水平等进行分析，进而对未来的期限结构变动再做出判断。

（四）其他金融工具投资策略

在衍生品的投资方面，投资将建立在对标的证券和组合收益风险进行分析的基础之上，在证券公司风险承受能力许可的范围内，本着谨慎原则，适度参与衍生品投资。衍生品投资的主要策略包括：利用汇率衍生品，降低汇率风险；利用指数衍生品，降低市场整体风险；利用股票衍生品，提高自营资产的建仓或变现效率，降低流动性成本等。

证券自营业务的投资对象主要是被中国证监会认可的交易所上市交易的衍生产品（如期货、期权、权证等），也可以是根据需要投资的衍生产品（如远期合约、互换等）。衍生品在自营业务的投资中主要起锁定收益和控制风险的作用。在组合构建和操作中运用的投资策略主要包括杠杆策略、价值挖掘策略、获利保护策略、价差策略、双向权证策略、卖空保护性的认购权证策略、买入保护性的认沽权证策略等。

此外，在符合有关法律法规的前提下，还可进行证券借贷交易、回购交易等投资，以增加收益。未来，随着全球证券市场投资工具的发展和丰富，甚至可在公司的许可下调整和更新相关投资策略。

第三节 自营业务运作机制

一、证券自营业务的运作方式

根据交易场地的不同,可以将自营业务的类型分为场外和场内自营交易业务。

(一)场外自营交易业务

在场外自营交易业务中,根据场外交易对手的不同,可以将这一部分业务细分为三类。第一种是自营商与客户的交易。在这种方式下,客户可当面或通过书面、电话、传真等形式直接跟自营商洽谈交易价格等,进行溢价买卖。第二种是自营商与经纪商之间的交易。很多时候客户可能因为一些原因无法直接跟自营商交易,那么他就可以选择一个证券经纪商代理其在证券市场上跟自营商进行协商定价等交易活动。第三种是自营商之间的交易。两个自营商之间可以进行直接证券买卖交易。当自营商自身拥有的证券数额不能满足交易对手的需求时,该自营商可以通过与其他自营商的交易获得所需证券,以实现与客户或经纪商的交易。

(二)场内自营交易业务

通常,在证券交易所里进行自营业务的券商不跟投资者进行直接接触,只在场内以自己的名义和账户买卖证券。自营商由于直接参与证券的交易买卖活动,手续极为简便,只需根据交易所的挂牌价格,确定买入或卖出的证券及数量,同时填写证券买卖申请书,委托本公司的交易员参与竞价,成交后缴纳资金或交付证券即可。

二、证券自营业务的盈利模式

我国证券市场上的券商自营业务经过最近几年的发展,也逐渐开始占据券商业务的主要地位。然而,自营业务的盈利模式并不多,各券商自营业务的差异化主要体现在投资策略、自营资产规模以及结构的不同,总的来说还处于一个摸索与对外国券商自营模式借鉴的阶段。在国外，证券公司的自营业务模式主要有两种类型：投资模式和做市商模式。

（一）投资模式

国际性大券商自营业务投资模式采用的基本投资理念是：区域投资经理采用积极主动的管理策略，利用各种研究资料和技术分析工具，使用自下而上的选股策略和自上而下的资产配置策略，进行个股选择及资产配置。投资区域着眼全球，定期由公司高层组织投资专家，对全球市场进行分析，对各区域的股市、债市、汇率、经济增长情况进行全面分析，确定主要投资方向，确定资金在不同市场的投资比例，控制投资风险。个股分析从宏观分析开始，先对投资品种、区域、行业进行研究，再确定投资比例，进而分析个股。地区性投资部门以投资会议形式定期确定区域性投资策略，确保个股的选择符合本地区的特点。制定严谨的投资管理程序，每次投资都要根据投资估值分析报告、技术分析手段综合分析后再进行投资。

就交易的具体策略而言，国外大的券商摆脱了坐庄的模式，尽可能使用衍生工具做套利。他们积极利用自身优势对商品、利率、汇率、期权、股票价格、指数等合约进行组织、分解，通过开发和使用各种非常复杂的衍生产品来规避风险，同时还利用这些衍生产品进行套期保值、优化资产负债管理。由于投资品种多、衍生工具多，这些券商投资部门的收益一般较为稳定，很少出现亏损。其主要投资品种有：定息证券，包括货币市场、短期债券、环球新兴市场债券、环球债券、亚洲债券等；股票，包括世界各主要经济大国的股票、环球新兴市场股票、亚太区股票等；策略性投资产品，包括指数增值基金、结构性产品、对冲基金等。

国外券商自营投资模式已由最初的价格操纵、波段博弈，逐步发展到价值发现和指数套利等方式。其投资操作具体程序是：先做好资金分布，再由全球策略投资小组每季度召开全球会议进行宏观分析、确定。其中，环球总部主要负责宏观控制，制订资金分布计划、风险控制规划。区域总部负责区域投资计划、各投资小组资金分配、投资过程监控和风险管理。投资经理职责是，在投资计划的总体控制下，自由选择投资产品。在选择行业或股票时，通过经常性地方会议进行微观分析后，由当地投资经理具体决策。投资经理在规定的投资规模内有足够的自由投资权，资金一般分散在多家券商内开户，这样可以得到多家券商的分析报告，每天汇报投资情况。每个投资经理可配一两名投资助手，收集资料、调研报告，与本公司和有关券商的研究机构密切联系。对个股的投资，一般要先看投资估值报告，确定欲投资的股票价格是否在估值以下，然后进行技术分析，考虑投资时机。如遇风险较大的股票，要考虑是否用衍生工具控制风险。

（二）做市商模式

自营盈利中的做市商模式是国际成熟市场中较为流行和普遍的一种市场交易制度。证券做市商是指运用自己的账户从事证券买卖，通过不断地买卖报价维持证券价格的稳定性和市场的流动性，并从买卖报价的差额中获取利润的金融服务机构。做市商面对的主要是所持的头寸风险，不存在买卖价差的风险，这与中国的庄家制度有着本质的区别。这种模式的基本特点在于：（1）做市商对某只特定证券做市，就该证券给出买进和卖出报价，且随时准备在该价位上买进或卖出。（2）投资者的买进订单和卖出订单不直接匹配，相反，所有投资者均与做市商进行交易，做市商充当类似于银行中介的角色。（3）做市商从其买进价格和卖出价格的差额中赚取差价。市场风险过大时也可以退出做市，不进行交易。（4）在大多数做市商市场上，做市商的报价和投资者的买卖订单都是通过电子系统进行传送的。

因为做市商具有融资融券的优先权以维护市场的流通性，其时刻拥有一大笔筹码以维护交易，同时以一定资金作后盾，所以投资者可按做市商报价立即进行交易，而不用等待交易对手的买卖指令，尤其体现在处理大额买卖指令的及时性方面。同时，做市商享有一定比例的做空交易，以维持交易的连续，当买卖指令不均衡的时候，做市商可以插手其间，通过承接买单或卖单来缓和买卖指令的不均衡。这可以稳定股票市场，平抑价格波动。因为做市商交易频繁，同时承担买进卖出的双方交易，为买而卖，为卖而买，在买卖差价中赚取利润，所以可减免手续费和印花税。证券公司担当做市商，一方面是为了直接获取买卖差价，另一方面也是为了辅助二级市场业务的开展。从实质上来说，做市商这种自营盈利模式仍然是庄家制度。券商通过股市出现过度投机时的做市、股市过于沉寂时的造市、及时发现异常和及时纠正的监市来完成整个过程。做市商依靠其公开、有序、竞争性的报价驱动机制，保障证券交易的规范和效率。

国外证券公司自营的主要特点是：（1）资产的流动性要求较高，投资高度的流动性为其融资及资产管理提供了很大的便利和灵活性；（2）属于规模投资，资本运作活动频繁；（3）用衍生产品规避风险。此外，国际著名证券公司在开展自营业务的同时，往往会加强风险管理。美林、高盛、摩根等都建立了一套以 VAR（风险量化技术）为核心的风险控制体系，运用压力测度等现代金融技术管理风险，并随市场的发展不断调整。完善的风险管理系统确保了高质量的资产。

第四节 海外券商自营业务状况和借鉴

一、美国投资银行自营业务收入情况

从 1975 年到 1996 年的 20 多年间，投资银行的业务收入从以投资银行传统的承销和经纪业务收入为主转变为以其他业务收入为主。1975 年承销收入和佣金收入占总收入的比例分别为 13.3% 和 49.9%，其他收入仅占 9.9%；到 1996 年，承销收入和佣金收入占总收入的比例分别为 9% 和 15.4%，而其他收入则上升到 47.6%。到 2007 年，承销收入和佣金收入占总收入的比例分别为 5.59% 和 11.5%，其他收入上升到 63.6%。

进入 21 世纪后，随着金融创新的发展，投资银行的业务进一步发生了巨大的变化。从证券行业的业务构成来分析，现代投资银行已经完全不同于传统的投资银行。从 2001 年到 2007 年，佣金收入比例基本保持在 1%~20%，承销收入比例保持在 5%~8%，交易收入或损失与证券市场有关，保持在 7%~14%，2007 年的收益是负的。保证金利息收入比例保持在 2%~7%；共同基金的销售收入比例保持在 5%~8%，资产管理费收入比例保持在 6%~8%，变化不大。研发收入和商品费用所占收入比例都很少，分别不超过 1% 和 3%。有关证券的其他收入占比逐年提高，到 2007 年已经占到 49.55%。

2009 年开始，美国加强了对自营业务的监管，发起了由美国联邦储备委员会前主席保罗·沃尔克提议的"沃尔克规则"。沃尔克规则的主要内容包括：限制银行从事自营业务，限制银行拥有和发起对冲基金和私募基金，要求银行内部建立合规程序。这一规则的出台标志着华尔街最核心、最赚钱的业务进入了更加严苛的监管时代。该规则于 2010 年 7 月由美国国会通过，2013 年 12 月 10 日最终发布，自 2014 年 4 月 1 日起生效。美国这份堪称 20 世纪 30 年代"大萧条"以来最严厉的金融监管改革法案对华尔街产生了重大的影响，摩根士丹利的分析师贝特西·格内塞克（Betsy Graseck）认为，高盛集团大约 50% 的收入来自自营交易，受其影响最大。在沃尔克规则通过后，高盛就主动关闭了两个单独的自营交易部门，逐步缩减了对

对冲基金的投资。而华尔街的透明度、商业模式和盈利状况也从此产生了根本性的变化（见图8-3）。

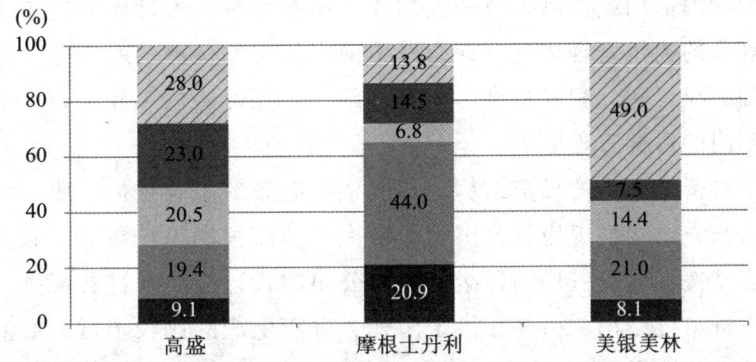

图8-3 国际投行的收入构成（2017年）

二、海外投资银行自营业务风险控制

由于券商自营业务决策程序复杂，在券商的各项经营业务中其风险最大，也最难控制，国外著名券商如美林（Merrill Lynch）、摩根大通（JP. Morgan-Chase）等对自营业务风险控制都高度重视。

一是国外券商都设有专门的部门管理自营业务，设有风险管理委员会，来确保自营面临的各种风险能够及时地被识别、监视和处理。在自营、资产管理与经纪业务部门间建立了有效的"防火墙"制度，基本做到了人员、资金、账户的分开操作和适当隔离，并加强了对那些因业务需要知悉内幕信息的人员的严格管理和监督惩罚，并将"防火墙"原则应用于证券自营安全系统的建立及健全过程中。

二是除政府外部风险监控外，国外券商还建立了一套以VaR为核心的风险控制体系，充分运用GARCH模型、随机波动率模型、内含波动率模型、高频数据模型、压力测度、蒙特卡罗模拟等现代金融技术管理方法及手段来度量证券自营的风险，同时建立了包括信息技术人员、设备、软件、数据、机房安全、病毒防范、防黑客攻击、技术资料、操作安全、事故防范与处理、系统网络等在内的信息管理实时监控系统，对自营业务的交易规模、交易异动、委托均价异常、成交均价异常、大额资金存取、资金调整及购入证券等进行实时监控，因而国外券商能够较为严密地监控自营业务中的风险。

三是针对自营业务，建立了授权批准和岗位分离制度。公司及下属各部门在自营投资适当的授权基础上实行恰当的责任分离制度，自营操作部门及自营投资决策人员、直接的管理部门或控制人员相互独立，相互牵制。另外还建立了完善的岗位责任制度和规范的岗位管理措施，在明确不同岗位工作任务的基础上，赋予各岗位相应的责任和职权，建立相互配合、相互制约、相互促进的工作关系，并逐步推行各岗位、各部门的目标管理。

四是对于自营业务中的投资结构，如股票与股票的组合规模、股票与债券组合比例、股票与基金结构的规模等，国外券商大多数能根据市场机会、收益率、市场风险、资产流动性、评级机构的评级标准及公司的长远战略来进行配置，形成合理的证券自营投资组合结构。另外，由于国外金融衍生产品比较丰富，券商根据自身自营业务的特点，对金融衍生产品如期货、期权、股指期货、期货期权等合约进行组织、分解、开发和使用，来优化证券自营投资组合，防范化解自营业务中的风险。

总之，国外券商投资水平已相当成熟，在自营风险识别、度量、控制及处理方面各具特色，个性鲜明。

（一）摩根大通（JP. Morgan Chase）

摩根大通是美国现代金融业"教父"，它的自营业务风险控制的组织结构由四个部分组成，即投资决策风险管理、操作风险管理、自营内控管理和流动性风险管理。实行集中统一管理下的分权模式是摩根大通的自营业务风险控制组织结构的一大特点。一方面，该公司非常注重自营业务的集中统一管理，以便提高整体资源的配置效率、利用效率，并强化风险管理和控制。其中，风险管理委员会对自营业务风险管理的统一协调是集中管理的有力的组织保证。另一方面，公司对自营业务风险控制的具体操作都尽量采取分权模式。例如，设立各种相对独立的自营业务投资公司。

摩根大通采用一套综合的方法来管理自营业务交易、投资组合方面的市场风险。摩根大通对自营业务市场风险的操作风险进行逐日管理，并且由自营风险管理委员会监控。自营风险管理委员会的职能独立于自营业务单位，它由分布于全球主要市场的专业人士组成。

对于自营业务的市场风险，摩根大通按照交易部门和单项产品进行管理。公司和自营业务部门的活动都要受到交易指南和交易限额的控制，此限额按照交易区域分配到交易部门和交易柜台。自营市场风险管理部门采用 VaR 方法来测量和评估与交易头寸有关的市场风险；受险价值限制和压力测试损失建议限制由董事会批准；

在险价值应用于公司整体以及自营业务单位层次;统计以及非统计方面的限制、压力测试损失建议限制与交易授权等一起应用于自营交易席位层次;非统计测量、止损建议和受险价值限制一起减少了因潜在的自营交易损失导致的在正常市场状况下达到每日受险价值限制的可能性。

(二)美林证券(Merrill Lynch)

美林证券成立于1885年,是世界上最大的证券零售商和投资银行之一,其分支机构遍布全球20多个国家,业务覆盖整个投资银行领域,并向商业银行领域延伸。作为一家现代化的巨型跨国投资银行,尽管由于受金融危机的影响,美林证券被美国银行收购,但美林证券的自营业务风险控制仍然很值得我国的证券公司借鉴。

美林自营业务风险控制的内部结构主要包括董事会审计委员会、管理层、风险监视委员会、风险管理部、风险政策小组、业务单位及各种管理委员会。其中,风险监视委员会和风险管理部是对公司所有的交易活动进行风险监督的核心部门。风险监视委员会集中统一管理和控制公司的总体风险,独立于美林证券自营投资决策者,直接对董事会负责,下面有不同形式的风险管理部门来实施风险监视委员会的战略和要求。这些风险控制单元运用分析性框架落实审计委员会的风险控制政策,保证自营业务部门与其他部门的风险隔离(见图8-4)。

美林自营业务风险控制流程见图8-4。

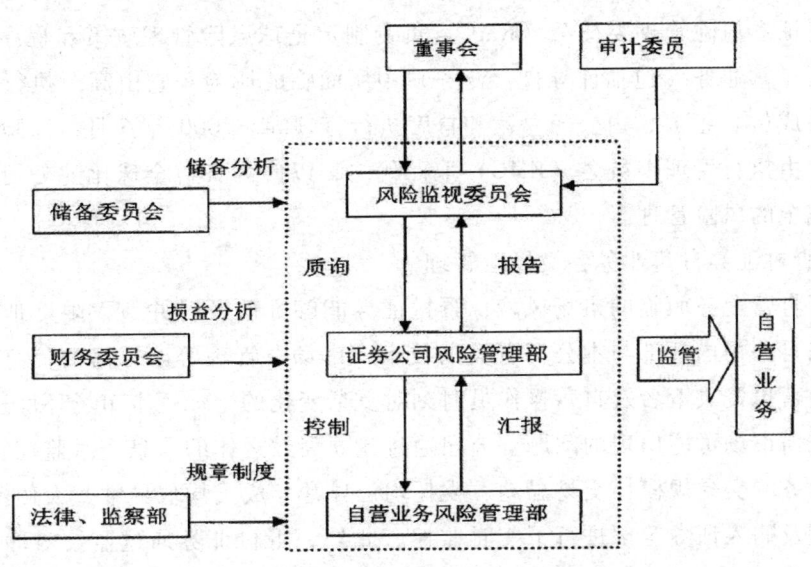

图8-4 美林自营业务风险控制流程

在风险控制过程中,美林注重沟通、控制和风险技术三个要素。风险管理人员、风险管理部门与证券自营投资决策者之间开展定期与正式的风险研讨活动,有利于美林及时监测全球各个市场的风险与交易情况。控制指自营业务的风险管理部门制定的一系列规范和准则,对证券自营投资决策者进行的风险控制。美林的风险技术工具包括风险数据库、交易限额监视系统、交易系统通道和敏感性模拟系统。运用这些风险技术工具,风险管理部门可以掌握自营业务的整体风险,并根据需要调整相应的投资组合。美林证券在从事自营业务活动时,面临各种不同风险,包括市场风险、操作风险、流动性风险、程序风险以及其他风险,需要全面管理和控制这几类风险。

(三)野村证券(Nomura Securities)

日本最大的券商野村证券成立于1925年,在全球28个国家和地区设有办事机构,也是最早拓展中国金融和投资业务的境外机构之一。伴随着国际资本市场的动荡,特别是2008年在全球金融危机和经济衰退期间,在收购雷曼兄弟(Lehman Brothers)欧洲及亚洲业务、不断向全球扩张的过程中,野村证券进一步意识到加强证券自营风险管理的重要性。目前,野村证券拥有一个独立的全球风险管理部门,负责帮助证券自营业务部门进行风险管理,并对全球范围内的风险进行监控和管理。

1. 野村证券的全球风险管理机构

野村证券风险管理委员会(RMC)负责制定全球风险管理政策和程序,监督和管理公司日常业务(包括证券自营业务)中所面临的风险,它由高级执行主管(包括董事会成员)组成,由公司总裁和首席执行官领导。2000年6月,风险管理委员会解散,由执行管理委员会(EMC)取而代之,以便为日益全球化的公司提供更加有效和完全的风险管理。

2. 野村证券自营业务各类风险管理

对于自营业务面临的市场风险,野村证券能够准确及时并最大限度地充分获取和运用来自公司内外部与本公司有关的技术、市场、管理等诸方面的信息,同时要求公司自营投资决策者及自营操作员时刻对复杂变化的全球资本市场环境进行分析,并洞察任何市场可能出现的问题。公司通过建立高效运作的信息实时监控管理平台,对自营业务的交易规模、交易异动、委托均价异常、成交均价异常、大额资金存取、资金调整及购入证券等都进行了实时监控。此外,野村证券通过监控对冲活动来控制自营风险暴露,并确保自营风险控制得到了良好的执行。

为了尽可能规避证券自营业务的操作风险，野村证券一方面推行操作员资格考试制度，在全球聘用经过良好培训的证券操作人员，制定规范的自营操作流程；另一方面配备最新的计算机设备来防范自营业务操作差错，从而保证对证券自营业务操作风险的强有力控制，同时做到了有效防止操作员由于对大势及价格波动判断的失误或交易时机选择及操作失误引起的风险。

在法律风险管理方面，野村证券针对其全球化的自营业务，根据各地区的需要，聘用通晓国际及当地法律的专业人员，尽可能规避和降低证券自营业务的法律风险。

总体来看，海外投行自营业务风险控制有以下几方面的优势（见表8-1）。

表8-1　　　　　　　　海外投行自营业务风险控制的优势所在

具有有力的自营风险控制制度约束	在有效的产权制度和法人治理结构下，代表全体股东利益的董事会明确地承担起公司在自营经营管理过程中的所有风险，并以公司的全部资本作为承担风险的最终边界。董事会因此负责制定有关自营风险控制的重大政策，并在公司内部建立起有效的风险控制体系；在金融机构内部，以RAROC指标为核心，建立了自营业务风险控制能力与经营绩效挂钩的激励约束相容机制
具有完善的自营业务组织结构	根据自营自身发展的需要，构建了合理的内部组织结构，并且在市场发展中不断完善；根据巴塞尔证券监管委员会在1998年提出的《证券机构内控指引》，完善的现代证券自营业务内控体制应该以运作合法、有效和信息通畅为目标，应该涵盖证券自营管理和控制文化、风险的有效识别和评估、控制活动和责任分离、信息和交流以及监控和缺陷修正五个方面的内容；建立董事会及其高级经理直接领导的、以独立证券自营风险控制部门为中心，与各个业务部门紧密联系的风险内部管理系统，使之成为自营风险控制的组织保障
具有先进的自营管理工具	自营管理风险的工具是多种多样的，而且在不断创新；不仅在自营风险控制的理论研究中取得了突破性的进展，而且在自营风险控制的实践中，逐步建立起从认识、衡量、评价到控制的一整套完整的管理方法；自营风险控制的量化和模型化已成为技术上的重要发展趋势，不仅是证券公司自营自身防范风险的内在要求，也是监管部门的硬性规定；拥有完善的自营风险控制体系所必需的有效的信息技术平台
拥有高级自营风险控制人才	聚集了许多著名的科学家和经济学家，如诺贝尔经济学奖得主默顿和舒尔茨等，从事自营风险控制工作

三、对海外券商自营业务风险控制的借鉴

证券公司的自营业务风险控制是一个多方面的问题，发达国家券商自营业务在

长期的风险控制实践中已经逐步形成了一整套比较成熟、完善的风险控制及控制系统。对于我国证券公司自营业务风险控制的改进，有以下几点建议：

（一）建立有效的证券自营业务风险控制制度

证券公司自营应该建立起一套系统的证券自营业务风险控制制度，管理制度应该监控到分支机构的管理、重要业务的管理等方面。在自营业务的风险控制方面，证券公司应建立资金管理制度、操作员管理制度、交易时机管理制度、投资决策管理制度。同时，要健全重要的自营管理制约制度，如业务管理制度、电脑通信系统管理制度、稽查审计制度等。

（二）加强对高层管理人员和重要岗位业务人员的资格审查和监督管理

证券公司自营内部也应建立对高层管理人员行为和职责的监督约束机制，发挥独立董事、公司内审计机构对高层管理人员的监督和约束功能。

（三）提高自营投资决策者、操作员的风险控制意识

在证券自营业务风险控制中，人的控制是十分重要的。在大力倡导建立证券自营业务风险控制制度，完善风险监控机制的同时，强化投资决策者、操作员的道德规范和行为准则，提高投资决策者、操作员的执业素质是证券自营业务风险控制能否取得成功的关键因素。

（四）正确处理好自营业务发展和公司风险承受能力之间的关系

在努力推动自营业务发展时，要控制好自营业务发展过程中产生的风险：价格波动以及证券公司自营制度的不完整性产生的风险；证券种类、上市公司选择失误产生的风险；大势判断的失误产生的风险；交易时机选择及操作失误引起的风险；超限额、超计划、超比例借入资金或购入证券产生的风险；自营业务操作员违规操纵市场价格、交易规模产生的风险；证券公司的有关部门或人员违规操作或执行指令时越权产生的风险；借用他人名义、账户开展自营业务产生的风险；所持个股超过法定限制数量、比重产生的风险；自营业务与经纪业务混合操作及其他违规行为产生的风险。

（五）设立专门证券自营业务风险控制管理部门，并使其有效运转

风险管理委员会需建立严密的自营业务风险控制流程，一般包括：成立一个正

式的自营业务风险控制组织，此组织能确定风险监管流程；自营审计委员会（对公司风险管理委员会负责）对公司整体风险监控流程进行定期审核；确定明确的自营业务风险控制政策和程序，并由定量分析工具来支持；在职责和分工明确的情况下，保持自营业务、行政管理和自营业务风险控制之间的良好沟通和协调。同时，通过证券自营业务风险控制管理部门，将 GARCH、GARCH-M、EGARCH、LGARCH 等一系列模型及 VaR、蒙特卡罗分析法等成熟的风险管理技术应用到我国证券公司自营业务的风险管理中来。

案例　　　　　　　　　　长期资本管理公司的陨落

一、长期资本管理公司（LTCM）简史

长期资本管理公司由约翰·麦利威瑟（John Meriwether）创立于1994年2月，是一家主要从事定息债务工具套利活动的对冲基金公司。LTCM 成立初期，其总资本达到12.5亿美元，其要求的投资者最小投资额度为1 000万美元，并且在3年内不得撤回资金。这比大多数对冲基金在1年甚至是半年内就可以撤资的规定要严格得多。这家公司诞生、崛起和陨落，前后只经历了5年时间，1994~1996年，其净获利率分别实现了19.9%、42.8%、40.8%，在亚洲金融危机爆发的1997年也实现了17.1%的盈利。这些骄人的回报令华尔街的投资同行们刮目相看，纷纷将大量的资金交给这家公司，委托他们进行投资。他们用40多亿美元的资本金，借入1 200亿美元，然后再以杠杆作用，借入近1万亿美元，进行投机套利活动。截止到1997年底，该公司的资产总值增长到了75亿美元，并在当年年底退还投资者27亿美元将其总资本修正为48亿美元。1998年9月，长期资本公司危机爆发，资产迅速缩水至5亿美元，无力偿还债务，几近破产。

鉴于长期资本管理公司牵涉众多大型金融机构，如果其破产，其衍生债务规模透过层层复杂合约将接近1万亿美元，这样会引致全球性的金融危机，因此美国联邦储蓄会同美林、高盛、摩根等16家该基金的大债主进行磋商，最终达成协议组成银团，向长期资本管理公司紧急注资36.65亿美元购买了其90%的股份，令其资产净值回到40亿美元的水平。这些机构共同接管了该公司后，组成一个监委会，负责该公司的整体投资策略，对其介入的市场进行限制、干预。1998年10月15日，美国联邦储蓄宣布降息，使得长期资本管理公司的资产组合得以保全，但损失也达到50亿美元。2000年，长期资本管理公司清盘，参与注资的银行收回了成本，而全部的合伙人则损失了超过90%的个人资产。

二、黄金组合成员

长期资本管理公司的创立者约翰·麦利威瑟（John Meriwether）是前所罗门兄弟公司的著名交易员，从事美国政府债券交易。政府公债从来都不是赚钱的金融品种，但是约翰·麦利威瑟这位涉足证券界不久的年轻人就让它成了所罗门兄弟公司的主要利润来源。约翰·麦利威瑟对"市场中立差价套利模型"坚信不疑，他认为，任何一种金融产品，股票、债券，以及其他的证券投资品种，在其价格暴涨或者暴跌之后，都会有一个向其正常价位趋近的回复过程，而这种过程中产生的差价能让他赚取利润。早在 20 世纪 80 年代的时候，约翰·麦利威瑟就在其从事的债券领域表现不凡，在被华尔街业内人士冠以"顶级操盘手"的称号，其人气之高甚至接近投资大师巴菲特和索罗斯。公司的另外两位核心人物马尔隆·斯科尔斯（Myron Scholes）和罗伯特·默顿（Robert Merton）是业界的学术精英，他们因为期权定价理论在 1997 年共同获得诺贝尔经济学奖，被誉为"现代金融衍生工具之父"。最后一位是戴维·马林斯（David Mullins），他曾担任过美联储副主席，是 1987 年 10 月美国股灾调查小组成员之一，擅长对风险的防范与控制。既有操盘高手、顶尖的研究团队，又有对政府政策敏感性较高的前政府官员，这样的阵容被当年美国的《商业周刊》形容成屡战屡胜的"梦幻组合"。这些精英们运用最新的科技成果和经济学理论，建立了许多数学模型，进行计划周全的投资管理，实现了一次又一次迅速的价值增值。

三、交易策略

长期资本管理公司的盈利模式就是套利，其交易主要在于数学模型的建立与运用，其"市场中性套利"交易策略依靠买入被低估的有价证券，卖出被高估的有价证券来实现。其团队认为，两个相似的金融工具之间有一定的相关关系，市场经常会存在这种关系被破坏的情况，在一段时间以后，又会回复到原来正常的状态。根据这个理念，长期资本管理公司通过将市场上的历史资料、学术理论、研究报告以及市场信息融合在一起，使用计算机进行运算处理，进而形成一套完整的电脑数学自动投资系统，并凭借这个系统在债券以及衍生品市场上对两种相关金融工具价格的未来走势进行模拟，分析它们之间的最新价格差。一旦发现两种相关金融工具价差在放大，电脑就立刻买进被低估的品种而卖空被高估的品种，大举套利入市投资。不论两种证券的价格涨跌如何，只要最终两者的相对价差缩小，就可以通过电脑指令平仓离场盈利。因为金融市场的激烈竞争，套利的机会往往稍纵即逝，并且这种利差的变化通常幅度很小，每次交易的利润率很低，所以长期资本管理公司必须依赖高杠杆率进行操作，从而获得较高的回报率。因此，相对于其他对冲基金公司而言，长期资本管理公司拥有巨额的成交量、高杠杆以及庞大的投资规模。

在长期资本管理公司增长迅速的时期，出现了大量利用杠杆和模型成功交易的案例。其中广为人知的例子有：长期资本管理公司的核心资本中曾包括大量意大利、丹麦、希腊等国的政府债券，并同时沽空德国债券。公司认为，随着当时欧元启动的临近，德国与其他几国的信贷价差会减小，债券息差预期收紧，对冲交易有获利机会。而当时的情况确实是信贷差价收窄，公司据此在1996年获利颇丰。长期资本管理公司就是在这样一次次套利交易中成就了它那短暂的辉煌的。

四、走向失败的导火索——俄罗斯国债事件

俄罗斯在1997年经济逐渐转好之际，曾吸纳巨额的外国投资，外国对俄罗斯持有债务和股票超过2 000亿美元，其中主要债权人是德国、瑞士与美国的银行。当时俄罗斯所积欠的外债超过1 300亿美元，短期的就有600亿美元，每年所需要支付的利息就超过200亿美元。1998年，亚洲金融风暴的影响还没有完全消除，俄罗斯经济还处于步履维艰的时期。1998年1月，俄罗斯新卢布开始流通，1月底时，世界石油价格的下跌造成俄罗斯政府的财政状况恶化，为了弥补财政赤字，国债规模膨胀。而此时，长期资本管理公司根据两位诺贝尔经济学奖获得者所设立的定量模型得出，随着欧洲国家加入单一货币，它们的利率会相互接近，东欧、亚洲等地区的新兴市场利率将降低，而发达国家利率走势将走向反向的结论。因此，公司大量持有新兴市场债券特别是俄罗斯政府债券，同时卖空了欧洲一些国家以及美国的政府债券。然而，由于俄罗斯一系列政治、经济危机，导致债券价格大跌，投资者纷纷外逃，美国国债市场成了避风港，美国债券价格因此上扬。信贷差价的扩大使公司在1998年6月亏损了约10%。到了8月份，石油价格继续下跌，更加严重打击了这个时期依赖能源和武器出口的俄罗斯经济，加之政府局势不稳定，俄罗斯实行休克疗法，宣布采用大区间浮动汇率（1美元兑换6～9卢布），直接导致卢布崩盘，引发信用风险，导致金融市场上的投资者对新兴市场证券恐慌性抛售，转而增持较为安全的美国和德国政府债券，致使美国和德国的政府债券价格大幅上扬，新兴市场的债券价格不断下挫。由于市场走势与模型预期相反，彻底打乱了长期资本管理公司的全球投资计划，造成大量借贷资金被套。长期资本管理公司的持有头寸遭受两头损失，至8月就产生了52%的损失。公司利用在投资者那里筹来的22亿美元做资本抵押，买入价值3 250亿美元的证券，杠杆比率高达60倍，由此造成公司的巨额亏损。5月到9月，短短的150天，公司的资产净值下降90%，出现43亿美元的巨额亏损，公司仅余5亿美元，已走到破产边缘。

五、失败原因

（一）数学模型的缺陷

为了控制风险，长期资本管理公司的每一笔交易都有大量的金融衍生品合约作为支撑，这一切都归功于复杂的数学估价模型跟计算机运算的使用。但是这些复杂系统运用的结果都是建立在历史数据的基础之上，而历史数据的统计结果往往存在一个概率的问题。那些在历史数据统计中存在的小概率事件在实际生活中却会随着时间的延续和环境的变化，改变其产生的概率。在统计学中被称为"厚尾"的现象一旦产生，将会改变整个投资的格局，造成严重损失。

长期资本管理公司失败的直接原因在于数量金融的内在缺陷。完美的套利交易只存在于理论中，在真实世界里，有几个问题是无法回避，也难以解决的。所以套利交易或者所有基于数量模型的交易，永远充满着风险。

1. 预测问题

仅靠历史是不能完全预测未来的。模型及其参数的确定，都是根据过去的数据推导的，是否适用于未来的市场情况，永远是一个未知数。准确预测市场波动幅度是一件难度很大的事情，整个过程充满着各种各样不确定的因素。

20世纪70年代和80年代，按照过去的经验，花旗银行的董事长沃尔特·拉尔斯顿认为主权国家不会赖债，就大量贷款给拉美国家，结果损失惨重。1997年，按照过去的经验，长期资本管理公司认为"核国家绝对不会违背誓言"，卢布不会贬值，因为俄罗斯的央行行长信誓旦旦地保证过，结果是，言犹在耳，但俄罗斯政府却放任卢布贬值，并且宣布暂缓偿还外债。模型是否真的能够对一个国家——不仅是这个国家的市场，而且还包括其政治家、立法者、精神——做出准确的预测和判断？对于长期资本管理公司这样一个学术气息十足的交易企业来说，俄罗斯实在是一个令人伤心的实验室。其所具有的不确定性是前所未有的。

2. 流动性问题

套利操作的成功有赖于良好的市场流动性，因为套利买卖本身会影响市场供求关系，导致价格变动，造成原来有利可图的套利机会因为价格的变动而消失。随着长期资本管理公司的规模越来越大，套利操作的流动性问题越来越突出。在极端情况下，市场的流动性会突然消失，瞬间把重仓持有者送进"地狱"。1998年那个夏末，所有交易员都被恐惧笼罩，对高风险债券唯恐避之不及，长期资本管理公司持有的大量新兴市场债券资产根本找不到买家，所谓的止损、自救，根本无从谈起。

3. 短期波动问题

长期资本管理公司每天必须进行清算，即使对长期价格走势的判断非常准确，但仍然必须有足够的支付能力来应对短期波动可能发生的巨额现金损失。如果长期资本管理公司有足够的资金挺过1997年11月份，就能起死回生，可是到了9月份，其亏损已经达到数十亿美元，再也挺不下去了。

4. 模型本身的问题

模型只能够考虑到有限的几个因素，如当前价格、利率、期权执行价格、到期时间、红利、股价收益的历史标准差等。而人的心理、政府行为等外界可能对市场产生改变的因素不容易被模型包括进去，并根据其改变做相应及时的调整，因此容易发生预测偏差。为了构建模型，必须把复杂的现实简单化。布莱克－斯科尔斯模型的一个关键假设是单种证券的价格波动幅度是不变的。这些教授们认为，价格波动幅度是一种证券内在不可变更的特性。IBM股票的特点就是，它的价格天生就有一定幅度的波动。默顿还进一步假设，价格具有时间连续性，不会出现跳跃，比如IBM的股票不会从每股80美元一下子跌到每股60美元，而是经过几十个停顿一路跌下来的。这样，通过一系列假设，模型展现了一个简单、清晰、理智、秩序井然的世界，然而，现实却是复杂、无序和不可预测的。

与掷硬币概率事件不同，市场是有记忆力的。有时候，某种趋势之所以得以持续的原因，就在于交易员希望（或害怕）这种趋势继续下去。有时候，投资者们会像奴隶一样跟随这种趋势，只是因为他们认为其他人会像自己一样行事，而没有其他原因。这种交易动力和逻辑与评估股价毫无关系，也与高效率市场上的理性投资者不合拍，但这就是人性。当市场出现三次投掷错误时，第四次投掷一定不可能完全是随机的了。在完全随机的标准正态分布下，越是极端的情况，出现的概率越低。在实践中，很少有人能够在投资的时候不受市场情绪的影响，追涨杀跌普遍存在，极端情况出现的概率反而高。斯科尔斯的老师法马发现，在正态分布下，一个偏离均值5个标准差的观察值，每7 000年才会出现一次，但在股票市场上却每隔三四年就会出现一次，股价分布更接近于"肥尾"的钟形曲线，因为在尾部有太多的极端事件发生。

但是，长期资本管理公司对模型的准确性和市场的有效性有着坚定的信念。过分相信并依赖模型做出判断成了不可改变的事实。因为那些结合了理论、市场信息、历史数据以及个人理念的数学模型曾一度为公司获得了不菲的收益。正是因为这样，在1997年底，公司虽然知晓标准普尔公司降低了俄罗斯政府债券信用等级，但这一情况并没有引起公司相关人员的关注，而是相信模型会自动提示相关信息。长期资本管理公司的失败，在事实上证明了模型与现实的差距。

(二) 高杠杆下的高风险

长期资本管理公司一开始实行的是在稳健的前提下通过融资扩大利润的策略，但是后来，长期资本管理公司在进行风险很大的套利的时候，却实行了极高的杠杆比率。1998年初，长期资本管理公司的基金，杠杆比率从18:1跃升到28:1。到出事的1997年9月份，长期资本管理公司管理的基金不到50亿美元，却向银行借了1 200多亿美元，而其衍生产品的合约价值超过了12 500亿美元，长期资产管理公司使用的杠杆比率达到了几十倍。因为公司的交易策略是通过电脑发现那些常人难以发觉的套利投资机会，而这些机会往往只存在微小利润，所以只有通过超高的杠杆水平放大投资规模才有可能获得超过市场一般回报率的收益率。这些高杠杆的使用，为公司的高盈利发展创造了可能，但也在它产生优秀业绩的同时留下了隐患。因为在套利投资的过程中，也许对某两个相关金融工具趋同的判断是正确的，但却无法预期在多长时间里能够实现这种预期。在这个过程中会产生跟预期正向或反向的波动，所以要求长期资产管理公司具备大量的现金以满足高杠杆比率下合约的保证金。而这一点，长期资产管理公司的核心成员们能够凭借其明星效应轻松地从各大银行募集到大笔资金。这也是公司能够在金融市场上跟其他竞争者博弈的巨大砝码。

然而，资金总是有限度的，任何事情都有它的两面性。在市场变化与管理者的预期产生背离的时候，公司开始亏损，但是管理层认为只要具有足够的资金在短期内顶住压力，等到市场价差回归就能解套。长期资产管理公司的做法是抛售其他非核心资产，以追补保证金来保持自己手上的头寸。然而，这场危机对于长期资产管理公司而言持续太久，超过了其承受范围。可见，高杠杆比率在流动性不足的不利行情下会将公司推向倒闭的边缘。

(三) 暗箱操作下的监控乏力

暗箱操作使不论是广大投资人还是贷款银行都无法了解长期资产管理公司的资金流动、财务状况，也无法实现对其的监控。各大银行和金融机构在跟长期资产管理公司进行交易的时候，都只能了解自己交易的那一部分头寸，至于占整个投资组合的比例以及投资规模的大小都无法知晓。这样一来，在公司高回报率的光环下，众多的风险问题被掩盖了，投资人对此也无可奈何。

在具体的操作中，这些金牌交易员在长时期的盈利过程中树立了自己的权威。

就连主要负责风险防范的戴维·马林斯在很多时候也碍于面子，没有阻拦那些交易员对某些风险判断不明确项目的操作。

而对于美国的监管机构来说，基金不是银行，不属于美联储的监管对象，美联储纽约分行的副行长费舍尔只是在得到邀请之后，才能去长期资本管理公司查看，这才发现大事不好，最终有了戏剧性的拯救行为。传统上，监管是通过信息披露来进行的，由全市场来盯住风险。遗憾的是，在传统证券领域中效率很高的信息披露制度，并不适应场外衍生品市场。场外衍生品一般是量身定做的，合约条款千差万别，风险因素高度复杂，连长期资本管理公司这样的专业机构都栽了跟斗，一般投资者根本无法理解。还有一点是，一旦公布了金融机构场外衍生品的持仓情况，可能会产生示范作用或者逼仓效应，反而加大了金融市场的波动。

第九章
固定收益业务

第一节　固定收益证券概述

一、固定收益证券的特征与分类

固定收益证券是指持券人可以在特定的时间内取得固定的收益并预先知道取得收益的数量和时间，如固定利率债券、优先股股票等，一般也称为债券。

固定收益证券的基本特征包括发行人、到期日、本金和票面利率。

1. 发行人：一般来说，固定收益证券的发行人分为三类：中央政府及其机构、地方政府、公司。

2. 到期日：指固定收益证券所代表的债务合同中止的时间。截至到期日，借款人应该已经按时偿还了合约规定的全部利息和本金。

3. 本金和票面利率：本金又称面值，是指借款人承诺在到期日或之前支付给债券持有人的金额。

本金有两种偿还方式：到期日一次偿还和在到期日之前分期偿还。对于采用后一种偿还方式的债券，用本金偿还时间表来确定每期应该偿还的本金的数额。

票面利率是指借款人在定期支付给债券持有人的利息金额占本金的百分比，也称为名义利率。本金和票面利率都是用来确定债券的利息支付数额的，而利息支付的时间周期可以分为每月支付、每季度支付、每半年支付和每年支付等。票面利率一般指年利率，如果利息在一年里需要支付多次，则其利息的支付额需要根据票面利率进行计算。

4. 嵌入期权：固定收益证券经常会有附加条款，赋予证券持有人或发行人采取某种措施的权利。用金融术语来讲就是证券嵌入了一个期权。例如可赎回债券是发行人拥有在规定的到期日之前买回债券的权利，而可转换债券则是持有人能在某种条件下将债券转换为一定数量股票的权利。

固定收益证券可按发行主体和偿还期限进行分类。

（一）按发行主体分类

1. 国债：是由中央政府发行的债券。它由一个国家政府的信用作担保，所以信用最好。

2. 地方政府债券：由地方政府发行，又叫市政债券，它的信用、利率、流动性常略低于国债。

3. 金融债券：由银行或非银行金融机构发行，其信用高、流动性好、安全，利率高于国债。

4. 企业债券：由企业发行的债券，其风险高，利率也高。

5. 国际债券：由国外各种机构发行的债券。

（二）按偿还期限分类

1. 短期债券：1年以内的债券，通常有3个月、6个月、9个月、12个月几种期限。

2. 中期债券：1~5年内的债券。

3. 长期债券：5年以上的债券。

（三）按嵌入期权分类

1. 含权债券，如可赎回债券、可转换债券、抵押债券等。

2. 不含权债券，如国债、企业债券等。

二、固定收益证券的风险

固定收益证券的风险指影响其价格的不确定因素，固定收益证券的价格是由未来的现金流和贴现率决定的，那些能够导致固定收益证券的未来现金流和贴现率发生变化的因素就是固定收益证券的风险因子。一般来说，固定收益证券的风险主要有下面几种。

（一）利率风险

债券的价格和利率的变动方向相反，在市场利率升高时，债券的价格会下降，如果投资者提前卖出债券，就会有损失。这种由于利率的变动带来的风险就是利率风险。

（二）再投资风险

在债券总收益中，利息收益占比相对较大，而利息的收入大小取决于再投资利率。如果再投资利率下降，债券的再投资收益就会减少，这种风险就是再投资风险。

（三）流动性风险

投资者无法按合适的价格及时卖出或买进某种证券的可能性被称为流动性风险。流动性风险主要体现在证券买卖的价差上，买卖价差的大小反映了证券在交易过程中流动性风险的大小。买卖价差越大，流动性风险越大，买卖价差越小，流动性风险越小。

（四）汇率风险

由汇率引起的风险就是汇率风险。当以外国货币偿还投资者持有债券的利息和本金或者以外国货币计算但是用本国货币偿还的时候，投资者就会面临汇率变动风险。当外国货币相对于本国货币升值的时候，债券的现金流可以兑换到更多的本国货币，所以有利于债券的持有者；反之，则不利于债券持有者。

（五）通货膨胀风险

大部分债券的票面利率在存续期间是固定不变的，当通货膨胀的幅度大于债券的票面利率时，则说明债券现金流的实际购买力下降。这种风险就是通货膨胀风险。

（六）信用风险

信用风险是有关固定收益证券发行人信用的风险。固定收益证券的风险中，信用风险是最主要的风险。信用风险主要有违约风险和降级风险。违约风险是指借款人不能按时还本付息的可能性。降级风险是指评级机构对于固定收益证券的等级调低时，会影响投资者对该债券信用风险的评估，进而反映到债券的价格上。一般来说，国债的信用风险是最低的，市政债券其次，信用风险最大的是公司债券。

对各类风险的规避是固定收益证券被不断创新的根本原因。

第二节　中国固定收益证券市场现状与券商竞争格局

我国的固定收益证券市场是从 1981 年国家恢复国债发行开始起步的，经过近

40年的发展，已经形成了国债市场、企业债券市场、金融债券市场、可转换公司债券市场以及资产支持证券市场和抵押支持证券市场。无论是哪个品种的市场，其产生和发展的时间都不是很长。固定收益证券市场在整个金融市场体系中的占比较小，发展潜力巨大。从国际比较看，美国的股票市值相当于GDP的168%，债券相当于143%；日本的股票市值为GDP的96%，债券为136%；欧盟15国股票市值为GDP的92%，债券为82%；全球统计债券相当于GDP的95%。目前，我国债券市场形成了银行间债券市场、交易所债券市场和商业银行债券柜台市场三个子市场，以场外市场为主，场内市场为辅。

中国债券市场体系见图9-1。

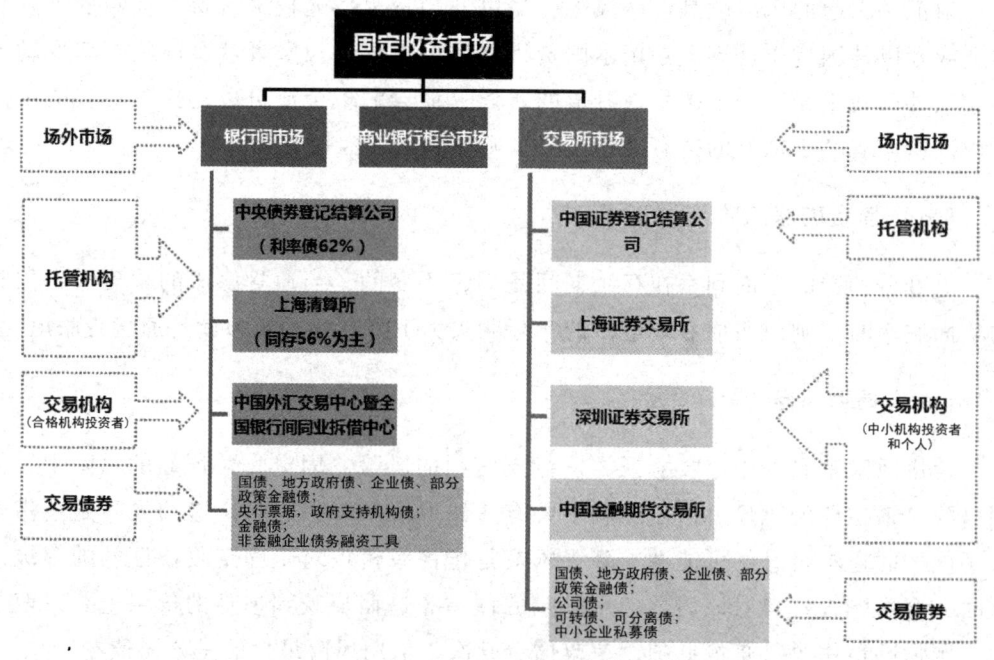

图9-1 中国债券市场体系

从产品来看，中国固定收益产品可分为利率产品和信用产品。利率产品包括国债、地方政府债、政策性金融债、央行票据和政府支持机构债。信用产品包括短期融资券、中期票据、企业债、公司债、普通金融债、定向工具、国际机构债、资产支持证券、可转债和可分离债券。债券一级市场发行以同业存单、地方政府债、国债、政策银行债、超短期融资债券为主；债券二级市场成交以同业存单、政策银行债、国债、一般中期票据、超短期融资债券、一般企业债为主。

一、中国固定收益证券市场现状

中国固定收益市场规模达 12 万亿美元，在全球位列第三，体量庞大，不容忽略。

（一）固定收益产品发行市场

1. 发行总量逐年增长

2005~2018 年，固定收益产品发行市场的发行总量由 5 万亿元攀上 25 万亿元量级。2018 年债券市场共发行各类债券 22.60 万亿元，同比增长 10.41%（见图 9-2、表 9-1）。其中，在中央结算公司登记发行债券 13.67 万亿元，占比 60.48%；在上海清算所发行债券 5.71 万亿元，占比 25.28%；在交易所新发债券 3.22 万亿元，占比 14.24%。

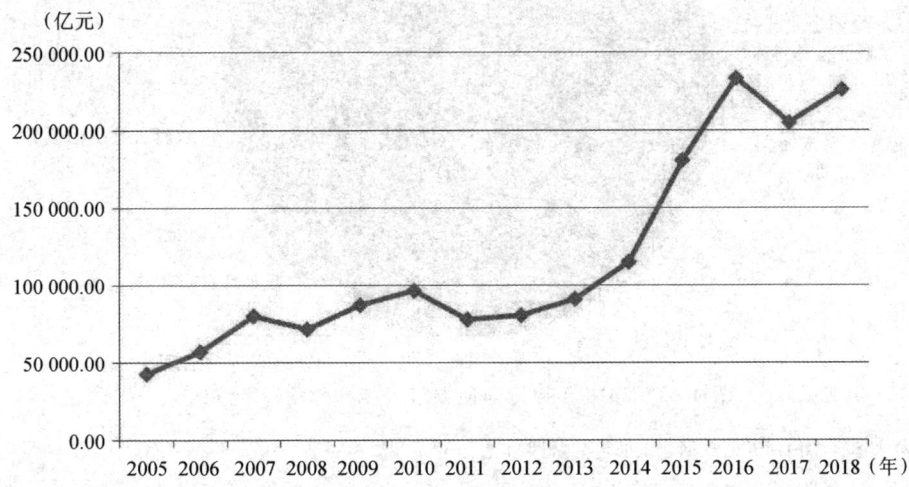

图 9-2　2005~2018 年债券市场发行趋势

资料来源：中国债券信息网、上海清算所网站和 Wind 数据库。

表 9-1　2018 年债券市场发行情况

	发行量（亿元）
全市场	226 009.59
中央结算公司	136 678.28
上海清算所	57 147.67
中证登	32 174.64

资料来源：中国债券信息网、上海清算所网站、中国结算网和 Wind 数据库。

银行间债券市场发行方面,在中央结算公司发行记账式国债 3.33 万亿元,同比下降 9.21%;发行地方政府债券 4.17 万亿元,同比下降 4.43%;发行政策性银行债券 3.43 万亿元,同比增长 7.26%;发行商业银行债券 0.92 万亿元,同比增长 6.28%;发行信贷资产支持证券 0.93 万亿元,同比增长 56.04%。在上清所发行中期票据 1.68 万亿元,同比增加 63.20%;发行短期融资券(含超短融)3.13 万亿元,同比增加 33.79%;发行非公开定向债务融资工具 0.54 万亿元,同比增加 10.19%。2018 年银行间债券市场各券种发行量占比见图 9-3。

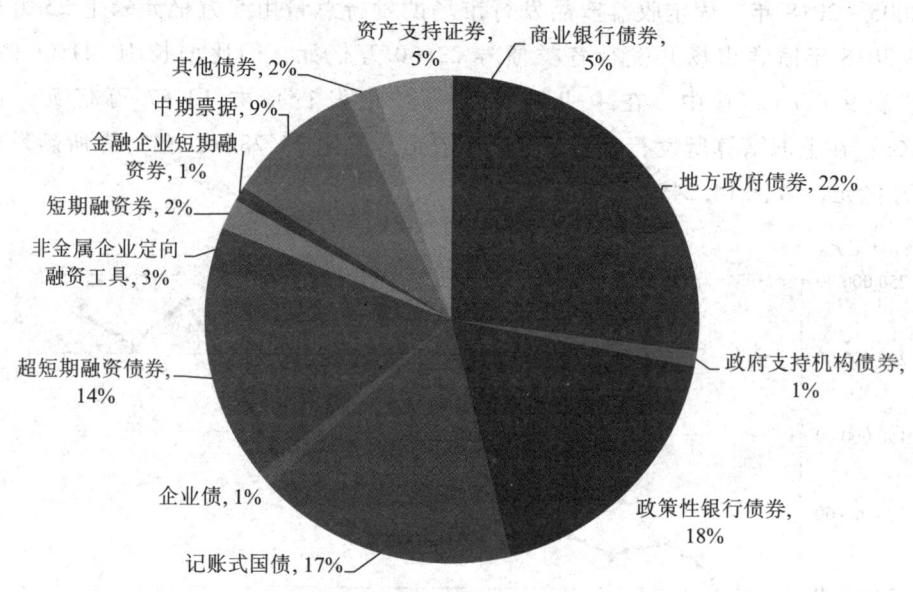

图 9-3　2018 年银行间债券市场各券种发行量占比

资料来源:中国债券信息网、上海清算所网站。

2. 持有者结构发生显著变化

(1)地方政府债规模进一步扩大。2018 年末,地方政府债券存量 18.07 万亿元,同比增长 22.55%。从持有者结构看,增持量最多的是商业银行,同比增持 2.6 万亿元。增持速度最快的是非银行金融机构,同比增长 600.92%。

(2)商业银行债券规模保持高速增长。2018 年末,商业银行债券托管量达到 3.81 万亿元,同比增长 22.81%。其中,二级资本工具大幅增长 30.27%,规模达到 1.72 万亿元,商业银行普通债券增长了 29.64%。从持有结构来看,政策性银行、信用社、证券公司的持有量同比增幅较大,分别达到了 95.10%、73.83%

和172.59%。

（3）证券公司持债规模增速提升。2018年末，证券公司持有债券6 479.65亿元，同比大幅增长77.10%。从增量结构上看，证券公司对记账式国债、政策性银行债券、商业银行债券的增持同比都超过了100%，对地方政府债券更是同比增持了600.65%。

（4）企业债存量同比稍有下降。2018年末，企业债存量为3.11万亿元，同比减少13.02%。从持有者结构看，除政策性银行、商业银行和证券公司增持外，其他机构均有不同程度的减持。减持最多的为非法人产品，减持0.26万亿元。

（5）资产支持债券规模明显上升。2018年末，资产支持证券规模为1.48万亿元，同比增加69.67%。从持有者结构看，增持幅度最大的是商业银行和非法人产品，分别增持0.38万亿元和0.21万亿元。

（6）境外机构持债规模大幅上升。2018年末，境外机构持有各类债券1.51万亿元，同比增长50.26%。其中，记账式国债和政策性银行债券仍为主要券种，占持债总量的96.87%。记账式国债持有量大幅上升，2018年末持有量同比增长78.09%。

（二）固定收益产品交易市场

1. 固定收益产品交易市场交投量加速增长

2009～2018年债券市场现券成交统计见图9-4。

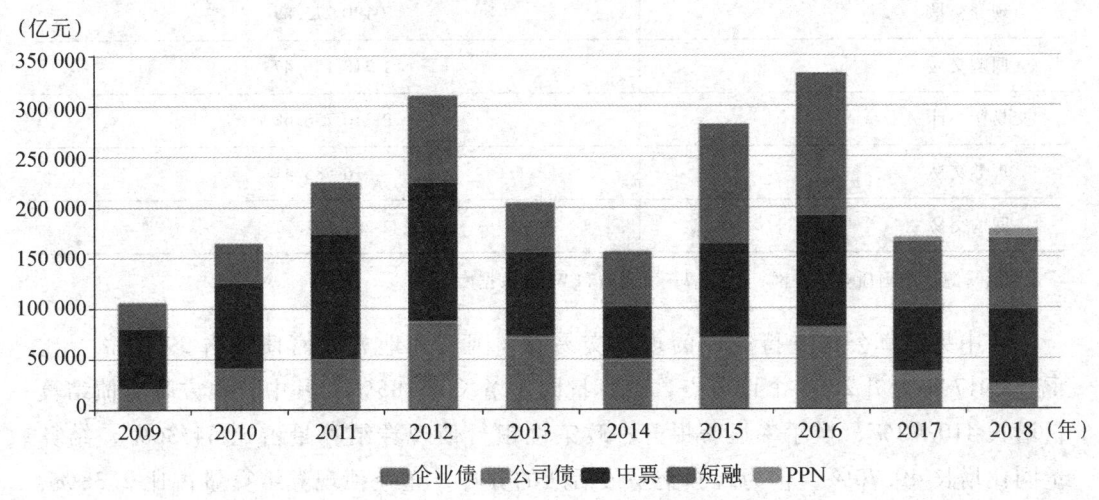

图9-4　2009～2018年债券市场现券成交统计

资料来源：Wind数据库。

2018年,债券市场现券、借贷和回购交易结算量为1 140.02万亿元,同比增长12.87%,同比增速上升8.01个百分点。其中,全市场现券结算量为151.50万亿元,同比增加44.71%,同比增速上升59.22个百分点;全市场的回购交易结算量为986.12万亿元,同比增长9.19%,同比增速上升1.58个百分点。

2018年中央结算公司的债券结算量为666.03万亿元(见表9-2),同比增长17.10%,其中,现券达77.93万亿元,同比增长49.24%;回购585.69万亿元,同比增长13.89%;债券借贷2.40万亿元,同比增长7.09%。中央结算公司结算量占银行间债券市场的73.27%。

表9-2　　　　　　　　　　2018年债券市场交易结算情况

	结算量(亿元)
全市场	11 400 245.96
中央结算公司小计	6 660 254.92
现券交易	779 342.35
回购交易	5 856 903.49
债券借贷	24 009.08
上海清算所小计	2 429 234.36
现券交易	7 190 775.89
回购交易	1 710 158.47
交易所小计	2 310 756.68
现券交易	16 585.41
回购交易	2 294 171.27

资料来源:中国债券信息网、上海清算所网站和Wind数据库。

从中央结算公司支持完成的现券交易看,国债和地方政府债券占29.61%,比重较2017年上升2.96个百分点,结算量同比增长65.85%,其中,地方政府债结算量增长410.72%,换手率显著提升;政策性银行债现券结算量占比64.36%,结算量同比增长49.70%,仍为现券交易最活跃的券种;企业债现券结算量占比2.38%,比重较2017年下降3.17个百分点,结算量同比下降35.96%。2018年末在中央结算公司登记托管的主要券种持有者结构见表9-3。

第九章 固定收益业务

表 9-3 2018 年末在中央结算公司登记托管的主要券种持有者结构

		政策性银行	商业银行	信用社	保险机构	证券公司	其他非银行金融机构	非法人产品	非金融机构	境外机构	其他	汇总
记账式国债	2018年（亿元）	997.19	88 617.13	821.43	3 272.65	1 438.35	340.60	8 429.14	7.20	10 972.64	21 503.73	136 400.10
	同比（%）	-9.13	8.66	-7.08	28.98	160.62	25.45	20.16	-50.68	78.09	-1.69	11.84
地方政府债券	2018年（亿元）	17 734.58	153 271.88	1 173.22	351.86	799.01	20.35	3 537.74	0.00	25.10	3 785.80	180 699.54
	同比（%）	15.07	20.16	23.67	575.87	600.65	1 935.00	371.81	—	-73.94	50.26	22.55
政策支持机构债券	2018年（亿元）	180.00	8 434.20	180.79	2 235.63	129.99	15.10	4 555.95	0.21	46.80	366.34	16 145.00
	同比（%）	-7.98	9.43	-15.47	-8.49	31.43	23.27	14.11	0.00	-38.90	573.80	9.13
政策性银行债券	2018年（亿元）	344.50	88 392.28	4 376.80	6 077.04	1 808.97	357.48	39 282.60	1.30	3 624.66	901.65	145 167.28
	同比（%）	-21.92	7.21	-13.78	2.40	107.89	-8.17	9.33	0.00	7.66	96.58	7.60
商业银行债券	2018年（亿元）	468.05	14 105.39	304.59	2 881.51	179.53	40.10	20 010.63	2.00	71.22	—	38 063.02
	同比（%）	95.10	26.35	73.83	-2.86	172.59	28.94	22.75	0.00	50.89	—	22.81
企业债券	2018年（亿元）	39.00	5 194.58	240.26	886.85	1 790.59	96.99	14 618.20	3.67	143.59	8 044.66	31 058.39
	同比（%）	2.36	0.71	-41.37	-23.17	8.88	-20.66	-15.12	-53.66	-5.64	-17.87	-13.01
资产支持证券	2018年（亿元）	36.64	7 672.77	0.64	57.13	186.02	382.37	6 333.09	—	119.33	8.67	14 796.66
	同比（%）	-28.61	98.44	-85.17	5.74	13.58	9.24	50.00	—	1 279.38	—	69.67

资料来源：中国债券信息网。

2. 交易机制持续创新

一是引入三方回购交易机制，增强交易风险防控能力。2018年4月，上交所、中证登公布《公司债券质押式三方回购交易及结算暂行办法》。2018年5月，交易所债券市场达成首批三方回购；2018年10月，人民银行发布公告，在银行间债券市场正式推出三方回购交易。三方回购交易有利于市场参与者降低结算失败风险，保证回购交易存续期间风险敞口得到有效覆盖，提升风险防控能力，有助于提升债券市场流动性，拓宽金融机构融资渠道。

二是出台债券匿名拍卖业务细则，提升流动性。2018年6月，中国外汇交易中心、全国银行间同业拆借中心联合发布《关于开展债券匿名拍卖业务的通知》及相关细则，匿名拍卖业务适用的债券应满足在银行间市场流通相关标准，包括但不限于违约债券、受违约影响的债券、资产支持证券次级档等低流动性债券。

三是持续规范债券交易业务，提升风险管理水平。2018年1月，人民银行、中国证监会、原中国保监会联合印发《关于规范债券市场参与者债券交易业务的通知》，督促各类市场加强内部控制与风险管理，健全债券交易相关的各项内控制度，规范交易行为，并将自身杠杆控制在合理水平。

二、券商固定收益证券业务竞争格局

（一）发行业务竞争格局

1. 老牌券商占据主位，债券业务集中度进一步提升

2018年，按照Wind数据库口径统计的券商固定收益总承销金额，中信证券以7 602.0亿元位居榜首，中信建投以6 079.6亿元位居榜眼，招商证券以4 354.6亿元摘得探花。ABS市场火热依旧，中信证券和招商证券的承销量均破2 300亿元，分获榜首和榜眼，光大证券位居探花。在公司债领域，中信建投以2 165.7亿元稳居首位，中信证券和国泰君安分别以1 410.8亿元和921.3元位居第二、第三位。2018年券商固定收益总承销金额排名见表9-4。

2018年券商在股权融资趋紧及债市走牛的背景下，债券业务集中度进一步提升。头部券商承销金额不降反升，根据Wind数据计算，2018年券商债券承销金额CR5为44.09%，同比增加4.33%，龙头券商固定收益业务竞争力不论在顺势还是逆势中均进一步凸显。2018年券商ABS承销排名见表9-5。

表 9–4　　2018 年券商固定收益总承销金额排名

排名	机构名称	承销金额（亿元）	只数（只）	排名变化
1	中信证券	7 602.0	1 391	持平
2	中信建投	6 079.6	1 300	持平
3	招商证券	4 354.6	702	持平
4	中金公司	3 725.9	684	2↑
5	光大证券	3 180.8	618	2↑
6	国泰君安	3 135.3	754	1↓
7	海通证券	2 623.8	781	1↑
8	华泰证券	2 008.7	430	1↑
9	中银国际	1 746.7	554	4↑
10	广发证券	1 652.4	682	持平
11	平安证券	1 622.3	541	持平
12	国开证券	1 227.3	228	持平
13	国信证券	1 120.7	596	1↑
14	东方证券	1 069.4	549	1↑
15	兴业证券	1 022.8	504	1↑
16	中泰证券	970.4	596	3↑
17	申万宏源	922.8	408	13↑
18	银行证券	915.0	339	1↓
19	信达证券	905.5	75	21↑
20	德邦证券	876.4	152	16↓

资料来源：Wind 数据库。

表 9–5　　2018 年券商 ABS 承销排名

排名	机构名称	承销金额（亿元）	只数（只）	排名变化
1	中信证券	2 521.4	154	2↑
2	招商证券	2 325.8	116	持平
3	光大证券	1 530.4	121	6↑
4	中金公司	1 511.4	92	4↑
5	中信建投	1 149.7	72	1↓
6	华泰证券	813.1	56	1↓
7	德邦证券	731.2	41	6↓

续表

排名	机构名称	承销金额（亿元）	只数（只）	排名变化
8	交通银行	600.7	24	14↑
9	国泰君安	581.1	30	3↓
10	平安证券	577.9	97	持平
11	信达证券	572.5	9	15↑
12	中国银行	497.7	39	5↑
13	中银国际	445.4	19	1↑
14	广发证券	441.1	28	2↑
15	海通证券	423.4	35	持平
16	天风证券	311.3	31	5↓
17	国信证券	310.2	28	25↑
18	申万宏源	302.6	15	16↑
19	工商银行	257.7	13	6↓
20	东兴证券	237.6	4	30↑

资料来源：Wind 数据库。

2008~2010 年券商企业债发行份额见表 9-6。

表 9-6　2008~2010 年券商企业债发行份额（Wind 数据口径）

排名	机构名称	承销金额（亿元）	只数（只）	排名变化
1	中信建投	2 165.7	306	持平
2	中信证券	1 410.8	189	6↑
3	国泰君安	921.3	160	1↓
4	平安证券	887.4	148	1↓
5	海通证券	840.2	140	1↓
6	招商证券	680.8	106	1↑
7	中金公司	598.8	105	1↓
8	广发证券	598.6	98	3↓
9	中泰证券	583.4	89	5↑
10	中山证券	504.7	67	持平
11	光大证券	473.5	66	2↓
12	华泰证券	429.2	89	3↑
13	兴业证券	396.4	66	2↓
14	国信证券	371.0	58	1↓

续表

排名	机构名称	承销金额（亿元）	只数（只）	排名变化
15	开源证券	371.0	51	3↓
16	方正证券	298.3	50	22↑
17	银河证券	254.6	42	2↑
18	申万宏源	226.6	30	14↑
19	中银国际	224.2	49	3↑
20	长城证券	193.0	45	3↓

资料来源：Wind 数据库。

2008～2010 年券商企业债发行份额见表 9-7。

表 9-7　　2008～2010 年券商企业债发行份额（中国证券业协会口径）

排名	机构名称	承销金额（亿元）	只数（只）	排名变化
1	中信建投	2 351.7	316	持平
2	中信证券	1 639.7	199	3↑
3	国泰君安	1 058.0	169	1↓
4	海通证券	913.6	146	3↑
5	平安证券	887.4	148	1↑
6	招商证券	748.3	115	6↑
7	兴业证券	708.9	92	1↑
8	中金公司	695.2	110	3↑
9	广发证券	672.5	104	6↓
10	中泰行证券	613.4	91	9↑
11	银河证券	569.2	59	2↓
12	光大证券	551.0	74	8↓
13	中山证券	515.7	70	1↑
14	华泰证券	487.7	92	4↓
15	国信证券	438.3	61	2↓
16	开源证券	376.9	52	1↓
17	中银国际	328.6	60	1↓
18	申万宏源	246.6	32	19↑
19	华融证券	229.3	25	4↑
20	长城证券	195.5	46	1↑

资料来源：Wind 数据库。

(二)交易业务竞争格局：竞争加剧，份额进一步分散

受内外部环境不确定性加大的影响，2018年固定收益市场投资者避险情绪升温，债券市场行情好转，现券交易活跃度出现显著提升。2018年全年现券成交总额为94.92亿元（不含同业存单），较2017年大幅增加49.6%，其中信用债成交量19.26万亿元，但在所有债券中占比大幅下降至20.3%。这主要是由于在违约事件频发的情况下，市场谨慎情绪加重，投资者普遍增配金融债以及地方政府债等相对安全的品种。

在交易业务领域，券商在债市的交割量梯度均匀，中信证券依然占据市场头把交椅（见表9-8）。

表9-8　2018年债券市场证券公司债券交割量排行榜

机构名称	债券交割量（万元）	占同类机构比重（%）
中信证券	461 878 698.00	5.97
广发证券	367 909 961.00	4.76
国泰君安	355 438 590.00	4.59
平安证券	338 263 750.00	4.37
山西证券	317 146 874.00	4.10
东方证券	315 238 965.00	4.08
申万宏源	298 485 095.00	3.86
中信建投	289 176 297.00	3.74
华创证券	268 909 925.00	3.48
国信证券	246 575 861.00	3.19
招商证券	243 232 921.00	3.14
国海证券	231 993 508.00	3.00
民生证券	228 200 110.00	2.95
万联证券	226 949 230.00	2.93
中金公司	221 143 886.00	2.86
华泰证券	178 682 510.00	2.31
光大证券	134 360 500.00	1.74
东北证券	129 168 336.00	1.67
首创证券	128 076 999.00	1.66
第一创业证券	123 614 554.00	1.60

资料来源：Wind数据库。

第三节 固定收益业务及组织架构

证券公司的固定收益业务主要指在银行间债券市场、交易所市场从事固定收益证券投资、低风险套利和承揽债券发行销售等业务，覆盖国债、金融债、央行票据、企业债、公司债、短期融资券、中期票据、可转债、可分离债等固定收益品种。简言之，证券公司的固定收益业务包括固定收益类产品的销售、交易、客户服务、产品研究与开发等。

与固定收益业务内容相对应，证券公司的固定收益部门的组织架构一般包括产品发行承销部、产品销售交易部、自营投资部和债券研究部，但由于各证券公司固定收益部门从事的业务范围不同，组织架构也有所不同。以国泰君安、宏源证券为例，其固定收益部的组织架构分别见图9-5、图9-6。

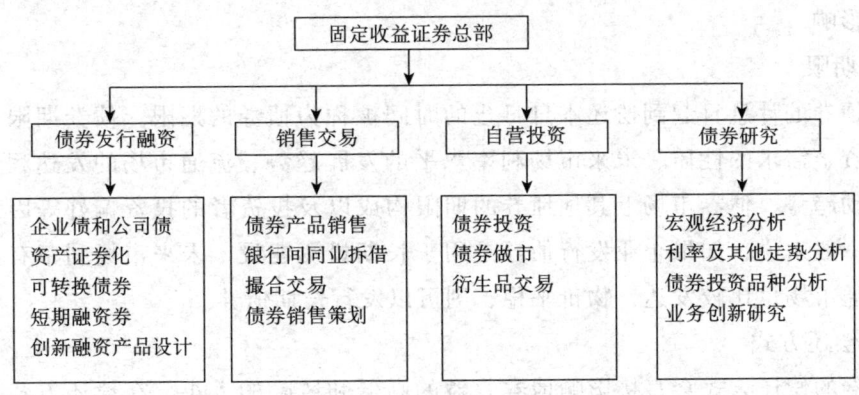

图9-5 国泰君安固定收益总部的组织架构

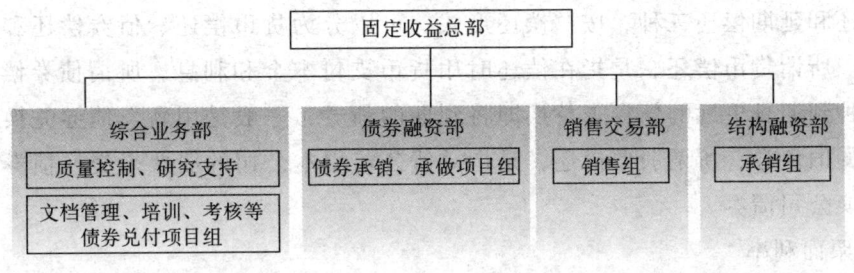

图9-6 宏源证券固定收益总部的组织架构

第四节 债券发行承销

（一）债券发行的条件

债券发行条件是指债券发行者在以债券形式筹集资金时所必须考虑的有关因素，包括发行金额、票面金额、期限、偿还方式、票面利率、付息方式、发行价格、发行费用、税收效应以及有无担保等内容。

1. 发行金额

债券的发行金额是根据发行人所需资金的数量、资金市场供给情况、发行人的偿债能力和信誉、债券的种类以及该种债券对市场的吸引力来决定的。如果发行金额定得过高，会影响其他发行条件，造成销售困难，也会给发行后债券的转让造成不良的影响。

2. 期限

从债券的计息日起到偿还本息日止的时间被称为债券的期限。债券期限是根据发行人资金需求的性质、未来市场利率水平的发展趋势、流通市场的发达程度、物价的变动趋势、债券市场上其他债券的期限构成以及投资者的投资偏好等因素来确定的。一般来说，如果企业发行债券是用于长期投资建设，未来市场利率有上升趋势，流通市场也比较发达，物价平稳，则可以发行长期债券。

3. 偿还方式

债券的偿还方式会直接影响债券收益的高低和风险的大小。在偿还方式中，要规定偿还金额、偿还日期以及偿还形式等。债券按照偿还日期，可以分为期满偿还、期中偿还和延期偿还三种；按照偿还形式，可以分为货币偿还、债券偿还和股票偿还三种。所谓货币偿还，是指在偿还时用货币支付本金和利息；所谓债券偿还，是指用一种到期日更远的债券来替换即将到期的债券，一般是用新发债券兑换未到期或到期的旧债券；所谓股票偿还，是指举债公司用本公司的股票来交换债券持有人的可转换公司债券。

4. 票面利率

债券的票面利率是指发债人每年向投资者支付的利息占票面金额的比率。票面利率的高低直接影响债券发行者的筹资成本和投资者的投资收益。在确定票面利率时，一般要考虑以下因素：债券期限的长短、市场利率水平的高低、债券的信用等级、利息支付方式以及证券管理当局对票面利率的管理和指导等。一般来说，债券期限长，利率则应该高；债券的信用等级高，利率则应该低；到期一次付息的利率应高于按年付息的票面利率；在收益率一定的情况下，按单利计算的票面利率应高于按复利计算的票面利率。

5. 付息方式

债券的付息方式是指发行者在债券的有效期内，一次或按一定的时间间隔分次向债券持有人支付利息的方式。发行者在选择债券付息方式时，应将降低筹资成本与增加债券对投资者的吸引力结合起来。债券的付息方式一般有一次性付息和分期付息两类，而一次性付息又可分为利随本清方式或利息预扣方式两种。

6. 发行价格

债券的发行价格是指债券投资者认购新发行的债券时实际支付的价格。债券的发行价格可以分为：平价发行，即债券的发行价格与面值相等；折价发行，即债券以低于面值的价格发行；溢价发行，即债券以高于面值的价格发行。在面值一定的情况下，调整债券的发行价格可以使投资者的实际收益率接近市场收益率的水平。

7. 收益率

债券的收益率是指投资者获得的收益占投资总额的比率。决定债券收益率的因素主要有利率、期限和购买价格。一般来说，收益率是投资者在购买债券时的首要考虑因素。

8. 税收效应

债券的税收效应主要是指对债券的收益是否征税。涉及债券收益的税收有利息预扣税和资本税。利息预扣税也叫收入所得税，是支付利息的人在向债券持有人支付利息时预先就扣除债券持有人应向政府缴纳的税款，并将这些税款集中上缴当地税务部门。一般来说，政府债券免征利息预扣税。资本税是指出售债券时对卖出价格（或持有到期时的偿还价格）与买入价格之间的差额收益所征收的资本收益税。

债券的税收效应直接影响债券的收益率，因此，投资者在购买债券时，要把纳税债券与不纳税债券的收益率进行适当的折算之后，才能够判断其收益率的高低。投资者关心的是债券投资所获得的收益在扣除税款后的净额。

9. 发行费用

发行费用是指债券发行者支付给有关债券发行中介机构、服务机构的各种费用，包括最初费用和期中费用两种。最初费用包括承销商的手续费、登记费、印刷费、评级费、担保费、广告费、律师费、上市费等。期中，费用包括支付利息手续费、每年的上市费、本金偿还支付手续费等。债券发行者应尽量减少其发行费用，以降低发行成本。

10. 担保

有无担保是债券发行的重要条件之一。由信誉卓著的第三者担保或用发行者的财产作抵押担保，有助于增加债券的安全性，减少投资风险。一般来说，政府、大金融机构发行的债券大多是无担保债券。

（二）债券的信用评级

债券评级是指专业化的信用评级机构对发债人所发行的债券到期还本付息能力和信用程度的综合评价。债券评级制度始于美国，通过拥有大量债券分析、会计、统计、财务专家的专业评级机构进行。现在全球最权威的债券评级机构是标准·普尔公司（Standard & Pool's Corporation）和穆迪投资者服务公司（Moody's Investor's, Inc.）等几家。标准·普尔公司把债券分成四等10级，而穆迪投资者服务公司把债券分成三等9级，每一级代表不同的还本付息能力和债券风险。标准·普尔公司和穆迪公司债券评级信用评级见表9-9、表9-10。

表9-9　　　　　　　标准·普尔公司债券评级信用评级

等级	说明	备注
AAA	最高级	还本付息能力最强，投资风险最低
AA	高级	还本付息能力很强，但保证程度略低，投资风险略高
A	中上级	较强的还本付息能力，但可能受到环境和经济条件的不利影响
BBB	中级	足够的还本付息能力，但是环境和经济条件不利变化可能导致偿付能力被削弱
BB	中下级	债券还本付息能力有限，具有一定的投资风险
B	投机级	风险较高
CCC	完全投级	风险很高
CC	最大投机级	风险最高
DDD		
DD	违约债券	违约，还本付息已达到拖欠程度，但尚有一些残余价值
D		

说明：在各级别前后可以加"+"或者"-"号，以表示"略好"或"略差"之意。

表 9–10　　穆迪公司债券信用评级

等级	说明	备注
Ana	最高质量	利息有极大的保障，本金也相当安全
Aar	高质量	还本付息能力强，与前一个等级一起构成高级股票
A	中上质量	充分保障本金与利息的安全，但保障因素有可能受损害
Baa	中下质量	利息和本金保障目前看来还够充分，但经不起时间的检验，有冒险的特征
Bad	投机性因素	有冒险成分，利息和本金的保障也非常有限
B	通常不值得正式投资	还本付息的力量十分薄弱
Caa	可能违约	也许会违约
Ca	高度投机性，经常违约	高度冒险
C	最低级	永远得不到实际的投资地位

说明：在各个级别前面可以加上 1、2、3，表示同级债券质量的优、中、劣。

另外，如果发行的是外国债券或者国际债券，那么还要对发行国的社会、经济、政治环境加以分析，作为债券评级的另一因素。

（三）债券发行与承销方式

一般来说，债券承销可以分为两种方式，即包销和代销。

1. 债券发行的包销方式

包销是指投资银行认购发行人所发行的债券，然后在债券市场上分售给一般投资者的承销方式。包销可以分为两种方式：（1）全额包销，即投资银行与发行人签订协议，由投资银行垫付资金，全额购入发行人债券，然后再向一般投资者发售。（2）余额包销，即投资银行和发行人签订协议，投资银行帮助发行人出售债券，在发行期结束时，如果债券仍有剩余，则由承销商购入余额，伺机卖出。余额包销方式一般是配合认股权发行而采用的，并非公司所有股东都会行使认股权，根据投资银行与发行人协议，投资银行在发行期结束时，有义务购入未使用的认股权所代表的股份。

在包销方式下，发行风险完全转嫁给承销商，所以承销商的收益率较高，获得发行价格与承销购入价格之间的差价；发行人则能确保发行成功，筹集到所需资金，当然，其所付出的筹资成本也是比较高的。

2. 债券发行的代销方式

代销是指投资银行仅作为发行人的发行代理机构，帮助发行人尽力推销债券，在发行期结束时，如果尚有债券没有发售完，则由发行人自行收回，投资银行不承担任何责任。在这种承销方式下，承销商不承担任何发行风险，债券能否发售成功的风险全由发行人承担，故发行人也仅付给承销商一定的手续费。

这种方式一般用在债券发行注册制的国家中，因为某些公司成立时间不长，行业前景不明朗，所以承销商不愿意担负过大的发行风险。

（四）债券的发行程序：以公司债券为例

1. 制订发行方案

发行方案主要包括以下内容：债券发行金额、资金用途、期限、利率、发行范围、发行方式、公司财务状况、收益分配状况、筹资项目的可行性研究或经济效益预测、还本付息资金来源等。

2. 董事会决议

发行公司债券，需事先经董事会决议通过。法律一般要求由 2/3 以上公司董事出席以及超过半数的出席董事通过方为有效。董事会的决议，决定公司债券发行的总额、票面金额、发行价格、利率、发行日、偿还期限和偿还方式等内容。

3. 政府主管部门批准

申请发行公司债券的公司，应向政府主管部门报送下列文件：

第一，发行公司债券的申请书；

第二，营业执照；

第三，公司董事会决议文件；

第四，准予进行公司固定资产投资的批准文件；

第五，发行公司债券的章程或者办法；

第六，公司财务报表；

第七，政府主管部门要求提供的其他文件。

政府主管部门根据上述文件对发行公司债券的申请进行审批。

4. 签订承销协议

发行者和承销者之间签订的承销协定主要规定了承销者所承担的义务、承销者的报酬、承销者缴款日期等。

5. 订立承销团协议

承销团协议由参加承销团的所有成员协商签订并予履行。协议内容主要包括：承销团承销债券的数量、承销报酬；承销团各成员分担的份额。在协议中，各成员必须承诺不得自行降低价格出售债券，保证其推销份额的完成。

6. 签订信托合同

在发行抵押公司债券的情况下，发行公司必须和受托公司签订信托合同。信托合同中主要规定受托人的权利和义务。根据信托合同，受托公司取得抵押权。

7. 制作认购申请书、债券和债权者名簿

认购申请书上载有认购金额、认购住所、签字、盖章等栏目。认购申请书实际上是交易合同，投资者有按所填写金额缴款的义务。

债券的制作通常由募集者代办。债券的内容是法定的，券面上应记载下列内容：公司的名称、地点、债券的票面金额、利率、利息支付方式、发行日期和编号、偿还期限和方式、发行公司的印章、公司法定代表签章和政府主管部门批准发行的文号、日期。

发行记名公司债券时，发行公司应备有债权者名簿。债权者名簿的作用是在债权转让时要进行相应的更改。

8. 发布募集公告

发行公司或募集者以公告形式公布发行内容，募集投资者。公告内容主要有公司经营管理简况、公司财务状况、发行计划、发行债券目的、债券总金额、发行条件、还本付息方式、募集期限等。

9. 正式募集

在募集期间，由申请认购者填写认购申请书，其后在交割日缴纳价款，领取债券。

10. 呈报发行情况

债券募足后，董事会应在一定时间内（一般为15天内）向政府主管部门呈报发行情况。

11. 设立债券持有人会议

根据最新《证券法》规定，若发行公司债，应当设立债券持有人会议，并应当在募集说明书中说明债券持有人会议的召集程序、会议规则和其他重要事项。

发行人应当为债券持有人聘请债券受托管理人，并订立债券受托管理协议。受托管理人应当由本次发行的承销机构或者其他经国务院证券监督管理机构认可的机构担任，债券持有人会议可以决议变更债券受托管理人。债券受托管理人应当勤勉尽责，公正履行受托管理职责，不得损害债券持有人利益。若债券发行人未能按期兑付债券本息，债券受托管理人可以接受全部或者部分债券持有人的委托，以自己名义代表债券持有人提起、参加民事诉讼或者清算程序。

第五节 债券自营业务

一、债券自营业务的类型

固定收益部门从事的债券自营业务类型主要是投机交易和套利交易。

（一）投机交易

投机是指投资银行期望能够通过预测债券价格的变动方向而获取价差收益。如果投资银行认为债券价格将上升，就会买入债券，希望将来以一个更高的价格将其出售；如果投资银行认为债券价格将下降，就会卖出或卖空债券，待价格回落后再回补。投资银行在进行投机交易时，会进行信息收集和分析，尽量降低风险，因此，投机是建立在理性分析决策基础上的交易行为。固定收益部门从事投机交易获得的收益主要是风险承担和市场分析所获得的补偿。

投机的策略：（1）绝对价格交易。绝对价格交易是指固定收益部门根据某种债券资产的价格与其价值差异程度的预测来调整其持有的债券头寸的交易行为，同时，对其持有的债券头寸并不进行套期保值。（2）相对价格交易。相对价格交易是指固定收益部门根据对两种资产收益率差距的相对变动预测来调整其持有的债券头寸的交易行为。例如，A级的公司债券和国债之间的收益率差为0.3，国债收益率低，如果固定收益部门预测到这种收益率差距还将扩大，那么投资银行就应当卖出公司债券而买进国债；当收益率真的扩大时，投资银行则可再卖出国债而买进公司债券。（3）信用等级交易。信用等级交易是指固定收益部门在债券交易中以信用等级预测作为交易的基础。如果固定收益部门预测债券的信用等级下降，就会将这些债券卖空；如果预测债券的信用等级上升，就会将这些债券买空。固定收益部门的研究人员往往从事大量的信用分析，并试图预测信用等级的变化。

（二）套利交易

套利是指通过价格差异来获得收益，它通常利用证券在两个或两个以上的市场中的价格差异同时进行买卖，从差价中获取收益。

套利的策略包括空间套利和时间套利。空间套利是最简单的一种套利方式，套利者通过寻找不同市场上同一类债券的当期价格的差异而获得收益。时间套利即跨期套利，是指通过对某些债券的现货买进、期货卖出，或现货卖出、期货买进的方法，从寻求现货价格与远期价格的差异中谋求收益的一种套利方式。

二、债券自营业务的流程与特点

债券自营业务的流程一般如图9-7所示。

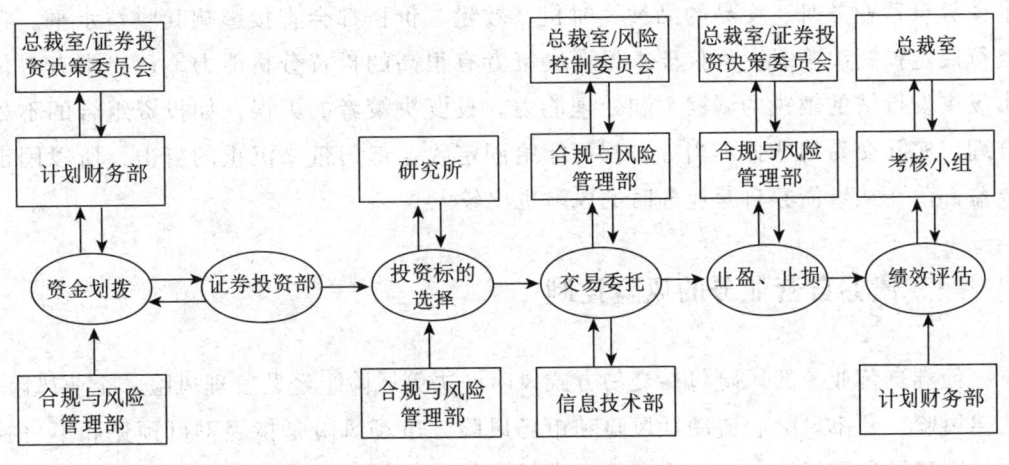

图9-7 债券自营业务流程

注：此处证券投资部指固定收益部。

一般而言，固定收益部门从事自营买卖业务的特点主要有三个：

（一）自主性

自营实际上是自主经营，自营业务的自主性主要表现在：（1）交易行为的自主性。固定收益部门一般在总部授权范围内可以自主决定是否参与交易以及参与交易时的交易品种、交易价格、时机、数量等。（2）交易方式的自主性。固定收益部门可以自行决定是买进证券还是卖出证券等。（3）交易价格的自主性。除非受证券主管部门维持市场价格稳定的要求，否则固定收益部门可以在涨跌幅限制范围内自行决定交易的价格。

（二）收益性

固定收益部门在从事债券的承销时，如果市场反应比较正常，那么固定收益部门所获得的收益基本上也是稳定的和可预测的，固定收益部门从事债券自营业务时，如果操作得当，获得较高的买卖差价和股利、利息收入是可能的，一般回报率也是比较高的。

（三）风险性

风险和收益一般是相对应的，高收益往往对应着较大的风险。固定收益部门从事债券自营业务时，交易的品种、时机、数量、价格都会直接影响其收益水平。在自行决定投资决策时，不仅要求投资决策者有很高的投资分析能力，还要求有对付市场突发行情的敏锐的洞察力和处理能力。投资决策者的失误，如投资组合的不尽合理、实际交易的选择不当等，都可能给固定收益部门带来沉重的打击，所以固定收益部门在从事债券自营业务时的风险也比较大。

三、债券自营业务的风险控制

债券自营业务的风险包括交易方式风险、决策风险、经营管理风险、企业风险、法律风险、利率风险、流动性风险和市场风险。市场风险是指因不可预见和不可控制的因素导致市场波动，使债券价格变得变幻莫测从而造成一定风险，甚至导致自营亏损。这是自营业务面临的主要风险。所谓自营业务的风险性或高风险特点主要是指这种风险。

一般，国际上通用的、针对投资银行自营业务现状的防范措施有以下几个：

（1）强调证券投资业务及二级市场操作的整体性，强调统一领导、统一决策、统一资金管理和调拨、统一核算；

（2）将投资银行证券投资业务集中于投资银行总部的证券投资业务部门，置于投资决策委员会的直接领导之下，投资银行下属各营业网点、各分支机构以及投资银行的其他部门未经授权原则上不得从事证券自营业务；

（3）在开展自营业务时应制定各种量化指标和技术性措施，运用优化组合投资和技术性对冲保值等手段选择银行在一定时期内的投资组合，防止单一性投资可能带来的投资风险；

(4) 对证券投资业务部门实行授权经营制度，其工作对投资决策委员会负责，实行项目决策、资金运用、实际操作、风险限额控制的严格约束与分离制度；

(5) 建立完善、有效的激励机制和管理措施，提高证券投资业务部门组成人员的积极性与创造性，杜绝来自非市场因素的人为风险；

(6) 建立有效的市场反馈体制和灵活、迅速、程序化的分层决策机制。决策由上至下贯彻实施，意见由下至上反馈汇报。债券自营业务也遵循这一风控程序。

第六节 资产证券化业务

一、资产证券化的实质

资产证券化是近30年来国际金融市场领域中最重要的金融创新之一，是被西方金融实务领域广泛认同的业务发展大趋势之一。1997年，美国投资银行家瑞尼尔（Lewis S. Rainer）首次使用了"资产证券化（Asset Securitization）"这个用语。格顿（Gardener, 1991）为资产证券化下的定义是："资产证券化是储蓄者与借款者通过金融市场得以部分或全部匹配的一个过程或工具。在这里，开放的市场信誉（通过金融市场）取代了由银行或其他金融机构提供的封闭的市场信誉。"这个定义涵盖的范围比较广泛，几乎包括了通过金融市场进行融资的所有形态的融资方法和金融工具，认为资产证券化是一种融资或一个发行证券的过程。

有"证券化之父"之称的美国耶鲁大学法博齐教授认为："资产证券化可以被广泛地定义为一个过程，通过这个过程将具有共同特征的贷款、消费者分期付款合同、租约、应收账款和其他不流动的资产包装成可以市场化的、具有投资特征的带息证券。"这可以说是一个广义上的资产证券化概念，就是指把资产转变成采用证券这一价值形态的过程和技术。

从严格意义上讲，资产证券化是指将缺乏流动性但具有某种可预见未来现金流入的资产或资产组合汇集起来，通过结构性重组，将其转变为可以在金融市场上出售和流通的证券，以此来融通资金的过程。资产证券化包含以下三层含义：

第一，这里的"资产"指的是那些缺乏流动性但具有可预见未来现金流收入的金融资产。这些资产的权益人一般都具有因已发生的交易事件而取得或控制可预见未来现金流收入的经济权益。

第二,资产证券化是一个融资过程,是由资金市场通向资本市场的过程,是将流动性较差的资产转变为具有投资特征的可在市场上进行交易的带息证券的过程。缺乏流动性的资产和市场化的带息证券是资产证券化整个过程的两端,二者之间的变化构成了各类发起人进行二次融资的全部内容。

第三,资产证券化又特指一种融资技术。这种技术指通过资产的重新组合,利用必要的信用增级技术(包括内部增级和外部增级),创造出适合不同投资者需要、具有不同风险预期和收益组合的收入凭证。

二、资产证券化的形式

(一)广义的资产证券化

广义的资产证券化是指某一资产或资产组合采取证券资产这一价值形态的资产运营方式。它包括以下四种形式:

(1)实体资产证券化,即实体资产向证券资产的转换,是以实物资产和无形资产为基础发行证券并上市的过程。

(2)信贷资产证券化,是指把欠流动性但有未来现金流的信贷资产(如银行的贷款、企业的应收账款等)经过重组形成资产池,并以此为基础发行证券。

(3)证券资产证券化,即证券资产的再证券化过程,就是将证券或证券组合作为基础资产,再以其产生的现金流或与现金流相关的变量为基础发行证券。

(4)现金资产证券化,是指现金的持有者通过投资将现金转化成证券的过程。

(二)狭义的资产证券化

狭义的资产证券化是指信贷资产证券化。按照被证券化资产种类的不同,信贷资产证券化可分为:抵押贷款支持证券化(Mortage - backed Securitization,MBS,即住房抵押贷款证券化)和资产支持证券化(Asset - backed Securitization,ABS)。两者的区别在于前者的基础资产是住房抵押贷款,后者的基础资产则是除住房抵押贷款以外的其他资产。

1. 抵押贷款支持证券化（MBS）抵押贷款支持证券化是指金融机构（主要是商业银行）把自己所持有的流动性较差但具有未来现金收入的住房抵押贷款汇集重组为抵押贷款群组，由证券化机构以现金方式购入，经过担保或信用增级后，以证券的形式出售给投资者的融资过程。这一过程将原先不易被出售的缺乏流动性但能够产生可预见性现金流的资产，转换成可以在市场上流通的证券。

抵押贷款支持证券化最初是为了应付银行长期资产与短期负债的不匹配而产生的。一般商业银行的住房抵押贷款以长期为主（5年或5年以上）。其资金来源主要是储户的存款，存款的期限较短且不稳定，当住房贷款的规模越来越大时，商业银行就会产生长期资产与短期负债的资金缺口，住房抵押贷款证券化便是为了弥补这一缺口产生和发展起来的。抵押贷款支持证券化的一般过程见图9-8。

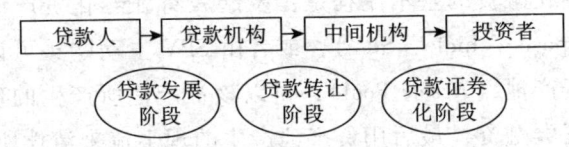

图9-8 抵押贷款支持证券化一般过程

2. 资产支持证券化

与抵押贷款支持证券化相比，资产支持证券化的种类更加繁多，具体还可以细分为汽车消费贷款、学生贷款证券化、信用卡应收款证券化、贸易应收款证券化、设备租赁费证券化等。

资产支持证券化类型具体见表9-11。

表9-11　　　　　　　　　资产支持证券化类型

资产类型	细分类型
应收款类资产	信用卡应收款证券化
	贸易应收款证券化
	设备租赁费证券化
贷款类资产	汽车消费贷款证券化
	商用房地产抵押贷款证券化
	学生贷款证券化
	住房权益贷款证券化

续表

资产类型	细分类型
收费类资产	基金设施收费证券化
	门票收入证券化
	俱乐部会费收入证券化
	保费收入证券化
其他资产	知识产权证券化

三、资产证券化的程序

一次完整的证券化融资的基本流程是：发起人将证券化资产出售给一家特殊目的实体（Special Purpose Vehicle，SPV），或者由 SPV 主动购买可证券化资产，然后将这些资产汇集成资产池（Assets Pool），再以该资产池所产生的现金流为支撑在金融市场上发行有价证券融资，最后用资产池产生的现金流来清偿所发行的有价证券。资产证券化融资的基本流程见图 9-9。

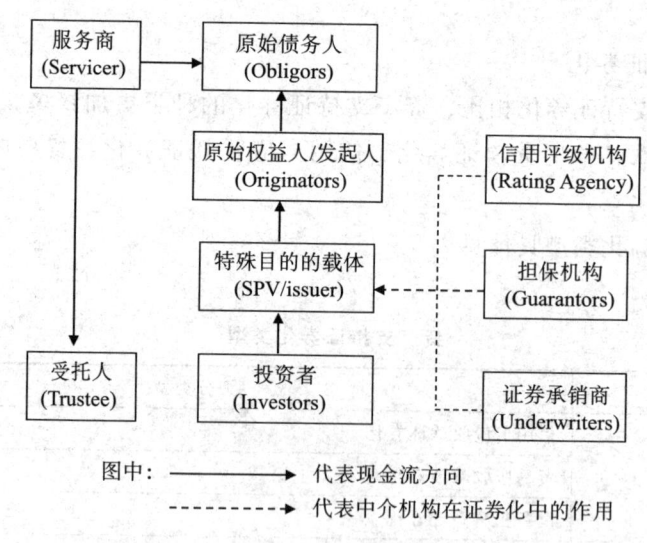

图 9-9 资产证券化融资的基本流程

1. 确立资产证券化目标，组成资产池

资产证券化的发起人（即资产的原始权益人）在分析自身融资需求的基础上，

通过发起程序确定用来进行证券化的资产。尽管证券化是以基础资产所产生的现金流为基础，但并不是所有能产生现金流的资产都可以证券化。总结多年来资产证券化融资的经验可以发现，具有下列特征的资产（基础资产）比较容易实现证券化。

（1）资产可以产生稳定的、可预测的现金流收入。从收益角度来讲，进行资产证券化的基础资产通常是优质资产。

（2）原始权益人持有该资产已有一段时间，且债务人信用表现记录良好，说明债权人承担的信用风险较小。

（3）资产应具有标准化的合约文件，即资产具有很高的同质性。基础资产基本属于同一大类，如住房贷款类、汽车贷款类等。

（4）资产抵押物比较易于变现，且变现价值较高。

（5）债务人的地域和人口统计分布广泛，这样有利于分散风险。

（6）资产的历史记录良好，即违约率和损失率较低。

（7）资产的相关数据容易获得。

一般来说，那些现金流不稳定、同质性低、信用质量较差且很难获得相关统计数据的资产，一般不宜于被直接证券化。

2. 组建SPV，实现贷款出售

特殊目的实体（SPV）是专门为资产证券化设立的一个特殊实体，是资产证券化运作的关键性主体。组建SPV的目的是为了最大限度地降低发行人的破产风险对证券化的影响，即实现被证券化资产与原始权益人（发起人）其他资产之间的"风险隔离"。

SPV被称为没有破产风险的实体，这一点可以从两个方面理解：一是指SPV本身的不易破产性；二是指将证券化资产从原始权益人那里真实出售给SPV，从而实现了破产隔离。为了达到"破产隔离"的目的，在组建SPV时应该遵循以下要求：债务限制、设立独立董事、保持分立性和满足禁止性要求。

SPV可以是由证券化发起人设立的一个附属机构，也可以是长期存在的专门进行资产证券化的机构。SPV设立的形式可以是信托投资公司、担保公司或其他独立法人实体。至于如何组建SPV，要考虑具体国家或地区的法律制度和现实需要。从已有的证券化实践来看，为了逃避法律制度的制约，有很多SPV是在有"避税天堂"之称的百慕大群岛、开曼群岛等地方注册的。

SPV本身就是为了便于融资而特别设置的产物，因而其资本的占有越少越好，但为了符合法定要求，一般只需注入最低法定资本金即可。这无疑加大了SPV的风险系数。所以，有时发起人或独立第三方会以从属债券的形式贷给 SPV 资金作为其启动资金，这部分从属性贷款只有等 SPV 全部偿还投资者本息后才能用剩余资金偿还。换言之，该种资金的偿还优先序列低于一切其他债务资金形式，因此，它带有准资本的性质。证券化交易结构中的第三参与方，如信用评级机构、服务机构、受托管理机构等的参与也构成了 SPV 的一项负债，如担保费、服务费等，而且其偿付的优先序列通常靠前，以保证证券化交易的正常运行。

证券化资产从原始权益人（如住房抵押贷款的发放银行）向 SPV 的转移是证券化运作流程中非常重要的一个环节。这个环节会涉及众多法律、税收和会计处理问题。其中的一个关键问题是：一般都要求这种转移在性质上"真实出售"（True Sale）。其目的是为了实现证券化资产与原始权益人之间的破产隔离，即原始权益人的其他债权人在其破产时对已证券化资产没有追索权。

以真实出售的方式转移证券化资产要求做到以下两个方面：一方面，证券化资产必须完全转移到 SPV 手中，这既保证了原始权益人的债权人对已转移的证券化资产没有追索权，也保证了 SPV 的债权人（即投资者）对原始权益人的其他资产没有追索权；另一方面，由于资产控制权已经从原始权益人转移到了 SPV 手中，应将这些资产从原始权益人的资产负债表上剔除，使资产证券化成为一种表外融资方式。

3. 完善交易结构

特殊目的机构要与贷款出售银行或指定的资产池服务公司（一般是银行）签订贷款服务合同，与某实力雄厚的银行达成在必要时提供流动性支持的周转信贷协议，与证券公司达成承销协议，来完善资产证券化的交易结构。然后请信用评级机构对该交易结构及设计好的资产支持证券进行内部评级。信用评级机构通过审查各种合同和文件的合法性及有效性，对交易结构和资产支持证券进行考核评级，给出内部评级结果。

4. 信用增级与信用评级

为吸引投资者并降低融资成本，必须对资产证券化产品进行信用增级，以提高所发行证券的信用级别。信用增级可以提高所发行证券的信用级别，使证券在信用质量、偿付的时间性与确定性方面能更好地满足投资者的需要，同时满足发行人在会计、监督融资目标方面的需求。

信用增级（Credit Enhancement）可以分为内部信用增级和外部信用增级两类，具体手段有很多种，如内部信用增级的方式有：划分优先/次级结构（Senior/ Subordinate Structure）、建立利差账户（Spread Account）、进行超额抵押等。外部信用增级主要通过金融担保开立信用证来实现。

在资产证券化交易中,信用评级机构通常要进行两次评级:初评与发行评级。初评的目的是确定为了达到所需要的信用级别必须进行的信用增级水平。在按评级机构的要求进行完信用增级之后,评级机构将进行正式的发行评级,并向投资者公布最终评级结果。信用评级机构通过审查各种合同和文件的合法性及有效性,给出评级结果。信用等级越高,表明证券的风险越低,从而使发行证券筹集资金的成本越低。

5. 证券设计与销售

信用评级完成并公布结果后,SPV 将经过信用评级的证券交给证券承销商去承销,可以采取公开发售或私募的方式来进行。因为这些证券一般具有高收益、低风险的特征,所以主要由机构投资者(如保险公司、投资基金和银行机构等)来购买。这也说明,一个健全发达的资产证券化市场必须要有一个成熟的、达到相当规模的机构投资者队伍。

6. 现金管理服务与清算

SPV 从证券承销商那里获得发行现金收入,然后按事先约定的价格向发起人支付购买证券化资产的价款,此时要优先向其聘请的各专业机构支付相关费用。

SPV 要聘请专门的服务商来对资产池进行管理。服务商的作用主要包括下列几方面:(1) 收取债务人每月偿付的本息。(2) 将收集的现金存入 SPV 在受托人处设立的特定账户。(3) 对债务人履行债权债务协议的情况进行监督。(4) 管理相关的税务和保险事宜。(5) 在债务人违约的情况下实施有关补救措施。

一般服务商由发起人担任,这种安排有很重要的实践意义。因为发起人已经比较熟悉基础资产的情况,并与每个债务人建立了联系,而且,发起人一般都有管理基础资产的专门技术和充足人力。当然,服务商也可以是独立于发起人的第三方。这时,发起人必须把与基础资产相关的全部文件移交给新服务商,以便使新服务商掌握资产池的全部资料。

按照证券发行时说明书的约定,在证券偿付日,SPV 将委托受托人按时、足额地向投资者偿付本息。利息通常是定期支付的,而本金的偿还日期及顺序就要因基础资产和所发行证券的偿还安排的不同而不同。当证券全部被偿付完毕后,如果资产池产生的现金流还有剩余,那么这些剩余的现金流将被返还给交易发起人,资产证券化交易的全部过程也随即结束。

可见,整个资产证券化的运作流程都是围绕 SPV 这个核心来展开的,SPV 进行证券化运作的目标是：在风险最小化、利润最大化的约束下，使基础资产所产生的现金流与投资者的需求最恰当地匹配。

四、投资银行在资产证券化中的功用

投资银行自始至终参与资产证券化交易的全过程，在其中发挥着关键作用。

（一）优化各种资产

缺乏流动性的资产种类很多，但它们并非都能证券化。为保证证券化的成功实现，投资银行必须对发起人拟出售的资产进行详细的分析、评价，选择适合的资产进行优化组合。评判用于证券化的资产标准是看它们是否具有以下几个特征：

1. 被剥离的资产未来能产生可靠的、可预测的现金流，这种资产权益相对独立，可以同其他资产所形成的现金流相分离。

2. 资产的现金流收入在资产存续期内能够分期实现，且资产存续期在1年以上，资产获取偿付的拖欠率和违约率维持在一个较低的水平。

3. 资产的债务人有广泛的地域和人口分布，能使意外事件发生的概率降低，能保证资产的现金流收入。

4. 证券化的资产有较高的变现价值。

（二）创立证券化载体

如果资产证券化业务主要由投资银行来实施，那么通常情况下，投资银行会创建SPV（特殊目的载体），以SPV来收购资产并构建资产池，再以资产池的未来现金流收入为担保发行证券。SPV是为了最大限度地降低发起人的破产风险对证券化的影响而建立的一个空壳公司，具体采用何种形式，取决于资产的特性与风险、相关的法律法规、税收以及资金筹措者的目的。SPV购买的资产是一种"真实出售"，在法律上不再与发起人的信用相联系，它是一种有限或无追索权的交易活动。因此，在资产证券化发起人破产时，被证券化的资产不作为清算资产，这样就可以有效地保护投资者的利益。而且，SPV本身是一个没有破产风险的实体，因而特殊目的载体就是一个破产隔离机制。

（三）重新包装现金流

在有些情况下，SPV会重新包装来自基础资产的现金流，包装者通常是一家投资银行。投资银行将 SPV 购买来的资产划分为不同期限，分次发行债券。例如，一个快速还本档、一个中期还本档以及一个长期还本档，每个档反映了预期基础抵押贷款的还本模式。当贷款被借款人归还时，本金首先流入第一档，直到第一档全部还本结束时为止，然后第二档被还本，以后依次类推。

将现金流包装成具有不同期限、不同提前偿还风险特征的档次，满足了不同投资者的需要。例如，一个储蓄机构可以购买一个短期档债券，而一个长期投资者如养老基金则可以购买一个更长期的档，因而现金流量再包装便创造了价值增值。

（四）承销证券

在资产证券化的过程中，融资者可以选择由投资银行承销，公开发售，也可以采用私募方式发行。但不论采取哪种形式，投资银行都可以自始至终参与其中，也可以参与其中的某些环节。

发行证券是资产证券化的关键环节。SPV 以发行证券所募集的资金购买证券化资产，基础资产的原始持有人因此可获得高流动性的货币。

SPV 发行的证券一般由投资银行来承销。投资银行承销工作的质量直接关系到资产证券化的进程以及证券化活动的成功与否。由于证券承销是投资银行的传统业务，在正常情况下，投资银行均能圆满地完成承销任务。

（五）资金管理

投资银行可以作为委托管理人，即当被证券化资产的债务人向 SPV 支付本金和利息时，SPV 将其存入信托账户，由投资银行（委托管理人）负责支付给投资者，如果存入资金不必立即支付给投资者，投资银行则要负责对其进行再投资。投资银行作为委托管理人，还应判断 SPV 提交的各种报告是否充分地披露了相关信息，并将符合要求的报告转交给投资者。最后，当 SPV 因各种原因不能履行其义务时，投资银行应能够承担 SPV 的全部义务。从这个意义上说，投资银行是证券化交易中 SPV 和投资者、信用担保人和投资者联系的桥梁。

（六）充当咨询顾问

投资银行在证券发行过程中，会帮助发行人一起策划组织证券化交易，对基础资产的现金流进行分析和评估，选择适合的资产，进行优化组合，确定收益和风险，同时也要保证整个资产证券化的过程符合相关法律法规等方面的要求。

(七) 为证券提供信用增级

投资银行在承销资产担保证券时，为了增加证券的吸引力，往往要对资产担保证券提供信用担保，以增加其信用级别。

案例　　　　　武钢股份的分离式可转债投资价值分析

一、背景资料

武钢股份分离式可转债共发行了75亿元，发行价等于债券面值100元，每份转债包含9.7份认股权证。债券期限为5年，权证期限为2年，行权价格为10.20元。联合资信评估有限公司将债券的评级定为AAA级，票面利率询价区间为1.2%～1.8%。该转债于2007年3月26日公开发行。

2008年公司产销规模由1 000万吨向1 500万吨扩张，2010年实现1 800万吨，之后3年每年产量复合增长率在20%左右，且国家对钢铁业淘汰落后产能的步伐加快，钢铁业行业面向好，产品价格可能小幅上涨。根据估值，公司每股理论价值为12元左右。基于后面3年每股收益约33%的复合成长率，给予11～12倍的市盈率比较合理，短期目标价为10.45～11.40元，长期目标价由12元调高至15元，维持-A级的投资评级。

当时市场上剩余期限为5年的债券到期收益率为3.6%～4.1%，由于保险机构不能参与，考虑流动性溢价，再加上没有银行担保所必需的风险补偿，使用5.0%的到期收益率，对应其1.2%～1.8%的票面利率，债券价格应为84.81～87.21元。

总体来看，若假设债券的票面利率为区间底线1.2%，上市后认股权证溢价水平维持在40%～60%，整体可分离转债的价格为127.2～146.21元，收益率为27.2%～46.21%，其主要贡献来自正股价格上涨带动权证价值上升，以及市场给予高杠杆的认购权证较高的溢价比例。在相对较差的情况下，即认股权证溢价下降至40%时，股票价格变化不大的情况下，整体收益率则为9.99%～13.52%。

武钢本次发行75亿元分离式可转债主要用于新建三冷轧项目、三硅钢项目、转炉—薄板坯连铸连轧生产线项目、高速重轨万能轧机生产线工程，增加冷轧产品300万吨、硅钢20万吨产能。

可分离债券投建项目使公司业绩如虎添翼。公司发行75亿元可分离债券，专项用于新建三冷轧项目、三硅钢项目、转炉-薄板坯连铸连轧生产线项目、高速重轨万能轧机生产线工程，四个项目总投资规模149.47亿元，投产后将新增产能500万吨以上。按 1.5% 票面利率计算，预计老股东参与配售，预期收益率在 10%~20% 之间。此次发行可分离转债所附带的权证可能于两年后转股，但由于新项目投产产生的利润使每年每股收益的增量不低于 0.15 元，将不会摊薄每股收益。同时，公司还享受债权融资带来的利息税前扣除的税收杠杆效应。此外，假设可分离债券实际发行规模 75 亿元，利率 1.2%~1.8%，对比长期贷款融资 6.12% 的市场利率（按 2007 年 3 月 18 日上调 0.27 个百分点后）计算，不考虑其他因素，该融资方式在 5 年存续期中每年可为公司节约利息开支 4.22 亿~4.92 亿元，对应增加的每股收益为 0.039~0.044 元。

二、分析思路与路径

分离式可转债的全称是认股权和债券分离交易的可转换公司债券，它是债券和股票的混合融资品种。分离式可转债由两大部分组成：一是可转换债券，二是股票权证。可转换债券是上市公司发行的一种特殊的债券，债券在发行的时候规定了到期转换的价格，债权人可以根据市场行情把债券转换成股票，也可以把债券持有至到期以收回本金并获得利息。股票权证是指在未来规定的期限内，按照规定的协议价买卖股票的选择权证明，根据买或卖的不同权利，可分为认购权证和认沽权证。因此，分离式可转债已被简单地理解成买债券送权证的创新品种。

分离式可转债与普通可转债的本质区别在于债券与期权可分离交易。也就是说，分离式可转债的投资者在行使了认股权利后，其债权依然存在，仍可持有至到期以收回本金并获得利息，而普通可转债的投资者一旦行使了认股权利，则其债权就不复存在了。

普通可转债在发行时一般会增设赎回条款和回售条款。所谓赎回条款，是指当公司股票价格达到或者超过可转换价格一定幅度后，公司有权以一定的价格赎回可转债，这限定了投资者向上的获利空间。回售条款是指公司股票价格在一段时间内连续低于转股价格并达到一定幅度时，持有人有权以一定的价格将可转债回售给相关公司。分离式可转债没有赎回条款和回售条款，认股权证单独交易。当股价格大幅上涨，即使远远高于权证执行价格时，投资者也无须担心公司赎回权证，再加上权证的杠杆效应和权证市场的投机气氛，投资者可以充分享受股价上涨带来的可观收益。

另外，普通可转债中的认股权一般与债券同步到期，分离式可转债则并非如此。《上市公司证券发行管理办法》规定，分离式可转债"认股权证的存续期间不超过公司债券的期限，自发行结束之日起不少于六个月"，因为认股权证分离导致市场风险加大，缩短权证存续期有助于减少投机。

普通可转债一般附有转股价格修正条款，当公司股票价格下跌一定幅度时，发行人有权或者必须将转股价格下调一定幅度，有利于保护债券持有人的利益，但同时也为发行人通过向下修正转股价格促使转股提供了方便，从而给投资者带来了损失。对于分离式可转债，即使在标的股票价格大幅下跌后，认股权证的行权价格也不会做出修正，增加了权证持有者的风险。但公司为了发挥分离式可转债二次融资的功能，会通过加强管理提升业绩来促使股价保持在权证的执行价格之上，这样权证到期后持有者才会行权。

普通可转债在交易过程中容易产生无风险套利的机会，投资者可以利用标的股票价格和可转债的价差来进行套利。当股票价格高于市场转股价时，投资者可以买入可转换公司债券，然后转换成股票套现获利。由于交易规则和转股规则的限制，这一过程需要至少两天时间，因此该套利行为有一定的风险。对于分离式可转债，当认股权证的市场价格低于其内在价值时，理论上也存在套利机会，但目前股票市场不允许卖空和认股权证只有到期才可以行权的特点限制了套利机会的发挥。

分离式可转债是一个双方共赢的创新投融资品种。对于该品种的投资价值可以从两方面来分析：

第一，为公司募集大量资金，加速其发展。通常，分离式可转债和普通可转债发行后累计公司债券余额不超过发行前一年末净资产额的40%，不过，对于分离式可转债，"预计所附认股权证全部行权后募集的资金总量不超过拟发行公司债券金额"，因此在发行同等规模债券的情况下，分离式可转债所募集资金规模将是可转债募集资金规模的1~2倍。

此外，《上市公司证券发行管理办法》中指出：发行分离式可转债应符合"公司最近一期末经审计的净资产不低于人民币十五亿元"，"最近三个会计年度经营活动产生的现金流量净额平均不少于本次发行的公司债券一年的利息"的条件。分离式可转债中的债券与认股权证是分离交易的，发行人必须承担债券还本付息的义务，因此该办法对发行人的债务偿付能力提出了较高的要求。结合投资学中的"啄食理论"，即当公司要为自己的新项目进行融资时，应优先考虑使用内部盈余，其次考虑采用债券融资，最后才考虑股权融资。不难发现，采用债券融资的公司，其财务状况相对较好，或者说其偿债能力较强，一旦筹集到资金开展项目，则公司必然能得到快速发展。

第二，投资者可获得多重收益。对于投资者来说，相对于普通可转债，分离式可转债的投资优势在于：(1) 投资者可以获得债券部分的利息收益；(2) 当认股权证行使价格低于正股市场价格时，投资者可通过转股或转让权证在二级市场上套利，从而获取收益；(3) 当认股权证行使价格高于正股市价时，投资者可选择放弃行使权证，而在二级市场买卖正股来获取超额收益。

当然，投资者是以债券的超低利率为代价来换取权证的，因此投资者的实际损失只是为获得权证而牺牲的那部分债券利息。因此，分离式可转债的推出可弥补普通可转债的缺陷，相对投资者而言是一种低风险高收益的投资品种。随着股市的日益转暖以及权证市场的相对火爆，分离式可转债必然蕴藏着较大的投资机会。

第十章 创新业务

券商创新业务是一个非常宽泛的概念，也没有一个明确的标准。从广义角度，我们可以将券商已经或正在进行的有别于传统业务的各类新业务，或在传统业务之内的局部范围内业务模式的创新都理解为创新业务。从狭义范围内，我们认为创新业务主要包括股指期货和融资融券业务。本章主要讨论股指期货和融资融券业务。

第一节 股指期货业务

股指期货（Stock Index Futures）的全称是股票价格指数期货，也可称为股价指数期货、期指，是指以股价指数为标的物的标准化期货合约，双方约定在未来的某个特定日期，可以按照事先确定的股价指数的大小，进行标的指数的买卖。作为期货交易的一种类型，股指期货交易与普通商品期货交易具有基本相同的特征和流程。

一、股指期货业务的特点与作用

（一）股指期货业务的基本特点

股指期货就是以股票指数为标的物的期货合约。双方交易的是一定期限后的股票指数价格水平，通过现金结算差价来进行交割。在具体交易时，股票指数期货合约的价值是用指数的点数乘以事先规定的单位金额来计算的。

股指期货属于金融期货的一种。期货可以大致分为两大类，商品期货与金融期货。金融期货中的主要品种有外汇期货、利率期货和股指期货、国债期货。

（二）股指期货与股票交易的差异

股指期货与股票相比，有几个非常鲜明的特点，这对股票投资者来说尤为重要。

1. 期货合约有到期日，不能无限期持有。股票买入后可以一直持有，正常情况下股票数量不会减少。但股指期货都有固定的到期日，到期就要摘牌。因此，交易股指期货不能像买卖股票一样，交易后就不管了，必须注意合约到期日，以决定是提前了结头寸，还是等待合约到期（好在股指期货是现金结算交割，不需要实际交割股票），或者将头寸转到下一个月。

2. 期货合约是保证金交易，必须每天结算。股指期货合约采用保证金交易，一般只要付出合约面值10%~15%的资金就可以买卖一张合约，这一方面提高了盈利的空间，但另一方面也带来了风险，因此必须每日结算盈亏。买入股票后在卖出以前，账面盈亏都是不结算的。但股指期货不同，交易后每天要按照结算价对持有的合约进行结算，账面盈利可以提走，但账面亏损第二天开盘前必须补足（即追加保证金）。由于是保证金交易，亏损额甚至可能超过投资者的投资本金，这一点和股票交易不同。

3. 期货合约可以卖空。股指期货合约可以十分方便地卖空，等价格回落后再买回。股票融券交易也可以卖空，但是股票卖空交易的一个先决条件是必须首先从他人手中借到一定数量的股票。国外对于股票卖空交易的进行设有较严格的条件，而进行指数期货交易则不然。

4. **市场的流动性较高**。有研究表明，指数期货市场的流动性明显高于股票现货市场。如在1991年，FTSE-100指数期货交易量就已达850亿英镑。

5. **股指期货实行现金交割方式**。期指市场虽然是建立在股票市场基础之上的衍生市场，但期指交割以现金形式进行，即在交割时只计算盈亏而不转移实物，在期指合约的交割期，投资者完全不必购买或者抛出相应的股票来履行合约义务，这就避免了在交割期股票市场出现"挤市"的现象。

6. 一般说来，股指期货市场是专注于根据宏观经济资料进行的买卖，而现货市场则专注于根据个别公司状况进行的买卖。

7. 股指期货实行T+0交易，而股票实行T+1交易。

（三）股指期货的作用

1. 对股票投资组合进行风险管理，即防范系统性风险（就是我们平常所说的大盘风险）。通常我们使用套期保值来管理我们的股票投资风险，投资者可以通过在股票市场和股指期货市场反向操作达到规避风险的目的。股指期货具有做空机制，股指期货的引入，为市场提供了对冲风险的途径，担心股票市场会下跌的投资者可通过卖出股指期货合约对冲股票市场整体下跌的系统性风险，有利于减轻集体性抛售对股票市场造成的影响。

2. 利用股指期货进行套利。所谓套利，就是利用股指期货定价偏差，通过买入股指期货标的指数成分股并同时卖出股指期货，或者卖空股指期货标的指数成分股并同时买入股指期货来获得无风险收益。

3. 股指期货可作为一个杠杆性的投资工具。股指期货保证金交易成本很低，只要判断方向正确，就可能获得很高的收益，因此被机构投资者广泛用来作为资产配置的手段。例如，如果保证金为10%，买入1张沪深300指数期货，那么只要股指期货涨了5%，相对于保证金来说，就可获利50%，当然如果判断方向失误，也会发生同样的亏损。

二、股指期货交易的基本制度

(一) 保证金制度

投资者在进行期货交易时,必须按照其买卖期货合约价值的一定比例来缴纳资金,作为履行期货合约的财力保证,然后才能参与期货合约的买卖,并视价格变动情况确定是否追加资金。这笔资金就是我们常说的保证金。

(二) 每日无负债结算制度

每日无负债结算制度也称为"逐日盯市"制度。简单说来,就是期货交易所要根据每日市场的价格波动对投资者所持有的合约计算盈亏,并划转保证金账户中相应的资金。

期货交易实行分级结算,交易所首先对其结算会员进行结算,结算会员再对非结算会员及其客户进行结算。交易所在每日交易结束后,按当日结算价格结算所有未平仓合约的盈亏、交易保证金及手续费、税金等费用,对应收应付的款项同时划转,相应增加或减少会员的结算准备金。

交易所将结算结果通知结算会员后,结算会员再根据交易所的结算结果对非结算会员及客户进行结算,并将结算结果及时通知非结算会员及客户。若经结算,会员的保证金不足,交易所应立即向会员发出追加保证金通知,会员应在规定时间内向交易所追加保证金。若客户的保证金不足,期货公司应立即向客户发出追加保证金通知,客户应在规定时间内追加保证金。目前,投资者可在每日交易结束后上网查询账户的盈亏,确定是否需要追加保证金或转出盈利。

(三) 价格限制制度

涨跌停板制度主要用来限制期货合约每日价格波动的最大幅度。根据涨跌停板的规定,某个期货合约在一个交易日中的交易价格波动不得高于或者低于交易所事先规定的涨跌幅度,超过这一幅度的报价将被视为无效,不能成交。

涨跌停板一般是以某一合约上一交易日的结算价为基准确定的,也就是说,合约上一交易日的结算价加上允许的最大涨幅构成当日价格上涨的上限,称为涨停板,而该合约上一交易日的结算价格减去允许的最大跌幅则构成当日价格下跌的下限，称为跌停板。

（四）持仓限额制度

交易所为了防范市场操纵和少数投资者风险过度集中的情况，对会员和客户手中持有的合约数量上限进行一定的限制，这就是持仓限额制度。限仓数量是指交易所规定结算会员或投资者可以持有的、按单边计算的某一合约的最大数额。一旦会员或客户的持仓总数超过了这个数额，交易所可按规定强行平仓或者提高保证金比例。

（五）强行平仓制度

强行平仓制度是与持仓限额制度和涨跌停板制度等相互配合的风险管理制度。当交易所会员或客户的交易保证金不足并未在规定时间内补足，或当会员或客户的持仓量超出规定的限额，或当会员或客户违规时，交易所为了防止风险进一步扩大，将对其持有的未平仓合约进行强制性平仓处理，这就是强行平仓制度。

（六）大户报告制度

大户报告制度是指当投资者的持仓量达到交易所规定的持仓限额时，应通过结算会员或交易会员向交易所或监管机构报告其资金和持仓情况。

（七）结算担保金制度

结算担保金是指由结算会员依交易所的规定缴存的，用于应对结算会员违约风险的共同担保资金。当个别结算会员出现违约时，在动用完该违约结算会员缴纳的结算担保金之后，可要求其他会员的结算担保金按比例共同承担该会员的履约责任。结算会员联保机制的建立确保了市场在极端行情下的正常运作。结算担保金分为基础担保金和变动担保金。基础担保金是指结算会员参与交易所结算交割业务必须缴纳的最低担保金数额。

第二节 股指期货定价与交易

一、股指期货的理论定价

对股票指数期货进行理论上的定价,是投资者做出买入或卖出合约决策的重要依据。

股票指数期货合约的定价与其他金融工具的定价不一样的是,虽然在不同条件下价格出现较大的差异,但是有一个基本原则是不变的,即由于市场套利活动的存在,期货的真实价格应该与理论价格保持一致,至少在趋势上是这样的。

为说明股票指数期货合约的定价原理,我们假设投资者既进行股票指数期货交易,又进行股票现货交易,并假定:

(1)投资者首先构造出一个与股票指数完全一致的投资组合(即二者在组合比例、股指的价值与股票组合的市值方面都完全一致);

(2)投资者可以在金融市场上很方便地借款用于投资;

(3)卖出一份股指期货合约;

(4)持有股票组合至股指期货合约的到期日,再将所收到的所有股息用于投资;

(5)在股指期货合约交割日立即全部卖出股票组合;

(6)对股指期货合约进行现金结算;

(7)用卖出股票和平仓的期货合约收入来偿还原先的借款。

案例

假定1999年10月27日某种股票市场指数为2669.8点,每个点"值"25美元,指数的面值为66 745美元,股指期货价格为2696点,股息的平均收益率为3.5%;2000年3月到期的股票指数期货价格为2696点,期货合约的最后交易日为2000年3月19日,投资的持有期为143天,市场上借贷资金的利率为6%。再假设该指数在5个月内上涨了,并且在3月19日收盘时收在2900点,即该指数上涨了

8.62%。这时,按照我们的假设,股票组合的价值也会上涨同样的幅度,达到72 500美元。

按照期货交易的一般原理,这位投资者在指数期货上的投资将会出现损失,因为市场指数从2696点的期货价格上升至2900点的市场价格,上升了204点,则损失额是5 100美元。

然而投资者还在现货股票市场上进行了投资,由于股票价格的上升得到的净收益为(72 500 – 66 745)= 5 755(美元),在这个期间获得的股息收入大约为915.2美元,两项收入合计6 670.2美元。

再看一下其借款成本。在利率为6%的条件下,借得66 745美元,期限143天,所付的利息大约是1 569美元,再加上投资期货的损失5 100美元,两项合计6 669美元。

在上述例子中,简单比较一下投资者的盈利和损失,就会发现无论是投资于股指期货市场,还是投资于股票现货市场,投资者都没有获得多少额外的收益。换句话说,在上述股指期货价格下,投资者无风险套利不会成功,因此,这个价格是合理的股指期货合约价格。

由此可见,对指数期货合约的定价(F)主要取决于三个因素:现货市场上的市场指数(I)、金融市场上的借款利率(R)、股票市场上股息收益率(D)。

即:$F = I + I \times (R - D) = I \times (1 + R - D)$

其中,R是指年利率,D是指年股息收益率。在实际的计算过程中,如果持有投资的期限不足一年,则相应进行调整。另外,用刚才给出股票指数期货价格公式计算上例给定利率和股息率条件下的股指期货价格:

$F = 2669.8 + 2669.8 \times (6\% - 3.5\%) \times 143/365 = 2695.95$(点)

需要指出的是,上面公式给出的是在前面假设条件下的指数期货合约的理论价格。

在现实生活中要全部满足上述假设存在一定的困难,原因有四个:一是在现实生活中再高明的投资者要想构造一个完全与股市指数结构一致的投资组合几乎是不可能的,当证券市场规模更大时就更是如此;二是在短期内进行股票现货交易,往往使得交易成本较大;三是由于各国市场交易机制存在差异,如我国目前就不允许卖空股票,这在一定程度上会影响指数期货交易的效率;四是股息收益率在实际市场上是很难得到的,因为不同的公司、不同的市场在股息政策上(如发放股息的时机、方式等)都会不同,并且股票指数中的每只股票发放股利的数量和时间也是不确定的，这必然影响正确判定指数期货合约的价格。

从国外股指期货市场的实践来看，实际股指期货价格往往会偏离理论价格。当实际股指期货价格大于理论股指期货价格时，投资者可以通过买进股指所涉及的股票，并卖空股指期货而牟利；反之，投资者可以通过上述操作的反向操作而牟利。这种交易策略称作指数套利（Index Arbitrage）。然而，在成熟市场中，实际股指期货价格和理论期货价格的偏离，总处于一定的幅度内。例如，美国S&P500指数期货的价格，通常位于其理论值的上下0.5%的幅度内，这就可以在一定程度上避免风险套利的情况。

对于一般的投资者来说，只要了解股指期货价格与现货指数、无风险利率、红利率、到期前时间长短有关。股指期货的价格基本是围绕现货指数价格上下波动，如果无风险利率高于红利率，则股指期货价格将高于现货指数价格，而且到期时间越长，股指期货价格相对于现货指数出现升水幅度越大；相反，如果无风险利率小于红利率，则股指期货价格低于现货指数价格，而且到期时间越长，股指期货相对于现货指数出现贴水幅度就越大。

二、股指期货交易

期货交易历史上是在交易大厅通过交易员的口头喊价进行的。目前大多数期货交易是通过电子化交易完成的，交易时，投资者通过期货公司的电脑系统输入买卖指令，由交易所的撮合系统进行撮合成交。

买卖期货合约的时候，双方都需要向结算所缴纳一小笔资金作为履约担保，这笔钱叫作保证金。首次买入合约叫建立多头头寸，首次卖出合约叫建立空头头寸。然后，手头的合约要进行每日结算，即逐日盯市。

建立买卖头寸（术语叫开仓）后不必一直持有至到期，在股指期货合约到期前任何时候都可以做一笔反向交易，冲销原来的头寸，这笔交易叫平仓。如第一天卖出10手股指期货合约，第二天又买回10手合约。那么第一笔是开仓10手股指期货空头，第二笔是平仓10手股指期货空头。第二天当天又买入20手股指期货合约，这时变成开仓20手股指期货多头。然后再卖出其中的10手，这时叫平仓10手股指期货多头，还剩10手股指期货多头。一天交易结束后手头没有平仓的合约叫持仓。这个例子里，第一天交易后持仓是10手股指期货空头，第二天交易后持仓是10手股指期货多头。

三、股指期货的结算与交割

股指期货的结算可以大致分为两个层次：首先是结算所或交易所的结算部门对会员结算，然后是会员对投资者结算。不管哪个层次，都需要做三件事情：

一是交易处理和头寸管理，就是每天交易后要登记做了哪几笔交易，头寸是多少。

二是财务管理，就是每天要对头寸进行盈亏结算，盈利部分退回保证金，亏损的部分追缴保证金。

三是风险管理，对结算对象评估风险，计算保证金。

其中，第二部分工作中，需要明确结算的基准价，即所谓的结算价，一般是指期货合约当天临收盘附近一段时间的均价（也有直接用收盘价作为结算价的）。持仓合约用其持有成本价与结算价比较来计算盈亏。而平仓合约则用平仓价与持有成本价比较来计算盈亏。对于当天开仓的合约，持有成本价等于开仓价，对于当天以前开仓的历史合约，其持有成本价等于前一天的结算价。因为每天把账面盈亏都已经结算给投资者了，当天结算后的持仓合约的成本价就变成当天的结算价了，所以，和股票的成本价计算不同，股指期货的持仓成本价每天都在变。

股指期货合约到期的时候和其他期货一样，都需要进行交割。不过一般的商品期货和国债期货、外汇期货等采用的是实物交割，而股指期货和短期利率期货等采用的是现金交割。所谓现金交割，就是不需要交割一篮子股票指数成分股，而是用到期日或第二天的现货指数作为最后结算价，通过与该最后结算价进行盈亏结算来了结头寸。当合约用现金交割时，要事先指定交割价格产生的方式。国际上交割结算价确定方式主要有四种，分别是：最后交易日现货市场一段时间的平均价格；最后交易日现货市场收盘价；交割日现货市场特别开盘价；交割日现货开盘后一段时间成交量加权平均价。

四、股指期货价格的影响因素

由于股指期货的理论价格是建立在完美市场环境下的，期货的实际价格经常偏离模型的理论价格，其间的差异称为期货的错误定价，不过经由指数套利的操作，会使股指期货价格趋向理论价格。导致错误定价的主要原因是市场的不完美性对定价模型带来的偏差。股票指数是用来反映样本股票整体价格变动情况的指标。总体来说，影响股票指数波动的主要因素有如下五个。

（一）宏观经济及企业运行状况

一般来说，在宏观经济运行良好的条件下，股票价格指数会呈现不断攀升的趋势。在宏观经济运行恶化的背景下，股票价格指数往往呈现出下滑的态势。同时，企业的生产经营状况与股票价格指数也密切相关，当企业经营效益普遍不断提高时，会推动股票价格指数的上升；反之，会导致股票价格指数的下跌。这就是通常所说的股市作为"经济晴雨表"的功能。

（二）利率、汇率水平的高低及趋势

通常来讲，利率水平越高，股票价格指数越低。其原因是，在利率高企的条件下，投资者倾向存款或购买债券等，从而导致股票市场的资金减少，促使股票价格指数下跌；反之，利率水平越低，股票指数就会越高。更重要的原因是因为利率上升，企业的生产成本上升，如贷款利率上升造成融资成本上升，相关下游企业因为利率上升导致融资成本上升从而提高相关产品价格等，导致该企业总体生产成本提高，相关利润下降，代表股东权益的股票价格也就下降了；反之亦然。在世界经济发展过程中，各国的通货膨胀、货币汇价以及利率的上下波动，已成为经济生活中的普遍现象，这给期货市场带来了日益明显的影响。但最近几年，西方国家往往在银行利率上升时，股票市场依然活跃，原因是投资者常常在两者之间选择：银行存款风险小，利率较高，收入稳定，但不灵活，资金被固定在一段时间内不能挪作他用，并且难以抵消通货膨胀造成的损失。而股票可以买卖，较为灵活，风险虽大，但碰上好运，可获大利。所以，在银行利率提高的过程（原来较低）中，仍然有一些具有风险偏好的投资者热心于股票交易。有关汇率的讨论基本与利率相仿，即本币的升值，有利于进口，不利于出口。而有关人民币的升息、升值对股市的影响则要综合起来加以分析。

（三）资金供求状况与通胀水平及预期

当一定时期市场资金比较充裕时，股票市场的购买力比较旺盛，会推动股票价格指数上升，否则，会促使股票价格指数下跌。比如目前国内大量的外汇储备，导致货币供给量增加，通常会导致股指价格上涨。当然，资金过于充裕，也可能引发通货膨胀。而政府支出增加，通常也会推动股票价格指数的上升，因为政府支出增加，将使国内资金充裕。同样，社会货币供应量的增减对股指也有影响。通常，货币供应量增加，社会一部分闲置资金就会投向证券交易，从而抬高股价；相反，货币供应量减少，社会购买力降低，股价也必然下跌。由货币供应量不断增大而导致的通货膨胀，在一定限度内对生产有刺激作用，因为它能促进企业销售收入和股票投资名义收益的增加，所以在银行利率不随物价同比例上升的条件下，人们为了保值，将不再热心于存款，而转向投资股票。但是，如果通货膨胀上升过猛，甚至超过两位数，则将造成人们实际收入下降和市场需求不足，加剧生产过剩，导致经济危机，最终使股票价格下跌。

（四）突发政治安全事件

股票价格指数的波动同样受许多突发事件，诸如战争、政变、金融危机、能源危机等的影响。与其他因素相比，突发事件对股票价格指数的影响有两个特点：一是偶然性，即突发事件往往是突如其来的，因此相当多的突发事件是无法预料的。二是非连续性，即突发事件不是每时每刻发生的，它对股票价格指数的影响不像其他因素那样连续和频繁。国家政局稳定使人民对国内经济发展有信心，可提升国家形象，能够吸引国外资金，股指表现就好。

（五）经济和金融政策

出于对经济市场化改革、行业结构调整、区域结构调整等原因，国家往往会出台变动利率、汇率及针对行业、区域的政策，这些会给整个经济或某些行业板块造成影响，从而影响沪深300成分股及其指数走势。股份公司常常向银行借款，随着借款额的增多，银行对企业的控制也就逐渐加强并取得了相当的发言权。在企业收益减少的情况下，虽然他们希望能够稳定股息，但银行为了自身的安全，会支持企业少发或停发股息，从而影响股票的价格。税收对投资者影响也很大，投资者购买股票是为了增加收益，如果国家对某些行业或企业在税收方面给予优惠，那么就能使这些企业的税后利润相对增加，使其股票升值。会计准则的变化会使某些企业账面上的盈余发生较大变化，从而影响投资者的价值判断。

五、股指期货交易策略

(一)股指期货套期保值

1. 股指期货套期保值的原理

股指期货套期保值和其他期货套期保值一样,其基本原理是利用股指期货与股票现货之间的类似走势,通过在期货市场进行相应的操作来管理现货市场的头寸风险。

由于股指期货的套利操作,股指期货的价格和股票现货(股票指数)之间的走势是基本一致的。如果两者步调不一致到足够程度,就会引发套利盘入,那么如果保值者持有一篮子股票现货,他认为目前股票市场可能会出现下跌,但如果直接卖出股票,他的成本会很高,于是他可以在股指期货市场建立空头,在股票市场出现下跌的时候,股指期货可以获利,以此弥补股票出现的损失。这就是所谓的空头保值。

另一个基本的套期保值策略是多头保值。一个投资者预期几个月后有一笔资金投资股票市场,但他觉得目前的股票市场很有吸引力,要等上几个月的话,可能会错失建仓良机,于是他可以在股指期货上先建立多头头寸,等到未来资金到位后,股票市场确实上涨了,建仓成本也提高了,但股指期货平仓获得的盈利可以弥补现货成本的提高,于是该投资者通过股指期货锁定了现货市场的成本。

2. 股指期货套期保值分析

已经拥有股票的投资者或预期将要持有股票的投资者,如证券投资基金或股票仓位较重的机构等,对未来的股市走势没有把握或预测股价将会下跌,为避免股价下跌带来的损失,可卖出股指期货合约进行保值。这样一旦股票市场真的下跌,投资者可以从期货市场上卖出股指期货合约的交易中获利,以弥补股票现货市场上的损失。

(二)投机交易

1. 股指期货投机的原理

股指期货提供了高风险的投机机会。其中一个简单的投机策略是利用股指期货预测市场走势以获取利润。若预期市场价格回升,投资者便购入期货合约并预期期货合约价格将上升，相对于投资股票，其低交易成本及高杠杆比率使股指期货更加吸引投资者。他们亦可考虑购入那个交易月份的合约或投资于恒生指数或分类指数期货合约。

另一个较保守的投机方法是利用两个指数间的差价来套利，若投资者预期地产行情将回升，但同时希望降低市场风险，他们便可以利用地产分类指数及恒生指数等来套利，持有地产好仓而恒生指数淡仓来进行套利。

类似的方法亦可利用同一指数但不同合约月份来达到。若投机者相信市场指数将上升却不愿承受估计错误的后果，他可购入远期合约同时沽出现月合约，但需留意远期合约可能受交投薄弱的影响而面对低变现机会的风险。

利用不同指数进行分散投资，可以减低风险，但同时也减低了回报率。一项保守的投资策略，最后结果可能是在完全避免风险之时得不到任何回报。

2. 股指期货投机操作的对冲交易

股指期货亦可作为对冲股票组合的风险，即该对冲可将价格风险从对冲者转移到投机者身上。这便是期货市场的一种经济功能。对冲是利用期货来固定投资者的股票组合价值。若在该组合内的股票价格的升跌跟随价格的变动，投资一方的损失便可由另一方的获利来对冲。若获利和损失相等，该类对冲叫作完全对冲。在股指期货市场中，完全对冲会带来无风险的回报率。

事实上，对冲并不是那么简单，若要取得完全对冲，则所持有的股票组合回报率需完全对等，如股指期货合约的回报率。

因此，对冲的效用受以下因素影响：

（1）该投资股票组合回报率的波动与股指期货合约回报率之间的关系，是指股票组合的风险系数（Beta）。

（2）指数的现货价格及期货价格的差距叫作基点。在对冲期间，该基点可能很大或是很小，若基点改变（这是常见的情况），便不可能出现完全对冲，越大的基点改变，完全对冲的机会就越小。

现时并没有为任何股票提供期货合约，唯一市场现行提供的是指定股指期货。投资者手持的股票组合的价格是否跟随指数与基点差距的变动会影响对冲的成功率。

基本上有两类对冲交易：沽出（卖出）对冲和揸入（购入）对冲。

沽出对冲是用来保障未来股票组合价格的下跌。在这类对冲下，对冲者出售期货合约，便可固定未来现金售价及把价格风险从持有股票组合者转移到期货合约买家身上。进行沽出对冲的情况之一是投资者预期股票市场将下跌，但投资者却不愿出售手上持有的股票,他们便可沽空股指期货来补偿持有股票的预期损失。

购入对冲是用来保障未来购买股票组合价格的变动。在这类对冲下,对冲者购入期货合约,例如基金经理预测市场将会上升,于是他希望购入股票,但若用作购入股票的基金未能及时供应,他便可以购入股指期货,当有足够基金时便出售该期货并购入股票,期货交易所得便会抵销以较高价格购入股票的成本。

(三) 利用股指期货进行套利交易

1. 股指期货套利

针对股指期货与股指现货之间、股指期货不同合约之间的不合理关系进行套利的交易行为就是股指期货套利。股指期货合约是以股票价格指数作为标的物的金融期货合约,期货指数与现货指数(沪深300)维持一定的动态联系。但是,有时期货指数与现货指数会产生偏离,当这种偏离超出一定的范围时(无套利定价区间的上限和下限),就会产生套利机会。利用期指与现指之间的不合理关系进行套利的交易行为被称为无风险套利(Arbitrage),利用期货合约价格之间不合理关系进行套利的交易行为被称为价差交易(Spread Trading)。

2. 股指期货与现货指数套利原理

一是当期货实际价格高于理论价格时,卖出股指期货合约,买入指数中的成分股组合,以此获得无风险套利收益。

二是当期货实际价格低于理论价格时,买入股指期货合约,卖出指数中的成分股组合,以此获得无风险套利收益。

案例   **股指期货的开闸与"一严控三松绑"**

中国证监会有关部门负责人2010年2月20日宣布,中国证监会已正式批复中国金融期货交易所沪深300股指期货合约和业务规则,至此股指期货市场的主要制度已全部发布。2010年2月22日9时起,正式接受投资者开户申请。沪深300股指期货合约自2010年4月16日起正式上市交易。

(一) 股指期货推出以后的市场概况

中金所推出股指期货交易后,截至2010年12月底,股指期货累计成交9 126万手,成交金额达到81.69万亿元,在成交额方面占到了我国期货市场所有品种中的31.19%,同时,股指期货业务的迅速发展使得股指期货的交易总金额超过了与其相对应的沪深300指数成分股成交金额。从整个市场来看,股指期货开户数超过了 5 万户，期货保证金金额已经超过了 250 亿元，原先由商品期货独立构建的国内期货市场的格局转变成由金融期货与商品期货共同组成，股指期货的发展速度对市场结构的转变速度起到了关键作用。2010 年全国期货市场业务数据统计见表 10-1。

表 10-1　　　　　　　　　2010 年全国期货市场业务数据统计

类别	项目	4月	5月	6月	7月	8月	9月	10月	11月	12月	4~12月合计
成交量	股指期货（万手）	286	1 097	1 089	1 507	1 393	860	895	1 129	870	9 126
	期货市场合计（万手）	21 664	27 261	23 431	26 916	31 414	25 692	28 592	42 424	21 385	248 779
	占比（%）	1.32	4.02	4.62	5.60	4.43	3.35	3.13	2.66	4.07	3.67
金额	股指期货（亿元）	27 460	94 201	89 725	121 090	121 046	75 596	90 805	113 431	83 529	816 883
	期货市场（亿元）	180 813	274 639	255 298	301 674	330 304	252 221	298 497	442 682	282 546	2 618 674
	占比（%）	15.19	34.30	35.15	40.14	36.65	29.97	30.42	25.62	29.56	31.19

资料来源：中国期货业协会（市场双边数据）。

股指期货的出现标志着 A 股市场的投资机构发生了重大变化。由于股指期货与股票的特点不同，其高杠杆的特征加上 T+0 的交易模式使得股指期货业务的开展非常迅速，股指期货日均交易额从 2010 年 4 月份的 1 248 亿元迅速上涨，最高时的日均交易额达到了 2 752 亿元，是当时 A 股日均交易额的 182%，日内成交持仓比高达 12 倍，投机气氛浓厚，之后随着股票交易额的大幅回升以及投机情绪的遏制，股指期货交易额占股票交易额的比例有所下降，日内成交持仓比回落至 7 倍。2010 年 4~11 月日均股指期货成交额达到 2 428 亿元，超过同期股票基金日均 2 301 亿元的交易额。

从股指期货推出后市场的总体反应来看，沪深 300 指数的走势与股指期货的联动性非常高，基差也逐渐趋于稳定。从成交特征来看，股指期货的投资者主要集中在主力合约上进行交易，市场整体表现相对还是比较理性的，与之前推出的权证市场的表现比较来看，股指期货推出前的准备工作是非常充分的。

股指期货日均交易额与股票基金日均交易额对比情况见图 10-1。

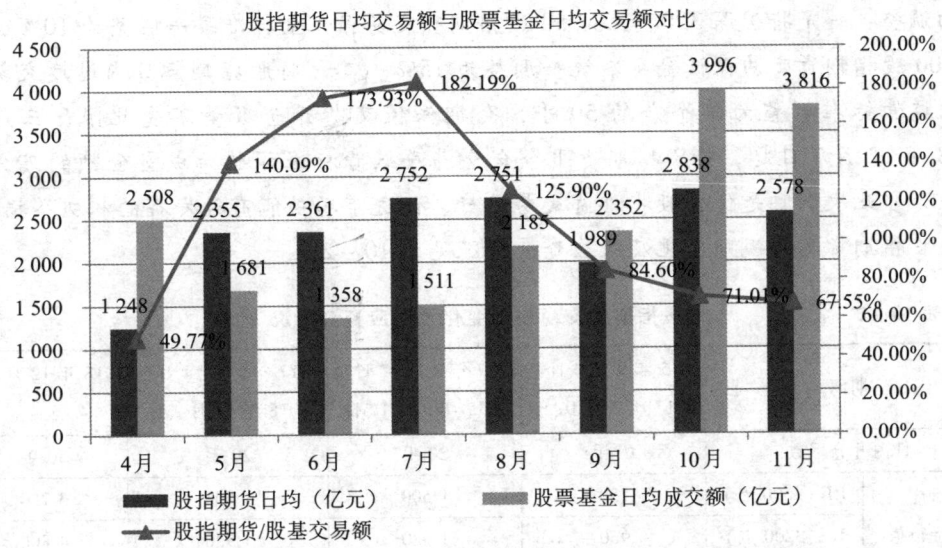

图 10-1 股指期货日均交易额与股票基金日均交易额对比

资料来源：中金所、上海证券交易所、深圳证券交易所。

（二）截至目前的"一严控三松绑"

2015 年，由于 A 股市场出现了剧烈波动，中金所便对股指期货交易开始施行严控。通过限制仓单、提高保证金、提高手续费等多项措施，股指期货交易量骤减，日成交量、流动性、持仓量大幅缩减。

股指期货的第一次松绑是在 2017 年 2 月 16 日。中金所宣布，将股指期货日内过度交易行为的监管标准从原先的 10 手调整为 20 手，套期保值交易开仓数量不受此限；将沪深 300、上证 50 股指期货非套期保值交易保证金调整为 20%，中证 500 股指期货非套期保值交易保证金调整为 30%（三个产品套保持仓交易保证金维持 20% 不变）；将沪深 300、上证 50、中证 500 股指期货平今仓交易手续费调整为成交金额的万分之九点二。

第二次松绑则发生在 2017 年 9 月 15 日。中金所宣布，自 2017 年 9 月 18 日起，沪深 300、上证 50、中证 500 股指期货各合约平今仓交易手续费标准调整为成交金额的万分之六点九，下调幅度为 25%。此外，沪深 300 和上证 50 股指期货各合约交易保证金标准由目前合约价值的 20% 调整为 15%，同样是自 2017 年 9 月 18 日起实施。保证金的下调幅度，同样是 25%。政策放松后，各品种股指期货的日均成交量和持仓量均有所改善，但与管制前的规模相比，依然存在非常大的差距。

第三次松绑发生在 2018 年 12 月 2 日。中金所在网站披露三项股指期货交易标准的调整：一是将沪深300、上证50股指期货交易保证金标准统一调整为10%，中证500股指期货交易保证金标准统一调整为15%；二是将股指期货日内过度交易行为的监管标准调整为单个合约50手，套期保值交易开仓数量不受此限；三是自2018年12月3日起，将股指期货平今仓交易手续费标准调整为成交金额的万分之四点六。此次调整是优化股指期货交易运行、促进市场功能有效发挥的积极举措。

股指期货交易规则变化及对应资金情况见表10-2。

表10-2　　　　股指期货交易规则变化及对应资金情况

期间		2015年9月7日至2017年2月16日	2017年2月17日至2017年9月17日	2017年9月18日至2018年12月2日	2018年12月3日至今
日内开仓手数		10手	20手	20手	50手
对应现货市值（万元）	IH（2500点）	750	1 500	1 500	3 750
	IF（3200点）	960	1 920	1 920	4 800
	IC（4300点）	860	1 720	1 720	4 300
保证金（非套保）		40%	IF/IH：20%；IC：30%	IF/IH：15%；IC：30%	IF/IH：10%；IC：15%
对应保证金（万元/手）	IH（2500点）	30	15	11.3	7.5
	IF（3200点）	38.4	19.2	14.4	9.6
	IC（4300点）	34.4	25.8	25.8	12.9
保证金（套保）		20%	20%	IF/IH：15%；IC：20%	IF/IH：10%；IC：15%
对应保证金（万元/手）	IH（2500点）	15	15	11.3	7.5
	IF（3200点）	19.2	19.2	14.4	9.6
	IC（4300点）	17.2	25.8	17.2	12.9
平今仓手续费		万分之二十三	万分之九点二	万分之六点九	万分之四点六
对应手续费（元/手）	IH（2500点）	1 725	690	517.5	345
	IF（3200点）	2 208	883.2	662.4	441.6
	IC（4300点）	1 978	791.2	593.4	395.6
某一合约投机单边持仓限额		IF：5 000手；IC/IH：1 200手	IF：5 000手；IC/IH：1 200手	IF：5 000手；IC/IH：1 200手	IF：5 000手；IC/IH：1 200手
对应现货市值（万元）	IH（2500点）	9.0	9.0	9.0	9.0
	IF（3200点）	48.0	48.0	48.0	48.0
	IC（4300点）	10.3	10.3	10.3	10.3

第十章 创新业务

股指期货作为A股权益类投资的一种对冲工具,其交易品种、交易成本、杠杆比率等都会影响市场投资者的风险对冲能力和参与程度。我国股指期货当前的三个品种,即沪深300(IF)、上证50(IH)、中证500(IC),经历了多次变化和调整,2015年8月26日至2017年2月16日是"松"阶段,2017年2月17日至今是"紧"阶段。2018年12月3日是最新一次放松:沪深300、上证50股指期货交易保证金标准统一调整为10%,中证500股指期货交易保证金标准调整为15%;股指期货日内过度交易行为的监管标准调整为单个合约50手,套期保值交易开仓数量不受此限制;股指期货平仓交易手续费标准调整为成交金额的万分之四点六。回看2015年8月股指期货的收紧,股指期货持仓量迅速萎缩;而2018年12月股指期货首次放松后不到一个月的时间,股指期货持仓量大涨超过60%。股指期货交易管理变动情况见表10-3。

表10-3 股指期货交易管理变动情况

日期	买入持仓保证金			卖出持仓保证金			套期保值保证金			手续费(平今仓)(万元)	日内过度交易监管
	IF	IH	IC	IF	IH	IC	IF	IH	IC	全部品种	非套保
2015年4月16日	10%					10%	10%			0.25	无限制
2015年7月8日						20%					
2015年7月9日						30%				0.23	
2015年8月3日											
2015年8月26日			12%							1.5	
2015年8月27日			15%			12%					
2015年8月28日			20%								
2015年8月31日			30%								
2015年9月7日		40%								23	10手
2017年2月17日	20%			20%			20%		20%	9.2	20手
2017年4月5日		30%				30%					
2017年9月18日	15%			15%			15%			6.9	
2018年12月3日	10%		15%	10%		15%	10%		15%	4.6	50手

资料来源:中金所。

2010～2018 年股指期货年度成交量和年末持仓量情况见图 10-2。

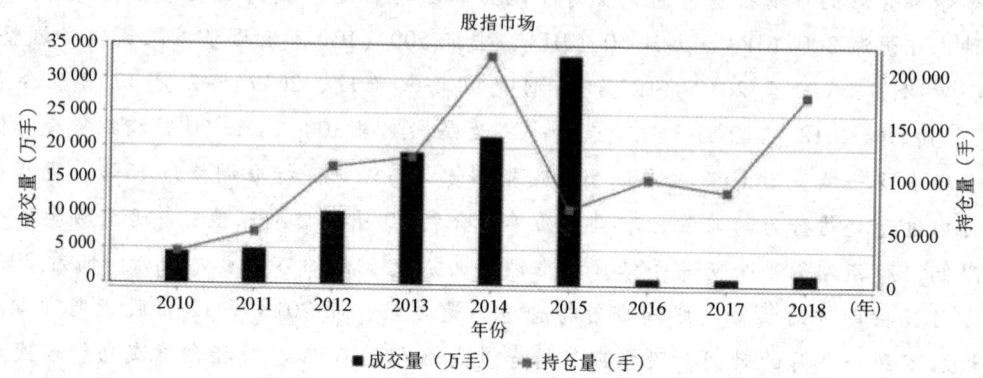

图 10-2　2010～2018 年股指期货年度成交量和年末持仓量

资料来源：中金所。

（三）股指期货投资者适当性制度

中金所自 2010 年 2 月中下旬正式启动股指期货开户以来，股指期货投资者的开户情况并没有出现之前市场期望的"狂热"，第一周全国开户仅 400 户，进入第三周，全国开户也才 1 200 多户。某些地区在开户第一周甚至还出现了零开户的情况。同时，期货公司也未表现出像过去新品种推出前的"狂热"，一方面并没有开展大规模、大面积的营销活动，另一方面，期货公司对于股指期货的营销也较为谨慎，热度和力度明显小很多。造成这种状况的最重要原因有，监管部门有意将股指期货参与门槛定得非常高，个人投资者的开户条件可以说是前所未有的严格。与其他商品期货和股票相比，股指期货参与门槛较高，决定了其参与群体主要限于机构投资者和资金实力、抗风险能力较强的个人投资者。此外，股指期货严格的规则、制度以及监管各方对于股指期货的监管力度大，也是期货公司在股指期货营销方面没有大张旗鼓地宣传的原因。

（四）股指期货发展趋势

未来股指期货市场仍有较大松绑空间。

首先，股指期货有助于加速 A 股国际化进程。2018 年 5 月份陆股通扩容，6 月份 A 股纳入 MSCI 指数，9 月份 A 股纳入富时体系，10 月份沪伦通落地，A 股对外开放力度加大，海外增量资金加上国内保险资金、社保基金等机构资金逐步增加入市比例后一系列市场化变革后，A 股市场的风险管理需求将继续扩大，股指期货有必要进行进一步松绑。同时,目前股票市场总市值超过40万亿元,但股指期货持仓总市值不到2 000亿元,较现货规模相差较远,且国内风险对冲的工具有限,股指期货难以发挥规避系统性风险的功能。

其次,第三轮松绑对保证金及日内交易限制松绑幅度较大,但目前中证500股指期货的最低交易保证金为15%,高于IF及IH的保证金比例,且高于在受限前10%的比例,对于寻求规避中小创系统性风险的投资者来说,保证金有进一步下降的需求。同时,日内过度交易行为单个合约50手的标准,对于资金量较大或交易频率较快的交易者来说仍稍显不足,市场流动性的改善仍需未来逐步放开日内开仓手数限制。

最后,本轮松绑对平今仓手续费方面松绑幅度有限。万分之四点六的平今仓手续费,对于日内交易来说仍处于较高水平,为正常手续费万分之零点二三的20倍,对于高频交易者来说成本仍然较高。这方面的调整仍有待动态观察。

股指期货松绑,是恢复常态化交易迈出的第一步,是对金融期货市场加快对外开放的准备,也是深化资本市场改革发展的重要举措。通过调整,一方面将降低持仓者,特别是套期保值者的资金成本,促进投资者积极运用股指期货进行风险管理;另一方面,可适度提高市场流动性,解决交易成本过高、对手盘难找、转仓困难等问题,满足合理的交易需求,进而促进股指期货市场功能的恢复及良好发挥。一个交易活跃的股指期货市场有利于帮助绝对收益进行套保,从而提升股票市场对绝对收益的吸引力。从中长期来看,量化基金、保险、养老金、职业年金将迎来大发展的机遇,为A股市场带来稳定的中长线资金。

第三节 融资融券业务

融资融券业务是指证券公司向客户出借资金供其买入证券或出具证券供其卖出证券的业务。由融资融券业务产生的证券交易称为融资融券交易。融资融券交易分为融资交易和融券交易两类,客户向证券公司借资金买证券叫融资交易,客户向证券公司卖出证券叫融券交易。证券公司借款给客户购买证券,客户到期偿还本息,客户向证券公司融资买进证券称为"买空";融券是借证券来卖,然后以证券归还,证券公司出借证券给客户出售,客户到期返还相同种类和数量的证券并支付利息,客户向证券公司融券卖出称为"卖空"。融资融券和股指期货有所不同，股指期货交易的对象是以股票价格指数为标的物的期货合约。融资融券买卖的对象是单只股票等产品。融资融券和做空机制、股指期货等是配套在一起的，将同时为资金规模和市场风险带来巨大的放大效应。根据最新《证券法》规定，证券公司从事证券融资融券业务，应当采取措施，严格防范和控制风险，不得违反规定向客户出借资金或者证券。

一、融资融券业务作用

（一）发挥价格稳定器的作用

在完善的市场体系下，信用交易制度能发挥价格稳定器的作用，即当市场过度投机或者做庄导致某一股票价格暴涨时，投资者可通过融券卖出方式沽出股票，从而促使股价下跌；反之，当某一股票价值被低估时，投资者可通过融资买进方式购入股票，从而促使股价上涨。

（二）有效缓解市场的资金压力

对于证券公司的融资渠道现在可以有基金等多种方式，所以融资的放开和银行资金的入市也会分两步走。在股市低迷时期，对于基金这类需要资金调节的机构来说，不仅能解燃眉之急，也会带来相当不错的投资收益。

（三）刺激 A 股市场活跃

融资融券业务有利于市场交投的活跃，利用场内存量资金放大效应也是刺激 A 股市场活跃的一种方式。

（四）改善券商生存环境

融资融券业务除了可以为券商带来数额不菲的佣金收入和息差收益外，还可以衍生出很多产品创新机会，并为自营业务降低成本和套期保值提供了可能。

（五）多层次证券市场的基础

融资融券制度是现代多层次证券市场的基础，也是解决新老划断之后必然出现的结构性供求失衡的配套政策。

融资融券和做空机制、股指期货等是配套的,将会同时为资金规模和市场风险带来巨大的放大效应。在不完善的市场体系下,信用交易不仅不会起到价格稳定器的作用,反而会进一步加剧市场波动。风险表现在两方面,其一,透支比例过大,一旦股价下跌,其损失会加倍;其二,当大盘指数走熊时,信用交易有助跌作用。

二、融资融券业务交易模式

在证券融资融券交易中,包括证券公司向客户的融资、融券和证券公司获得资金、证券的转融通两个环节。这种转融通的授信有集中和分散之分。在集中授信模式下,其由专门的机构例如证券金融公司提供;在分散模式下,转融通由金融市场中有资金或证券的任何人提供。

(一)分散信用模式

投资者向证券公司申请融资融券,由证券公司直接对其提供信用。当证券公司的资金或股票不足时,向金融市场融通取得相应的资金和股票。这种模式建立在发达的金融市场基础上,不存在专门从事信用交易融资的机构。这种模式以美国为代表,中国香港市场也采用类似的模式。

(二)集中信用模式

券商对投资者提供融资融券,同时设立半官方性质的、带有一定垄断性质的证券金融公司为证券公司提供资金和证券的转融通,以此来调控流入和流出证券市场的信用资金和证券量,对证券市场信用交易活动进行机动灵活的管理。这种模式以日本、韩国为代表。

(三)双轨制信用模式

在证券公司中,只有一部分拥有直接融资融券的许可证的公司可以给客户提供中国大陆模式的融资融券服务,然后再从证券金融公司转融通。而没有许可的证券公司只能接受客户的委托,代理客户的融资融券申请,由证券金融公司来完成直接融资融券的服务。这种模式以中国台湾地区为代表。

上述各具特色的三种模式,在各国(地区)的信用交易中发挥了重要作用。选择哪种信用交易模式很大程度上取决于金融市场的发育程度、金融机构的风险意识和内部控制水平等因素。在我国证券信用交易模式的选择问题上，已经基本形成一致意见，即应采取证券金融公司主导的集中信用模式作为过渡，专门向券商提供融资融券服务，加强对信用交易的监管与控制。

（四）融资融券业务管理机制

各国主要从以下几个方面建立一套管理机制来控制信用交易中的各种风险。

1. 证券资格认定

不同证券的质量和价格波动性差异很大，将直接影响到信用交易的风险水平。信用交易证券选择的主要标准是股价波动性较小、流动性较好，因此应选择主营业务稳定、行业波动性较小、法人治理结构完善、流通股本较大的股票。在实际操作上，我国可将上证50或沪深300指数的成分股作必要调整来确定信用交易股票，再由交易所定期公布。

2. 保证金比例

保证金比例是影响证券融资融券交易信用扩张程度最为重要的参数，包括最低初始保证金比例和维持保证金比例。美国规定的初始保证金比例为50%，融资的维持保证金比例为25%，融券的维持保证金比例则根据融券的股价而有所不同。台湾地区规定初始保证金比例为50%，融资的维持保证金比例为28.6%，融券的维持保证金比例为28%。我国境内初始保证金比例一般为50%，融资与融券的维持保证金比例在30%左右。融资保证金比例的计算公式为：

融资保证金比例 = 100% × 保证金/（融资买入、卖出证券数量 × 买入、卖出价格）

（五）对融资融券的限额管理

规定券商对投资者融资融券的总额不应该超过净资本的一定限度，规定券商在单个证券上的融资和融券额度与其净资本的比率，规定券商对单个客户的融资和融券额度与其净资本的比率。我国的《证券公司风险控制指标管理办法》规定，对单个客户融资或融券业务规模分别不得超过净资本的1%，对所有客户融资或融券业务规模分别不得超过净资本的10倍。

（六）单只股票的信用额度管理制度

对个股的信用额度管理是为了防止股票被过度融资融券而导致风险增加或被操

纵。参照海外市场的经验，当一只股票的融资融券额达到其流通股本25%时，交易所应停止融资买进或融券卖出，当比率下降到18%以下时再恢复交易，当融券额超过融资额时，应停止融券交易，直到恢复平衡后再重新开始交易。

（七）融资融券业务风险

1. 投资者融券卖空所造成的股价回调速度和程度可能引发恐慌，导致市场跟风抛售，这将使得投资者出于平仓的压力而非自愿减仓。因此，投资者应该尽可能避免大规模的融券卖空，特别是在市场低迷时尤其要谨慎。

2. 散户的资金和持券量都比较小，因此，一般情况下基于做空动机的融券卖空只适合于机构投资者；散户投资者只有在坚持长期看空某只股票，或跟风大盘下行时才融券做空，但必须要看准个股与大势，否则风险将更大。

3. 在股价下跌过程中，投资者持有的股票往往被深套后又缺少资金进行补仓以拉低持有成本。

4. 融资融券交易的数据信息能为市场提供最新动向的风向标。

5. 当经纪行强行平仓或关闭投资者信用账户时，投资者就丧失了在市场回暖时重新盈利挽回损失的机会。

三、融资融券业务操作策略

（一）先开立信用证券和资金账户

根据对融资融券细则的解读，参与融资融券交易的投资者，必须先通过有关试点券商的征信调查。投资者如不能满足试点券商的征信要求，在该券商网点从事证券交易不足半年，交易结算资金未纳入第三方存管，证券投资经验不足，缺乏风险承担能力，有重大违约记录等，都不得参与融资融券业务。

投资者向券商融资融券前，要按规定与券商签订融资融券合同以及融资融券交易风险揭示书，并委托券商开立信用证券账户和信用资金账户。投资者只能选定一家券商签订融资融券合同，在一个证券市场只能委托券商开立一个信用证券账户。

（二）融券卖出价不得低于最近成交价

投资者融券卖出的申报价格不得低于该证券的最近成交价，如该证券当天还没有产生成交的，融券卖出申报价格不得低于前收盘价。投资者在融券期间卖出通过其所有或控制的证券账户所持有与其融入证券相同证券的，其卖出该证券的价格也应当满足不低于最近成交价的要求，但超出融券数量的部分除外。

（三）卖出证券资金须优先偿还融资欠款

投资者融资买入证券后，可以通过直接还款或卖券还款的方式偿还融入资金。投资者以直接还款方式偿还融入资金的，按与券商之间的约定办理；以卖券还款偿还融入资金的，投资者通过其信用证券账户委托券商卖出证券，结算时投资者卖出证券所得资金直接划转至券商融资专用账户。投资者卖出信用证券账户内证券所得资金，须优先偿还其融资欠款。

投资者融券卖出后，可以通过直接还券或买券还券的方式偿还融入证券。投资者以直接还券方式偿还融入证券的，按与券商之间约定，以及交易所指定登记结算机构的有关规定办理。以买券还券偿还融入证券的，投资者通过其信用证券账户委托券商买入证券，结算时登记结算机构直接将投资者买入的证券划转至券商融券专用证券账户。

案例　　中国融资融券交易试点后的主要特征及市场影响

2010年3月31日，中国证监会批准6家试点券商开始进行信用交易即融资融券交易的试点，自正式开始试点。截止到6月22日，市场整体融资融券余额达到14.033亿元，其中，融资余额达到13.83亿元，融资余额占融资融券余额的比重达到98.55%。试点以来，这一比例在绝大多数交易日都保持在98%以上，这说明，试点以来，融资交易在两融交易业务中居绝对主流地位，相比之下，融券交易无论是规模还是比重都非常小。

一、融资业务的主要特征

可看出，试点以来，无论是融资余额还是融资，买入额均呈现出持续维持稳健的攀升态势。融资余额已由一开始的649.56万元经过7个交易日持续增加到超过0.7亿元；到4月12日，融资余额超过1亿元，又经过了8个交易日，到4月21日，融资余额超过2亿元。在随后的一个多月里，融资余额持续增长，到5月28日站稳10亿元的"门槛"。在随后不到一个月的时间里，6月22日融资余额达到13.83亿元（见图10-3）。

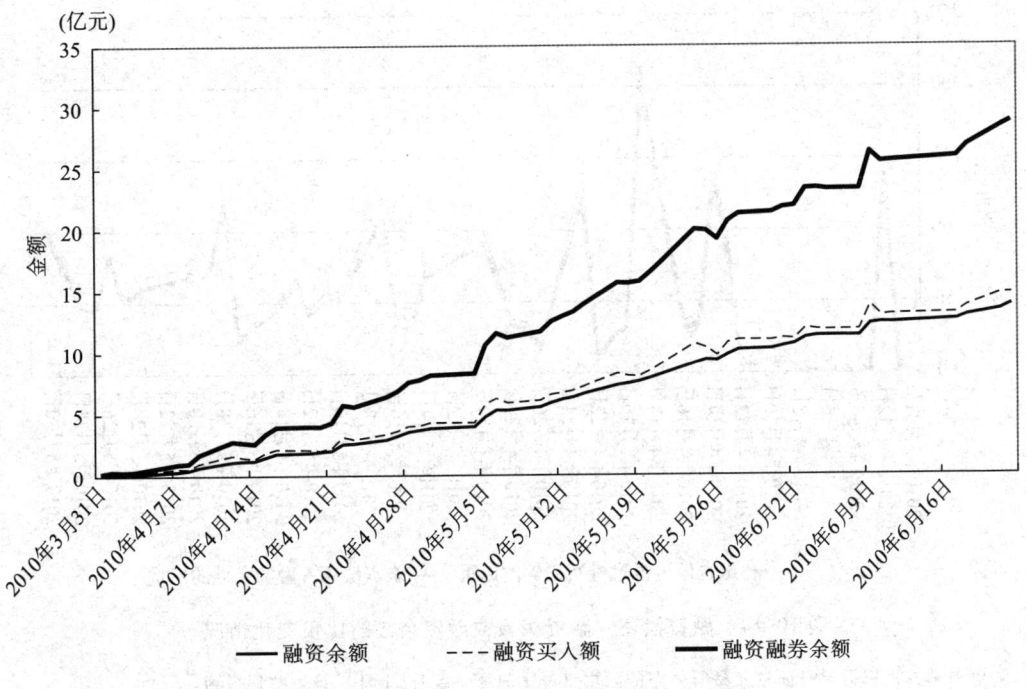

图 10-3　试点以来融资融券业务开展情况

资料来源：根据沪深证券交易所公布的信用交易数据汇总整理得到。

从各交易日的融资买入额来看，虽然有比较明显的波动，但持续攀升是其总体发展态势。试点以来日均融资买入额在不断增加，比如4月份21个交易日的日均融资买入额不到3 000万元，5月份20个交易日，日均融资买入额就上升到7 305万元；6月份13个交易日日均融资买入额进一步上升到7 383.5万元。与此同时，沪深股市自4月中旬以后经历了持续的下跌，累计跌幅达到20%以上，5月下旬以来，股指跌势趋缓，但总体还是处于弱市震荡中，但融资买入的稳步增加说明了投资者对融资业务的参与热情在不断提高。这其中应该与部分投资者认为市场经过前期的大幅下跌后风险得到有效释放，因此更看好后市有很大关系。

一般而言，当融资买入额持续上升，意味着融资偿还额在持续增加，说明参与融资交易的投资者主要是短线，可能在融资买入后第二个或仅几个交易日就卖出偿还并了结交易。

融资偿还占融资买入或融资余额的比重变化情况见图10-4。

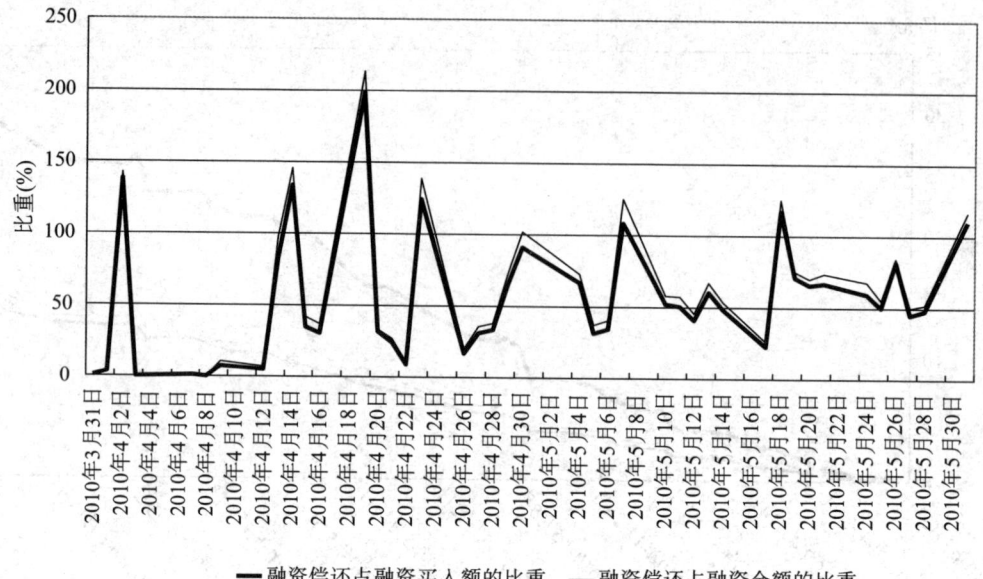

图10-4 融资偿还占融资买入或融资余额的比重变化情况

资料来源：根据上海证券交易所公布的数据（3月31日~5月31日）计算整理得到。

从图10-4中可看出，融资偿还额对应的两个比例指标变化趋势非常接近，因此，我们以融资偿还额占融资买入额的比重为例来分析。我们发现，该指标波动比较大，在试点初期的几个交易日，该指标急剧上升，说明刚开始的参与者都以短线交易为主；4月份有多个交易日，特别是4月中下旬以后，该指标急剧上升，4月19日该指标达到198%的最高位，说明这一阶段参与融资交易的投资者选择短期卖出偿还并了结交易的比例持续增加，这与同期的股市持续下跌有直接关系。5月份该指标大多数时间在100%以下的区间振荡，其中只有少数几个交易日突破100%，说明这一时期投资者选择短期卖出偿还并了结交易的比例相对比较稳定，这种情况与同期股市的运行特征是一致的。这也说明了，投资者参与融资交易的心态与股市行情的好坏有直接关系，投资者对股市行情预期越差，其参与融资交易的心态越不稳定，选择短期卖出偿还并了结交易的比例就会上升；反之，如果投资者对股市行情预期较好，其参与融资交易的心态就会更加稳定，选择短期卖出偿还并了结交易的比例就会减少或能保持稳定。

二、融券业务的主要特征

从融券交易来看，融券余额和融券卖出量整体都呈现震荡上升的态势，试点初期融券余额规模比较小，5月、6月以来融券余额逐渐放大。比如，在4月上旬之前，每日融券余额基本上维持在不超过10万元以下，4月中旬上升到100万元以上，在之后的约一个月的时间中，融券余额逐步上升，5月13日达到982.5万元；从5月中旬开始，融券余额上升到1 000万元以上，在随后的一个月中继续震荡上升。截止到6月22日，沪深两市融券余额达到2 026.93万元。当然，这其中并非是直线增加的，而是震荡上升，5月24日融券余额达到2 084.87万元；6月4日，融券余额甚至达到了2 121.88万元，创下了试点以来的最高值。试点以来融券业务开展情况见图10-5。

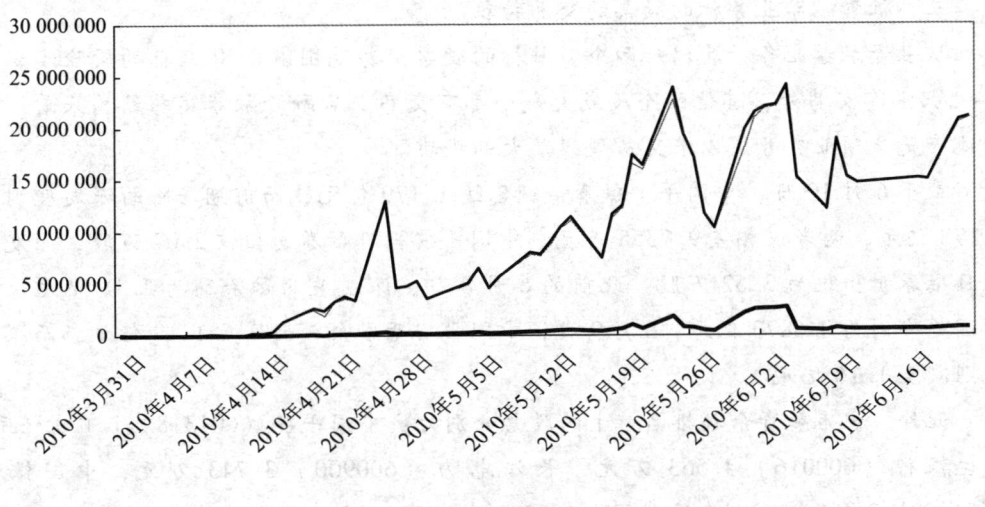

图10-5 试点以来融券业务开展情况

资料来源：根据沪深证券交易所公布的信用交易数据汇总整理得到。

由图10-5中可看出，融券卖出量和融券余量5月份比较高，6月份以来呈逐步下降的态势。这与同期股市的走势有很大的关系。即在股市持续下跌时，投资者更多地看空后市，因此选择融券卖出的比例更高，融券卖出量和融券余量也就更高，6月份以来，股市横盘振荡，部分投资者因为对后市抱有更高的希望，所以融券卖出量和融券余量趋于下降。

融券卖出量和融券余量呈现一种"两头小中间大"的特征，即在4月中旬之前，融券卖出量和融券余量都比较小，比如4月15日之前的11个交易日中，除了4月1~3日及14日，融券卖出量均为零之外，其余7个交易日的当日融券卖出量都维持在数千万股的范围；4月16日融券卖出量达到19 300股，4月19日开始，融券卖出量上升到12万股以上，4月20日融券卖出量达到52.59万股；4月下旬之后直到5月底，融券卖出基本上保持在数十万股的水平；5月份融券卖出数量是4月份的4.56倍，进一步表明伴随市场预期的不乐观，融券业务出现了明显的放量。值得注意的是，虽然5月份有4个交易日下降到5.6万股，5月24日和5月31日，融券卖出量分别达到124万股和182万股的水平，创下了试点以来融券卖出量的最高及次高水平。但从整体上看，融券业务规模要比融资业务规模小得多，融券业务的规模仅相当于融资业务规模的1%左右。

三、融资融券业务标的股票的交易特征

从融资融券业务开展以后两个多月标的股票交易范围看，90只标的股除了少数1~2只没有交易外，其他的个股或大或小都有交易。从融资融券交易结构来看，金融地产是此项业务开展以来交易规模最大的板块。

截至6月10日，中国平安融资余额已达1.179亿元，而前期居首的深发展则为1.178亿元，两者仅相差9.7355万元。中国平安当日融券卖出仅2.07万股，深发展当日融券卖出仅为3.52万股。此前的6月8日，深发展两融余额为1.18亿元，而中国平安则为0.6873亿元，6月9日，中国平安两融余额大增至1.19亿元，而深发展则减至1.16亿元。

此外，沪市融资余额排名前十的股票分别为：中国平安（601318）1.179亿元，民生银行（600016）4 563万元，长江电力（600900）3 743万元，中国银行（601988）3 498万元，金地集团（600383）3 022万元，保利地产（600048）2 984万元，交通银行（601328）2 895万元，中国太保（601601）2 841万元，贵州茅台（600519）2 801万元，兴业银行（601166）2 788万元。其中，金融和地产股占据了大半江山。深市融资余额排名前十的股票为：深发展A（000001）1.178亿元，五粮液（000858）3 499万元，长江证券（000783）3 015万元，格力电器（000651）1 692万元，冀中能源（000937）1 599万元，泰达股份（000652）1 574万元，金风科技（002202）1 526万元，中联重科（000157）1 473万元，西山煤电（000983）1 298万元，中兴通讯（000063）1 188万元。

再比如，受央行人民币汇率政策调整利好刺激，沪深股市6月21日迎来大涨，上证指数创出6月以来收盘新高。融资融券市场交易火爆，两市融资融券余额达13.61亿元，再创新高。融资买入大幅增加，当日两市融资买入金额达1.3亿元，较上一交易日大幅增加68%，其中沪市融资买入金额近亿元。资源有色类个股受到投资者青睐。

银行股依然是当日融资买入的主要对象，两市融资买入前三名分别是民生银行、浦发银行、招商银行，融资买入金额分别达 1 376.30 万元、1 030.35 万元、852.57 万元。截至 6 月 21 日，两市融资余额前三名分别为深发展 A、中国平安和民生银行。除银行股外，6 月 21 日融资买入股票中，资源有色类个股也受到投资者青睐。西部矿业和金钼股份以 835.90 万元和 814.06 万元分列两市融资买入的第四名和第五名，而深市融资买入前两名分别是中信国安和盐湖钾肥，买入金额达 692.53 万元和 303.49 万元。值得注意的是，融券交易仍较平淡，两市共有 11 只股票被融券卖出，当日融券卖出金额最多的是中国平安，达 341.84 万元。截至 6 月 21 日，中国平安以 594.02 万元的金额居融券余额首位。

四、融资融券业务对券商收入的影响

深交所曾经公布了 2010 年 4 月 6 家试点券商融资融券交易的市场份额情况，但上交所没有公布，之后两交易所均没有再公布。因此，这里我们仅以表 10-4 的数据来分析。由表 10-4 可看出，尽管各试点券商 4 月份融资融券交易的规模并不大，但市场份额差异比较大，其中，中信证券的市场份额就超过了 50%，而中信、光大和国信三家的累计市场份额接近 85%；其余三家海通、广发和国泰君安的市场份额合计仅为 15% 左右。

表 10-4　试点券商融资融券业务市场份额概况（2010 年 4 月份）

试点券商名称	本月平均融资融券余额（百万元）	市场份额（%）	本月平均融资余额（百万元）	市场份额（%）	本月平均融券余额（百万元）	市场份额（%）
中信证券股份有限公司	34.89	51.93	34.61	51.77	0.28	80.25
光大证券股份有限公司	12.46	21.97	12.22	21.99	0.24	18.91
国信证券股份有限公司	8.59	10.94	8.59	11.00	0.00	0.00
海通证券股份有限公司	5.22	5.75	5.21	5.78	0.01	0.84
广发证券股份有限公司	1.75	5.92	1.75	5.95	0.00	0.00
国泰君安证券股份有限公司	0.57	3.48	0.57	3.50	0.00	0.00

资料来源：深交所网站。

但值得注意的是，如此之高的市场份额并不意味着目前的融资融券规模能够给试点券商带来实质性的收益。由于各试点券商的具体收入数据很难获得，我们这里仅以国信的数据来分析。据有关报告估计，截至 5 月 31 日，国信证券融资融券业务收益累计为185万元,其中融资利息收入73.5万元,融券费用收入1.2万元,手续费收入110万元。息费收入占业务收益总额的41%,手续费收入占收益总额的59%。可见,试点以来融资融券业务给券商带来的收益实际上非常有限,如果要算上券商为获得融资融券业务试点资格所投入的大量的资源成本,各券商在融资融券业务上可能还处于"亏损"状态。造成这种状况的原因,除了目前融资融券业务规模总体还很小之外,还存在市场因素的影响。由于目前A股市场处于一个持续振荡期,未来趋势不明朗,大部分取得授信的客户还处于观望状态。同时,由于对目前股票市场行情预期比较谨慎,加上目前各券商给出的融资融券标的品种比较有限,而融资利率、融券费率都比较高,对于那些已开始进行融资融券交易的投资者而言,无论是进行融资交易还是融券交易,他们实际上都不敢贸然采取长线投资策略,一般都是以短线交易为主。

试点券商融资标的证券情况见表10-5。

表10-5　　　　　　　　试点券商融资标的证券情况

试点券商	融资标的证券总量(只)	未进入90只融资标的证券的成分股
光大证券	90	无
广发证券	90	无
国泰君安	90	无
国信证券	87	南方航空、泰达股份、云南铜业
海通证券	89	海通证券
中信证券	86	中国人寿、中国铝业、中国远洋、中信证券

试点券商融券标的证券情况见表10-6。

表10-6　　　　　　　　试点券商融券标的证券情况

试点券商	融券标的证券总量(只)	目前可交易的融资证券
光大证券	90(目前未披露可交易数量)	
广发证券	90(3只可交易)	吉林敖东、中信证券、招商银行
国泰君安	90(2只可交易)	中国石化、万科A
国信证券	87(10只可交易)	招商银行、中国联通、中国神华、中国平安、工商银行、建设银行、云南白药、格力电器、五粮液、苏宁电器
海通证券	89只可交易	中国联通、工商银行、中国建筑、中国南车、深发展、深万科、太钢不锈、中信国安

试点券商融资融券的年利率见表10-7。

表10-7 试点券商融资融券的年利率（费率）

试点券商	光大证券	广发证券	国泰君安	国信证券	海通证券	中信证券
融资利率（%）	7.86	7.86	7.86	7.86	7.86	7.86
融券费率（%）	9.86	9.86	7.86	9.86	7.86	9.86

就券商而言，融资融券业务本质上就是一种资金（或股票）借贷业务，并通过向客户借出资金或股票而获得利差收入或手续费收入。客户融资（或融券）的期限越长，券商由此而获得的利息收入或手续费收入就越多。但如果投资者对未来行情趋势的判断不明朗，无论其做融资交易还是融券交易，基本上都会以短线交易为主，而券商由该项业务所能获得的息费收入非常有限。

在两融业务试点两个多月后，市场整体融资融券余额已超过了14亿元，而这其中以融资业务占据绝对主导地位，融券业务整体规模相比融资业务规模要小得多，融券业务的规模仅相当于融资业务规模的1%左右。但这一金额相对于沪深股市日均数百亿乃至上千亿元的成交额而言，融资融券业务对整个市场而言确实还根本谈不上什么影响力。另外，融资融券交易受市场行情影响较大，该项业务对券商收入的影响还非常小。但从长期来看，融资融券交易必将随着中国资本市场的发展而不断成熟。

五、融资融券业务的最新状况：2018年底数据已创下4年来的新低

2018年以来，出现连续3次跌停的股票共有285只，而这一数据在前两年均刚刚过百；2018年连续5次跌停的股票也多达116只，前两年均不超过30只。此外，部分个股长期停牌，在市场不断下跌的情况下，很多股票在复牌后出现补跌。截至2018年12月28日，深沪两市两融余额7 644.31亿元，环比下降0.27%。两融余额占全部A股流通市值的2.15%。面对惨淡行情，券商两融风险压力可想而知。

按照上海证券交易所、深圳证券交易所的规定，客户开展融资融券交易的最低维持担保比例为130%。当客户融资融券账户低于该比例时，券商应当通知客户在约定的期限内追加担保物，券商可以与客户自行约定追加担保物后的维持担保比例要求（包括追保的期限及追保后账户应达到或超过的维持担保比例）。如果客户不能在约定期限内追加担保物达到券商规定标准的，券商有权启动强制平仓。

目前，大部分券商执行交易所标准，将最低维持担保比例设为130%，但在追保期限和追保后应达到的维持担保比例的规定上，各券商可能有所区别，大部分设

为140%或150%。但是，2018年以来，个股频频出现流动性问题，连续的跌停造成券商根本来不及平仓。在投资者风险偏好持续承压的背景下，两融余额下半年开始加速下滑，在10月跌破8 000亿元。与2017年同期相比，2018年下半年的同比跌幅也持续走扩，10月、11月的单月同比降幅分别为22.94%和25.15%。2018年以来，两融余额潜力（两融余额/流通市值）的测算值在1.70%~1.85%之间波动，与前期基本持平，反映市值与两融余额同步萎缩，后续规模的增长仍依赖于市场的全方位回暖。对券商而言，两融业务的风险控制重点是：（1）对标的证券的管理；（2）对融资主体的尽职调查；（3）折扣率要考虑上市公司的估值。

第十一章
研究业务

从20世纪90年代中期开始，我国券商开始将研究部门纳入业务流程。历经十多年的发展，研究部门已成为各大券商不可或缺的部门和核心竞争力的标志。在我国证券市场建立初期，当时的研究部门的规模普遍很小，研究的领域和范围也十分狭窄，研究队伍的整体素质在公司中也并不突出。近年来，随着研究部门在证券公司内部重要性的不断提升，券商研究部门的作用和运作模式引起了更多人的注意。通过与研究部门近距离的接触，可对其现状进行系统地考察，同时可对其未来的发展进行展望。

第一节 研究业务概述

证券公司成立研究部门的目的在于促进一级市场的发行和二级市场的交易。券商的研究机构通过基本面分析和技术分析,为相关客户提供投资决策的依据。中国的证券市场研究起步于20世纪90年代中期。1996年君安证券开始行业和公司研究,1997年华夏证券设立了专门的研究部门。随后,一批证券公司、投资咨询公司相继组建了专业的研究队伍,研究部门逐步被纳入券商整个业务流程。

一、证券研究的价值

证券研究是否具有价值的争论在其出现之后便没有停止,主要的观点可以分为两派:一派相信"有效市场假说(EMH)",另一派认为市场是缺乏效率的。"有效市场假说"可以追溯到20世纪初。这个假说的奠基人是一位名叫路易斯·巴舍利耶的法国数学家,他把统计分析的方法应用于股票收益率的分析,发现其波动的数学期望值总是为零。尤金·法玛(Eugene Fama)于1970年深化并正式提出了有效市场假说:如果在一个证券市场中,价格完全反映了所有可获得的信息,那么就称这样的市场为有效市场。法玛认为,股票价格收益率序列在统计上不具有"记忆性",所以投资者无法根据历史的价格来预测其未来的走势。这个结论不免使许多投资者和分析人员感到沮丧,因为他们全力研究各家公司的会计报表与未来前景以决定其价值,并试图在此基础上做出正确的金融决策。如果股价真的如此随机,面对股价的起伏波动,投资者和分析师岂不是只能袖手旁观?

无奈的投资者不禁要问,市场为什么是有效率的呢?主流经济学家认为其前提是,信息的传递以及交易本身都是无摩擦的,瞬间内不费任何费用即可完成。显然,这是一种过于理想的假设。通信工具和交易手段的发展,的确使得交易的效率大大提高,但这并没有完全消除市场中的摩擦。无论如何,资本市场作为一个复杂系统并不像有效市场假说所描述的那样和谐、有序。比如,有效市场假说并未充分考虑市场的流动性问题,而是假设不论有无足够的流动性,价格总能保持公平。故"有效市场假说"不能解释市场恐慌、股市崩盘等现象,因为这些情况下,以任何代价完成交易比追求公平价格都重要得多。因此，市场上的另一派并不认为市场是完全有效率的，他们认为市场本身是缺乏效率的，否则市场就不可能存在持续获利的机会。比如金融大鳄索罗斯就坚信市场存在没有被绝大多数人发现的漏洞，正是利用这些漏洞，他才有了获取暴利的机会。经验表明，由于信息的传递会受到不同程度的阻碍，并且人们存在对信息的迟缓或过度的反应，这都可能造成市场的低效率。中国资本市场从不成熟向成熟的迈进和价值投资理念的确立，使得以发现价值为目标的证券研究日益被市场认同，研究实力和服务水平逐渐成为券商创品牌、争市场的核心要素。从这个角度来讲，证券研究的潜在价值是巨大的。

二、海外券商研究业务的发展历程

美国的投行自其研究机构设立之初就坚持客户至上的原则。客户至上对金融服务公司而言是最基本的经营策略，比如，美林证券将"以客户为中心"（Client Focus）作为公司成功的关键，一直致力于提高对私人、机构、政府等各种客户的服务，为客户提供"Customized Service"，即量身定做的服务，如根据客户需要制定投资策略、按类别（股票、债券、基金）及地区分配资产。同时，研究部门与各业务的关联性都比较强。业务关联指对券商的多项业务进行纵向整合，发挥协同效应。以美林证券为例，其承销、兼并、资产管理、研发各项业务的关联性就比较强。

长期以来，研发对承销和投行业务贡献巨大。美林证券的承销业务连续多年名列全美之最，关键在于美林证券在投资银行部加入了行业研究力量，行业研究专家横跨石油、天然气、金属、矿业、高科技，向公司提供财务指导、投资建议、行业分析，赢得了百事可乐、卡特彼乐这样的大客户。随着行业竞争加剧，全球兼并收购事件风起云涌。1993年，美林证券的并购业务只名列全美排行榜第八名，通过将研究人员分散到并购部门，为公司策划兼并交易方案等策略，1998年，美林证券在全球兼并收购业务中参与金额达5 370亿美元，位居全球第二位。

海外投行的研究机构经历了从集中于本土到分散于全球的演变过程。根据《机构投资者》统计，美林证券、高盛集团、摩根士丹利公司都拥有广泛分布在全球各地的研究分支机构，并以其突出的研究能力在当地享有盛誉。以美林证券为例，其在全球190个地区设有研究分支机构，在加拿大被评为"研究报告质量最优"，在欧洲、中东地区被欧洲货币基金组织评为"最佳金融服务机构"，高质量的研究报告不仅树立了美林证券的市场信誉，也为美林证券进军国际资本市场业务提供了一条捷径。

随着市场的不断扩大,海外投行的研究开始注重市场细分。细分是一种不能被取代的趋势,券商对证券业务细分的同时,对证券研究也形成了不同领域的研究特色。例如,在英资券商中,怡富证券、汇丰证券、巴克莱、ING 霸菱证券和华宝证券对于蓝筹股的研究遥遥领先;兆富证券、怡富证券、摩根建富等精于研究小型上市公司;而里昂证券、浩威证券和霸菱证券则擅长研究中国 B 股市场。

西方投资银行的研究部门是相对独立的机构。以美林证券为例,研究人员分布在 26 个国家 190 个地区,直接隶属于高层管理,而非任何一利润部门或商业组织,这样一方面有利于研究报告的公正性和独立性,另一方面"分析员—地区行业主管—行业主管"的直接晋升轨迹,也为分析员提供了有效的激励制度。

然而,自 21 世纪初期爆发了种种利益冲突丑闻以来,美国监管机构禁止投资银行营收对那些业务进行交叉补贴,全球性银行一直在竭力寻找为研究和交易提供资金的方法,这促使海外著名的投行开始探索新的业务研究模式。以汇丰为例,其分析师将不再制作包含买入、持有、卖出建议的定期研究,他们将被要求每年创作四份长的主题研究报告,来取代每家公司发布声明后制作的"维护研究",新报告将把目标对准某行业或某国家。传统研究将重心放在 12~18 个月的投资周期上,而与传统研究不同的是,主题研究报告将考察 2~5 年的投资时间跨度。这些长文将附有一份推荐股票的组合,汇编这些股票使用了一个数学模型,即"下滑风险理论",旨在将股票价格的急剧下滑风险减至最小。汇丰还将提供"交易建议",即篇幅短小的报告,服务对象是有影响力的对冲基金群体,这一群体支付的佣金要比机构基金管理的公司要多。

三、我国券商研究业务的发展历程

(一) 第一阶段:填补空白期,券商研究确立地位

在我国证券市场发展初期,证券市场和券商行业处于粗放型发展阶段。由于市场总体上的供不应求,券商之间的竞争主要体现在:承销业务的公关能力;自营业务的资金规模和信息优势;经纪业务的跑道数量。在这种竞争格局中,券商研究部门几乎难以发挥什么作用,其生存空间相当狭小。从 1993 年 4 月起,国内证券市场经历了约 3 年的熊市,券商之间的竞争也因此而变得异常残酷。在这个期间,透支

和返佣等价格竞争手段已为制度所不允许,而通过在报刊、电台等媒体上发表研究成果或为投资者做股评,不仅可以起到免费广告的作用,还有利于吸引和留住客户,有利于塑造公司良好的市场形象,扩大品牌效应。至此,中国证券市场真正意义上的券商研究部门正式走上历史的舞台。

1996年以后,随着证券市场规模的不断扩大,各大券商纷纷设立了具有相当规模和档次的综合性研究部门。1996年4月以后,国内证券市场迅速复苏,并逐渐向规范发展过渡。火爆的股市行情和市场规模的不断扩大,一方面使得券商长期在股市低迷状态下的内部组织机构设置显得不合时宜,薄弱的研究力量已经难以满足券商业务拓展和规模扩张的需要;另一方面,变幻莫测的市场和更加严格的操作规范要求券商对市场等走向做出预测,这一切都必须建立在市场研究基础之上,研究部门因此逐渐受到公司高层的重视。

随着证券市场在国民经济中地位的不断提高,其优化资源配置的功能得以基本确立。为了满足服务经济发展的需要,券商不断拓宽各自的业务范围,拓展业务空间。例如,资产重组、收购兼并、财务顾问和资产管理等创新型业务成为各家券商争相开辟、蜂拥而至的"滩头阵地",其目的在于为券商培育新的利润增长点,以抢占市场先机,提高总体的市场竞争力,从而不断扩大市场占有份额。然而,新兴业务的开展往往需要前期深厚的理论研究作为基础,这在客观上需要有一支理论素养很高、研究开发力量雄厚的研究队伍来进行业务前期的开创性和前瞻性的研究工作,以便为开辟新兴的业务领域提供强大的理论背景支撑。如研究部门提供的宏观经济分析、国家政策走向、市场走势、行业动向、上市公司业绩评估等,不仅为经纪业务提供了投资获利和吸引客户的筹码,也为公司战略决策和自营部门的投资决策提供了一定的参考意见。

(二)第二阶段:激烈竞争期,品质上升,但同质化问题严重

研究部门的扩张催生了更多投资者和媒体对研究人员的关注。2003年6月,《新财富》推出国内第一份"最佳分析师"排名,引起了资本界的广泛兴趣,并得到业内人士的普遍认可。上榜的最佳分析师获得了公司的奖励与重用,培养分析师的证券研究机构的知名度大大提升。近年来,随着市场规模不断壮大、投资品种逐渐增加,证券市场呈现出规范化、机构化、网络化和国际化等新特点。市场的新变化、新风险以及海外同行竞争压力,更加强化了研究部门在证券公司中的作用,促使其成为券商的一个重要的职能部门。研究部门的作用将由传统的经纪业务拓展至

公司的各项业务,而且也将承担公司高层"智囊团"的责任,为公司的发展提供全方位的服务。

在券商研究业务发展的第二阶段,研究机构已成为证券公司内部不可缺少的核心机构之一。据中国证券业协会问卷调查,截至2009年底,106家证券公司有88家设立了研究部门,占证券公司总数的83.02%;证券分析师总人数2 592人,分析师超过50人的研究部门有14家,分析师最多的申万研究所有179人。数据显示,在这88家券商研究部门中,少于50人的研究团队为数众多。研究领域逐步拓展为宏观经济、行业分析、上市公司研究和投资策略研究。2009年共发布研究报告100 767份,平均每个分析师发布39份报告,发布研究报告最多的申万研究所共发布报告10 113份。在众多券商研究机构中,中金公司、申银万国、中信证券、国信证券以及国泰君安等券商属于国内优秀的研究机构。

2009~2010年最具影响力研究机构排名见表11-1。

表11-1　　　　　最具影响力研究机构排名(2009~2010年)

排名	1	2	3	4	5	6	7	8	9	10
2009年	申银万国	中金公司	中信证券	国泰君安	安信证券	国金证券	国信证券	招商证券	高盛高华	长江证券
2010年	申银万国	中信证券	中金公司	安信证券	国泰君安	华泰证券	招商证券	国信证券	国金证券	中信建投

(三) 第三阶段:转型发展期,标准化的升级模式尚待探索

如果研究服务模式按每10年为一个上升阶段来划分,那么,从2000年开始的1.0时代早就结束了,那个10年的竞争不算激烈,对基础性研究报告的需求还是比较大的,卖方可以通过比较初级的报告来填补行业研究报告的空白。2010年以后,券商研究步入2.0时代,直到目前,竞争已经空前激烈,券商分析师过剩的局面已经非常严重,但还没有形成一个标准化的升级模式。估计2020年之后,将迎来更富有挑战性的3.0版,不少机构的卖方研究将被淘汰出局。

目前来看,券商研究所的服务模式未发生根本性变革,其最主要的收入来源仍然是公募基金分仓佣金,真正通过服务收费获取的收入杯水车薪。公募基金佣金分仓模式之所以能够被沿用多年,最根本的原因是公募基金的佣金率还没有完全市场化,这为卖方研究留了一定的空间。正在试点中的新设公募基金采用券商结算模式,如果未来扩大范围,也许会给卖方研究生态带来颠覆性变革。公募基金券商交易结算试点模式在2019年初从试点转为常规,即2019年新发公募基金必须走券商结算

模式。这样一来，可以为证券公司显著增加公募基金、保险公司、券商资管以及商业银行理财子公司在内的机构客户数量，构建证券公司又一个新的盈利模式。除了对经纪业务交易和佣金有影响外，对卖方研究的影响更为重大，估计2020年以后，公募基金的分仓格局和模式会因结算制度的改变而发生显著变化。

第二节 研究人员及其评价机制

资本市场是在金融业向中高级形态发展过程中产生并发展的，资本市场中的业务开展与价值创造来自专业人员的复杂运作，而专业人员的运作又必须以研究为支撑，研究力一旦切实转化为实际生产力，将从根本上促进券商各项业务的发展。研究力取决于研究成果，而研究成果与券商研究人员的规模与整体素质紧密联系。

一、研究人员

证券公司研究机构是一种智力密集型机构。目前，在我国100多家专业性券商中，从事证券研究工作的人员超过2 000人，大型券商的研究人员数量都在60人以上，而中型券商的研究人员数量在30~40人之间，这基本上与各自的规模和实力是相吻合的。无论是大型券商还是中型券商，研究人员都是清一色的科班出身，都具有良好的教育背景，平均80%以上拥有硕士或博士学位。由于券商研究人员的知识功底比较深厚，又具有一定的年龄优势和较为丰富的从业实践经验，这为券商拓展业务空间提供了强大的智力支持。

在券商行业发展的新背景下，研究业务作为证券的核心业务，直接影响到公司的品牌、经纪业务的服务水平，投行、自营、资产管理等各项业务的开展，进而影响到整个公司的综合竞争实力。相比经纪业务和投行业务，券商研究所对资本金、网点数量等条件的要求比较低，其竞争的核心在于人才。而人才建设无外乎自己培养和外方引入两种途径。培养一个合格研究员至少需要三到五年的时间，而一个优秀的行业分析师的成长时间更长。有限的高素质人才向来就是包括券商在内的各类金融机构激烈争夺的对象，证券的行业性质使研究人员的流动性更强。根据相关调查报告显示，在公司任职一年以内的人员占比为12%，任职时间两年以下的人才的比重合计为 22%，该部分受访谈者多为中小型券商的研究员，由此可见，中小型券商行业研究员的流动率大过大型券商研究员的流动率。中小型券商因为公司实力相对薄弱，对研究的投入有限，因此吸引力有限，人才流动率更高。数据表明，在券商任职 3 年以上和 2~3 年的研究员分别占总数的 42% 和 36%，说明大部分证券公司研究员的整体稳定性较好。公司平台的吸引力、行业内领先的薪酬水平、和谐的企业文化氛围是促使研究员职业稳定的主要原因。

人才的适度流动对于行业来说是一个好事情，因为适度的竞争有助于行业整体研究和服务水平的提升。但过于激烈的人才抢夺不仅使众多券商自身伤痕累累，而且给行业带来了极其负面的影响。水涨船高的薪酬大战，助长了整个行业的浮躁气氛。这种"比价效应"导致整个行业处于恶性循环中。研究机构应摒弃"砸钱抢人"走捷径的做法，构建自我培养与外部引入相结合的人才建设机制，搭建科学合理的薪酬和激励机制，把重点放在留住人才上，使研究员将工作重心放在行业的研究和分析上面，让行业减少一点浮躁，逐步回归研究的本源。

总体而言，与国际大型证券研究机构相比，我国券商研究机构仍然处于起步阶段。国外大型证券商的研究机构一般都有千人以上，例如，日本大和证券研究机构的人员达 1 400 余人，野村证券旗下的研究有限公司的研究人员更是多达 2 000 余人，服务对象除了公司和客户外，还为政府和企业提供宏观及微观经济咨询、经营咨询和长期经营战略咨询等。相比之下，我国的券商研究队伍一般仅有不到 100 人，大多数在 20~50 人之间，这在一定程度上制约了券商的持续发展。随着我国券商规模的不断扩大，研究机构规模的扩张和服务功能的不断完善都将是势在必行。

二、海外证券分析师评价机制选择

分析师的考评是衡量研究业务价值的重要依据。海外券商由于发展较早，现已建立了较为成熟的考评机制，这里选取世界上比较知名的考评机制作简要介绍。

（一）《亚元杂志（Asian Money）》最佳分析师评选

《亚元杂志》已连续 17 年举办年度经纪商问卷调查。该项调查将最佳研究团队及最佳分析师列入其调查范畴，建立了较为完善的最佳分析师评选规则。以第十七届为例，《亚元杂志》邀请在亚太、欧洲和北美地区的基金管理机构、避险基金及私募基金公司、保险公司、财富管理公司等机构的投资主管，资深基金经理人，资深投资分析师等参与此项评选活动，共计回收来自1 054家不同机构的1 639人的问卷。在进行评选统计之前，《亚元杂志》列出了目标名单并进行查核程序，直接和回复者谈话。若回收的问卷不在目标名单中，或是未通过查核程序，则不列入统计。据此，共有来自93家机构161份问卷被剔除。最后列入统计的问卷来自961家机构，其中，来自中国香港的最多，占20%，其次为新加坡，占12%，来自中国台湾的则占7%。在与研究分析人员相关的奖项当中，可分为亚太地区和个别国家地区奖项。

在各项目的评选当中，若评分给予第一名，给3分，第二名给2分，第三名给1分，每个公司只有一票。为避免相同规模的公司有不同的影响力，若同家公司有多份问卷，则会依照该公司收到的分数比例计算其得分。

每一份问卷会依照机构在亚太地区（日本除外）、日本或澳洲的约当资产规模进行加权，而避险基金则均以5为其乘数。各类型资产规模的机构乘数如表11-2所示。

表11-2 《机构投资人杂志（Institutional Investor）》年度最佳分析师评选

资产规模（百万美元）	机构数目（个）	权数
<200	300	1
200~500	184	4
501~1 000	151	8
1 001~2 000	129	12
2 001~4 000	69	16
大于4 000	128	20
合计	961	

《机构投资人杂志（Institutional Investor，简称II）》每年10月均会选出美国地区的本年度最佳分析师以及分别由不同产业研究人员组成的全美梦幻研究团队。另外，该杂志亦会不定期地推出其他地区（如日本、新兴市场等）的年度最佳分析师评选结果。以美国地区的年度最佳分析师的评选为例，介绍如下：

为了选出全美梦幻研究团队（All-America Research Team）的成员，《机构投资人杂志》将包含的10个类别和71个投资领域的问卷寄给主要资产管理公司的研究部门主管、投资主管。这些主管包括II300（该杂志所评选的美国前300大类资产管理者），其他的美国、日本和亚洲的大型机构的投资人，Alpha Hedge Fund 100

（II 杂志的姊妹杂志所评出的大型避险基金）的主要成员。此外，《机构投资人杂志》亦运用了产业资料及工商目录以确保调查的广度，同时与 Wall Street 研究部门主管客户名单上的机构投资人接触，并将问卷寄给顶尖机构的分析师和基金经理人。

排名以"分数"来计算。《机构投资人杂志》计算每一分析师的得票数，并且将得票以"投票机构的规模"和"该机构所给该分析的名次（1、2、3、4）"予以加权。在可转债、股权衍生性商品、REITs 和华盛顿研究所等领域，因为更重视团队合作，所以将所有投资机构给该公司分析师的票合并计算。《机构投资人杂志》将分析师分为原材料、工业、消费用品、能源、金融机构、医疗保健、媒体、科技、通讯、宏观十大类别，下面再分 71 个子领域。各领域分别显示前三名最佳分析师（公布姓名和公司名称）。此外，若分析师在第三名分析师的 35% 以内的分析师亦将其列为入围者。

（二）福布斯和星矿分析

近年来，福布斯和星矿每年都会举办全美最佳证券分析师（Best Security Anlayst in America）的评比。星矿采用两个不同的领域来衡量证券分析师的绩效：一是买进/卖出建议的报酬；二是盈余预测的正确性。该奖项以证券分析师整年度的建议报酬绩效，以及上年度 4 月 1 日至本年度 3 月 31 日每季度财务报告衡量盈余类预测绩效。

该评比的资料来自 Thomsom IBES（Institutional Brokers' Estimates System）资料库。该资料库记录数以千计华尔街证券分析师的预测和建议资料。在产业分类标准上，星矿则采用 Global Industry Classification System（GICS）。其奖项包括：（1）产业选股奖，每一产业前三名的合格分析师均可获奖。星矿依照每一分析师的模拟投资组合相对于 Industry – based Benchmark 所计算而得的产业超额报酬来排序。（2）整体选股奖（Overall Stock Picking Awards），前十大分析师由计算整体超额报酬选出前十大分析师整体选股奖。为计算整体超额报酬，星矿将每一分析师的产业超额报酬以该分析师在每一产业所涵盖的股票数目予以加权平均。得以入选整体选股奖的分析师，必须涵盖至少 5 个股票，且必须取得星矿的 Coverage – Relative Rating "5 星"评级。（3）盈余预测奖，星矿以其专有的个股预测分数，衡量每一个分析师的盈余预测准确度。SES 与分析师的同类比较，以衡量其相对准确性。每一个分析师的 SES 可能为 0 分至 100 分，50 分则代表同业的平均水平。SES 考量许多不同因素：分析师的绝对预测错误、与其他分析师相比的错误、错误的变异数、预测的时点以及股票实际盈余的绝对值。SES每天都会计算及加总以提供个股、产业以及分析师整体的分数。

（三）《华尔街日报》"华尔街最佳分析师"

至2009年，《华尔街日报（The Wall Street Journal）》与汤姆森金融公司已连续10年联手开展了"华尔街最佳分析师"调查活动。共有来自280多家公司的4 000多名分析师成为此次的调查对象。在符合资格的1 705名分析师中，共计选出分别研究45个行业领域的223名获奖者。2007年度"华尔街最佳分析师"调查采用Thomson ONE提供的分析师推荐股票的所有资料进行测算，在分析师级别的评定时给予对他们的绩效进行的客观、定量的评估，而不是民意调查的主观结果。对股票证券分析师级别进行年度独立调查评定，应建立在一项对于投资者至关重要的技能基础上，即准确推荐能带来积极回报的股票。

综上所述，目前全球资本市场中，主观评价与客观评价在证券分析师评选体系中并存。其中，亚洲地区国家的证券分析师评价体系依然以主观评价为主，而美国等发达市场已经逐步过渡到第三方客观评价体系。总体来看，客观评价体系已逐步成为发展趋势，第三方客观评价体系渐成主流模式，发达国家的第三方客观评价体系具有重大的借鉴价值。

三、我国证券研究报告评价机制

目前国内还没有权威的官方机构对证券分析师进行统一评价，只有民间机构或企业举办类似活动，得到了业内的广泛重视。

（一）客观评价

"中国最佳证券分析师"评选活动创办于2004年，由CCTV《中国证券》《中国证券报》与今日投资财经资讯有限公司联合举办，该评价体系如下：

采取客观的评选办法，依据实时、可追踪的投资评级和盈利预测数据，评选对象要有创新意识和独立见解，有一定市场影响力和认同度。分析师排名采用百分制，对分析师分别进行单项及综合评分，采用相对排名原则。单项评分中得分最高为100分，最低为0分，两者之间根据分析师的人数，按100进行等分，分数依次得到。

年度明星分析师：（1）计算出有三个以上分析师进行过投资评级或盈利预测的未来一年度市场回报率前 50 名的股票；（2）分析师的挑选范围为对以上股票进行过投资评级或盈利预测；（3）在确定（1）和（2）的条件下，首先计算投资评级单项得分 A 和盈利预测单项得分 B；（4）计算明星分析师综合得分 $C = A \times 2/3 + B \times 1/3$；（5）根据综合得分进行排序，取前 10 名作为明星分析师。

行业最佳分析师：（1）对分析师所进行评级或盈利预测的股票按照今日投资财经资讯有限公司系统一级子行业九个大类进行行业分类；（2）分别单独计算各个分析师的行业评级单项得分 A 和行业盈利预测单项得分 B；（3）计算行业分析师综合得分 $C = A \times 2/3 + B \times 1/3$；（4）根据综合得分进行排序，每个行业取前 3 名作为行业最佳分析师，共 27 名。

最佳独立见解分析师：（1）股票范围为 A 股市场所有股票。（2）所有的评级点时间限定为未来某年的 1 月 1 日至 12 月 31 日。（3）将每只股票从某年的 1 月 1 日最早开始进行投资评级的"买入"或"卖出"，且"当前状态"仅有 1 名分析师的评级点及分析师被挑选出来。（4）从挑选出来的这一点的当日该股票股价作为起点，12 月 31 日股价作为终点进行回报率计算，涨跌幅计算按照以下的原则：A. 将所有评级根据分析师的评级结果分为"买入""观望""卖出"三类；B. 对于"买入"及"卖出"评级点的涨跌幅计算原则是如果评级与股价走势趋势相同，则涨跌幅为正，否则为负。（5）按最终得到的涨跌幅进行排名，涨幅最大的前 10 名分析师作为最佳独立见解分析师。

（二）主客观结合评价

该评选活动由《21 世纪经济报道》主办，采取主观投票与客观得分相结合的评价思路。该评价充分考虑买方机构的意志，以主观赋权为主，将主观评价百分化得分赋权重 70%，体现买方机构主观评价的主体地位，客观得分百分化得分赋权重 30%。

卖方分析师的研究报告是资产管理行业的重要投资参考。因此，在资产管理行业进行尽可能大样本的抽样调查，能比较真实地反映出买方机构对于卖方分析师的认可程度。在广义的资产管理行业框架下，选取具有代表性的基金管理公司、保险资产管理公司和信托型私募基金等三个行业作为行业调查样本。

以首届评价活动为例，选票数目的样本分布情况为：基金管理公司 152 张，保险资产管理公司 8 张，信托型私募 2 张；所调查买方机构数目样本分布为：基金管理公司 31 家，保险资产管理公司 5 家，信托型私募 2 家。

所调查基金管理公司样本共 31 家，占全部基金管理公司总数（59 家）的 52.54%；根据基金管理公司 2007 年三季报显示，所调查 31 家基金管理公司样本的资产规模总额达 18 468.42 亿元，占全部基金管理公司资产规模总额（以总市值计算）的 59.73%；所调查偏股型基金超过 123 只，占全部偏股型基金总数的比例超过 46%。

评价体系中客观得分由两个重要的指标的计算得出，即股票组合的平均涨幅和估值拟合度。客观得分 1 由股票组合的平均涨幅计算得出，反映了分析师所推荐的股票在评选考察期间的实际走势表现，是所推荐股票给投资者带来的绝对收益的反映指标。

客观得分 2 由分析师所推荐股票的估值拟合度计算得出，反映了股票在评选考察期末的实际涨幅与分析师推荐涨幅之间的拟合程度，体现了分析师推荐股票的预测精度，在一定程度上体现出投资者在分析师预估范围内投资的风险考察。

（三）主观评价

选取的分析师：最近一年未受到过中国证监会及中国证券业协会的处罚，否则取消参评资格。

评选主体：国内公募基金公司的投资总监、研究总监（综合研究员意见）、基金经理（股票型、债券型、货币型、混合型）、固定收益部总监、金融工程部总监（由于不同基金管理公司部门设置不同，少数未单独设立金融工程部的基金公司投票人根据实际情况调整为与金融工程相关的部门，如风控部门、产品设计部门、QDII 部门的相关人员）、社保基金的基金经理、专户理财部门负责人、企业年金部门负责人；保险资产管理公司权益投资部及投资经理、固定收益部、研究部；保险公司及养老保险公司权益投资部、固定收益部、研究部；QFII；银行；私募基金；券商资产管理部。

采用机构推荐与个人自愿报名相结合的方式，确定候选名单；采用投票主体填写评选问卷的投票方式，按一定权重将各方投票结果汇总产生最佳分析师、最佳销售经理及获奖机构。每位投票人直接填写出每个研究方向的前五名分析师，举办方依次按 5、4、3、2、1 的权重，乘以投票人管理的资金规模的权重，最后加总所有投票人的评分，得出某分析师评分的总分。

（四）对现有证券研究考核评价的总结

从目前的几种分析师排名体系来看，由 CCTV《中国证券》主办的"中国最佳证券分析师"评选体系采用全客观数据评价，杜绝了主观感情或者其他个人因素，保证了较高的公正性；充分考虑了分析师报告中出现的"买入"及"卖出"等投资建议因素，并将这些建议纳入评价体系中，具备较高的实用性。但其缺点是：该评价体系将分析师分成三大类，分类方法是否合理还有待商榷；该评价体系注重对分析师的排名，排名数据只能用于比较，而不是重要指标的计算，降低了量化分析的质量。

21世纪金牌分析师评价机制中，对主观投票与客观数据的考察相结合，综合运用数量化评价方法，同时体现出不同投票人的话语权差异，客观得分计算方法能够体现出分析师预测的先见性和准确度。同时，两个客观指标相互制衡，能够比较全面地反映出分析师的股票挖掘能力和预测能力。但其缺点是：评价方法主观因素占比过高，造成评选过程中出现了一些"拉票""拜票"行为，影响了评价的公正性。

新财富最佳分析师评价体系充分考虑了市场各机构投资主体和买方机构的意见，有利于证券分析师提高对他们的服务。但这种全主观方法评价的结果完全取决于投票人的个人意愿，主观随意性很强，很难做到公平和公正。

现有的三类分析师排名通常每年年末排名一次，而在此期间则不举行任何排名活动。在这三类排名体系中，新财富最佳分析师评价体系获得了更多的市场关注，得到了公募基金等大型机构投资者的关注，而其他两类排名并未得到足够的重视。由于分析师排名只看年末一次结果，而在整个经济年度中间，上榜分析师的预测精度则可能会发生较大变化，如果仍然依赖于前一次的排名结果，有可能会产生较大偏差。另外，市场上现在较为依赖的新财富最佳分析师评价体系由于被公募基金、保险和社保等大型机构投资者垄断了投票权，导致最佳分析师排名与他们在某种程度上形成了利益共同体，失去了公正性。总体而言，这些评价体系普遍存在主观因素过多，数量分析过于简单、对比不平衡的问题，在一定程度上引发了行业内分析师"拉票""拜票"行为，进一步促使分析师定位的跑偏。尽快建立起行业内合理的评价体系，以客观、数量化的指标为主体，建立一个证券分析师市场评论的常态机制，有利于通过优胜劣汰，推出我国的名牌专业分析师，使证券分析师工作能得到客观的评价和回报，推进行业整体素质的提高。

2018年9月21日，中国证券业协会官网公布了30家券商《关于退出新财富分析师评选的声明》。声明称："鉴于目前新财富分析师评选活动中出现的负面舆情和不正当竞争行为，严重影响评选活动的严肃性、公平性和专业性，我公司决定退出参加新财富分析师评选，以维护证券分析师职业声誉和行业公信力。"同时，中国证券业协会发声支持证券公司退出有关分析师评选活动。协会称，30家证券公司决定退出参加新财富分析师评选，一些证券公司中以个人名义参评的人员也表示退出评选，协会对相关证券公司主动维护证券分析师职业声誉和行业公信力的做法表示支持并予以点赞。

同期，中国证监会发布了《证券期货经营机构及其工作人员廉洁从业规定》，要求各证券公司落实主体责任，加强对公司工作人员的廉洁从业的监督管理，维护资本市场健康发展。中国证券业协会发布了《关于加强对证券分析师参加有关评选活动的管理的通知》，要求证券公司加强对证券分析师参加评选活动的管理，强化分析师职业道德建设，不断提升证券分析师执业水平，共同维护分析师职业声誉，维护市场公平公正，更好地服务投资者，促进资本市场健康发展。中国证券业协会表示，今后将一如既往地支持、鼓励证券公司自觉抵制存在利益冲突、缺乏公平性的评选活动，共同维护行业利益，同时呼吁有关投票方加强廉洁自律，增强社会责任意识。

至此，业内名气最大的新财富评选活动宣告落幕。新财富评选活动落幕后，分析师的成长相对之前更需依赖真实能力和特色，与新财富排名相比，硬通货色彩淡化，外部诱惑减少，流动率可望降低，将更利于保持其所在机构的团队稳定性和相应的研究特色。

第三节 券商研究业务的定位

证券研究业务在不同的国家或地区有着不同的定位。在大多数经济发达的国家或地区，证券投资咨询业务是指通过对有价证券投资价值的分析判断，以分析报告、报刊、书籍、开办证券投资讲座及其他形式，向他人提供买卖有价证券的建议并由此获取报酬的活动。自从有了证券市场，也就有了证券分析业。

一、海外券商研究业务定位

证券研究业务的承担者是证券分析师。证券分析师必须通过一定的严格考试。证券分析师通常受雇于经纪公司、银行或投资机构，主要任务是对特定证券、公司和行业进行尽职全面的调查，将研究结果形成报告，成为投资建议的依据。不同国家对证券分析师有不同的称呼，并且也在不断变化。证券分析师（Security Analyst）是最广泛应用的称呼，美国现在一般称之为金融分析师（Financial Analyst），在英国或受英国影响较大的地区如新西兰，通常将证券分析师称为投资分析师（Investment Analyst）。近年来，投资专家（Investment Professional）这一称谓也开始被广泛使用，但各种称呼的含义基本都是一致的。

证券研究业务在美国刚出现时，主要涉及有关债券的数据收集，进行债券分析。随着证券市场发展和证券业务扩大，证券研究业务的范围也处于发展扩大之中。现在，证券研究业务已发展成为以研究人员的专业知识和技术参与到广阔的投资决策过程中。事实上，美日等国的注册证券分析师主要分布在证券公司、证券研究所、投资信托公司、投资顾问公司、信托公司、银行和保险公司等不同类型的企业中，而工作于证券公司的证券分析师并不占多数。

海外证券研究业务的工作内容比较广泛，涉及公司需要研究的领域均需要关注。受制于公司实际工作需要，证券分析师要经常提供经营工作必须但研究工作不一定适合的分析成果。一般来说，证券分析师的职责具体可以分为以下三方面：

一是宏观经济与行业分析。通过研究公司所处的宏观和行业环境，以及上市公司自身和其竞争对手内部的经营、管理机制，对公司过去和现在的发展做出判断，同时对公司未来的经营战略和发展状况做出预测。宏观经济与行业分析一般采用定性分析的方法，尽管它对定量分析要求很强的投资决策的指导意义不大，却是以后财务分析和投资分析的出发点，财务分析和投资分析中的许多假设前提，实际上都是宏观经济与行业分析的结果。

二是上市公司财务分析。目的在于利用源于各种渠道的公司财务信息（主要是公布的各种会计资料），通过一定的分析程序和方法，了解和分析公司过去以及现在的经营情况，发现影响公司经营目标实现的因素，以及各因素变动对经营目标实现所起的作用。通过分析各影响因素的变动来判断公司未来的经营情况，从而研究公司股价的未来走向，为与公司有利益关系的内部和外部会计信息使用者提供决策信息。

三是投资分析，就是研究股市行情，估算股票的价格，目的是为股票的买卖提出建议。作为证券行业的分析师，前面的经济分析和财务分析实际上都是为这里的投资分析做准备工作，证券分析师必须通过全面的分析之后对股价的未来走向做出具体判断。在一个理性的股票市场中，股价的实际变动也是对分析师所做工作的最好检验。投资分析是分析师整个工作的最终目标。

二、我国券商研究业务定位

目前,我国券商的证券研究业务分为两个层面:一个是公司层面的证券研究业务,主要为公司内部的经纪、投行、自营、资产管理等业务提供支持和为公司外部的基金公司、社保基金、核心客户、媒体等提供研究分析报告;另一个是营业部层面的证券咨询服务,主要为营业部资金量较大的客户提供买卖证券的分析建议,为中小投资者提供证券资讯服务等。我国券商研究工作的服务对象主要定位于以下五个方面:(1)服务于公司的发展战略规划;(2)服务于公司自身业务部门的研究;(3)服务于外部机构的研究;(4)为公司进行有力的宣传,提高公司的知名度,树立公司的业务品牌;(5)为公司其他业务部门培养、储备和输送骨干人才。

(一)为公司的发展战略规划提供服务

研究部门在长期的研究工作中,对证券市场的运作机制和运行特点有比较深入的了解,对市场政策面的变化及前后的一贯性和逻辑性比较熟悉,对市场运行中存在的问题和市场的发展前景有客观的认识。因此,研究部门有能力为公司管理层制定发展战略和重大经营决策提供可靠、权威的背景分析和可行性研究,为公司发展的整体规划和长期可持续发展奠定扎实的理论基础,并且可以为建立公司的内部控制制度、健全公司的风险防范体系和加强业务监管等提供具有可操作性的框架性建议。

(二)为公司自身业务部门提供服务

1. 研究与经纪业务

券商经纪业务的竞争力很大程度上依赖于公司的研究开发能力。在对经纪业务的支持上,原来的证券研究主要是通过大盘解析、后市研判、板块分析和个股推荐等股评形式来体现。但是随着市场结构的不断复杂、市场运行风险的不断加大和中长线投资理念的逐渐增强,投资者对经纪业务方面的投资咨询提出了更高的要求。因此,券商研究机构现在已经把研究重点逐渐转向提供多元化、全方位的投资咨询服务,包括宏观经济形势分析、行业背景分析、上市公司分析、个股投资价值分析、投资风格的确立、投资策略的选择和投资组合的构建等。

目前，对券商经纪业务产生重大影响并且对券商研发能力提出更高要求的一种客观趋势就是网上证券委托业务的迅速发展。与传统交易方式相比，网上交易具有有效打破时空界限、降低经营成本和收费标准、减少交易环节、加快信息的传递和流动、提高交易效率和资源配置效率等显著优势。在开展网上交易的情况下，原来大券商所具有的资金优势、规模优势将不再突出，而比较竞争优势是重新构筑在很大程度上取决于券商向客户提供高效、优质服务的能力，国外大券商如摩根士丹利正是把传统的研发能力和证券分析优势与低成本的网上交易相结合，来获得比较竞争优势。因此，从根本上来讲，网上交易的发展趋势对券商的研发能力提出了更高的要求，并将成为券商不断拓展经纪业务的主要竞争手段。可见，总体实力雄厚的研究力量将为券商不断拓宽经纪业务范围提供坚实的后盾。

2. 研究与自营业务

自营业务一直是券商重要的利润来源。当二级市场走势强劲时，自营业务利润占到券商利润的50%左右，股市行情比较低迷时该比例也在20%左右。因此券商一般都十分重视自营业务。以前，我国券商自营业务中存在许多违规行为，随着《证券法》和其他配套法规的相继出台，管理部门加大了对券商运作的监管力度。在这种情况下，券商开始转变自身的投资理念，自营业务逐渐变得理性化和规范化，于是券商更加重视对宏观经济、行业背景和公司基本面的研究。

同时，随着证券市场的快速扩张，研发工作对于券商自营业务的指导和参谋作用显得愈来愈重要。现在券商在开展自营业务时已经重视借助于集宏观大势、行业发展前景、上市公司分析为一体的公司价值分析以及经过计算机模拟、以现代投资组合为理论基础的现代投资分析手段，而且随着市场机制的进一步完善，这种趋势将会不断加强。想要制定高超的投资策略并构造科学合理的投资组合，只有拥有大批高素质的现代技术人才的研究开发机构才能胜任。

3. 研究与投资银行业务

在投资银行业务中，随着上市公司数量的增多、股票发行制度的变革及其发行方式的创新，承销商从事承销业务所面临的风险越来越大。在这种情况下，承销商必须对上市公司历年来的经营业绩、财务状况、在本行业中所处的地位、行业发展前景和成长潜力、产业政策、管理水平、募股资金的投向、技术创新能力、产品的技术含量、市场占有率以及目前证券市场发展的态势等诸多方面进行全面、深入的研究，从而为企业策划改制方案，设计股本规模和结构，确定股票发行价格和发行时机，以及维护股票上市后的二级市场形象等提供十分重要的理论依据。

在一级市场竞争日趋激烈的状况下，承销等传统投资银行业务面临严峻的挑战，既有的市场占有份额被不断缩减，承销业务的利润被不断摊薄，券商急需开辟新的业务领域，拓展业务空间，以培育新的利润增长点。于是，投行业务范围由原来单一的承销业务逐步拓展到资产重组、收购兼并、财务顾问、资产证券化、衍生工具的创造与交易等创新型业务以及资产管理、基金管理和战略投资等延伸型业务，从而促使券商的投资银行业务模式由传统型逐渐向现代型转变。这不仅需要有一支高效、精干的投行专业人才队伍，还需要有一支整体素质高、研发力量强大的研究队伍作为其有力的支撑，以提供及时、准确、完整的宏观经济、行业前景和上市公司等方面的研究分析报告。

（三）为外部相关者提供服务

券商研究机构除了为本公司的整体发展规划和领导层的重大经营决策以及其他业务部门提供所需的服务外，现在它作为一个重要的业务部门直接对外提供信息咨询服务，已经越来越受到各大券商的高度重视。它们对外提供的信息服务主要有以下三个方面：（1）为证券投资基金、社保基金、保险资金、投资公司等机构投资者提供各类专题研究报告和投资价值分析报告，开展各种形式的合作与服务；（2）通过专门的研究报告和投资组合建议，为市场上的经纪人和大户提供信息咨询服务；（3）担当三类企业的财务顾问，在企业资产重组、资本运作和战略规划等方面提供有很大参考价值的咨询和指导意见；（4）为地方政府和管理层的决策提供客观、可行的研究服务，以建立公司与政府部门之间密切、融洽的合作关系。券商研究机构只有为这些外部相关者尽力提供个性化的增值服务和特色化的专家服务，才能与它们建立一种长期、密切的战略合作伙伴关系，以实现双赢的目的。

担当地方政府的财务顾问是近年来券商提供社会化智力服务的一项重要工作，其中研究机构处于举足轻重的地位，发挥了至关重要的作用。担当地方政府财务顾问，不仅可以为券商开辟新的业务领域，有利于其拓宽业务范围，拓展业务空间，以培育新的利润增长点，提高总体的市场竞争力，扩大市场占有份额，同时也对券商的整体素质提出了更新、更高的要求，要求其通晓和掌握宏观经济、地方经济、产业经济、城市规划、投资融资学、财税金融政策、产业政策、企业财务会计以及企业管理等理论知识和实务操作技能。这些都需要一支理论功底扎实、实践经验丰富的研究团队来为其提供有力的支撑。

（四）券商进行对外宣传的窗口

绝大多数券商都深刻认识到，树立良好的企业形象和提高自身的知名度有利于极大地促进公司的业务拓展和规模扩张。为此，都希望通过研究部门提供的信息产品（包括有形信息产品和无形信息产品），增加在各类媒介的曝光率，以不断提高公司的声誉和资信，扩大公司的知名度，从而在无形中对券商在业内树立卓越的社会形象起到了重要的宣传推介作用。同时，研究工作本身也是一种业务，只是这项业务对公司所产生的效益和作用在大多数时候不像其他业务部门那么立竿见影。不过，但凡业务都可以创造出品牌，研究工作亦如此。从这个意义上来讲，研究机构通过自身提供的各种研究产品这一主要的信息载体可以为券商直接创造社会效益，间接创造经济效益。因此，从某种角度来看，券商也希望自己的研究部门成为赢得市场竞争优势的一个品牌。因此，券商研究机构的各项研究成果在各种媒体上出现的频率对公司的品牌形象树立起着至关重要的作用，一方面可以扩大公司的声望和知名度，争取更多咨询服务方面的业务机会；另一方面也间接地起到了帮助其他业务部门吸引新客户的作用。这一点对于一些起步较晚、知名度较低的券商来说尤为重要。

（五）为公司的长期发展培养人才

证券业从本质上说是一个知识密集型行业，券商是否具有较强的竞争力和较大的竞争优势，在很大程度取决于它们是否拥有一支高素质的人才队伍。在开展研究工作的过程中，研究人员的理论知识和工作经验不断积累，不但理论功底扎实，知识面宽广，而且在某些研究领域有独特的研究专长。另外，研究部门与具体业务部门的密切配合和相互协作促使研究人员对具体业务的开展，也积累了相当的实践经验和一定的业务操作技能。这样，经过几年的研究实践，研究人员不但可以在继续从事研究工作的过程中不断改善工作质量，提高工作效率，而且还可以转向其他业务部门从事自营、经纪、投资银行和资产管理等工作，特别是从事一些对理论知识和专业素质有较高要求的创新型业务，可以为券商不断开发新的金融衍生产品和风险控制工具，促进公司的金融创新业务在深度和广度上得以不断拓展。这不但有利于为公司培育新的利润增长点，而且有利于为公司其他业务部门源源不断地培养、储备和输送专业人才。所以，券商的研究部门不但是领导层的高级"智囊团"和创新思维的集散地，更是证券业高素质专业人才的培训基地和储备中心。

第四节 组织模式与研究业务独立性

券商研究机构在国内外券商的业务拓展中起到了不可或缺的作用，但不同券商研究机构在组织模式方面存在较大差异。另外，不同的组织模式有可能导致不同的业务独立性。

一、组织模式

从研究机构与母体之间的关系来看，券商研究机构的组织模式可以划分出两大类别：一种是附属型，即作为证券公司内部设立的一个具体业务部门，依附于券商母体，一般称为"综合研究所""研究所""研究开发中心"或"发展研究中心"，以高盛集团、摩根士丹利、德意志银行等为代表的欧美券商将研究机构设为自己内部的部门，从而使其研究能更好地为公司业务部门服务。在证券公司内部设立研究部门，其积极作用是可以较好地发挥研究的协同效应，同时支持一级和二级市场业务，而且公司会给予较为充足的资金支持。这是一种以"以分散化"为特色的组织架构，在这种模式下，研发力量分散于各个业务部门，由各个业务团队分别针对不同地区、不同类型客户组建自己的研究力量，直接为券商的其他业务服务。这种模式的优点是：券商的研发职能与经纪、投资银行、资产管理等其他业务密切联系，充分体现了为客户服务的经营理念，便于券商内部资源的整合与业务创新；研究部门没有利润压力，研究较为客观公正。目前，国内大多数券商的研究部门都属于这种组织形式。但是，这种模式也有致命的弱点，就是投资银行部门、经纪部门以及其他部门试图影响研究部的观点，研究部门也有迎合这些部门需要的偏好。另一种是在组织形式上完全与券商母体相分离的独立型，该券商持有研究所的绝大部分股权，个别小股东的参股比例极低，全称为"研究所有限公司"，一般也简称为"研究所"，申银万国研究所采用了这种组织形式。这种研究机构不仅为券商的有关业务服务，同时也积极开发公司外部的客户。这种独立模式理论上有利于确保研究成果的相对准确、客观、公正，有利于形成研究所的品牌效应。在证券公司的发展初期，各项业务的开展还没有形成一定的规模，实力还比较弱小，没有必要也不可能让研究部门独立出去。只有当证券公司发展到一定程度并获得较大的规模经济效益，特别是形成独有的品牌效应后，才能采用独立型的研究所组织形式。

这一模式的突出优势在于强调证券公司研究部门的外部独立。这种独立的证券研究形式当然有外部独立性增强的积极作用，但是其不足之处也十分明显，就是研究的职能与其他具体的业务职能缺乏协同效益，独立的证券研究部门需要盈利来维持生存，利润驱动将削弱研究部的独立性，特别是一些大型机构客户的定制研究还涉及公平性问题。在我国目前整个行业盛行免费咨询的情况下，投资咨询业务难以找到可行的盈利模式。证券公司、基金公司、财经媒体都可以从事证券咨询活动，但它们并不把证券咨询业务作为主要收入来源（如证券公司主要靠经纪佣金和投行承销费，财经媒体主要靠广告和信息披露收费等），而是作为拓展客户来源、扩大社会影响的手段，因此都对证券咨询实行免费服务，或只对特定客户收费。这样，独立的研究机构很难把研究咨询服务作为主营业务和盈利来源。

这两种证券研究模式孰优孰劣，谁更能带来客观的研究成果，其实并不能一概而论，关键取决于具体的市场环境和风险防范措施的落实程度。目前，证券公司内部的证券研究，更强调为证券公司的承销、经纪等业务服务，为证券基金公司的分仓服务，有的干脆将研究部门对应合并到具体的业务部门，这对于促进证券研究与实际业务的合作可能有参考意义，但是其中可能出现的利益冲突却容易被忽视。

二、研究业务的独立性

无论国内国外，独立性都是研究部门必须直面的问题。研究部门在券商中本身是不赚钱的，券商要能够支持这个研究部门，就必须用别的部门的盈利支持它，因此它也要为别的部门服务。所以从这个角度来说，利益冲突是不可避免的，即使在美国，一个资本市场更加发达同时监管也更加严厉的地方，其实券商的分析师也不能保持完全独立。

（一）分析师的分类

国外学者按照证券分析师研究报告的用途，将证券分析师分为：买方分析师、卖方分析师和独立分析师三类。买方分析师主要是机构投资公司、基金管理公司和对冲基金公司的证券分析师与基金经理，由于其收入取决于其分析报告的准确程度，有充分的激励因素对上市公司作客观的分析。卖方分析师主要是投资银行雇员。投资银行的收入主要来自承销、推销股票或者买卖股票的佣金，因此这些证券分析师有明显的利益冲突。从国际上主要证券公司的内部机构设置看，证券公司的投行部需要面对上市公司争取承销等投行业务，而研究部原则上应当为投资者的利益服务。与此形成对照的是，基金管理公司内部的研究则是为"买"服务的，内部出现利益冲突的地方相对要少一些。

独立分析师不依附于有利害关系者，与证券承销商等没有任何关系，其收入主要靠出售自己的报告和分析而得。摩根士丹利亚太区前首席经济分析师谢国忠便是中国知名的独立分析师。目前国内出现了一支新的独立分析师——山寨分析师，他们没有较高的知名度，完全依靠自己的力量做调查研究，撰写研究报告。全国人大常委会前副委员长成思危就表示，对资本市场的监管不能只靠监管部门，也要靠群众，他非常赞成山寨分析师作为独立的民间力量出现。

一般认为，证券研究业务的利益冲突的主要来源有四种：一是券商内部压力；二是机构投资者压力；三是上市公司压力；四是个人利益，分析师个人持有或其利益共同体持有被研究公司的股票，其就有动机发布不公正的报告误导投资者。第四种压力较为公众熟悉，以下主要介绍前三个方面的利益冲突何以影响研究机构的独立性。

（二）券商内部的压力

研究部门是证券公司内部的一个部门，在保护投资者利益与顺从证券公司高层意见之间出现冲突时，理性的研究人员做出投资建议时就不得不从公司的利益出发，即研究人员通常都会基于个人利益而向市场发布符合证券公司利益的投资建议。作为公司的雇员之一，是否能够为公司创造价值，直接影响其收入的获取和职位的升迁，要求研究人员不顾券商自己的利益独立地为投资者利益服务是相当不容易的。综合性券商的业务涵盖了经纪、承销、自营等三大传统业务和其他多项业务，而证券分析师及其研究报告或多或少地都与这些业务相关。

首先，在经纪业务方面，证券公司为投资者在证券二级市场上买卖证券，然后按照成交金额的一定比例收取佣金。为了帮助公司获得更多的佣金收入，理性的分析师通常都会写乐观的报告，提供"买"的建议，因为这样做不仅能够增加市场交易的数量，而且还能够提高成交金额，而如果分析师提供"卖"的建议则很难产生这样好的效果。

其次，在自营业务方面，综合类证券公司是以一个普通投资者的身份参与市场交易的，这样他们就有可能会为了自身的利益而通过分析师的口向其他投资者传递具有误导性的信息。美国证券交易委员会的调查报告显示，一些从事自营业务的证券公司在二级市场上进行操作时，往往不同于公司分析师所提供的投资建议，他们通常会在公司的分析师向市场发出"买"的投资建议拉高股价时，大量抛售所推荐的股票，从中获取高额利润，这在证券公司持有上市公司的原始股票而"锁定期"即将结束时尤为显著。

最后，投资银行业务被认为是影响证券分析师独立性最为重要的方面。在公司投行部进行首次公开发行、私募和二次发行的尽职调查时，往往需要内部证券分析师参与其中来评估会计标准，审查公司政策（包括市值、管理薪酬、红利政策和扩展计划等）。为了得到最高的股票发行价格，上市公司希望分析师对其股票做出最好的评价，因此吹捧程度最高的分析师所在的证券公司最有可能得到投行业务，所以投资银行部门在很大程度上决定分析师的薪酬。另外，许多分析师在许多公司未上市前就持有该公司股票，待公司股票上市后，便发表关于该公司的乐观的研究报告。

（三）机构投资者的压力

机构客户是证券公司所承销股票的主要购买者，同时机构客户巨大的股票交易量所产生的佣金收入也是证券公司经纪业务收入的主要来源，因此证券公司可能由于担心失去机构投资者的业务而不允许分析师发布影响机构投资者证券组合的负面报告。比如基金的分仓业务是券商相对稳定的收入来源，按照基金分仓的操作，基金公司要从多家券商租用交易席位，基金按照交易额向券商缴纳千分之一左右的佣金。为了获得更多基金分仓的佣金，证券分析师不敢调低基金持有股票的评级。基金要取得超额收益，需要不断买入的理由，为了迎合基金，分析师在寻找买入理由方面可谓殚精竭虑。那些买入评级最坚决、理由最充分的分析师，往往会受基金经理的欢迎。在美国，《机构投资者》等媒体每年都要让机构投资者按行业给卖方分析师评级，并根据分析师的名次给经纪公司评级，这可能是影响分析师薪酬和职业前景的最重要的外部因素。这就使得机构客户在与证券公司博弈的过程中往往处于优势地位。

（四）上市公司的压力

证券分析师工作的一个重要方面是经常与被研究公司的管理层沟通以获得有价

值的信息。因此,分析师不可避免地需要和公司管理层合作,否则就会失去和公司管理层交流的机会。来自公司管理层的压力通常是卖方分析师发布乐观研究报告的一个重要因素。管理层可能会对分析师施加压力,要求他们发表有利该公司的研究报告,发表不利报告的分析师可能将不再受欢迎。如果给了卖出或减持的评级,就很难再去和管理层交流,再去调研也会变得困难,这样就有可能在圈内被逐渐边缘化。此外,如果证券分析师个人拥有被研究公司的股票,他们就有动机发表乐观的投资建议并从中受益。

三、增强券商研究部门的独立性

从目前的发展趋势看,独立于证券公司的研究公司在世界范围内还难以成为证券研究的主流。在这种情形下,如何提高证券公司内部研究部门的运行制度和效率,如何加强外部监管,成为改进证券公司研究独立性的关键所在。比如为了增强券商研究机构的独立性,美国在2002年出台了《索克斯法案》,对证券分析师的利益冲突作了专章的规定。这些规定主要涉及两个方面:一是强化对证券分析师的保护,以保证其免受来自投资银行的压力,维护其独立性;二是加强对证券分析师利益冲突的披露,使分析师处于市场的监督之下。在管理上也加强了证券研究部门的合规性审查,要求所有的研究报告和评级变更在发布之前都要接受主管分析师或部门评级委员会的审核;严格限制研究部门和投行部门的信息交流。结合我国目前证券行业的具体情况来,我们应该在以下方面做出改进:

第一,强化研究部门与业务部门的"中国墙(Chinese Wall)"制度。在美国,为了防止内幕交易,监管机构规定各大投行应在投行、经纪和研究部门之间设置杜绝信息交往的"中国墙"。在证券公司内部,由于研究咨询部门与经纪、投行、自营等业务部门没有实现有效隔离,严重损害了证券分析师的独立性。如许多证券公司存在由投行部门给研究员发奖金,研究员要配合自营业务发报告,由上市公司审阅研究报告的现象。分析师独立性不强,容易受证券公司、基金客户和上市公司等利益群体的影响,其中固然有上市公司信息披露机制和基金投研制度不健全的原因,但关键还是在于证券公司内部没有建立有效的业务隔离制度。

第二,要改善研究部门的激励制度,从制度上禁止证券公司内部研究部门分析师的报酬与投行的业务挂钩。研究部门与券商内部其他部门在办公场所、人员、薪酬考核制度、管理体制等方面要保持相对独立,分析师的薪酬和研究部门的经费应以投资建议是否客观准确为考核标准,不应与特定投行、自营、资产管理等业务收入挂钩。

第三,及时披露利益冲突。研究咨询人员在公布研究报告的同时,要如实披露已知的和应知的利益冲突事项,包括所在证券公司与研究对象的关系,证券公司和研究咨询人员是否拥有研究对象股票等情况。证券公司研究部门只能利用公开信息研究,不能依靠投资银行等部门的内部信息。证券研究部门尝试将能够标准化的研究流程(如数据的收集和整理等研究的前期准备工作),与分析师真正创造价值的研究工作相分离。前者实现流程化甚至直接向独立研究机构或数据供应商购买,后者则根据客户的偏好提供个性化和订制化服务,实现研究的价值创造。

总之,为了保证券商研究业务和证券分析师的独立性,需要多管齐下。监管部门需进一步完善"证监会管机构、协会管人"的监管体制,制止证券分析师在不同机构之间无序流动。行业协会要制定相关业务指引和投资咨询服务合同范本,建立权威、公正的证券分析师评价制度,防止基金公司、财经媒体、社会利益团体的不良干预和影响。

第五节 券商研究部门的发展方向

经过多年发展,我国证券市场呈现出投资者结构机构化、投资品种多元化、交易方式网络化、投资运作规范化等特点,市场特点的变化给券商研究部门带来了巨大的机遇与挑战,并促使其职能、体制和发展方向产生根本性转变。

一、券商研究部门组织模式的转型

券商研究部门的组织模式大致可分为:独立于母体券商存在的研究机构和依附母体券商存在的研究机构部门两大类。而依附母体券商存在的研究部门又可细分为两种不同组织管理模式,一种是高度集中的体制,另一种是研究人员分散于各个业务部门的管理体制。这两种组织模式广泛存在于国内外券商的研究部门,且各有千秋。但无论采用何种模式,在网络信息时代,都应使组织结构"扁平化",剔除不必要的管理层级,最好直接隶属于总裁室。这样有利于指令与信息快捷的流动,以适应快速变化的证券市场,更好地为公司服务。

假如自身条件成熟、市场环境允许、符合公司整体发展战略,如国内的申银万国、日本的野村证券,其研究机构的独立运作可谓水到渠成。但是组织内任何一部门一般会过高估计自身多方面的能力和作用,忽略本部门的成功也有赖于其他部门的强大支持,因此大力谋求和推动研发部门的独立化市场化运作。如果按照有偏差的评估和判断采取行动,很难带来预想的理想效果。根据我国目前证券市场发展所处的阶段和各家券商的发展现状,证券研究机构宜采取相对集中的集团管理构架模式,即以"野村模式"为主,以"客户经理模式"为辅,通过吸收"客户经理模式"的优点来弥补目前国内券商普遍采用的"野村模式"的不足之处,这样可以使两种研究模式有机结合,兼收并蓄,相互促进。按照这种设计思路,券商可以统一设立证券研究所,将整个公司的主要研究力量集中于研究所总部,同时根据具体情况在其他主要中心城市有针对性地保留部分研究力量(例如目前的海通证券、国泰君安等就是这种做法),各地在研究业务上实施不同的重点倾斜,有所侧重,以发挥它们独特的地域信息优势,这可以促使各地研究部门实现优势互补和资源信息共享。这种集团管理构架模式不仅能在一定程度上综合目前分散模式与高度集中模式的优势,而且有利于促进券商研究机构的持续、平稳、健康发展。理论和实践告诉我们,中国证券公司研究机构的职能定位不可能只有单一的思路,必须根据各公司整体的发展思路和研究机构本身的状况酌情制定。

二、研究部门定位的转型

由于受市场影响较小,券商们每年对百亿元分仓佣金激烈角逐。尤其是部分中小券商,在经纪业务等方面难与大型券商一较高下,因此对分仓佣金收入格外重视。对于这部分收入,一些中小券商已经大有赶超大型券商之势。券商从公募基金方面获得的分仓佣金规模相当可观,平均每年收入约有百亿元左右。根据 Wind 数据统计,2014~2017 年,券商每年从公募基金方面获得的分仓佣金收入分别为 53.88 亿元、123.34 亿元、74.45 亿元和 72.49 亿元。以 2018 年上半年为例,在 96 家为公募基金提供服务的券商中,长江证券一举拔得头筹,以 2.16 亿元的分仓佣金收入力压龙头券商中信证券。广发证券和招商证券位居其后。一些中小券商如财通证券、太平洋、大同证券、西部证券、国盛证券、万和证券、东方财富证券等,其上半年分仓收入同比增长均超过 100%。而中信证券、申万宏源证券、广发证券等知名大型券商，在该业务上的收入增长则较少，均在20%以下。以投研实力著称的中金公司，其分仓佣金收入为1.35亿元，增幅仅为20%，排在前十名之外。研究实力和服务水平已经成为券商争夺市场份额的核心要素。

2018年中报公募基金券商佣金排序见表11-3。

表11-3　　　　　　　　2018年中报公募基金券商佣金排序

排序	券商名称	交易佣金（亿元）	股票交易量（亿元）
1	长江证券	2.253	2 610.09
2	中信证券	2.218	2 656.57
3	广发证券	1.947	2 328.56
4	招商证券	1.772	2 064.61
5	天风证券	1.590	1 921.73
6	海通证券	1.586	1 821.25
7	兴业证券	1.506	1 753.08
8	光大证券	1.504	1 745.22
9	中信建投	1.466	1 693.33
10	申银万国	1.429	1 684.78
11	国泰君安	1.413	1 620.09
12	东方证券	1.395	1 644.48
13	中泰证券	1.392	1 646.28
14	中金公司	1.229	1 588.98
15	方正证券	1.184	1 414.84
16	安信证券	1.147	1 374.35
17	国信证券	1.099	1 294.61
18	华泰证券	1.095	1 380.36
19	银河证券	1.032	1 198.98
20	国金证券	0.987	1 227.04

券商研究部门的服务对象与其定位有着密切的关系。如果研究部门定位于为公司的目标市场谋求领先地位提供全方位服务，那么它的服务对象就不仅限于公司及其各个业务部门，还应包括目标市场中公司已有的或潜在的客户（如基金、上市公司、非上市公司、投资者等）和相关政府部门等。目前，将公司有限的人力、物力集中于某一或几个细分市场，谋求目标市场领先地位的差异化战略，已成为国内大

多数券商首选的发展战略之一。在日益壮大的证券市场中，即使是海外大型券商也不可能将其业务触角延伸至市场每一个角落，更何况无论是规模实力还是管理能力都尚处发展阶段的国内券商。研究部门必须适应公司的战略调整，将其市场定位与公司战略目标保持一致，在把握个市场动态的同时，将研究重点放在公司着力拓展的目标市场，力求在该领域的研究水平领先于同行，并通过研究成果的品牌效应为公司的业务拓展提供全方位的服务，为公司在该市场获得垄断地位夯实基础。

目前，不少券商研究所对自身定位并不明晰，多数券商研究所都定位于在卖方市场发展，力图从机构分仓中分一杯羹。在卖方主导思维下，券商研究部门总是希望其研究领域尽可能多地覆盖行业和上市公司，以彰显自身研究实力，但在人力配备和研究支持的投入上却难以跟上。

券商研究机构应该寻求差异化发展路径，不应该全部定位于卖方参与全面竞争。比如，一些券商可以只选择某些细分行业进行研究，或集中精力研究好本地区域公司，集中精力做成这一行业的研究专家，只出具这一相关行业的研究报告。有特色的精细化服务是值得提倡的研究方向。比如国泰君安根据市场需求，较早成立行业公司部、市场研究部，到针对QFII提供英文报告、因应IPO成立新股研究小组，现在客户对象包括基金、保险资产管理公司、社保基金等机构。针对不同的客户需求，组织人力进行精细化的研究，针对不同类型与风险偏好的客户，提供符合他们需求的、有操作性的组合投资方案，而不是狂躁地修订评级来赚取佣金。

三、研究方向的转型

研究部门作为证券公司的附属研究机构，有别于国家研究机构和高等院校等社会其他研究力量，应以为公司营利为目的，紧扣经济发展趋势、公司目标市场及其各项业务发展这个主题，为公司提供可操作的、创新的研究成果。从这个意义上看，研究部门未来一段时间可以根据公司战略目标在以下几个重大方向进行突破性研究：

一是公司战略研究和内部控制研究。其中，战略研究包括目标市场与业务的选择、竞争策略的选择、与外资券商合作策略、新建分支机构选址、新业务可行性论证等；内部控制研究包括公司内控制度和机制的健全与完善、风险测量技术与方法的研究与应用等。在全球化背景下，券商面临的竞争与风险日益加大，作为券商的附属研究机构，研究部门有责任为公司迎接国际化竞争，为防范与化解风险出谋划策。

二是证券市场宏观政策与资本市场研究。中国证券市场作为一个新兴市场，制度创新与变迁是左右市场整体走势和券商经营环境的主要因素。因此,将宏观政策研究作为一个主要研究方向,强化对国内证券市场制度创新方面的研究,可以依据制度变迁路径,把握政策走向,为券商在未来制度变迁过程中抢占先机和谋求制度创新所带来的利益。宏观经济运行态势的分析包括各种物价指数走势研究,货币政策工具运用的趋势分析,资本市场传导当前经济政策的路径和程度研究,资本市场与房地产市场、外汇市场互动关系研究,证券价格波动对实体经济影响程度和影响机制研究,跟踪国际金融市场的发展动态的研究。对证券行业改革发展的研究,包括证券公司资本监管体系研究、证券行业压力测试研究、投资者适当性制度研究、业务评价研究。

三是行业与公司研究。它的服务对象主要是自营、资产管理、投行业务等公司部门和机构投资者。随着市场日益成熟与规范,上市公司的股份越来越体现其实际价值,以往只依靠信息和资金优势即可战胜市场的自营模式已不复存在,券商自营业务将越来越依赖于对行业的研究和公司分析。此外,发行核准制使得投行部门承担发行风险骤然增大,要求投行部门必须对发行人的行业前景、经营业绩、财务状况等有清醒的认识和明确的判断,在判定企业真正价值的基础上制订发行价格和发行方案。这使得投行部门对研究部门的行业公司研究产生前所未有的依赖性。

四是投资策略和投资机会研究。其主要服务对象是经纪业务部门和公司已有或潜在客户(包括机构投资者和散户投资者)。现阶段,佣金收入仍是证券公司主要收入来源,各项业务服从和服务于佣金收入是当前乃至今后一段时期的主流业态和价值取向。依靠对内研究服务稳定现有经纪客户,通过卖方研究业务争取基金的佣金分仓,组合个性化研究服务多品种的增值经纪业务,正在成为券商研究业务的三个发展方向。证券研究应成为证券内在价值的发现者,通过原创性研究以及相应的基础建设和制度安排管理好证券的价格预期;不断优化证券研究品牌,形成市场公信力和定价话语权,成为市场价格形成的引导者。而研究部门应将分析师们的研究报告销售出去,让更多的机构购买这些研究报告,并且可以根据这些研究报告获得投资收益。比如从2005年初开始,中信证券成立了销售交易部,让优秀而专业的销售人员将优秀的研究成功推销出去,让分析师把精力放在研究上,并通过专业化的服务抓住市场。

四、研究人员的素质要求

证券研究工作是构成券商核心竞争力的关键要素。网络技术的发展改变了研究成果发布形式,加之国内证券市场正朝着多层资助、多品种的立体化市场结构发展,研究部门和研究人员都必须对自己的目标市场进行细化,针对不同客户的需求,提供个性化的产品,使之边际收益最大化,这也迫使研究人员更趋于专业化和高级化。为适应这个发展趋势,券商应调整对研究人员的要求、选拔以及绩效考核等指标。第一,不要求研究人员成为通晓整个证券市场的"全才",但必须是其所研究领域的"专才",对其研究领域的每个变化都能够做出一定的反应,将原有的研究人员选拔机制中只重学历的选材指标转变为"学历与背景并重";第二,研究人员应更广泛地接触客户资源,更全面地把握商业动态,更全面地培养综合业务能力。以独立的姿态参与到投行项目之中去,投行项目的利润率高于二级市场,而且投行项目本身就是一次最深入的研究过程,有利于研究人员贴近市场,培养创新服务的意识和能力,只有这样,研究人员才更能被市场认可,为券商的销售交易部门找到研究盈利的销售基础。

五、研究机构的管理转型

券商研究机构在找准自身定位的基础上加强内部管理,特别是要建立有效的内部激励机制。作为生产知识产品的单位,研究机构最核心的资产应该是基于研究能力基础上的品牌和声誉等无形资产,而无形资产的创造能力最终要归结为研究人员的动力和能力。早期很多营业部的分析师研究股票的行情走势,是为营业部赚取佣金。后来庄家盛行,券商的研究是为内部服务。近几年来,为了抢占更多的经纪份额,国内各大券商的研究所都在积极进行业务转型。从2008年起,不少券商研究机构转型为以卖方服务为导向的业务模式,而在此之前则主要针对公司内部的经纪、投行、自营部门提供服务。内部的动态考核指标也向卖方靠近,主要包括派点(基金投研部门和基金经理的打分)、分仓贡献、外部排名等,都以机构客户的评价为主或者靠各个部门打分,却不能利用研究创造的商业价值来进行考评。从发展趋势来看,证券研究应该真正将研究跟商业价值挂钩,这样分析师的研究水平才可能有效提升。激励研究人员提供高质量咨询产品的关键在于明晰研究人员对于咨询产品和其他知识产品的知识产权,只有当劳动创造的收益可以最大可能地内部化时,研究人员才会尽力创造个性化的高附加值产品,才能够找到知识创造的数量和质量的最佳均衡,也只有在研发人员知识产权明晰的条件下,咨询产品的合理化定价才有基础。此外,有关管理部门也应该竭力创造有利于培养研究机构和研发人员品牌意识的外部环境,如证券业协会可以分别制定券商研究机构和研究人员分业务的和综合的评价标准,并定期进行公布,以推动研究价值的市场发现过程。

案例　　　　　　　　海外投行的研究模式

海外投行的证券投资研究业务都有一套完整的运作体系与流程,以保证该项业务的稳健发展。海外投行业务多元化的经营模式使得其业务涵盖了证券经纪、证券承销、证券自营三大传统业务和资产管理、兼并收购、财务顾问、风险投资等衍生业务,而证券研究及研究报告或多或少、或直接或间接地都与这些业务相关,证券分析师的研究报告不仅对外发布,同样也供内部使用。在2008年金融危机中,美国投行业遭受重创,雷曼兄弟破产,贝尔斯登、美林证券也被收购。由于美林证券建立了世界上最为完善的投行业务运作模式,我们这里仍以美林证券为窗口,考察海外投行的研究业务模式。

一、整体业务流程

一个完整的投资咨询过程离不开证券经纪人。证券经纪人是研究部门和客户之间的中间人,他们是美国金融市场上最活跃、最前沿的一个群体。美林证券实施FA经纪人制度,FA是客户开发与维护的核心,其主要职能在于"市场营销",即对客户的开发和维护,了解客户的基本情况,如教育背景、职业、收入状况、风险收益的预期和偏好等。同时对他们进行全方位的服务,从开户、资金转账、信息咨询等基础服务,到定期为客户提供财务计划书、投资组合建议等。在签订服务合约后,FA就将客户的资产直接交给下一个环节——相对独立的基金经理(Money Manager),他们的角色是真正的财务顾问,负责根据市场的变化调整客户的资产结构,帮助客户规避风险,实现收益。此外,FA也可以选择公司外部的基金经理。基金经理受FA监督,如果FA认为其盈利业绩欠佳,有权提出调换基金经理。

在FA和基金经理背后,是美林的核心竞争力所在——研究部门和财富管理平台,它们是美林经纪业务的强大后台支持。研究部门负责金融信息的收集整理、行业公司研究、金融产品创新等工作,这些研究成果都被输入到财富管理平台,FA可以通过财富管理平台查询到所有股票的信用评级。客户自己也可以通过财富管理平台的客户端查询权限内的信息。FA为客户提供的投资组合建议和财务计划书等,也由财富管理平台自动生成或由研究部门提供。

二、外部业务流程

美国的证券经纪人除了承担代理交易和产品营销这两个传统任务之外,还担任客户服务、投资咨询、投资管理等多种职能中的一个或多个角色，从提供通道到集销售、理财等于一身，实现了为投资者提供"从摇篮到坟墓"的全部金融服务，其人员构成包括了理财师、金融顾问、投资代表，以及独立开展业务的理财顾问等。以证券经纪人制度较为完善且颇具规模和特色的美林证券为例，美林证券的经纪人根据客户需要，分发和销售研究报告，定期帮助客户复核其投资组合和投资计划，并适时进行调整，保证客户的投资组合、投资计划与投资目标保持一致。财务计划书的制作以及金融信息的资料来源和提供投资组合建议等都由美林证券的信息支持平台提供。美林证券的投资建议决策服务运作体系相当完善，整个流程大体可分为四个步骤：

第一步，设立目标：理财顾问与客户通力合作，根据客户财务状况和偏好，制定并按优先次序排列出客户的短期目标和长期目标；

第二步，制订方案：一旦投资目标、风险承受度、投资期限得以确认，理财顾问会反馈客户需求至公司的研究专业团队，随后根据公司研究专业团队提供的系列投资组合产品，制定出与客户投资目标方向一致的资产配置策略；

第三步，实施方案：这一阶段，理财顾问会依据已制定的资产配置策略，向客户提出专业化的投资建议和方案；

第四步，检查进度：理财顾问将定期与客户会面，讨论客户的投资目标、投资策略、投资业绩，进而确定客户能否持续达成财务目标，如有需要，会结合相关的投资分析报告做出相应的调整。

美林证券的外部业务流程见图11-1。

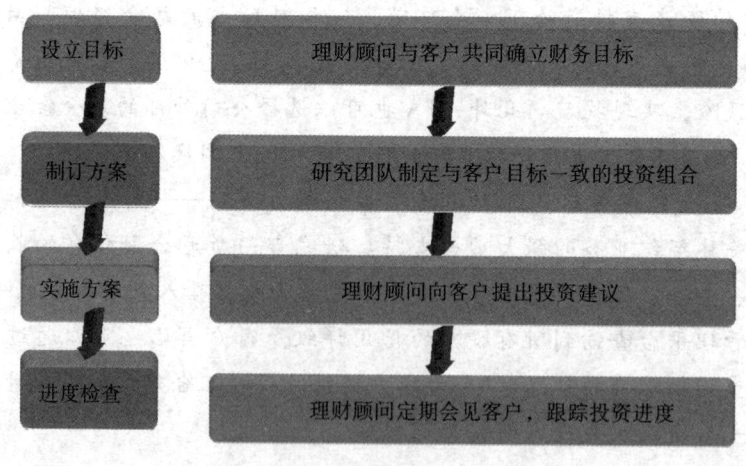

图11-1　外部业务流程

在美林证券，证券经纪人制度成功的关键正是得益于这些财务顾问团队背后强大的研究团队。美林的财务顾问只需通过信息支持平台系统输入客户的相关资料，客户的财务计划书即可在短时间内由总部研究部门制作完成；金融信息资料也由总部的研究机构收集制作，并建立信息平台，通过信息支持平台系统传递给财务顾问。通过财务顾问和客户的直接沟通以及跟踪反馈来实现对客户的投资咨询服务。此外，互联网信息技术的飞速发展，极大地改变了传统证券业务的经营模式，也为研究成果向投资者的转化开辟了一条新的有效途径。

三、内部研究流程

在接受客户的咨询委托之后，投行研究人员便通过证券研究为客户提供投资方案。境外券商的研发活动，是建立在规模庞大的分析师研发团队基础之上的。仅以美林证券的全球研发中心为例，仅股票研究就在20个国家雇用了500名以上的分析师，在总部则有700多名研究人员。庞大的研发队伍，使得这些境外知名券商可以利用规模经济优势来不断细化研究领域，以实现"精耕细作"。

证券研究简单分为基础理论研究、行业发展研究、满足各类投资者需求的能够创造商业价值的商业研究。在研究方法上，以基本面分析为基础，实地调研并取得第一手资料，突出价值分析与数量分析的重要性，股利折现、资本资产定价、期权定价等经典金融资产定价模型在境外券商的研究中被广泛运用。强调财务模型和估值模型等数量化分析手段，注重实证研究及投资组合的构造，研究范围从单个上市公司到整个世界经济的运行。一些实力雄厚的境外大券商，还密切保持与高校等学术机构的合作，共同开发最前沿的研究方法，并充分运用到日常的研究活动中。例如，摩根士丹利的李·莫迪利安尼（Leah Modigliani）和她的祖父、诺贝尔经济学奖获得者弗兰克·莫迪利安尼（Franco Modigliani），曾共同开发了一个经改进的夏普测度指标，即M2测度，该指标后来被广泛用于投资组合业绩的测量。以某海外券商为例，一个典型的研究过程包括了宏观分析、产业分析、公司分析、财务分析和估值分析（见图11-2）。

对于不同海外券商，其研发部门的定位和重点有所不同。有的券商侧重于理论研究，以此为公司打造知名度和美誉度；有的券商侧重于具体业务研究，为业务部门提供支持；有的券商则更多为基金及其他社会机构投资者提供服务。从研究重点来讲，有的券商以行业研究为主，有的以地域分类研究为主，有的以某一专业领域为主。例如，高盛以行业研究为主；美林证券侧重于金融衍生工具的研究，以研究工具软件和及时的研究报告为客户提供增值服务；德意志银行更注重全球市场的研

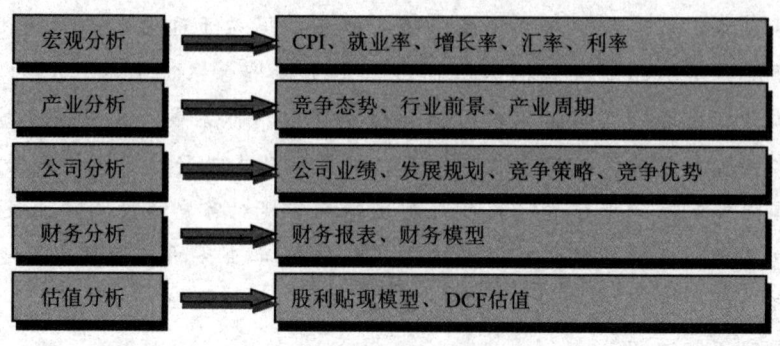

图 11-2 内部研究流程

究，注重地区专家的作用，建立了世界各国的信息资料库；野村研究顾问公司更有特色，对非上市的私有公司的研究已有了几十年的历史，形成了在该领域内的优势；摩根士丹利则在综合研究的基础上，单独设立了"标准普尔研究"。鲜明的研究定位，使得境外券商能够充分发挥自身优势，形成自己的研究特色和研究品牌，也勇于尝试开创性的研究。

第六节 结论：研究创造价值

一直以来，研究工作在国内大部分证券公司中的地位较为微妙。从理论上讲，如何强调它的重要性都不为过。但在实际工作中，即使没有任何研究工作，公司也能照常运作，并且在短时期内基本不会造成十分明显的损失。为什么会出现这样一种奇怪现象呢？看起来好像是研究部门的定位问题，但实际上反映出的是证券研究是否进入业务流程的问题，这是关系到券商能否真正实现转型和发展的问题。

在市场转型与券商转型过程中，"研究创造价值"的理念得到了充分的认知。券商要获得发展，关键还是组织创新，让证券研究进入业务流程，适应券商向现代金融企业转型且进入业务流程的变革趋势，同时研究部门本身也必须改革。在这一转型过程中，研究的基础与核心地位日益凸显，并且逐渐成为业务发展的原动力。研究的核心枢纽和发动机职能主要体现在以下几个方面：首先，在参谋决策系统中，以券商发展研究来构造公司发展战略，引导公司内部资源优化配置，同时以研究为基础的风险控制增加了公司内控和风险管理的科学性，而金融创新研究则开辟了证券公司新的盈利增长点。其次，在业务运行职能中，研究将通过营销体系全面渗透到各项经营业务中去，一方面让研究成为各项业务发展的基础，发挥其前瞻性、协同性和渗透性的作用；另一方面，有效需求和业务流程也能充分拉动研究质量的提高。

证券市场已经进入了研究创造深度价值的时代，研究变革和让研究进入业务流程将成为证券公司能否成功转型的关键之一。证券业内，卖方研究集中度提升；少数大券商包揽大而全的卖方研究；中小券商凭特色深度研究立足，无特色的中小券商逐步退出卖方研究市场。证券业外，独立研究机构崛起，更多承担特色、细分、个性深度研究；金融科技及信息服务企业，包揽了更多浅显的阅读报告；更多的实体企业设立了研究部门；越来越多的卖方研究员流向买方投资、独立研究、第三方财富、企业集团等机构。券商研究未来的服务对象需顺应金融行业由以批发式运作为主导向以零售为主导转变，更多地扩展到服务于零售型财富管理和差异化信用管理业务，更多地接触到各类金融机构的中高端个人客户和中小企业，向精深研究、特色研究转型。

第十二章
兼并收购

第一节 企业并购的概念与类型

一、企业并购的概念

（一）企业并购的一般解释

企业并购通常被称为"M & A"，即"Merger & Acquisition"的缩写。根据《不列颠百科全书》的解释，企业兼并是指两家或更多的独立的企业、公司合并组成一家企业，通常由一家占优势的公司吸收一家或更多的公司。

1. 兼并的方法

（1）可用现金或证券购买其他公司的资产；

（2）购买其他公司的股份或股票，对其他公司股东发行新股票以换取其所持有的股权，从而取得其他公司的资产和负债。

2. 兼并的形式

（1）横向兼并，双方公司为同一市场生产相同产品；

（2）扩大市场的兼并，被兼并公司为不同市场生产相同的产品；

（3）纵向兼并，被兼并的公司成为兼并公司的供应者或消费者。

按照国际惯例，企业并购一般指的是企业通过收购债权、控股、直接出资、出股购买等手段取得其他企业的所有权、经营权，使其失去法人资格（将其吞并），或者改变其法人实体行为（使其成为本企业的分支机构）。西方国家经济发展的经验表明，以产权转让为内容，以获取资本控制权为目的的兼并与收购活动，是一种正常的市场行为；在市场经济中的企业兼并是企业变更和终止的方式之一，是企业竞争优胜劣汰的正常现象，也是市场经济高度发展的产物。马克思在《资本论》和其他著作中，尽管没有使用企业兼并和收购一词，但从马克思的企业理论、资源配置理论、平均利润率理论中可以看出，他实际上已讨论了企业的兼并问题，探讨了资本主义体系下企业兼并行为发生的原因和机制，论述企业兼并行为的后果及其对资本主义的社会震动。可见，企业兼并是社会化大生产和资本追逐利润的产物，竞争和资本集中是企业兼并的外在动因和后果，企业兼并的实质是社会资源在各部门之间和各企业之间的再分配和流动，企业兼并的实现要以资本的流动性为条件，即资本要能够采用一定形式从一个用途转移到另一个用途上来。

兼并与收购不仅在宏观上起到加速资本集中、优化资源配置的积极作用，而且在微观上具有获取规模效益、增强企业竞争力、强化优势企业发展、提高企业资本价值的功能，目前已成为资本运营的一种重要方式。企业兼并是指在市场竞争机制的作用下，被兼并企业将企业产权有偿让渡给兼并企业，兼并企业实现资产一体化，同时取消被兼并企业法人资格的一种经济行为。这种经济行为属于市场经济中的产权转让机制，其活动主体是财产独立或相对独立的企业法人，是以产权转让为基本标志的。这种行为的根本点在于，兼并有利于优势企业迅速集中资产，实现资产一体化，达到最佳生产规模，从而有利于企业长远发展及在竞争中占据更有利的位置，其基本点在于并吞或吸收其他企业法人的资产，从而实现产权转移。

（二）企业并购的几个相关概念

在西方公司法中，"企业兼并"属于合并的一种，西方公司法把企业合并分成吸收合并、创立合并、购受控股权益三种形式。吸收合并是指两家或两家以上的公司合并，其中一家公司因吸收（兼并）了其他公司而成为存续公司的合并形式。创立合并是指两个或两个以上的公司通过合并同时消失，在新基础上形成一个新的公司，这个公司称新设公司。所谓购受控股权益，是指一家企业购受另一家企业时达到控股百分比股份的一种合并形式。收购有纯粹意义上的收购（Take Over），有公开收购要约或标购（Tender Offer），也有获得特定财产所有权的行为（Acquisition）。下面列举出与企业并购相关的一系列概念。

强制性合并（Amalgamation）：指一外部势力（比如投资银行）将两个或更多的公司合并为一个实体。

管理收购（Management Buy-out）：指企业现有的管理人员通过购买企业现有股东手中的股票而获得企业的所有权。

杠杆发购（Leverage Buy-out）：它的实质在于举债收购，即通过信贷融通资本，运用财务杠杆加大负债比例，比较少股本投入融得数倍资金，对企业进行收购、重组，并以所收购、重组企业未来的利润和现金流偿还负债。

战略规划（Strategic Plan）：这种规划详细规定了一公司想要在市场上做什么以及怎样去做。

投资（Investment）：指以资本、财务或劳务，直接或间接投入某种企业的经营，而企图获得预期的报酬的行为。企业可以两种形式进行投资：一种是投资创建新企业；另一种就是收购与兼并现有企业。所以，兼并与收购也是企业投资的一种形式。

一体化（Integration）：企业一体化是指若干个企业的内部资源，包括资产、人事、财务、管理等方面逐渐融合的过程。

接管（Take-over）：是一个公司对另一个公司所采取的控股活动，使一个公司变成另一个公司的附属，接管后形成新的"母子"关系。

标购（Tender Offer）：一公司向另一公司的股东提出按一定价格收购其所持股票的建议，其目的在于迅速购足一定量的股票，从而实现兼并与收购。

兼并与收购的区别是：（1）在兼并中，被合并企业作为法人实体不复存在；而在收购中，被收购企业可仍以法人实体存在，其产权可以是部分转让。（2）兼并后，兼并企业成为被兼并企业新的所有者和债权债务的承担者，是资产、债权、债务的一同转换；而在收购中，收购企业是被收购企业的新股东，以收购出资的股本为限承担被收购企业的风险。（3）兼并多发生在被兼并企业财务状况不佳、生产经营停滞之时，兼并后一般需要调整其生产经营，重新组合其资产；而收购一般发生在企业正常生产经营状态，产权流动比较平和。

由于在运作中它们的联系远远超过其区别，因此兼并、合并与收购常作为同义词一起使用，统称为"购并"或"并购"，泛指在市场机制作用下企业为了获得其他企业的控制权而进行的产权交易活动。在以后的讨论中我们把并购的一方称为"买方"或并购企业，被并购一方称为"卖方"或目标企业。

二、企业并购的类型

企业并购的形式多种多样，按照不同的分类标准可划分为许多不同的类型。

（一）按并购双方产品与产业的联系划分

1. 横向并购（Horizontal Merge）

当并购方与被并购方处于同一行业、生产或经营同一产品，并购使资本在同一市场领域或部门集中时，则称为横向并购。如奶粉罐头食品厂合并咖啡罐头食品厂，两厂的生产工艺相近，并购后可按购受企业的要求进行生产或加工。这种并购投资的目的主要是确立或巩固企业在行业内的优势地位，扩大企业规模。

2. 纵向并购（Vertical Merge）

纵向并购是对生产工艺或经营方式上有前后关联的企业进行的并购，是生产、销售的连续性过程中互为购买者和销售者（即生产经营上互为上下游关系）的企业之间的并购。如加工制造企业并购与其有原材料、运输、贸易联系的企业。其主要目的是组织专业化生产和实现产销一体化。纵向并购较少受到各国有关反垄断法律或政策的限制。

3. 混合并购（Conglomerate Merge）

混合并购是对处于不同产业领域、产品属于不同市场，且与其产业部门之间不存在特别的生产技术联系的企业进行并购。如钢铁企业并购石油企业，产生了多种经营企业。采用这种方式可通过分散投资、多样化经营降低企业风险，达到资源互补、优化组合、扩大市场活动范围的目的。

（二）按并购的实现方式划分

1. 承担债务式并购

在被并购企业资不抵债或资产债务相等的情况下，并购方以承担被并购方全部或部分债务为条件，取得被并购方的资产所有权和经营权。

2. 现金购买式并购

现金购买式并购有两种情况：（1）并购方筹集足额的现金购买被并购方全部资产，是被并购方除现金外没有持续经营的物质基础，成为有资本结构而无生产资源的空壳，不得不从法律意义上消失。（2）并购方以现金通过市场、柜台购买目标公司的股票或股权，一旦拥有其大部分或全部股本，目标公司就被并购了。

3. 股份交易式并购

股份交易式并购也有两种情况：（1）以股权换股权。这是指并购公司向目标公司的股东发行自己公司的股票，以换取目标公司的大部分或全部股票，达到控制目标公司的目的。通过并购，目标公司或者成为并购公司的分公司或子公司，或者解散并入并购公司。（2）以股权换资产。并购公司向目标公司发行并购公司自己的股票，以换取目标公司的资产，并购公司在有选择的情况下承担目标公司的全部或部分责任。目标公司也要把拥有的并购公司的股票分配给自己的股东。

（三）按涉及被并购企业的范围划分

1. 整体并购

整体并购指资产和产权的整体转让，是产权的权益体系或资产不可分割的并购方式。其目的是通过资产的迅速集中，增强企业实力，扩大生产规模，提高市场竞争能力。整体并购有利于加快资金、资源集中的程度，迅速提高规模水平与规模效益。实施整体并购在一定程度上限制了资金紧缺者的潜在购买行为。

2. 部分并购。部分并购指将企业的资产和产权分割为若干部分进行交易而实现企业并购的行为。具体包括三种形式：（1）对企业部分实物资产进行并购；（2）将产权划分为若干份等额价值进行产权交易；（3）将经营权分为几个部分（如营销权、商标权、专利权等）进行产权转让。部分并购的优点在于：可扩大企业并购的范围；弥补大规模整体并购的巨额资金"缺口"；有利于企业设备更新换代，使企业将不需要的厂房、设备转让给其他并购者，更容易调整存量结构。

（四）按并购双方是否友好协商划分

1. 善意并购（Friendly Merge）

善意并购指并购公司事先与目标公司协商，征得其同意并通过谈判达成收购条件的一致意见而完成收购活动的并购方式。善意并购有利于降低并购行为的风险与成本，使并购双方能够充分交流、沟通信息，目标公司主动向并购公司提供必要的资料。同时，善意行为还可避免目标公司的抗拒而带来额外的支出。但是，善意并购使并购公司不得不牺牲自身的部分利益，以换取目标公司的合作，而且漫长的协商、谈判过程也可能使并购行为丧失其部分价值。

2. 敌意并购（Hostile Merge）

敌意并购是指并购公司在收购目标公司股权时虽然遭到目标公司的抗拒，仍然强行收购，或者并购公司事先并不与目标公司进行协商，而突然直接向目标公司股东开出价格或收购要约的并购行为。敌意并购的优点在于，并购公司完全处于主动地位，不用被动权衡各方利益，而且并购行动节奏快、时间短，可有效控制并购成本。但敌意并购通常无法从目标公司获取其内部实际运营、财务状况等重要资料，给公司估价带来困难，同时还会招致目标公司抵抗甚至设置各种障碍。所以，敌意并购的风险较大，要求并购公司制定严密的收购行动计划并严格保密，快速实施。另外，由于敌意收购容易导致股市的不良波动，甚至影响企业发展的正常秩序，各国政府都对敌意并购予以限制。

（五）按并购交易是否通过证券交易所划分

1. 要约收购

要约收购指并购公司通过证券交易所的证券交易持有一个上市公司（目标公

司)已发行有表决权股份的30%时,依法应当向该公司所有股东发出公开收购要约,按符合法律的价格以货币付款方式购买股票,获得目标公司股权的收购方式。要约收购直接在股票市场中进行,受到市场规则的严格限制,风险较大,但自主性强,速战速决。敌意收购多采取要约收购的方式。

2. 协议收购

协议收购指并购公司不通过证券交易所,直接与目标公司取得联系,通过谈判、协商达成共同协议的收购方式。协议收购易取得目标公司的理解和合作,有利于降低收购行为的风险与成本,但谈判过程中的契约成本较高。协议收购一般都属于善意收购。

第二节 企业并购的流程及案例

一、企业并购战略的形成

在做出并购战略之前,首先要考察许多与企业并购有关的问题:企业并购所涉及的法律法规;企业主要从事哪些经营活动,发展趋势如何;科技的发展趋势如何;企业的竞争地位及今后的变化趋势如何;企业的发展是否需要扩展到新的经营领域中去;并购是否是企业发展的最好途径;并购将产生什么样的收益,是否与企业的总体发展战略相吻合;是否有能力进行并购,并购将达到什么样的目标。对这一系列问题有了明确的答复,才可能取得并购成功。

二、市场搜寻与机会分析

捕捉兼并收购的对象是企业购并管理中具有决定意义的工作,在选择目标企业时要遵循以下原则:要选择自己有管理能力的企业;要选择有优秀人才的企业,要看被收购企业的管理者是否有领导才能和经营头脑;要选择生产盈利或有盈利潜能的企业;选择自己擅长领域的企业,切忌盲目扩张。

然后,对可供选择的对象进行评价比较,选定目标企业。主要考虑:

（1）财务经济状况，包括销售额、成本、利润、现金流量、资本结构等各种财务指标及资产负债情况；

（2）产品市场需求状况，包括产品质量、销售量、市场占有率、市场分布状况、产品生命周期所处的阶段和产品市场的进入障碍；

（3）发展环境，包括行业的现状与发展趋势，以及该行业在国内、国际市场上的竞争状况；

（4）法律评价，应仔细审查目标公司的组织、章程，还应取得目标公司的主要财产清册，了解其所有权归属、使用限制及重置价格，及对外投资情况和公司财产投保范围，在债务方面应审查目标公司所牵涉的重大债务偿还情况，注意偿还期限、利率及债权对其是否有限制；

（5）技术进步潜力，包括劳动者素质、研究开发能力、资源是否丰裕以及新产品的发展计划；

（6）组织管理状况，包括经营管理水平、管理者素质和企业文化。选定目标企业后，在此基础上还需要进行市场机会筛选，最后确定最佳收购对象和时机。

三、对目标企业进行评估

评估的目的是为了确定价格。购并价格的确定，要求企业对所要购并的公司进行充分、周密、可靠的评估。目前主要采取的评估方法有：成本法、市场比较法、净现值法。

（1）成本法，是目标公司有形资产的估算，是收购方购并后再行出售的最低价格。其主要计价方法有三种：一是清盘价值，即目标公司破产、拍卖的价值；二是净资产价值，即总资产减负债后的权益净值；三是重估账面价值，即重置现行资产的全部成本与所评估资产贬值的差额。

（2）市场比较法，是根据证券市场真实反映公司价值的程度来评定公司价值的方法。一是与类似的已上市公司比较分析；二是与类似的已被收购的公司比较分析；三是参考新上市公司的发行价值。

（3）净现值法，是通过估计目标公司未来的净现金流量来计算目前的净现值。它的优越性在于能够全面反映现实，即考虑到竞争和战略方面的因素，衡量可用于偿付债权人的股东的资金数量，考虑到再投资的需要。需要指出的是，无论评估方法多么科学、先进，评估结果充其量只能作为购并双方的参考，它永远不可能代替谈判。能够为购并交易提供价值评估的机构很多，包括投资银行、商业银行、评估公司、金融咨询公司和会计师事务所等部门。

四、购并方式的设计

在购并交易中，除了价格和付款条件外，很重要的一点就是购买结构。购买结构设计的方式有三种：

（1）购买整个公司与购买公司的资产，或购买大部分资产同时接管负债。

（2）让卖方企业与买方企业的子公司合并，一是三角兼并，即买方企业的一个子公司对目标企业实施兼并，从而买方企业的子公司成为承续企业；二是反三角兼并，即买方企业的一个子公司对目标企业实施兼并后，该子公司丧失独立的法人形式，而目标企业的独立法律形式则存续下来，成为买方企业的子公司。

（3）从原有股东手中购买股权与通过购买企业发的新股来获取股权。

五、兼并双方通过兼并决议签订兼并合同

兼并决议的主要内容包括：

（1）拟进行兼并的公司名称；

（2）兼并的条款和条件；

（3）把每个公司股份转换为存续公司、新设公司或其他公司的股份、债券或其他证券，全部或部分转换为现款或其他财产的方式；

（4）公司章程更改的声明；

（5）兼并所需的条款。

购并活动最终表现为大量的法律文件，其中最重要的是兼并合同，兼并合同必须经各方董事会和股东大会批准。兼并合同应包括：合同双方名称、住所及企业简况；企业财务状况、兼并所涉及的资产、债务总额；交易价格、交易费用及支付方式与期限；兼并后的管理问题及被兼并方资产移交方式；职工安置、劳动保险；违约处理；法律公证；签约日期。兼并合同经股东大会批准后，在规定时间内到政府有关部门进行登记，存续公司进行变更登记，被解散公司进行解散登记。

六、企业的重组

首先,是对公司章程的修改完善,在修改过程中要利于大股东地位和控制的合法化,要利于重组的合法性和加速重组过程的推进;其次,要确定重组的策略,包括机构重组、人事重组、财务重组、战略重组、产业重组等。

七、企业并购案例分析

这里我们以上海医药控股收购中信医药的案例进行分析。

2010年12月15日,上海医药发布公告,公司将出资14.87亿元,收购以新亚药业为核心的上药集团抗生素业务和资产;同时,公司出资23.28亿元收购China Health System Ltd.65.24%控制性股权取得突破性进展,并签署正式股份购买协议。

上述两项并购交易的完成,标志着上海医药向大型综合性医药产业集团的发展目标又迈出坚实一步。上海医药集团董事长吕明方称,在各方的支持配合下,H股发行前期工作已取得重大进展,本次两项重大并购交易将给公司H股发行带来积极影响。

上药集团抗生素业务资产主体主要包括新亚药业、新华康药业和新先锋药业。本次收购主要包括三项交易:上药集团向长城公司购买其所持有的新先锋药业39.01%的股权,上海医药以现金向上药集团和新先锋药业购买合计新亚药业96.9%的股权,并以现金购买上药集团持有的新华康医药100%的股权。本次收购的总对价达14.87亿元,上药集团将其重组后持有的新先锋药业100%的股权以及全部资产和业务委托新亚药业管理。其中,新亚药业是成立于1926年的百年老厂,是国内抗生素品种齐全、规格丰富并各有特色的抗生素专业工厂,新华康为抗生素的专业销售平台。

上海医药此次收购的抗生素业务企业,为国内五家最大的抗生素制药企业之一,占全国市场份额的3.8%。此次收购,将丰富和完善公司现有的产品结构,可增加26个重点品种,进一步夯实公司在国内抗感染类药物领域的竞争优势,强化集团工业资源的集中集聚,推动产品结构调整与升级,对实现公司医药工业业务跨越式发展产生极为深远的积极影响。

上海医药已完成重大资产重组,公司控股股东上实集团和上药集团将除抗生素业务外的其他经营性医药资产全部注入上海医药，而抗生素业务资产因未能符合上市公司相关法律和财务要求而未纳入该次重组范围。同时，上海医药承诺在重组完成后的24个月之内完成对集团抗生素业务的收购。此次提前整整一年履行了重组承诺，在实现医药资产整体上市的同时，充分体现了重组后公司高效的市场执行力。

上海医药收购CHS的控制性股权时，公司通过其注册于开曼群岛的全资子公司上实医药科技作为收购实体，收购了 Northern Light Venture Capital II, Ltd. 持有的CHS 2.63%的股权，同时与百奥维达中国基金、礼来亚洲风险基金、NEA基金达成不可撤销的排他性收购意向书，收购上述私募股权基金手中CHS 55.45%的股权，并将在尽职调查后确定最终的交易价格。

除上述交易完成最终定价外，上海医药又收购了 Biomedical Sciences Investment Fund Pte Ltd. 和 Sagamore Bioventures, LLC。两家股东合计持有CHS 7.15%的股权。至此，本次收购并正式签署股份购买协议的CHS六家基金持股的交易总对价达23.28亿元。交易完成后，上海医药将控制性持有CHS 65.24%的股权。

中信医药在北京市场占有领先地位，其中医院纯销业务达70%，2009年实现销售收入净额43亿元，净利润0.95亿元。此项收购完成，上海医药在北京市场的占有率可望一举进入前两位，标志着上海医药在华北地区尤其是北京市场实现了历史性战略突破，给公司加快全国性医药分销网络布局带来非常积极的示范效应。同时，上海医药基于医药全产业链的工商协同优势，将在未来愈发激烈的市场竞争格局中进一步发挥出来。

第三节 投资银行在企业并购中的作用

现代投资银行的业务能力包括以下几个方面：（1）良好的产业分析能力；（2）强大的金融产品配销能力；（3）敏锐的经济、社会与政治动向的研制能力；（4）丰富的金融知识与应变能力；（5）正确的设计及执行投资机会的能力；（6）不断提高专业的会计、税务与法律方面的知识水平的能力。企业并购是一项极其复杂的交易过程，这其中会碰到诸如并购价格的确定、并购方案的设计、条件谈判、协议执行以及配套的融资安排、重组规划等问题，而且由于企业本身情况的多样性和复杂性，不同企业的结构设计也不一样，不会形成某种既定的规范和流程。

因此，必须依靠专业性的中介机构及专家去完成目标企业的前期调查、项目评估、方案设计、条件谈判、重组规划等高度专业化的工作，而这种高度专业化的服务工作在西方一般是由投资银行去组织完成的。

中国投资银行业的不断发展壮大为企业并购重组提供了很多有利条件和良好的机遇，投资银行作为专业性的中介机构，有助于企业并购重组的顺利进行，具体来说表现为以下几个方面：

（一）帮助公司制定并购战略

公司的并购战略应以公司的发展战略为基础，并购活动应该围绕公司的发展战略。

（二）帮助公司筛选并购目标

投资银行一般都设立专门从事企业兼并收购工作的部门，这个部门的业务是利用发达的信息渠道，帮助客户制定并购战略，对自身所在行业、市场及企业内部进行调研和预测，并寻找并购的目标公司，策划并购方案，代表客户接洽目标公司。

（三）初期尽责调查

投行并购部门对目前企业进行外部调查，对项目进行调研，对目标企业情况及综合竞争力进行初步了解。

（四）帮助公司制订初步方案

投行并购部门要在初步调查的基础上制订初步方案，初步方案应对收购的方式、时间及价格等有初步的安排，同时对实施该项并购之后产生的协同效应与价值驱动情况进行全面的评估分析。

（五）初步谈判

安排交易双方进行初步谈判，了解初步方案的可行性，调整初步方案并达成收购的意向。这一过程中，被并购方不会坐以待毙，往往请求投资银行设计反兼并、反收购策略来对付收购方，以求防御和抵抗并购方的进攻。投行并购部门必须发挥以下作用：一是如果对方是敌意收购，就要和公司董事会制定一套防范被并购的策略。二是就并购方提出的并购建议，向公司董事会和股东做出该建议是否公平合理的判断，并就是否接纳并购建议提出意见。三是制定反并购策略，如修改企业章程，指出兼并与反托拉斯法相抵触。

（六）确立兼并条件，建立公允价格

兼并成功的关键在于收购价格的确定。价格太低，可能会被对方拒绝，使收购失败，而价格太高，又会影响未来公司的收益。在并购活动中，并购双方都聘请各自的投资银行就兼并条件进行谈判，投资银行则在调查目标公司的资产负债情况、盈利能力及发展前景基础上，提出各自的兼并价格、付款方式和兼并企业资产重组方案等，最终确定一个公平合理的、双方都能够接受的兼并合同，确定收购价格。此外，投资银行作为收购公司收购兼并的财务顾问，其功能不仅仅是充当融资顾问，还可以凭借自己的丰富经验、专业技巧和融资渠道，帮助客户策划完成筹资计划，支持收购方完成兼并计划。

（七）尽责调查与达成收购协议

该阶段是降低并购风险的关键，所有中介机构都必须参与，尽责调查的内容包括产业、财务、法律和管理四个方面。在尽责调查的基础上制定反并购方案，同时对收购的重要环节进行安排。

第四节　企业反并购策略

企业的反并购策略旨在分别从事前、事中、事后三方面构成反并购业务的完整内容。随着敌意接收技术的发展，反收购技术也取得了显著进步。既有抵抗敌意收购的"驱鲨条款"（Shark Provision，通常要求股东投票同意），又有根据当时的环境特点所采用的临时策略，如诉诸法律（当司法当局在态度上倾向于被收购公司一方时），或者针对股东进行公关宣传，劝其拒绝出售股权；既有积极的长远战略，也有收购发生前后的临时调整措施，甚至消极的自毁灭措施；既有对收购者及收购条件提出异议的措施，也有在一定时候与收购者相互妥协达成协议的措施。

一、建立股权结构

收购公司的关键是收购到"足量"的股权。一个上市公司，为了避免被收购，

应该重视建立合理的股权结构。在该种股权结构中，公司股权难以"足量"地转让到收购者的手上。很显然，这里的所谓"合理持股结构"的"合理"，是以反收购效果为参照标准的。建立合理股权结构，其做法主要有以下几种。

（一）自我控股

自我控股即公司的发起组建人或其后继大股东为了避免公司被他人收购，取得对公司的控股地位。自我控股又分为两种情况：一种情况是在一开始设置公司股权时就让自己控有公司的"足量"股权；另一种情况是通过增持股份加大持股比例来达到控股地位。自我控股又有控股程度的差别。自我控股如果达到51%的比例，那么敌意收购就不可能发生，收购与反收购问题不复存在。一般来说，在股权分散的情况下，对一个公司持有25%左右的股权就能控制该公司。但从理论上说，只要持股比例低于50%，敌意收购就可能发生，公司就要面临反收购问题。一个股东对自己控制的上市公司持股比例越大，该上市公司被收购的风险就越小，当持股比例大到51%时，被敌意收购的风险为零。那么在51%以下，该持股多少比例才为最佳"点位"呢？这要视控股股东及目标公司的具体情况而定。持股比例太小，难以收到"足够"的反收购效果；持股比例太大，则会过量"套牢"资金。合适的持股比例点位应是这两方面的平衡点。

（二）交叉持股或相互持股

交叉持股或相互持股即关联公司或关系友好公司之间相互持有对方股权，在其中一方受到收购威胁时，另一方施以援手。例如 A 公司购买 B 公司 10% 的股份，B 公司又购买 A 公司 10% 的股份，它们之间达成默契，彼此忠诚，相互保护，在 A 公司沦为收购靶子时，B 公司则锁住 A 公司的股权，加大收购者吸纳"足量"筹码的难度，同时 B 公司在表态和有关投票表决时支持 A 公司的反收购；反之，B 公司受到收购威胁时，A 公司也这样做。

在运用交叉持股策略时，互控股份需要占用双方公司大量资金，影响流动资金的筹集和运用。有的国家法律规定当一家公司持有另一家公司一定量股份（比如10%）时，后者不能持有前者的股份，即不能相互出资交叉持股。交叉持股实质上是互相出资，这势必违背公司通过发行股份募集资金的初衷。

在市场不景气的情况下，互控股份的双方公司反而可能互相拖累。1983年中国香港地产业市场崩溃，置地亏损达13亿港元，因互控股份造成的连带关系，伯和的纯利润也因此而减少80%。交叉持股有可能让收购者的收购袭击达到一箭双雕的结果。如果A公司、B公司互控股权20%，虽然这大大增加了收购A公司或B公司的难度及风险，但一旦收购了其中的一家，实际上也就间接收购了另一家。这种一箭双雕的效果往往会引发收购者对交叉持股公司发动收购袭击。所以，交叉持股作为一种反收购策略，如同三国曹军伐吴时的"连环船"，固有相互照应共同御敌的作用，但一旦遭遇"火攻"，将会一败涂地。

（三）把股份放在朋友的手上

这种做法对于公司反收购的积极效果与上述交叉持股类似，即一方面将公司部分股份锁定在朋友股东手上，增大收购者吸筹难度和成本；另一方面在有关表态和投票表决中，朋友股东可支持公司的反收购行动。实现朋友持股的做法有多种，既可以在组建公司时邀朋友一起做发起人股东，或由朋友认购一定数量的公司股份，也可以在公司现有股东中物色合适对象，许以其他利益，将其"培养"为朋友，还可以向朋友定向发行一定量的股票。但各种做法在各个不同国家可能会受到不同的法律限制。譬如，英国法律禁止目标公司在出价期间向友好公司发行股票。在我国公司法实施后，股份公司要么是发起设立，要么是社会募集设立。上市公司一般是向社会公众募集设立，向特定法人或自然人定向发行股份是不允许的。因此，在我国，为了实现朋友持股，通常的做法可以是邀朋友一起来成为股份公司的发起人股东，也可以是说服朋友参与公募股份的认购。

（四）员工持股计划（即ESOP）

在中国，上市公司普遍安排发行的内部职工股尽早上市流通，当作重大的员工福利来推行。然而，中国职工私钱很有限，员工持股量总是比例很小，因此，员工持股计划很难充分起到反收购的作用。

二、收购条款的设置

出于反收购的目的，公司可以在章程中设置一些条款作为被并购的障碍。这些条款被称为"拒鲨条款"或"箭猪条款"，还有人称为反接收条款。这些条款有以下五种。

(一) 分期分级董事会制度

分期分级董事会制度又称董事会轮选制,即公司章程规定董事每年只能改选 1/4 或 1/3 等。这样,收购者即使收购到了"足量"的股权,也无法对董事会进行实质性改组,即无法很快地入主董事会控制公司。因为董事会的大部分董事还是原来的董事,他们仍掌握着多数表决权,仍然控制着公司,他们可以决定采取增资扩股或其他办法来稀释收购者的股票份额,也可以决定采取其他办法来达到反收购的目的。比如,A 公司有 12 位董事,B 公司收购到 A 公司"足量"股权后召开股东大会改选 A 公司董事会,但根据 A 公司章程,每年只能改选 1/4,即只能改选 3 位董事。这样在第一年内,B 公司只能派 3 位董事进入 A 公司董事会,原来的董事依然还有 9 位在董事会中,这意味着 B 公司依然不能控制 A 公司,这种分期分级董事会制度,使收购者不得不三思而后行。在我国,股份公司董事会成员为 5~19 人,董事任期由公司章程规定,但每届任期不得超过 3 年;董事任期届满,可以连选连任;董事在任期届满前股东大会不得无故解除其职务。董事会由 1/2 董事出席可举行,决议经全体董事过半数同意才能通过。在原来的董事占董事会多数时,董事会可以通过行使这些职权来开展"亡羊补牢"式的反收购活动。但是,《公司法》还规定,持有公司股份 10% 以上的股东请求时,必须召开股东大会。股东大会行使下列职权:(1) 选举和更换董事;(2) 修改公司章程。既然这样,收购者可请求召开股东大会,通过股东大会先行修改公司章程中关于分期分级董事会制度的规定,然后再改选董事。这是收购者针对分期分级董事会制度的一项有效的反收购方法。

(二) 多数条款

多数条款即由公司规定涉及重大事项(比如公司合并、分立、任命董事长等)的决议须经过绝大多数表决同意才能通过。更改公司章程中的反收购条款,也须经过绝对多数股东或董事同意。这就增加了收购者接管、改组目标公司的难度和成本。比如,章程中规定:"须经全体股东 2/3 或 3/4 以上同意,才可允许公司与其他公司合并。"这意味着收购者为了实现对目标公司的合并,势要购买 2/3 或 3/4 以上的股权或必须要争取到更多的(2/3 或 3/4 以上)股东投票赞成己方的意见。我国《公司法》中的超多数规定,股东大会做出决议,必须经出席会议的股东所持表决权的半数以上通过。股东大会对公司合并、分立或解散公司,必须经出席股东大会的股东所持表决权的 2/3 以上通过。

(三）限制大股东表决权条款

为了更好地保护中小股东，也为了限制收购者拥有过多权力，可以在公司章程中加入限制大股东表决权的条款。股东的最高决策权实际上就体现为投票权，其中至关重要的是投票选举董事会的表决权。限制表决权的办法通常有两种：一是直接限制大股东的表决权，如有的公司章程规定股东的股数超出一定数量时，就限制其表决权。也有的规定，每个股东表决权不得超过全体股东表决权的一定比例数（如1/5）。这些都需根据实际情况在章程中加以明确规定。二是采取累计投票法（Cumulative Voting），它不同于普通投票法。普通投票法是一股一票，而且每一票只能投在一个候选人上。而采取累计投票法，投票人可以投等于候选人人数的票，并可能将票全部投给一人，保证中小股东能选出自己的董事。采取的投票方式也应于公司章程中规定。普通投票法一般有利于大股东，收购者只要控制了多数股权，就可按自己意愿彻底改组董事会。但如果采取累计投票法或在章程中对大股东投票权进行限制，这可能会对收购构成一系列约束。收购者即使拥有超半数的股权，但不一定拥有超半数的表决权。若再配合以"分期分级董事会制度"，那么收购者很难达到控制公司的目的，但其所冒的风险是很大的。在我国，股份公司由股东组成股东大会，股东出席股东大会所持每一股份均代表一定的表决权，这说明在我国，限制大股东表决权条款是不合法的。

（四）订立公正价格条款

公正价格条款要求出价收购人对所有股东支付相同的价格。溢价收购主要是企图吸引那些急于更换管理层的股东，而公正价格条款无疑阻碍了这种企图的实现。有些买方使用"二阶段出价"，即以现金先购股51%，另外再用债券交换剩下的49%的股票。目标公司股东因怕收到债券而会争先将股票低价卖出。1982年3月，美国钢铁公司就以此招来收购马拉松石油公司股票。为避免买方使出此招分化目标公司股东，目标公司在章程上可加上公正价格条款，使股东在售股时享受"同股同酬"的好处。我国法律主张目标公司的所有股东要受到公平对待。

（五）限制董事资格条款，增加买方困扰

限制董事资格条款，即在公司章程中规定公司董事的任职条件，非具备某些特定条件者不得担任公司董事；具备某些特定情节者也不得进入公司董事会。这给收

购方增加选送合适人选出任公司董事的难度。

第五节 杠杆收购

一、杠杆收购的概念

所谓杠杆收购（Leverage Buy-Out，简称LBO），是企业资本运作方式的一种特殊形式，它的实质在于举债收购，即通过信贷融通资本，运用财务杠杆加大负债比例，以较少的股本投入（约占10%）融得数倍的资金，对企业进行收购、重组，并以所收购、重组的企业未来的利润和现金流偿还负债。这是一种以小博大、高风险、高收益、高技巧的企业并购方式。正是基于杠杆收购的特性，在过去的20年间，英美的投资银行家们将管理层收购（MBO）与金融创新工具结合在一起，以垃圾债券、可转换债券等创新的金融手段应用于购并业务，成功地解决了管理层收购的资金问题。杠杆收购的融资方式与普通收购有明显不同，它的融资特点主要有以下几点：

(一) 杠杆收购的资金来源主要是不代表企业控制权的借贷资金

杠杆收购中的杠杆是指企业的融资杠杆，反映的是企业股本与负债的比率，发生杠杆作用的支点是企业融资时预付给贷款方的利息。杠杆收购的融资结构为：优先债券，约占收购资产的60%，是由银行提供的以企业资产为抵押的贷款；其次是约占收购资金30%的居次债券，它包括次级债券、可转换债券和优先股股票；最后是体现所有者权益的普通股股票，是购并者以自有资金对目标企业的投入，约占收购资金的10%。如此的融资结构产生的结果是：（1）企业负债率大幅度上升；（2）如果企业盈利增加，那么每股收益会大幅度上升，因为每单位利润所承担的利息支付是固定的。之所以如此安排，是因为购并者不希望让他人过多地分享并购后产生的利润。所以，不享有企业控制权的融资方式进行融资就成为理所当然。

(二）杠杆收购的负债是以目标企业资产为抵押或以其经营收入来偿还的，具有相当大的风险性

在杠杆收购中，购并企业主要不是用本企业的资产或收入作为担保对外负债，而是用目标企业作担保。在实际操作中，一般是由购买企业先成立一家专门用于收购的"纸上公司"，再由投资银行等向购并企业提供一笔"过滤性贷款"用于购买目标企业股权，取得成功后，以这家"纸上公司"的名义举债和发行债券，然后依照《公司法》使两者合并，将"纸上公司"因购并的负债转移到目标公司名下，再通过经营目标公司偿债、获利。由此而发行的债券因为企业负债率较高，及又以未来收入或资产作担保，所以信用等级不到，被称为垃圾债券。

(三）杠杆收购融资中投资银行等市场中介组织的作用十分重要

以投资银行为主的市场中介组织在杠杆收购的融资中作用巨大。因为杠杆融资的资金绝大部分依赖于外部融资，并且风险较高，所以只有获得金融组织的强力支持才能完成。一般的商业银行往往不愿涉足风险较高的投资，只有投资银行愿意承担较高的风险，以求获取丰厚回报，而且垃圾债券的发行也只有由投资银行进行操作，才能发行出去。投资银行之所以愿意提供服务，是因为投资银行在获取高利率回报的同时，还可以得到巨额的佣金。因此，有人将杠杆收购归纳为投资银行和购并企业的合作博弈。

(四）杠杆收购融资依赖于发达资本市场的支持

杠杆收购以外部融资为主，其中，间接融资由投资银行等提供，居次债券中的次级债券、可转换债券以及优先股股票都是直接融资形式，严重依赖于资本市场的发展。首先资本市场要允许企业以这些金融工具进行筹资，有相应市场环境和制度安排，其次投资者也需要通过资本市场来分散风险。更为重要的是资本市场中要有进行杠杆收购的大环境，形成对杠杆收购的信任预期，只有如此，杠杆收购的融资才会顺利进行，否则只能是一些意见而已。

杠杆收购在国外已被证明是一种行之有效的收购融资工具，在中国同样有广泛的适用范围。因为中国大多数国企负债比例高，不良资产多，需要合适的融资途径来解决资本运营环节的大量资金问题，即使少数有条件的以自有资金购并的国企，也曾考虑过适度融资，以实现资本结构的最优化，降低收购资金成本。目前，中国

国企运用杠杆收购有诸多有利条件，比如政府为保持国民经济持续增长而采取的一系列启动经济的措施，鼓励通过国企购并进行战略性改组和调整产业结构，人民银行一再降低存贷款利率并增加货币投入，以及启动财政杠杆等。然而，要恰当地运用杠杆收购，就要在遵循政府政策导向的前提下，减少对猎物企业的盲目性炒作和投机，通过杠杆收购优化资源配置，改善国企的经营管理，提高经济效益，把杠杆收购引向健康轨道。

二、杠杆收购的融资方式选择

杠杆收购的主要特点就是举债融资，企业在并购活动中对融资方式的选择是由多种因素决定的，融资方式的选择不仅会影响并购活动的顺利完成，而且对优势企业和目标公司未来的发展也将产生较大的影响。融资方式按资金来源可分为内部融资和外部融资。其中，外部融资来源是杠杆收购的主要途径，又分为权益融资、债务融资和准权益融资三大部分。权益融资主要有两大类：一类是指通过发行股票筹集资金，包括向社会公众公开发行和定向募集等形式，该类形式往往以向目标公司支付现金的方式完成并购；另一类是股权支付，即通过增发新股，以新发行的股票交换目标公司的股票，或者发行新股取代收购方和被收购方的股票，从而取得对目标公司的控股权。

债务融资包括向金融机构贷款、发行债券和卖方融资等。从西方各国并购的经验来看，债务融资是杠杆收购最重要的资金来源，不仅有商业银行，还有大量的保险公司、退休基金组织、风险资本企业等机构都可以向优势企业提供债务融资。

贷款与发行债券两种债务融资方式可以说是各有千秋。相对而言，贷款速度快、灵活性大，但用途往往受到限制；而在我国，发行债券由于金融政策对发行主体的硬性规定使其在应用中也受到了较大限制。二者的共性优点在于筹集资金成本相对于权益融资低，而且债务债权关系不会影响到企业的控制权，但是由于还本付息压力，可能导致企业财务状况恶化，增加了企业的风险。在利用债务融资时，需要妥善处理好企业的资本结构以及中长期债务的合理搭配问题。西方流行的准权益融资还包括认股权证、可交换债券以及可转换的可交换抵押债券等。

三、影响杠杆收购的主要因素

杠杆收购，简单地说就是通过借款筹集资金进行收购的一种并购活动。杠杆收购在国外已经是比较成熟的一种收购方式，但是在中国尚未被各方普遍认识和接受，主要有以下原因。

（一）法律方面的限制

我国的《公司法》对企业发行债券有很严格的规定，这些规定使企业很难通过发行高风险、高利率的风险债券筹集资金进行并购。商业银行和保险公司不得投资股票，信贷资金不得进入股市等，都限制了杠杆收购在我国的出现。

（二）资本市场的发达程度

西方国家的资本市场为杠杆收购提供了有效的融资渠道和金融工具，而我国的资本市场近年来虽然有一定的发展，但从整体上看，我国目前证券业发育还不成熟，融资工具少、品种较少、融资渠道不畅，造成资本稀缺。

（三）投资银行的发展状况

杠杆收购是一种复杂且难度较大的交易活动，投资银行在其中扮演了重要的角色，从并购的目标选择、并购交易筹划、交易谈判、筹集资金并购到并购企业的重组、重新上市，都离不开投资银行的参与和支持。

（四）其他条件

杠杆收购应有一定的市场环境为前提，如通货膨胀率较高、市场存在大量的闲置资金等。

四、杠杆收购的风险控制

杠杆收购融资运用了财务杠杆原理。必须看到，财务杠杆是一把双刃剑，当资产收益率大于侵入资金利息率时，增加财务杠杆可以大幅度提高股份制企业的每股盈余；反之，如果企业经营不善，则会使企业净收益和每股盈余急剧减少。收购方一定不能忽视杠杆收购的风险性。因为杠杆收购所需资金大部分是借入的，如果收购后公司经营状况不能得到很好的改善，负债融资就会成为企业的负担，严重时甚至会影响企业的生存。具体而言，这种债权性筹资存在如下风险：

（1）还本风险，即企业存在不能按规定到期偿还本金引起经济损失的可能；

（2）支付成本风险，即企业存在不能按规定到期支付利息或股息而引起经济损失的可能；

（3）再筹资风险，即企业存在不能及时再筹集到所需资金，或再筹资成本增加而引起经济损失的可能；

（4）财务风险，即企业因债权性筹资而增加股权投资者可能遭受损失的风险。

对风险的控制，最重要的是确定企业允许的负债比率水平，而在权益资本既定的前提下，负债比率的高低直接决定了负债额度的大小。

第十三章
直接投资

第一节 直接投资业务的内涵与特点

一、直接投资业务的内涵

直接投资业务（以下简称"直投业务"）是指证券公司利用自身的专业优势，寻找并发现优质投资项目或公司，以自有或募集资金形成独立资产投资与优质项目或公司，通过投资管理和提高增值服务，对所投资企业进行培育和辅导，使之相对成熟，然后从投资企业中退出，从而获得投资收益的投资方式。在此过程中，证券公司既可以提供中介服务并获取报酬，也可以以自有资金参与投资。

在直投业务中，证券公司通过提供金融中介服务，将实体经济与资本市场密切联系起来，扩大了自身业务的范围。首先，证券公司在业务开展的过程中发现了具有良好潜力的投资项目，并将其产业和资本投资联系起来，起到"资本运作"纽带的作用；其次，直接投资部门通过参与所投资企业的经营管理，帮助企业解决融资问题，同时帮助投资企业进行规范运作，促使企业成熟。作为证券公司传统资产管理业务的延伸，通过帮助高端客户投资有上市潜力的企业，扩大证券公司的投资范围和渠道，一旦投资成功，券商可在投资退出上做出灵活性的选择，选择IPO售出、兼并收购、回购等多种退出渠道，最终获得高回报的投资收益。

目前，相对于PE来说，券商直接投资既有优势又有劣势。券商的优势在于方便发现项目资源，并为企业发展过程中的资本运作需求提供一站式服务。券商可以利用自身的调研优势，对项目进行评估和推进。随着企业投资和融资周期的交替出现，券商其他相关业务的用武之地会逐渐增多，同时可以避免对企业进行尽职调查等环节的重复工作，降低了成本，提高了利润。除此之外，券商还可以深层次地挖掘客户价值，进而带动融资业务和并购业务。券商的劣势在于，证券公司只能以自有资金投资，而券商的自有资金往往并不能够稳定地支持项目所需要的大量资金。

二、直接投资业务的特点

直接投资业务的主要特点是：

（1）资金来源广泛，主要通过利用自有资金或向少数机构投资者或个人募集资金，它的销售和赎回主要是管理人通过非公开方式与投资者协商进行。

（2）以股权投资为主，不形成债权债务关系，投资机构也因此对被投资企业的决策管理享有一定的表决权。反映在投资工具上，多采用普通股或可转让优先股以及可转债的工具形式。

（3）主要投资于非上市的中小企业，以高科技或高风险项目为主，一般不会涉及要约收购义务。

（4）退出渠道多样化，有IPO售出、兼并收购、回购等多种退出渠道。

纵观国际市场，直投业务不仅长期以来是券商的重要收入来源，而且利润极为丰厚。统计资料显示，国际券商直投收入一般占总收入的60%以上，在资本市场最发达的美国，则超过70%。美国大型私人股权基金的收益能达到40%~50%。像高盛投资工商银行、收购西部矿业，摩根士丹利投资蒙牛乳业，这些经典案例都为投资方获得了几十倍甚至上百倍的超值回报。

第二节 我国券商直接投资业务的发展状况

从我国证券业的发展过程来看，我国证券公司并非从未涉足过直接投资的业务领域。有些券商不仅曾经开展过直投形式的业务，还取得了丰厚的投资报酬，比如中金公司1995年成立直接投资部，先后投资了新浪、鹰牌陶瓷、南孚电池等项目。2001年4月，由于当时证券行业整体素质不高，券商公司治理水平较差，曾有部分券商利用自有或客户资金过度炒作房地产的现象，同时"押宝"深圳创业板市场迅速成立，券商盲目投资中小型非上市企业，这一过度行为使得证券公司整体性风险加剧。另外，券商开展的直投业务范围和当时《证券法》规定的证券公司经营范围不相符，为避免累积的行业风险和券商的违规经营，中国证监会下发文件停止证券公司参与直接投资业务，对证券行业进行整顿治理规范。很多券商只能将其直投业务另寻他路，将此业务从证券公司的业务分离出去或者转换成私募基金等进行运作。之后的6年中，中国证监会一直致力于整改国内券商，规范证券行业。直到2006年2月国务院颁布《国务院关于实施〈国家中长期科学和技术发展规划纲要〉若干配套政策的通知》，允许证券公司在符合法律和有关监管规定的前提下开展创业风险投资业务。同时《证券法》和《公司法》的修订为我国资本市场发展完善了法律框架。通过股权分置改革消除市场股份转让的制度性差异,对于恢复资本市场的功能,推动资本市场多方面改革产生深远影响。2007年9月1日,持续了6年的禁令终于被解除,国内券商直投业务的大幕被重新拉开。中国证券监管部门批准了国内最大的两家投行——中金公司和中信证券获得从事直投业务试点资格(见表13-1)。

表13-1 国内券商直投公司一览表

No	券商名称	总部所在地	直投公司名称	注册地	批准时间	成立时间	注册资本(亿元)
1	中信证券	深圳	金石投资有限公司	北京	2007年9月	2007年10月	60
2	中金公司	北京	中金佳成投资管理有限公司	北京	2007年9月	2007年10月	1.1
3	国信证券	深圳	国信弘盛投资有限公司	深圳	2008年6月	2008年8月	10
4	华泰证券	南京	华泰紫金投资有限责任公司	南京	2008年7月	2008年8月	2
5	海通证券	上海	海通开元投资有限公司	上海	2008年7月	2008年10月	30
6	平安证券	深圳	平安财智投资管理有限公司	深圳	2008年8月	2008年9月	3
7	国泰君安	上海	国泰君安创新投资有限公司	上海	2008年8月	2009年5月	5
8	光大证券	上海	光大资本投资有限公司	上海	2008年8月	2008年11月	20
9	中银国际	上海	中银国际投资有限责任公司	上海	2008年9月	2009年5月	1
10	广发证券	广州	广发信德投资管理有限公司	广州	2008年10月	2008年12月	5
11	申银万国	上海	申银万国投资有限公司	上海	2008年10月	2009年4月	5
12	国元证券	合肥	国元股权投资有限公司	上海	2009年7月	2009年8月	5
13	招商证券	深圳	招商资本投资有限公司	北京	2009年8月	2009年8月	5
14	长江证券	武汉	长江成长资本投资有限公司	武汉	2009年8月	2009年12月	5
15	银河证券	北京	银河创新资本管理有限公司	北京	2009年8月	2009年10月	10
16	东海证券	常州	东海投资有限责任公司	上海	2009年9月	2009年12月	3
17	东方证券	上海	上海东方证券资本投资有限公司	上海	2009年11月	2010年2月	3
18	西南证券	重庆	西证股权投资有限公司	重庆	2010年2月	2010年3月	2
19	宏源证券	乌鲁木齐	宏源创新投资有限公司	北京	2010年2月	2010年3月	2
20	第一创业	深圳	第一创业投资管理有限公司	N/A	2010年2月	组建中	2

CVSource,2010.05,www.ChinaVenture.com.cn

2008年3月,中国证监会对证券公司开展直接投资业务试点做出进一步安排,在总结试点经验的基础上,适度扩大了试点范围,允许符合条件的证券公司向中国证监会申请开展直接投资业务的试点。按照中国证监会的有关要求,开展直接投资业务试点的证券公司净资本原则上不低于20亿元,具有完善的内部控制和风险管理制度,具有较强的投资银行业务能力,最近三个会计年度承担股票、可转债主承销的项目在10个以上,或者主承销金额在150亿元人民币以上。2009年5月上旬,中国证监会下发《证券公司直接投资业务试点指引》,截至2010年5月,国内已有20

家券商（至2010年8月为29家）获得直投业务试点资格，资金总规模179.1亿元。在该项业务发展10年之后，公开数据显示，截至2017年6月，国内有近70家券商直投管理的资产规模近3 000亿元；从业绩上看，仅海通证券、方正证券、中原证券、华泰证券等券商旗下直投子公司业绩亮丽；其他券商的直投子公司业绩出现大幅下滑甚至亏损，转型阵痛难以避免。

2016年12月30日，中国证券业协会发布《证券公司私募基金子公司管理规范》和《证券公司另类投资子公司管理规范》，这是2014年对老版《证券公司直接投资业务规范》修订以来在券商直投领域发布的最重要的文件。根据监管要求，券商直投子公司要在一年内转型为证券公司私募基金子公司，进一步明确直投业务规范。该项规定之前，在一般情况下券商直投业务与投向一级市场的私募股权基金业务有一定重叠，都是以Pre-IPO投资为主，但券商直投业务相对更靠后期，而且更多是跟自己公司保荐、承销相关联，打通产业链的模式，风险相对私募股权基金要低一些。但是，券商直投从试点到纳入常规业务的时间较短，缺乏市场的淬炼，而国内民营资本、产业资本大量涌入，国际知名投资机构纷纷进入中国，并且发展已具有较大规模，券商直投的规模和竞争力在行业中显得相对弱小，品牌号召力不足，面临巨大的竞争压力。上述因素再加上2016年12月年发布的《证券公司私募基金子公司管理规范》，令发展10年的券商直投业务面临较大的合规整改压力。

券商直投过去盈利是因为特定时代，靠投行驱动、自有资金带动的业务模式，现在被监管推动迎来了全面市场化挑战，监管成本大幅增加。2016年12月监管文件改变了行业格局，监管新规对直投业务的投资方向也进行了规定。比如，新规规定，IPO的辅导机构、财务顾问、保荐机构、主承销商或担任拟挂牌企业股票挂牌并公开转让的主办券商，应当按照签订有关协议或者实质开展相关业务两个时点孰早的原则，在该时点后，私募基金子公司以及下设的基金管理机构的私募基金，不得对该企业进行投资。此外，私募基金子公司不得以投资企业聘请母公司或者是母公司的承销保荐子公司担任保荐机构，或者是主办券商作为对企业进行投资的前提。这个规定令过去依靠保荐加直投、Pre-IPO进行套利的模式走到了尽头。

全国60多家券商直投子公司，要在一年内转型为证券公司私募基金子公司，"券商直投"转眼成为历史。在项目的选择上，券商直投公司原来可能拿Pre-IPO项目就能发展得很好，但现在需要与市场上其他的VCPE机构竞争，要拿出更丰富、高质量的项目，才能够吸引外部资金。原来券商直投只要自己的资本金足够就可以了，但转型之后，基金中自有资金的比例不能超过20%。剩下80%需要在外面配资，必须要有 LP 进来。新规不仅明令禁止券商在实质保荐业务开展前的突击入股，还指出，私募基金子公司与证券公司其他子公司应当在人员、机构、经营管理等方面有效隔离。由于涉及保护公开市场中小投资者利益，采取投资与投行制度性隔离的安排适当、有效，也是对直投团队募投管退综合能力的考验。此外，券商直投的风控体系，不仅要遵守所有 PE 都要遵守的法规，还要服从中国证券业协会专门针对券商直投的监管办法。券商直投子公司还要纳入券商母公司的风控体系。在基金业协会备案时，券商直投也与其他 PE 不同，它有专门的一套备案体系和监管流程。

新规出台后，2017 年里，鉴于监管层对很多备案细则还不明确，券商系私募新基金备案陷入停滞。直投子行业目前暂时处于转型的阵痛期，但这个行业依然拥有广阔的发展空间。

第三节　直投业务的风险与防范

券商直投业务风险可以分为系统性风险和非系统性风险。

一、系统性风险

系统性风险包括：
（1）政策法规风险，指政策法规不健全或频繁调整变化给投资造成的影响。
（2）经济波动风险，指宏观经济走势及其波动过程中产生的风险。
（3）金融与资本市场风险，指由于金融市场变化以及主板创业板等多层次资本市场规范程度与规模大小等对投资者退出的影响。
（4）社会风险，指因社会动荡、投资理念等社会因素而引起的投资风险。

二、非系统风险

非系统风险包括：
（1）技术风险，指因被投资企业在技术方面无优势或技术本身存在缺陷导致项目失败的风险。

（2）管理风险，指由于企业组织制度、经营管理方面、约束激励机制等存在缺陷等导致的风险。

（3）市场风险，指被投资企业市场竞争力的不确定性引发的风险。

（4）投资分析风险，指投资企业在投资工具选择、投资规模大小、投资项目评价与筛选等方面由于方法、经验等存在缺陷使评估结果与最终结果偏离导致项目失败的风险。

（5）道德风险，指由于信息不对称，被投资方或投资方相关人员采用隐蔽手段导致投资方对被投资企业市场前景、管理能力等无法获取真实信息导致投资项目劣质的风险。

（6）资本退出风险，指资本的变现风险。对直投业务，即使被投资方无论在市场、规模和经营管理等方面都相对成熟，但在较短时间内能否上市，或即使上市，但在较长锁定期后市场状况如何，同样面临变现风险。

券商是直投业务最前线的操作者，因此，从某种意义上说，券商自身的内部控制是防范直投过程中各项风险最根本的途径。券商对直投风险的防范主要是通过建立一套科学、完善的内部控制体系来实现包括内部风险控制、内部信息隔离和内部风险隔离。其中，内部风险控制系统用以在投资决定做出前衡量某一具体项目的投资风险，并在投资全过程中跟踪项目情况，以供公司决策者根据风险变化及时调整投资策略。内部信息隔离系统用以防止直投业务部门（或子公司）与公司其他部门间的信息传递，从源头上杜绝利益输送和内幕交易，保证公司的合规经营，降低违法风险。内部风险隔离系统则用于阻断直投风险对公司其他部门的传导，避免风险在公司内部的扩散。券商应密切跟踪其内部控制体系，自行或聘请外部专业机构评价该系统的科学性和有效性，并及时更新完善。

第四节　对券商直接投资业务的监管

国际证监会组织（IOSCO）提出的证券监管三大目标为：保护投资者，确保市场公平、有效和透明，减少系统风险。这三大目标在券商直投监管领域被赋予了更具体的含义：

一、保护投资者利益

一是对券商其他业务现有客户利益的保护，监管者应采取措施保护客户资金全，严禁券商私下挪用客户资金；

二是对券商直投业务的投资者利益的保护，主要在于通过对直投券商信息披露义务的强制要求保障投资者的知情权；

三是公开证券市场上的潜在投资者利益的保护，主要重在防范券商通过散布误导信息欺骗公众投资者，或通过内幕交易破坏市场的公平竞争秩序。

新《证券法》与旧法最大的区别之一在于完善了投资者保护制度。对于证券公司而言，要做到了解客户、揭示风险，并且明确了卖者有责。对于投资者而言，应当配合证券公司，按照证券公司明示的要求提供个人真实信息。拒绝提供或者未按照要求提供信息的，证券公司应当告知其后果，并按照规定拒绝向其销售证券、提供服务。具体包括区分普通投资者和专业投资者、建立上市公司股东权利代为行使征集制度、完善上市公司现金分红制度、保护债券投资者和债券持有人、先行赔付制度、投资者保护机构在多元纠纷化解、建立证券集体诉讼制度等。

二、营造良好的市场环境

监管者必须制定严格的市场准入标准，尽可能地保证被准入者能够满足该项业务的要求，从源头上排除不适格的从业者入场的可能性，由此预防因市场主体的不适格而可能引发的恶性竞争等破坏环境的情况的发生。

三、控制业务风险并防范风险扩散

监管者应针对直投业务的特点设定某些强制性的风险指标，并要求证券公司建立起严格的内部风险控制体系，以降低直投业务的风险。

券商直投业务的监管始于2007年，经历了从"证监会试点审批阶段"到"下放至证券业协会自律监管阶段"，再到目前的"基金业协会自律监管+证券业协会自律监管双重监管"阶段。2016年12月30日，中国证券业协会发布《证券公司私募投资基金子公司管理规范》（中证协发〔2016〕253号，简称"253号文"）。253

号文取代了之前《证券公司直接投资业务规范》（中证协发〔2014〕3号，简称"3号文"），开启了券商直投子公司监管向私募基金子公司监管的转型，也进一步明确了证券公司通过子公司设立私募基金形式开展非标股权投资及债权投资的直投业务规范。

券商直投监管的变迁见图13-1。

试点期2007~2010年

2006年，国务院颁布《关于实施〈国家中长期科学和技术发展规划纲要（2006年~2020年）〉若干配套政策的通知》，允许证券公司在符合法律规范和有关监管规定的前提下，开展创业风险投资业务。

2007年，直投业务开放试点。试点期从最初中信、中金试水直投业务，到通过逐渐降低净资本要求扩大试点范围，累积了初步运作经验，但同时也出现一些问题，如通过Pre-IPO投资赚取一二级市场差价模式。中国证监会为此叫停"保荐+直投"模式。

规范期2011~2013年

2011年，中国证监会颁布《证券公司直接投资业务监管指引》，对"保荐+直投"模式亮起红牌，但在实际操作上，仍存在一定的规避可能。有些券商采取投行先摸底尽调，再引入券商直投签订投资协议，之后再正式由投行召开中介协调会的方式进行规避。

2012年，中国证券业协会印发《证券公司直接投资子公司自律管理办法》《证券公司直接投资业务规范》。券商直投业务由证券会审批监管变成中国证券业协会备案期，投资范围也进行了扩大。

开放期2014~2016年

自2014年起，监管层逐渐开放券商直投的投资品种和资金来源限制，赋予直投公司更多自主权，鼓励市场化运作。2014年1月，《证券公司直接投资业务规范》进行修订。新版规范对直投业务范围做出扩大调整，且将具有较高风险识别与承受能力，且投资额不低于1 000万元人民币的个人投资者纳入合格投资者范围。

2014年12月，中国证券业协会提出《证券公司直接投资业务子公司管理暂行规定（征求意见稿）》。直投公司设立门槛进一步降低，以负面清单形式规定直投公司不得从事的主要行为。

转型期2017年至今

2016年12月，中国证券业协会发布《证券公司私募基金子公司管理规范》和《证券公司另类投资子公司管理规范》。再度加强对券商直投业务的监管，要求相关公司在1年内完成修改。

全国约60家券商直投子公司集体向证券公司私募基金子公司转型，转型后私募基金子公司投入单只基金的自有资金不能超过20%，其余80%需要向外部募资。此外，新规采用更灵活的"签订投资协议与实质开展保荐业务孰先"原则，叫停"保荐+直投"模式。

图13-1 券商直投监管的十年变迁

第五节 国外投行的直接投资业务

在国外成熟市场上,直接投资业务一直是证券公司的主要业务领域和重要利润来源。国外市场上最活跃的直接投资基金大多由大型证券公司下属的直接投资部门进行专业化管理。例如,美国高盛公司专门设置了商人银行部,利用自有资金和募集资金投资于全球范围内的企业资产和房地产资产。在高盛的商人银行部门内,直接投资部负责产业投资和风险投资业务,房地产直接投资部则负责房地产业的投资业务。2004年初,高盛下属直接投资部门管理的资产总额超过170亿美元;2005年,高盛的直接投资业务净收入高达22.3亿美元,占公司全部收入的9.0%。美国另一大投资银行摩根士丹利也通过下属直接投资部负责对经营性企业做长期的投资业务,管理着大约100亿美元的资金。2004年,摩根士丹利直接投资业务总利润约为2.48亿美元,占资产管理业务税前利润的30%,占公司税前总利润的3.64%。

一、国际市场上从事直接投资业务的主要机构类型

在组织形式上,国外从事直接投资业务的机构大致有三种:一是私人资本;二是企业附属的直接投资公司;三是由专业机构管理的直接投资基金。

(一)私人资本

由于私人资本具有决策简便、制约较少、敢于冒险、勇于创新的特点,在直接投资发展初期,私人资本占有极其重要的地位。随着直接投资的发展,非组织化的私人资本受规模、连续性、稳定性等的限制,难以适应直接投资"组合投资、分散风险"特征对大规模资金的需求。

(二)企业附属的直接投资公司

控股公司和大型工商企业等也利用自有资本设立附属的直接投资公司,这使直接投资的发展进入了第二阶段。企业附属的直接投资公司一般在投资中具有一定的目的性和选择性,且投资决策缺乏独立性,投资往往集中于一些与企业发展有关的

特定行业领域，难以适应直接投资进一步发展的需要。目前，国际上设立直接投资公司的企业主要以信息产业的跨国公司居多，包括 Intel、Dell、IBM、Oracle、Cisco、Microsoft、Motorola 以及 Creative 等。

（三）专业机构管理的直接投资基金

20 世纪 40 年代以来，为了克服上述两种形式直接投资资本的局限性，由大型投资银行等专业机构管理的直接投资资本——直接投资基金开始出现，这标志着直接投资业务的发展进入了新阶段。直接投资基金按照"集合出资、专家管理、收益共享、风险共担"的原则运作，在资金规模、投资方向、投资组合以及连续性、稳定性和制度保障等方面取得了极大的突破，同时也在投资回报、风险承受和投资决策等方面受到了一些约束。但从成本和收益的比较来看，直接投资基金具有其他两种直接投资形式难以比拟的优越性。

从世界范围看，在直接投资市场最为活跃的直接投资基金大多由国际著名证券公司下属的直接投资部门进行专业化管理，包括高盛、美林、J. P. 摩根、巴林等。券商进行直接投资的目的是通过在资本市场上的成功撤出获得丰厚的回报。从企业的成长历程看，券商进行直接投资，实际上是将其传统的上市、并购业务在纵向上向前进行了延伸，并将其传统的资产管理业务在横向上进行了拓展。

二、国际投行开展直接投资业务的主要模式

国外投行开展直接投资业务的主要模式是通过下属的专业投资管理机构发起设立数家直接投资基金，通过基金契约，由下属的直接投资部或资产管理部对直接投资基金进行管理，履行管理人职责，商业银行为直接投资基金托管人。其中，客户资金所占比例较少的直接投资基金一般由券商下设的直接投资部进行管理，如高盛、摩根士丹利等就是采取这种模式。如果客户资金所占比例较大，则通常通过资产管理部进行管理。

案例　　　　　　　　高盛的私人股权投资

全球主要的投资银行都有专门从事 PE 的下属部门或机构，如高盛旗下的商人银行部和私人股权集团，摩根士丹利旗下的资本合伙基金、风险合伙基金和新兴市场基金，美林旗下的美林全球私人股权集团等。另外，一些知名的金融机构如凯雷、AIG、

ING、汇丰等也设立了专门的 PE 部门。下面我们主要介绍高盛的 PE 部门（见图 13-2）。

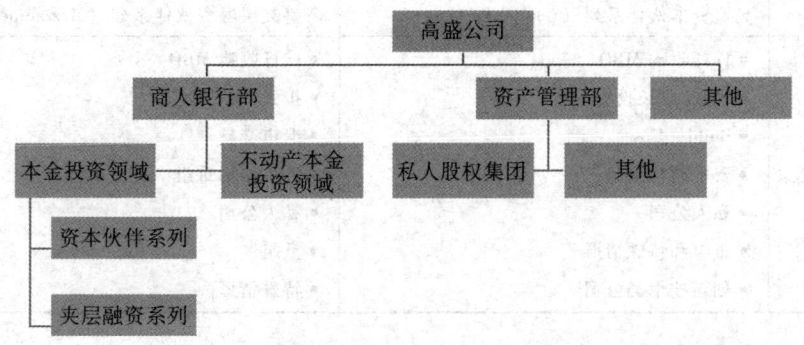

图 13-2　高盛的 PE 部门

高盛公司有两个部门从事私人股权投资：（1）高盛商人银行部（Merchant Banking Division）；（2）高盛私人股权集团（Goldman Sachs Private Equity Group，PEG）。

商人银行部的资本有高盛自有资本、高盛员工的资本以及外部筹资，主要投于世界范围内的企业和不动产资产。

商人银行部分为两个部分：本金投资领域（the Principal Investment Area，PIA），在世界范围内寻找企业投资机会；不动产本金投资领域（the Real Estate Principal Investment Area，REPIA），投资不动产。

本金投资领域的投资情况：1983 年，高盛开始有选择地对来自自身银行和经济业务的客户进行长期股权投资。许多早期的投资都获得了成功。1986 年，高盛开始建立投资合伙制度，允许客户参与高盛的基金。

1991 年，高盛创立了本金投资领域（PIA），管理全球范围的私人企业股权和夹层投资活动。高盛本金投资领域有两大类型的基金（见表 13-2）。

表 13-2　　　　　　　　　高盛本金投资领域两大类型的基金

	高盛资本伙伴系列（Capital Partaers）	高盛夹层融资伙伴系列（Mezzanine Partners）
投资理念	• 专注于欧、美、亚洲的投资机会； • 投资回收期较长； • 通过派驻人员的方式参与投资目标的战略和管理，实现高回报； • 主要投资工具有杠杆收购、重组、基金收购和扩张等	• 专注于欧美的夹层投资机会； • 投资回收期长短不限； • 主要投资工具是股票挂钩证券，如股票权证等，同时也考虑杠杆收购等其他投融资方式

续表

投资方式/对象	高盛资本伙伴系列（Capital Partaers）	高盛夹层融资伙伴系列（Mezzanine Partners）
投资方式/对象	• 杠杆收购 MBO • 扩张/成长投资 • Build – Ups • 资本结构重组 • 私人公司 • 重组和特殊情形 • 创新技术类公司	• 杠杆收购 MBO • 扩张/成长投资 • 退市交易 • 资本结构重组 • 私人公司 • 重组 • 特殊情形

高盛资本伙伴系列和高盛夹层融资伙伴系列基金概况分别如表13－3和表13－4所示。

表 13－3　　　　　　　　高盛资本伙伴系列基金概况

	高盛资本伙伴	高盛资本伙伴（亚洲）	高盛资本伙伴2号	高盛资本伙伴3号	高盛资本伙伴（2000年）	高盛资本伙伴5号	合计
资金总规模（亿美元）	1.04	300	1.75	2.78	5.25	8.5	319.32
成立年份	1992	1994	1995	1998	2000	2005	
高盛投资额（亿美元）	0.3	0.75	0.3	0.5	1.1	2.5	5.45
基金已投资比例（%）	全部投完	全部投完	全部投完	90	92	正在投资	
基金中投资项目数量（个）	49	17	54	73	57	5	255
投资地域（个）	全球	亚洲	全球	全球	全球	全球	
基金中单个项目的平均投资规模（亿美元）	0.02	0.015	0.05	0.033	0.085	0.74	0.943

表 13－4　　　　　　　　高盛夹层融资伙伴系列基金概况

	高盛夹层伙伴1号	高盛夹层伙伴2号	高盛夹层伙伴3号	合计
基金规模（亿美元）	1.2	1.3	2.7	5.2
成立年份	1996	2000	2003	

续表

	高盛夹层伙伴1号	高盛夹层伙伴2号	高盛夹层伙伴3号	合计
基金已投资比例（%）	全部投完	全部投完	53	
基金中投资项目的数量（个）	17	21	18	56
投资地域（个）	13（北美） 4（欧洲）	9（北美） 12（欧洲）	9（北美） 9（欧洲）	31（北美） 25（欧洲）
基金中单个投资项目的平均投资规模（亿美元）	0.025~0.183	0.026~0.102	0.035~0.13	0.065 0.086~0.415

高盛本金投资领域的专家遍及纽约、洛杉矶、伦敦、中国香港和东京等全球主要金融中心。

不动产（房地产）本金投资领域：高盛商人银行部的REPIA在全世界房地产领域寻找高增长的投资机会，如酒店、停车和仓储公司等。REPIA旗下主要启动（Vehicle）基金为Whitehall 2001，规模约为25亿美元，管理的不动产价值在400亿美元左右。另外，高盛还通过高息贷款和贷款收购等方式参与不动产投资。

高盛私人股权集团（Goldman Sachs Private Equity Group，PEG）现管理超过130亿美元的私人股权资本。PEG现由70多名专家组成，是私人股权基金的主要投资者，是直接投资者的主要合作投资伙伴。PEG致力于在全球发掘最优秀的私人股权基金经理。其主要策略是参与杠杆收购、扩张融资、自然资源、风险资本和困境证券的私人股权投资。

第十四章
场外交易市场

第一节 美国的场外交易市场

一、除了交易所，都算场外市场

场外交易市场是证券交易所之外的交易场所，交易方式不同于交易所。其没有固定场所、交易分散、以协议交易为主等。由于交易一般直接在证券商的柜台上进行，因而也被称为柜台（Over The Counter，OTC）市场。

根据美国法律制度，上市股票并不仅限于在其上市的交易所进行交易，上市股票的大量交易发生在上市交易所之外的其他交易所甚至场外市场。因此，美国的场外交易市场包括两部分：非上市股票的交易市场和上市股票的交易市场（如各类ATS等），通常所说的场外市场是指前者。场外市场主要在两方面有别于交易所，一是法律地位的不同，二是设立了挂牌标准，即并非所有公众公司都可以上市，而是须符合一定的上市标准。

二、先有场外市场，后有交易所；有了交易所，场外市场也一直存在

从美国证券市场发展史看，先有股份公司，之后场外交易市场，然后证券交易所，最后才有证监会和相关法律。1792年NYSE成立，之后的一百多年间，股票的发行和交易市场大致仍处于自发状态，并没有相关法规进行监管，直到《1933年证券法》《1934年证券交易法》制定后，美国证券市场才开始进入"管制"时代。

《1934年证券交易法》则主要针对证券交易市场，要求建立专门机构SEC，授权其管理股票交易所，并对绝大多数的证券经纪商和自营商进行监管；1938年的修正案把SEC对证券市场的监管扩大到OTC市场，通过建立全美证券商协会（National Association of Securities Dealers，NASD）实行自律监管，促进柜台交易市场的有序发展。现代意义上的场外证券市场正是在这一背景下蓬勃发展的。此后，OTC市场是以分散、议价市场的形式存在，交易主要在经纪自营商柜台处完成，且无专门收集和发布报价及成交价量等信息的系统。这些信息的收集、发布，主要是依靠全国

报价局发布的"粉单"（该公司收集这些信息后，以粉色纸张公布股票行情）。由于"粉单"每天只印刷一次，因而投资者不能随时动态掌握市场行情，不利于场外市场的发展。

随着美国经济在第二次世界大战后的迅速发展，场外市场迅猛发展，为此，NASD 于 1971 年设立了纳斯达克（NASDAQ），这是一套电子化报价系统，通过计算机网络将证券经纪商、做市商、投资者和监管机构等联系起来，专门动态地收集场外市场交易信息。NASDAQ 系统极大地改善了场外市场交易信息发布，提高了市场透明度，完善了市场监管，从而极大地促进了场外市场的发展。在 NASDAQ 成为交易所后，OTCBB 等继续承担了该功能。

三、NASDAQ 的发展史，代表了美国场外市场的演进史

在 1971 年 NASDAQ 设立之初，它只是一个报价系统，并无撮合交易的功能，交易仍通过证券商达成。更为重要的是，仍不设立挂牌标准，只要有做市商愿意做市就可以挂牌（出现在报价系统中），因而没有改变其场外市场的性质。

经过了十年发展，直到 1982 年 4 月，NASDAQ 才成立由交易最活跃的 40 只股票组成的全国市场（National Market System，NMS），并制定了该板块的挂牌标准，其余公司则组成仍然不设立挂牌标准的小型股市场（Small Cap Market）。鉴于 NMS 设立了挂牌标准，其很大程度上是一个场内市场了。1990 年，NASDAQ 再为没有挂牌标准的小型股市场（Small Cap Market）中部分股票设立了挂牌标准，并将其余股票组成 OTCBB，这两部分的最大区别在于前者有挂牌标准，本质上属于场内市场，后者仍没有挂牌标准，本质上属于场外市场。

此后，全国市场（NMS）和小型股市场（Small Cap Market）一直是 NASDAQ 的分层体系，直到 2006 年 2 月，NASDAQ 宣布将它们改组为三个层次——NASDAQ 全球精选市场、NASDAQ 全球市场（即原来的全国市场）以及 NASDAQ 资本市场（即原来的"小型股市场"）。

2006 年 1 月 13 日，SEC 正式批准 NASDAQ 注册成为继 NYSE 和 AMEX 之后的美国第三家全国性证券交易所，从而使得这些板块正式成为场内市场。但在此之前，市场普遍认为 NASDAQ 的上述两个板块早已是场内市场，只有 OTCBB 才是场外市场。

NASDAQ 的演进史可以概括为"场外交易发展——流动性提高——场内化——

剩余部分继续发展——流动性提高——再场内化"的良性循环，此前，NYSE 和 AMEX 都是遵循该模式，由场外市场最终发展为交易所。

四、目前的场外市场：以证券商为中心的有监管市场

目前，美国场外市场的格局仍是"柜台交易+报价系统"，且无实质性挂牌标准，以区别于交易所的"集中交易+撮合系统"，且有实质性挂牌标准。所谓柜台交易，是指非上市证券的交易主要仍是在各证券商的柜台进行，即经纪自营商（Broker-dealer）居于场外市场中心地位；所谓报价系统，是指系统传播场外交易信息，包括做市商的报价、最近的成交信息等，但不具备撮合成交功能。目前，OTCBB 是美国最主要的场外市场报价系统，其挂牌公司都必须是向 SEC 注册过的"申报公司"。此外，"粉单"市场的 OTCQX 也是同类型的报价系统。

除了 OTCBB 和 OTCQX 之外，Pink Sheets 中的非公众公司部分以及 PORTAL 系统等，也是场外市场的重要组成部分，前两者主要交易公众公司的非上市股票，后两者则在限制证券交易（非公众公司或者公众公司私募发行的证券在《美国证券交易法》中被定义为限制证券）中具有重要地位。尽管在相当长的一段时期内，场外市场是以自发状态存在的，但在美国形成证券市场监管框架后，场外市场被纳入监管范围，且监管日益完善。除了 SEC 对场外市场的监管之外，作为唯一在 SEC 注册的全国性协会，NASD 承担了组织和监管场外市场的主要职责，特别是对做市商做市行为的监管，该职责后来转移给 FINRA。在具体手段上，更主要的是借助技术手段，通过建立高效的电子化报价系统，不仅促进了市场的发展，也为有效市场监管创造了技术条件。

第二节　场外交易市场在我国发展状况分析

一、场外交易市场的发展历史

在证券交易所成立之前，非上市公司的股权交易主要分为地下交易和场外交易。

在地下交易时期，交易主要是自发的，这一时期的特征是交易成本比较高、管理混乱。例如，1984年，飞乐音响股票首次发行后，股票持有人就提出了转让要求，并进行了一些自发的实际转让。因此各地政府对此采取了限制和取缔的方法。在场外交易时期，政府开始介入证券交易活动，如1986年9月，中国工商银行上海信托投资公司静安证券部开设股票交易柜台，"飞乐""延中"两只股票在此挂牌交易。1988年，深圳经济特区证券公司开始代理深圳发展银行的股票买卖，标志着深圳证券场外交易正式开始。1989年，深圳市又批准了3家有证券投资和经营资格的信托公司设立证券部，从事股票的代理发行、转让等事务。此后，深圳股市由于深发展的诱人回报而随之升温。为防止股价过快上升，1990年5月28日，深圳市政府发出公告，将以前场外自由议价成交、由证券公司办理过户手续的规定改变为由中介机构代理所有证券交易活动。同年5月30日，中国人民银行深圳分行颁布《关于深圳目前股票场外交易的若干暂行规定》，实行股票买卖及过户有效证件制度，以及委托买卖股票价格的涨跌幅停牌制。

在证券交易所成立之后，非上市公司的股权交易受到重大影响，发展渐趋衰落，主要分为两个阶段。第一阶段，证券交易所取代场外交易时期。由于沪、深两家证券交易所的建立，各地分散的场外交易基本被取消，股票的地下交易又趋于冷清，人们更多的是到证券交易所来买卖证券。这段时间证券交易所呈现的特点是股票的种类比较多，上市公司的数量也相应增加，例如1990年12月19日至1993年12月10日，在沪、深证券交易所挂牌上市的公司共138家。这在一定程度上缓解了供求关系，抑制了股票价格过高。第二阶段，OTC市场与证券交易所市场并存的时期。虽然沪、深证券交易所的建立，在一段时间内取代了股票的场外交易与地下交易，但是，这并不意味着股票交易与流通问题已得到根本解决。因为真正能够到沪、深两市挂牌上市的公司毕竟是少数，所以一些地方地下交易又开始流行起来了。政府也注意到了这个问题，因此开辟了合法的OTC市场。1993年9月27日，山东省淄博市正式创立了证券交易自动报价系统，从事部分定向募集公司股票的交易。此后，武汉、天津、乐山以及江苏省、河南省等地，也分别建立了类似的场外交易市场。我国政府为解决国有法人股的流通问题，于1990年12月5日，由原国家体改委牵头成立中国证券交易自动报价系统（简称STAQ），1994年4月28日，中国人民银行牵头成立了全国电子交易系统（简称NET）。

2008年12月26日，随着首批3家企业正式挂牌天津股权交易所，场外股权交易市场再次吸引人们的目光。事实上，近年来随着中小企业融资需求的高涨，非上市公司的场外股权交易日渐增多，场外股权交易市场正发生着较大的变化，已逐渐成为多层次资本市场体系的有益补充。场外股权交易市场多指在主板、创业板市场之外进行高科技、高成长型中小企业股票、退市企业股票交易的场所。受经济体制及发展历程等因素影响，我国股权交易市场是一个相对广泛的市场，既有国有股权交易，也有非国有股权交易；既包括股份公司股权交易，亦涉及有限责任公司股权交易。因此，在发展初期，我国场外股权交易市场泛指在上海、深圳证券交易所之外进行非上市股票或股权交易的市场，主要包括产权交易市场、代办股份转让系统和股权交易市场。

二、场外交易市场的发展现状

受我国经济发展历程和国企改革影响，我国的场外股权交易市场并不是一个统一的市场，而是由数百个市场组成。各市场相互独立，呈现出不同的发展特点。

（一）产权交易市场：充分发挥产权流转和融资功能，在国有资产保值增值方面发挥了良好作用

产权交易市场是目前我国场外股权交易市场体系中存在时间最长、规模最大的市场之一，由全国200多家产权交易机构组成，遍布全国各地。近年来，我国产权市场交易规模逐年增长，保持了良好的发展势头。据中国产权协会统计，2012~2016年，产权交易资本市场交易的产股权、实物资产、诉讼资产、金融资产、企业融资服务等12类产权交易（含非国有）项目累计成交额18.09万亿元。其中，2016年产权交易行业实现交易额7.92万亿元，成交宗数132.95万宗，与2015年相比增幅分别为110%和58.27%。近六年来，全国国有企业通过产权交易资本市场转让国有资产8 636亿元，平均增值率19.66%，其中94%的交易项目在评估结果基础上实现了增值。

在产权交易资本市场上，不断涌现的成功案例也引发关注。上海联合产权交易所助力宝钢集团、国电集团、华能集团等中央企业在钢铁、煤炭等产能过剩行业，清理处置低效无效资产，回笼资金过百亿元；重庆联合产权交易所协助中国铁路物资总公司，成功处置变现资产，历时36天回笼资金27亿元，帮助企业成功化解了一次债券偿付危机，等等。

随着行业未来发展基础的不断夯实，产权交易资本市场具备的产权流转和融资服务两大功能将逐步放大：一是在实现国有资产保值增值、防止国有资产流失、服务国资监管方面日益发挥出中国特色产权交易资本市场的重要作用；二是在服务国有企业改革、服务实体经济发展、优化要素资源配置、推动混合所有制经济发展方面，产权交易资本市场的独特优势将进一步显现。

（二）代办股份转让系统：并列、分化、试点、合并、转型走向场内

所谓代办股份转让，是指证券公司以其自有或租用的业务设施，为非上市股份公司提供股份转让服务。代办股份转让是独立于证券交易所之外的一个系统，投资者在进行股份委托转让前，需要开立非上市股份有限公司股份转让账户。代办股份转让系统成立于2001年，后于2006年增加了中关村科技园区非上市股份有限公司股份报价转让试点，由此形成两大板块，即原代办股份转让系统和中关村股份报价系统，分别称为老三板和新三板。前者主要承接沪、深两市退市公司股权交易，而后者则为中关村科技园区内的股份有限公司提供股权转让平台。新三板和老三板到这时相当于并列关系，一个装的都是中关村的创新科技公司，一个装的都是退市公司。再后来，老三板活跃度不高，新三板发展不错，于是2010年8月证监会扩大试点，将新三板从北京中关村，扩大到北京、上海、天津、武汉，四个高科技园区，这四个园区的企业都可以来这里挂牌。

2012年9月，国务院批复设立的"全国中小企业股份转让系统"正式在工商总局注册登记。至此，老三板被长大后的新三板（全国股转系统）接收，成为新三板的一小部分。2013年末股转系统面向全国接收企业挂牌申请，新三板开始进入快速发展轨道。定位解决之后，新三板迎来了3年的黄金发展期，挂牌企业呈现爆发式增长，2014年挂牌1 572家，2015年5 129家，2016年10 163家。全国中小企业转让系统主要统计指标见表14-1。

表14-1　　　　　全国中小企业转让系统主要统计指标

年份	2018年	2017年	2016年	2015年
挂牌规模				
挂牌公司（家）	10 691	11 630	10 163	5 129
总股本（亿股）	6 324.53	6 756.73	5 851.55	2 959.51
总市值（亿元）	34 487.26	49 404.56	40 558.11	24 584.42
股票发行				
发行次数	1 402	2 725	2 940	2 565

续表

年份	2018 年	2017 年	2016 年	2015 年
发行股数（亿股）	123.83	239.26	294.61	230.79
融资金额（亿元）	604.43	1 336.25	1 390.89	1 216.17
优先股发行				
发行次数	9	10	3	-
融资金额（亿元）	2.59	1.80	20.20	
股票转让				
成交金额（亿元）	888.01	2 271.80	1 912.29	1 910.62
成交数量（亿股）	236.29	433.22	363.63	278.91
换手率（%）	5.31	13.47	20.74	53.88
市盈率（倍）	20.86	30.18	28.71	47.23
投资者账户数				
机构投资者（万户）	5.63	5.12	3.85	2.27
个人投资者（万户）	37.75	35.74	29.57	19.86

资料来源：全国中小企业股份转让系统。

2015 年 7 月，在《场外证券业务备案管理办法》第一章总则的第二条中指出："场外证券业务是指在上海、深圳证券交易所、期货交易所和全国中小企业股份转让系统以外开展的证券业务"。至此，全国中小企业股份转让系统不包括在场外市场中，新三板已被正式划分到"场内证券交易行列"。

2016 年 6 月，新三板分层制度正式实施，新三板正式进入分层时代。截止到 2016 年 12 月 31 日，基础层挂牌企业共有 9 211 家，是创新层企业数量的 9 倍多。2016 年基础层企业，成交 130.77 亿股，成交 506.46 亿元，比创新层企业成交少了 54.52 亿元。创新层总市值 9 523 亿元，平均一家企业市值为 10 亿元。2016 年新三板企业成交 363.63 亿股，成交 1 912.29 亿元，其中，创新层企业分层以来共成交 70.95 亿股，成交 560.98 亿元。

2015 年、2016 年新三板市场火爆期，分别有 84 家、87 家券商各推荐 3 590 家、5 138 家企业挂牌。然而到了 2017 年，有 709 家企业告别新三板，其中主动申请摘牌的企业数量超过 600 家。部分企业给出的摘牌理由就是节省成本。2017 年，随着市场的降温，挂牌企业数量骤降和做市交易的冷淡，新三板业务很快成为券商的鸡肋业务。在二级市场，所有的新三板做市商中，投入最大的第一梯队中的中泰证券、安信证券、申万宏源以及兴业证券距离高峰时期的做市企业数量也都有近百家规模的缩减。

（三）股权交易市场：股权交易所服务于中小微企业，效能仍需伺机放大

我国最早的区域性股权交易市场诞生于2008年9月，即天津股权交易所。天津股权交易所发展至今，已经成为我国最重要的区域性股权交易所之一，为之后区域性股权交易市场的建立起到了良好的示范作用。此后，重庆、上海、山东等多个区域市场也先后投入运营。2008年，天津先后设立两家独立的股权交易所，即天津股权交易所和天津滨海国际股权交易所。其中，天津股权交易所采用公司制运营方式，主要为"两高两非"（高新区内高新技术企业、非上市非公众公司）企业股权和私募股权基金的份额流动提供规范有效的场所，其服务对象主要是高成长、高科技类企业和股权投资机构。天津滨海国际股权交易所定位于专业从事企业股权投融资信息交易的第三方服务平台，其股权交易范围有进一步的扩展：全国各地的股份公司和有限责任公司，包括种子期、成长期以及成熟期各个阶段的企业，只要企业能够满足股交所的挂牌条件，均可申请挂牌。

两家股权交易所均致力于为私募股权投资机构的募资、投资以及退出提供更多服务。其中，天津股权交易所致力于为私募股权基金融资提供定价服务，帮助私募股权基金进行融资。此外，私募股权基金权益以及私募股权基金投资形成的股权均可在天津股权交易所进行挂牌交易，从而实现私募股权基金的份额流转及投资退出。在天津滨海国际股权交易所内，私募股权投资机构可以通过成为投资会员而对挂牌融资项目进行摘牌投资，亦可以发布募资信息，还可以将所持有的企业股权挂牌转让。

截至2016年底，全国共有40家区域性股权市场（除云南外其他省市均已设立），挂牌企业1.74万家，展示企业5.94万家，2016年为企业实现融资2 871亿元，在支持中小微企业多样化融资、推动中小微企业规范运作、增强金融服务普惠性等方面发挥了积极作用。

但是区域性股权市场已成为多层次资本市场体系的"塔基"，但还存在法律地位不明晰、监管责任未落实、管理制度不健全等问题，易酿成金融风险。鉴于此，2017年1月26日国务院办公厅出台了《关于规范发展区域性股权市场的通知》，其目的是进一步健全多层次资本市场体系，促进区域性股权市场规范、健康、稳步地发展。

第三节　当前我国场外市场存在的问题及未来发展方向

一、当前场外交易市场建设中存在的问题

总体来讲，我国证券市场体系化建设仍不完善，目前尚未形成完整的多层次市场体系，缺乏统一的、多元化场外交易市场。场外市场的发展比较滞后，至今尚未形成具有全国影响力的场外交易市场，甚至场外交易市场体系的建设的方向仍有待明朗。当前场外交易市场建设中存在的问题主要体现在四个方面。

（一）场外市场发展系统规划缺失、发展模式模糊，限制了政府主导型场外交易市场的建立

我国股票交易市场建立的过程是政府主导型的，在此过程中，对于规范的场内市场建设十分重视，而对场外交易行为基本上持限制态度。由于得不到系统的规划，没有明确的发展方向，场外市场的发展只能处在比较边缘化的状态。场外市场的发展一度被视为对正常股票交易秩序的扰乱以及对场内交易资金的挤占，长期无法得到合理的地位和重视。进而导致新三板市场和股权交易市场长期处于低迷状态，发展受到限制。

（二）场外交易市场的制度化建设严重滞后

场外市场缺乏系统的法律和行政法规规范，缺乏系统的市场化制度体系，对交易的规则、监管、信息披露等交易制度的相关规定亟待健全。目前，除了《证券法》《公司法》等法律制度对场外交易行为进行了一定概要性要求之外，具体交易所涉及的各种细节制度尚处于摸索期，发展仍处于自发状态。自发的市场发展虽有利于诱致性市场制度的生成，但却造成市场制度建设的不规范，不利于市场的统合。

（三）场外市场的交易集中度低

由产权交易机构、新三板市场和股权交易所共同组成的场外交易体系缺乏统一

性,各个子市场之间业务重合度高,但彼此之间的整体性却很差,难以形成统一的交易市场。各个子市场在功能定位、交易准入、交易制度方面差异较大。同时,行政管理的分割造成市场的区域化倾向严重,可能造成因为地方利益争夺而进行的恶性竞争。挂牌企业股权转让难以在更大范围内进行,交易成交率和交易量都受到了限制。

(四) 场外市场的整合难度大

各子市场的监管和管理分散,政出多门,增加了市场整合的难度。新三板市场由证券从业协会监督管理,产权交易市场监管部门多为地方政府产权交易管理办公室和国有资产管理机构,而股权交易所之外,证监会为了加强非上市股份公司的监管,也专门成立了证券监管二部。监管部门过多,不仅难以形成统一的标准,而且容易造成监管真空,导致市场运作的低效率和无序性。

二、依托产权市场建立场外股票市场的必要性与可行性

(一) 依托产权市场建立场外交易市场的必要性

我国资本市场的重要弊端之一在于其交易结构的单一性,股票市场一头独大,而债券市场、衍生品市场发展相对滞后。新三板市场的扩容对促进资本市场完善的同时,也可能加深这种结构性弊端。而以产权市场为基础的场外交易市场将更加灵活,除了发展股权市场之外,产权交易体系的完善、私募股权市场的发展、场外基金等金融衍生品的发展将有利于我国形成体系更加完善的资本市场结构。天津股权交易所在私募股权基金的发展方面就做出了比较好的尝试。股权交易市场的分散性有利于创新机制的多元化,可以在低成本的情况下进行金融创新。即便出现一些问题和风险,由于市场分散,也不会形成系统性风险,有利于试错式市场改革的推进。

产权交易市场的产生是国有企业改革的需要,随着我国企业改制的结束和国有产权交易的萎缩,传统产权交易逐渐清淡。在此背景下,培植新的市场增长点是传统产权市场发展的关键,场外股权交易必然成为传统产权市场转型的选择之一。

（二）依托产权市场建立场外交易市场的可行性

1. 我国经济发展现状对股权交易提供了大量的市场需求

当前，我国除去少量境外上市、新三板挂牌交易的股份制企业之外，大量的股份制企业的股权没有正规的渠道进行交易。如果再考虑数量更加庞大的有限责任制企业的股权，对股权市场发展的市场需求会更加庞大。同时，除了基本的股权交易之外，股权质押融资等派生需求也对股权交易市场建设提出了更加深入的要求。如此庞大的需求，仅依靠场内交易和代办股份转让系统的发展是无法满足的。

2. 产权交易市场经过多年发展，已经积累了大量经验，为股权市场的推出奠定了很好的基础

我国的产权市场经过20多年的发展，已经相对成熟，在国有产权交易、私人产权交易、股权托管等方面运作已经比较成熟。在此基础上，发展股权交易的边际成本较低，风险也容易控制，且具有更好的适应性。

3. 信息技术与网络的发展为股权交易市场的发展扫清了技术障碍

不同于传统的柜台市场，新型场外市场是以电子化交易为基本交易方式的。电子化交易平台的交易速度快，市场处理能力强，而且通过联网方式能够快速实现市场的联通与整合。因而，基于电子交易平台的场外股权交易市场从技术角度已经不存在任何障碍，这为股权市场的发展提供了良好的交易基础。

案例　　一家农资企业在纳斯达克成功上市的启示

2009年12月18日，永业国际董事长吴某敲响这一天纳斯达克的钟声。此次美国之行，吴某带去的融资计划是6 000万美元，近90家基金，给作为保荐机构的投行下的订单为1.8亿美元，超限2倍。基金的争抢源于在金融危机下，永业却能给他们带来高回报，正如美国知名理财网站"The Motley Fool"在蒂姆·汉森《新年第一号投资秘籍》的文章中所说："如果你在2009年买了永业国际的股票，结果会是什么呢？425%的回报"（汉森是Motley Fool的全球收益顾问，也是股神沃伦·巴菲特任董事长的伯克希尔·哈撒韦公司的股东）。

第二天，公司老总吴某揣着6 000万美元海外资金启程回国，他要到中国继续打造从18亿亩耕地到城市餐桌的绿色产业链，并帮助中国农民实现致富的梦想。永业国际从2003年成立至今，走了一条边融资、边发展壮大的成功之路，每一次融资，都让这个中国民营企业实现一次质的飞跃。

谁能想到，当年的永业国际曾经濒临破产。2004年4月，全国开始宏观调控，银行承诺给永业国际的2 000万元贷款落空，资金链的断裂，让永业面临倒闭的危机。危机中，吴某对公司的发展战略做了重大调整，企业开始进军农资市场。他将公司全部资产在呼和浩特商业银行做了抵押，贷款1 000万元，推广"永业生命素"（一种让作物增产的环保肥料）。银行的贷款令永业绝处逢生。

然而，永业的商业模式是需要大资金推动的，由于国内很多作物均为单季，农业物资的生产销售周期为整整一年，资金流动的周期也是一年，使用效率低。但在企业没有知名度和规模的时候，除了抵押贷款，银行不会提供别的什么融资工具。巨大的资金压力让吴某把目光投向了上市融资。

"不过，有比我们项目好的88家项目在内蒙古经营办过了三年辅导期还在排队，A股市场上不去，永业可能在8 888名以后排着。"吴某对短期在国内上市融资不抱信心。他将目光瞄准国际市场。

2008年4月17日，吴某与纳斯达克场外交易市场板块（OTCBB）的一家壳公司进行了股权置换，并将壳公司改名为"永业生物"（现为"永业国际"），成功登陆纳斯达克OTCBB。

吴某说："我告诉美国人，永业生命素产品能让粮食作物增产10%～20%，蔬菜增产15%～30%，农产品的质量明显改善。而且中国人多地少，仅有的18亿亩耕地要养活13亿人口，更迫切地需要找到农作物增产的方法。"

永业还有一个精炼的团队，吴某的核心团队均在学界和工商界获取诸多的头衔。永业的产品和团队，以及巨大无比的中国农村市场，渐渐被华尔街的基金大佬们认可。几天的路演，让永业从黑河、Ardsley等基金手里拿到了1 000万美元。

随后一年半的时间里，永业凭借自己良好的业绩和成功的营销方式，又先后两次从纳斯达克融得2 000万美元。海外资金让永业生命素几近停工的扩建项目重新上马，而且充实了流动资金，让永业在增加库存的基础上，有了更大的发展空间。

与纳斯达克相比，OTCBB门槛低而取胜，它对企业基本没有规模或盈利上的要求，只要能有三名以上的做市商愿为该证券做市，企业股票就可以到OTCBB市场上流通。美国很多成功企业都尝试过由场外交易市场到主板上市的转板道路，其中包括大名鼎鼎的微软和思科。

尽管登陆OTCBB门槛较低，但场外交易中的中小企业在5年之内被淘汰90%实属正常概率。民营企业在OTCBB市场上能否成功融到资，首先取决于该企业的资产状况，因为只有业绩支持的股票，美国投资者才会追捧。其次，还必须到美国邀请专业的财经公关公司，将企业的创富故事讲给美国的投资者。而所谓的企业的业绩支撑，对于传统行业的企业来说，企业每年的净利润必须达到 1 500 万元，年增长率必须在 20% 左右；对于非传统行业的企业来说，年净利润可以稍微低一些，但年增长率必须要在 30% 左右。

一些企业总是抱着圈钱的目的登陆 OTCBB，但场外交易面对的不是股民，而是经历风浪的投资者，他们见多识广，想让他们出钱，必须有真正能打动他们的地方。永业选取了一个有广阔前景的农村市场，用好的产品吸引了美国投资者的注意，并让他看到了企业巨大的发展空间。

他的创富故事帮助他成功融得资金，那些在 OTCBB 市场登陆的以及准备登陆的中国民营企业，有能打动别人的故事么？

从 OTCBB 升级到纳斯达克或者美国证券交易所（AMEX），实现从丑小鸭到白天鹅的蜕变，充满艰辛。仅是一条股价最低 4 美元的限制就把 OTCBB 上大多数企业挡在了纳斯达克之外，截至 2008 年 12 月 24 日，OTCBB 有 172 家中国公司，但按照 4 美元的规定，这 172 家企业中的 97% 转板无门。

永业的成功，产品、模式、团队，缺一不可，但中国并不缺乏好的科技成果，然而好的科技成果并不一定能成为畅销的好产品。中国也不缺乏人才，但怎样将人才整合成一个高效的核心团队，选取一个严密论证的商业模式去运作企业，对很多家族化的民营企业来讲，还是一个很大的难题。永业的成功，看似充满偶然，但其实是一种必然，他在销售农资产品的同时，打造了庞大的、值得信赖的销售服务终端，这为永业其他的产品铺平了道路。因此与其说永业是产品的成功，不如说是一种模式的成功，他在纳斯达克的华丽转身、成功上市，给我们太多的启示。在我国，由于资本市场的管制，每年申请上市的企业中仅少部分能获得上市资格，时至今日，中国的民企尚未取得与国企同等的地位，国内券商又倾向于做国企上市的大项目，而对民企的中小规模不屑一顾，使得民企在国内上市难上加难。因此，国内那些在 A 股、H 股市场排队等候的企业，何不尝试一下这条道路呢！

第十五章

基金家族

第一节　风险投资基金、私募股权基金与对冲基金

一、风险投资基金

风险投资（Venture Capital）通过集合投资筹措资金，以组合投资方式分散投资风险，通过管理增值赚取利润。它具有高风险、高利润、流动性差、无抵押担保要求、着眼于长期性和未来的特点。风险投资不同于普通投资，普通投资可以认为是为了获取效益而投入资金用以转化为实物资产或者金融资产的形式。而风险投资是为了获取投资的企业未来成熟时期的高额收益，而在其初创阶段投入一定的带有风险的资金。如果说普通投资是为了获取即期或者远期利益，则风险投资是为了获取预期收益，而预期又是不确定的，因此后者更具有风险性。

风险投资基金有两个鲜明特征，一是投资企业发展的早期，二是投资高科技和商业模式创新类企业为主。这类范畴的企业一方面具有高速增长潜力；另一方面又存在诸多不确定因素，给基金带来的收益较高但风险较大，故称其为风险投资基金，也有人称之为创业投资基金。近年来，风险投资基金投资的企业发展阶段出现变迁，难以清晰界定，因而作为一个学术概念有失之严谨之嫌。

（一）风险投资的组织形式及实施过程

在发达国家，自20世纪50年代起，陆续出现了几种风险投资机构组织形式：（1）国家资本与私人资本相结合的风险投资机构。如1985年美国的小企业投资公司（SBIC）。（2）小型私人合伙制企业。这两种模式是典型的"美国模式"，即以小企业的私营风险投资公司为主体的模式。按照美国小企业管理局的规定，小企业公司的创办资本不能少于50万美元，其对一个风险企业投资的总额不能超过自身资本总额的20%，也不能超过该风险企业资金总额的49%。可见，严谨的法律约束是规范和避免过度投机和盲目投资的一个重要的风险投资良性发展的支撑点。（3）有限责任公司。（4）风险投资股份公司，即大型股份制投资公司投资于有限责任制公司，入股者可以是私人、企事业单位和银行等。股份公司为有限合伙人，由有限责

任公司进行风险投资，股份公司可分享收益。(5) 辛迪加组织，即风险投资公司按辛迪加方式进行联合，其中牵头者要收取一定的费用，这几种形式称之为"日本模式"，即以大公司、大银行为主体（集团内部投资为主体）的模式。之所以称之为日本模式，就是因为日本风险投资的主角由该种形式的风险投资组织承担。(6) 创业投资基金，它是由风险资本组成的专门从事对高新技术企业进行风险投资并期望获得高收益的资本组织，这种以国家风险投资行为为主体的模式称之为"西欧模式"。无论采取哪种组织形式，风险资金的来源都是有规律和固定的，风险资金的主要来源有：养老基金、公司、捐赠、保险公司、个人和家庭、研究机构（包括大学）、商业银行和外国投资者，一般情况下，养老基金和公司的资金占整个风险投资资金来源的60%左右，其中养老基金的比重最大。

概括来说，风险投资要经历如下过程：建立基金，寻找投资机会→筹集资金以供投资→产生交易流程，识别有高潜力的新公司→筛选、评价交易→评估、谈判→增加价值过程（战略发展，有活力的董事会，聘请外部专家）吸引其他投资者→策划执行退出战略（IPO，解散，破产清算，被兼并收购）。也就是说，风险投资过程包括融资、投资、风险管理和退出四个阶段，而退出阶段是风险资本变现和撤出渠道，其顺畅与否在很大程度上决定了风险投资对投资者的吸引力。国际上风险投资的退出机制主要有：二板上市、柜台交易、兼并回购与破产清算。统计表明，在美国几种主要的退出机制中，公开上市交易的占20%，破产清算的占20%，兼并回购的占55%，从这组数字可以看出，大部分风险企业的最后结果是被兼并回购，能够首次公开上市交易成功的还是微乎其微。

（二）我国风险投资发展趋势

风险投资业和信息产业一样，20世纪80年代以后迅速成长为全球化产业。国际风险投资基金表现出了新四大特征：(1) 在投资企业选择上，重点转向种子公司。(2) 在退出渠道方面，更加重视兼并和收购（M&A）而不是过去的首次公开募股（IPO）。(3) 积极拓展海外市场，输出"企业家制度"。2006~2010年，中国、印度、北美、欧洲、以色列等成为国际风险投资回报最高的市场。(4) 重点投资行业有所转变，2005年以来投资已向环保和能源产业大幅度倾斜。我国风险投资是作为国家科技兴国政策的一部分由政府强制推行的产物，它运行在以国有商业银行占统治地位的金融环境中，该环境一方面制约了闲置资金向风险资金的转移，另一方面扩大了风险资本任务，即作为银行资金的补充，为众多的难以从银行取信的中小企业提供合法资金支持。其发展规律与社会角色更多地与政府政策相关。这使它与国外同行相比，在筹资渠道、管理水平、退出途径等方面都存在着差异，处于相对劣势地位。

近几年多起风险投资成功退出案例的出现，加上连续多年过10%的GDP高增长率及人民币小幅升值势必进一步加快我国风险投资增长。2005年起中国已成为继美国、以色列之后的第三大创业国和风险投资国。目前，大部分投资仍然投向IT企业，这与欧美的情况一致。此外，一些商业和消费者服务业、医疗甚至代用能源行业也开始越来越多地受到投资者的关注，并有了较快的发展。这在某种程度上反映出风险投资在中国的日渐成熟。事实上，如果以我国经济总量作为衡量标准，从长远看，国内风险投资可以运作的空间非常大。"十二五"时期，中国高新技术产业仍呈快速发展之势，生物产业、新材料产业等战略性新兴高新技术产业也将加快发展；"十二五"时期，高新技术向传统产业的渗透速度加快，用高新技术改造传统产业成为重要的发展趋势。因此，今后这些产业将在相当一段时期持续构成国内外风险投资的重点产业。

二、私募股权基金

私募股权基金（PE）是投资于未上市公司股权，以标的公司经营业绩改善从而分享盈利并最终获得退出收益为目的的集合理财金融模式。

（一）PE主要类别

全美风险投资协会将PE分为创业投资（Venture Capital）、并购基金（Buyout Fund）和麦则恩投资（Mezzanine Capital）三种。流行的分法中还有将增长投资（Growth Capital）作为第四种。

（1）创业投资：投资于创意、研发、产业化早期阶段的基金。

（2）并购基金：以控股方式投资处于稳定成熟期的企业，并通过企业内部重组和行业整合来帮助被收购企业确立市场地位。

（3）麦则恩投资：主要以债券形式投资处于稳定成长期而上市之前的企业。

（4）增长投资：扩张/增长基金所投的是处于成长扩张的公司，填补了风险投资与并购基金之间的缺口。

无论"三分法""四分法"还是更细致的分类，其核心都是围绕标的企业所处的发展阶段。按企业生命周期理论，企业的发展分为创业期、成长期、成熟期和衰退期。如图15-1所示，PE主要在前三个阶段形成了完整的产业分布。从进入到退出，完整的PE产业链对市场定价，提升产业资源配置水平起到至关重要的作用。PE产业链的打造能实现产业资本和民间资本的整合，涉及跨平台的系统化机制。另外，有中国特色的产业基金的投资贯穿企业成长的各个阶段，是PE在中国的特殊形式。

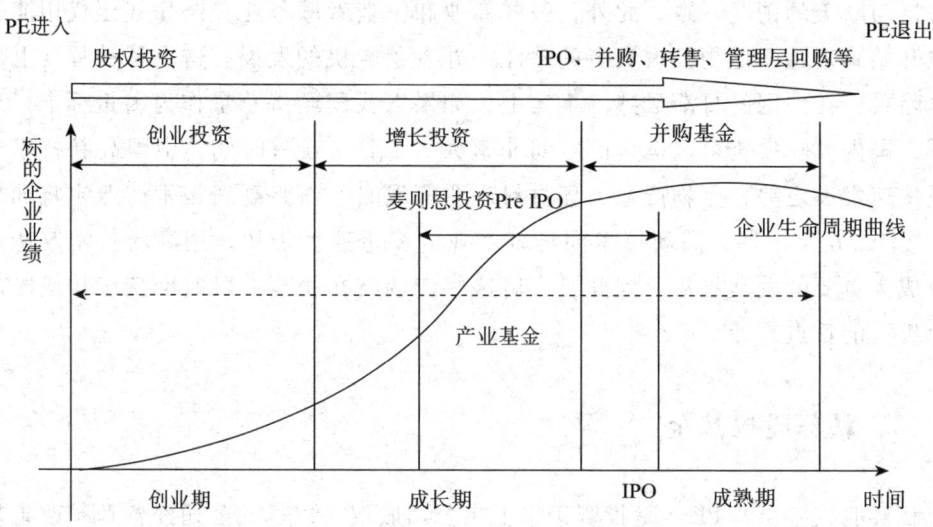

图15-1　PE分类及退出路径（在企业生命周期过程中）

（三）PE的功能

1. 推动科技创新

PE作为以支持创新、创造、创业为主的投融资机制，对未来新兴行业有着敏锐的触觉，拥有将高科技项目市场化的专业能力和实力。简单地说，PE是靠对行业发展的战略眼光赚钱。因此，私募股权投资机构在客观上推动了整个社会的科技创新。全球著名的科技创新企业，包括微软、英特尔、苹果等，都曾获得过私募股权投资机构的支持。

2. 产业结构调整与资源优化配置

作为一个专业投资机构，私募股权投资机构拥有敏锐的市场触觉、广泛的客户网络以及灵活的融资手段，能够及时把握投资机会，提高资源配置效率。如美国就有专门从事企业并购的并购基金，目的是通过调整企业的股权结构和业务架构，增强规模效益、降低经营成本，从而提高被并购企业的内在和市场价值。另外，由于私募股权投资机构通常能够提供更高的资本回报率，可以更容易地筹集社会资金，用于支持企业和经济发展。

随着私募股权投资的发展，资源整合已不仅限于一国范围，它已经有能力扩展到全球范围。近年来，随着中国经济地位的提升，已经有越来越多的国内企业，借助私募股权投资的支持，购并国外的原料、企业以及其他资源。

3. 提高企业治理水平

私募股权投资机构不仅为被投资的目标企业提供资金，更重要的是提供管治技能。由于所投资的企业通常处于发展的初创期，经营业绩的波动性较大，因此，私募股权投资机构为了控制投资风险，提高企业业绩，经常介入所投资的企业的管理，而这在客观上协助企业不断提高管治水平，从而尽快走上稳健发展的正轨。为数不少的中小企业，在私募股权投资机构的协助下，企业管治水平得到大幅提高，从而达到上市公司的标准。

4. 扩大就业机会

企业获得资金支持后，发展获得保障，就可以招聘更多人员。美国现代私募股权投资发展的早期阶段，其出发点就是为了解决第二次世界大战后退伍军人的就业问题。根据美国创业投资协会的调查，美国由创业投资机构支持的企业，雇用了1 210万人，占全美国私营机构雇员的11%。中国人的就业压力在"后金融危机"时期十分巨大，就业问题迫在眉睫。激活民营经济是拓展就业渠道的重要方法，而发展PE则是激活民营经济的重要突破口。

三、对冲基金

"对冲"在金融投资中的含义是保护自己免于价格不利变动。1949年时代杂志上发表的一篇文章"Fashions in Forecasting"引起世人对对冲基金这种新型投资策略的重视。目前国际上关于对冲基金（Hedge Fund）还没有形成一个可以广泛接受的描述性定义。美国证监会对Hedge Fund的定义是对冲基金是一个常用的非法律名词。IMF认为：对冲基金是私人投资组合，常离岸设立，以充分利用税收和管制的好处。Mar/Hedge（对冲基金研究机构）的定义是：采取奖励性的佣金（通常占15%~25%），并至少满足以下各标准中的一个：基金投资于多种资产；只做多头的基金，一定利用杠杆效应；或者基金在其投资组合内运用各种套利技术。HFR

（Hedge Fund Research，Inc.）定义对冲基金为"通常以私人合伙制投资或者作为离岸基金，收取一定的业绩管理费用，采用广泛的投资策略诸如非杠杆化的对冲、套利以及高度杠杆和趋势性策略"。CISDM（Center for International Securities and Derivatives Markets）定义对冲基金为"收取大额的激励费，通常为15%～25%，满足至少以下中的一条标准：基金投资于多种资产类别，使用杠杆，在组合中利用对冲策略。也有定义美国对冲基金为"有限合伙制或有限责任公司，投资于证券或者金融衍生品"。虽然第一支对冲基金为降低市场风险对冲头寸，然而现在"对冲"在这里的含义发生了很大改变。对冲基金的投资策略丰富多样，绝大多数的对冲基金不再采取对冲策略。有些对冲基金满足琼斯的标准：多头/空头头寸和激励费，有些对冲基金根本不对冲风险，只要满足任何一条都可以划分为对冲基金，所以现在不能用"对冲"的含义定义对冲基金。

经过几十年的演变，对冲基金已失去其初始的风险对冲的内涵，Hedge Fund 的称谓亦徒有虚名。对冲基金已成为一种新的投资模式的代名词，即基于最新的投资理论和极其复杂的金融市场操作技巧，充分利用各种金融衍生产品的杠杆效用，承担高风险，追求高收益的投资模式。对冲基金采用各种交易手段（如卖空、杠杆操作、程序交易、互换交易、套利交易、衍生品种等）进行对冲、换位、套头、套期来赚取巨额利润。这些概念已经超出了传统的防止风险、保障收益操作范畴。加之发起和设立对冲基金的法律门槛远低于互惠基金，使之风险进一步加大。为了保护投资者，北美的证券管理机构将其列入高风险投资品种行列，严格限制普通投资者介入，如规定每个对冲基金的投资者应少于100人，最低投资额为100万美元等。

例如，在一个最基本的对冲操作中，基金管理人在购入一种股票后，同时购入这种股票的一定价位和时效的看跌期权（Put Option）。看跌期权的效用在于当股票价位跌破期权限定的价格时，卖方期权的持有者可将手中持有的股票以期权限定的价格卖出，从而使股票跌价的风险得到对冲。

又譬如，在另一类对冲操作中，基金管理人首先选定某类行情看涨的行业，买进该行业中看好的几只优质股，同时以一定比率卖出该行业中较差的几只劣质股。如此组合的结果是，如该行业预期表现良好，优质股涨幅必超过其他同行业的劣质股，买入优质股的收益将大于卖空劣质股而产生的损失；如果预期错误，此行业股票不涨反跌，那么劣质股跌幅必大于优质股，则卖空盘口所获利润必高于买入优质股下跌造成的损失。正因为如此的操作手段，早期的对冲基金可以说是一种基于避险保值的保守投资策略的基金管理形式。

以上这些机构给出的定义实际上揭示了对冲基金的基本特点：

（1）与其他机构投资者如共同基金（Mutual Fund）相比，对冲基金是通过私募的方式向特定投资者（比如机构投资者和富有的个人投资者）募集资金，因此对冲基金受金融监管部门的监管约束比较少，而且没有向公众进行信息披露的义务。这使得它在投资策略上有更大的自由度，在实际投资操作上具有很高的隐蔽性和灵活性。

（2）追求"绝对收益"。这一点与共同基金等机构投资者的业绩目标明显不同。共同基金的业绩评价一般是采用"相对收益"，即"跑赢市场"，获得高于市场基准收益为目标。而对冲基金则以实实在在的"绝对收益"为目标，不以市场基准收益为参考值，而是通过设立最低预期报酬率（Hurdle Rate）和高位标记（High Watermark）来衡量投资收益和获取业绩表现费。

（3）基金经理的激励机制取决于对冲基金业绩，一般为投资收益的10%～20%。并且基金经理通常会将自己的资产投入到所管理的基金中，以体现其与投资者共担风险的意愿，表明自己与投资者在利益上的相关性。

（4）投资活动的复杂性。近年来结构日趋复杂、花样不断翻新的各类金融衍生产品如期货、期权、掉期等逐渐成为对冲基金的主要操作工具。这些衍生产品本为对冲风险而设计，但因其低成本、高风险、高回报的特性，成为许多现代对冲基金进行投机行为的得力工具。对冲基金将这些金融工具配以复杂的组合设计，根据市场预测进行投资，在预测准确时获取超额利润，或是利用短期内中场波动而产生的非均衡性设计投资策略，在市场恢复正常状态时获取差价。

（5）投资效应的高杠杆性。典型的对冲基金往往利用银行信用，以极高的杠杆借贷（Leverage）在其原始基金量的基础上几倍甚至几十倍地扩大投资资金，从而达到最大限度地获取回报的目的。对冲基金的证券资产的高流动性，使得对冲基金可以利用基金资产方便地进行抵押贷款。一个资本金只有1亿美元的对冲基金，可以通过反复抵押其证券资产，贷出高达几十亿美元的资金。这种杠杆效应的存在，使得在一笔交易后扣除贷款利息，净利润远远大于仅使用1亿美元的资本金运作可能带来的收益。同样，也恰恰因为杠杆效应，对冲基金在操作不当时往往亦面临超额损失的巨大风险。

四、风险投资基金、私募股权基金、对冲基金的边界日趋模糊化

同样以企业股权为投资对象的创业投资，在概念上往往容易与 PE 产生混淆。

VC投资于企业的起步阶段，以获得企业成长后股权价值的增长带来的投资利润为目的；而PE不仅专注于处于初始阶段的企业，业务还涉及扩张期和成熟期的企业。另外，产业基金的概念也与PE相仿。产业基金是一个中国化的概念，通常指投资于成熟企业、传统产业的未上市企业的基金。从投资领域上来讲实质上也是股权投资基金。随着金融创新的不断演进和发展，PE、VC、产业基金，甚至对冲基金的概念都已逐渐模糊，从募集到业务都有互相渗透的现象。

第二节 风险投资基金

一、发达国家风险投资基金发展经验借鉴

（一）美国的经验

美国是风险投资基金的发源地，1946年美国研究与发展公司（ARD）成立，它是世界最早出现的专业性风险投资机构。ARD的巨大成功，大大刺激了美国风险投资基金的发展。从那时起，一直到20世纪60年代，美国的风险投资基金的主要形式一直是小企业投资公司（SBICs）。到20世纪60年代后期，由于有限合伙制的兴起，建立了有效基金管理者激励约束机制，将资金与投资人才结合，并且不用缴纳公司所得税，税收负担减轻，运营成本也随之降低。因此，有限合伙制逐渐代替SBICs成为美国风险投资的中流砥柱。在经历20世纪70年代美国风险投资的低潮之后，20世纪80年代美国风险投资再次进入迅速发展阶段，风险投资资金规模不断扩大，资金的来源越来越多元化。

在组织形式上，有限合伙制是美国风险投资基金最主要的组织形式，占全部风险投资基金的2/3。此外，公司或金融机构的附属机构从事风险投资占的比为14%，独立的私人风险投资公司占比为9%，属于非有限合伙人制的小企业投资公司（SBICs）占比为8%。

（二）英国的经验

英国的风险投资始于20世纪50年代。20世纪80年代真正进入第一个蓬勃发展

时期。在这一时期,英国政府为了促进风险投资发展,颁布了一系列鼓励政策,如税收优惠、贷款担保计划、企业扩大计划等。20世纪80年代初期,英国建立了未上市的担保市场(USM),发展场外交易市场(OTC),使英国的创业公司可以方便快捷地募集到风险资本。这些措施发挥了积极作用,到1988年英国风险投资基金超过150家,投资金额10亿英镑,90%投资在英国本土。20世纪90年代中期,英国风险投资业经过短暂波折之后又迅速发展起来,目前是欧洲风险投资业最大和最发达的国家,投资额占欧洲风险投资的50%,是仅次于美国的第二个重要国家。

英国具有较为宽松的经济和法律环境,在金融监管上注重发挥行业自律机制,而政府主要是通过税收政策进行引导,因此英国的风险投资机构组织形式灵活多样,主要有有限合伙制、风险资本信托、英国未授权豁免基金单位信托、平行投资等。其中,除了有限合伙制以外,最具代表性的是风险投资信托基金,它是一种免去个人所得税和资本收益税的投资信托的形式。一般来说,它们和投资信托遵循一样的税收规定,但个人所得税可以减免,资本收益税减免或延迟缴纳。当然,税收优惠是有一定约束条件的。比如,如果风险投资信托基金的股票持有者转让所持有的股份,因持有股票而得到的纳税延迟将在该税年恢复征税;如果投资者在3年内转让所持有的股份,投资者就要补交对应于那些股票被减免的所得税。另外,风险投资信托基金的股票可以上市,这就方便投资者退出;在投资时,它们在受资公司的资产不能高于15%;投资于未上市的资产可以是股权,也可以是债权,但至少50%是股权。

二、风险投资基金的组织形式

(一)有限合伙制

有限合伙制由两类合伙人构成,一类是对合伙事业享有全面管理权,并对合伙的债务承担无限连带责任的普通合伙人,另一类是不能享受管理权,但对于合伙的债务以其出资额为限,承担责任的有限合伙人。有限合伙制的优点有:首先,有限合伙人仅是投资者,分享收益,分担风险,只要他们给予普通合伙人一般意义上的信任,就可以从纷繁复杂的日常企业管理中脱身出来。其次,作为普通合伙人,需要有足够的资金和经营管理能力,还要将全部的精力和时间投入其中,同时承担无限连带责任,而作为有限合伙人则无须具备以上全部条件。因此,有限合伙制迎合风险投资的运作要求和特点,解决了投资者参与投资而不愿参与经营管理的问题,使资本需求同投资愿望有机结合起来。20世纪50年代末,第一个有限合伙制风险投资基金在硅谷成立,到60年代中期有限合伙制的基金已经发展成为美国西部风险资本基金的最主要形式。

(二) 公司制

采用公司制的风险投资基金,投资者是公司的股东,可以是自然人也可以是法人,按其股权份额投票选举董事会进行投资决策,风险投资家是高层管理人员。风险投资公司的组建方式有多种,可以是采取私募方式筹措资本组建公司,通过发行股票把投资者手中分散的资金集中起来从事风险投资活动;也可以是大公司或金融机构独资建立的子公司。对于投资者,公司形式的投资基金大大增加了运作和代理的成本。

(三) 信托基金制

信托基金按照组织形式可分为契约型和公司型。公司型信托基金的组织形式与公司制的风险投资基金相类似,契约型基金除了投资者和专业风险投资家之外,还有基金保管人作为第三方,一般由银行等金融机构担当。投资者、专业投资家和基金保管人三方的关系以信托契约为基础书面化,法律化。两者共同点在于它们的运作和组织都是建立在经营和保管分开的基础之上的,基金管理人员负责基金的操作,下达买卖的指令,但不经手基金的资产,而基金托管人负责保管基金资产。按照交易方式分,信托基金又可分为开放型和封闭型。开放型基金发行基金券数额不定,投资者可以随时认购,随时卖出或转让。封闭型基金发行固定数目的基金券,发行期满后,不能再增减。在信托基金这种形式中,风险投资基金的所有者只承担有限责任,风险投资基金管理公司按照契约负责运作风险基金。

(四) 组织形式优劣比较

从以上三种组织形式来看,有限合伙制具有最佳的约束激励机制,能有效地约束风险投资专家,降低其损害投资者利益地风险,且对于投资者而言,有限合伙制在降低运作成本和代理成本方面卓有成效。公司制在治理结构上有缺陷,运作成本要大大高于有限合伙制和信托基金,但其激励方案经董事会提出股东大会批准后,可以在公司永久的存续期内随时加以调整,而在有限合伙制和信托基金下激励方案是在契约中明确规定的,整个存续期内不能改变。在代理成本方面,公司制对风险投资家的约束不如有限合伙制来得有效。由于各国的法律法规不同,信托基金在降低运营成本上的成效也有所不同。此外,有限合伙制和信托基金的决策程序都比公司制灵活简单,也就使资本的运作更加有效率。

三、中国风险投资基金的现状、发展路径与趋势

(一) 风险投资与创业投资

"Venture Capital"这个舶来品初登中国媒体即被翻译为"风险投资",且一直沿用到20世纪末期。20世纪90年代中后期,一些研究者认为"Venture Capital"一词翻译成"创业投资"更为确切和合适,也有利于国人接受这样一种新型的投资形式和企业组织形式。

"风险投资论"和"创业投资论"都只阐释了"Venture Capital"的一个方面。从出资人立场出发,由于所投企业多数处于初创期,投资要承担很大风险,所以是"风险投资"。从被投资对象立场看,这些资本则为创业者提供了迫切需要的权益资本融资,支持了企业活动,视为"创业投资"。换言之,"风险投资"和"创业投资"是"Venture Capital"的一体两面。在《2006~2020年国家中长期科学和技术发展规划纲要》及《配套政策》中,把"Venture Capital"的中文译名定为"创业风险投资"。这种处理不仅突出了支持创业的政策,也强调了切实控制风险、分散风险、补偿风险的政策。

(二) 创业风险投资功能简化与泛化

人们对创业风险投资的功能和功效一直存在"简化"和"泛化"的两种认识。简化者把对创业风险投资功能等同于一种一般投资方式,泛化者把创业风险投资当作一种可以解决创业企业和高新技术成果产业化融资的灵丹妙药,把创业风险投资的功能夸大。

事实上,创业风险投资在获取利润这个终极目标上与一般投资活动并无二致,但它的投资对象首先是产业领域的企业创业行为,投资过程不以谋求对企业的控制为主,投资方式以权益资本为主,获利的主要方式不是企业利润分红而是通过所投权益资本退出的资本利得。

因此，在解决创业活动和创新活动的资金匮乏问题时，不能单纯依赖创业风险投资，还要充分利用财政、税收手段解决创业、创新活动中的"市场失灵"，更需要利用银行、资本市场等金融工具解决创业、创新产业化规模化融资问题。

（三）高新技术产业与创业风险投资

中国引入创业风险投资，期待以创意、论文、专利、专有技术等形态存在的知识产权催化我国的高新技术，使其能够在资本支撑下快速形成财富化效应。创业风险投资可以被看作是一种新型的创新、创业投融资机制，它并不是简单地承担提供资金的职能，而是在创新项目孵化、创新成果转化、市场开拓、企业管理等方面发挥着重要作用。从宏观角度看，创业投资在技术创新、高新技术产业发展和传统产业升级改造，以及经济增长等方面具有积极作用。

（四）创业风险投资发展中的政府与市场

由于资源禀赋条件、制度基础、市场规模、科技知识积累以及经济发展阶段等存在不同，很多国家在引入创业风险投资后对其进行了本土化的改造并形成一些不同的发展模式。这些模式大体可以分为三类：证券市场中心型、银行中心型和政府中心型。

在金融制度不完备条件下，我国很自然地选择了政府中心型的创业风险投资发展模式。但是，在中国资本市场有了长足发展的今天，政府中心型创业风险投资发展模式则需要重新厘定。笔者研究的结论表明：实际的政府中心型创业风险投资模式应该是政府的直接助推和引导。具体方式有由政府出资直接组建创业风险投资公司即"母基金"模式，股权担保和贷款担保三种。这三种方式的着眼点都在于引导民间投资和放大政府投资上，政府很少直接插手项目投资活动。

因此，未来政府资金逐步退出直接投资领域转而通过设立引导基金、股权担保、贷款担保等方式进行间接投入，将是重新定位"政府"与"市场"关系的基础。

（五）引导基金与创业风险投资

通过制定特别的引导政策对创业投资给予直接或间接的支持有很多方式，其中最为引人关注的是政府通过设立创业投资母子基金形成对创业投资机构的强大资金支持。

目前，我国设立的引导基金主要包括两种。一种是纯粹政府出资型，如"科技型中小企业创业投资引导基金""中关村创业投资引导基金"。其目的在于加快创业风险投资市场的发育和弥补市场失灵。这种引导基金在实际操作中,必须舍弃"投资利益"冲动,着眼于培育创业风险投资机构和团队。另一种是"政府+开发银行型",如苏州工业园、武汉光谷、山西创业风险投资引导基金。该引导基金实际上是公共财政工具放大效应的初步化,政府资金同样要坚持公共财政本位,开发银行资金也应该坚持政策性银行本位,实行微利化,充分体现开发金融的特点。

(六) 创业金融与创业风险投资

创业金融制度的独特之处在于:一是融债权投资与股权投资于一体的制度安排,有效地解决了一般债权投资中的风险与收益不匹配现象。二是有效地模糊了直接投资和间接投资的界限。三是有效地链接了创业风险投资机构。

我国拥有丰富的金融资源,但由于难以获得金融资源的支持,大量极富潜质和成长性的科技型中小企业夭折;很多高新技术园区创新平台沦落为一般性服务机构;一些已经初具产业集群和创新集群特征的创新活跃经济体长期游离在国家金融体制之外;国家很多重要、重大科技成果不能转化为生产力。必须把发展创业金融与发展创业风险投资作为中国支持创业、创新活动的两翼。只有中国有了发达的创业金融,创业风险投资才能够有更大的作用空间。

(七) 创业风险投资资本来源与运用

相当长时期,中国都把创业风险投资界定为一种单纯的权益性资本,在其资本金来源上也采取单一的公司股本定向募集方式。

尽管这种方式至今仍然是创业风险投资基金募集的重要途径,但随着创业风险投资市场的全球化,其资金来源与资金运用工具的多样化正在成为保持其发展活力的重要手段。从资金来源上看,保险基金、商业银行、投资银行以及产业资本等机构投资者逐步取代天使投资人,正在成为创业风险投资机构的主要资金提供者。同时,资金来源方式也不再是单一的权益募集,还可以通过发行权益债券、向商业银行贷款等进行融资。

创业风险投资资金运用的形式也更加多样化。创业风险投资机构正在成为创业风险资本管理者、商业金融资本代理者、国家政策金融资本受托者和产业资本转化者,它不仅可以为创业企业提供权益性资本,还可以提供因担保而发生的债权性资本,以及纯粹的商业性贷款或附有债权/股权转换条件的债权。

（八）多层次资本市场与创业风险投资

发展创业风险投资事业，重要的是要形成相应的赚钱效应。创业风险投资作为财务投资人，其盈亏表现了权益资本投入与退出时差额的大小以及退出周期的长短。所以，创业风险投资退出渠道就成为发展创业风险投资的重要一环。

创业风险投资退出市场是多层次的，包括创业风险投资机构之间的市场退出；战略投资人退出市场；创业企业家回购市场；OTC 市场、创业板市场以及主板市场；创业风险投资机构直接 IPO 市场。创业风险投资基金由纯粹私募到可以公募这一创新，为创业风险投资退出渠道创造了更广泛的空间。完善中国的多层次退出渠道，并形成相匹配的资产估值系统将对中国创业风险投资市场的持续繁荣起到不可估量的作用。

第三节　中国 PE 的运作机制、发展现状与未来趋势

一、PE 的运作机制

（一）PE 的主要组织形式——有限合伙制

1. 有限合伙制概述

PE 最常采用也最为有效的组织形式即有限合伙制（Limited Partnership）。在私募股权投资业最发达的美国和英国，80% 的基金均采用这种组织形式。

有限合伙制的基金一般包括普通合伙人（General Partner，GP）和有限合伙人（Limited Partner，LP）。由于 PE 通常都有很长的固定期限，因此普通合伙人和有限合伙人必须达成完备的协议，以确保双方的利益达成一致。两方经协商签订的协议即有限合伙协议，规定了双方的权利义务。

普通合伙人实际上同时是基金的管理者，他们承担部分出资，掌握管理和投资等各项决策权，并对外承担无限连带责任；有限合伙人即基金的投资者，仅以其出资额为限承担有限责任，不参与具体经营。这种合作的期限一般为 7~10 年，并视

具体情况还可能会有一到两年的延长期，到期要全部清盘。

多数基金有十到三十个有限合伙人，少数基金也会有一个或有五十个以上的有限合伙人，并以机构投资者为主。通常有限合伙人的最小出资额为 100 万美元，对于个人合伙人可适当降低该出资要求。

有限合伙制在法律上的最大特点是有限合伙组织不是以公司的名义注册，因而不存在公司税，只在各个合伙人实现收入后分别上缴收入所得税，避免了重复纳税。

2. 有限合伙协议的一般内容

（1）管理费与业绩报酬。管理费。普通合伙人会向有限合伙人收取管理费，用于基金的日常开销和付给管理人员的基本薪酬。数额一般为普通合伙人实际管理的基金总额的 1.5%～2.5%，依基金类型与规模而异。管理费实际数额的确定通常是基于有限合伙人与普通合伙人在咨询机构帮助下所做的年度预算。基本原则是保证收支相抵，没有过多余额。

业绩报酬。按照国际惯例，基金的普通合伙人一般可得到相当于基金净收益 20% 左右的利润分成，即业绩报酬（有些可达到 25%～30%）。通常，在普通合伙人获得业绩报酬前，基金需首先偿付有限合伙人的出资，许多基金还必须先向有限合伙人返还管理费。

有些有限合伙协议还会设定优先收益率（Preferred Return/Hurdle Rate），通常为 5%～10%。只有达到了优先收益率，普通合伙人才可获得业绩报酬。还有些协议规定，必须首先偿付有限合伙人的原始资本、管理费及以全部投资额为基数按比例计得的优先收益之后，普通合伙人方可获得业绩报酬。另有些协议允许普通合伙人从每笔投资的收益中抽取业绩报酬，而不需要先偿付有限合伙人投入的资本。

（2）收益分配与收回条款。有限合伙协议对私募股权投资通过投资企业的售出、并购或上市等方式退出以后的收益分配有所规定，包括对分配的时间和形式（现金或证券）都有明确说明。协议中多存在一种"收回条款"（Clawback），规定倘若基金在组合投资的后期出现了显著的亏损，则有限合伙人有权收回一部分普通合伙人因投资前期的盈利而获得的业绩报酬。因为如果不做收回，总体来看普通合伙人的业绩报酬比例将大于约定比例，他们将只从盈利中获取酬劳而不因亏损承担相应损失，所以这一规定的目的只是为了使业绩报酬比例最终能与约定比例相符。

（3）终止与免责条款。在某些特殊情况下，有限合伙人可以终止其对基金的投资，例如，当普通合伙人团队某个关键人物离职或死亡时。这种"关键人物"的条款可以使有限合伙人避免因某重要普通合伙人的离开可能造成的损失。此外，如果有限合伙人已经对普通合伙人失去了信任,他们可以通过数量占大多数的投票来终止基金的运作。当然,这种做法有时也会招致司法诉讼。

在少数情况下,有限合伙人也许因为缺乏足够资金而无法完全履行其出资承诺,或者因为其他原因希望退出基金。这时普通合伙人往往会帮助他们在二级市场上将其拥有的基金份额售出(按其资产净值折价计算)。由于有限合伙人相当于违反了有限合伙协议的注资规定,因此如果二级市场出售不能成行,则普通合伙人将对有限合伙人强制实行严厉的违约惩罚,其结果是降低甚至完全取消有限合伙人已经取得的基金份额。然而,近几年来也出现了一些专门购买这种有限合伙人出售的基金份额的大型基金。因此,尽管在 PE 参与者之间一直存在着信息不对称的问题,总体来看有限合伙人的资产仍然具有一定的流动性。也有许多机构投资者要求在协议中订立免责条款(Excuse Clauses),即一旦由于监管要求的变化使他们不得不撤出 PE 时,他们将得以免责。

(4)投资规则。基金设立的目的即进行投资,以获得回报。有限合伙协议对基金的投资活动均有明确的规定及限制。

协议对每一个企业的投资数额都设有上限。这样做可以提升投资的多样性,同时避免普通合伙人意图以更多的资金去拯救那些长期未能盈利的项目。此外,普通合伙人获得的来自基金中二到三个最大投资项目的业绩报酬不得超过其总体业绩报酬的一定比例。

普通合伙人个人多被禁止以自有资本投资于所在基金投资的企业。如果他说服有限合伙人使自己可以加入投资,则有限合伙人将要求他与基金在同一时段以相同的期限进行投资。有时,有限合伙人可以对基金所投公司进行单独注资,但也要与基金保有相同期限。在这种情况下,该有限合伙人被称为基金的联合投资人。

普通合伙人将投资收益进行再投资须经投资决策委员会或有限合伙人批准。基金存续一段时间后,所有的基金投资收益不得进行再投资,而必须返还基金投资人,以避免普通合伙人在基金存续期结束时以投资尚未完结为由要求延长存续期。

(二)PE 的投资过程

1. 投资运作流程

(1)项目选择和尽职调查。由于私募股权投资期限长、流动性低,投资者为了控制风险对投资对象都有很高的要求。通常的要求包括(不同类型的 PE 对投资企业的要求会略有不同):

①优质的管理,对不参与企业管理的投资者来说尤其重要。至少有 2~3 年的经营记录、有巨大的潜在市场和潜在的成长性,并有令人信服的发展战略计划。投资者关心盈利的"增长",高增长才有高回报,因此对企业的发展计划特别关心。

②行业和企业规模(如销售额)的要求。投资者对行业和规模的侧重各有不同,金融投资者会从投资组合分散风险的角度来考察一项投资对其投资组合的意义。多数私募股权投资者不会投资房地产等高风险的行业和他们不了解的行业。

③估值和预期投资回报的要求。由于不像在公开市场那么容易退出,私募股权投资者对预期投资回报的要求比较高,至少高于投资于同行业上市公司的回报率,而且期望对中国等新兴市场的投资有"中国风险溢价",要求 25%~30% 的投资回报率是很常见的。

④3~7 年后上市的可能性,这是主要的退出机制。

另外,PE 投资者还要进行法律方面的调查,了解企业是否涉及纠纷或诉讼、土地和房产的产权是否完整、商标专利权的期限等问题。很多引资企业是新兴企业,经常存在一些法律问题,双方在项目考查过程中会逐步清理并解决这些问题。

(2) 投资方案设计、达成一致后签署法律文件。投资方案设计包括估值定价、董事会席位、否决权和其他公司治理问题、退出策略、确定合同条款清单并提交投资委员会审批等步骤。由于投资方和引资方的出发点和利益不同、税收考虑不同,双方经常在估值和合同条款清单的谈判中产生分歧,解决这些分歧的技术要求高,所以不仅需要谈判技巧,还需要会计师和律师的协助。

2. 投资后管理

签订投资协议后,私募股权投资者通过在董事会中的席位影响企业决策,通过在行业内和资本市场上的专业经验和优势资源帮助企业发展,以实现企业价值的提升。私募股权投资者可以为企业指出运营中的危险信号,诸如固定成本的增长,海外竞争的增多,资本扩张的失当等等。"英国私募股权投资的经济影响"年度调查显示,引入私募股权投资的公司在销售、出口、投资及雇佣劳动力方面的增长率都远高于其国内平均水平。

不同的私募股权投资者对企业经营管理的参与程度差别很大。"积极"的投资者不仅为企业提供发展战略上的建议,还会利用自身网络和渠道帮助公司进入新市场,寻找战略伙伴以发挥协同效应,降低成本以提高收益。另外,为满足引资企业未来公开发行或国际并购的要求,投资者会帮其建立合适的管理体系和法律构架。他们意在成为企业的生意伙伴,但并不参与日常经营管理。通常投资者会在企业董事会中委派一名董事。他们要求实施有效的报告制度和监控制度，持有每月底财务报表及每次董事会会议记录的副本，并有权参与公司重大事件的决策，有时还需有一票否决权。这种投资者特别适合处于高速发展期的企业。

"消极"的投资者除了定期察看企业的财务信息，完全不参与企业的经营，直到退出。但如果投资的企业没能达到投资预定目标，经营陷入困境，他们也会较多地介入公司管理，直至运营状况转好。

现实中大多数的 PE 投资者对所投企业的监管程度都介于这两种极端情况之间。虽然实施积极有效的监管是降低投资风险的必要手段，但需要人力和财力的投入，会增加投资者的成本，因此不同的基金会决定恰当的监管程度。风险投资和直接投资者不倾向于过多介入企业管理，但在出现财务或经营危机时，他们会进行干涉，以致更换企业管理团队。收购基金多要求控股，因而也会较多地介入企业的经营管理。

3. 退出

退出策略是基金投资者在开始筛选企业时就十分注意的因素，包括 IPO、兼并收购（M&A）、公司资本结构重组、股权转让、企业回购等方式，其中上市是投资回报最高的退出方式。

股权转让主要是指将原有私募股权投资者的股份转让给其他私募股权投资者，特别是转让给投资于企业后期的 PE，例如收购基金。这种退出方式主要适用于企业还未准备上市或出售，原有私募股权投资者又急于退出的情况。从企业的角度看，引进做后期投资的基金可使企业充分利用其在企业成熟期的专业经验，避免前期投资基金在企业后期因经验不足而难以提供增值服务或提供错误建议的风险。

二、中国 PE 发展的路径和现状

（一）中国 PE 的发展历程

由于所处的历史发展阶段不同，可以说中国的私募股权投资是随着国际 PE 逐渐进入而发展起来的。截至目前，基本上可以划分为三个阶段。

第一阶段是成长型投资阶段。2000 年左右 PE 被引入中国，到 2008 年全球金融危机之前，中国经济高速增长，好的行业年增速是 20%，其中更有可以达到 30%～50% 年增速的单个企业。那个时候的中国 PE 市场主要玩家是外资机构，以及部分有外资背景的机构，他们投出了很多成功的企业，如蒙牛、双汇、雨润、百丽等。可以说，那是一个遍地黄金的时代。

第二阶段：成长型 Pre-IPO 投资阶段。2008 年全球金融危机，中国经济也进入调整期，但创业板开启了，中国 PE 也由此进入到第二个阶段。由于经济增长放缓，此时的市场参与者们不能仅仅掌握成长型投资的技巧，还必须要理解中国的资本市场，将成长型投资和中国资本市场相结合，这就是 Pre-IPO。投资未上市的成长型企业，在 3~5 年时间内实现业绩翻番，上市之后由于流动性溢价估值也可以翻番，这就是经典的"2×2"模型，用 3~5 年的时间实现"1 变 4"。这个时期市场玩家们的关键技能是既要懂得成长型企业的规律，更重要的是还要懂得资本市场。较之上一阶段，这个阶段的 PE 投资需要更多的专业知识和业务能力。

第三阶段：并购型投资阶段。随着经济增长持续放缓，快速成长的行业和企业都在减少。A 股上市艰难，尽管上市后回报巨大，但是上市的周期却很长，并且具有很大的不确定性。这个时期如果要继续做好股权投资，就必须找到第三个增长因素，这就是并购。通过并购来重组产业和企业的资源，通过并购发挥整合者和被整合者之间协同效应，通过并购来实现企业新的增长。这就是中国 PE 的第三个阶段——并购型投资阶段。

（二）中国 PE 的发展现状

1. 中国 PE 概况

清科研究中心数据显示，截至 2018 年底，PE 市场可投资本量为 20 035.28 亿元，较 2017 年底同比增长 8.6%，增速回归理性区间。全年 PE 基金共新募资 10 110.55 亿元，与 2017 年同期相比，下滑近三成。投资方面，PE 市场总投资额为 8 527.64 亿元，出现回落，下降 14.2%。退出方面，2018 年 PE 机构共有 1 441 笔退出，呈下降趋势，较 2017 年同比下降 20.2%（见图 15-2 所示）。

整体上看，PE 市场在募、投、退三方面均呈现出下降趋势，伴随着经济环境的变化，全民私募时代将告一段落，PE 市场面临大浪淘沙，未来股权投资市场的行业格局、热门投资领域、退出方式等都将发生调整。PE 机构需从募、投、管、退多个维度，深度挖掘自身潜力，加强内、外部管理，在复杂多变的市场环境中保持冷静、修炼内功、砥砺前行。

2018 年中国私募股权投资市场共有 2 793 支基金完成新一轮募集，同比增长 10.3%，增速仅为 2017 年的 1/5；基金募资规模上，2018 年披露金额的基金共募集

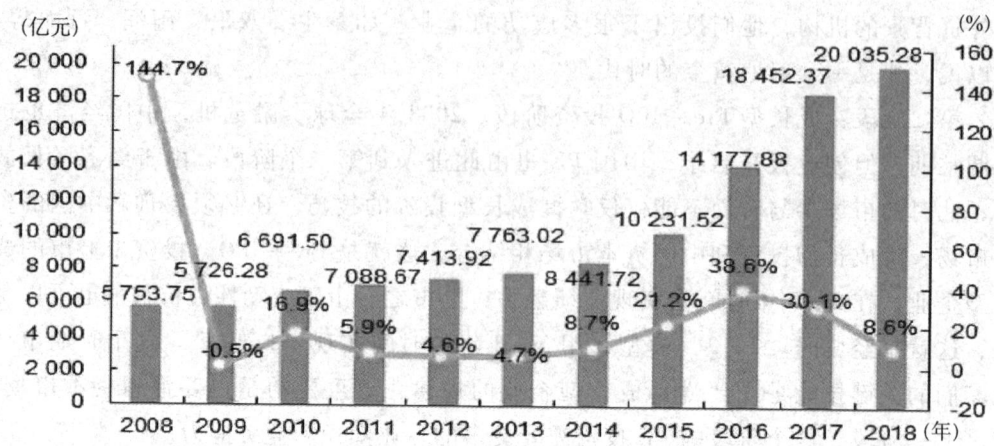

图 15-2 2008~2018 年中国私募股权投资市场可投资于中国大陆的资本量分布
资料来源：私募通。

完成 10 110.55 亿元人民币，比 2017 年同比下降 28.9%；从平均募资额来看，2018 年披露金额的 2 628 支基金平均规模为 3.85 亿元，比 2017 年的 7.26 亿元下降 47.0%（见图 15-3 所示）。

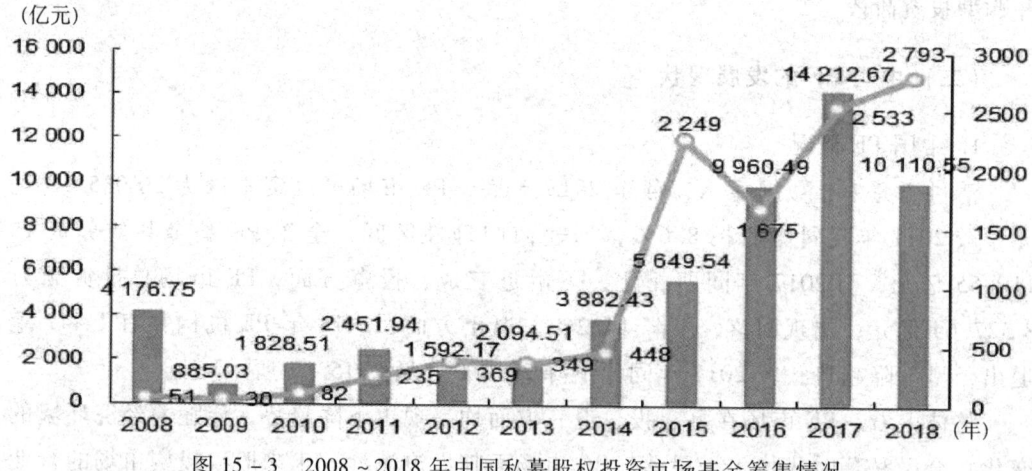

图 15-3 2008~2018 年中国私募股权投资市场基金筹集情况
资料来源：私募通。

2018 年 PE 市场共发生 3 905 起投资案例，共投资 8 527.64 亿元人民币，与 2017 年同期相比降低 14.2%。从平均投资金额来看，披露金额的投资案例投资均值为 2.66 亿元，比去年同比下降 19.7%，私募机构对单个案例的投资更加谨慎。另外,PE 机构的投资阶段有前移的倾向,对初创期和种子期企业的投资加大,单个案例的投资金额降低。按照投资金额,2018 年 PE 机构对初创期企业的投资金额占比达 15.8%,而 2017 年这一比例仅为 10.6%;PE 机构对种子期企业的投资也从去年的 0.7% 上升至 5.9%。PE 机构更加关注企业的成长性,有利于市场更加健康地发展,助力中小企业(见图 15-4 所示)。

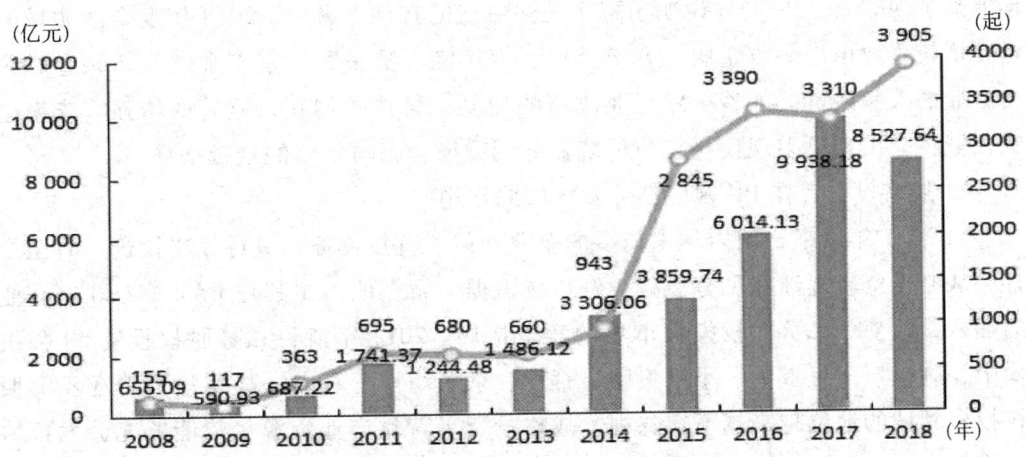

图 15-4 2008~2018 年中国私募股权投资市场投资总量分布

资料来源:私募通。

(三)中国 PE 发展的主要特征

1. 投资领域相对集中于 IT、互联网与生物医疗

2018 年度 PE 市场投资案例依旧集中在 IT、互联网和生物医疗三个领域,与 2017 年保持一致,并且与其他行业的差距拉大。根据清科研究中心数据,2018 年,PE 投资市场共有 743 起投资案例发生在 IT 领域,排名第一;其次为互联网领域,共 615 起;生物医疗共有 521 起投资案例,排名第三。值得注意的是,前三大领域的投资案例数共计 1 879 起,占整个 PE 投资市场总投资案例数的 48.1%,投资行业更加集中。IT 领域的投资案例数与 2017 年同期相比上涨 52.6%,成为增速最显著的行业。围绕着大数据支持、智能制造、智能机器人等科技概念,IT 行业持续受到 PE 市场投资人的关注,"硬科技"成为互联网之后的又一个创新聚集领域。商汤科技、依图科技、旷视科技(Face++)、优必选等科技公司受到资本追捧,在 2018 年度均完成了大额融资。

2. 投资金额集中于金融领域

投资金额上,金融领域 2018 年度 PE 投资市场独占鳌头。根据清科研究中心数据,2018 年 PE 市场投资中,金融领域共获得投资 2 188.75 亿元,占 2018 年投资额的 25.7%,成绩突出;互联网领域和物流行业分别以 916.79 亿元、826.41 亿元紧随其后。但从绝对金额上看,互联网较 2017 年同比下降了 9.6%;IT 行业较 2017 年上涨了 49.3%,也同样说明了资本关注重点的转移。另外,2018 年度金融领域的爆发增长主要由于蚂蚁金服、苏宁金融、度小满、陆金所、京东金融等新兴金融科技企业的大额融资。随着金融行业改革的加剧、科技的创新、监管的增强,未来金融领域将会出现更多现代科技与传统业务的碰撞,书写全新的金融格局。

3. 战略投资者在 PE 领域充分发挥协同作用

自 2011 年以来,国内越来越多的企业开展了直投业务、进行战略投资。时至今日,战略投资者逐渐在私募股权投资市场占据一席之地,尤其是 BAT 等互联网企业的加入,改变了私募股权投资市场的竞争格局。2018 年清科私募股权投资 50 强机构中,腾讯、阿里资本、小米集团、百度、京东均榜上有名,战略投资者在私募股权投资领域的地位越来越不容忽视。战略投资者背靠产业资源优势能够充分发挥协同作用,因此获得众多优质创业企业的青睐。此外,战略投资者投资财务化,广泛布局新兴行业、探索新领域也成为近年来我国战略投资市场发展的新趋势。2018 年,腾讯投资在所有战略投资者中摘得头筹,共有近百起投资,投资金额约 400 亿元,主要集中在互联网、电信及增值业务、娱乐传媒和 IT 领域。

三、中国 PE 的未来发展趋势

中国作为全球第二大经济体,在人口结构演变、消费升级、技术创新、产业结构调整等大趋势下,私募股权投资机会将被持续看好,特别是在颠覆性技术、医疗健康、金融科技、消费零售、节能环保等五大热点领域,这些行业涵盖了 GDP 中占比较高的主要行业,并挖掘出颠覆式科技、体验类经济、可持续投资及影响力投资等四大主题式机会。私募股权投资对经济增长具有重大价值,是实体经济转型升级的重要推动力,特别是当发展出现瓶颈时,那些获得私募投资的企业表现往往优于同类企业。原因是私募投资能够帮助实体经济企业在提高收入、提升效率和建设创新能力等三大维度上创造显著价值,也能够帮助新兴技术企业在引进人才、规范专业管理能力及实现规模化发展等方面更上一层楼。

中国私募股权投资市场与美国市场相比存在显著差异，比如，中国的私募股权直投市场已形成全民参与的格局且参与方背景多元化；中国的有限合伙人构成相对分散，平均单个体量较小，投资期限较短；中国的私募企业仍主要通过资源整合创造价值等。随着市场的竞争加剧及行业格局的日渐成熟，私募公司在获取项目后，应更注重通过投后管理来提升资产价值。投后管理是决定投资项目成败的关键所在，是私募股权投资公司专业能力的重中之重，也是目前中国私募公司与国际顶尖私募差距最大的地方。未来，投后管理将是本土私募需要提升的首要着力点。

第四节　对冲基金

一、海外对冲基金的发展情况

（一）海外对冲基金的发展历程

1949 年，琼斯（Alfred Winslow Jones）设立世界上第一支对冲基金，琼斯的创新在于创立一个工具来发挥他的择股能力并且降低产品绩效对市场绩效的依赖性。他将两种简单的策略组合在一起：卖空股票和杠杆。卖空的一组股票构成市场下跌的对冲，他高超的择股能力由于杠杆的使用而放大化。同时为刺激操作人员的积极性，他在投资基金中设置激励管理费结构，提高业绩管理费率，通过积极地利用市场投资机会追逐更高的收益。当时，在市场震荡和下跌中，由于政策的限制有些传统投资工具如共同基金无法采用的工具和策略，私募性质的对冲基金有相当的灵活性和自由，由此凸显出对冲基金的高收益。据披露 1966 年的前十年，对冲基金总共增幅为 670%，远高于这段时期内成绩最佳的共同基金 Dreyfus Fund 358% 的增幅。在 Jones 基金的示范效应下，对冲基金开始了其萌芽期，据美国证监会调查：1966～1968 年，对冲基金达到 140 家。1969 年，著名的索罗斯量子基金成立，世界上第一支组合基金（FOFs）由罗斯柴尔德（Rothschilds）在该年创立。这个时候由于股市的强劲发展，对冲基金集中投资于公司股票。

但是很多经理们发觉仅用卖空来对冲投资组合不仅技术上困难，而且要花费更多时间和费用，因此开始更多的依赖财务杠杆投资，这极大地增加了风险。20世纪60年代金融市场开始下滑，由于风险的加大对冲基金步入一个缓慢增长期。据估计，截至70年代末期，28家最大的对冲基金所管理的资产减少了70%，其中5家倒闭，中小型的对冲基金由于抗击风险的能力不高导致清算的就更多，幸存下来的如乔治·索罗斯（George Soros）和迈克尔·斯坦因哈特（Michael Steinhardt）等对冲基金经理继续保持运作，日后成为对冲基金行业的巨子。但是在20世纪80年代中期之前，对冲基金的总体手法还是"反向"策略，投资组合可以得到"对冲"保护。

从20世纪80年代中期开始，随着金融自由化的发展，全球资本流动的加强以及金融工具的增加和变化，给了对冲基金更广阔的发展空间，对冲基金——尤其是作为这个阶段特色的"宏观"对冲基金开始了快速发展，并逐渐成为对冲基金的主流。此类基金逐渐背离原来的"对冲"策略，在世界范围内建立起债券、股票、期货、外汇等多种资产在内的多样化投资组合。尤其是进入20世纪90年代，随着世界通货膨胀威胁的逐渐解除以及金融自由化的深入发展，对冲基金加速发展，数目迅速增加，投资策略更加多样化。并且从20世纪80年代到1997年，美国股市每年递增的速率为13%，但是同期对冲基金的递增速率却达到了24%。而1997年亚洲危机爆发前到1998年8月的这段时间，对冲基金所向披靡、资产直线上升，是其最荣耀的时期。20世纪90年代以来，宏观对冲基金在国际金融市场翻云覆雨，1992~1993年欧洲汇率机制危机、1994~1995年的国际债券市场危机、1997年的亚洲金融危机、1998年的香港金融危机都有对冲基金的身影，尽管有研究表明在有些危机中对冲基金很可能不是最重要的决定力量，但是对冲基金至少发挥了重要作用。同时另一种策略：相对价值套利利用了多种市场的存在和市场定价的偏差发展起来，它采用市场中立的方式寻找狭窄的获利区间，相对低风险的操作也吸引了大量资金的流入。

到2002年之前，对冲基金逐步扩大成熟，采用的工具不仅突破了股票、债券传统投资品种的工具，更深入到衍生品市场进一步利用杠杆效应放大收益。基金进一步突破了地域限制，不仅在发达市场经济国家操作金融工具，而且开始纷纷转战新兴市场国家寻找机会。这个阶段新兴市场基金非常受欢迎，传统的股票多空和相对价值基金也根据专注的行业或者市场范围或者投资风格细化为行业部门多空基金、可转债套利基金、抵押套利基金、固定收益套利基金等。可以说这个阶段对冲基金已经成长为与传统共同基金投资方式相抗衡的行业,可以采用多种投资策略、投资范围遍布全球发达国家和新兴国家。这个阶段一个显著的变化是宏观对冲基金在1997年亚洲金融风暴中达到鼎盛后开始萎缩,特别是1998年索罗斯在香港金融市场受到重创后。这个时期大量的资金开始流入对冲基金行业,包括一些机构资金如校办基金,也促进了对冲基金的基金(FOFs)数目急速扩大。为增强种类繁多的对冲基金对各类资金的吸引力,有些基金开始向公开的数据库报告自己的月度或季度业绩,对冲基金开始变得透明化、组织化。相关的学术研究也宣传了对冲基金不同于传统投资工具的收益和风险。期间尽管有长期资本管理公司的破产等基金损失、失败事件,相对于安然欺诈、环球电讯公司丑闻、IT泡沫破灭给共同基金的巨额损失,对冲基金虽然受到了非议和质疑,但其还是成为资产管理行业中的重要部分。对冲基金创造了更多新的投资策略,转变了传统的资产配置方法,吸引大量的资金进入到这个行业。2002~2004年,世界股市陷于熊市,无论是股票多空型基金还是相对价值等基金都在严峻的形势下进入稳定发展时期,对冲基金的更新换代比较快,平均一支基金的存续时间为3~5年,市场不断的解散或者淘汰旧的基金,同时有新基金的成立,整个行业进入平稳期。比较明显的变化是对冲基金的基金业务急剧增长,更多的投资者开始选择对冲基金投资"专家"即FOFs来组合自己的资产。更多的对冲基金选择数据库披露自己的业绩记录,使其隐蔽性减弱,吸引了越来越多的机构投资者将资产的一部分分配给对冲基金,或者将对冲基金加入到组合中,促进了对冲基金运作的壮大和成功。2005年以来,世界商品市场和股票市场又进入一轮牛市上升期,对冲基金中的卖空策略萎缩,但是大量的管理期货基金在世界商品期货市场闯荡,其经常采用的趋势投资强化了商品期货的价格上升。这个阶段大宗农产品和金属商品、石油市场屡创新高。2007年美国爆发了震惊世界的次贷危机,进而引发全球性的金融危机。

2007年4月2日美国第二大次级抵押贷款公司——新世纪金融(New Century Financial Corp)宣布申请破产保护;8月8日,美国第五大投行贝尔斯登宣布旗下两支基金倒闭;8月9日,法国第一大银行巴黎银行宣布冻结旗下三支基金;8月13日,日本第二大银行瑞穗银行的母公司瑞穗集团宣布与美国次贷相关损失为6亿日元。日、韩银行已因美国次级房贷风暴产生损失。全球性的金融危机引发全球资产价格急剧下降,股票市场也全面下挫,全球对冲基金业不可避免地受到一定程度的影响。据国外媒体报道,总部位于芝加哥的对冲基金研究公司(Hedge Fund Research Inc.)的研究表明,整个2008年,被关闭的对冲基金数量达到了创纪录的

1 471家。在2009年第三季度和第四季度被关闭的对冲基金数量分别为190和165家。

对冲基金行业分析机构对冲基金研究公司（HFR）2010年7月21日发布的数据显示，全球对冲基金行业在2010年第二季度的资本净流入规模约为95亿美元，2010年上半年资金净流入总规模则为232亿美金。从行业的资本总规模上看，对冲基金市场总资本在第二季度末达到16 500亿美金。此外，大型基金依然受到投资者青睐：在总净流入的95亿美元中，有88亿美元流向了规模大于50亿美金的基金，这些基金掌控着整个行业60%的资本。

截至2017年底，全球对冲基金管理规模已经从1997年的1 182亿美元发展到2017年的3.54万亿美元，增长2 892倍，年均复合增速18.52%（见图15-5所示）。结合管理期货基金（CTA），全球l量化对冲基金（对冲基金+CTA，不含FOF）管理资产规模已接近3.88万亿美元。

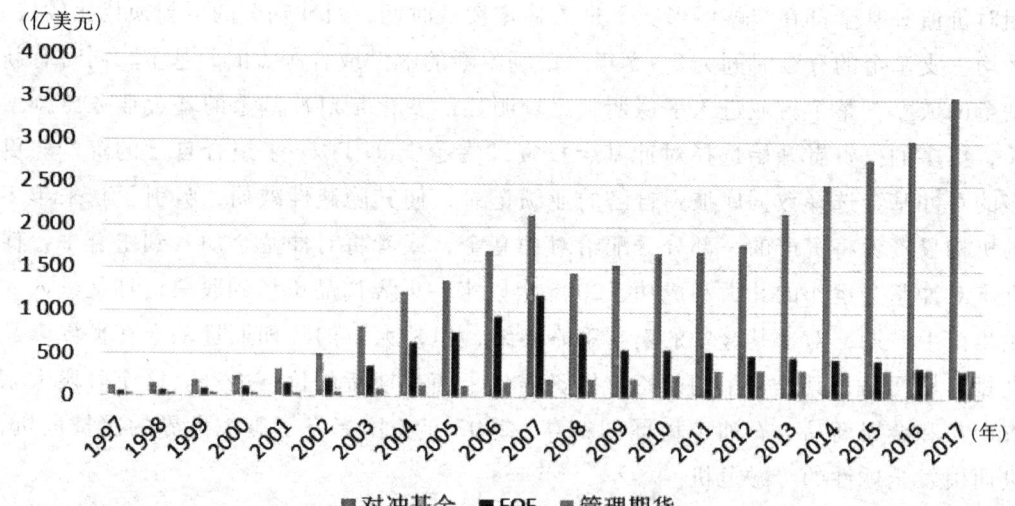

图15-5　全球对冲基金管理资产规模

资料来源：BarclayHedge。

（二）海外对冲基金的分类和业绩表现

关于对冲基金的分类，国际上也没有给出一个统一的标准，目前还是沿用MAR与VHFA的定义。MAR将对冲基金分为8类，分别是：宏观基金；全球基金；多头基金;卖空基金;市场中性基金;行业对冲基金;重大事件驱动基金;基金中的基金。

VHFA将对冲基金分为15类,具体为:宏观基金;可转换套利基金;不幸事件证券基金;新兴市场基金;权益对冲基金;权益市场中性基金;不对冲权益基金;重大事件驱动基金;固定收益基金;市场时机基金;兼并套利基金;相对价值套利基金;行业基金;空头基金;基金中的基金。

除了MAR与VHFA的分类,市场也有其他的分类。如Suisse、Fund等将对冲基金分为单策略、多策略和基金中的基金三类。他们的分类是建立在MAR与VHFA的基础之上,将原有的投资策略合并同类项,在本质上与MAR、VHFA基本相同,实际上多策略对冲基金就属于混合型对冲基金。这样的分类适应了当前对冲基金投资策略多元化的趋势。

Credit Suisse编制了Dow Jones Credit Suisse全对冲基金指数,指数将对冲基金分为十类:可转换套利(Convertible Arbitrage)、股票放空(Dedicated Short Bias)、新兴市场(Emerging Markets)、股票市场中性(Equity Market Neutral)、事件导向(Event Driven)、固定收益套利(Fixed Income Arbitrage)、全球宏观(Global Macro)、股票对冲(Long/Short Equity)、管理期货(Managed Futures)和多重策略(Multi Strategy)。具体每种类型占对冲基金的权重如(图15-6)所示。

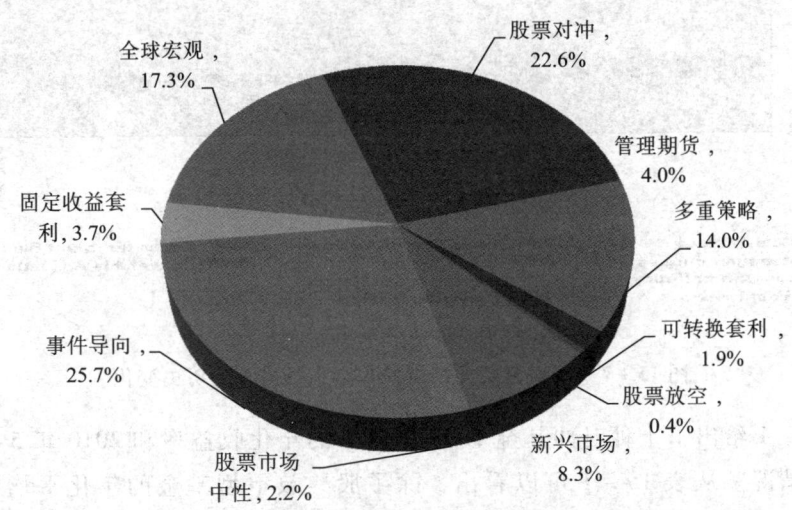

图15-6 海外主要类型对冲基金目前的市场份额

资料来源:Credit Suisse Hedge Index LLC。

随着国际金融市场的变化，不同类型对冲基金的市场份额也在相应地发生改变。例如，20世纪90年代，在亚洲金融危机、欧洲货币体系危机中，全球宏观型对冲基金扮演了重要的"掠夺者"的角色，并获利丰厚。据统计，1988~1999年该类型对冲基金综合年回报率为23%，远高于同期标准普尔500指数。因此当时这种类型的基金数量众多，占整个对冲基金业的70%。

图15-7给出了2005年到最近每种类型对冲基金份额的变化情况（资料来源：Credit Suisse Hedge Index LLC）。从图15-7中可以看出，事件导向、新兴市场、全球宏观、多重策略型对冲基金的市场份额近年来有所增长；而固定收益套利、股票市场中性、可转换套利等类型的基金份额有所下降。

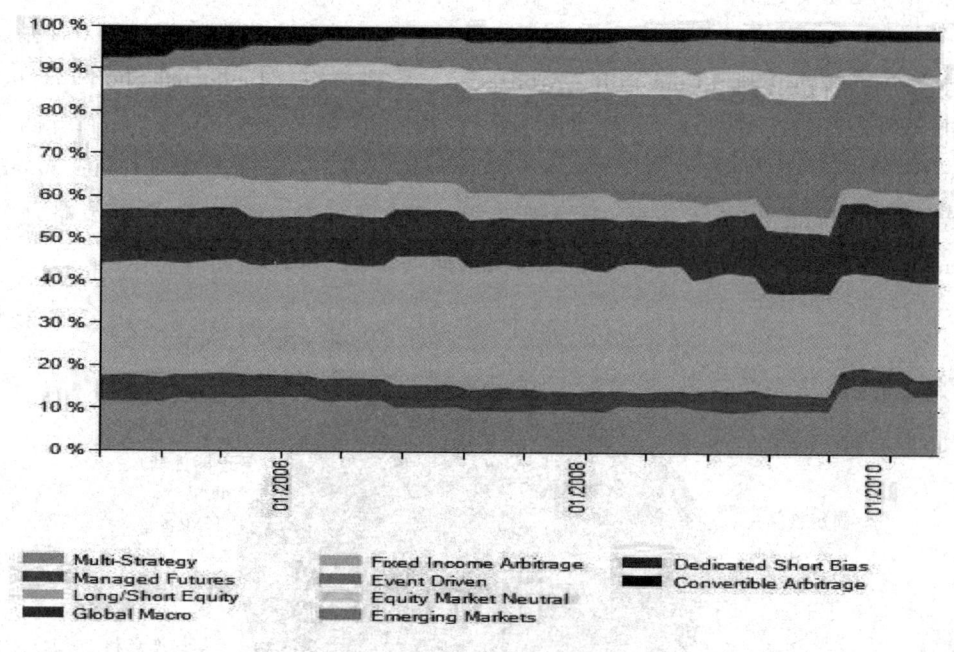

图15-7 海外主要类型对冲基金市场份额的历史变化

表15-1给出了十种对冲基金1994年以来的年化收益率和2010年5月和6月份的收益情况。从表15-1可以看出，除了股票放空型基金的年化平均收益为-2.59%外，其余类型的对冲基金的年化收益都高于5%。其中，宏观全球、事件驱动、股票对冲类型的对冲基金年化收益率最高，而由于股市长期上涨，所以股票放空型基金的年会平均收益为负。

表 15-1　　　　　　　　海外主要类型对冲基金的业绩表现

	June	May	Avg. Annualized Return*	Annualized Vol.*	Current Sector Weights
Dow Jones Credit Suisses Hedge Fund Index	-0.84%	-2.76%	9.07%	7.76%	100%
Convertible Arbitrage	0.01%	-2.51%	7.61%	7.17%	1.79%
Dedicated Short Bias	5.45%	5.84%	-2.59%	16.93%	0.22%
Emerging Markets	-0.03%	-42.28%	7.72%	15.39%	7.45%
Equity Market Neutral	-0.99%	-3.30%	5.01%	10.73%	2.14%
Event Driven	-1.58%	-3.07%	10.04%	6.11%	26.73%
Fixed Income Arbitrage	0.92%	-0.79%	5.02%	6.01%	3.57%
Global Macro	0.56%	-0.63%	12.29%	10.16%	18.73%
Long/Short Equity	-2.07%	-4.13%	9.76%	10.00%	21.95%
Managed Futures	0.42%	-4.03%	6.11%	11.76%	3.76%
Multi Strategy	-0.81%	-2.19%	7.92%	5.48%	13.66%

资料来源：Credit Suisse Hedge Index LLC。

截至 2017 年，按照 BarclayHedge 的数据，全球对冲基金投资策略分布中，固定收益类、复合策略类和股票偏多头类对冲基金是占比最高的三类对冲基金（见图 15-8 所示）。

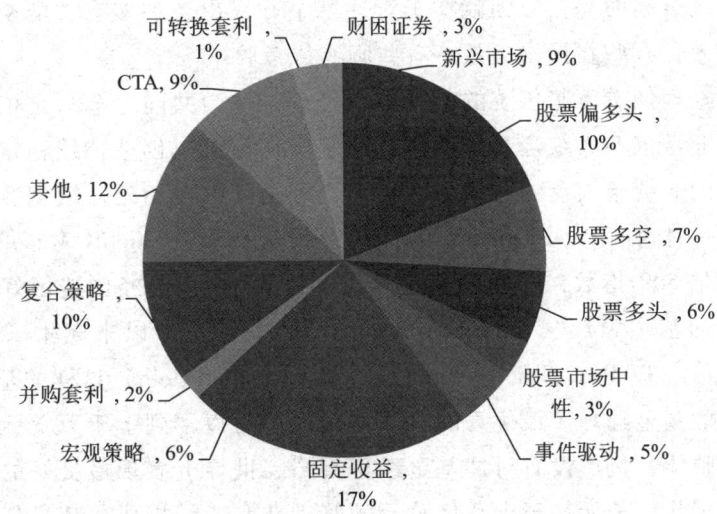

图 15-8　全球对冲基金投资策略分布（2017 年）

资料来源：BarclayHedge。

（三）海外对冲基金的主要投资策略

绝大多数对冲基金都声称它们可以创造阿尔法（Alpha），即与市场无关的超额回报率。不过学术研究证明，大部分对冲基金实际上仍然与市场息息相关，它们只是尽力创造超额回报，至于究竟能否创造，那就只有投资者自己知道了。现在，"寻找阿尔法"已经成为全世界投资管理界最时髦的词汇，对冲基金、私人股权基金、风险投资基金和房地产投资信托都自称能够创造阿尔法，因为它们拥有传统的共同基金（中国目前存在的所有基金，无一例外都是共同基金，即使私募基金也是如此）所不具备的特殊策略，使它们可以创造与市场走势无关的稳定回报（即所谓的阿尔法）。

私人股权基金可以通过买下公司进行重组的方式创造价值，风险投资基金可以帮助中小企业成长，房地产投资信托可以从房地产这种特殊的"硬资产"中创造价值，所以它们在理论上是可以产生稳定的超额回报。简单地说，私人股权基金和风险投资基金是自己去发掘价值，或者帮助企业家创造价值，它们与传统的基金存在本质的差别；而对冲基金和传统的共同基金一样，也是持有股票、债券、货币市场工具和衍生品，或许再加上商品期货。大部分对冲基金都不会帮助企业家创造价值，也不会通过并购、重组或更换管理层而发掘出潜在的价值。我们为什么要相信它们比传统的共同基金高明呢？原因就在于对冲基金开发出了许多有趣的交易策略。其中某些非常有效，有些在慢慢失效，有些则有待考验。

对冲基金经理们看不起传统的共同基金经理，认为共同基金只是依靠广告宣传和运气取胜，非常依赖大盘走势，不像对冲基金那样可以创造持续稳定的回报。的确，共同基金的业绩与大盘的业绩高度相关，可是其中也不乏持续创造稳定回报的佼佼者。彼得·林奇（Peter Lynch）的富达麦哲伦基金（Fidelity Magellen）曾经连续打败标准普尔500指数，邓普顿爵士（Sir Templeton）曾经创造了好几个打败市场的基金，美洲基金家族（American Funds）从20世纪末以来诞生了许多明星基金，即使在普信（T. Rowe Price）和联博（Alliance Bernstein）这样的基金公司里也不乏非常优秀的基金经理。最优秀的共同基金经理可以拿到上千万美元的薪水，但他们作为一个整体，仍然没有对冲基金经理富裕。世界上表现最良好的对冲基金经理每年可以拿到几亿美元甚至十几亿美元的管理费和业绩提成，超过任何一个银行家、分析师或共同基金经理。尽管有人为制造的泡沫，但对冲基金给投资者提供了一种特殊的工具，也使市场变得更有效率。

对冲基金的交易策略，从根本上可以分为三种：方向性策略（Directional Strategies）、市场中性策略（Market Neutral Strategies）和事件驱动策略（Event Driven Strategies）。不同的人自然有不同的划分标准，以上的划分是基于对冲基金和市场的关系。简单地说，采取方向性策略的对冲基金依赖于市场走向，采取市场中性策略的对冲基金与市场走向基本无关，采取事件驱动策略的对冲基金则是根据某一具体事件做出决策。

采取方向性策略的对冲基金很像共同基金，它们的收益依赖于市场的收益。但是，对冲基金可以卖空证券，或者持有大量衍生品，从而使它们可以控制风险敞口。对冲基金可以同时持有多头头寸（Long Positions）和空头头寸（Short Positions），在不同的时间里，它们可以持有净多头头寸（Net Long），也可以持有净空头头寸（Net Short）。

根据对冲基金持有的多头和空头头寸的比例，方向性策略可以进一步细分为以下五种：

只做多头策略（Dedicated Long, or Long Only），这种策略只允许基金持有多头，和传统的共同基金一模一样。近年来，采取只做多头策略的对冲基金数量很少，因为投资者可以通过共同基金来做多头，没有必要选择收费高昂的对冲基金。现在，只做多头的对冲基金只存在于新兴市场国家的股市，或者某些特殊的衍生品或结构化产品市场，因为这些市场非常复杂，需要特殊的专家进行投资。

只做空头策略（Dedicated Short, or Short Only），这种策略只允许基金持有空头。只做空头的对冲基金的命运比只做多头还惨，因为股市的长期趋势是上涨，其他金融资产的长期回报也不会是负数，所以只持有空头必然是站在时代潮流的反面。从1990年开始，只做空头的股票对冲基金基本上被大牛市消灭了，现在即使在债券和衍生品市场上也很难找到这种基金。

偏向多头策略（Long Bias），采取这种策略的对冲基金持有的多头头寸总是多于空头头寸，从而保持净多头。在牛市行情下，这种基金的表现会不错，而在熊市行情下会受到一定程度的打击。

偏向空头策略（Short Bias），与偏向多头策略相反，持有的空头头寸总是多于多头头寸，从而保持净空头。从长期看，偏向空头的对冲基金收益率一般是负数，只能起到对投资组合降低风险的作用。

多空仓策略（Long Short），这种策略比较自由，基金经理可以根据他对市场的判断，选择多头和空头的比例。如果他认为市场走势非常强劲，即使持有100%的净多头也无所谓；当他对市场悲观的时候，也可以持有100%的净空头。在这种情况下，对冲基金的表现虽然依赖于市场走势，却可以在市场上升和下降的情况下一样赚钱，条件是基金经理的判断准确。

市场中性策略（Market Neutral Strategies）是多空仓策略的极端形式。一个多空仓基金的经理可以持有任意数量的多头和空头头寸，来达到保值或投机的目的；在某种特殊的情况下，他可以持有50%的多头头寸和50%的空头头寸，使得净头寸恰好为0。这时，他就变成了一个市场中性的基金经理。

现实中的市场中性策略远没有以上说的那么简单。基金经理必须经过复杂的计算，才能保证自己的多头头寸和空头头寸的风险敞口相等。举个例子，我可以持有价值1亿美元的多头股票，和价值5 000万美元的空头股票，然而空头股票的波动性非常大，其市场风险（即贝塔值）是多头头寸的两倍，在这种情况下我仍然是市场中性的。然而，假设我持有1亿美元的多头股票和1亿美元的空头股票，其中某一方的波动性远大于另一方，在这种情况下就不是市场中性策略。

谁也无法预测一只股票或一种债券将来的波动性究竟是多大，所以只能做到勉强符合"市场中性"。对于股票市场来说，只要贝塔值小于0.3，一般都可以算做市场中性基金（贝塔值是指一个投资组合相对于市场的波动性，详见CAPM模型）。对于债券、外汇或衍生品市场来说，还存在其他的"市场中性"模式。例如，债券投资者可能希望基金经理相对于联邦基金利率保持中性，即美联储无论升高还是降低利率，都不会对债券组合的价值产生本质影响；外汇投资者可能希望基金经理对美元保持中性，即美元无论升值还是贬值，都不会对外汇组合的价值产生本质影响，等等。

市场中性策略，意味着基金不承担市场风险，也就无法获得市场风险的回报。这时，基金经理只能依靠自己的选股能力、选时能力（Market Timing）和精密的统计模型来获得回报。最常见的市场中性策略有两种：

股票市场中性策略（Equity Market Neutral），即基本回避市场风险的对冲基金策略。有许多种方法可以做到股票市场中性，除了同时持有数量大致相等的多头和空头头寸之外，还可以卖空股指期货，买进奇异衍生品等方式来对冲市场风险。由于不承担市场风险，股票市场中性基金的回报率一般都不会太高，但风险更低，而且与大盘几乎没有相关性。所以，股票市场中性基金是仅次于多空仓股票基金的第二大股票对冲基金类别。

统计套利策略（Statistic Arbitrage），即根据历史数据，统计出几种资产之间的相互关系，一旦现实市场偏离了历史数据关系，就进行交易以套利。统计套利基金最出名的例子是长期资本管理公司（LTCM），它的失败是由于错误地投入了对新兴市场债券与美国国债之间的利息差（Spread）的套利；它认为这个利息差已经严重偏离历史水平，必将回归原位，但当利息差回归原位的时候，长期资本管理公司已经破产了。统计套利是纯粹定量的模型，但在决定是否进行套利的时候，需要用到人的智慧，你可以让计算机告诉你，现在的价差与历史价差是否产生了偏离，但你必须用自己的脑袋判断这种偏离将持续多久，风险有多大。

基于债券和信贷衍生品的市场中性策略更加偏向定量分析和计算机模型，因此更难为一般投资者理解。最常见的债券市场中性策略是期限结构套利（Term Structure Arbitrage），即不同期限的债券在传递市场信息方面往往会出现差异；例如，10年期和30年期的国债都对加息做出了及时反应，但20年期国债却反应迟钝，这时就可以买进10年期和30年期国债，卖空20年期国债以获得收益。

与股票市场不一样，同一家公司或机构可以发行许多种期限不同、风险不同、流动性不同的债券，这些债券的相对价值可能出现微妙的定价错误。美国股市公开交易的股票只有6 000种左右，但债券却至少有数万种，从理论上讲应该可以提供更多的价值发现空间。固定收益套利（Fixed Income Arbitrage）有许多种形式，但原理是一致的：寻找风险属性类似，但定价差异较大的债券，通过卖空价格较高的债券、买进价格较低的债券来锁定利润。如果两种信用评级一致、期限一致、对利率等宏观因素的敏感度也非常类似的公司债券，一种的到期收益率（Yield to Maturity）是6%，另一种却是8%，固定收益套利者就找到了一个套利机会。当然，这种套利是有风险的，两种公司债券可能存在本质性的内在差异，导致某一家的违约风险远高于另一家。但是，富有经验的债券对冲基金经理仍然认为他们能够通过深入研究来发掘市场的定价无效，从而获得与市场基本无关的超额回报。

股票和债券的交集，有一种特殊的策略，即所谓资本结构套利（Capital Structure Arbitrage）。这一策略的理论基础是一家公司的股票和债务经常出现相对定价错误，有时候股票被高估，有时候又是债券被高估。为了捕捉和利用这些定价错误，最好的手段是利用可转换债券（Convertible Bond），即可转债套利（Convertible Arbitrage）。当债券相对股票被低估的时候，可以买入可转债，卖空股票，以锁定利润。但基金经理对股票和债券相对价值的判断可能出现问题，债券被低估可能是因为市场有加息的预期，或该公司的信贷评级可能降低，等等。在历史上，可转债套利曾经是最大的对冲基金门类之一，许多统计学家和数学家利用精密的计算机模型来捕捉债券和股票的定价差异，但现在由于采取这个策略的人太多，可转债套利的利润空间已经越来越小了。这也是一切定量分析策略的共同悲哀。

事件驱动策略（Event Driven Strategies）是最激动人心的对冲基金策略，它并不依赖于长期的基本面形势，而是依赖于短期的具体事件，例如公司并购、破产、重组和重大资本结构变动等等。在广义上，事件驱动策略属于市场中性策略，因为它与大盘的相关系数很低，净头寸一般都很小。但是，由于事件驱动策略的范围太广泛，采用这一策略的对冲基金数量太多，所以现在人们一般认为它是独立的策略类别。

兼并套利（Merger Arbitrage），又称风险套利（Risk Arbitrage），是历史最悠久、最常见的事件驱动策略。著名的美国前任财政部长、高盛前任联席总裁罗伯特·鲁宾就是著名的兼并套利者，而高盛的兼并套利交易柜台是历史上最著名的摇钱树。兼并套利的原理很简单：当一家公司宣布收购另一家公司时，被收购方的股价通常将大涨，而收购方的股价将略微下跌。但是，被收购方的股价将略低于收购价格；假设公布的收购价格为100美元，那么被收购方的股价可能会涨到90美元或95美元，但不太可能达到100美元。这是因为收购中存在许多不确定因素，例如被收购方可能会设计反收购方案，股东表决可能会否决收购，收购方可能会改变主意，以及监管部门可能阻止收购等等。在这种情况下，兼并套利基金可以通过自己的判断和历史数据，预测兼并成功的概率，并据此进行交易。假设兼并套利基金认为这次收购将成功，它就应该买进被收购公司的股票，卖空收购公司的股票；如果它认为这次收购将失败，则应该卖空被收购方，买进收购方。这种策略高度依赖于对冲基金经理的判断力，他必须非常熟悉兼并收购的法律、财务、税收和政治因素，对兼并成功的概率做出非常准确的判断。罗伯特·鲁宾正是因为高超的判断力而成为著名交易员，并最终成为高盛的联席总裁。

破产证券交易（Distressed Securities Trading）是另一种非常有趣的事件驱动策略，它投资于大部分投资者都唯恐避之不及的资产——已经破产或濒临破产的公司的股票或债券。当一家公司陷入破产状态时，投资者通常都会夺路而逃，该公司的股票往往会落到一钱不值，债券也会跌到冰点；但是，这家公司的实际情况可能没有那么差，只需要一点时间和努力就可以脱离困境。破产证券基金根据公司财务、公司治理和宏观经济环境等多方面因素，判断一家公司恢复生机的能力，假设这家公司很有可能摆脱破产困境，就买进它的股票或债券。即使这家公司不太可能摆脱破产，对冲基金也会进行复杂的财务和法律评估，计算该公司发行的各种证券在破产清算状态下的公允价值。例如，某家即将破产的房地产公司可能还拥有大量固定资产，其优先股股东还可以分到每股 10 美元的清算价值，而实际上优先股已经跌到了每股 8 美元，对冲基金就将毫不犹豫地买进，以锁定每股 2 美元的利润。当然，这种策略高度依赖于对冲基金经理对公司前景的判断，他必须对该公司自身的情况和行业情况了如指掌，才能够做出正确的判断。在历史上，沃伦·巴菲特曾经多次成功扮演破产证券交易者的角色，其中最著名的案例是在 1980 年末大量买入濒临破产的所罗门兄弟公司的可转换债券，当所罗门兄弟脱离困境时，他就成为该公司最大的股东之一。

如果说以上两种策略只是被动地判断形势，那么股东行动主义就是积极主动地去改变形势，牟取超额回报。行动主义投资者不仅会等待兼并收购，还会去主动寻找兼并的机会；不仅会等待破产公司恢复活力，还会主动帮助这些公司恢复活力。2007 年影响最大的荷兰银行收购案，起因就是行动主义对冲基金 TCI 不满于荷兰银行的低效率，主动找来了苏格兰皇家银行（Royal Bank of Scotland）等外部投资者实行收购。行动主义本来是私人股权公司（Private Equity Firm）的领地，它们经常通过收购公司、改组管理层的方式来影响公司战略，现在这一策略已经越来越多的为对冲基金采用。

总体看来，对冲基金策略又可以分为定性策略和定量策略两大类。定性策略是主要依赖人的判断力、经验和直觉的策略，定量策略则主要依赖数学、统计学和计算机模型。一般来说，股票对冲基金采用的定性策略比较多，债券和衍生品对冲基金采用的定量策略比较多。但两者之间的交集也非常广泛，很少有完全依靠定性判断或完全依靠定量计算的交易策略。以兼并套利策略为例，对收购方和被收购方的具体情况必须进行定性分析，而对历史上所有类似收购案的分析则往往需要根据统计模型。统计套利和破产证券交易更是如此。大部分对冲基金都有一批数学和计算机编程水平很高的专业技术人员为其设计交易模型，但如果认为对冲基金就是数学家或程序员的舞台，那就大错特错了。无论多么精确、多么可靠的数学模型，都需要人脑的判断作为最终的决策工具。尤其是在 2019 年夏天的次级贷款危机之后，根据历史数据和经验假设的交易模型已经受到了越来越多的投资者的质疑，许多分析师认为华尔街可能会从过去"过度定量化"的道路上回头醒悟，把人脑的定性分析放到更加重要的位置上去。我们都知道，沃伦·巴菲特通过长期投资成为世界首富，而乔治·索罗斯通过狙击英镑赚取了 10 亿美元；那时候他们都没有复杂的数学工具，因为归根结底，驾驭市场前进的力量是人脑的创意，而不是电脑的模型。

二、中国对冲基金的发展分析

（一）我国对冲基金发展现状

在我国，目前对冲基金和阳光私募基金的概念未做严格区分。自 2004 年赵丹阳与深国投合作成立第一只阳光私募基金至今，中国私募基金行业已走过十五年，无论从私募从业人数，还是产品数量、管理规模来说，都得到了飞速发展，私募与中国股市共同成长，已成为资本市场的一股重要力量。2012 年 12 月 28 日《证券投资基金法》获得全国人大通过，它首次将非公开募集基金（私募基金）纳入范围，这意味着私募证券投资基金获得合法地位。2014 年 1 月 17 日，中国证券投资基金业协会发布《私募投资基金管理人登记和基金备案办法（试行）》，标志着私募基金行业正式进入阳光化运作时代。私募基金经过五年多的阳光化快速发展，历经创业板、新三板牛市、股灾、定增基金、蓝筹行情、地产、政信非标、去通道、破刚兑等事件行情，在促进实体企业融资、服务经济转型的过程中，起到不可忽视的作用，同时也产生了一些行业乱象。

截至 2018 年底，中国私募基金协会已登记私募基金管理人 24 448 家，已备案私募基金 74 642 只，管理基金规模 12.78 万亿元，私募基金管理人员工总数 24.57 万人。其中，私募基金管理人入会会员数量总计 3 428 家，包括普通会员 255 家和观察会员 3 173 家。

经历了 2018 严监管年，私募基金整体仍较 2017 年有所发展。中基协最新数据显示：已登记私募证券投资基金管理人 8 989 家，私募股权、创业投资基金管理人 14 683 家，其他私募投资基金管理人 776 家；已备案私募证券投资基金 35 688 只，基金规模 2.24 万亿元，私募股权投资基金 27 176 只，基金规模 7.71 万亿元，创业投资基金 6 508 只，基金规模 0.89 万亿元，其他私募投资基金 5 270 只，基金规模 1.94 万亿元。

1. 头部效应显现

限于运营成本等因素，中小规模私募面临挤压，整个私募行业也出现一定程度的"瘦身"，而坚持价值投资、有核心投研能力的头部私募，有望在波动的市况中体现龙头效应。

根据中基协最新数据，截至 2018 年 12 月底，已登记私募基金管理人管理基金规模在 100 亿元及以上的有 234 家，管理基金规模在 50 亿~100 亿元的有 274 家，管理基金规模在 20 亿~50 亿元的有 671 家，管理基金规模在 10 亿~20 亿元的有 801 家，管理基金规模在 5 亿~10 亿元的有 1 155 家，管理基金规模在 1 亿~5 亿元的有 4 308 家，管理基金规模在 0.5 亿~1 亿元的有 2 332 家，已登记的私募基金管理人有管理规模的共 21 381 家，平均管理基金规模 5.98 亿元。预计未来管理规模在 5 亿元以上的有 3 135 家私募，坚持合规、持续研发产品、做好风控，能够在市场出现有利机会时有更大发展。

产品方面，其他类私募产品预计仍难备案，转向股权类产品，产品期限设立两年、三年或更长时间为主流。私募和财富管理行业动荡，考验产品创新、品牌运营、投资者维护的能力，底层资产有瑕疵、风控措施不到位的产品会暴雷频出，而坚守合规底线、注重风控的私募基金能够"剩者为王"。

监管方面，2019 年私募管理人仍旧会收到中基协不定时的自查通知，更新版私募投资基金备案须知、私募基金尽调指引、私募股权基金管理人信用报告制度均已在路上，各路监管仍将持续发酵。

2. 外资私募开始进入中国市场

2016 年 6 月，中国证监会对符合条件的外资机构开闸，允许其申请登记成为私募证券基金管理机构，在中国境内开展包括二级市场证券交易在内的私募证券基金管理业务，由此开始，全球顶级资管机构相继入场。截至目前，富达利泰、瑞银资产、富敦、惠理、贝莱德、施罗德、元胜、桥水等 16 家外资机构完成私募证券基金管理人登记，这些外资私募已备案发行的私募产品数量已达到 28 只，包括主动投资、债券、量化、绝对收益等多种风格，其中多数是权益类基金。

2018 年，A 股实现了"入摩入富"，这是 A 股国际化的重要一步，也是中国市场国际化的里程碑式事件。外资私募进军中国的步伐也逐步加快，纷纷摩拳擦掌加速布局中国市场。

全球资管巨头加速进入中国市场基于一个共同的判断，那就是中国市场"钱"景可观。实际上随着 A 股市场的不断调整之后，越来越得到全球顶级资管公司的认可，大多数外资对中国经济和 A 股市场较为乐观。随着行业开放程度的提升与市场国际化的加速，国内外私募基金竞争时代已经悄然来临，外资私募的到来对国内本土私募而言既是机遇也是挑战。

（二）对冲基金的法律形式

任何投资在模式上都必须具有一定的法律表现形式，目前包括对冲基金在内的我国私募基金投资类型主要表现为四种形式，即信托型基金、契约型理财基金、有限合伙型及公司型基金。

1. 契约式

契约式基金的组织结构比较简单。具体的做法可以是：

（1）证券公司作为基金的管理人，选取一家银行作为其托管人；

（2）募到一定数额的金额开始运作，每个月开放一次，向基金持有人公布一次基金，办理一次基金赎回；

（3）为了吸引基金投资者，应尽量降低手续费，证券公司作为基金管理人，根据业绩表现收取一定数量的管理费。其优点是可以避免双重征税，缺点是其设立与运作很难回避证券管理部门的审批和监管。

私募基金所采取的契约一般为信托契约，通过信托计划，进行股权投资或者证券投资，也是阳关私募的典型形式。

阳光私募基金是借助信托公司平台发行，资金由银行托管，证券交由证券公司托管，在银保监会的监管下，定期公示业绩的投资于证券市场的产品（见图15-9所示）。

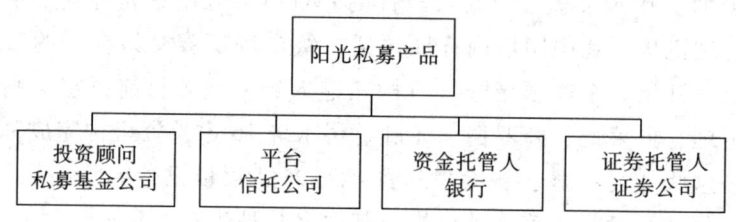

图15-9　阳光私募产品的架构

从法律结构来看，私募基金其实是一个信托产品，通过信托合同来框定各方的权利与义务，共有四方参与：私募基金公司作为信托公司的投资顾问，管理和运作资金；信托公司是产品发行的法律主体，提供产品运作的平台，并承担部分监管之责；银行作为资金托管人，保证资金的安全；证券公司作为证券的托管人，保障证券的安全。

目前阳光私募基金的运作模式和公募基金基本相同，私募基金公司只负责资金的运营管理，资金由银行托管，证券由交易券商托管，不存在挪用的可能，通过这样的结构可以充分保证阳光私募基金的资金和证券的安全。

阳光私募基金的特点

（1）购买门槛较高。仅对合格的机构和个人投资者私募发行，不在公开场合发售，也没有公开的推广；同时，其起点金额较高，每份投资一般不少于100万元。

（2）收取20%超额业绩费。当私募基金产生盈利时私募基金管理人会提取其中的20%作为回报。但该超额业绩费只有在私募基金净值每次创出新高后才可以提取。

（3）追求绝对正收益：私募基金管理人的利益和投资者的利益较为一致，主要原因是私募基金的固定管理费很少，主要依靠超额业绩费生存发展，而超额业绩费是在净值每次创出新高后才可提取的，因此，只有投资者赚到钱，私募才能赚到钱。所以私募基金需要追求绝对的正收益，对下行风险的控制相对严格。

（4）股票的投资比例灵活：在0~100%之间，可称之为"全天候"的产品，可以通过灵活的仓位选择部分或全部规避市场的系统性风险。

（5）操作灵活：目前阳光私募基金规模通常在几千万元至几亿元，同时对行业集中度，持股集中度的要求远较公募宽松。相对于公募，其总金额比较小，操作空间大，可以集中持仓一两个行业，及五六只股票，更有利于基金经理主动管理能力的发挥。

（6）流动性有限制：一般有6~12个月封闭期：阳光私募基金多有6~12个月的封闭期，客户在封闭期中赎回受到限制或需要交纳3%左右的赎回费，但之后通常可免费赎回。

（7）信息披露较少：通常每周、每双周或每月公布一次净值，没有强制的季度信息披露要求，相比公募，私募的信息披露较少。

2. 公司制

公司式私募基金有完整的公司架构，运作比较正式和规范。目前公司式私募基金（如"某某投资公司"）在中国能够比较方便地成立。半开放式私募基金也能够以某种变通的方式，比较方便地进行运作，不必接受严格的审批和监管，投资策略也就可以更加灵活。比如：

（1）设立某"投资公司"，该"投资公司"的业务范围包括有价证券投资；

（2）"投资公司"的股东数目不要多，出资额都要比较大，既保证私募性质，又要有较大的资金规模；

（3）"投资公司"的资金交由资金管理人管理，按国际惯例，管理人收取资金管理费与效益激励费，并打入"投资公司"的运营成本；

（4）"投资公司"的注册资本每年在某个特定的时点重新登记一次，进行名义上的增资扩股或减资缩股，如有需要，出资人每年可在某一特定的时点将其出资赎回一次,在其他时间投资者之间可以进行股权协议转让或上柜交易。该"投资公司"实质上就是一种随时扩募,但每年只赎回一次的公司式私募基金。

不过,公司式私募基金有一个缺点,即存在双重征税。克服缺点的方法有:

(1) 将私募基金注册于避税的天堂,如开曼、百慕大等地;

(2) 将公司式私募基金注册为高科技企业(可享受诸多优惠),并注册于税收比较优惠的地方;

(3) 借壳,即在基金的设立运作中联合或收购一家可以享受税收优惠的企业(最好是非上市公司),并把它作为载体。

公司制的特点:由于公司型私募基金本身就具有法人资格,可直接发售基金产品,在免去了信托公司这个中间环节的基础上,基金管理人可以将信托费转为管理费,从而增加自己的收入。同时,基金管理人和投资者作为公司的参股股东也解决了集合理财所衍生出的问题。然而,它也存在缺点,主要表现于同一所得可能面临的多重征税。依目前的税则,作为企业,它应缴纳营业税与企业所得税等,分红后股东还应缴纳个人所得税。这种双重税负无疑极大地挫伤了投资者的投资积极性。

3. 有限合伙制

有限合伙企业是美国私募基金的主要组织形式。2007年6月1日,我国《合伙企业法》正式施行,一批有限合伙企业陆续组建,这些有限合伙企业主要集中在股权投资和证券投资领域。

有限合伙制私募基金在美国已经很普及了,但在我国限于法律规定,虽然采用有限合伙模式设立的公司在国内私募界早有先例,不过当时合伙制企业并不能开设账户,所以清一色的是PE类产品。2009年12月底,证监会发布了新的《证券登记结算管理办法》(以下简称《办法》),修改后的《办法》规定"投资者,包括中国公民、中国法人、中国合伙企业及法律、行政法规、中国证监会规章规定的其他投资者",从此打破了此前合伙制企业不能开设证券账户的限制,为合伙制私募基金打开了一扇大门。

上海宝赢投资管理中心(有限合伙)2010年3月18日在工商局注册成立,2010年4月1日合伙企业正式开始运作,是国内首家以自然人为普通合伙人发起设立的合伙制私募基金,宝赢基金开创了当时一种合伙制私募的路径。在此之后不久,银河财富资产管理有限公司推出了国内首个有限合伙制私募证券投资基金"银河普润"。宝赢基金与银河普润的不同之处在于,银河普润是以银河财富资产管理有限公司作为普通合伙人,而宝赢基金则是以自然人作为普通合伙人,承担无限责任。

由于银河普润不公开透露合伙制的细节,所以下面以宝赢基金为例介绍合伙制基金。

目前,宝赢基金有6个合伙人,基本都是崔军的亲戚朋友。合伙协议约定,每年12月30日要进行一次利润分配及结算,有限合伙人获得每年公司利润中按出资比例分配不高于4%的所有部分,余下的利润由普通合伙人崔军和有限合伙人分成,75%归有限合伙人(按每个有限合伙人的出资额按比例分配),25%归崔军。这意味着,如果宝赢基金的年收益低于4%,崔军不能收取任何管理费。只有在高于4%的情况下,才能从多出的部分提出25%用于日常运营开支。目前崔军的6名合伙人中,既有出资上千万元的合伙人,也有出资几十万元的合伙人,崔军本人则出资50万元人民币。宝赢基金对合伙人的出资并没有最低要求。记者在合伙协议中还看到,宝赢基金入伙资金有一年锁定期,一年后如果资产运作出现亏损,有限合伙人可随时要求退伙(退伙时按即时有限合伙人份额净资产核算)。

合伙制模式是否能得到进一步的推广,受制于以下3个难题:第一,合伙制私募基金如何"阳光化"。第二,合伙制私募基金如何解决进出问题,因为《中华人民共和国合伙企业法(修订)》规定,新合伙人的入伙及原合伙人的退伙须经全体合伙人一致同意,并去工商局变更登记。因此,与信托产品只需缴付认购、赎回费相比,合伙制基金的进出成本可能更高。第三,合伙制私募基金如何保障资金安全。

(1)合伙制私募基金如何解决资金进出问题。合伙制企业资金进出非常方便,《中华人民共和国合伙企业法》自2007年6月1日起施行,其中第十三条合伙企业登记事项发生变更的,执行合伙事务的合伙人应当自做出变更决定或者发生变更事由之日起十五日内,向企业登记机关申请办理变更登记。(变更手续费在100~200元,也就是说一个有限合伙人成本在200元左右)。

第六十一条有限合伙企业由二个以上五十个以下合伙人设立;但是法律另有规定的除外(就是合伙人最多50个人)。

另外宝赢投资管理中心的合伙协议里规定:新有限合伙人入伙,由执行事务合伙人决定。如在有限合伙企业经营期限内,有限合伙人发生变更,应由执行事务合伙人与相关有限合伙人签订相关协议,签署变更决定书,做出相关决议,并办理所需工商登记手续。为变更合伙人之目的,需要其他合伙人签署相关文件的,其他合伙人应该配合。

(2)合伙制私募基金如何保障资金安全。合伙制企业保障资金安全是每一个有限合伙人非常关心的一个问题,宝赢投资管理中心创新了办法,使(有限合伙)的基本户的资金有非常安全的保障。

宝赢投资管理中心把每个印章设到1.2cm大小，留出了6个印章的位置，设计由5个1 000万元以上有限合伙人每人掌握一个印章，除非6个人同时盖章，公司基本户才能提出资金，不然公司基本账户资金只能由合伙人的钱汇进来不能提出去一分钱。由于5个印章分别最大的5个合伙人分别掌握，崔军又掌握1个，而且崔军对资金安全要承担无限责任，所以其他的合伙人的资金安全也非常放心了。

（3）关于有限合伙制私募基金的税收问题。有限合伙制企业税收比较优惠，避免了重复收税及信托和银行的托管费。比如某规模10亿元的合伙制私募，管理者和其余4位合伙人各有2亿元资本，假设该私募基金上一年度赚1亿元，按照20%的业绩报酬分成，基金管理者应获得2 000万元的管理费，剩余8 000万元中，由5人平分，每人分1 600万元。

法律规定股票二级市场交易获利不需要交所得税，因为股票卖出已经收了印花税，有限合伙人分得的这1 600万元不需要交税，只要报税，跟个人投资者一样。管理者分成的这2 000万元只要交4%~5%的税。国内许多注册地有税收优惠政策。如果是有限责任公司通过信托产品挣2 000万元先要交1%~2%的信托费，即1 000万~2 000万元的费用，银行还有托管费用，就按1 000万元的成本算，剩下1 000万元，还要交25%的营业税，那么1 000万元还剩下750万元，分红再交20%所得税剩下600万元到手。合伙制不需要交25%的营业税，预计只需要交5%左右的个税。到手1 900万元，跟有限公司的信托产品差价1 300万元左右。

当前私募信托运作成本较高，除了给信托公司，还需给银行等渠道经费，而且，除此之外，公司还要交基金营业税。

就此类形式的公司收税，按照现行《个人所得税法》及其实施条例以及税收政策的规定，合伙企业应当"先分后税"。然而，法律规定股票二级市场交易获利不需要交所得税。依据目前规定，私募基金采取有限合伙制，投资者需要缴纳5%~35%的合伙人所得税，同时还要缴纳基金本身的营业税。

有限合伙型制的特点：新版《合伙企业法》为私募基金的发展提供了"有限合伙型"通道。有限合伙的推出，可以考虑将有限合伙形式的私募基金管理人作为一般的管理人，其所承担的无限责任必将逼迫他们审慎控制投资风险，有利于维护投资者的权益。同时，该种投资法律形式也克服了上述公司型模式所面临的双重征税问题。然而，该种模式也存在不足：其一是有限与无限责任的分配问题。投资本就有风险，若要求管理人承担无限责任，也有显失公平之嫌；其二是合伙毕竟不是一种成熟的企业形式，它只是现代化企业（上市公司）模式进化中的一个阶段，因而采用该模式将严重妨碍该类型的基金上升为上市公司。

（三）我国对冲基金发展趋势

中国目前之所以没有出现真正意义上的对冲基金，其根本原因是监管的严格和金融工具的缺乏。随着基金专户理财、券商集合理财和信托阳光私募的兴起，监管层为对冲基金的运作提供了空间。此外，融资融券和股指期货的出现，则为对冲基金的个性化策略设计提供了金融工具基础。下面，我们重点介绍目前国内可实现的对冲基金策略。

在前面介绍的诸多对冲基金策略中，目前国内可实现的有股票多头/空头策略、管理期货策略和股票市场中性策略，另外，可部分实现全球宏观策略（对于海外基金而言）。

股票多头/空头策略既可以利用融券卖空，在某些特定条件下也可以利用股指期货来建立空头头寸。130/30基金的构建方法是先利用100%的资金买入预期价格上涨的股票组合，再以该股票组合为抵押融券卖空约等于30%初始资金的预期价格下跌的股票组合，并将卖空所得的资金再购入先前买入的预期价格上涨的股票组合。因此，该基金将持有130%初始资金的预期价格上涨的股票组合的多头头寸，并持有30%初始资金的预期价格下跌的股票组合的空头头寸，如此来放大杠杆和实现双边收益。在这个策略中，若该投资者预期大盘近期会下跌，而自己选择的个股会上涨，也可以利用股指期货来赚取该双边收益。具体方法是将约90%的初始资金买入预期价格上涨的个股组合，并用10%的初始资金充当股指期货空头头寸的交易保证金和准备金，此时该投资组合构成为90%的股票多头和25%的指数空头（假设交易保证金20%，交易保证金与准备金比例为1:1）。

管理期货策略则主要利用商品期货和股指期货来进行构造。国际上流动性的管理期货策略有两种发展方向，一种是专注于某个或少数品种的高频交易，如仅交易股指期货；另一种是在大量的期货或远期市场执行固定的低频交易策略，实现分散化。目前这两种策略在国内市场都可以使用。鉴于某些投资者对股票指数高频或低频的波动规律有较为深刻的认识，该类投资者就可单独就股指期货一个品种设计交易策略。若某些投资者发现的价格波动规律不仅在股指期货上存在，也在商品期货诸多品种上存在，那就可以将该交易策略运用于多品种中，实现更为稳定的收益。

股票市场中性策略也是既可以利用融券卖空，也可以在某些情况下利用股指期货来实现的对冲基金策略。股票市场中性策略最重要的是选择相互关联的两个股票或股票组合，通过它们的价差变动来获利，为此需要考虑将组合的市场风险、部门风险甚至行业风险对冲掉。在实践中，利用股指期货就可以很方便地对冲掉组合的市场风险，因此可以利用股指期货来替代或部分替代某一方向的股票头寸，提高交易的便利性、准确性和减少交易费用。当某一方向的股票头寸完全由股指期货来替代时，我们就称之为 alpha 策略，相应的，也可以在 alpha 策略的基础之上构建可转移 alpha 策略。此外，利用股指期货期现价差和到期日不同的期货合约价差之间的异常波动，也可以构建低风险的期现套利策略和跨期套利策略，成为低风险资金的选择之一。

案例　　中国民企如何利用好私募股权投资基金（PE）

众所周知，我国一批明星级的民企如百度、新浪、蒙牛、携程、尚德、分众传媒、盛大等都是借助私募基金迅速发展起来的。本书来关注两个相关案例：

（1）从一直不打算上市到抓紧 2008 年奥运会前上市的太子奶。2007 年 1 月，太子奶与高盛等 PE 共同出资注册中国太子奶开曼控股有限公司，其中高盛、摩根、英联出资 7 300 万美元占离岸合资公司 30% 股权。与蒙牛引资相同的是，太子奶也签订了类似的对赌协议，太子奶方面的要求有两个：一是保持最低 51% 的控股权；二是合资公司运营的所有品牌归太子奶方面所有。作为对赌条件，太子奶方面承诺每年复合增长率超过 30%。前些年还一直宣称没有上市安排的太子奶在联手私募后上市计划迅速步入正轨。2007 年 9 月 24 日，集团董事长李途纯透露，太子奶将按照产业链对旗下采购业务、制造业、营销网络等资产进行划分，筹建上市公司，分拆后的公司将在 3 年内完成上市，而 2008 年奥运会前至少完成一家公司在海外上市。

（2）上市后争议不断的海王星辰。2007 年 11 月 9 日，海王星辰连锁药店登陆纽约证券交易所，此次 IPO 共发行 2 060 万股美国存托凭证，每股价格 16.2 美元，高于 11.5～13.5 美元的原定发行价，筹资额达 3.34 亿美元。公司透露，此次募集资金将用于继续扩大门店数量以及建立配送中心，未来的海王星辰将不再单单出售医药和营养品，个人、家庭护理及便利产品将成为公司拓展的新领域，最终目标是非药品类产品的增长速度要超过药品类产品。之前的 2004 年 10 月，高盛与海王星辰大股东海王集团签订了 4 000 万美元的直接投资协议书，海王星辰因此成为国内首家接受境外直接投资的医药零售企业。根据最初的引资协议，如果 4 年内不能成功上市，高盛有权将包括 8% 的复合利率以及其他利益的 A 类优先股赎回。为了上市，海王星辰在2004年8月建立了海王BVI，7天后海王BVI在开曼群岛设立了中国海王星辰（China Nepstar）。经过几次复杂的重组手术后，截至2007年5月，高盛基金、海王BVI以及China Star Chain（海王集团的另一家BVI公司）在中国海王星辰各拥有30.3%、66.06%以及3.64%的股权。作为注资条件，高盛对海王星辰每年的门店数量都有要求，如2005年年底达到996家，2008年达到2 000～2 500家。招股说明书透露，海王星辰分别于2004年10月6日和2005年12月1日向高盛旗下五家基金发行了3 000万股和2 000万股A类可赎回可转换优先股，每股价格0.5美元，因此高盛实际投资是2 500万美元。海王星辰的上市给业内带来些许震动。但同时它在零售市场始终争议不断，其经营思路不断在改变，领导人的更替率也异乎寻常。

以上两个案例是中国众多民企在最近几年"寻找PE—谈判—签订对赌协议—PE注资—战略大转型—完成上市—PE获得巨额收益后退出"发展路径的缩影。这些企业上市以后，既有蒙牛赢得对赌协议的故事，也有类似永乐电器上市不久被国美并购而迅速消失的案例。所以，民企对引入PE要有正确的认识。

第一，PE是一种刚性很强的融资方式。

PE是一种对企业约束力强、成本很高的融资。引入PE不仅回报率高，而且可能会在公司资本结构、公司治理机制、未来发展路径、战略节奏、风险格局与利益分配等方面引发复杂的、长期的变革，对此企业必须有清醒的认识。比如：①在募集巨额资金的同时会导致对公司决策权的控制程度有所下降。②PE后必须上市。上市固然有很多好处，但是上市后企业的发展节奏与盈利快速增长的压力就像穿上了脱不掉的"红舞鞋"。而且公司管理层必须耗费大量精力去应付股市的变化，这一点与公司专注产业发展的初衷是相背离的。③PE投资的目的是短期获得暴利，基本在企业上市前1～2年进入，投资期限多在3～5年以内。一旦发现公司盈利达不到预期，PE就会中途撤资，这会使公司的品牌和资金元气大伤，甚至在跌倒后无力再爬起来。难怪有人表示："如果不谨慎决策，可能对不少企业来说，轻易把PE带进来，得到的只会是锁链，失去的将是自由"。

第二，"海外造壳"是把双刃剑的重组安排。

到目前为止，国内所有引入PE的企业都经历了一系列股权重组动作，基本模式是PE与国内公司原管理层联合投资在英属维尔京群岛、百慕大、开曼、库克群岛等地注册或购买壳公司，以该壳公司投资或增资方式控股境内公司，境内公司相应变成外商投资企业，即采用设立离岸企业的红筹模式。重组安排的优点很明显：

操作时间短，手续简单，利于以壳公司的名义在境外交易所申请上市；公司在境外的外汇和资金安排在便利方面优于国内；可以享受境内中外合资公司税收优惠；作为离岸公司，有关法律在股权转让、认股权证及公司管理方面的要求更为宽松。

但民企进行的这种"海外造壳"重组安排的潜在风险和问题也不可小视，诸如：①随着我国政府管制政策越来越国际化，2008年实施的新的所得税制度会使得在境外设立"壳"公司的边际效率急速递减。②我国政府2007年颁布的一系列政策，尤其是商务部等六大部委联合发布的《关于外国投资者并购境内企业的规定》，对离岸企业的资金用途及性质进行了严格规定，使得红筹模式操作难度加大。③境外如BVI、开曼群岛等既被视为避税天堂，也被视同洗钱积聚地而成为世界各国监控的重点。④错综复杂、多层级的股权结构会稀释或屏蔽公司原管理层的控制权和现金流权。对此，企业应当慎重权衡。

第三，引入PE时的引资估值往往是"低估了民企自己，估出了PE高收益"。

引入PE肯定要对民营企业进行估值。估值是对企业未来持续经营与获利能力的预测，其结果直接决定民营企业的股权数量、控制权大小和分红规模。虽然就每个个案而言，因种种原因不可能获得绝对公平、完全合理的估值结果，在很大程度上还取决于合资双方如何讨价还价、反复博弈。但从笔者所分析的几个实际案例看，引入PE的估值均是"低估了民企自己，估出了PE高收益"。比如摩根与鼎辉2005年1月投入5 000万美元到永乐电器，每股作价0.92港元，占公司总股本27.36%。按照公平原则，永乐电器当时的估值就是1元人民币，1倍的P/B（市净率）极大地贬低了永乐管理层的盈利能力和永乐品牌的无形资产价值。永乐2005年10月上市，每股发行价2.25港元，摩根与鼎辉又仅以每股1.38港元购得1 279万股股份，使摩根等PE们在公司上市后获得了巨额的资本利得。

对于引入PE的公司估值，笔者认为有两个重大问题值得关注：一个是心理问题。民企在引入PE时，不要以处理不良资产的心态，而应该以优质资产上市的心态与PE讨价还价。另一个是估值技术问题。对不同的企业应采用不同的估值方法。比如：增长性极强的产业和公司，用重置成本评估法就不合适，若使用P/E（市盈率）法估值不应该使用现实利润数据，而应该取未来预计收益数值，因为成长性是公司的基本特征，投资者投资的是企业的未来，估值的原理是未来收益的折现。此外，这些案例中似乎只关注对被投资民企的估值问题，忽视了对PE投入的美元资金进行估值。众所周知，由于人民币汇率的持续走高，简单地把美元按照当时的汇率折算成注册资本，肯定有高估PE投资金额的现实问题。

第四，"对赌协议"易诱发公司"激进式"战略目标规划。

合资中对赌协议与 PE 导入始终形影不离，不过在 2007 年露面的对赌协议内容上有了不少新的变化：①要求被投资民营企业的收入规模与盈利增长的幅度有所下降。比如摩根对蒙牛、永乐的对赌协议要求"盈利复合年增长率超过 50%"，但是高盛要求太子奶方面承诺"每年复合增长率超过 30%"。②从只关注主营业务利润改为偏好利润总额了。比如，摩根对永乐要求的盈利局限在电器销售，而不包括永乐的经营房地产业务利润。但是海王星辰的目标是非药品类产品的增长速度要超过药品类产品。③指标更显多样化。除了盈利复合增长等结果指标外，还包括收入增长、开店数量等过程指标。

在笔者看来，对赌协议的确是一种有意思的财务工具和制度装置：从字面上看，对赌双方平等协商、彼此充分沟通、互利互惠，但从赌局的结果看 PE 总是赢家，受伤的总是民营企业。关注蒙牛案例的人都知道，虽然摩根输了，但其获利水平依然大大超过蒙牛管理层的收益水平。可见，对赌协议的本质上并不是 PE 对公司商业盈利分红的期盼，而是以此鞭策公司管理层在短期内完成最少的资本撬动最大营业收入和快速的盈利，然后给资本市场以极具增长性的积极信号以提升股价，从而确保 PE 以高价位实现资本退出。

虽然说对赌协议是公司战略扩张、战略转型的推进器，但同时也会引发管理层过度自信和对利润指标的贪婪。海王星辰投资总监冯家信曾表示，海王星辰计划在 2008 年年底前将门店总数扩张至 2 000～2 500 家，营业额超过 40 亿元人民币。资料显示 2007 年海王星辰的总销售额为 21.8 亿元，单店平均年销售额为 150 万元。如果数据属实，则其距离 40 亿元的年销售目标还有 18.2 亿元的差额。在利润指标方面，海王星辰的门店数量是 1 115 家，年销售额为 16 亿元，利润在 1 000 万元左右，平均每家店的年利润才不到 1 万元。假如海王星辰的门店保持这个盈利水平，即使 2008 年其门店数量达到 2 800 家，利润也只有 2 800 万元左右，距离 1 亿元的目标还有很大的差距。而且奶业大腕伊利股份发出了 2007 年预亏公告，三元牛奶也步履艰难，这些都让人担忧太子奶"每年复合增长率超过 30%"的承诺是否理性。在笔者看来，稳健经营战略和可持续增长安排才是每个民营企业经营规划的基本定位。

第五，对管理的关注：外行与内行"谁领导谁？"

引入 PE 的动机除了引资外，还有一个就是"导入先进管理与理念"的预期。一般来说，境外投资者有两类：一类是从事商品经营的战略投资者，他们拥有自己的品牌、产品核心技术、行业先进管理经验、研发实力等。另一类是从事财务投资的投资者，除了具有强大的资本背景和资本运作能力外，并没有具体实业的经营管理经验。其主要运作模式是在全球范围内选择极具潜力的企业进行投资，然后择机出售，谋求股价买卖价差。显然本书谈及的PE，如凯雷投资、摩根等均属于财务投资者。企业如果期望日后PE们同舟共济改进奶业、药业等商业经营，肯定是一厢情愿的。

另据资料显示："投资方之一的高盛投资基金亚太区董事总经理胡祖六曾督促太子奶在全球选拔CFO。李途纯表示，目前太子奶以1 000万元年薪聘请了一位曾在美国和中国香港上市公司服务过20多年的财务专门人才。"虽然这可能是中国大陆薪酬最高的CFO，但研究证明，因为文化、团队和行业经历等问题，空降职业经理与公司绩效提升并没有很强的相关性。如果在"胡祖六们"的督促下，今天花1 000万元聘个CFO，明天又用1 000万元聘个COO，后天再用1 000万元CHO，处于发展期的太子奶的微薄盈利是否会被几个CXO的巨额薪酬抵掉了？

投资者都是趋利的理性经济人，尤其PE们是特别精明的资本家。既然来者不善，那么要知彼知己方能百战不殆。在以上五个方面保持必要的理性、进行充分的SWOT分析是讨论和决策引入PE不可或缺的。

第十六章
金融工程

　　金融工程（Financial Engineering）是借鉴工程学的思维来解决社会经济问题的一门学科。对于普通工程问题而言，一般有一个明确的目标，通过工程师的努力可给出经济上和技术上可行的方案。金融工程与一般意义上的工程有许多相似之处。金融工程使用的工具包括过去20多年来创造出来的新的金融工具，如远期、期货、期权和互换等。[①] 这些工具既可以单独进行交易，又可作为"积木"来构造更为复杂的金融产品。本章结合金融工程中著名的 Black–Scholes 公式阐述金融工程的一些典型应用。

---

① 对衍生品不熟悉的读者，可以参见约翰·赫尔（2009）。不熟悉 Black–Scholes 公式的读者，可以参考 Wlmott（2007）入门。

第一节 金融工程概述

一、什么是金融工程

金融工程的思想很早就出现在金融学文献中,如鲁宾斯坦和利兰德提出的基于期权复制的投资组合保险,很早就在投资管理行业中得到应用(Rubinstein and Leland, 1981)。但直到20世纪80年代后期"金融工程"才作为一门新学科出现。

美国金融学教授约翰·费纳蒂(John Finnerty)1988年首次正式给出了金融工程的定义:金融工程包括新型金融工具与金融工序的设计、开发与实施,并为金融问题提供创造性的解决办法。该定义不仅强调了对金融工具的运用,而且还强调了金融工具的重要(Finnerty, 1988)。

英国金融学教授洛伦兹·格利茨认为,金融工程是应用金融工具,将现在的金融结构进行重组以获得人们所希望的结果(洛伦兹·格利茨, 1998)。

清华大学教授宋逢明认为,金融工程是将工程思维引入金融领域,综合地采用各种工程技术方法(主要有数学建模、数值计算、网络图解、仿真模拟等)设计、开发和实施新型的金融产品,创造性地解决各种金融问题(宋逢明, 1999)。

综合以上定义,笔者认为,金融工程是模仿工程学解决问题的方式,以基础金融产品和衍生金融产品为模块,创造性地解决金融问题的一门学科,其主要内容包括新产品设计、投资策略设计和风险管理等。

人们常在狭义和广义两个层面谈论金融工程。狭义的金融工程主要是指利用先进的数学及通信工具,在各种现有基本金融产品的基础上,进行不同形式的组合分解,以设计出符合客户需要并具有特定风险与收益的新的金融产品。广义的金融工程则是指一切利用工程化手段来解决金融问题的技术开发。它不仅包括金融产品设计,还包括金融产品定价、交易策略设计、金融风险管理等各个方面。

二、金融工程产生的背景

金融工程从诞生之日起就伴随着基础经济变量(汇率、利率、通货膨胀率等)

从相对稳定到剧烈波动的转变过程。从20世纪70年代开始，欧美各国的重要的经济变量包括汇率、利率与大宗商品价格等都开始了剧烈波动。无论是政府、企业还是居民，其生活的经济环境都有了根本性的变化。这一方面推动以VaR（Value at Risk，风险价值）技术为代表的各种风险管理技术迅速发展，另一方面也提高了社会对各种创新金融产品尤其是衍生金融产品的需求。随着资本市场上的交易越来越多，也催生了对复杂交易技术的需求。这就进一步刺激了金融工程的蓬勃发展。

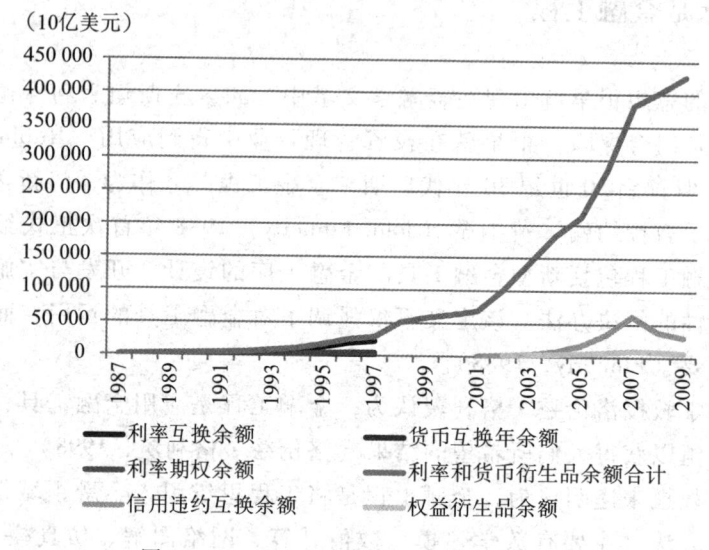

图16-1　1987~2009年各类衍生品余额

资料来源：ISDA Market Survey historical data。

注：1998年后没有货币互换的利率期权的分项统计。2001年之前没有信用违约互换和权益衍生品的统计数据。

图16-1显示了20世纪80年代以来各类衍生品的发展情况。利率和货币衍生品的余额每年都在增加，进入21世纪以来增加趋势尤为迅猛，截至2009年底余额已达426.75万亿美元，相当于1987年的493倍，相当于2000年的6.77倍。信用违约互换是世纪交替时出现的新型衍生品，在2007~2008年次贷危机之前一直保持着迅猛增长的势头，但是在次贷危机之后其余额有所下降，截至2009年底余额为30.43万亿美元，比2007年底的峰值62.17万亿美元下降了51%。同时权益衍生品最近10年来一直在稳步增长，但仍是所有衍生品类别中规模最小的一类，截至2009年底余额为6.77万亿美元。

下面我们简要回顾金融工程产生的背景。

(一) 汇率自由浮动

第二次世界大战之后国际金融秩序是建立在布雷顿森林体系上的。布雷顿森林体系有两个要点：一是黄金与美元挂钩，二是其他货币与美元挂钩。最初美元与黄金的兑换比例为 1 盎司黄金等于 35 美元，各国货币对美元的汇率只能在平价上下各 1% 的限度内波动，超过这个限度，各国中央银行有义务在外汇市场上进行干预，以保持汇率的稳定。但是这一制度安排蕴含一个巨大的漏洞：一方面，美元要想成为世界货币，美国就得不断地扩大国际收支逆差，否则其他国家无从获得美元；另一方面，国际收支逆差不断扩大会促使美元贬值，而一种不稳定的货币不适合充当世界货币。这在经济学上被称为"特里芬两难"（Triffin Dilemma）[①]。

战后初期美国具有压倒性的经济实力，特里芬两难在某种程度上被掩盖了。随着日本和西欧经济迅速复苏和美国霸权地位的下降，尤其是越南战争给美国造成的国际收支逆差，又不断增加货币发行，使得美元远远低于金平价。各国政府和投资者纷纷将手中的美元兑换成黄金，一时间美国的黄金储备面临枯竭的危机。

1971 年 8 月 15 日，美国总统尼克松宣布美元贬值和美元停兑黄金，布雷顿森林体系开始崩溃。尽管 1971 年 12 月十国集团达成了《史密森协议》，宣布美元贬值，由 1 盎司黄金等于 35 美元调整到 38 美元，汇兑平价的幅度由 1% 扩大到 2.5%，但到 1973 年 2 月，美元再次大跌，欧洲国家纷纷退出固定汇率制，固定汇率制彻底瓦解。之后全球主要货币的汇率开始自由浮动。

(二) 利率自由化

1929～1933 年大萧条带给美国的一个教训就是不稳定的金融体系会对实体经济造成巨大的冲击。在大萧条之后的监管安排上，抑制金融系统内的过度竞争与投机就成为尽管重点。美国国会 1933 年制定的《格拉斯—斯蒂格尔法案》（1933 年银行法）中授权联邦储备委员会制定管制利率水平的规则（称为"Q 规则"）。Q 规则的主要内容是联储可对会员银行吸收定期及储蓄存款规定最高利率限额，同时禁止对活期存款支付利息。之后美国其他金融机构也受到相应监管机构制定的利率管制规则的监管。

20 世纪 60 年代之后，Q 规则的弊端逐渐显现出来。一方面，大银行可以通过

[①] 1960 年美国经济学家罗伯特·特里芬（Robert Triffin）在《黄金与美元危机——自由兑换的未来》一书中提出了上述思想。见特里芬（1997）。

自己在海外的分支机构以自由利率吸引欧洲美元存款,而中小银行及储蓄机构只能在美国国内市场上以封顶利率吸引存款,大银行获得了不公平的竞争优势。另一方面,金融市场上的新产品开始蚕食储蓄存款市场。货币市场互助基金(MMMFS)的存款面额最低仅为300美元,可以随时支取,按照市场利率付给利息。这就促使大量资金从存款机构流出。

有鉴于此,20世纪70年代以后,美国逐步放松了利率管制。1980年3月,美国政府制定了《1980年废止对存款机构管制及货币控制法》(简称"1980年银行法"),宣布在6年内逐步提高Q规则所规定的利率上限,到1986年3月底,分阶段取消Q规则对于一切存款机构持有的定期和储蓄存款的利率限制。取消利率管制启动了利率自由化的进程,促使利率衍生品市场不断发展。同时,无论是借款人和贷款人都开始受到利率风险的影响,对其风险管理技术提出了更高的要求。

(三)大宗商品价格波动加大

自20世纪70年代以来,受到两次石油危机的影响,以石油为代表的大宗商品的价格也开始急剧波动。

第一次石油危机起源于1973年10月爆发的第四次中东战争。为打击以色列及其支持者美国,石油输出国组织(OPEC)的阿拉伯成员国在当年12月宣布收回石油标价权,将原油价格从每桶3.011美元提高到10.651美元,触发了第二次世界大战之后最严重的全球经济危机。持续三年的石油危机对发达国家的经济造成了严重的冲击。在这场危机中,美国的工业生产下降了14%,日本的工业生产下降了20%以上。

1978年底,伊朗亲美的巴列维王朝被推翻,引发了第二次石油危机。1980年9月又爆发了两伊战争,全球石油产量受到影响,从每天580万桶骤降到100万桶以下。随着产量的剧减,油价在1979年开始暴涨,从每桶13美元猛增至1980年的34美元。

两次石油危机过后,石油的价格已经从以前的几美元上升到了30美元以上。以石油为代表的大宗商品价格上涨加剧了经济的波动性。如图16-2所示。

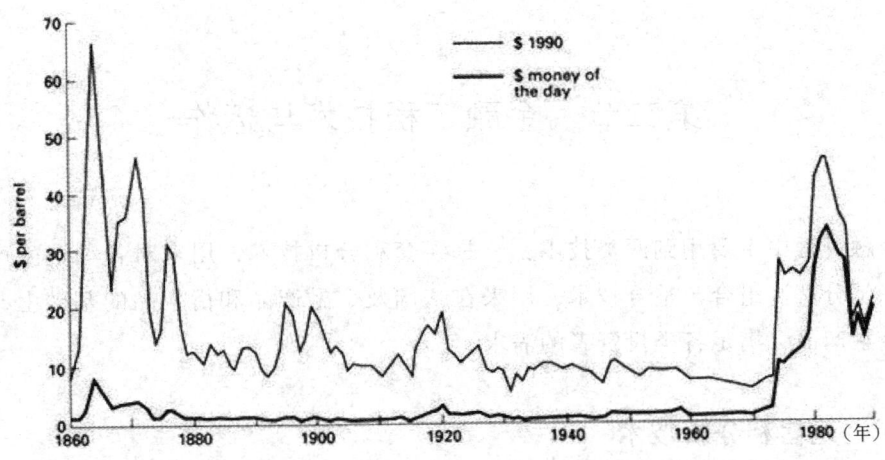

图 16-2　1861~1990 年世界原油价格

资料来源：BP 公司。转引自 Hartshorn（1993）。

回顾金融工程产生的背景对当前中国市场有很强的启示。我国目前也在逐渐开启利率自由化进程。随着人民币汇率形成机制不断完善，人民币也在向自由浮动货币迈进。而大宗商品价格如油价等早已与国际市场接轨，国内生产者和消费者已习惯其价格变动。国内金融大环境与 30 年前金融工程产生时美国的情况是很相似的。可以预见，我国经济社会对金融工程的需求也将迎来爆炸式的发展。在 ISDA 一项关于各国《财富》全球 500 强公司衍生品使用状况的调查中，我国有 62% 的全球 500 强公司在使用衍生品，全球排名第 10 位，离欧美强国还有一定差距。如图 16-3 所示。

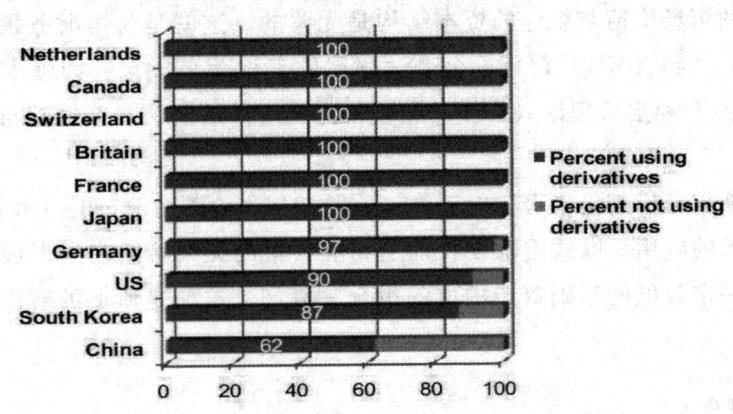

图 16-3　各国全球 500 强公司衍生品使用状况

资料来源：ISDA（2009）。

第二节　金融工程技术与运作

金融过程中主要用到两类技术：一是无套利分析技术，用来对各种衍生产品定价；二是分解、组合与整合技术，用来在基础及金融产品和衍生品的基础上，设计新型金融产品，满足各类投资者的需求。

一、无套利分析技术

套利可视为"保证在某些偶然情况下无须净投资即可获取正报酬而没有负报酬的可能性"（Dybvig and Ross，1987）。对于投资者来说套利机会无异于天上掉馅饼或免费的午餐。在金融学中人们先假定市场中不存在无风险的套利机会。也就是说，没有人能够不付出成本就获得正收益，即使是在概率意义上。无套利假定是一个很强的假定，借助它可以给各种创新金融产品定价。

无套利分析滥觞于诺贝尔经济学奖获得者莫迪格里亚尼和米勒关于公司财务结构的研究（Modigliani and Miller，1958）。借助于无套利分析，莫迪格里亚尼和米勒证明，在一定的前提条件下，无论企业选择何种融资方式均不会影响企业的市场价值，即企业的市场价值与企业的资本结构是无关的。这就是公司财务领域著名的莫迪格里亚尼—米勒（MM）定理。金融学领域的其他著名成果，如资本资产定价理论（CAPM）、套利定价理论（APT）和布莱克—斯科尔斯公式等也都与无套利定价技术有关。

下面以期权定价理论中著名的看涨—看跌期权平价关系（call-put parity）来说明无套利技术的应用。欧式看涨期权加上相应数量的无风险资产所形成的组合可用看跌期权和一定数值的基础资产构成的组合来复制，这就是所谓的看涨—看跌期权平价。

（一）组合 I

1. 买入 1 份欧式看涨期权，执行价格为 ，到期日为 ；
2. 卖出 1 份欧式看跌期权，到期日和执行价相同。

我们知道，欧式看涨期权在到期日的支付函数为 max [S (T) -E, 0]，欧式看跌期权在到期日的支付函数为 max [E-S (T), 0]。于是上述组合到期日 T 时的支付函数为：

$$\max [S(T) - E, 0] - \max [E - S(T), 0] = S(T) - E \tag{1}$$

式中，S (T) 为基础资产在到期日的价值。等式右边为两项，一项资产与一个固定金额 E。如果投资者今天买入股票（基础资产）就能保证在 T 日得到支付 S (T)，为了保证在 T 日的支付为 -E，只需在今天贷出折现的现金 $Ee^{-r(T-t)}$。也就是说，在今天看涨看跌期权价格之间有如下的关系成立：

$$c - p = S - Ee^{-r(T-t)} \tag{2}$$

式中，c 和 p 为今天看涨和看跌期权的价值。

如果（2）式不成立，例如，在 t 日有如下关系成立：

$$c - p > S - Ee^{-r(T-t)} \tag{3}$$

那么看涨期权的价格相对高估，看跌期权的价格相对低估。按照"高卖低买"的套利做法，我们可以建立如下的套利组合：

（二）组合 II

1. 卖出 1 份看涨期权，执行价为 S，到期日为 T，得到现金 c；
2. 买入 1 份看跌期权，执行价为 S，到期日为 T，付出现金 p；
3. 买入 1 份股票，付出现金 -S；
4. 按无风险利率 r 借入现金，T 日归还。

按照（3）式，在 t 日我们有正收益：$c - p - S + Ee^{-r(T-t)} > 0$。而到了期权的到期日 T，不需要有任何支出，这是因为：按照（1）式，同时持有看涨期权多头和看跌期权的空头的损益为 S (T) -E，我们手头的现金和股票的头寸正好也是 S (T) -E，也就是说期权上的头寸正好与股票和现金头寸的相抵，故我们不需要任何额外支出。

又如果在 t 日有如下关系成立：

$$c - p < S - Ee^{-r(T-t)} \tag{4}$$

套利做法，我们可以建立如下的套利组合：

（三）组合 III

1. 卖出 1 份看涨期权，执行价为 S，到期日为 T，得到现金 c；

2. 买入1份看跌期权，执行价为S，到期日为T，付出现金p；
3. 买入1份股票，付出现金 $-S$；
4. 按无风险利率r借入现金，T日归还。

按照（4）式，在t日我们有正收益：$p-c+S-Ee^{-r(T-t)}>0$。而到了期权的到期日T，我们不需要有任何支出，这是因为：按照（1）式，同时持有看涨期权多头和看跌期权的空头的损益为E-S（T），手头的现金和股票的头寸正好也是E-S（T），也就是说期权上的头寸正好与股票和现金头寸的相抵，故我们不需要任何额外支出。

综上所述，只要（2）式不成立，市场上就会有套利机会：期初有正现金流入，期末却不需要额外支付。正因为不会出现这样的"天上掉馅饼"的套利机会，（2）式的成立才是必然的。

根据看涨—看跌期权平价关系可知，如果知道了看涨期权的价值，就可以推出看跌期权的价值。同时，如果市场上只有看涨期权，我们可以复制出看跌期权。从（2）式可知：

$$p = c - S + Ee^{-r(T-t)} \tag{5}$$

也就是说，持有看涨期权、做空股票并且持有一定数量的现金的效果，就相当于持有看跌期权。维克托·斯波朗迪在《专业投机原理》一书中提到这样一件事。有一次他强烈看空行情，所以决定建立空头头寸。在1974年时，芝加哥期货交易所并没有看跌期权的交易，所以他的空头头寸是建立在所谓的合成看跌期权（synthetic put）之上的。他投入5万美元的风险资金，分别卖空3 500股德州仪器、柯达、麦当劳与IBM，并各买进35份的看涨期权。[①] 上述合成看跌期权的原理其实就是（5）式的应用。

二、分解、组合与整合技术

结构化的分解、组合技术以及整合技术是金融工程的核心技术，它把各种金融工具看作是零部件，采用各种不同的方式组装起来，创造出有独特收益与风险特性、符合投资者特殊需求的新型金融产品。

（1）分解技术。分解技术就是在原有金融工具或金融产品的基础上，将其构成因素中的某些高风险因子进行剥离，使剥离后的各个部分独立地作为一种金融工具

---

① 维克托·斯波朗迪（2010），p37。

产品参与市场交易，达到既消除原型金融工具与产品的风险，又适应不同偏好投资者的实际需要。

（2）组合技术。组合技术是在同一类金融工具或产品之间进行搭配，使之成为复合型结构的新型金融工具或产品。它主要运用远期、期货、互换以及期权等衍生金融工具的组合体对金融风险暴露（或敞口风险）进行规避或对冲。组合技术常被用于风险管理。

（3）整合技术。整合技术是指把两个或两个以上的不同种类的基本金融工具在结构上进行重新组合或集成。其目的是获得一种新型的混合金融工具，使它既保留原金融工具的某些特征，又创造新的特征以适应投资人或发行人的实际需要，如远期互换、期货期权、附认股权的公司债等。

我们用按揭贷款证券化中的金融创新来说明分解、组合与整合技术的应用。在传统的银行贷款中，按揭贷款从发放之日起就一直作为资产待在银行的资产负债表上。按揭贷款的风险相对集中于银行，而且银行需要对这部分风险资产拨备风险资本，同时限制了银行的贷款能力。在 20 世纪 80 年代早期，以所罗门兄弟公司（Salomon Brothers）为首的一些投资银行就设想把商业银行表内的贷款转移到表外去，MBS 就是为了解决这些问题而发明的金融工具。[①] 具体地，MBS 代表对一个按揭贷款池中的所有按揭贷款的价值权益。MBS 是所谓的资产证券化的一个例子，其运作过程可用图 16-4 来说明。

在上述安排中，MBS 产品会受到按揭借款贷款人的提前偿还贷款的影响。如果贷款人提前还款，则按揭贷款池中的贷款价值会下降，相应地 MBS 价格也会下降。

作为解决方案，业界推出了另一种创新产品，叫作担保按揭债券（Collateralized Mortgage Obligations, CMO）。CMO 将按揭贷款池子中的现金流进行了分档。类似的，CBO（Collateralized Bond Obligations）的基础资产是债券，CLO（Collateralized Loan Obligations）的基础债券是贷款，CDO（Collateralized Debt Obligations）的基础资产是债务。

在 MBS 中，经常需要把现金流分成不同的类别（也叫"档"，Tranche），如图 16-5 所示。

[①] 关于这一过程的描述，可参见《说谎者的扑克牌》一书（刘易斯，2000）。

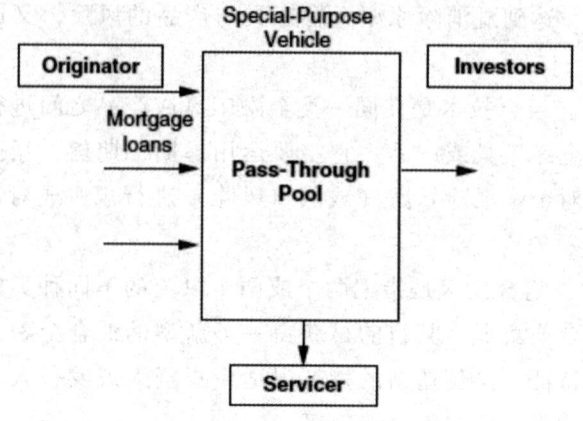

图 16-4 资产证券化

注：资产证券化的一般步骤为：

1. 按揭贷款发放银行，也就是发起人成立特设融资机构（SPV 或 SPE），这是一种仅用来处理按揭贷款过手事宜的公司。
2. 发起人将按揭贷款转移给 SPV，SPV 基于按揭贷款建立按揭贷款过手池（pass-through pool）。
3. SPV 以按揭贷款过手池中的贷款做担保发行各种债务凭证供投资者购买。
4. SPV 将从投资者处收到的资金转付给发起人。

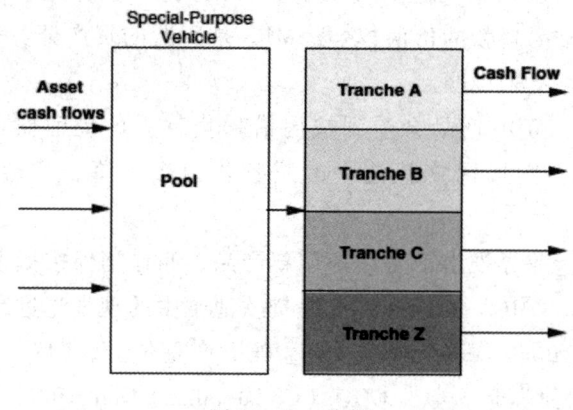

图 16-5 分档

注：A 档优先得到偿付，其次是 B，然后是 C，只有所有级别的投资者得到偿付，最后一档 Z 才能得到偿付。

一种方式是分为正向浮动利率债券和反浮动利率债券。举例如下：

假设贷款池中含有 100 万美元，5 年期，期票利率 6% 的票据。可将其分为两部分：正向浮动利率债券，票面金额 50 万美元，按照 LIBOR 付息；反浮动利率债券

（Inverse floaters），票面金额 50 万美元，按照 12 - LIBOR 付息。由于投资者不会收到负利息，反浮动利率债券的利息应为 12 - LIBOR 和 0 两者取大；相应地正向浮动利率债券为 LIBOR 和 12% 取小。用公式表示：

$$Coupon_F = \min(LIBOR, 12\%) \tag{6}$$

$$Coupon_{IF} = \max(12\% - LIBOR, 0) \tag{7}$$

式中，$Coupon_F$ 是正向浮动利率债券的价格，$Coupon_{IF}$ 是逆向浮动利率债券的价格，LIBOR 表示伦敦同业拆借利率。可以验证两者之和恰是基础资产的价值：

$$50 \times LIBOR + 50 \times LIBOR \times (12\% - LIBOR) = 100 \times 6\% = 60\,000（美元）\tag{8}$$

IO - PO 是另一种常见的现金流分档的手法。如图 16 - 6 所示。IO（interest - only）档仅收到基础 MBS 资产的利息支付，称为利息债券；PO（principal - only）档仅收到基础 MBS 资产的本金支付，称为本金债券。由于 IO - PO 是从基础资产上剥离出来的，IO 和 PO 类资产的价值之和就等于 MBS 的价值之和。图 16 - 6 描述了 IO - PO 的价格行为。注意，在每一个垂直方向上，IO 与 PO 的价值之和都等于基础资产的价值之和。

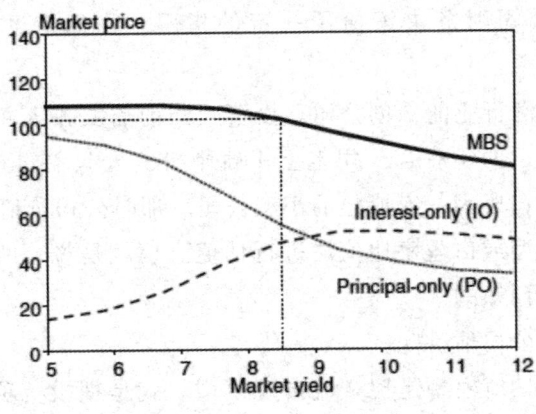

图 16 - 6　从 MBS 中创造 IO - PO

第三节　金融工程技术的应用

目前金融工程主要应用于四大领域：公司财务、交易策略设计、风险管理、产品设计。本节结合具体例子对其进行介绍。

一、公司财务

在公司财务方面，当传统的金融工具难以满足公司特定的融资需求或公司需要降低融资成本时，金融工程师就要为其设计出适当的融资方案，以确保大规模经营活动所需要的资金。如近年来我国证券市场上推出的认股权和债券分离交易的可转换公司债券，就是我国投资银行在上市公司融资产品上进行的创新。此外，对公司债务和股权进行估价，以及与公司财务密切相关的兼并与收购，也是金融工程重要应用领域之一，如为保障兼并收购与杠杆赎买（LBO）所需资金而引入的垃圾债券和桥式融资等。

下面我们以公司财务中常用的实物期权来说明金融工程在公司财务领域的应用。

实务期权是以现实的投资机会（一家创业企业、一个投资项目）为基础资产的期权。而金融期权的基础资产是金融资产，如股票、指数、期货合约或互换合约等。虽然实务期权无法在金融市场上交易，但是借助 Black–Scholes 公式可以可对它进行定价，从而能对公司财务决策给予一定的指引。我们借助实务期权的案例来说明①。

A 公司是一家酿酒行业的初创公司。投资人当前需要投入 400 万美元启动 A 公司的产品开发和生产，两年后若公司走上正轨则投资人只需再投入 1 200 万美元开发市场，就可以使公司成为一家成熟的小型公司。那时公司价值主要依赖于现金流，可以用现金流折现模型或市盈率比值法进行估值。也就是说，两年后若 A 公司走上正轨则其价值是可以预知的。

如何对这家初创公司估价呢？

财务领域常用的估值模型是现金流折现模型。就是把投资项目各期的现金流按照项目要求的投资回报利率折算成当前现值，如果项目净现值大于 0 就进行投资，反之就放弃投资。但是 A 公司的情形不适用现金流折现模型，因为两年后的现金投入具有不确定性，投资人可视情况进行投资和放弃投资。这样就无法确定两年后的现金流的数额。

事实上，A 公司的价值主要来自其增长性期权：当前 400 万美元的投资为两年后投资 1 200 万美元成为成熟小型公司创造了机会。这是所谓的平台投资（Platform

---

① 本案例改编自 Amram and Kulatilaka（1999）第 10 章。

Investment）的一个例子。平台投资可以理解为目前实施部分投资以获得在未来进一步投资的选择权，等待时机成熟时进行全面投资。

根据上述分析，在公司成熟之前，A 公司的投资者拥有一个增长性期权（看涨期权）。期权的执行要视 A 公司两年后的价值而定。相关参数如下：

（1）预测公司成熟后的销售水平。假定为每年 600 万美元。

（2）计算在同等销售水平下，业内代表性酿酒公司的当前市场价值与销售额的比值。调查了具有可比性的 3 家公司，确定其平均价值销售比是 3.66。

（3）A 公司市场机会的价值，即作为成熟小型公司的价值约是 2 200 万美元（600 美元×3.66）。这是增长型期权中标的资产的初始价值。

（4）根据行业资料得出三家成熟酿酒公司股票价格的平均波动率是 40%。

下面用欧式看涨期权的 Black – Scholes 公式对上述期权进行定价。

$S = 1\ 446$ 万美元（2 200 万美元的现值，对于该公司要求的必要报酬率为 21%，计算连续复利。）

$E = 1\ 200$ 万美元；$\sigma = 40\%/$年；$r = 5\%$；$T = 2$ 年。

带入 Black – Scholes 公式可求出上述期权的价值是 496 万元，即两年后有权支付 1 200 万美元购买现价值为 1 446 万美元的 A 公司的看涨期权的价值。考虑到两年后所需的 400 万美元的现值，公司的价值为 133 万美元（133 万美元 = 496 万 – 400 万美元的现值）。

在这个应用中，金融工程师利用实物期权分析得到了更能反映真实世界的价值，同时更好地揭示了投资项目的风险。实物期权方法在风险投资领域有广泛的应用，[见 Amram and Kulatilaka（1999）]。

二、风险管理

风险管理是金融工程的核心内容之一，甚至一些专家将金融工程视为风险管理的同义词。事实上，金融工程起源于对风险的管理。一般认为风险包括市场风险、和信用风险和操作风险等。

我们用信用风险领域中著名的 KMV 模型来说明金融工程在风险管理领域的应用。

KMV 模型是 KMV 公司于 1997 年建立的用来估计借款公司违约概率的方法。该公司发展了罗伯特·C. 默顿关于公司股权和债券定价的方法（Merton，1974）。默顿认为，公司股东举债经营的效果好比是股东向债权人买进看涨期权。也就是说，公司股票可以看作公司资产上的看涨期权，其执行价格为公司债务面值，期限为负债的到期日。这是因为：债务到期时，如果公司资产的市场价值高于公司债务值，则公司股权价值为公司资产市场价值与债务值之间的差额；如果此时公司资产价值低于公司债务值，则公司只能破产变卖所有资产用以偿还债务，股权价值为零。于是可用 Black-Scholes 公式来评估公司股权的价值：

$$V_s = V_A N(d_1) - Fe^{-r\tau} N(d_2) \tag{9}$$

式中：

$$d_1 = \frac{\ln(\frac{V_A}{F}) + (r + \frac{\sigma_A^2}{2})\tau}{\sigma_A \sqrt{\tau}}$$

$$d_2 = \frac{\ln(\frac{V_A}{F}) + (r - \frac{\sigma_A^2}{2})\tau}{\sigma_A \sqrt{\tau}} = d_1 - \sigma_A \sqrt{\tau}$$

V_s = 股权价值；V_A = 资产价值；F = 公司负债；σ_A = 公司资产的波动率；r = 无风险利率；τ = 距公司负债的到期期限。

默顿（Merton，1974）又得出了权益波动率和资产波动率的关系：

$$\sigma_e = \frac{N(d_1) V_A \sigma_A}{V_e} \tag{10}$$

将已知变量 F，r_A，t，V_s 带入（9）、（10）式组成的联立方程组中，即可求得 V_A 和 σ_A 的值。

我们知道，$N(d_2)$ 即在风险中性世界中，看涨期权被执行的概率。看涨期权被执行等价于公司不违约，于是 $N(d_2)$ 就是公司不违约、从而公司股权有正价值的概率，$1 - N(d_2)$ 就是风险中性世界中公司违约的概率。遗憾的是，人们并非生活在风险中性世界中，如何求出现实世界中公司违约的概率呢？

KMV 公司对默顿的模型做了一些改进。首先，KMV 模型中定义了违约点 DEP (Default Exercise Point)，公司资产一旦低于违约点就会违约。现实中由于公司具有再融资能力，并非公司资产价值低于负债账面价值就立即发生违约。KMV 公司通过实证发现，违约点常发生在一年以下的短期债务加上未清偿的长期债务一半之和：

$$DP = SD + 0.5 \times LD \tag{11}$$

并进一步定义公司的违约标准差距离（Default Distance）：[①]

$$DD = \frac{E(V_A) - DP}{E(V_A)\sigma_A} \tag{12}$$

DD 即当前资产值 $E(V_A)$ 距违约点 DP 的标准化距离，其分布近似服从标准正态分布。DD 对应着正态分布下的期望违约概率（Expected Default Frequency, EDF）。例如，DD = 0.8，对应的违约概率 EDF = N(-0.9) = 0.1841。

实际应用中，KMV 公司进一步将违约标准差距离与历史违约资料相联系，从而得出违约概率更精确预测。

三、交易策略设计

金融工程用于证券及衍生产品的交易，主要是开发具有套利性质的交易工具和交易策略。这些套利策略可能涉及不同地点、时间、金融工具、风险、法律法规，或者税率方面的套利机会。风险的不对称性、进入市场难度的不对称性，以及在税收方面的不对称性，都创造出套利的机会，比如跨市套利、跨期套利和跨品种套利等。

下面以交易策略设计中常见的投资组合保险为例讲解金融工程的应用。投资组合保险（Portfolio Insurance）是无套利均衡在金融工程中处理风险问题的应用。其目的是为投资组合的价值设定亏损底线，但又不失去从市场的有利变动中获利的机会。投资组合保险利用期权、期货或模拟期权等衍生金融工具对冲和转嫁风险，充分体现了组合复制、风险动态对冲和无套利均衡等金融工程的基本原理和技术方法。20 世纪 80 年代以来投资组合保险在欧美金融市场上非常流行。

一般来说，投资者可以对投资组合设定止损点来为投资组合保险。例如，投资者设定 5% 的止损点，一旦组合价值低于 5% 就立即止损离场，这样就相当于在 95% 的水平上买了一份保险（不考虑交易手续费）。投资者也可以买一份看跌期权，当组合价值低于期权执行价时，组合上的损失可以从期权上的盈利得到弥补。这两种方法都有缺点。止损保险可能导致频繁的进场和离场。而期权保险对大型机构投资者而言实施有很多困难。他们投资的股票种类和数量均较大，其中有些股票则没

[①] （12）式中的 V_A 和 σ_A 求解（9）、（10）式组成的联立方程组可以求出。假设资产价值 V_A 服从对数正态分布，从历史资料中可以估计出资产的增长率 μ，就可以求出 $E(V_A)$。注意对数正态分布的期望值 $E(X) = e^{\mu + \sigma^2/2}$，其中 μ 与 σ 分别是变量对数的均值与标准差。

有场内期权交易，或者有些股票场内期权的交易量根本就不能满足大型机构投资者参与组和保险的要求；此外，场内期权市场所交易的品种都是中短期的，而机构投资者多是长期投资，因此机构投资者为了保险要求，必须在期权到期后继续购买期权，在期权转换时也存在着期权价格变化损失风险。

在1981年Rubinstein和Leland（1981）提出借助Black-Scholes公式用股票和无风险资产复制期权的观点。为了满足大型机构投资者组合保险的需求，Grossman和Vila（1989）进一步提出了投资组合保险交易策略定义。复制期权、CIPP和TIPP是目前常见的三种投资组合保险策略。

（一）复制期权

虽然市场上可能不存在投资者需要的期权，但是投资者可以自己动手复制出一个期权。根据Black-Scholes公式来调整风险性资产和无风险资产的比例，就能复制出欧式卖权。具体地，考虑在某个股票上的一个看跌期权：执行期限为$T=1$，期权的执行价格为X，无风险利率为r，股票收益的波动率为σ。根据Black-Scholes公式可得期权在t时刻的价值为：

$$p = -S_t N(-d_1) + Ee^{-r(T-t)} N(-d_2) \tag{13}$$

式中，

$S_t =$ 股票在t时刻的价值；$d_1 = \dfrac{\ln\left(\dfrac{S}{E}\right) + \left(r + \dfrac{\sigma^2}{2}\right)(T-t)}{\sigma\sqrt{T-t}}$；$d_2 = d_1 - \sigma\sqrt{T-t}$。

由此得出投资组合保险的总投资为：

$$\begin{aligned} S_t + p &= S_t - S_t N(-d_1) + Ee^{-r(T-t)} N(-d_2) \\ &= S_t N(d_1) + Ee^{-r(T-t)} N(-d_2) \end{aligned} \tag{14}$$

上式表明，如果在股票上投资$S_t N(d_1)$，在无风险资产上投资$Ee^{-r(T-t)} N(-d_2)$，整个投资组合的效果就相当于购买了看跌期权来保险一样。也就是说，保持投资组合保险在无风险资产和股票上的投资比例分别为：

$$a_t = \frac{Ee^{-r(T-t)} N(-d_2)}{S_t N(d_1) + Ee^{-r(T-t)} N(-d_2)} \tag{15}$$

$$b_t = 1 - a_t \tag{16}$$

就可以实现复制欧式卖权的效果。实际应用中，显然需要连续调整投资组合的构成，比较烦琐。

（二）固定比例投资组合保险

固定比例投资组合保险（CPPI）是 Black，Jones 和 Perold（1986）提出的投资组合保险策略。其思想是，将资产分为无风险资产和风险资产两部分。组合运作的初期，风险资产投资比例较低，过一段时间后根据资产的收益情况对两类资产的投资比例进行调整，如出现盈利，则进一步扩大风险投资比例；如出现亏损，则减少风险资产投资比例。其公式为：

$$A_t = D_t + E_t$$
$$E_t = \max[0, M \times (A_t - F_t)] \tag{17}$$
$$F_t = A_t e^{-r(T-t)}$$

式中，

A_t = t 时刻投资组合的资产净值；E_t = t 时刻投资于风险资产的上限；D_t = t 时刻投资于无风险资产的下限；M = 风险乘数，常数，根据投资者的风险偏好确定；F_t = t 时刻组合的安全底线；$A_t - F_t$ = t 时刻可承受的安全垫；$T - t$ = 产品剩余期限；r = 无风险利率。

根据以上公式，CPPI 投资策略的投资步骤分为三步：

（1）根据投资组合期末最低目标价值和合理的折现率设定当前应持有的保本资产的数量，即投资组合的安全底线；

（2）计算投资组合现时净值超过价值底线的数额，该数值等于安全垫；

创造高于最低目标价值的收益，其余资产投资于无风险资产以在期末实现最低目标价值。

例如，一个投资者有 100 元的组合。根据无风险利率测算，当前只需将 90 元（组合的安全底线）投资于债券，到期即可获得 100 元（投保的价值）。风险乘数为 5（提前测算好，保证在再次调整组合之前能防备 20% 的最大下跌量）。因此，第一天，投资者将分配 5 ×（100 - 90）= 50 元到风险资产，将其余的 50 元投资到无风险资产。第二天，随着组合价值的变动，在风险资产和无风险资产的头寸继续按照上述公式进行调整，直到组合到期。注意风险乘数和组合保本价值是在起初一次性设定的，在组合周期内不变。

在 CPPI 策略中，投资者需要首先确定投资组合的资产配置，即明确要保障的最低价值，并决定风险乘数的大小和调整规则。其次，投资者需要计算组合资产的当期价值超过价值底线的数额（A-F），即安全垫（缓冲额度）。投资者将相当于安全垫与风险乘数 M 相乘的资金规模投资于风险资产，如股票等。其余则投资于无风险资产，如短期国债，从而使投资组合资产价值始终可以维持在原始投资金额的某一固定比例之上，来达到投资组合保险的目的。

（三）时间不变投资组合保险策略

时间不变投资组合保险策略（TIPP）是 Estep 和 Kritzman（1988）提出的投资组合保险策略。TIPP 与 CPPI 的差异在于保险额度并非不变，而是在时点资产值的某一固定比例和原先保险额度中，取其大者，作为新的保险额度。TIPP 理论架构为：

$$A_t = D_t + E_t$$
$$E_t = M_t \times (A_t - F_t) \quad (18)$$
$$F_t = \max(f \times A_t, F_{t-1})$$

式中，f 为投资者所设定的保险比例（如99%）。

做这样的修正的理由，主要是着眼于投资者关心的应是当前的财富水平，而不是过去的财富水平。当资产净值变动时，即可求出新的保险额度 F_{t-1}，将新的保险额度 F_{t-1} 与原来的保险额度 $f \times A_t$ 相比较，取其中较大的作为资产净值变动后的保险额度 F_t。因此，在多头市场上，TIPP 策略这种只上不下的保险额度调整方式，充分反映了投资成本的不断更新，而非任意过去时间的历史成本。

四、金融产品设计

结构化产品（Structured Products）是近年来市场上发展最为迅速的一类金融产品。所谓的结构化产品，是指以金融工程学知识为基础，利用基础金融工具和金融衍生工具进行不同的组合得到的一类金融创新产品。结构化产品之所以能受到机构投资者的青睐，在于其条款设计上的灵活高效，可以紧贴投资者的个性化需求，成为资金管理的有力工具。

下面就保本型理财产品来讲解金融工程在金融产品设计中的应用。

从上文关于投资组合保险的介绍可知，如果在他投资组合中设定保本率为100%，那么产品实际上就是完全保本的。目前国内大部分保本产品在设计时使用的都是 CPPI 等保本技术。举例来说，设计了一款2年期的保本理财产品，目前市场上可投资的同期限固定债券的年收益水平大约为5%，那么经过折算，将90.7%的本金投入到固定收益债券产品中，2年后本息合计可以达到100%本金的水平，也就是说，将90.7%的资金投资于固定收益产品在2年后就可以达到"保本"目标。而对于剩余的9.3%的本金，可以投入到风险资产如买入和卖出期权等来获取潜在的高收益。

案例　　　　　　　　　　　**保本型基金的运作**[①]

大成保本混合型基金是一家采用VPPI可变组合保险策略（Variable Proportion Portfolio Insurance）[②]的保本型基金。VPPI策略将基金资产分配在保本资产和风险资产上；并根据数量分析、市场波动等来调整、修正风险资产与保本资产在投资组合中的比重，在保证风险资产可能的损失额不超过扣除相关费用后的保本资产的潜在收益与基金前期收益的基础上，参与分享市场可能出现的风险收益，从而保证本金安全，并实现基金资产长期增值。保本资产主要包括货币市场工具和债券等低风险资产，其中债券包括国债、金融债、企业债、公司债、债券回购、央行票据、可转换债券、可分离债券、短期融资券、资产支持证券以及经法律法规或中国证监会允许投资的其他债券类金融工具；风险资产主要包括股票、权证等高风险资产。

因此，该基金资产配置策略分为两个层次：通过VPPI将基金资产在保本资产和风险资产上的资产配置和风险资产下的各类资产的配置。

（1）VPPI将基金资产在保本资产和风险资产上的资产配置

第一，根据该基金保本周期到期时的最低目标价值和合理的折现率确定当前应持有的保本资产的数量，即确定组合的价值底线。

第二，计算组合的现时价值超过价值底线的数额，即安全垫（Cushion）。

第三，动态确定安全垫的放大倍数，并将相当于安全垫特定倍数的资金规模投资于风险资产，以创造高于最低目标价值的收益，其余资产则投资于保本资产上。

第四，适时调整资产配置：

①基金将根据数量分析、市场波动等对风险资产与保本资产的比例进行适时调整，同时通过设立调整阈值（即调整资产比例所能接受的最高冲击成本与交易费

---

① 本部分材料改编自：大成保本混合型证券投资基金招募说明书，中国证券报，2011-03-11，A29版。

② VPPI策略是投资管理领域中一种常见的投资组合保险机制。VPPI与CPPI的差别在于每天的放大倍数是可变的。

用）来确定调整的最佳时点，以减少调整可能造成的交易费用与冲击成本。

②为降低市场急剧变化对于基金投资的影响，该基金对安全垫放大倍数进行适时调整。

（2）风险资产下的各类资产配置

该基金分析宏观经济分析、经济周期判断及其对于各类资产的影响，研究各类资产价值的变化趋势，配置和调整股票、权证等各类风险资产。

举例说明 VPPI 策略：

假设基金合同生效日，基金资产净值为50亿元，假定第一个保本周期三年无风险利率为11%，保本周期内未进行分红：

则期初组合价值底线为50/（1+11%）= 45.05 亿元，安全垫金额为50-45.05=4.95 亿元，假设基金管理人根据数量分析、市场波动等确定放大倍数的阈值为4，在不超过阈值的范围内基金经理根据市场中长期趋势的判断、数量化研究市场等确定初始放大倍数为3，则期初该基金可投资于风险资产的金额为4.95×3=14.85亿元，剩余的 50 -14.85 =35.15 亿元投资于保本资产。

假设基金合同生效后的第 t 日，该基金资产净值为55亿元，组合价值底线变为48亿元，则安全垫金额为55-48=7亿元。在运作过程中，基金管理人根据数量分析、市场波动等对风险资产与保本资产的比例进行适时调整。该基金采取 VaR 方法作为杠杆系数及杠杆系数阈值设定的参考：

$$M_t = \frac{1}{R_t} \tag{19}$$

式中，R_t 表示给定置信度下风险资产收益的 VaR 值，M_t 表示放大倍数。假设置信度为99%，则 R 表示一个调整周期内权益类资产的损失小于 R 的概率为99%。假设参照上述计算方法计算的放大倍数为2，则第 t 日本基金风险资产为7×2 = 14亿元，保本资产为 55 -14 = 41 亿元。

假设第一个保本周期届满时，该基金资产净值为60亿元，此时组合价值底线为50亿元，安全垫金额为10亿元，该基金保本周期收益率为12%，实现保本目标。

小结

金融工程是一个迅速发展的领域。我国当前社会经济发展与20世纪90年代金融工程在美国兴起时的情形非常相似，因此可以预言未来10年我国也会迎来金融工程的大发展。本章讲述了金融工程在公司财务、交易策略设计、风险管理、产品设计的应用。在形形色色的金融工程应用中，期权定价是一条主线，复杂金融产品设计中都有 Black–Scholes 公式的应用。希望深入了解金融工程的读者,可参考 Wilmott (2007) 等文献进一步了解 Black–Scholes 公式的各种衍生形式。

案例　　　　　　　　　巴菲特与衍生品

沃伦·巴菲特（Warren E. Buffett）是一位著名的价值投资大师,他通过伯克希尔·哈撒韦（Berkshire Hathaway）公司收购大型、优秀美国企业,这些企业从事的业务包括生产口香糖、运营百货店,以及为家庭供电供暖等,而巴菲特对经营者的诚实品质赞不绝口。巴菲特是衍生品的反对者,他曾将衍生品称为金融领域的"大规模杀伤性武器"[①]。

1982 年,在标普 500 期货合约诞生之初,巴菲特就多方对美国国会施加影响,呼吁美国国会不要批准这项衍生品合约。巴菲特以一个有 25 年投资经验、资产总额逾 6 亿美元的投资公司经营者的身份,写信给当时密歇根州的民主党众议员约翰·丁格尔（John Dingell）。他信中写道,"据我判断,那些合同所产生的很大一部分交易活动,可能至少有 95%,甚至是更高比例,实质上是赌博性的。"

为了尽量引起丁格尔的注意,巴菲特随信附了几篇文章,都与其在投资领域从业经验有关。在 1982 年的信中,巴菲特谈到"低廉的入市费用和潜在的巨额回报,会加剧人们的赌博倾向,不管赢钱的机会是多么渺茫。这就很容易理解为何赌城拉斯维加斯总是大肆广告宣传可观的赢钱累计金额,国家彩票发行中心总会用大字标题凸显巨额奖金。"入市费用低,巴菲特主要是指在标普 500 合同中期权买卖或期货交易成本很低,只占合约价值的极小部分。巴菲特还警告说:"股指中存在的高容量期货市场导致的实际后果很可能就是对购买证券的广大人民造成极大的危害,从而也终究会危害资本市场。"

由此人们可能认为巴菲特本人会远离衍生品,那就错了。巴菲特实际上是建议其他投资者远离衍生品,自己却投身到衍生品市场。事实上,巴菲特最终充分利用了一直被他称之为"大规模杀伤性武器"的金融衍生品交易,为伯克希尔·哈撒韦公司创造了可观利润。

自 1967 年收购内布拉斯加州保险集团国民保险公司（National Indemnity）之后,销售期权实际上正是巴菲特为伯克希尔·哈撒韦公司筹集运营资金的典型方式。他的业务模式就是为承担未来损失风险而收取费用,即保险费或期权费。巴菲特利

[①] 见伯克希尔·哈撒韦公司 2002 年年报。

用这些资金去收购可口可乐和箭牌等公司的股票或整家公司。巴菲特在传记《滚雪球》(The Snowball) 中披露,这次收购之后,"巴菲特已摸索出一种全新的经营方式。如果国民保险公司赚了钱,他就可以拿那些利润去买其他企业和股票。"

此后,伯克希尔·哈撒韦公司的资金来源稳步扩大。如今它旗下有 Geico 汽车保险公司和通用再保险公司(General Re),承受风险最大的则是 B-H 再保险(B-H Reinsurance)。用巴菲特的话说,B-H 业务覆盖着"没有其他再保险商愿意或能够承受的巨大风险",比如飓风和地震。

从 2004 年开始,伯克希尔公司出售规模数十亿美元的期权合约:如果在 2019~2027 年,股指跌破签署合约时的水平,承诺赔付其他投资者的损失。也就是说,巴菲特赌的是股票市场将会上涨 15 年,甚至 20 年。在 2006 年致投资者的信中,巴菲特这样解释:应该告诉过大家,伯克希尔所有由直接外汇部位上实现的盈余,都是来自远期合约(forward contract)。这是一种衍生金融商品,而我们也会运用其他种类的衍生性合约,这可能让大家感到奇怪。我们都清楚通用再保险公司的衍生合约账户,在进行壮士断腕后,所得到的惨痛经验;同时也听我谈论过,衍生商品运用的惊人成长,将导致金融市场上的系统性问题。你们也许会纳闷,为什么伯克希尔·哈撒韦公司现在还要跟这个有害物质一起厮混呢?答案是,衍生性金融商品也像股票及债券一样,常在价格与价值上出现离谱的偏差。因此,许多年来,伯克希尔在衍生性合约的签订上是有选择的,虽数量不多,但有时金额却很庞大。我现在亲自管理 62 个流通中的衍生性合约,确保交易对手没有信用风险。截至目前,这些衍生性合约的效益还不错,为伯克希尔赚取了数亿美元的税前盈余(远远超过前面有关远期外汇报表上的获利数字)。虽然时时都有亏损的可能,但整体来说,还是很有可能继续从价格与价值的偏差中,获得可观的利益。

到了 2010 年,人们突然发现,巴菲特在衍生品上的投资可能成为其业绩的拖累。伯克希尔·哈撒韦公司的投资基金 2010 年二季度可分配净收益同比大降 40%。金融衍生产品成为当季唯一亏损项目,账面亏损高达 21.76 亿美元。其中,股票衍生品亏损 18 亿美元,而 2009 年同期为盈利 19.6 亿美元;信用违约掉期(CDS)亏损 3.2 亿美元,2009 年同期为盈利 3.91 亿美元。这批金融衍生产品自 2007 年开始由伯克希尔公司持有,2020 年后到期。自 2008 年金融危机以来,该公司的股票衍生品投资开始出现亏损。

目前美国政府推行的衍生品新规将压缩巴菲特的收益。该新规要求多数衍生品交易方必须提供交易担保品,这可能压低交易带来的利润。投资者因此担心巴菲特可能买回先前卖出的期权，这会导致期权价格出现上涨，从而压缩巴菲特的获利空间。同时巴菲特终归需要提供担保品，这只是时间问题。

人们不禁会问：一度指责衍生品是"大规模杀伤性武器"的巴菲特，当他押注标普500指数等四大股指在2019～2027年期间不会低于合约签订时的水平时，他葫芦里究竟卖的是什么药呢？是股神算准这八年间美国股市会一路走高呢，还是一种不负责任的预测呢？毕竟2027年，巴菲特已经97岁了。他留给伯克希尔·哈撒韦公司的会不会是一项沉重的债务呢？普通投资者可能不习惯巴菲特的公司会违约甚至破产，但是资本市场早已习惯了。事实上，在2009年，伯克希尔·哈撒韦公司的信用违约互换（CDS）的价格就曾创下历史纪录。[1]

---

[1] 信用违约互换（Credit Default Swap，CDS）是一种衍生品，CDS的持有者在公司违约时将获得赔偿。因此CDS的价格走势反映了市场对公司违约可能性的判断。

第十七章

国 际 化

投资银行国际化最早可以追溯到20世纪50年代末60年代初，但当时无论从业务机构还是业务内容来讲，国际化程度都很低。真正开始大规模的全球化浪潮是从20世纪80年代初开始的，世界经济一体化的进程不断加速和强化，金融和贸易自由化成为各国经济国际化和自由化的先导。在这种背景下，各国实力雄厚的投资银行纷纷进入国际市场，在全球范围内广泛开展业务，投资银行业务的国际化趋势愈加明显。当时以美国为首的投资银行在全球范围内揭开了扩张的序幕；到20世纪90年代，投资银行的国际化更是达到了一个前所未有的高度，美国、日本甚至欧洲的投资银行（证券公司）相互重组整合，国际业务不断膨胀，业务机构也冲向了新兴市场；到了21世纪初，经历了上个世纪末疯狂扩张后，投资银行开始了一个短暂的调整，逐渐恢复到一种理性有序的国际化战略轨道上来，从此投资银行国际化进入了一个崭新篇章。

随着中国资本市场的发展壮大，其对外开放的程度也必将逐步加大，中国的投资银行业务逐步走向国际化将是历史发展的趋势和必然。但是从现实看，由于资本规模、经营能力、专业经验等因素的限制，我国的投资银行业目前还比较稚嫩，自身实力同国外知名投资银行相比还存在较大差距。本章以美国三大投资银行的国际化历程作为海外投行国际化的代表，对其发展过程做出总结探讨，从中获得启示，然后再选取国内典型券商为例来展示我国本土券商在国际化方面所做出的努力。

第十七章 国 际 化

第一节 海外投资投行的国际化经验

一、美国投资银行海外扩张的动因与国际环境

美国投资银行的国际化进程是世界投行业国际发展的典型代表。20世纪60年代投行业的国际化才真正兴起，而在此之前几十年时间都在为这种扩张积蓄动力。1914年爆发第一次世界大战，给美国带来了暴利。战后美国经济空前发展，资本市场蒸蒸日上，投资银行发展迅猛，并购重组浪潮不断。1929年大危机爆发，严重打击了美国经济跟金融业，这次金融危机波及了全球主要资本主义国家，为了防止危机的再度爆发，美国对金融业进行了严格管制。1933年制定了《证券法》和《银行法》（即《格拉斯—斯蒂格尔法》）；1934年制定了《证券交易法》；1940年制定了《投资公司法》和《投资顾问法》。这些法律将证券业务置于联邦政府的严格监管之下，使原来法制法规一片空白的证券领域突然之间成为立法最为严厉的领域。其中，对投资银行业务影响最大的是《格拉斯—斯蒂格尔法》。这一法律将商业银行业务与投资银行业务严格分离。由于投资银行业务受到很大限制，致使20世纪40年代末到50年代初期整个投行业的不景气。

而在第二次世界大战以后，由于美国推行的马歇尔计划的实施，极大地恢复了欧洲主要工业国的元气，资本市场也呈现出蒸蒸日上的景象。相比美国而言，欧洲资本市场体现出更高的平均回报率。离岸金融市场在20世纪60年代的兴起，成为美国突破国内金融管制的途径，也使国际金融市场的发展进入了一个全新的发展阶段。而欧洲债券市场的发展大大推进了投资银行国际业务的发展。同时，日本经济的繁荣也为美国投行在亚洲市场发掘利润提供了空间。

随着全球经济的融合加深，国际资本的流动更加频繁，规模也越来越大，世界各国都开始放开金融管制。1979~1980年，英国和瑞典相继取消了外汇管制。紧接着是日本对《外汇管制法》的修订，允许国外投行在日本设立分支机构。1981年，联邦德国开始准许非本国居民购买本国债券。1986年，英国《大爆炸法案》改革措施推出后，使得其他世界各国纷纷进行改革。至此，金融开放开始成为世界潮流。

1997年，美国凭借其强大的经济实力要求其他贸易成员国积极开放金融市场并最终达成了《全球金融贸易服务协议》，扩大了世界各主要世贸成员国资本市场领域的准入范围；取消了跨边界服务限制；允许国外资本在投资项目中所占比例超过50%。欧盟承诺不限制外国金融机构准入其市场，并完全在最惠国待遇基础上提供国民待遇；日本将1994年日美达成的双边金融服务协议中规定的给予美国的待遇多边化；加拿大则承诺把北美自由贸易协定中有关好处给世界贸易组织的所有成员国。发展中国家，特别是韩国、印度、泰国、菲律宾、巴西、南非等也承诺不同程度地开放金融市场，例如，允许外资在本国金融机构参股以及设立保险公司等。该协议对世界经济尤其是资本市场产生重大影响。世界贸易组织的102个成员做出在金融贸易服务领域开放市场的承诺。其中，有58个成员承诺在保险市场上允许外资可以较以前更大的市场准入范围进入，有59个成员承诺外资可以在银行业拥自全资子公司或分行，有44个成员允许外资券商在当地设立全资附属公司及分支机构。由于各国政府对资本市场的管理放松以及国际性协议的达成，让投资银行业尤其是美国投行大受其惠，为其国际业务长足的发展提供便利条件。

二、美国投资银行国际化进程——以三大投行为例

（一）美林证券

美林证券成立于1914年，以发展一百多年，在其被美国银行收购之前曾是世界最大的综合性投资银行之一，也是最早开始向海外扩张的投资银行。美林证券主要为企业、政府机构以及个人投资者提供投融资、咨询服务及担任财务顾问等。美林证券从创立之初的一家单一的证券经纪公司发展成为遍布37个国家和地区的综合性国际化投资银行。简单地说，美林证券的壮大和国际化进程可以说是一部兼并与收购的历史，它没有选择仅依靠自身的资本实力扩展业务范围及开拓国际市场，而是在自身拓展的同时抓住最佳时机不断地收购国内具有发展潜力的新型投资银行业务的公司和国外大中型投资银行。这一点可以在1978年美林对老牌国际投资银行White, Weld & Co., Inc的收购中充分反映出来，此举大大增强了美林投资银行业务实力。这样就可以使美林在最短的时间以最低的成本实现向综合性投资银行的转变，进而实现其国际化战略。而兼并重组的根本动因是追求规模利润和在竞争中处于优势，实现业务和市场多元化，扩大市场份额，提高资本利润率。

早在 1940 年，美林就在古巴的哈瓦那建立了第一个海外办事处，该办事处于 1961 年关闭。从那时起，美林就开始产生对海外业务扩展的意识。1941 年，美林证券与新奥尔良证券公司合并，成为当时世界上最大的证券公司。到了 20 世纪 50 年代，美林证券已经成为享誉美国的大券商。在业绩攀升的同时，美林证券也开始密切关注向海外发展的机会，在整个 50 年代里，将它的触角延伸到了英国、法国、联邦德国等欧洲主要发达国家，但也仅仅以办事处的形式存在。1960 年美林在香港开设第一所亚太区办事处，主要为私人客户提供服务。这些早期的办事处主要根据美国企业在海外的发展需要来提供服务，依靠与当地金融机构合作并通过代理来开展业务。在随后的 10 年里，美林证券采取了更为实质的扩展措施。在欧洲，其在伦敦的第一家分支机构于 1960 年成立，成为美林攻占欧洲市场的桥头堡，从此美林的国际业务正式开展起来。在亚洲，美林尝试性地对新市场进行开拓，于 1961 年进入日本市场，并于 1964 年在东京设立了第一家正式的分支机构。当时日本资本市场的兴旺发展给美林证券在日业务提供了很好发展空间。

受 20 世纪 80 年代经济全球化的影响，欧美等主要发达国家倡导贸易、金融自由化。这使得 80、90 年代成为美林海外发展的一个黄金时期。美林证券以伦敦为中心积极开展在欧洲的业务，利用经济形势和政策的便利得以壮大。美林主要通过自己设立分支机构以及收购或者合资的方式来迅速抢占全球市场。在 20 世纪末的 20 多年里，美林在英国增设多个分支机构并于伦敦成立其在欧洲的金融总部，负责欧洲、中东和非洲的业务。而在瑞士的分支机构成为美林在欧洲大陆上的重要据点。在收购方面有几个典型案例。1995 年，美林收购英国证券公司 Smith New Court。1997 年，美林集团以 57 亿美元收购英国水星资产管理公司，使美林资产管理公司成为全球最大资产管理机构之一，兼并后所管理的资产已超过 5 000 亿美元。1982 年，美林在中国香港建立了亚太地区的总部，并在这 30 多年里逐步发展投资银行和证券业务。除中国香港外，美林还在新加坡和韩国设立分部，在中国台湾地区和印度也有与当地金融机构合资组建的公司。1993 年，美林成为首家在中国境内开设办事处的美资投资银行。在 20 世纪 90 年代后期，新兴国家地区的巨大投资潜力吸引着美林对这些区域的迅速扩张。1996～1998 年，美林通过一系列的收购，在澳大利亚、泰国、西班牙、加拿大和日本建立了多家分支机构。特别值得关注的是美林证券在日本市场上的一些发展。1986 年，美林日本有限公司（MLJ）成立（由原办事处升级），取得了东京证券交易所的席位并在该交易所上市，从此开始了证券市场相关业务。1998 年，美林收购了日本山一证券公司在日本的大部分业务，并据此建立了美林日本证券公司,开始经营私人理财业务。截至 1998 年底,美林受委托管理的客户资产已逾 14 000 亿美元,并以平均每天接近 4 亿美元的速度递增。然而我们也注意到,美林在亚太地区的扩张过快,风险控制不得力,因此造成收益率的减小,最终还需采取战略收缩。

(二) 高盛

高盛集团成立于 1869 年,是一家国际领先的投资银行和证券公司,总部设在纽约,并在东京、伦敦和香港设有分部,在 23 个国家拥有 41 个办事处。其所有运作都建立于紧密一体的全球基础上,由优秀的专家在全球范围内向多行业客户提供广泛的投资、咨询和金融服务,拥有大量的,包括私营公司,金融企业,政府机构以及个人为客户提供服务。同时拥有丰富的地区市场知识和国际运作能力。

高盛的欧洲业务始于 1897 年。当时,公司利用欧洲债券市场,成为第一位欧洲客户的商业票据交易商。事实上,高盛真正的国际化始于 20 世纪 60 年代以后,并且也如美林证券等其他国际大投行一样开始于欧洲市场。其在欧洲的业务拓展也是以伦敦作为总部来开展的。1970 年,高盛在伦敦开设了第一个国际办事处,并在法国、西班牙、意大利等其他欧洲主要国家开设其分支机构。到 1973 年 3 月时,证券销售部成为公司最大的业务部门,公司后来增加了固定收益、国际套利业务,还有一个企业融资/承销部门,伦敦办事处的员工数量由最初的 5 人增加至 24 人。在欧洲大陆上,瑞士是另一个重要的经济金融中心,许多跨国公司的欧洲总部都设在这里。除了其传统的银行业之外,瑞士还拥有世界上最大的证券交易所之一。因此,1974 年高盛在瑞士开设办事处。在此之前,高盛已经为富有的个人与家族提供了超过 45 年的投资服务。所以在瑞士设立私人银行这一设想对高盛的海外发展来说非常合理。到了 1992 年,公司获得了瑞士私人银行牌照。除了苏黎世外,高盛于 2001 年在日内瓦设立了分行。其中一个主要原因是日内瓦对外国投资者的重要性,特别是来自拉美、中东和南欧的投资者。日内瓦办事处与苏黎世办事处有很强的互补性,结合了高盛的全球网络与悠久的瑞士私人银行传统,能为客户提供私密性以及政治和经济的稳定性。1987 年,高盛在马德里设立办事处,在重塑西班牙的产业与金融市场方面扮演了重要的角色。高盛在西班牙的并购业务中拥有领先地位,在股票和固定收益方面也有出色的业绩。1988 年,高盛在法国设立巴黎办事处,经过多年发展,在伦敦办事处专门面向法国客户的大型团队的支持下,在法国的并购和股票发行市场取得了领先地位。在 20 世纪 80 年代中期,高盛意识到德国客户需要专门的服务。当时，高盛还是从德国国外为该地区的客户提供服务，但是公司做出了一项战略性的决定，开始向德国和奥地利市场大量投入资源。1990年10月设立了高盛法兰克福办事处。在随后的十几年里发展成为一家全业务的投资银行，其涉足领域基本涵盖公司所有全球经营的业务。

高盛对日本市场的开拓可追溯至20世纪60年代初。当时，公司承销了日本最早的一些美国存托凭证发行，并为在美国金融市场运作的日本公司提供顾问服务。1974年，高盛在日本设立办事处。此后，帮助日本的公司、金融机构和公共机构开展跨境和国内融资、并购及其他交易。1983年，高盛获得在日本的证券从业资格，高盛（日本）开始营业；1986年1月，高盛成为东京证券交易所的正式成员；1989年，高盛成为东京国际金融期货交易所成员；同年10月，高盛成为名古屋证券交易所成员；1990年，高盛成为大阪证券交易所成员。除此之外，高盛还于1989和1996年成立了高盛不动产日本有限公司和高盛资产管理有限责任公司，将业务渗透到日本金融的方方面面。高盛致力于为日本本土客户和在日本经营的外国客户提供创新的金融服务。

在亚太地区，中国香港地区是除了日本以外的总部。高盛香港成立于1984年，在中国香港的金融市场中扮演着突出的作用。高盛从中国香港最知名的一些公司那里不断获得巨额的业务。除了服务香港本地的客户之外，高盛还帮助一些中国内地的公司在香港地区成功融资，包括中国移动、中国电信、中石油和中国银行（香港）。从2003年开始，高盛一直是香港特区政府的信用评级顾问，也是香港地区最活跃的认股权证发行公司之一。在20世纪80年代初期，高盛以合资形式进入澳洲，开设了悉尼办事处。后来在又增加了墨尔本和奥克兰办事处。高盛拥有该公司45%的股权，剩余的55%为澳大利亚和新西兰两国的股东持有。由于在澳大利亚和新西兰市场上拥有无可比拟的知识与经验，除了参与一些最大规模的公司和机构项目之外，高盛为澳、新两国的许多私人客户提供涵盖主要资产类别的各种服务。1989年，高盛在新加坡设立办事机构，使其成为东盟国家的业务中心。在中国台湾地区，高盛最早在1992年设立办事处，到了2000年升级为分公司，开展企业融资、股票和全球投资研究等业务。1993年，高盛在韩国首尔开设办事处，5年后变成分公司。2006年，高盛获得了当地银行业务的牌照。通过高盛国际银行，公司开始为韩国和国际客户提供范围更广的金融服务与产品，包括外汇、利率及相关产品。

到了21世纪，发展中国家逐渐崛起，尤其是金砖四国（巴西、俄罗斯、印度、中国）在世界经济中的地位日益受到世人关注。高盛对这些具有潜在高回报率的发展中国家新兴市场产生兴趣,并逐步进入这些国家。高盛继在中国香港地区经营10多年后,在北京和上海也设立了办事处。2003年,高盛成为第一批获得中国政府合格境外机构投资者牌照的公司,当时的投资额度为5 000万美元。2004年,高盛与内资全业务证券公司北京高华证券有限责任公司合资成立高盛高华。合资公司的成立令高盛可以在中国开展本土A股上市业务、人民币企业债券、可转换债券和提供国内金融顾问以及其他相关服务。2004年4月,高盛进入印度,办事处开设在班加罗尔。2006年,增设了孟买办事处,旨在印度国内建立一个全资拥有的投资银行和证券公司。除了创建全业务的国内业务平台,高盛在印度的战略还包括建立直接投资和资产管理业务。从1998年开始,高盛就开始为俄罗斯客户及在俄罗斯运营的外国客户提供创新的金融服务。2006年,高盛在俄机构获得了俄罗斯联邦金融市场服务局的券商牌照。同年10月,高盛成为俄罗斯银行间货币交易所(MICEX)和俄罗斯交易所(RTS)及其存托机构的成员,使高盛能够在俄罗斯市场开展全套业务。2007年,新的办事处在莫斯科开设,其交易的产品包括俄罗斯政府、公司和市政债券以及外汇和股票产品。通过在俄罗斯的设点,高盛可以与俄罗斯及独联体国家的领先公司、机构和政府部门合作,并就该市场上的许多领先交易提供顾问意见。2007年3月,高盛在巴西的圣保罗开设了提供全系列服务的新办事处,包括投资银行部、全球投资研究部、运营部、法律部、财务部、证券部和技术部。

(三) 摩根士丹利

摩根士丹利作为一家专业投资银行于1935年9月5日在纽约成立,提供包括证券、资产管理、企业合并重组和信用卡等多种金融服务,目前在全球27个国家的600多个城市设有办事处,雇员总数达5万多人。1941年,摩根士丹利与纽约证券交易所合作,成为该证交所的合作伙伴。20世纪70年代,公司迅速扩张,雇员从250多人迅速增长到超过1 700人,并开始在全球范围内发展业务。1986年,摩根士丹利在纽约证券交易所挂牌交易。

摩根士丹利国际化进程时间区域的选择跟美林、高盛大致相同。它在欧洲相对较早的办事机构为1967年创立的巴黎办事处,后来在20世纪80年代末设立了正式的分支机构。摩根士丹利融合其全球化的专业特点与法国区域特点,为客户提供投资银行、销售和贸易、房地产、抵押贷款、投资管理产品和私人财富管理配置等方面的优秀服务。近年来,摩根士丹利为许多法国公司的大型兼并收购交易及上市提供了相关业务。例如,摩根在2006年参与了Arcelor与Mittal公司价值240亿欧元的合并工作。同年，承担了巴黎机场了13亿欧元的IPO上市业务。1977年，摩根士丹利在伦敦成立了其欧洲总部，拥有5 000多名员工。超过3 000人分配在阿姆斯特丹，雅典，布达佩斯，法兰克福，日内瓦，格拉斯哥，卢森堡，马德里，米兰，莫斯科，慕尼黑，巴黎，斯德哥尔摩和苏黎世的欧洲办事处。在英国和欧洲大陆，摩根士丹利扮演着一个卓越的金融服务公司的角色并与客户保持长期良好关系，主导了许多具有里程碑意义的交易。它在欧洲提供全方位的服务业务，包括兼并收购、重组、固定收益和股权融资，同时也经营二手交易、研究、外汇交易、商品交易、证券借贷、资产管理以及大宗经纪业务。

摩根士丹利在开发欧洲市场的同时，也对日本市场进行了拓展。1970年，摩根士丹利在日本东京成立第一个办事处，1984年，成立摩根士丹利国际日本分公司，发展至今成为拥有超过1 400名员工的分公司。1986年，摩根获得东京证券交易所的席位，成为日本第一个获得席位的外国金融机构，从此开始了在日本全面的证券类业务。在此之后，又于1987年和1989年分别获得大阪和名古屋证券交易所的席位，这更加强了摩根在日本与本土券商争夺业务的优势。到了20世纪90年代，摩根开始进入资产管理业务领域，在1995年成为第一个获得咨询与投资信托业务资格双许可的美国公司。在随后的很多年里，摩根将其业务拓展到与房地产相关的银行服务、投资和借贷咨询以及多种资产管理业务。

在亚太地区，摩根士丹利也如其他美国国际大投行一样将亚太总部建立在了中国香港地区，并以期将其发展成为进入中国资本市场的门户。自1987年，摩根在香港地区设立办事机构以来，逐渐建立起了在香港地区和中国内地强大的专营权。它的经济学家和分析师团队帮助其构建了对中国和亚太地区的全球化战略。在香港地区，摩根士丹利为整个亚洲地区客户提供了完整的服务产品，包括投资银行、房地产、私人股权、股票和证券交易、衍生工具、黄金经纪业务以及私有财产管理和投资管理。在亚太地区经营了30多年，除了香港地区以外，摩根士丹利以将其办事机构扩张到了在北京、上海、曼谷、墨尔本、孟买、首尔、新加坡、悉尼及台北等城市。由于亚太地区在近几十年经济的高速增长，股票发行、企业并购和固定收益类证券交易的需求增加，规模扩大，发展之快令世人瞩目。摩根在这一区域主要发展投资银行业务，并获得了相对其他地区更优秀的业绩。2005年，摩根在亚洲业务中获得超过70亿美元的顾问费用收入，增幅超过欧美。亚洲国家的金融管制日益开放，使得外国投行具有了很多通过合作方式渗透进入这些地区的机会。在中国的合作发展就是一个典型例子。摩根士丹利于1994年在上海、北京设立办事处。主要从事投资银行业务，包括企业融资和协助客户通过发行股票及债券筹集资金、并购咨询及房地产投资服务；股票研究及私募股本投资。1995年，摩根士丹利与中国建设银行和其他几家国内外实体联合组建了中国国际金融有限公司（简称中金公司）并持有其34.3%的权益，这也使得摩根成为首家入股中国国内合资投资银行的跨国投资银行。中金公司从事各类投资银行和咨询业务，包括融资、重组和项目融资的咨询服务。摩根士丹利和中金公司曾共同参与多个大型国企挂牌上市的重大发行项目，例如，在2000年和2001年帮助中国联通及中国铝业股份有限公司同时在纽约和中国香港两地上市。

如今，摩根士丹利在全球拥有来自超过120个国家的5万多名员工，他们分驻全球30个国家的600多个办事处，形成一个特有的全球金融网络。摩根士丹利凭借其出类拔萃的实力，不论是在国内或国际业务拓展上、新科技的运用上或在创新金融工具和技术的开发方面，均居领先地位，并取得了辉煌成绩，为个人、机构和投资银行客户重新制定金融服务的定义。

三、美国投资银行国际化的发展阶段及组织结构演变

一个证券公司从建立到变成一个具有国际影响力的综合性金融机构，一般要经历四个发展阶段：

第一阶段：自身实力的积累阶段。在这一阶段，证券公司基本将经营业务都放在国内，主要在本国内积累业务经验，开拓业务渠道，同时逐渐壮大自己的资本实力，力争在国内取得行业内的一定地位。在业务种类拓展方面，需要实现由单一性业务向多元化业务转变，并在此过程中逐渐形成自己的优势业务。美林证券从创立到在国外具有三家分支机构，经历了56年，到国际化取得重大进展，更是经历了82年。所以，在证券公司进行国际化考虑之前，必须在国内市场发展充分，并具有相当强大业务能力与资本实力。

第二阶段：国际化初级阶段。这一阶段体现为在境外设立分支机构，试探性地对可能进入的国家进行考察，结合自身与目标国的条件把本国业务向目标国延伸。海外办事处是这一时期国际投行选择的主要外设机构。办事处的设立，目的在于对拟进入国进行调查，联系客户，熟悉环境。这是国际化过程中非常重要的一环。在对新市场的开拓之前必须严格调查目标市场的风险大小以及是否适合当前阶段公司的业务开展。这一环节如有不慎，将有可能遇到不可预测的风险而造成巨大损失。

第三阶段：国际化扩张阶段。在初级阶段过后，证券公司已经对海外分支机构所在国市场情况以及政策有了充分的了解。这一阶段的特点在于对资源的利用开始从自有资本和国内资本向全球资本使用转变，而对人力资源的利用也开始考虑全球化、本土化的战略布局。在首先进入的一个国家所积累的经验可以扩散利用到其他类似的市场上。由于在前一阶段实力进一步增强，从而具备了大力扩张国际业务的条件。在这样的条件下，国际化进程就有可能由一个国家向多个国家发展，由金融中心向非金融中心发展，从而逐步形成自己的国际化业务网络。例如在欧洲市场的开拓，就是从欧洲传统的金融中心伦敦开始，进而扩展到其他发达国家市场的。

第四阶段：国际化深化阶段。这一阶段体现在业务本地化与本地业务创新。在一家证券公司的主要业务遍布了个大主要资本市场后，就必须进入国际化进程的深层阶段。总结各大投行业务发展的经验来说有两点：第一，业务本地化，也就是说一切业务都是围绕着分公司所在国的资本市场来开展，这些业务主要包括资本输入与输出、筹资与投资。第二，本地业务创新，这一点在于结合当地的金融市场特点与政策特点，综合自身实力给所在国提供差异化的具有地方特色的金融服务。

通过对美国著名投行海外扩张资料的总结，可以发现，它们在国际化进程中的组织结构选择具有普遍规律，也可以归纳为四个阶段：第一阶段为在国内形成经营理念，制定公司章程，培养企业文化等的创立初期阶段；第二阶段为完善组织架构，明确价值理念，增强风险控制能力，打造适宜的管理文化等的组织结构完善阶段；第三阶段为组织结构国际扩张，延伸企业文化的多边组织阶段；第四阶段为对已有跨国组织完善阶段。从第二个阶段起，投资银行开始进入实质性的国际化进程。经历了代理制、设立办事处、设立合资公司或独资子公司、直接收购投资国知名公司，最终建立起全球协调管理系统。这些投行不仅在组织结构选择方面有趋同性，从区位选择来看也非常一致，体现了从传统金融市场向新兴市场逐步扩张的特点。它们都从20世纪60年代开始积极开拓海外业务，先后经历了欧洲传统金融中心，日本新兴金融中心，中国香港、新加坡等亚太中心直至中国境内、印度等经济腾飞的发展中国家。

根据国外投行经验，我国证券公司国际化也可以对其组织形式进行借鉴。在自身具有一定实力的基础上先在海外设立办事处，然后考虑设立分公司，升级为国际证券控股集团。在区域方面，中国券商需要结合自身情况来做出选择，相对于那些国际大投行首先选择在金融市场开发的发达国家地区而言，中国券商应该选择有比较优势的区域来开展初期的业务。可以选择亚洲文化相似的市场或者新兴市场，在成熟壮大以后再考虑进入全球性的金融中心。比如我国大型券商对进入越南的资本市场发展投资银行业务就具有一定的技术优势，因为都处于亚洲文化的影响下，相对易于合作交流。但是在这样的发展中国家新兴市场中操作，需要对风险有严格的防范和把控，在追求利润的同时，考虑本地化战略和文化的融合。

四、美国投资银行国际化的基本操作模式与比较

我们可以观察到各国证券公司国际化的操作模式基本有三种：设立分支机构模式、合资合营模式、兼并收购模式。对操作模式的选择与公司的发展战略有关，也取决于市场条件和公司自身的经营实力和业务特色。灵活合理的使用各种操作方式有助于证券公司国际化进程的顺利进行。

（一）设立分支机构模式

设立分支机构模式的特点就是可以根据证券公司自身的文化背景、资本实力、经营能力、人才储备及国际化经验的积累等因素，分清轻重缓急和先后次序，逐步扩展。美林证券是这一拓展模式的典型代表，也据此获得了成功。这一操作模式的最大优点就是，在推进国际化时可以先深入地了解当地的政策背景、人物背景以及整个资本市场的特点，然后考虑进一步的扩展。同时，这一过程也为公司在这一区域积累人力、技术、经验等方面起到了缓冲作用。其缺点就在于建立一个分支机构需要近一年的时间，一切都是从零开始，起步慢，不能迅速抓住潜在的市场机会。

（二）合资合营发展模式

合资合营模式需要一些特殊条件约束，譬如政府对证券市场的管制。然而合资合营兼容了设立分支机构和兼并收购的一些优点。由于一些发展中国家资本市场不发达，政府往往为了保护本国资本市场和证券经营机构免受外来冲击，一般不允许国外的证券经营机构直接设立独自的经营性机构。这种情况下，海外投行只能通过与当地金融单位共同成立合资合营机构来渗入目标市场。由于合资双方文化背景、经营理念等方面的差异以及东道国资本市场管制政策的约束，这种合资合营模式在实际运作过程中一般容易在控制权等方面产生矛盾和纠纷，并最终导致两种可能的结果。一是合资合营关系解体，二是在政策管制放松后，技术、资本等均处于强势的一方通过收购对方或第三方的股权取得绝对控制权。从后一种情形看，合资合营

模式也可以看成是兼并收购模式的一种前期操作。

(三) 收购兼并模式

这种模式也是证券公司国际化过程中迅速有效的方式。一个公司若想采取这种模式需要具备强大的资本实力。这种方式的优点很明显：被收购公司往往具有当地市场开展证券业务的资格、一定数量的客户资源和对当地市场比较熟悉的经营管理人员，因此收购重组后的公司资源相对丰富，能迅速开展业务。而其缺点在于：通过调研考察来选择适合的收购对象是一个较长的过程；收购方需要大量资本支付股权购买；同时，收购双方文化融合、管理理念的磨合需要一定的时间。

总的来说，在上面三种操作模式中，兼并收购模式适用于短期内希望实现国际化的而同时具备强大实力的证券公司，而设立分支机构适合于国际化战略中希望稳步推进的证券公司。合资合营模式相对更具有可变性，实际上也可以成为设立分支机构模式和兼并收购模式的运用方式。在中国证券公司的国际化过程中，需要结合自身条件、政策环境、资本市场情况来做出选择。

第二节 中国投资银行的国际化实践

在世界经济一体化、金融活动全球化的背景下，中国经济正在深度融入世界，人民币正在加速国际化，资本市场的国际化重要且必要。资本市场的国际化，是中国金融体制改革的重要组成部分，也是资本市场对外开放的具体体现，还是人民币在资本项目下实现自由兑换的客观标志，更是中国经济真正融入世界经济体系的一个关键性因素。国内证券公司作为资本市场重要的参与主体，随着中国金融市场开放程度的不断加大、人民币正式加入 IMF 的 SDR、内地保险资金参与沪港通、深港通的持续推进等因素，国内证券公司的国际化战略布局也将迎来重要的契机。

一、中资券商国际化进程：整体概览

整体来看，国内证券公司发展境外业务主要有两种模式：一是以中信证券、海

通证券、国泰君安为首的涉及境外业务较早的国内大型证券公司。得益于多年的积累,已经形成较为稳定的境外营业模式和盈利途径;二是以国金、西南证券为代表的国内中小型证券公司,通过资本手段并购中国香港成熟本土证券公司,达到迅速布局的效果。2015年,个别国内证券公司已经开始拓展境外业务市场,且不满足于仅在中国香港市场开拓。以海通证券为例,公司制定了明确且清晰的国际化战略:先中国香港,后亚洲,再欧美。随着中国市场国际化程度的提升,境外投资者对中国市场的认知程度也将提高,届时国内证券公司走出国内的方法将更加多样。

(一)将中国香港作为中资证券公司国际化战略的首选基地

目前中国证券公司的国际化发展尚处于以国内市场为依托的国际化发展初级阶段,国际化布局以"立足中国香港——布局亚太——辐射全球"的路径为主,以中国香港为基点,促进国际业务顺利过渡开展。自2006年中国证监会正式批准证券公司在中国香港设立分支机构开始,中资证券公司正式开始了其国际化拓展的步伐;包括中金公司、中信证券、国泰君安、海通证券等在内的80多家内地证券公司在中国香港设立了分公司或子公司。截至2015年12月底,沪股通额度共使用了约1 200亿元人民币,占总额度的40%;港股通额度共使用了约1 080亿元人民币,占总额度的43%。随着沪港两市融合程度的提升以及深港通的正式进入倒计时,投资者对两地交易规则逐渐熟悉,中资券商的国际化业务将驶入快车道。2015年中资券商国际化业务在母公司收入的占比见图17-1所示。

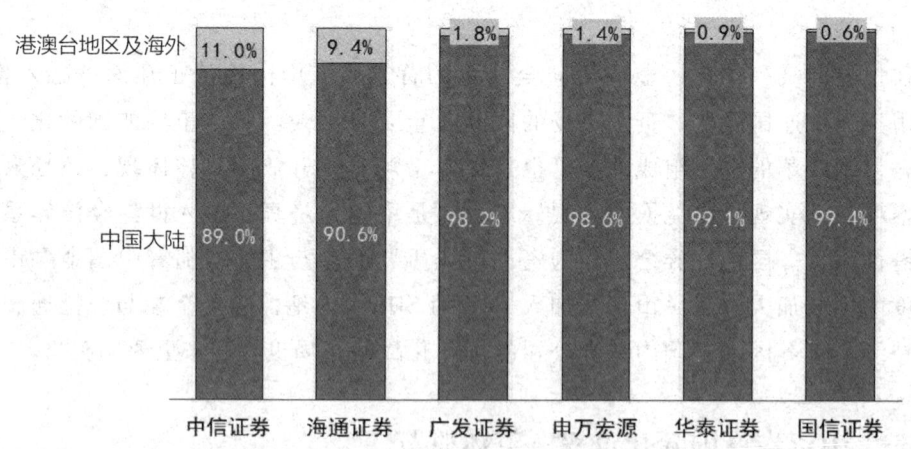

图17-1 2015年中资券商国际化业务在母公司收入占比

资料来源:Wind资讯。

当前来看，亚洲地区是世界经济最为活跃的地区，而香港地区作为跻身为综合实力全球排名第三的亚太金融中心，与东京、新加坡、上海在全球范围内已形成相对稳固的集聚的地区金融中心组团，在世界经济中具有举足轻重的地位。新兴经济体的高速发展必然伴随着企业融资和企业兼并收购等金融服务需求激增。若国内证券公司能够抓住机遇，充分把握新兴经济体地区经济发展过程中的机会，则亚太地区有望成为中资券商经营收益的重要来源地。

香港地区中资券商资本金比较见表17-1所示。

表17-1 香港地区中资券商资本金比较（按实缴资本金总额由高至低排序）

序号	公司	成立时间（年）	资料来源	2013年（亿港币）	2014年（亿港币）	2015年（亿港币）	备注
1	中信证券国际有限公司	1998	公司注册处	65.2	65.2	65.2	2012年增资27.8亿港币，资本金至65.2亿港币
2	国泰君安国际控股有限公司（香港上市公司）	2010	2015年年报	约31.3	约58.5	约60.0	
	国泰君安金融控股有限公司	2007	公司注册处	0.3	0.3	0.3	
3	广发控股（香港）有限公司	2006	公司注册处	14.4	14.4	56	2015年8月31日增资41.6亿港币，资本金至56亿港币
4	中泰金融国际有限公司	2011	公司注册处	8	8	17.9	2013年8月8日增资5亿港币，资本金至8亿港币；2015年7月6日增资4亿港币；2015年10月28日增资5.9亿港币，资本金至17.9亿港币
5	华泰金融控股（香港）有限公司	2006	公司注册处	7	10	10	2014年6月17日增资3亿港币，资本金至10亿港币；另H股招股书上约有31亿港币的资金将用于拓展海外业务，有望全部注资华泰香港
6	中国银河国际金融控股有限公司	2011	公司注册处	6	10	10	2014年7月31日增资4亿港币，资本金至10亿港币
7	安信国际金融控股有限公司	1996	公司注册处	7	10	10	2014年9月5日增资3亿港币，资本金至10亿港币

续表

序号	公司	成立时间（年）	资料来源	2013年（亿港币）	2014年（亿港币）	2015年（亿港币）	备注
8	中信建投（国际）金融控股有限公司	2012	公司注册处	5	5	10	2013年11月20日增资2亿港币，资本金至5亿港币；2015年4月20日增资5亿港币
9	海通国际控股有限公司	2007	公司注册处	4	4	6	
	海通国际证券集团有限公司（香港上市公司）	1996	2015年年报	约1.4	约2.2	约5.3	
10	国信证券（香港）金融控股有限公司	2008	公司注册处	6.3	6.3	6.3	
11	申万宏源（香港）有限公司	1972	2015年年报	约2.7	约5.8	约12.0	

资料来源：公司公告、Wind资讯。

（二）在美国、欧洲等海外市场设立子公司

一些国内券商不再满足于设立面向国际市场的香港子公司，而是以收购兼并香港地区的金融机构加速国际化，有的甚至把收购棋局布置到海外市场。目前，中金公司、中银国际等在美国、欧洲和新加坡都设有子公司专门开展国际业务。而中信证券、建银国际、国泰君安等中资证券公司也已经开始在纽约、伦敦、新加坡、迪拜等地派驻人员、成立子公司。

近年来，通过并购海外证券机构或者当地金融机构的证券业务来拓展国际业务是另一路径。例如，2013年11月，太平洋证券与老挝农业促进银行、老挝信息产业有限公司合资成立老—中证券有限公司，开启国际化路线首站。2014年7月，东吴证券公告称，与中新苏州工业园区开发集团股份有限公司共同出资在新加坡设立子公司，从事资产管理业务及监管部门核准的其他证券业务。2014年12月8日，海通证券宣布拟通过全资控股子公司海通国际收购 Novo Banco, S. A. 持有的圣灵投资银行100%的股权，成为布局欧洲的投资银行业务的国内第一家券商。

二、国内领先券商国际化四大典型：中信、海通、广发、国君

在国际化业务发展上，中信、海通、广发、国泰君安等几家发展较好的券商根据各自的优势和特点，走出了具有自身特色的国际化之路（见图17－2所示）。

① 依托母公司和全球合作伙伴，服务大型机构	② 在海外当地市场采取本土化，抢夺当地业务	③ 赴港上市为国际化战略布局	④ 务实的国际化进程，探索外延发展的新途径
• 特点：借母公司在境内的资源和网络，以投行大项目为专长，通过收购进行境外扩张	• 特点：在香港地区开展业务较早，业务网络本土化，拓展本土经纪业务	• 特点：完成H股的发行，在香港联交所主板挂牌并上市交易	• 特点：2010年香港主板上市，5年间的净利润年复合增长率达32%，业内领先
• 客户覆盖：更多针对大型机构、国有企业	• 客户覆盖：努力挖掘当地客户	• 客户覆盖：服务内地或者中资背景的客户为主，着力挖掘当地客户	• 客户覆盖：2015年新增客户数目超过2.3万个，超过90%的客户来自中国内地；今后将发展高净值个人及机构投资者市场，扩大高资产值个人客户群，包括企业家及高级管理人
• 布局：香港地区为起点，在香港之外也设立了若干网络 ——中信：中国香港、美国、欧洲、拉丁美洲、亚洲 ——中金：中国香港、新加坡	• 布局：香港地区为起点，计划拓展亚太新兴市场，并向欧美拓展	• 布局：中国香港子公司、伦敦子公司	• 布局：中国香港子公司、新加坡子公司
• 扩张方式：自身设立子公司，择机并购或建立全球合作伙伴	• 扩张方式：收购中国香港本土券商（大福证券）、收购欧洲投资银行（圣灵投资银行）	• 扩张方式：赴港上市，募资金额近280亿港元，借力资本市场，发展国际化金融平台	• 扩张方式：采取自主稳健发展与海外扩张相结合的策略，加快国际化布局
中信证券国际 CITIC Securities International	海通国际 HAITONG	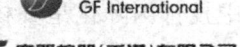	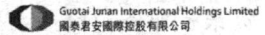

图17－2 国内领先券商国际化的四大典型

（一）中信证券的国际化

1. 中信证券的国际化模式

＞＞投行国际化是其核心目标，力争成为"中国的高盛"

发展思路：充分发挥国际、国内两个市场的协同效应，提升全球范围内服务客户的能力，为中国企业"走出去"、境外企业"引进来"提供服务。

和国内其他券商相比，中信证券在其国际化进程中有着得天独厚的条件：首先，作为国内大型金融控股集团的子公司，中信信托、中信银行等机构为中信证券的发展提供了足够的资金支持、政策保障以及其他支持；其次，作为国内最早上市的券商之一，中信集团通过上市、增发等方式筹集大量资金，结合第一点，中信证券拥有大量资金进行国际化业务布局和扩张，这是目前国内其他券商所不具备的优势（见图17－3所示）。

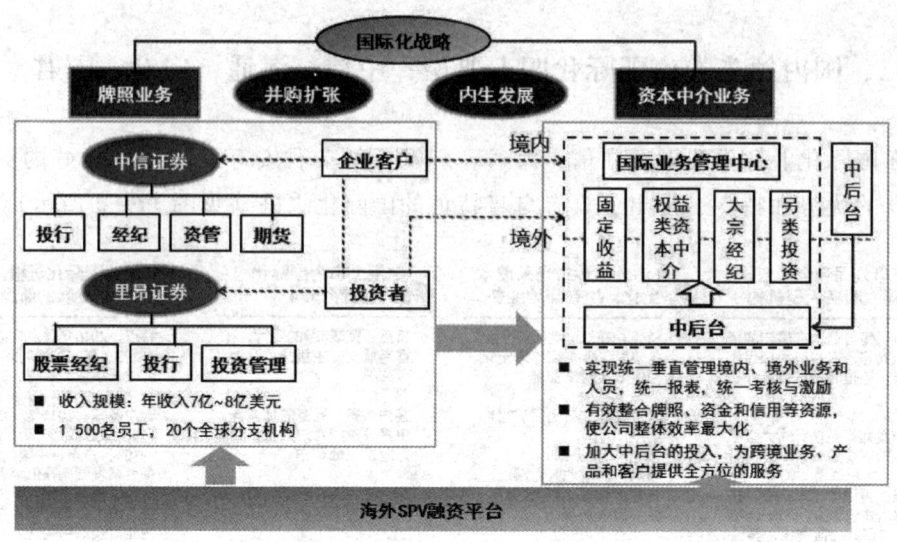

图17-3 中信证券的国际化业务布局:"并购扩张"+"内生发展"

目前来看,中信证券在投行、经纪、资管、研究、自营等业务领域分别获得显著的国际化成就,其中投行国际化是其核心目标。2015年,中信证券国际将境外投资银行业务及资源与中信里昂证券进行了整合,以"中信证券国际资本市场"品牌运营,整合后境外投资银行业务员工超百人,中信在亚太地区的业务协同效应进一步凸显。充分发挥国际、国内两个市场的协同效应,提升全球范围内服务客户的能力,为中国企业"走出去"、境外企业"引进来"提供服务。

(1)"大投行"战略的国际化业已成型。中信证券国际与中信里昂证券双方投资银行业务整合优势凸显;2015年在中国香港市场共参与了15单IPO项目、24单再融资项目、19单离岸人民币债与美元债券项目;2015年在亚洲(除中国大陆及日本市场)多个区域的股票承销金额排名第一,超越了众多国际投行;2015年已完成包括在蒙古国发行三年期主权人民币债券在内的多项境内外重大股权及债权承销项目。

(2)以研究业务的国际化助力"大经纪"战略的国际化发展。加强海外研究服务,2015年中信证券共向海外机构投资者提供各类英文报告560余份,为全球机构投资者提供电话会议160次、路演263次、组织上市公司调研33次、委托课题及专家交流等其他服务120次,力争于未来3~5年成为亚洲最有影响力的研究团队。中信证券国际在零售经纪、机构经纪上都取得了大幅增长,全球市场份额稳步上升,市场排名由2014年的48位上升至2015年的44位。

(3)"大资管"战略的国际化继续运筹谋划。通过股权收购将CSIFM由中信证券国际持股 55% 的子公司变为中信证券国际的全资子公司，具有香港证监会第 1 类（证券交易）、第 4 类（就证券提供意见）及第 9 类（提供资产管理）经营资格。

(4)"大自营"的国际化逐步铺开。中信自营投资已经将视野投向国际市场，投资策略更加多元，灵活使用各种金融工具和衍生品，在境内外市场寻找交易和套利机会，已开展的业务或策略包括境内外组合对冲基金投资、股指期现套利、统计套利、基本面量化、可转债套利、特殊情形策略等。

2. 中信证券海外扩张的基本路径

>> 以香港为起点，以合作或收购为手段迅速扩张

早在 2007 年，中信证券就开始对其国际化进行战略布局，但是当时并未取得实质进展。不过这一进程也彰显了其国际化战略布局的意图及实施路径：先布局中国香港市场，再通过与外资合作或收购国外投行的方式进行国际化扩张。这一战略意图从中信证券早年的一些并购、合作行为中就可以看出：中信证券先在 2007 年收购了中信国际 11.16% 的股份，从而得到其子公司的全部控制权，并后续投资 4.25 亿美元用于提升该子公司与资产管理、投行相关的投资业务，提升交易系统和前后台电脑系统及基础设施，并适度开展自营投资业务。另外，由于当时正逢美国次贷危机，五大投行之一的贝尔斯顿濒临破产，看准时机的中信证券在 2008 年提交了收购贝尔斯顿的方案。然而，虽然双方的合作意愿强烈，由于美联储的出面干扰，中信证券不仅最终没能如愿以偿的完成此次并购，还付出了近 400 亿元人民币的代价。

中信证券海外扩张的基本路径见表 17-2 所示。

表 17-2　　　　　　　中信证券海外扩张的基本路径

	国际拓展初始过程	国际化扩张过程
阶段	· 2007~2010 年：国际化初始阶段	· 2011~2015 年：国际化扩张阶段
目的	· 通过并购、收购的方式进行市场扩张/增加企业的业务水平、竞争力、收入等	· 学习通过收购海外券商，全面提升自身业务、研究等能力，并拓宽海外市场
战略举措及成果	· 以中国香港为出发点开展国际业务： 　－选择文化相近的中国香港为跳板，有条不紊的实施国际扩张战略 　－提升子公司的投资业务、交易系统、前后台电脑系统及基础设施，适度开展自营投资业务 · 寻找国际上的战略合作伙伴： 　－意图收购美国贝尔斯顿公司，但最终以美联储干涉而失败 　－与法国东方汇理银行签署了合作协议，从而共同发展国际业务	· 收购里昂证券，迈入国际一流投行行列： 　－获得国际专业业务团队，极大提升境外投行、经纪、研究等业务水平 　－借助里昂证券原有的网络，成功打入欧洲、美国等老牌市场及拉丁美洲、东南亚等新兴市场 · 收购昆仑国际，布局大宗商品业务： 　－为拓展离岸金融和高端私人银行服务打下基础 　－成功布局海外大宗商品交易 · 中信集团拟收购英国罗素投资： 　－进一步拓宽欧洲和美国市场

虽然初次收购海外券商受阻,但是中信证券并未停止其国际化的步伐。由于美国本土保护主义较强,中信证券将并购的眼光转移到了欧洲市场。2010年,中信证券和法国东方汇理银行(或称为法国农业银行,Credit Agricole)签署了合作协议,中信证券将与这家法国银行的欧洲和美国经纪业务在全球股本市场、衍生工具和投资银行业务领域展开合作。通过此次合作,中信证券不仅初步涉足国际业务,还为其收购里昂证券打下了基础。

作为东方汇理银行旗下的子公司,里昂证券对于中信证券而言有着不同凡响的吸引力:首先,作为全球最大的股票服务商之一,里昂证券与全球65个股票市场有着直接联系,并在美国、欧洲等老牌市场及东欧、亚洲、拉丁美洲等新兴市场设立多家分支机构,业务范围广;其次,里昂证券的研究团队也十分出名,其不仅拥有多种专业背景的队伍,横跨银行、法律、会计业,还多次获得"亚太地区最佳研究团队"的称号。从上述两点可以看出,收购里昂证券不仅可以帮助中信证券打开国际市场,其先进的研究团队也为中信证券发展全方位的券商业务打下了坚实的基础。

在成功收购里昂证券后,中信证券又开始针对大宗商品业务链(FICC)进行布局。2015年1月31日,中信证券宣布收购知名外汇经纪商、港交所上市公司KVB昆仑国际60%的股权,这使得中信证券实现对该公司的绝对控股,从而对国际外汇市场交易进行布局,并为其拓展离岸金融及高端私人银行服务提供条件。除此之外,中信集团(非中信证券)近期拟对英国著名的罗素投资(Russell Investments)发起并购,这也势必会为中信证券的国际化进程带来诸多利好。

3. 中信证券国际化的主要经验

＞＞双线并行,充分发挥协整能力优势,做中资券商国际化的先行者

明确战略定位:中信证券将投行业务作为国际化的桥头堡,已经在中国香港市场有了不容忽视的地位,着力海外并购,发挥"1+1＞2"效果,做国内券商国际化的先行者。纵观中信证券的国际化战略布局,分为资本中介业务和牌照业务两大模块。其中,资本中介业务可基本对应中信证券国内券商资本中介业务条线部分,牌照业务目前可基本对应中信证券国际及中信里昂业务条线部分。

(1) 境外业务条线的国际化发展:以战略目标为指引,以并购交易为重要手段,立足香港、开疆辟土、走向国际。2014年的经营成果显示,中信证券对中信里昂的并购获得大量的正效益。中信里昂在投行、研究、国际化拓展等多个方面为中信证券提供有益补充,发挥重大作用。2015年,中信力图借助海外网络的持续构建与不断拓展,更加广泛、深入地参与到具有国际影响力的跨境并购交易中,打造在

涉及中国企业参与的跨境并购交易市场中的领先品牌和主导地位。

（2）国内业务条线的国际化：以内生发展为思路、管理协整能力为保障。第一，设立专门的组织机构协调公司各业务条线之间、业务条线与支撑部门之间的合作关系。第二，以业务能力（产品设计能力、服务提供能力、机会挖掘能力）来赢得新市场。第三，研究先导作用强，对海外市场的认知深度远超越国内其他券商，这包括了全球宏观分析能力、全球并购对象搜寻能力等。

（二）海通证券的国际化

1. 海通证券的国际化模式：稳扎稳打地将经纪类业务做大做强，力争成为"中国的小美林"

发展思路：借助上市较早的先发优势，利用大量的资金投入在海外延续国内的行业优势，倾向于稳扎稳打地将经纪类业务做大做强。

业务主体：经纪、投行、固定收益和投资，从本质上是沿袭了海外投行的业务分类，力图从业务线条的构建上，从一开始就接轨海外投行；同时，国内业界的业务新热点——量化交易平台以及互联网金融都在海通国际中有所体现。

目前，海通积极通过战略并购进行快速的业务切入，大力通过各种手段搭建国际化研究团队，力争成为"中国的小美林"。海通国际化经营战略目标非常清晰，即"上市、集团化、国际化"：将总公司的资本金优势、子公司海通香港的发展优势以及目标公司大福证券的资源优势结合起来，进行了有效规划和整合，大大提升了国际化进程；先寻求海外合作、接着设立香港公司、再收购香港券商、然后赴港上市，抓住契机，不断推进国际化进程；国际化需要公司整体层面的有序战略布局，需要层层推进，而非简单的海外合作或设立香港子公司。

（1）企业融资方面：2012~2014年，海通国际的累积IPO发行数量位居中国香港市场首位，是少数有实力与国际大行在IPO承销业务中一争高下的中资证券机构。2015年完成IPO发行项目18个，配售、供股等股份增发项目36个，按项目数计在香港全部投行中荣获冠军。2015年完成股权融资项目54个，按项目数量在香港投行中排名第2，按承销金额排名第5；同期完成债券承销项目27个。

（2）研究业务和并购发展方面：积极推动对日本上市公司JapanInvest的收购，进一步增强对机构投资者的研究服务能力，力图建立以中国公司为核心的泛亚研究报告平台，扩大全球机构客户群体，做大做强跨境业务；签约收购葡萄牙圣灵投资银行，进一步提升全球化服务的能力，业务布局有望扩展到欧美成熟市场和南美、非洲等新兴市场。海通证券国际化战略目标见图17-4所示。

> **海通国际化经营战略目标非常清晰,即"上市、集团化、国际化"**
>
> ➤ 2007年7月31日,海通证券在上海证券交易所挂牌上市,成为国内第二家实现A股上市的券商。公司资产质量得到显著提高,财务结构和偿债能力得到明显改善。另外,募集资金主要用于增加公司资本和补充营运资金,大大提高公司的资本实力,培养和增强公司核心竞争能力,增加公司的盈利点和盈利能力,实现规模效益
> ➤ 战略目标:海通建设成为以网上证券、财富管理证券、中小企业证券、机构业务证券为核心的国内一流、国际有影响力的金融控股集团
> ➤ 2008年在香港成立子公司,2010年完成对大福证券的整合。目前资本实力及以人民币产品为特色的资产管理业务和以大项目为突破的投行业务市场地位和盈利能力显著提升

> **要点提示:**
>
> ➤ 将总公司的资本金优势、子公司海通香港的发展优势以及目标公司大福证券的资源优势结合起来,进行了有效规划和整合,大大提升了国际化进程
> ➤ 先寻求海外合作,接着设立香港公司、再收购香港券商、然后赴港上市,抓住契机,不断推进国际化进程
> ➤ 国际化需要公司整体层面的有序战略布局,需要层层推进,而非简单的海外合作或设立香港子公司

图17-4 海通国际化经营战略目标非常清晰,即"上市、集团化、国际化"

2. 海通证券海外扩张的基本路径:在香港以收购来提升客户和能力,收购欧洲券商拓展国际业务

和中信证券的国际化路径相似,海通证券也选择在香港落脚。这个战略主要处于三点考虑:首先,作为中国的执政特区,香港地区和内地的文化有着很多共同之处,这会避免海通证券在进行国际化时面临文化冲突的问题;其次,香港地区是一个完全开放和竞争的国际化金融市场,从企业经营角度来看,在内地和香港两个市场同时开拓业务,有助于熨平市场周期,防范经营风险;最后,香港市场能够为企业的战略制定、产品创新、人才培育提供全方位练兵机会,有助于企业的发展。海通证券海外扩张的基本路径见表17-3所示。

在制定了以香港地区为跳板发展国际化业务的战略方针之后,海通证券于2009年成功收购香港本地老牌上市证券公司"大福证券"。作为中资证券机构首次收购香港上市公司的成功案例,这一举动得到了路透社、彭博社、华尔街日报等全球媒体的关注,并被中国香港媒体评为2009年香港证券市场十大新闻事件之一。收购结束后,海通统一海外品牌为"海通国际"。收购大福证券为海通证券在中国香港开展国际化业务带来了诸多好处:第一,作为香港本地的三大券商之一,大福证券拥有庞大的客户群体,而这部分客户主要以大众市场、香港本地富豪以及企业组成;

表 17-3　　　　　　　　海通证券海外扩张的基本路径

① 收购大福证券为海通带来香港当地的客户和业务

- 获得庞大的客户基础
  - 大福证券是本地前三大证券公司之一
  - 零售客户来自大众市场和富豪
  - 机构客户来自本土企业
- 营业牌照
  - 立即获得营业牌照
- 建立和海通的投资银行产生巨大的协同效应
  - 快速扩大投资银行的规模，并可承做大型交易
- 扩大布局
  - 利用大幅证券广泛的现有零售网络，快速扩大海通在香港地区的布局

② 收购欧洲投资银行：以拓展亚太地区新兴国家为核心，通过并购欧洲投行进军欧美市场

- 利用国际化与内地业务交叉销售的机会
  - 发挥境内外协同效应，尤其是投行、资管、经纪三大板块
  - 服务内地企业境外融资
- 通过海外收购来建立海外营销网络和培养国际客户群
  海外收购：葡萄牙圣灵银行
  - 在当地市场有一定知名度
  - 目标与现有业务形成互补和协同
  - 海通能对目标行使控制权
  - 增强客户基础、分销网络和专业人才
- 扩张路径：稳定大中华地区，辐射亚太地区，寻找欧美地区发展机会

第二，在收购大福证券之后，海通证券立刻获得了大福证券原有的营业牌照，这为其迅速开通香港各项业务提供了便利的通道；第三，在完成并购后，海通国际和海通内地的投资银行产生巨大的协同效应，可快速扩大其 IPO 规模，并且弥补海通证券无法承销大型 IPO 项目的短板。第四，海通证券利用大福证券原有的零售网络，迅速扩大其在中国香港的布局。除了收购大福证券以外，2014 年，作为海通证券全资子公司的海通国际，以 7.15 亿美元收购主营融资租赁和贸易金融业务的恒信金融集团后，又使海通快速进入融资租赁领域。

在完成中国香港市场布局之后，海通证券将发展的目标瞄准了东南亚新兴市场：2014 年 1 月 22 日，海通国际通过了新加坡金管局的批准，正式拿到在当地进行证券交易和期货合同交易的牌照，从而为其发展大宗商品交易、外汇交易打下基础。作为东南亚新兴市场的重镇，新加坡是该地区唯一的国际性金融中心，亦是世界第四大外汇市场、全球顶级得商品交易中心和首个大中华地区以外获得人民币清算行的金融中心。除了布局亚洲新兴市场外，海通证券还在 2014 年底拟以 3.79 亿欧元的价格收购葡萄牙圣灵投资银行（Novo Banco, S. A.）。作为葡萄牙领先的投资银行，圣灵投资银行在全球 4 大洲 14 个国家拥有分支机构，其中包括西班牙马德里、英国伦敦、美国纽约等金融中心，以及巴西、墨西哥、印度等新兴市场。另外，作为典型的投资银行，圣灵投资银行可以向客户提供种类繁多的金融产品及服务，其主营业务包括股权融资、债券融资、并购财务顾问、项目融资、并购融资等，同时也从事私募股权、资产管理、私人银行、资本结构顾问业务等。可以说，如果海通

证券能够成功并购此公司,则会在综合实力上得到很大的提升。不过从目前看来,此次并购成功的可能性较小。然而,虽然此次并购没有成功,但是也间接彰显了海通证券的国际化战略,也就是效仿中信证券,对欧洲的一些有价值、面临危机的投资银行进行收购。

从海通证券的国际化进程可以看出,该公司以中国香港为跳板,以收购当地券商为扩充手段,稳步推展国际化进程。除了把握准确的公司定位、严格执行公司所指定的战略之外,海通证券还将并购的目光瞄准了欧洲投资银行,由此可见,其国际化扩张的实施路径和手段与中信证券同出一辙。从目前来看,虽然并购葡萄牙圣灵投资银行受挫,但是海通证券还会沿着其所设的道路继续前进,并有可能成为第二家迈入国际一流投行行列的中资券商。

3. 海通证券国际化的主要经验:跨境收购大福证券,提升国际化进程,资本规模及运用成为制胜关键因素

(1) 抓住契机借壳上市,提高资本金实力。海通多次募集资金,增资扩股,为国际化进程奠定资本基础。募集资金主要用于增加公司资本和补充营运资金,大大提高公司的资本实力,培养和增强公司核心竞争能力,增加公司的盈利点和盈利能力,实现规模效益。

(2) 采用先合作后设立方式,扩展国际业务。早在海通证券上市之前,就一直在积极加强与境外金融机构的战略合作关系来发展海外业务。海通证券与比利时富通基金公司于 2000 年就开始探讨合作事宜,并于 2003 年 4 月成立了海富通基金管理公司。

(3) 借力香港大福证券,加速推进国际化进程。海通证券子公司海通香港成功收购香港本地老牌券商大福证券,迅速拓展海通香港的业务规模、缩短在香港的发展时间、提高竞争力,而且可以完善金融产品创新平台、拓宽收入来源、建立海外的投融资平台。

(三) 广发证券的国际化

1. 广发证券的国际化模式:选择以资管优势业务进行突破,国际化路子灵活,力争成为"中国的黑石"

总体情况:广发是中国前十大券商中唯一一家非国有控制的证券公司,资产管理业务优势突出;其中,广发国际资产管理有限公司下设广发国际资产管理(英国)有限公司。

战略愿景：成为具有国际竞争力、品牌影响力和系统重要性的现代投资银行。

实现路径：根据客户对跨境业务的需求，紧密围绕中国元素，全面推进各业务板块的国际布局，在注重内涵发展的同时要加强国际并购力度，提升公司的国际品牌影响力，确立在境外市场中资券商中的领先地位。

业务发展：实现商品、外汇、境外债券、跨境套利的平台、牌照和业务布局。其中，资产管理业务优势明显。具体如下：

（1）投资银行业务：2015年广发控股香港通过其子公司完成主承销（含IPO、再融资及债券发行）项目15个，营业收入3.25亿元。

（2）财富管理业务：通过全资子公司广发控股香港向高净值人群及零售客户提供经纪服务，涵盖在香港联交所及其他国外交易所上市的股票；2015年广发控股香港实现证券经纪业务净收入为1.82亿元，同比增长64.01%。

（3）资产管理业务：广发控股香港是香港首批获RQFII资格的中资金融机构之一，通过广发资管（香港）可在香港筹集的人民币资金投资中国证券市场。截至2015年底，广发资管（香港）已设立及管理2支以基金形式运作的公募基金（广发中国人民币固定收益基金、广发中国成长基金），4支以基金形式运作的私募产品，2支与外部合作的私募基金和1支与外部合作的卢森堡UCITS基金。截至2015年底，广发资管（香港）所管理资产规模达到76.3亿港元。

2. 广发证券海外扩张的基本路径：国际化金融控股集团的大平台架构雏形初显

和中信证券的国际化路径相似，广发证券也选择在香港落脚。这个战略主要处于三点考虑：首先，作为中国的执政特区，中国香港和内地的文化有着很多共同之处，这会避免广发证券在进行国际化时面临文化冲突的问题；其次，香港地区是一个完全开放和竞争的国际化金融市场，从企业经营角度来看，在内地和香港两个市场同时开拓业务，有助于熨平市场周期，防范经营风险；最后，香港市场能够为企业的战略制定、产品创新、人才培育提供全方位练兵机会，有助于企业的发展。

广发证券的国际化道路已开启多年，早在1999年广发证券就将国际化作为长期发展的战略方向之一。经过20多年的发展，广发证券在国际化业务上取得了优良的经营发展成果，旗下拥有广发控股（香港）有限公司、广发金融交易（英国）有限公司。2006年，广发控股（香港）有限公司成立，负责管理及策划广发证券在香港各全资附属公司的业务（见图17-5所示）。目前，广发证券已覆盖中国香港、欧洲、北美三大资本市场，国际化金融控股集团的大平台架构雏形初步显现。

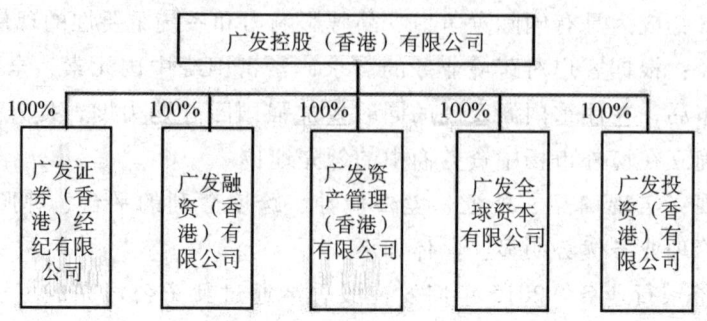

图17-5 广发控股(香港)有限公司的组织架构

3. 广发证券国际化的主要经验：完成A+H股布局，发力国际化金融平台建设

(1) 成功发行H股并在香港联交所上市。完成H股的发行，在香港联交所主板挂牌并上市交易，一方面是监管层对券商有扩充资本金的要求，另一方面是符合公司国际化发展的战略，是广发国际化发展重要的里程碑。

(2) 以资管优势业务作为国际化的重点突破口。通过广发控股香港的全资子公司广发资管(香港)就多类投资工具提供咨询服务及进行管理。广发控股香港是香港首批获RQFII资格的中资金融机构之一，通过广发资管(香港)可在香港筹集的人民币资金投资中国证券市场。

(3) 国际化金融控股集团平台建设日渐清晰。加大对富裕华人聚集的国家和或地区(比如香港地区、加拿大和英国)的境外财富管理业务的投入，加大对境外并购、投资管理、交易及机构客户服务等业务的投入，择机进行战略投资来搭建新的经营平台，着眼于中国元素推进各业务板块的国际布局。

(四) 国泰君安的国际化

1. 国泰君安的国际化模式：选择以轻资产、在线平台模式，广布金融产品，做中国环境下最优质投行

总体情况：国泰君安国际是中国环境下的产物，其客户在国内，国泰君安要做中国环境下的最优质投行。

战略愿景：有序推动集团化布局和务实的国际化进程，探索外延发展的新途径，提升集团综合经营能力，打造具有国际竞争力全能型投资银行。

实现路径：主要通过国泰君安金融控股所控股的国泰君安国际开展国际业务，国泰君安国际被母公司国泰君安证券定位为"指定国际旗舰公司"。

业务发展：业务范围涵盖经纪、企业融资、资产管理、融资融券及贷款、投资与做市等业务领域。具体如下：

（1）买卖及经纪业务：向客户提供证券、期货及杠杆外汇买卖、经纪、理财服务。

（2）企业融资业务：提供咨询服务、股票证券配售及报销服务。

（3）资产管理业务：提供包括基金管理及提供投资咨询服务的资管服务。

（4）固定收益业务：从事债务证券的配售、包销、买卖及做市。

（5）贷款及融资活动：提供孖展融资、首次公开发售贷款、其他贷款及银行存款。

（6）投资业务：从事上市权益投资、非合并基金投资及直接投资。

2. 国泰君安海外扩张的基本路径：采取自主稳健发展与海外扩张相结合的策略，加快国际化布局

经过多年的发展，国泰君安国际已成为在港中资券商中业务品种最全、综合实力最强、经营业绩最好的公司之一：2010年7月，国泰君安国际在香港联合交易所挂牌上市，成为首家在香港通过IPO方式上市的在港中资券商；2011年3月，国泰君安国际成为恒生综合指数金融成分股；2015年9月，国泰君安国际成为恒生综合大中型股指数成分股并成为港股通标的股票；2015年7月，国泰君安国际在新加坡设立子公司，并于2015年10月正式开展资产管理业务（见图17-6所示）。

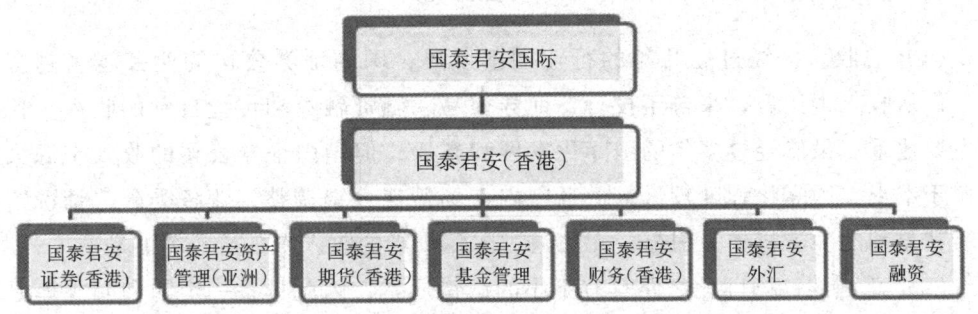

图17-6 国泰君安国际控股有限公司的组织架构

自2010年香港主板上市后，国泰君安国际5年间的净利润年复合增长率达32%，在业内遥遥领先。截至目前，国泰君安国际累计给总公司现金分红12.9亿港币，是原始投资的40倍。

3. 国泰君安国际化的主要经验：净资本回报领先，长期稳定的ROE在全行业

里拔得头筹

（1）坚持"有所为有所不为"。国泰君安国际的"有所为"，是做金融服务，满足我国人民日益增长的海外资产配置的需求，用提供服务的方式；不为的是，用重资产去投资。国泰君安国际只做与服务相关的。截至 2016 年 6 月底，国泰君安国际的总资产规模为 451 亿港元，杠杆率为 2.90 倍、债务资本比率为 1.05 倍。此外，多年来国泰君安国际的净资产收益率均为双位数，2015 年净资产收益率达 13.8%。

（2）风险管理是核心，提供一体化服务。对于买卖和经纪业务、贷款型业务等竞争激烈的成熟业务，国泰君安国际通过网上交易平台降低成本，通过严格的风险管理体系提升业务利润。目前国泰君安国际的研究部和母公司的 A 股研究所系一个整体，实现了研究所一体化，提供一体化服务。

（3）国际化首重亚太。国泰君安国际认为，中国的金融机构开到欧美，目前实则很难赚钱，需要时间。眼前在亚太地区发展金融，才是王道。国泰君安国际目前已在新加坡设点。其思路是，优先在东南亚设点，香港资本市场未来的资源，亦在东南亚。香港证券行业的真正机会，在于把东南亚好的企业，吸引进来。

三、中资券商国际化战略的基本结论

（一）先有国内业务的坚实基础才有国际化

（1）总收入：经过近几年的行业创新发展，国内证券公司的业务越来越多元化，但从收入占比看，来自于投行、证券交易、融资融券和传统自营的收入占比仍占主要比重。虽然经过多年的国际化发展和布局，但国内证券公司的收入来源大多依赖于本土，国际化程度较低，一旦国内市场遭遇大幅调整，业务受限等情况，对业绩和盈利的冲击将较为明显，无法通过国际市场的收入来平滑业绩波动。

（2）总利润：国际化之路具有不小的试错成本，因此具备一定的利润规模是开展国际化的前提条件。目前，大部分中资券商的香港子公司主要是开展经纪业务，盈利的 60% 以上来自证券交易佣金。佣金战竞争日趋激烈，许多中资券商已经意识到了佣金收入增长放缓的可能性，纷纷准备发力投行业务和孖展业务，寻找新的利润增长点。

（3）资本金：资本实力较弱一直是国内券商的软肋，以净资产作为衡量标准，中资券商远落后于美、日同行。已在中国香港上市的内地券商中，有多家券商寻求再融资"补血"。此外,国内券商借道香港市场补充资本金,一个共同的目的就是发展资本中介业务。

(二)海外战略能否取得成功,关键在于券商自身的业务能力和长远规划

中资券商的国际化历程始于20世纪90年代,历经20余年的发展,可将其总结为:"立足香港地区—布局亚太—辐射全球"的国际化路径(见图17-7所示)。国内券商拓展海外版图,主要通过在香港地区或新加坡设立子公司、在亚太地区合资成立证券公司,以及收购欧洲的投资银行等方式进行。截至目前,中信证券、海通证券、中金公司等大型券商,以及国金证券、东吴证券、西南证券等中型券商已率先实现了海外布局。

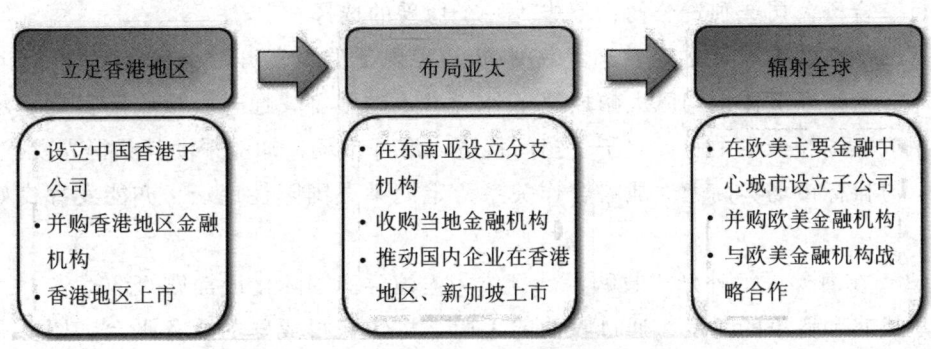

图17-7 中资券商国际化的路径总结

(三)抓住相关业务机会,采用"以时间换空间"的方式,实现渐进式成长

(1)为走出去的中国企业提供咨询和服务:越来越多的中国企业开始谋求在海外证券市场融资或者通过对海外公司的并购来实现扩张。国内证券公司可以此为契机,通过国际化的运营管理为这些走出去的中国企业提供相应的服务。

(2)与QFII相关的国际业务:QFII作为资金实力雄厚、投资理念先进的大型跨国金融机构,其介入为境内证券公司承销国企大盘股提供国际性的战略配售对象,也为证券公司拓展并购重组业务、证券咨询业务和提供研究报告业务创造了良机。

(3)与QDII相关的国际业务:QDII是在资本项目下未完全开放的国家,允许境内机构开展境外资本市场投资业务的一项制度安排。这是我国投资主体走出国门的过渡性措施,有助于我国证券公司拓展国际业务空间和积累经验。中国证券公司的国际化运作可以发挥桥梁作用和在目的投资国的信息优势为国内从事QDII投资的机构提供咨询服务。

（4）为希望投资境外上市中资公司的投资者提供咨询与服务：当前大量中国企业在纽约、伦敦、新加坡等国际金融中心的交易所公开上市，中资券商可通过在海外设立分支机构或子公司更好地为境外各类投资者提供咨询顾问等服务。

（5）服务于外资对中国企业的并购和股权投资：在目前国际并购业务蓬勃发展的背景下，越来越多的外资企业通过收购、兼并的方式进入中国市场，这为国内证券公司开展并购相关的投行和财务顾问业务提供了基础。

（四）市场是决定券商国际化业务前进方向的终极力量

（1）从组织路径来讲，先设立办事处，待熟悉当地市场竞争环境后，再谋求设立分行、合资公司或独资公司，不失为一个稳妥的选择

目前不单欧美和日本等发达经济体早已实现证券市场开放，诸如巴西、印度、和南非等新兴经济体也均已大幅放宽了外资进入的限制，通过直接收购目标市场证券公司或在国际金融中心设立子公司间接进入海外市场，均能帮助其获得先发优势。此外，与目标市场券商建立战略合作关系，定期举办国际性论坛，亦能发挥良好的效用。

（2）在海外进行外延式收购，已经成为内地券商国际化最常见的路径

从战略和竞争的角度，通过收购的手段，尽快获得成熟的业务平台、团队和品牌，是国内券商在发展海外业务过程中弯道超车的较好选择。如果仅从并购收益角度看，目前海外资产的估值水平和融资成本都低于国内，并购海外资产本身也是一个合理的行为。

（3）从区域路径来讲，"近邻扩张"和"全球布局"并举，抓住未来的成长"新高地"

中资券商境外业务的主战场仍是中国香港市场，借助香港子公司的资源和地理位置优势，在经济快速发展的东南亚国家和中亚国家寻找市场切入点。同时，在纽约和伦敦两大全球性金融中心设立办事处，为公司参与全球合作和竞争建设好通道。

（4）从业务路径来讲，投行业务先行

近两年在香港市场，中资券商投行业务发展极为迅猛，市场份额已超过三成；重点竞争国内企业的海外上市、融资和投资管理等业务，逐步实现业务结构和盈利模式的转型；形成围绕一项或多项优势业务的差异化竞争模式。

第十八章
投资银行监管

第一节 投资银行监管的模式和原则

一、投资银行监管的历史演进

世界各国投资银行业的发展变革与该国经济发展、资本市场的兴衰和法律管制环境等有着密切的联系,在不同的历史阶段,各有其发展特征,并伴随着不同的监管方式。大体上可以将投资银行及其监管的历史演进分为以下四个发展阶段。

(一)自由发展的"合业"阶段(20世纪20年代以前)

这一阶段基本没有法规管理或(和)缺乏有效的金融监管,投资银行在自由环境中适应证券市场需要,主要经营证券承销和经纪业务,同时兼营商业银行业务。在这一历史阶段,现代意义的投资银行业务较单一。

(二)迅速膨胀的"合业"阶段(20世纪20年代至30年代初期)

这一阶段仍没有制定有效的法律体系来规范证券业和银行业的发展,商业银行向投资银行业务(证券承销)大力扩张,投资银行与商业银行的业务融为一体,无序竞争达到泛滥程度,最终导致1929年股市灾难。在这一阶段,20世纪20年代经济的持续高涨和证券市场的繁荣,使投资银行的证券承销业务得到迅猛发展,并拓展了其他投资银行业务,特别是在1926~1931年的第二次并购浪潮中,投资银行尽显其能。

(三)严格监管的"分业"阶段(1933年至20世纪70年代中期)

这一阶段对证券业和银行业实行严格的法律管制,投资银行与商业银行分业经营,以现代投资银行成为一个独立的行业为特征。在这一历史阶段的前期(1933年至20世纪40年代),受1933年经济大萧条的影响和一系列法律的出台,投资银行业务处于清淡、低迷的状态。而在后期(20世纪60年代至70年代),由于美国经济发生了一系列重要变化,加上法律体系的完善规范了市场竞争,投资银行的业务尤其是证券承销和并购业务得以重新扩展，特别是60年代的第三次并购浪潮，使并购业务成为投资银行的核心业务之一，业务的多样化有了很大发展。

（四）再趋"融合"的扩张阶段（20世纪70年代末至今）

这一阶段在西方国家监管当局放宽金融管制，金融创新、金融自由化、金融市场全球一体化的背景下，形成了投资银行业务多样化，与商业银行业务交叉融合，经营趋向全球化，投资银行高度集中、日趋大型化等新的特征和趋势。投资银行正成为一种以灵活多变为特征的活跃产业。

二、投资银行监管的原则

（一）合法性原则

投资银行业监管的合法性原则指任何违法的监管均不具备法律效力。合法性监管要有法可依，如美国对投资银行业的立法管理分为联邦政府立法、各州政府立法和各种自律组织规章三级，各监管主体在法律授权范围内行使权力，强调公平原则，我国目前对投资银行业的立法管理由法律（如《证券法》）、行政法规和证券主管部门规章三部分组成，其最大特点是政出多门，法规、规章不完善、滞后性明显，监管难度较大。

（二）协调性原则

投资银行业监管的协调性原则强调的是同一监管主体的不同职能部门之间、上下级机构之间职责要明确合理、相互协调；不同监管主体之间的职责范围要合理划分，执法要加强协调。在美国，以混业经营为核心的《金融服务现代化法案》的实施，标志着任何一家金融机构都可能面临多家政府金融监管机构的监督和检查，因此该法案特别强调各监管机构在执行各自任务时，要互通信息，加强合作。我国目前在对投资银行业的监管中，各监管部门之间往往缺乏有效的协调合作，导致监管质量较低。

（三）效率原则

投资银行业监管的效率原则强调的是在对投资银行业监管时，要注重建立有效的监管机制，使得监管成本最小化与收益最大化。同时，通过监管，规范竞争，防止垄断，提高投资银行体系的整体效率。我国现行的投资银行业监管体系，是在借鉴西方国家先进经验的基础上建立起来的，但实际执行中，各级监管部门的职能不明晰，没有一套严密有效的措施来确保其履行职能，并使其承担相应的责任，造成事后监管大量存在。另外，由于我国监管手段较为落后，监管部门疲于应付证券市场中不断出现的系统性问题，从而造成监管效率低下。

（四）透明度原则

投资银行监管的透明度原则，是指作为监管主体的政府监管部门，在重大的监管政策和监管规则出台或变动前应征求投资银行和其他市场主体的意见，避免"暗箱"操作。在监管过程中体现透明度原则，是现代市场经济的本质要求，有助于克服监管部门与被监管者之间的信息不对称，增强被监管者配合监管的主动性，提高监管效率。

三、投资银行监管的主要模式

一国投资银行业监管体制的形式取决于该国的政治与经济体制，并受制于该国投资银行及证券市场的发育成熟程度等因素。因此国际上对投资银行业的监管并无固定的、一成不变的模式，总体而言，国际上对投资银行业的监管模式可分为三类。

（一）集中型监管模式

集中型监管模式是指国家通过制定专门的监管法律，并设立全国性的监管机构来实现对投资银行的监管。美国是实行这类监管模式的典型代表。此外，日本、加拿大、韩国、巴西、以色列也实行这类监管模式。集中监管模式有两个特点：一是有一套较为完备的监管投资银行的专门法律，如美国有《证券法》《证券交易法》《投资公司法》《投资顾问法》《证券投资保护法》等专门性法律来监管投资银行的业务活动；二是有权威的监管机构在全国范围内对投资银行实施监管。

集中型监管模式的优点是：一是其有专门的法律，即投资银行及其业务活动有法可依，也便于监管部门进行法制化监管；二是监管机构具有独立的地位能够较为公平、公正、客观地发挥监管作用，防范或有效解决市场失灵问题，及时保护投资者的合法权益。但是，由于集中监管涉及面广、技术性强，因而，在很多情况下需要其他部门的配合与支持。

（二）自律型监管模式

自律型监管模式是指国家除了某些必要的（但不多）立法外，较少干预投资银行业，对投资银行及其业务活动的监管通过自律组织和投资银行自己来进行。自律组织通过其章程与规则引导、制约其成员的行为，自律组织拥有接受某个投资银行为会员，并对会员的违章行为实行制裁甚至开除会籍的权力。英国是实行这类监管模式的典型代表。此外，荷兰、爱尔兰等西欧国家，瑞典等北欧国家以及东南亚一些国家和中国香港也实行这类监管模式。

自律型监管模式有两个特点：一是通常没有专门规范投资银行业的法律，而是通过一些间接的法律来进行必要的法律调整；二是没有专门性的政府监管机构，而是由自律组织和投资银行实行自我管理。这类监管模式的重点在于确保市场的有效运转和保护组织会员的正当利益。

自律型监管模式的优点主要有三：一是既可提供投资保护，又可调动投资银行的积极性，并促进其创新与竞争；二是投资银行参与制定管理规则，不仅使这些规则较议会制定的监管法律具有更大的灵活性和更高的效率，而且使监管投资银行的工作更加符合实际；三是自律组织能够对现场发生的违规行为做出迅速而有效的反应。这类监管模式的缺点，是监管重点常放在保证市场正常运转和保护会员利益上，对投资者利益的保障往往不充分。此外，监管者的非超脱性难以保证其监管的公正，监管者的权威性不强也致使监管手段相对脆弱。

（三）中间型监管模式

中间型监管模式既强调集中监管，又注重行业自律，但在实践中则有所侧重。其特点是既有政府监管机构和监管法律，又存在自律性的行业组织并进行自我管理，意在发挥集中型和自律型两种监管模式各自的优势。实行综合型监管模式的国家主要有德国、意大利等。

近年来，随着世界各国金融证券一体化的发展和各国证券监管机构、投资银行（或证券商）协会、证券交易所之间的联系和往来的加强，集中型监管模式和自律型监管模式出现了相互靠拢和融合的趋势。为此，我国投资银行业的监管应实行以集中立法型监管体制为主，以自律型为辅，并实现监管内容上的全方位和多层次。

第一，加强对投资银行的资格监管。综观世界各国，对投资银行的资格监管主要有注册制和特许制,均规定了最低的资格要求。只有达到了这一最低要求,投资银行才能开展业务,我国新《证券法》对资格也做了相应规定,设立证券公司,应当具备一定资格条件,并经国务院证券监督管理机构批准。投资银行资格监管的规定,是其积极拓展市场业务,参与市场竞争的基本保证。

第二,加强对投资银行经营活动的监管。(1)经营报告制度:为便于监管机构及时了解投资银行的经营管理状况,以便更好地实施监管,各国均要求投资银行必须定期将其经营活动按统一的格式和要求书面呈报证券监管机构;(2)资本充足性监管:考虑到证券市场存在信息不对称和外部性等市场无法克服的固有缺陷以及投资银行本身的脆弱性,各国监管当局均对投资银行通过设置资本充足性要求来防范风险,以达到保护投资者、维护证券市场的稳定、保护投资银行稳健经营及市场公平的目的。另外,为规范投资银行的经营活动,各国还对投资银行的经营收费、保证金制度及缴纳管理费等做出了严格的限制。

第三,加强对投资银行业务种类的监管。投资银行业务种类繁多,既包括传统业务(证券承销、经纪以及自营业务),又包括创新业务(金融工程、公司并购、资产证券化等)和衍生业务(基金管理、项目融资等),因而对其监管所涉及的层面也非常广泛。

第二节　发达国家投资银行监管的经验借鉴

20世纪80年代以来,世界金融体系发生了巨大变化,为了与其变化相适应,世界投资银行监管体系在监管组织、制度和技术方面进行了创新和改革。西方国家投资银行监管创新的主要标志,一方面是美国、日本、韩国等国废止了长期以来实行的金融分业监管的银行制度,代之以金融混业监管;另一方面是欧洲积极推进统一投资银行监管组织和监管制度的创新。投资银行监管体制的创新首先表现为投资银行监管主体法律地位和监管组织、制度的创新。世界监管制度趋同化、监管组织统一化的趋势,是世界投资银行监管创新的主流和方向。

一、美国投资银行监管模式

投资银行业的蓬勃发展源于美国。1933年以前,美国投资银行业与商业银行业不分，这种混业经营导致了许多潜在的利益冲突。在1929~1933年的经济大危机期间，其中由于银行信托部滥用职权，违规运用信托基金导致不少银行破产，一时间朝野怨声载道，在消除利益冲突、建立一个稳固的银行体系的呼声中和政治压力下，美国通过了《格拉斯——斯蒂格尔法案》，从此确立了商业银行与投资银行分业经营、分业管理的模式。此后，《1933年证券法》《1934年证券交易法》《1935年公用事业控股公司法》《1939年信托契约法》《1940年投资公司法》和《1940年投资顾问法》等法律相继出台，为商业银行与投资银行分业经营、分业监管奠定了更加坚实的基础。然而，20世纪70年代经济危机以后，金融业的竞争加剧了，美国投资银行业面临有史以来最严峻的挑战，"格拉斯——斯蒂格尔墙"面临倒塌的危险。1977年，美林公司开办了现金管理账户（CMA），该账户可以提供诸如信用卡、即时贷款、签发支票、将出售证券的收入自动投资于货币市场共同基金、联合记账等服务，其结果使得商业银行与投资银行的界限变得模糊不清。与此同时，商业银行也在追求业务的多样化，例如，花旗银行于1986年向当局申请证券包销业务，一些商业银行还利用联邦法律与州法律的异同，向证券业渗透。此外，由于新的金融工具、新的交易方式、新的金融机构和新的交易技术的不断出现，对美国投资银行业乃至整个金融业产生了前所未有的影响，投资银行监管机构也同样面临着修正制度、调整政策、提高监管效率和适应性的挑战。1999年11月4日美国参众两院通过了《金融服务现代化法案》（Financial Services Act of 1999），废止了1933年制定的《格拉斯——斯蒂格尔法》，彻底结束了银行、证券、保险三业分业经营与分业监管的局面，揭开了金融业走向混业经营的新纪元。

美国投资银行实行的是集中型监管模式。所谓集中型监管模式，是指政府通过制定专门的管理法律，并设立全国性的监管机构来实现对投资银行的监管。这种模式有两个显著特点：一是有一套投资银行管理的专门性法律；二是有全国性的专门监管机构。如上所述，美国既有《证券法》《证券交易法》《投资顾问法》《证券投资保护法》等专门性法律来规范投资银行，又有证券交易委员会作为全国性的专门监管机构，是实行集中型监管模式的典型代表。

美国投资银行的监管呈金字塔形状。塔顶是美国国会和美国证券交易委员会，以及各州设立的监管机构；中间部分是自律组织，具体包括纽约及其他证券交易所、全国证券交易商协会、清算公司等；基础是投资银行内设的监管部门。在监管金字塔中，美国国会负责投资银行监管方面的立法，证券交易委员会根据国会立法，制定投资银行监管方面的法规，并依法对投资银行及其业务活动进行监管；各州设立的监管机构依据各州的立法,在其管辖范围内对投资银行及其业务活动进行监管;各种自律组织负责监督各自市场上的交易及其成员的活动,他们制定修改的法规需由证券交易委员会批准;投资银行内的监管部门负责监管银行与公众的交易,调查客户申诉,答复监督机构的询问。

证券交易委员会(SEC)是一个独立的、准司法性的联邦机构,它由四部和十四个办公室组成,其中四部分别为公司融资部、市场管理部、投资管理部、执法部。SEC实行会议制,每月均要举行多次会议,讨论和决定监管事宜。会议一般有两种形式:一是根据《阳光法》向公众和新闻界公开的会议;另一是为便于进行调查或保护相关人的合法权利而秘密进行的会议。

在美国,自律组织(SRO)包括四类:一是全国性证券交易所,其中纽约证券交易所(NYSE)是最著名和最重要的;二是经注册登记的证券协会,如全国证券商协会(NASD);三是经注册登记的清算机构,如全国证券清算公司;四是市政证券管理委员会(MSRB)。自律组织的职责主要是建立、审查和实施自律组织成员的行为规则。这些规则包括证券销售行为规则、证券交易业务规则、证券法实施规则、证券商的财务规则等。另外,自律组织本身还要接受SEC的监管,自律组织监管只是政府监管的一种必要补充。

二、英国投资银行监管模式

英国的金融体系庞大而又复杂,对这一体系进行监管的职责名义上属于财政部,但实际操作则由英格兰银行和证券与投资委员会等其他监管机构来履行。一般而言,英格兰银行主要负责对商业银行进行监管,而证券与投资委员会则对从事证券与投资业务的金融机构进行监管。由于近年来商业银行与投资银行的业务交叉日益频繁和广泛,因此,英格兰银行和证券与投资委员会的协调配合也日益频繁。就投资银行业监管而言,英国的传统是采取自律型监管体制。长期以来,英国没有制定专门的《证券法》《证券交易法》,没有设立全国统一的政府监管机构,而是依靠其他法律的间接规范和自律组织的自我管理进行投资银行业监管。《1986年金融服务法》的颁布和实施,虽然强化了投资银行业的集中管理,但未从根本上改变传统的自律型监管模式。总体而言,英国证券和投资市场不是由政府官员直接管理,而是由懂得市场规则的专业人才来管理。

英国投资银行业的监管框架是由《1986年金融服务法》确定的,该法的宗旨是为投资者提供高质量的保护，它规定任何机构或组织只有获得有关主管机构的授权后才能从事相关的投资银行业务，否则便是违法。该法同时提出了投资银行业的自律组织在法律框架内进行自我管理的基本结构。在财政部之下，证券与投资委员会负责对投资银行业进行监管。在它之下又有其下属的自律组织，有其认可的投资交易所、专业机构和清算所按各自的职责进行监管。证券与投资委员会下属的自律组织有三个：一是证券与期货组织，它负责监管其成员的股票、外汇和期货交易；二是投资管理组织，它负责监管其成员的投资管理活动，投资基金便由其监管；三是个人投资组织，它负责监管与公众个人有关的投资业务。认可的投资交易所主要有伦敦证券交易所、伦敦国际期货与期权交易所、伦敦金属交易所、伦敦证券与衍生产品交易所等，投资交易所主要对交易市场的交易活动进行监管。认可的专业机构包括精算师协会、法律协会、注册会计师协会等，认可的清算所主要是伦敦清算所，它们在各自的职责范围内履行监管职责。

20世纪80年代以来，西方国家在金融创新的基础上出现了投资银行业务与商业银行业务相互交叉、相互渗透的趋势。在国际金融业竞争日趋激烈的情况下，英国政府逐步放松了对金融业的管制，以伦敦证券交易所1986年金融"大爆炸"（Big Bang）为代表的一系列重大金融改革，实质上导致了商业银行业与投资银行业的混业经营。进入20世纪90年代以后，英国金融业的交叉重叠日益加剧，投资银行业与商业银行业的界限已不明显，在这种情况下，由英格兰银行监管商业银行业、证券与投资委员会监管投资银行业的监管架构已经不能适应新的形势和要求。

1997年，财政大臣戈登·布朗提出了改革金融监管框架的方案：取消英格兰银行监管银行业的职能，把该职能交给证券与投资委员会，由证券与投资委员会与其监管的自律组织合并组成一个对整个金融服务业具有广泛权力的单一法定机构（即所谓的"超级证券与投资委员会"）。同年，证券与投资委员会前主席安德鲁拉吉向政府提交了一份正式的报告，该报告指出证券与投资委员会应尽快向"新监管组织"过渡。该组织的目标是：保护金融服务业的消费者，增进清洁、有序的市场及维护对金融体系的信心。其主要职能是：（1）制定与评估政策；（2）对公司进行授权、对个人进行资格审查和登记注册；（3）调查、执法和罚戒；（4）处理金融机构与消费者及公众之间的纠纷；（5）监管。成立单一监管机构的好处是，简化监管环节，明确监管职能，提高监管效率。

英国政府着手进行的金融监管体制改革将是继1986年伦敦证券交易所金融大爆炸之后的又一次具有重要影响的金融革命。世界银行经济学家塞拉在《证券市场的兴起：政府的作用是什么》一文中的研究结果显示：英国的证券市场曾在全球具有很大优势，但美国在1929年大股灾之后实行严格的监管制度，加强了对市场风险的防范，完善了市场的信息披露制度和投资者保护制度，使美国股市获得了健康的发展，而英国由于坚持传统的自律监管模式，其证券市场逐渐被美国超越。英国未来的金融监管体制将在很大程度上改变过去的自律监管模式，为适应金融最新情况并着眼于新世纪金融发展需要，而制定出新的监管框架和法律制度。

三、德国投资银行监管模式

德国是实行全能银行制度的国家，德国法律对商业银行业务范围的限制较少，使其能够开展存贷款、结算、投资及证券业务。德国银行的证券业务主要包括：证券托管与管理、证券承销与上市、代理证券买卖与自营、衍生工具交易及国际证券业务。这种体制使银行业与证券业处于混业经营与混业管理的状况。

德国在投资银行业方面的立法主要包括：《银行法》《投资公司法》《证券交易所法》《股份公司法》等。但到目前为止，德国还没有制定统一的证券法，也没有建立对证券市场进行统一监管的专门机构，对于全能银行证券业务的监管主要依靠自律机制解决。

德国金融管理体系在形成过程中有两个特点：一是在1999年欧洲中央银行成立以前，德意志联邦银行是世界上最具独立性的中央银行之一，其货币政策的制定和实施受政府干预比较少，德意志联邦银行拥有高度独立的货币政策决策权。二是《银行法》承认银监局的功能与德意志联邦银行的功能密不可分，而且银监局自身缺乏分支机构，必须借助于德意志联邦银行的机构和网点，因此德意志联邦银行被要求参与银行监管。银监局负责制定和颁布联邦政府有关监管的规章制度，德意志联邦银行负责对金融机构的各种报告进行分析和日常监管。此外，银监局的另一个重要职责是防止滥用内部信息以及对重大股权交易进行监管。

四、发达国家投资银行监管体制发展的总体趋势

纵观发达国家投资银行监管模式的发展过程，不难发现综合监管已经成为金融监管的主流模式，且美、英、德都已采取了综合监管模式。在综合监管模式中，美国是美联储的综合监管和其他监管机构的专业监管相结合模式，其他国家则为独立

于央行之外的综合监管机构与央行合作进行监管。在实行综合监管体系的国家中，英、德等国的监管当局独立于央行。

德国早在20世纪60年代初期就成立了独立于央行之外的银监局，但1999年以后，由于德意志联邦银行货币政策的制定权转移到欧洲央行，德国正在考虑将综合监管职能放回德意志联邦银行。英国最近才建立独立于央行的综合监管当局，因此存在着央行监管部门与综合监管机构相协调的问题。美国将综合监管的职责放在央行，监管职能长期以来由财政部、美联储和州银行厅分担。从时间顺序来看，是先有州级监管，再有财政部监管，然后才有美联储的成立并行使监管职能。近年来综合监管的职能向美联储倾斜的趋势明显，美联储在监管方面的影响比较大，银行委员会作为针对所有金融机构的金融法庭，主席由美联储主席担任，且银行委员会属下的常设机构放在美联储，借助于央行的信息和机构资源行使监管职责。

英国金融监管模式由分业走向统一是其金融业务融合化发展的必然结果。20世纪80年代放松金融管制的改革，使得英国金融机构间的业务界限日益模糊，银行业为扩大市场份额获取利润，纷纷设立投资银行附属机构。金融业务的融合化，使得不同金融监管机关之间的监管职能难以准确实施，其公正有效的管理能力受到质疑，正如前"证券投资局"主席A·拉杰爵士所指出的，将监管责任分散于SIB和几个独立的自律组织，这种体制缺乏效率和可靠性，特别是英国完成"大爆炸"改革后，形成了经营多种金融业务的金融集团。但在分业监管模式下，多元化金融集团必须重复地向不同监管机构提交相同的报告，给金融机构造成了不必要的负担，单一监管模式呼之欲出。

美国几十年来一直延续金融分业经营制度，但鉴于其金融业在与欧洲混业经营的金融业的竞争中往往受挫的事实，美国金融监管当局也逐渐放松管制，使得国民银行和银行持股公司可以提供和从事证券经纪、投资咨询、部分股票垫款等业务，也可从事商业票据、抵押债券、公司债券等证券交易业务，资本充足的银行还可以从事有限度的股票包销等业务。同时，许多非银行金融机构对商业银行世袭业务领域也加强了渗透，使得美国金融业中传统的分业经营被打破，银行业、证券业、保险业日益密切地融合在一起。可以说，1999年11月美国国会通过的《金融服务现代化法案》，实际上是对已形成的金融业务综合化给予法律上的肯定，并对各监管机构之间的责任划分在法律上做出明确规定。

传统的金融分业监管模式，不同的监管机构各负其责，对应着不同的金融机构、金融市场，这种条块式的监管模式在金融机构业务界限清晰的情况下是适应的，但在金融业务融合化趋势下,要求不同金融监管机构之间必须密切合作、有机协调,各金融监管机构应采取一致的监管政策,避免金融监管规章制度上的矛盾或冲突;在监管过程中要互相磋商,并有权相互索取金融检查与调查材料以及各自拥有的统计资料,实现信息的充分交流。但实际中,传统的分业监管模式却面临着窘境:(1)传统的分业监管模式在金融机构业务相互交叉的新形势下,因领域界限不清和责任不明造成谁都不管的局面,还容易忽视对金融机构的清偿力和资产组合的总体风险控制及评价。金融自由化后,商业银行的表外业务有了长足的发展,金融衍生产品的交易占有相当大的比重,其交易有些是在固定的交易所内进行的,但近年来其场外交易也发展迅速。在交易所内进行的金融衍生产品交易,一般由证券管理当局监管,而在场外进行的金融衍生产品交易则属于金融监管的盲点,中央银行和证券管理当局似乎都无明确的监管责任。(2)传统的分业监管模式视野往往局限于国内金融业,疏漏了对跨国银行的监管。跨国银行是跨国公司的一种特殊形式,是在两个或两个以上国家拥有分支机构的银行,20世纪70年代是跨国银行全面发展和迅速扩张的辉煌年代,跨国银行的发展使金融资本的流向呈现出多向性和纵横交错的特点,尤其是发达国家之间金融资本的相互渗透和竞争、银团贷款的发展、银行业对证券业的渗透及其国际化,使一国金融当局对跨国银行业务的监管更显得力不从心。跨国银行除了面对传统的风险如信用风险、利率风险和流动性风险之外,还涉及国家风险和汇率风险。国际金融一体化和自由化之后,国家风险和汇率风险较以往大大增加,客观上要求国家有更全面、更完善的金融监管来防范跨国银行所面临的风险。传统的分业监管模式下,母国出于保护本国银行竞争力的考虑,故意放松其在外国开设分支机构的限制;东道国则出于吸引外资的考虑,对外国银行在本国境内设立的分支机构往往给予优惠的管制环境。正是由于母国和东道国双重的宽容,使跨国银行处于金融监管的相对真空地带。(3)在分业监管模式下,由于不同监管机关监管所依据的法律口径不一、要求不同,极有可能实质上赋予了金融机构选择何种监管法律的权力,这就可能导致监管的松懈并出现监管漏洞。(4)即使是各监管机构各尽其责,对金融业务进行积极监管,但由于业务综合化,监管机构势必要对自己不熟悉的业务行使监管职责,监管机构便会心有余而力不足,其监管效能也值得怀疑。

因此,综合监管势必成为各国金融业监管的主流模式,投资银行亦势必纳入这一监管模式的监管之下。

第三节 中国投资银行监管的变迁、现状和未来趋势

一、中国投资银行监管的变迁和现状

当前,我国金融监管格局由"一行三会"转变为"一委一行两会",金融监管秩序发生重大变化,分业监管的格局被初步打破,混业监管成为未来金融监管的大趋势。但当前三会并没有完全合并,证监会仍然继续负责证券业的监管,并继续负责对证券行业实施审慎高效监管。

1992年中国证监会的成立,标志着中国证券市场开始逐步纳入全国统一监管框架,全国性市场由此开始发展。中国证券市场在监管部门的推动下,建立了一系列的规章制度,初步形成证券市场的法规体系。1997年11月,中央召开首次全国金融工作会议,会议决定对金融业实行分业监管,合并国务院证券委和中国证监会成为新的中国证监会;同时成立中国保监会,分别专司中国证券业和保险业的监管;人民银行专司对银行业、信托业的监管。1997年12月12日,中国证监会发布《证券投资基金管理暂行办法》的有关实施准则,中国证监会开始受理设立基金管理公司和证券投资基金的申请。1998年,国务院证券委撤销,中国证监会成为中国证券期货市场的监管部门,并在全国设立了派出机构,中国证监会监管证券业的格局基本形成。1998年12月29日,酝酿5年多的《证券法》获得人大常委会的通过,于1999年7月1日起正式实施,《证券法》以法律形式确认了证券市场的地位,奠定了我国证券市场基本的法律框架,使我国证券市场的法制建设进入了一个新的历史阶段。2003年4月28日,中国银监会挂牌成立,标志着中国金融分业监管体制最终形成。

2015年下半年起,在股市和债市相继走熊之后,中国证监会监管思路由鼓励创新变为稳中求进,去杠杆、引导资金脱虚向实成为证券业乃至金融行业的主旋律。2016年起,央行、证监会、原银监会和原保监会针对大量资金在金融体系内空转的现象,颁布一系列政策,引导资金脱虚向实,共同推进资管行业供给侧改革。一行三会的密集发声,体现了监管思路和监管标准的逐步趋同。2016年7月,证监会颁

布《证券期货经营机构私募资产管理业务运作管理暂行规定》,对证券期货经营机构私募资产管理业务作了严格规范,结构化产品杠杆比例大幅降低;10月,证监会颁布新版风控指标,通过净资本指标约束定向资管业务。2017年,监管层延续2016年严监管的主基调,"依法监管、从严监管、全面监管"思想贯穿始终。从证监会颁布一系列文件来看,监管层在股市巨幅震荡后将防控风险作为第一要务,着眼于严肃市场纪律,保证资本市场稳中求进发展。2017年2月,一行三会流出的"资管新规"内审稿拉开了本轮资管去杠杆的序幕;2017年11月底,《关于规范金融机构资产管理业务的指导意见(征求意见稿)》出台,狂飙猛进的大资管时代开始落下帷幕,各券商通道业务的清理整顿工作陆续开展;2018年4月27日,《关于规范金融机构资产管理业务的指导意见》正式发布,宣告了券商资管野蛮发展的时代的终结,主动管理规范发展时代的来临。

2018年3月13日,《国务院机构改革方案》提出将中国银监会和中国保监会的职责整合,组建中国银行保险监督管理委员会,不再保留中国银监会和中国保监会。随着中国银行保险监督管理委员会的正式组建,加之于2017年11月8日正式成立的国务院金融稳定发展委员会、原有的中国人民银行和中国证券监督管理委员会,当前我国的金融监管体系已形成"一委一行两会"的新格局。在新的监管框架下,金融稳定发展委员会将主要承担统筹协调职责;中央银行除承担货币政策职能外,更多担负起宏观审慎管理职能;银保监会和证监会则更加突出微观审慎监管和行为监管职能。通过本次金融监管框架改革,监管协调得到有效加强,中央银行"双支柱"职能更加清晰,功能监管和行为监管被放到更重要的位置。

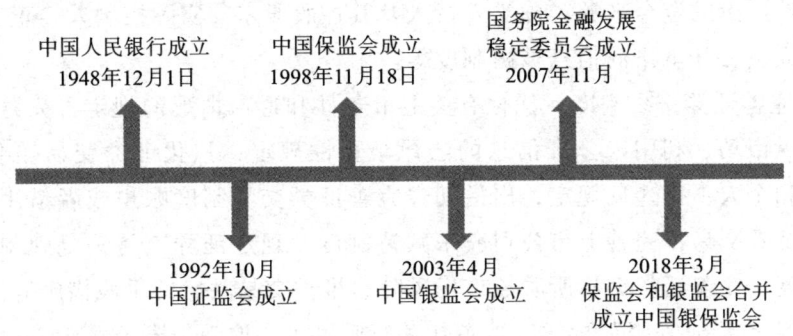

图18-1 中国证券业监管现状

2019年12月28日第十三届全国人民代表大会常务委员会第十五次会议审议通过了《中国人民共和国证券法》(2019年修正),并将于2020年3月1日实施,在上市办法、信息披露、投资者权益保护和法律救济措施等方面均有突破,将进一步完善中国资本市场架构,并对全球资本市场产生广泛影响,具体如下:

(1) 全面推行证券发行注册制。按照全面推行注册制的基本定位,对证券发行制度做了系统的修改完善,充分体现了注册制改革的决心与方向;注册制改革是一个渐进的过程,新证券法也授权国务院对证券发行注册制的具体范围、实施步骤进行规定,为有关板块和证券品种分步实施注册制留出了必要的法律空间。

(2) 显著提高证券违法违规惩罚。对于欺诈发行行为,从原来最高可处募集资金百分之五的罚款,提高至募集资金的一倍;对于上市公司信息披露违法行为,从原来最高可处以六十万元罚款,提高至一千万元;对于发行人的控股股东、实际控制人组织、指使从事虚假陈述行为,或者隐瞒相关事项导致虚假陈述的,规定最高可处以一千万元罚款等;规定了发行人等不履行公开承诺的民事赔偿责任,明确了发行人的控股股东、实际控制人在欺诈发行、信息披露违法中的过错推定、连带赔偿责任等。

(3) 完善投资者保护制度。区分普通投资者和专业投资者,有针对性地做出投资者权益保护安排;建立上市公司股东权利代为行使征集制度;规定债券持有人会议和债券受托管理人制度;建立普通投资者与证券公司纠纷的强制调解制度;完善上市公司现金分红制度;规定投资者保护机构可以作为诉讼代表人,按照"明示退出""默示加入"的诉讼原则,依法为受害投资者提起民事损害赔偿诉讼等。

(4) 进一步强化信息披露要求。强调应当充分披露投资者做出价值判断和投资决策所必需的信息;规范信息披露义务人的自愿披露行为;明确上市公司收购人应当披露增持股份的资金来源;确立发行人及其控股股东、实际控制人、董事、监事、高级管理人员公开承诺的信息披露制度等。

(5) 完善证券交易制度。优化有关上市条件和退市情形的规定;完善有关内幕交易、操纵市场、利用未公开信息的法律禁止性规定;强化证券交易实名制要求,任何单位和个人不得违反规定,出借证券完善证券交易制度账户或者借用他人证券账户从事证券交易;完善上市公司股东减持制度;规定证券交易停复牌制度和程序化交易制度;完善证券交易所防控市场风险、维护交易秩序的手段措施等。

(6) 落实"放管服"要求,取消相关行政许可。取消证券公司董事、监事、高级管理人员任职资格核准;调整会计师事务所等证券服务机构从事证券业务的监管方式,将资格审批改为备案;将协议收购下的要约收购义务豁免由经证监会免除,调整为按照证监会的规定免除发出要约等。

（7）压实中介机构市场"看门人"的法律职责。规定证券公司不得允许他人以其名义直接参与证券的集中交易；明确保荐人、承销的证券公司及其直接责任人员未履行职责时对受害投资者所应承担的过错推定、连带赔偿责任；提高证券服务机构未履行勤勉尽责义务的违法处罚幅度，由原来最高可处以业务收入五倍的罚款，提高到十倍，情节严重的，并处暂停或者禁止从事证券服务业务等。

（8）建立健全多层次资本市场体系。将证券交易场所划分为证券交易所、国务院批准的其他全国性证券交易场所、按照国务院规定设立的区域性股权市场等三个层次；规定证券交易所、国务院批准的其他全国性证券交易场所可以依法设立不同的市场层次；明确非公开发行的证券，可以在上述证券交易场所转让；授权国务院制定有关全国性证券交易场所、区域性股权市场的管理办法等。

（9）强化监管执法和风险防控。明确了证监会依法监测并防范、处置证券市场风险的职责；延长了证监会在执法中对违法资金、证券的冻结、查封期限；规定了证监会为防范市场风险、维护市场秩序采取监管措施的制度；增加了行政和解制度，证券市场诚信档案制度；完善了证券市场禁入制度，规定被市场禁入的主体，在一定期限内不得从事证券交易等。

（10）扩大证券法的适用范围。将存托凭证明确规定为法定证券；将资产支持证券和资产管理产品写入证券法，授权国务院按照证券法的原则规定资产支持证券、资产管理产品发行、交易的管理办法；明确在我国境外的证券发行和交易活动，扰乱我国境内市场秩序，损害境内投资者合法权益的，依照证券法追究法律责任等。

二、中国投资银行监管的未来趋势

金融市场成长初期，金融市场的分工性、专业性和金融业态的多元化催生了监管的分立，而在金融市场的架构逐步成熟、业务结构成型稳定的基础上，跨领域的业务创新与推进又催生了金融市场的融合，需要监管向全覆盖、一体化演进。

近年来，资产管理行业的不断创新使得各金融机构之间的经营壁垒逐渐被打破，金融市场业务亦开始形成跨市场关联、跨行业联动的特征。这种联动关系主要体现在三个方面：一是金融业务的跨市场关联，如证券公司在向客户提供融资融券业务的同时，还需要从银行等金融机构获得融资，进而形成多重信用关系；二是产品的内生性全行业关联，如包含银行理财产品、券商集合资产管理计划、基金管理公司特定客户资产管理计划等在内的交叉型证券产品。最有代表性的是，资产管理行业在大资管趋势的驱动下，分别进入分业体制下一度被分割的金融市场，加速了不同领域金融产品的内生性关联；三是金融机构经营的全行业关联，如金融机构逐步牌照放开、交叉持牌而形成的金融控股集团以及一些实体企业事实上持有多重金融牌照而形成的金融控股集团架构。

当前中国经济尚处于新旧经济增长动力转换的过程中，金融系统性风险仍然有待化解。大幅度地进行金融监管架构调整，整合成本较高，不利于金融去杠杆进程的正常推进。银行与保险统一监管的改革方案则体现出当前中国金融监管体制改革进程中由点及面的"渐进式"特征。基于银行与保险在业务特征、监管理念、规则和工具上具有相似性，对于监管资源和监管专业能力的要求也具有共性，在当前金融监管资源有限的情况下，以银行和保险为协同监管的起点，有助于在当前宏观金融背景下，以较低的整合成本，撬动监管效率提升，为金融监管体制的中长期改革打好基础。

在当前时点下，金融防风险、去杠杆依然任务艰巨，规范和推动金融机构业务创新与交叉融合的规范性，是强调金融监管机制协调性的重要出发点。同时，提高直接融资比重，打造多层次资本市场稳健发展仍是中长期内的行业发展目标，在资本市场仍处于快速成长的过程中，一方面强调同质化业务的协同监管，另一方面也要认识到专业化监管分工机制的必要性依然存在。因此，"一委"统筹与"一行两会"的"矩阵式"监管形式仍具有阶段性持续的条件，这也体现出金融监管体制改革对金融行业发展相适应的特征。

金融体系随着市场发展、时代改变处在不断发展变化之中，金融监管也在不断适应金融业的发展态势。在监管框架方面如何设定目标，如何与监管机构进行协调合作，如何在具体原则方面引入宏观审慎原则等监管概念，都是金融监管亟须完善的问题。近年来，成立金融稳定发展委员会、建立"一委一行两会"的监管体系、强化宏观审慎管理和系统性风险防范职责、强化风险处置责任等一系列改革部署均为加强金融监管和服务实体经济发挥了重要作用。金融监管势必要与国际先进监管体制和方式接轨。

未来的金融监管需要将微观审慎监管与宏观审慎监管有机结合起来，密切关注重要监管政策变化对中国金融业带来的影响，预调微调，防止发生系统性金融风险；更加注重跨部门监管的协调合作，及时对各类金融机构业务发展的新模式进行分析、判断与监管，防止出现重大漏洞并形成新的系统性金融风险。毫无疑问，金融监管将继续加强，并适应时代的发展而发挥重要作用，在创新和金融调控间找到平衡，健全金融业制度,推动构建监管框架建立,健全金融法治,平衡改革迫切性和复杂性,实现金融行业的高质量转型,为保障国家金融安全、促进经济和金融可持续高质量的发展而做出贡献。

案例　　　　　　　英国金融监管体系的演变

英国金融服务业非常发达,从业人员有100多万,产值约占GDP的7%,同比高于美国、德国、日本的有关比例。1998年6月1日之前英国实行的是"分业监管"。1997年,英国工党政府上台后不久,宣布改革金融监管体制,决定把包括英格兰银行在内的原9个政府管理机构的金融监管职能,集中由一家新成立的机构——金融服务管理局(Financial Services Authority,FSA)承担,统一负责对英国的银行、证券、保险、投资等全部金融机构和金融市场的监管。FSA下设金融监管部、审批执法及消费者部、行政部和管理部。金融监管部负责对各类金融机构和金融市场的监管以及对养老金的监管;审批执法及消费者部负责审批各类金融机构的申请,起草金融监管标准和法规并推广执行,负责客户调查并受理客户投诉,对消费者进行金融知识教育,打击金融犯罪等;行政部和管理部负责人力资源管理、法律事务、内部审计、内部财务、信息系统、大宗采购和日常办公管理。英国的此项改革在国际上产生了极大的影响。

按照金融服务局改革方案,金融服务局将兼具以下机构在监管和注册方面的职能,包括:(1)建筑协会管委会——建筑协会;(2)互助协会委员会——互助协会;(3)贸易产业部保险委员会——保险;(4)投资管理监管委员会——投资管理;(5)私人(个人)投资机构零售投资业务;(6)互助协会的注册机构——信用联合会的监管(包括对建筑协会、互助协会、产业协会,以及其他互助协会的注册记录等);(7)证券期货管理机构——证券和衍生金融产品业务;(8)证券和投资委员会——投资业务(包括对交易所和清算所的监管);(9)英格兰银行内部的审慎监管部——银行业的监管(包括货币市场的批发业务)。

金融服务局的目标和任务是:(1)保持公众对英国金融系统和金融市场的信心;(2)向公众宣传,使公众能够了解金融系统及与特殊金融产品相连的利益和风险;(3)确保为消费者提供应需的保护;(4)为发现和阻止金融犯罪提供帮助。为了实现上述目标和成为"好督者",金融服务局在其工作中特别注重下列环节:(1)最有效和节约地使用资源;(2)强调被监管机构管理层的尽职尽责;(3)被监管机构在接受制约的同时也为消费者和金融业得到利益;(4)为金融创新提供条件;

(5) 保持英国的竞争地位及其金融服务和金融市场的国际化特征；(6) 鼓励金融机构间的竞争。

金融服务局监管的分类如下：(1) 风险性监管。金融服务局基于金融业务的性质，特定机构在市场上的风险种类以及客户的复杂心态，采用灵活多样的风险性监管办法来制定监管标准和监管条例。金融服务局确信在批发业务与零售业务的监管工作中的适当区别能反映顾客的愿望和相应的保护要求。(2) 高级管理人员的责任。金融服务局为确保金融的安全对董事会成员和高级管理人员在执行业务过程中进行检查，以保证是否按审慎和公正原则进行，是否建立有效的公司治理结构、内部制度和内控体系，其员工是否称职。(3) 促进合规经营金融服务局通过机构的监管和市场的认知，促进金融机构能合规经营。(4) 权力的一致性。金融服务局通过协调各机构和分支机构对交叉业务采用一致的政策进行监管。(5) 监管标准的严肃性。金融机构不能服从或遵照监管条例的，金融服务局将进行干预和强制执行或根据适当的补救措施和原则限期金融机构达到标准。

在新的环境下，英格兰银行、财政部、金融服务局三者仍然密切合作，但其分工亦很明确：(1) 英格兰银行：负责英国金融和货币体系的整体稳定及其基础设施（如支付系统）的特殊支持作用。(2) 财政部：负责法规和制度的整体框架建设和支持。(3) 金融服务局：对金融机构、金融市场及服务于该市场的专业机构和个人、清算和支付系统，对有问题的金融案例进行谨慎的监管。

英国自20世纪80年代起放松对某些金融领域的限制，在1986年完成了"大爆炸"式金融改革，允许银行兼营证券业务、建立多元化经营的综合金融企业集团。此举旨在进一步开放市场，引入竞争，为消费者提供更多的选择，同时保持和强化英国金融业的竞争力。自此，英国传统的商业银行业务得以与建筑业协会、投资银行、保险业、证券业的业务互相交融。新的市场环境使分业监管逐渐暴露出不同监管实体在实施其监管过程中效率降低、成本增加、监管者与被监管者容易产生争议的问题。同时，一个金融机构受几个监管机构的重叠监管也造成被监管者的成本和工作量增加。这种政出多门的混合监管看似"轰轰烈烈"、无所不在，实则容易造成"死角"，如某些被监管者可以在不同业务类别间转移资金、人为地抬高或降低盈利等方法，以达到逃税、内部交易等目的。统一监管体制的出现正是适应金融业发展变化的结果。

建立统一监管机构能够获得监管"规模经济"（Economies of Scale）和监管"范围经济"（Economies of Scope）。与多边监管机构相比，统一监管不仅可以节约运行成本，还能够更为充分地利用"共享资源"，更为有效地发挥金融监管人才的作用。同时，统一监管机构可以以较低的成本为具有不同需要的市场主体提供多种监管服务。

统一监管还可以降低道德风险水平。如果货币政策与银行业监管融为一体，往往会使中央银行运用最后贷款人的特权保护商业银行不至于倒闭，由此导致低质量信贷资产的刚性增加，使银行业产生道德风险，并相应提高通货膨胀预期水平。在统一监管模式下，将货币政策与金融监管职能分离，成立专门的金融监管局，这样就可大大地降低道德风险。

此外，统一监管还可避免多边监管容易产生的监管疏漏与监管冲突，可以全面评估和掌握单个产品、单个机构和整个体系的风险。监管疏漏可能缘于监管机构权责不清，也可能缘于权责不对称。而监管冲突是由于不同机构的监管目标不同所致。监管冲突可能会导致重复监管，还可能导致监管效力的降低，因为，当同一机构面临多个监管者，而每个监管者都坚持自行其是时，结果要么是久拖不决，要么是无所适从。简言之，监管疏漏可能导致监管机构的相互推诿，监管冲突则导致监管的久拖不决。

随着金融自由化和金融创新的发展，分业经营的界限变得越来越模糊，国际上金融监管也在发生着变化。由一个机构来监管银行业、证券业和保险业的单一监管体制似乎已成为一种趋势，继英国之后，日本、澳大利亚、新加坡、韩国等国也都实行类似的监管模式，还有些国家正在朝这个方向转变。对统一监管的关注在美国取消《格拉斯——斯蒂格尔法》以后达到了一个新阶段，该法的取消意味着美国重新进入金融混业经营时代。如何面对混业经营带来的新的挑战，特别是如何更为有效地监管越来越庞大的"金融航母"，是美国金融监管者的新课题。正是在这一意义上，不少经济学家敦促美国政府建立一个统一的监管机构，把所有的金融机构和相关的金融业务置于统一的监管之中。统一监管可提高对复杂金融联合体的监管效率，实现金融监管的规模经济，顺应现代金融业混业经营的潮流。

但实行此种体制要求被监管机构有健全的内控机制和较强的行业自律性，同时也要求监管人员具有较强的跨行业风险分析能力。总体上说，金融机构多元化发展程度、金融监管水平、金融自由化和金融创新的发展程度决定一国是否应该实行统一监管体制。我国目前金融业采取的是分业经营的执业体制，因此金融监管也采用的是分业监管的形式。但目前我国已有少数金融机构进行混业经营，如光大集团和中信集团等，金融机构之间的业务交叉也越来越多，如商业银行为保险公司代理部分保险业务、商业银行与证券公司联合开发新的金融产品等。在这种环境下，分业监管虽有利于集中精力对各自所负责的金融领域进行监管，使监管的力度得到强化，但同时也使各监管机构之间各自为政，形成条块分割，在监管工作中缺乏配合，致使被监管对象有机可乘，从而出现分业监管与跨业违规的矛盾。监管模式应随着金融业的发展变化而不断调整。新形势已要求我国各监管主体密切合作、减少监管真空，并在适当时机进行监管体制的改革。从战略的、全球的高度来讲，我们要重视对国际金融监管变化走向的研究，以尽快适应提高我国金融效率和金融业国际竞争力的需要。毫无疑问，英国金融服务局的运作将给我国金融监管改革以启示。

参考文献

一、中文文献

1. 威廉·夏普. 投资学基础(第三版)[M]. 电子工业出版社, 2004年版.
2. 汉姆·列维. 投资学[M]. 北京大学出版社, 2004年版.
3. 兹维·博迪, 亚历山大·凯恩, 艾伦·马库斯. 投资学(第五版)[M]. 机械工业出版社, 2003年版.
4. 刘红忠, 蒋冠. 金融市场学[M]. 上海财经大学出版社, 2006年版.
5. 张亦春, 郑振龙. 金融市场学[M]. 高等教育出版社, 2003年版.
6. Bethany McLean. 高盛探秘:华尔街最著名和最诡秘的公司[J]. 世界商业报道, 2007年7月26日.
7. 刘火雄. 美国高官的"西点军校"——高盛帝国[J]. 文史参考, 2010年第10期.
8. 刘永刚. 高盛的中国生意[J]. 中国经济周刊, 2010年第19期.
9. 王缨. 高盛:今夜无人入睡[J]. 中外管理, 2008年第6期.
10. 李箐, 王烁. 高盛进入中国:证券业突破即将来临[J]. 财经, 2004年第9期.
11. 刘戈. 反思高盛:如何重新定义公司[J]. 中外管理, 2010年第8期.
12. 吴琼. 高盛狩猎中国保险业[J]. 中国企业家, 2010年第14期.
13. 毕夫. 高盛"欺诈门"的风与浪[J]. 中外企业文化, 2010年第6期.
14. 肖鹏. 高盛,美林的风险管理模式与启示[J]. 经济师, 2007年第10期.
15. 里莎·埃迪里奇. 高盛:最后的赢家[M]. 华夏出版社, 2009年版.
16. 蔡曙晓. 西方金融兼业经营制度演进及对中国金融业的影响[J]. 金融研

究，2000（4）：102~108。

17. 常振明，杨巍. 投资银行的魅力——中美投资银行业比较研究［M］. 社会科学文献出版社，2000年版。

18. 陶鹏春. 制度变迁背景下的券商发展模式研究［M］. 中国证券，2008年版。

19. 曹大宽，丁朝宇. 全球投资银行——发展模式及借鉴［J］. 国际金融研究，2004（3）。

20. 陈旭. 70年代中期以来美国资本市场的演进［J］. 证券市场导报，2002.2。

21. 何良桥. 美国跨国投资银行的发展［J］. 世界经济，1994.5。

22. 李石凯. 当代全球主流银行业发展的模式，趋势与启示［J］. 当代财经，2005（2）：83~89。

23. 刘金章，王晓伟. 现代投资银行综论［M］. 中国金融出版社，2000年版。

24. 任倩，郭净，刘兢轶. 中外投资银行业务比较与我国证券公司的发展策略［J］. 银行分析，2008（10）：39~40。

25. 任淮秀. 投资银行学［M］. 人民大学出版社，2007年版。

26. 宋国良. 投资银行学［M］. 人民在学出版社，2004年版。

27. 尚金峰，冯鹏程. 美国投资银行业的发展及启示［J］. 国际经济合作，2003.4。

28. 王聪. 美国投资银行业的演变及启示［J］. 国际金融，2000.7。

29. 王玉霞. 中国投资银行论［M］. 中国社会科学出版社，2005年版。

30. 卫珑. 关于中国资本市场问题的研究综述［J］. 经济学动态，2002.3。

31. 解植春. 投资银行发展与管理研究［M］. 中国金融出版社，2005年版。

32. 徐长香. 中国投资银行产生与发展研究［J］. 湖北省社会主义学院学报，2006（3）：56~57。

33. 徐浩雄，杨安西. 我国投资银行业的模式选择与发展趋势［J］. 湖北社会科学，2003（6）：46~47。

34. 郑书耀. 中国投资银行的发展现状与趋势［J］. 统计与决策，2006年第2期。

35. ［美］鲍勃·齐德著，潘焕学译. 风险投资业［M］. 中国人民大学出版社，2004年版。

36. ［美］查里斯·吉斯特著，郭浩译. 金融体系中的投资银行［M］. 经济科学出版社，1998年版。

37. [美]弗兰克·J. 法博齐，弗朗哥·莫迪利亚尼著，唐旭等译. 资本市场：机构与工具 [M]. 经济科学出版社，1998年版。

38. [美] J·弗雷德·威斯通，[韩] S·郑光，[美] 苏珊·E. 侯格著，唐旭等译. 兼并、重组与公司控制 [M]. 经济科学出版社，1998年版。

39. [英] 洛伦兹·格利茨著，唐旭等译. 金融工程学 [M]. 经济科学出版社，1998年版。

40. [美] 托马斯·利奥著，周刚等译. 投资银行业务指南 [M]. 经济科学出版社，2000年版。

41. [美] 滋维·博迪，亚尼克斯·凯恩，艾伦·J. 马库斯，投资学（原书第6版）. 机械工业出版社，2005年版。

42. 黄正红. 关于经纪人制度的若干思考 [J]. 中国证券业研究，2004（5）。

43. 霍再强. 现代金融风险管理 [M]. 科学出版社，2004年版。

44. 赖正球. 美国证券经纪业务拓展的历史经验及启示 [J]. 经济论坛，2006（9）。

45. 陶鹂春. 海外证券经纪人绩效评价、激励安排及运作模式研究. 国信证券研究报告，2006年版。

46. 李光. 券商走出困境的理性思考 [J]. 金融理论与实践，2005（5）：71~72。

47. 梁小迪. 试论我国证券业的六大业务 [J]. 陕西青年管理干部学院学报，2007（2）：31~33。

48. 林娜. 中国券商盈利模式分析 [J]. 中国经贸，2004（5）。

49. 许均华，秦念贞，黄晓坤，赵黎明，张涛，林华勇，陈晔东. 重构证券经纪业务盈利模式 [J]. 中国证券业研究，2003（6）。

50. 徐丽梅. 我国券商盈利模式构建 [J]. 经济理论与经济管理，2005（1）。

51. 王松柏. 美国专业型券商盈利模式研究 [J]. 招商证券月刊，2006（3）。

52. 魏志刚. 适应市场变革与发展构建新的经纪业务管理系统 [J]. 证券信息技术，2002（5）：48。

53. 中国证券业协会编. 证券市场基础知识. 证券业从业人员资格考试统编教材（2010）[M]，中国财政经济出版社，2010年版。

54. Bethany McLean. 高盛探秘：华尔街最著名和最诡秘的公司. 世界商业报道，2007年7月26日。

55. 米歇尔·弗勒里耶. 一本书读懂投资银行（中译本）. 中信出版社, 2010年版.

56. 陶鹏春. 独立投行模式：运作绩效、危机机理与发展路向选择. 2009 年度中国证券业协会获奖研究报告集.

57. 张桂庆, 谢风华. 中国证券发行制度与市场研究. 上海财经大学出版社, 2004 年版.

58. 李维安, 李滨. 机构投资者介入公司治理效果的实证研究. 南开管理评论, 2008 年第 1 期.

59. 孙凌姗, 刘建. 机构投资者在公司治理在的作用：基于中国上市公司的实证研究. 兰州商学院学报, 2006 年第 3 期.

60. 谢风华. 保荐上市. 机械工业出版社, 2004 年版.

61. 张原昌编著. 上市指引. 中国纺织出版社, 2002 年版.

62. 朱有为, 包学诚. 证券公司资产管理业务发展的机遇、定位与路径分析 [J]. 金融纵横, 2008（8）.

63. 罗秋菊, 周培胜. 美国券商资产管理业务研究及对我国的启示 [J]. 江西财经大学学报, 2002（2）.

64. 吴万华, 焦志常. 证券公司集合资产管理业务发展探讨 [J]. 证券市场导报, 2008（11）.

65. 陶鹏春. 券商资产管理的组织体系与管理制度研究. 国信证券研究报告, 2010 年版.

66. 李井伟. 我国券商资产管理业务发展方向探讨 [J]. 证券市场导报, 2006（1）.

67. 徐东伟, 王占军. 关于我国证券公司资产管理业务创新的几点思考 [J]. 黑龙江对外经贸, 2005（03）.

68. 刘朝晖. 中美资产管理业务比较研究 [J]. 资本市场, 2004（8）.

69. 王聪, 于蓉. 美国金融中介资产管理业务发展及启示 [J]. 金融研究, 2005（7）.

70. 刘增学, 张欣. 证券公司的资产管理业务 [J]. 浙江金融, 2004（Z1）.

71. 吴莉莉. 美国资产管理业务研究 [J]. 山东省农业管理干部学院学报, 2005（2）.

72. 马瑾, 朱纪平. 我国证券公司资产管理业务现状分析 [J]. 商业研究, 2003

(14)。

73. 唐勇,曾小龙,鲁艳飞. 证券公司资产管理业务产品开发与创新研究. 证券市场导报,2004(6):47。

74. 汪思鸣. 证券公司资产管理业务中的风险及化解对策. 商业研究,2004(18):130~133。

75. 查里斯·R. 吉斯特. 金融体系中的投资银行[M]. 北京:经济科学出版社,1998:231~250。

76. 孔祥宇,谢卓然. 国外证券公司资产管理业务分析[J]. 科技情报开发与经济,2006年8月25日。

77. 汪思鸣. 证券公司资产管理业务中的风险及化解对策[J]. 商业研究,2004(18):2。

78. 徐东伟,王占军. 关于我国证券公司资产管理业务创新的几点思考[J]. 黑龙江对外经贸,2005(3)。

79. 杨小青. 国内外资产管理业务的比较研究[M]. 北京:中国金融出版社,2004年版。

80. 何诚颖,陶鹂春,郝成秀. 海外券商资产管理模式比较借鉴. 投资与证券[M],2003(12)。

81. 蔡国辉. 新时代证券有限责任公司管理业务发展研究、湖南大学工商管理硕士学位论文,2007年版。

82. 肖金. 我国证券公司资产管理业务研究. 天津大学管理学院MBA论文,2004年。

83. 深圳大学经济学院:投资银行学。

84. 戴天柱. 投资银行运作理论与实务[M]. 经济管理出版社,2010年版。

85. 贺雪迎. 国外券商自营业务风险控制及对我国券商的启示[J]. 财务与金融,2010(1)。

86. 任淮秀著. 投资银行业务与经营[M]. 中国人民大学出版社,2000年版。

87. 宋国良. 投资银行概论[M]. 对外经济贸易大学出版社,2006年版。

88. 许平彩. 谈证券自营业务的风险及防范[J]. 经济与管理,2004(2):45~47。

89. 中国证监会. 证券公司证券自营业务指引,2005年11月11日。

90. 中国证券业协会编. 证券交易. 证券业从业人员资格考试统编教材(2010)。

中国财政经济出版社，2010年版。

91. 井忠慧．固定收益证券定价研究．天津大学硕士论文，2009年版。

92. 蔡国喜．固定收益证券创新：原因与类别．金融时报，2003年5月31日。

93. 朱艳科，杨辉耀．我国国债投资组合风险度量的实证分析．商业研究，2004（3）。

94. 高小强．中美两国企业债券市场的比较与启示．新金融，2003（8）。

95. 林清泉．固定收益证券．武昌：武汉大学出版社，2004年版。

96. 谢赤，邓艺颖．固定收入债券利率风险管理中的持续期度量方法．湖南大学学报，2003：12（6）。

97. 林海，郑振龙．中国利率期限结构：理论及应用．北京：中国财政经济出版社，2004：26~118。

98. 邓艺颖．债券市场利率期限结构分析及其风险管理研究．湖南大学，2003：56~58。

99. 陈道江．证券金融公司的国际比较与模式借鉴［J］．国际商务·对外经济贸易大学学报，2005年2期。

100. 金子财，穆峥．美日证券信用交易制度的比较及借鉴［J］．金融与经济，2003年12期。

101. 兰辉．证券金融公司：一个新的融资通道［J］．潍坊学院学报，2005年第5期。

102. 巫晓亚．信用交易与我国证券市场制度创新［J］．现代管理科学，2004年第3期。

103. 巴曙松．如何提高证券公司内部研究部门的运行效率［J］．证券信息参考，2003年第8期。

104. 仇克．证券公司研究机构的组织架构与运作方式研究［J］．江南论坛，2002年第10期。

105. 宗长玉．中小券商研发业务的策略研究［J］．证券市场导报，2003年第4期。

106. 郭剑．加强证券研究，促进券商发展［J］．太原城市职业技术学院学报，2006年第1期。

107. 孔维成，尹蘅．对我国证券公司构建"中国墙"的思考［J］．海南金融，2009年第2期。

108. 王宇熹，肖峻，陈伟忠．我国证券分析师荐股——以"新财富"杂志最佳分析师为例［J］．理论探新，2007年第3期．

109. 岳衡，林小驰．证券分析师VS统计模型：证券分析师盈余预测的相对准确性及其决定因素［J］．会计研究，2008年第8期．

110. 张俊．券商研究机构发展方向［J］．资本市场，2002年第4期．

111. 张烨，胡倩，周健．证券分析师评级报告的投资价值研究——来自香港股市的经验证据［J］．当代财经，2009年第10期．

112. 朱红军，何贤杰，陶林．中国的证券分析师能够提高资本市场的效率吗——基于股价同步性和股价信息含量的经验证据［J］．金融研究，2007年第2期．

113. 郑策．上市公司并购的资本市场效应研究［D］．辽宁工程技术大学，2008年版．

114. 邹春燕．中国企业跨国并购整合的跨文化研究［D］．西南财经大学，2009年版．

115. 罗国华．中国企业跨国并购的发展、风险与对策研究［D］．山东大学，2009年版．

116. 郎咸平著．公司治理．社会科学文献出版社，2004年版．

117. 刘李胜．上市公司独立董事制度：国际经验与中国实践．中国时代经济出版社，2009年4月第1版．

118. 孙丽．公司治理结构的国际比较：日本启示．社会科学文献出版社，2008年6月第1版．

119. 马瑞．证券公司直接投资业务风险扩散机制及监管政策研究．华东师范大学硕士论文，2009年版．

120. 聂峰．浅析创业板市场的证券公司直接投资业务．特区经济，2008（07）．

121. 王欧．关于证券公司开展直接投资业务问题的研究报告．中国证监会，2007（09）．

122. 陈峥嵘．直接股权投资、创业投资、资产证券化、QDII对证券公司的积极影响．中国证券期货，2008（08）．

123. 吴辉，李玉芬．海外私人股权投资基金在我国的运营模式．财务与会计，2007（01）．

124. 李雪梅．中国证券公司直投业务内部风险控制制度研究．复旦大学硕士学位论文，2008年版。

125．周炜．解读私募股权基金［M］．北京：机械工业出版社，2008年版。

126．叶有明．股权投资基金运作——PE价值创造的流程［M］．上海：复旦大学出版社，2009年版。

127．任纪军．私募股权资本［M］．北京：中华工商联合出版社，2007年版。

128．清科研究中心．2018年PE市场可投资本量为20 035.28亿元，创业投资，2019.01。

129．祝国平．我国场外股票交易市场的发展现状与未来趋势［J］．吉林省教育学院学报，2010年第10期。

130．吴林祥．话说美国场外证券市场［R］．深圳证券交易所综合研究所。

131．赵珏．我国场外交易市场在资本市场中的作用研究——以上海为例［D］．复旦大学硕士论文，2009年版。

132．袁志勇．一家农资企业在纳斯达克成功上市的启示［N］．科技日报，2010年2月9日。

133．郑德珵等．中国私募股权投资基金发展研究［J］．金融发展评论，2010年第8期。

134．黄亚玲等．我国私募股权基金监管刍议［J］．证券市场导报，2010年第4期。

135．李存修等．国际私募股权基金之发展与监理［R］．台北金融研训院研究报告，2008年版。

136．吴凡．私募股权基金及其在我国的发展分析［D］．对外经济贸易大学硕士学位论文，2007年。

137．房汉廷．正确处理中国创业风险投资发展中的十大关系［N］．新华网，2008年。

138．许志远．全球化背景下的中国对冲基金发展研究［M］．2009天津财经大学硕士论文。

139．黎四奇，陈洪帅．我国发展对冲基金的法律瓶颈及对策分析［J］．中南大学学报（社会科学版），2009年2月。

140．张树德．对冲基金的定义与分类［J］．财会月刊（理论），2008年12月。

141．张扬，陈经伟．国内引进对冲基金的必要性分析［J］．经济师，2008年第11期。

142. 黄运成，陈志斌，楼小飞．近期对冲基金业的发展特征及对我国的启示［J］．国际金融研究，2008年2月。

143. 许志远．全球化背景下的中国对冲基金发展研究［D］．2009天津财经大学硕士论文。

144. 黎四奇，陈洪帅．我国发展对冲基金的法律瓶颈及对策分析．中南大学学报（社会科学版），2009年2月。

145. 张树德．对冲基金的定义与分类．财会月刊（理论），2008年12月。

146. 张扬，陈经伟．国内引进对冲基金的必要性分析．经济师，2008年第11期。

147. 黄运成，陈志斌，楼小飞．近期对冲基金业的发展特征及对我国的启示．国际金融研究，2008年2月。

148. 张龙斌．海外对冲基金运作机制及对我国的借鉴研究．国信证券博士后专题研究报告2010年。

149. 武文洁．对冲基金的投资策略类型及其风险收益特征．金融与市场，2000年第6期。

150. 中信证券研究报告．投资银行走入私人股权时代，2006年8月。

151. 张天威．美国对冲基金的形成、种类及特点．经济学文摘，1999年6月。

152. 月青，王伟．对冲基金运作、影响及监管研究．财经研究，1999年第4期。

153. 程冀．对冲基金研究，中国社会科学院博士学位论文2000年版。

154. 胡舒立等．专访盖特纳．新世纪［J］，2010年第22期。

155. 旷野．华尔街"会计门"直指公允价值计价标准［N］．21世纪经济报道，2008年10月15日。

156. 鹿波．中国上市公司违约率的顺周期效应实证研究——评估巴塞尔协议Ⅱ顺周期效应的初步尝试［J］．金融论坛，2009年第3期。

157. 苗文龙．中国银行体系亲周期特征与金融稳定政策．数量经济技术经济研究，2010年第1期。

158. 钱皓．我国银行内部评级的顺周期效应研究［J］．上海金融，2009年第5期。

159. 沈联涛．重审监管［J］．财经，2008（10）。

160. 时辰宙．英国式金融监管的悖论与启示［J］．上海经济研究，2010年第

2期。

161. 王兆星. 国际银行监管改革对我国银行业的影响［J］. 国际金融研究，2010年第3期。

162. 吴正光. 金融风险顺周效应的实证研究［J］. 金融理论与实践，2009年第9期。

163. 宣晓影，全先银. 日本金融监管体制对全球金融危机的反应及原因［J］. 中国金融，2009年第17期。

164. 周小川. 关于改变宏观和微观顺周期性的进一步探讨［J］. 中国金融，2009年第8期。

165. 郑德理等. 中国私募股权投资基金发展研究［J］. 金融发展评论，2010年第8期。

166. 黄亚玲等. 我国私募股权基金监管刍议［J］. 证券市场导报，2010年第4期。

167. 李存修等. 国际私募股权基金之发展与监理［R］. 台北金融研训院研究报告，2008年。

168. 吴凡. 私募股权基金及其在我国的发展分析［D］. 对外经济贸易大学硕士学位论文，2007年。

169. 房汉廷. 正确处理中国创业风险投资发展中的十大关系［N］. 新华网，2008年。

170. 许志远. 全球化背景下的中国对冲基金发展研究［D］. 2009天津财经大学硕士论文。

171. 黎四奇，陈洪帅. 我国发展对冲基金的法律瓶颈及对策分析［J］. 中南大学学报（社会科学版），2009年2月。

172. 张树德. 对冲基金的定义与分类［J］. 财会月刊（理论），2008年12月。

173. 张扬，陈经伟. 国内引进对冲基金的必要性分析［J］. 经济师，2008年第11期。

174. 黄运成，陈志斌，楼小飞. 近期对冲基金业的发展特征及对我国的启示［J］. 国际金融研究，2008年2月。

175. 巴曙松等. 金融监管模式的演进［J］. 中国金融，2018年第7期。

176. ［英］洛伦兹·格利茨著，唐旭等译. 金融工程学. 北京：经济科学出版社，1998年版。

177. [美]约翰·赫尔著. 王勇,索吾林译. 期权、期货及其他衍生产品. 北京:机械工业出版社,2009年版.

178. [美]约翰·马歇尔,维普尔·班塞尔著. 宋逢明等译. 金融工程. 北京:清华大学出版社,1998年版.

179. [美]罗伯特·特里芬著,陈尚森,雷达译. 黄金与美元危机——自由兑换的未来. 北京:商务印书馆.

180. [美]迈克尔·刘易斯著,孙忠译. 说谎者的扑克牌. 海口:海南出版社,2000年版.

181. 宋逢明. 金融工程原理——无套利均衡分析. 北京:清华大学出版社,1999年版.

182. [美]维克托·斯波朗迪,俞济群,真如译. 专业投机原理. 北京:机械工业出版社,2010年版.

183. Chdrnow, Ron. The House of Morgan: An American Banking Dynasty and the Rise of Modern Finance, New York: Simon & Schuster, 1990.

184. Dougall, H. & Corrigan, F. Investments (11th Edition). Prentiee – Hall, Inc., 1984.

185. Myers, M. A Financial History of The United States. Columbia University Press, 1970.

186. Ritter, J., Investment Banking and Securities Issuance, in Handbook of the Economics and Finance, 2003.

187. Steven I. Davis. Investment Banking, PALGRAVEMACMILLAN 2003.

188. Bob. Zider, Venture Investment Charles R. Geisst, The Last Partnerships: Inside the Great Wallstreet Dynasties, McGraw – Hill, 2001.

189. Dantel H. Bayly, Leading Investment Bankers, Aspatore Books, Inc., 2002.

190. Derivative Credit Risk: Advance in Measurement and Management, Risk Publications, 1995.

191. J. Peter Williansom, The Investment Handbook, John Wily & Sons, Inc., 1998.

192. K. Thomas liaw, The Business of Investment Banking, John Wily & Sons, Inc., 1999.

193. Samuel L. etc., Investment Banking: A Tale of Three Cities, Harvard Business

School Press, 1990.

194. Steven I. Davis, Investment Baking: Addressing the Management Issues, Palgrave Macmillan, 2003.

195. Adrian J Slywotzky, "The Art of Profitability" [M], Times Books Press, 2002.

196. Arthur E. Wilmarth, "How Should We Respond to the Growing risks of Financial Conglomerate" [J], Public Law and Legal Theory Working Paper No. 034, 2001.

197. Chun Chang, Xiaoyun Yu, "The informational Benefits and Costs in Conglomerate Merger" [J], Working Paper Series, April, SSRN, 1999.

198. Richard O. Michaud, Efficient Asset Management: A Practical Guide to Stock Portfolio Optimization and Asset Allocation, Oxford University Press, June 15, 1998.

199. Ruth N. Bolton, Katherine N. Lemon, Peter C. Verhoef, The Theoretical Underpinnings of Customer Asset Management: A Framework and Propositions for Future Research, Journal of the Academy of Marketing Science July 2004 vol. 32 no. 3 271–292.

200. W. T. Ziemba, John M. Mulvey, Worldwide asset and liability modeling, Publications of the Newton Institute, November 1998.

201. Merrill Lynch, annual report, 2002–2009.

202. Goldman Sachs, annual report, 2002–2009.

203. Morgan Stanley, annual report, 2002–2009.

204. Andrew J. G. Cairns, Fixed–Income Security, John Wiley & Sons, Ltd, 15 SEP 2006.

205. James White and Kathleen Lenarcic, A New Institutional Fixed–Income Security Are Bank Loans For You? The Journal of Fixed Income September 1999, Vol. 9, No. 2: pp. 80–87.

206. Bierwag, Gerald O. Duration Analysis: Managing Interest Rate Risk (Ballinger Publishing Co., 1987).

207. Kritzman, Mark. "What Practitioners Need to Know About Duration and Convexity," Financial Analysts Journal (November/December 1992), pp. 17–20.

208. Saunders, Anthony. Financial Institutions Management: A Modern Perspective (Irwin, 1994), Chapter 6. Williams, Gordon. "Deciphering Duration," Financial World (October 12, 1993), pp. 80–82.

209. Barber, B., Lehavy, R., McNichols, M., Trueman, B. Can Investors Prof-

it from the Prophets? Security Analyst Recommendations and Stock Returns [J]. Journal of Finance, 2001, 56 (2): 531 - 563.

210. Jegadeesh, N, Joonghyuk Kim, Krische, S, Lee, C. Analyzing the Analysts: When do Recommendations Add Value [J]. The Journal of Finance, 2004, 59: 1083 - 1124.

211. KlausM. Sehmidt: Convertible Securities and Venture Capital Finance, The Journal of Finance, Vol. 58, No. 3 (Jun., 2003), pp. 1139 - 1166, Blaekwell Publishing for the Ameriean Finance Association, http://www.jstor.org/stable/3094575.

212. Steven N. KaPlan and Antoinette Sehoar: Private Equity Performance: Returns, Persistence, and CaPital Flows, The Journal of Finance, Vol60, No. 4 (Aug., 2005), pp. 1791 - 1823, Blaekwell Publishing for the American Finance Association, http://www.jstor.org/stable/3694854.

213. Kevin C. W. Chen a, Zhihong Chen b, K. C. John Wei a: Legal Protection of Investors, Corporate Governance, and the Cost of Equity Capital, Journal of Corporate Finance, 15 (2009) 273 - 289.

214. Cheng - Few Lee a, Kin - Wai Lee b, Gillian Hian - Heng Yeo b: Investor protection and convertible debt design, Journa lof Banking&Finanee, 3 (2009) 985 - 995.

215. Geoffrey C. Friesena, Christopher Swift b: Overreaction in the Thrift IPO Aftermarket, Journal of Banking&Finanee, 33 (2009) 1285 - 1298.

216. Gompers, Paul and Josh Lerner. The Venture Capital Cycle, Boston: MIT press, 1999.

217. Kirilenko AA, Valuation and Control in Venture finance J:. Journal of Finance, 2000 (155.5): 23 - 35.

218. TyzoonT. Tyebjee, Albert U. Bruno, "A model of Venture Capitalist Investment Activity, Management Seience Vol30. NO9. September 1984.

219. Monthly Hedge Fund Market Commentary, Corporate Communications, Credit Suisse, 2010. 8.

220. Monthly Hedge Fund Market Commentary, Corporate Communications, Credit Suisse, 2010. 8.

221. W Fung and DA Hsieh, The Risk in Hedge Fund Strategies: Theory and Evidence from Trend Followers, Review of Financial Studies, 2001.

222. An Econometric Model of Serial Correlation and Illiquidity in Hedge Fund Returns, Journal of Financial Economics, Volume 74, Issue 3, December 2004, Pages 529 – 609.

223. Bikker and Metzemakers, Bank Provisioning Behaviour and Procyclicality, http://ideas.repec.org/p/dnb/ressup/50.html, 2002.

224. Boyd, J. H., De Nicolo, G., 2003, Bank Risk Taking and Competition Revisited. IMF Working Paper WP/03/114, May.

225. Cordella, Tito and Levy Yeyati, Eduardo. Financial Opening, Deposit Insurance, and Risk in a Model of Banking Competition [R]. CEPR Discussion Paper, 2002, No. 1939.

226. Dewat ripont, M., Tirole, J., 1993. Efficient Governance Structure: Implications for Banking Regulation, In: Mayer, C., Vives, X. (Eds.), Capital Markets and Financial Intermediation. Cambridge UP, Cambridge.

227. Freixas, X., Rochet, J. – C., 1997. Microeconomics of Banking MIT Press, Cambridge, MA.

228. Goodhart, C. A. E., 2008. The Regulatory Response to the Financial Crisis, Journal of Financial Stability 4: 351358.

229. Keeley, Michael C. Deposit Insurance, Risk, and Market Power in Banking [J]. American Economic Review, 1990, 80 (5): 1183 – 1200.

230. Niel, E., Baumann, U., 2002. Market Discipline, Disclosure and Moral Hazard in Banking, Mimeo, Bank of England, October.

231. Peria, M. and Schmukler, S. L., 2001, Do Depositors Punish Banks for "bad" Behavior? Journal of Finance : 1029 – 1051.

232. Monthly Hedge Fund Market Commentary, Corporate Communications, Credit Suisse, 2010. 8.

233. Amram, M. and Kulatilaka, N. (1999). Real options: Managing strategic investment in an uncertain world. Boston, MA: Harvard Business School Press.

234. Dybvig, P. H., Ross, S. A. (1987). Arbitrage, J. Eatwell, M. Milgate and P. Newman, eds., The. New Palgrave, A Dictionary of Economics. London: The MacMillan Press, Ltd. 1, 100 – 106.

235. Finnerty, J. D. (1988). Financial Engineering in Corporate Finance: An Over-

view. Financial Management, Vol. 17, No. 4, 14 – 33.

236. Grossman, S. J. and Jean Luc – Vila (1989). Portfolio Insurance in Complete Markets: A Note. The Journal of Business 62 (4): 473 – 476.

237. Hartshorn, J. E. (1993). Oil Trade: Politics and Prospects. Cambridge: Cambridge University Press.

238. ISDA (2009). ISDA® Research Notes. http://www.isda.org/researchnotes/pdf/ISDA – Research – Notes2.pdf.

239. ISDA (2010). ISDA Market Survey historical data. http://www.isda.org/.statistics/pdf/ISDA – Market – Survey – results1987 – present.xls.

240. Merton, R. C (1974). On the Pricing of Corporate Debt: The Risk Structure of Interest Rates. Journal of Finance, Vol. 29, No. 2, pp. 449 – 470.

241. Modigliani, F., Miller, M. (1958). The Cost of Capital, Corporation Finance and the Theory of Investment. American Economic Review 48 (3): 261 – 297.

242. Rubinstein, M. and Leland, H. E. (Jul/Aug 1981). Replicating options with positions in stock and cash. Financial Analysts Journal, Jul/Aug 1981, p63 – 71.

243. Wilmott, P (2007). Introduces Quantitative Finance. 2ed edition. John Wiley & Sons.

后　　记

中国的证券行业几经制度变迁，在高速发展中走到了2020年，这将是传统业务保持稳中有增的一年，是创新业务在蓄势之后开始逐步放量的一年，也是证券行业从传统业务过渡到创新业务的重要一年。

按照行业发展规划，监管机构应不断推动券商创新发展，允许证券公司引入股票期权、员工持股或管理层持股等激励机制。同时对运作规范的券商放行衍生品交易业务，上海证券交易所、深圳证券交易所实行备兑权证已悄然启动。同时，积极引进国内产业资本和金融资本进入证券行业，支持券商组建证券金融控股集团；鼓励外资以合资形式进入证券行业，逐步放开合资企业的股权比例。创新业务的共同特点是资本密集，而资本密集型业务存在较高的资金和专业门槛。从长期看，创新业务所获取的利润率将大幅超过以劳动密集型特征为主的传统业务，未来将有望成为新的利润增长点。同时，不同于传统业务的单边做多机制，创新业务大部分具有多、空双向特征，在牛熊周期中都能保持旺盛的业务需求，从而有效地平滑周期波动对券商盈利影响。由此可见，券商业务发展和盈利模式将迎来新一轮实质性的转变。

事实上，美国投资银行界于20世纪60年代末就开始了证券业的转型，从知识型中介演变为知识型中介与资本型中介并举或以资本型中介为主导的业态。这种转变突破了时空、客户、产品的瓶颈，通过交易中介资源配置、中介交易偏好、中介风险分配、中介信息不对称、中介观念和信心，推动了金融市场的创新，在广度和深度上处于领先地位。

置身于这样一个变革的大时代，对我们这些证券研究人员提出了不

后　记

断学习、不断进步、更新知识结构、与时俱进的要求。这样的变革，鞭策着我们去孜孜不倦地探索，鼓励我们从券商业务、经营管理、发展创新、行业监管、海外借鉴等多种角度展开对证券行业的一系列专题研究，把握行业前沿，并展现行业的美好前景。当然，一方面，囿于我们的能力，本书存在一些错误和疏漏，我们真诚地接受读者的批评指正；另一方面，我们研究的观点也需要契合证券行业的不断发展才能助力行业发展。我们真诚地希望本书的研究成果能为读者更好地了解证券行业提供帮助。

在本书写作过程中，我们得到了许多领导和专家的大力关怀和支持，在此谨向他们表达诚挚的感谢。

何诚颖

2020 年 6 月